荆楚文庫

〔同治〕增修施南府志

〔清〕松林 周慶榕 修

〔清〕何遠鑒 纂

〔光緒〕施南府志續編

〔清〕王庭楨 李謙 修

〔清〕雷春沼 尹壽衡 纂

荆楚文庫編纂出版委員會

湖北人民出版社

荆楚文庫

〔同治〕增修施南府志

TONGZHI ZENGXIU SHINAN FUZHI

〔光緒〕施南府志續編

GUANGXU SHINAN FUZHI XUBIAN

圖書在版編目（CIP）數據

〔同治〕增修施南府志 /〔清〕松林，周慶榕修；〔清〕何遠鑒纂.
〔光緒〕施南府志續編 /〔清〕王庭楨，李謙修；〔清〕雷春沼，尹壽衡纂.
—武漢：湖北人民出版社，2023.12
ISBN 978-7-216-10742-6

Ⅰ. ①同…②光…
Ⅱ. ①松…②周…③王…④李…⑤何…⑥雷…⑦尹…
Ⅲ. ①恩施土家族苗族自治州—地方志—清代
Ⅳ. ①K296.32

中國國家版本館 CIP 數據核字（2023）第 220181 號

責任編輯：陳　典　高承秀
整體設計：范漢成　曾顯惠　思　蒙
美術編輯：董　昀
責任校對：范承勇
責任印製：肖迎軍
出版發行：湖北人民出版社（中國・武漢）
地址：武漢市雄楚大道 268 號
電話：(027)87679656　郵政編碼：430070
録排：武漢鑫偉創圖文設計有限公司
印刷：湖北新華印務有限公司
開本：787mm×1092mm　1/16
印張：50.75
字數：705 千字
版次：2023 年 12 月第 1 版　2023 年 12 月第 1 次印刷
定價：278.00 元

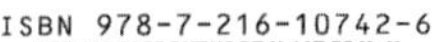
ISBN 978-7-216-10742-6

出版説明

湖北乃九省通衢，北學南學交會融通之地，文明昌盛，歷代文獻豐厚。守望傳統，編纂荆楚文獻，湖北淵源有自。清同治年間設立官書局，以整理鄉邦文獻爲旨趣。光緒年間張之洞督鄂後，以崇文書局推進典籍集成，湖北鄉賢身體力行之，編纂《湖北文徵》，集元明清三代湖北先哲遺作，收兩千七百餘作者文八千餘篇，洋洋六百萬言。盧氏兄弟輯録湖北先賢之作而成《湖北先正遺書》。至當代，武漢多所大學、圖書館在鄉邦典籍整理方面亦多所用力。爲傳承和弘揚優秀傳統文化，湖北省委、省政府決定編纂大型歷史文獻叢書《荆楚文庫》。

《荆楚文庫》以『搶救、保護、整理、出版』湖北文獻爲宗旨，分三編集藏。

甲、文獻編。收録歷代鄂籍人士著述，長期寓居湖北人士著述，省外人士探究湖北著述。包括傳世文獻、出土文獻和民間文獻。

乙、方志編。收録歷代省志、府縣志等。

丙、研究編。收録今人研究評述荆楚人物、史地、風物的學術著作和工具書及圖册。

文獻編、方志編録籍以一九四九年爲下限。

研究編簡體横排，文獻編繁體横排，方志編影印或點校出版。

《荆楚文庫》編纂出版委員會

二〇一五年十一月

總目録

〔同治〕增修施南府志……………………一
〔光緒〕施南府志續編…………………六九一

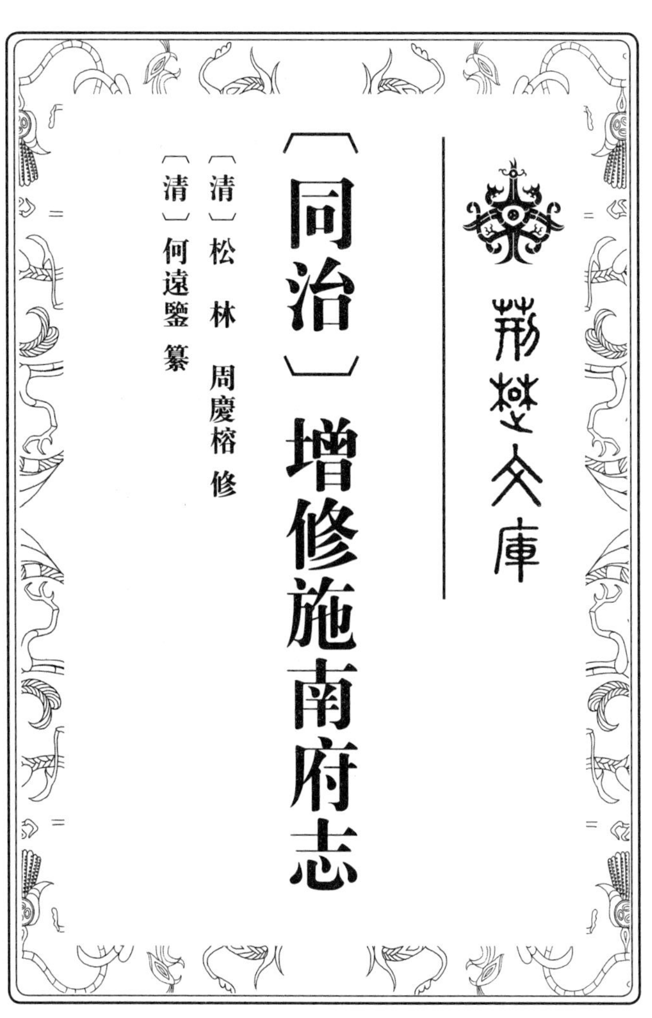

荆楚文库

〔同治〕增修施南府志

〔清〕松林　周慶榕　修
〔清〕何遠鑒　纂

《荆楚文庫·方志編》編纂組

組　長：劉偉成　陽海清（執行）

副組長：劉傑民（執行）　王　濤　謝春枝　郝　敏　嚴繼東

范志毅（執行）

參編人員（以姓氏筆畫爲序）：

王　濤　李云超　宋澤宇　范志毅　郝　敏　柳　巍　馬盛南

陳建勛　夏漢群　梅　琳　陽海清　彭余焕　彭筱微　楊　萍

楊愛華　劉水清　劉偉成　劉傑民　謝春枝　戴　波　嚴繼東

編　審：周　榮

顧　問：沈乃文　李國慶　吴　格

前言

《〔同治〕增修施南府志》三十卷首一卷，清松林、周慶榕修，清何遠鑒纂，清同治十年（一八七一）刻本。牌記鐫『板藏南郡書院 施南府志 □□□歲次辛未重刻』。

松林，字茂亭，吉林長白人，同治間署施南知府。周慶榕，字蔭南，河南祥符（今開封）人，同治八年（一八六九）繼松林任。何遠鑒，字葆山，湖北來鳳人，舉人，官嘉魚縣教諭。

施南東臨荊楚，西連巴蜀，歷爲兵家必争之地。古爲廩君國，明建土司，清雍正十三年（一七三五）改土歸流，置施南府。其沿革詳參《〔道光〕施南府志》前言。

明以前府志無考，明景泰間沈慶創修府志，其後亦屢有續纂，惜經易代兵禍而俱無傳本。現存最早施南府志爲道光間知府王協夢所修，有清道光十四年（一八三四）刻本。自王志後又近四十年未得續纂，『事日益增，嘉言懿行日益積，未有攟摭恢之者』，松林蒞任，延遠鑒主其事，并檄屬縣學博人士互相蒐補，網羅聞見，條舉件繫，上於府設局彙纂，親身釐定，閱時月而志成。

志分十二門，内容依次爲天文志、地輿志、建置志、學校志、典禮志、食貨志、武備志、官師志、選舉志、人物志、藝文志、雜志。志前載新舊各序十一篇、舊志稿姓氏、增修施南府志姓氏、例言九則、增修施南府志目録，可觀是志梗概，另收施南府疆域圖、府治圖、各縣縣境圖與縣治圖、府署圖、協署圖、校場圖、都司署圖、文廟圖、南郡書院圖、考棚圖、八景圖、清江源流圖，種類豐富，可供詳參。據例言：山川多襲道光志，分四正四隅，由近及遠，先山後水，條分縷析，另將入郡要害有關據首者特爲標出，便於稽查；人物所收稍寬，品誼文章，胥俟蓋棺論定，故凡其人現存，概不立傳，惟節孝婦女，核其守節年例相符，無論曾否呈請旌表存殁，皆得備書；前代詩文，凡有關於風土者，皆據本録存；近人之作，凡尋常贈答寄興之篇，無關施郡事蹟者，雖工不録。

是志續道光王志而修，應因者因，應益者益，凡信而有徵者，皆博采詳載，體例較道光志更趨完備：新增『天文』一門，附星野、祲祥，補前志之缺；特立『學校』一門，附廟制、學額、學田、考棚、書院、賓興、義學，包羅甚廣，各目較道光志略有增補；武備志中，營制、餉額，歷時已久，間有改易；兵事類經咸同兵燹，不同於前志者甚多，是志勤加采訪，參以各縣志乘，據實補入；官師志增政績、土司，選舉志增保薦、世襲，人物志增壽考、畸形，藝文志先詩後文、鮮有增加。

據《中國地方志聯合目録》，是志國圖、上海、北大等館有藏，此次影印所據底本版刻雋永，字迹工整，偶有漫漶、缺損，整體書品較好。《中國方志叢書》《中國地方志集成》影印收録。（彭佘焕）

目録

卷首 …… 一
序 …… 一
姓氏 …… 二四
例言 …… 二七
目録 …… 二八
各圖 …… 三一
卷之一 天文志 …… 四五
星野 …… 四五
祲祥 …… 四六
卷之二 地輿志 …… 五〇
疆域 …… 五〇
形勝 …… 五三
沿革 …… 五四
卷之三 地輿志 …… 六六
山川 …… 六六
卷之四 地輿志 …… 一八八
古蹟 …… 一八八
塚墓 …… 一九三
卷之五 建置志 …… 一九七
城池 …… 一九七
公署 …… 一九九
倉庫 …… 二〇二
卷之六 建置志 …… 二〇五
關隘 …… 二〇五
坊市 …… 二〇八
村集 …… 二〇八
里甲 …… 二一二
津梁 …… 二一七
舖遞 …… 二一九
義舉 …… 二三三
卷之七 學校志 …… 二三七
廟制 …… 二三九

學額……二三三
學田……二三六
考棚……二三七
書院……二三七
義學……二三九
卷之八　典禮志……二四一
壇廟……二四一
儀注……二七一
卷之九　典禮志……二七六
祠廟……二七六
寺觀……二七七
卷之十　典禮志……二八六
風俗……二八六
卷之十一　食貨志……二九〇
户口……二九〇
物産……二九一
卷之十二　食貨志……二九五
田賦……二九五
雜税……三〇〇
鹽引……三〇一
卷之十三　食貨志……三〇二
賦役全書……三〇二
卷之十四　食貨志……三〇九
祭祀銀……三〇九
俸廉……三〇九
工役……三〇九
卷之十五　食貨志……三一二
蠲卹……三一二
普濟……三一三
卷之十六　武備志……三一四
營制……三一四
俸薪……三一七
餉額……三一八
塘汛……三一九
卷之十七　武備志……三二二
兵事……三二二

附團練……三四一
卷之十八　武備志……三四二
控制……三四二
卷之十九　官師志……三四七
文職表……三四七
卷之二十　官師志……三七一
武職表……三七一
卷之二十一　官師志……三八二
土司……三八二
名宦……三八七
政績……三八八
卷之二十二　選舉志……四〇〇
徵辟……四〇〇
科貢……四〇三
卷之二十三　選舉志……四一七
保薦……四一七
仕籍……四一九
武功……四二〇
封贈……四二六
世襲……四二七
卷之二十四　人物志……四二八
鄉賢……四二八
行誼……四二九
忠烈……四四三
孝友……四五八
卷之二十五　人物志……四六三
節孝……四六三
卷之二十六　人物志……五一一
壽考……五一一
畸行……五二一
卷之二十七　人物志……五二三
流寓……五二三
方技……五二五
釋氏……五二七
卷之二十八　藝文志……五三〇
詩……五三〇

卷之二十九　藝文志……六〇四
文……六〇四
卷之三十　雜志……六八二
雜記……六八二
辨訛……六八八

板藏南郡書院

施南府志

同[illegible]年歲次辛未重刻

也已亥秋余奉

命來守是郡甫視事前太守楊君即擕志纂以屬託而謝曰是何如重任也余殘鞍甫卸何能為役然欲治是郡即不能不志是郡又奚辭爰進纂修諸君子究厥指歸合是書豐川劉與羅君也舊不脫類俗 安其亡也沙苛是前人邑乘制為徼勸號年邇來郡自為志粉本有資然紀載殊繁簡剽竊焉恐時其真因仍焉懼流於濫徵文考獻自春祖秋參稽採擇未精筆削鮮當不足以潤色郡乘樗櫟材實有慚予如何兼敵請余白唯唯諸史輩尚未竣

閱其文知其心參為且圖之勿懈越數月書續也其 體例首緒頗明晰因之前後事討論續之者而考稽厥衷諸君嘗焉究心亦良苦已支山川識其精華人才甄幽隱列郡特與採録庶幾今日也完書之時慎丁酉歲夫子又誌楚臨邑燦

嘉慶丁酉

閒出謂豐川施南吾萬山中向以道遠人稀鮮獲觀者是科乃得何生之人皆達到器其風氣且蒸蒸日上矣余今日幸守是邦躬逢修志之盛見數十年前代事斯民風丕變已權祖訓一言卜之也其懽忻鼓舞當更何如爰援筆而為之敘

同治十年歲在辛未孟秋月
欽賜花翎道銜升用道湖北施南府知府
大梁周慶榕撰

施南府志

重修施南府志序

往歲戊辰　余權知施南府事
將舉一方之利病而興剔之其
山川風土人物官師學校財賦
諸大端皆不可不周知其故稽
之册牒則吏抱施南府志進施
南府志者宋虞亡蘷始輯於乾
隆二十一年李廣文宗汾續修
於四十三年而刋垂於道光十
四年糾正爬剔以成善本則羅
廣文德崑力也其書貫串古今
攷覈得實犁然秩然綱舉而目

張非妄作者所可比顧自書成至今又幾四十稔矣事日益增嘉言懿行日益積未有攟摭恢之者是長官之責也夫在官而不能舉其籍舉其籍而不能踵成其美守郡之謂何余滋愳焉

施南府志 序

越明年爰檄屬縣與其學廣文郡人士之正直者互相蒐補網羅聞見條舉件繫上於府設局彙纂余得釐訂其間閱時月而重修之志成部居壹仍其舊不必遽勝前書也庶幾乎助益其

所不及爾今年秋刊板蕆事寮屬郵書問序於余余惟施南爲古職方氏荆州之域於漢屬南郡巫縣地三國時吳分號建平郡施州實肇此周隋以來尋廢尋復無常稱郡[illegible][illegible]曰清江唐

施南府志 序 二

又別曰清化乾元初屬之江南黔中道趙宋隸於夔州路元仍施州明併為衛迨

國朝雍正六年初設恩施縣十三年改土歸流分置宣恩來鳳咸豐利川建始五縣令府之名於

是定矣郡屬雖故蠻地而
聖代聲教既訖獲列都邑之後陶禮
淑樂易獉狉而文明一時山川
之氣莫不呈靈獻秀語曰蘊極
則通斯理也故坿郭萬山貫郡
衆水水之大者蜿蜒清泠源遠
而流長實古夷水後漢書西南
夷列傳廩君乘土船從夷水至
鹽陽是已今名清江夾江而遥
尤有平疇廣陌穹林蘩落不勝
箕也仰焉而升高則巖壑之葱
蔚雲霞之變幻皆在眉睫之閒

俯焉而矚遠則澗溪之漣漪沙
禽水鳥之上下帆槳罟罾之起
伏隱見皆在襟舄之下加諸達
官長德通儒勝流與夫士女之
忠節老釋之奇詭燿史冊而煒
彤管者後先相望名爲窮僻一
隅而實則與都會並非小國寡
民之所能幾也是誠不可以無
志然而前之爲書者出於草創
往往畧焉未備最後羅氏一編
善矣既歷年所而又難於因余
不敏竭檮昧以繼曩喆之遺意

復數十年固甚願繼余者之因之易也古者成周之制小行人適四方則必述其山川形勢之要禮俗政治與其語言風土物產之宜凡為五書以獻於王俾周知天下之故它如小史外史

之所掌土訓誦訓之所道皆是物也是故志乘之作其据依也宜詳其搜討也宜備上之可佐輶軒之採陳次之可備史家之筆削最下亦可為四方士大夫暨其鄉老考掌故徵遺佚之一助惜乎周禮五書湮没不傳於後世後之人亦無有追溯誤錄之者若余繼羅氏而為書庸敢謂悉有合於古作者耶第以來官是邦不忍聽前書之獨懸而莫之補也理舊緒而載新之亦

曰盡吾守郡之職云爾迺畧叙顛末弁於簡使後之作者有所證焉

同治九年歲在庚午十月道銜署湖北施南府事長白松林撰

重訂施南府志序

志書者書其事志之而弗敢忘也蓋自省府以及州縣類皆有志其間山川景物風土人情並文人學士忠孝節義之足以關世道而維風化者莫不博採廣稽備志之以昭來茲使後之覽者得有所觀感而興起焉此志

之所宜隨時而纂修也施郡地處萬山恩建而外前多爲土司據其時民情獷悍風氣澆漓固無足志者迨我

朝定鼎德威遠被乾隆初俱改土歸流聲教所暨文明以啟遂得搜遺文考古蹟採民風訪士俗王君封鎮宋君[illegible]李君宗汾創之於前羅君德崑復從

而纂修之凡所謂嘉言懿行忠孝節義已彙有成帙矣然吾嘗聞風俗與化移易迄今休養生息涵濡之

聖化已百有數十年於茲矣安知名流碩彥貞節奇行不更有遠勝前日湮没而弗彰者歟余丁卯歲以言官恭奉

簡命來守斯土覩山川之秀麗物產之豐

饒戶口之殷繁意必有偉人奇士伏處巖阿古跡名區晦埋草莽缺畧而弗及詳者欲與紳耆搜羅遺失重修而登紀之適奉調如省未及觀成爰列數言弁之於首更望夫後有同志者隨時增修以爲郡乘之光也可是爲序

同治七年太歲在著雍執徐月在終（？）

賜同進士出身知湖北施南府事前吏部文選司掌印郎中掌福建道監察御史張觀鈞譔

施州衛掌故初編序

明　龐一德

人恒言王者有分土無分民蓋衆建諸侯之勢也有明天下一家戴髮含齒之倫莫不尊親尙以分土言乎十四司則吾土也述封域第一文武並重長久之道修城池屬兵戎尙矣兩階舞而有苗格重譯貢而越裳來今何如耶述建置第二耳目心志無尺寸不兼愛焉故君必再食若倂日而食卽養體不充如兼愛何以食爲天而施則仰重夔以給不富可知述食貨第三建置食貨事權並重然地利也總而理之存乎其人備錄文武職官而附以土司是國之制也述官司第四施州冠帶華自隋代卽先世猶然左袵而已蔓子效忠乃在成周之季非其地靈異乎由今而家伊呂戶程周矣述人物第五堯言布於天下二百年來存者亦何寥寥幸而其書及覩敢勿一載乎述制書第六深山大澤實生龍蛇聖皇在宥日久四境承平而蹟不忘起寀謂無人述前事第七稽古無寀居今彼歷其地親其事非實見得誰肯嘵嘵取罪述前言第八天有星辰地有草木而後天地之文顯掞華摛藻煥然可觀述藝文第九集既成因題

舊序

其首曰掌故初編撰之都人士以俟異日討論云爾

施州衛志原序

明　高維勉

施州衛荆梁二州之域秦漢以來或隸黔或隸蜀至後周置亭州又置施州後改爲庸爲業又改爲清江郡宋元稍仍其舊國朝因時制宜廢州入衛以統軍民而轄蠻夷初年規制荒略舊志脫誤久矣景泰中東溪沈公蒞施嘗修其志然而漏鈌尚多予來施青壇多暇徧訪山水古迹乃知唐宋儒先君子若裴山陵李供奉黄文節喬大博宋相國張使君與夫杜少陵蘇文忠輩或謫宦或寄遊觸景題咏猶傳誦於鄉人彰彰可驗間與進始教諭葉君庭藺讐校其無疑者悉收入之嗚呼是豈徒哉之數君子者道德文章皆足以垂世範俗天下仰爲高山者也志之於兹庶幾高風雅韻草木爲香後之來斯者以是求之想見其人而思慕興起士習得不益美風俗得不益厚乎於以是仰副皇上採風問俗之意或亦無愧焉耳

重修衛志原序

鄒維璉

夫天地風氣始於樸樸則開開則盛故聖人不能不用文以救忠質之窮第其過靡則節之故曰文明以止余觀施域雖隣夷而漢官威儀士伸文學父老子弟彬如也乃去城不數里民則處於不華不夷之間以先王垂世大教莫如冠裳而民且有不冠之首他又可知若然者豈以穉雜髮瓠難遊文明之治乎夫三代以上之中國南不過江黄吳楚四大國春秋夷之至於兩浙七閩百粵之區漢武始入職方前此斷髮文身章甫無用者今則家絃戸誦文學比於鄒魯何盛也無亦風氣有必開之漸而人事又迎其機與之更始也且漢武初通西南夷使司馬相如馳檄諭蜀不有蜀不變服巴不化俗之語乎施隣巴蜀此亦可鑒也則安見其有作新而樂瓠不可化而中國荒服不可進而鄒魯耶施自隋唐以來本列州郡高帝爲控馭十四土司省州入衛要非得已其設學皦諸生則數更豐於他郡可見聖神本意亟欲用夏變夷新此一方民而民可自外德化上可漫無鑿來匡直之計哉然欲化民成俗又當先體省州入衛之故而後措諸安全夫國初設衛以衛民耳其弊也借民衛衛又其弊也土著不能衛衛乃借客兵以衛衛此

天下軍政之大弊也施更可異戶籍減額餉停夫既不能自衞矣而土著客兵之衞衞者亦安在甚至雉堞盡圮藩籬可撤此不過尋渙而溺駑馬有戀棧之思連雞無俱棲之勢他則孰以僻陋爲虞耳不思恃陋而不備莒之所以見襲於楚者語曰非我族類其心必異安有斗大孤城逼處豺狼窟中而幸彼爲孝子順孫永遠就我戎索哉且今雖羈縻漢法能如數十年前肅然不爽尺寸否察影見形智者事也吾願蒞斯土者無以處燕樂逸制者無以鞭長勒馬腹用對商帝用夏變夷之休命則李大夫岐陽修乘深意不過在是即璉借空言以維封疆少報聖天子不殺之恩亦端在是矣僭爲之序

施南府志序

國朝 王如珪

施南府土流相間處也西通巴蜀南接辰湘屹然荆楚屏蔽自唐宋來爲州爲郡間有開擴卒未盡冠帶之倫明祖省州入衞衆建土司而羈縻之豈棄此一方民哉抑徐以俟之也我

朝初仍舊制而聲靈赫濯遠邁於前故雖鼠穴自鬭而狼奔無阻非復前此之蠢茲不恭矣逮其後

聖聖相承重熙累洽無微不徹而苗頑之負固者皆同心向化此府之所由設也間考苗民逆命始自唐虞其見於虞書者曰舞干羽於兩階七旬有苗格呂刑曰哀矜庶戮之不辜報虐以威遏絕苗民無世在下今東鄉忠建施南三司之以罪改流則苗民遏絕之威也忠峝等十五土司之自請歸流則干羽兩階之德也世之相後數千餘歲而心法治法無不脗合方且與堯舜來引而未伸者盡衽席之則我

朝之深仁厚澤爲何如哉 臣如珪承乏施南守計其賦役之科倖工兵餉之額未始不有若獲石田之疑也繼乃檢閱卷宗得悉土官種種罪惡然後歎

大聖人之如天好生歲捐數萬金以救此一方民固如此其至也今之踐土食毛者寧可不思耕田鑿井之自官斯土者國計民生苟不深籌熟慮振興撫恤何以塞尸素責哉舊衞志在荆府中不逮三分之一附見於荆志矣頃以荆府修志行當乙去不惟慮前賢之寖晦且恐歲久文湮傳聞異辭我

國家百年涵濡亟育之量安能家喻而戶曉乎願以前

無善志創始維艱郡在叢山邃谷中四方人文罕至用是遲迴久之繼乃得郡人王生所輯志略頗見一斑治然曰恩建二縣原屬夷地因陋就簡粗可成書其他新置之處謹按其山川封域及其改設源流以志我
國家之仁育義正振古無前斯亦守土之責而勸忠之書矣至改設以來章程未定垣墉暨茨樸斲丹雘之功方自兹始雖非空言之所能效而覽是書者或亦行遠登高之一助也爰命恩施訓導臣宋鍙查校舊聞及新聞之制而纂輯之以存草創之概云爾是爲序

題施南府志序

學使王贈芳

施郡域介荆梁星分翼軫古爲廩君國地與夜郎接壤漢以來雖設沙渠建始二縣然與隸不常
本朝改衛爲府統縣六咸豐來鳳五代宋爲羈縻州宣恩利川則皆土司地也明鄧公維璉謫戍衛所既稱其士紳文學子弟彬彬又云去城數里即在不華不夷之列是有漢官威儀特附郭左右爲然耳予奉
命視學楚北戊戌秋由省垣溯江二千餘里崎嶇萬山中復三四百里始達於施私念地僻陋倘文風稱是亦固然無足怪將抵郡遥望山川淸淑城郭莊嚴物豐饒而人秀潔已灑然異之比扃試士莘莘循禮奏藝皆了無俗韻予爲擊節歎賞亟欲徵求文獻而屢經兵燹蕩廢無存僅得建始縣抄本一冊恩施縣刊本志二冊建始志簡核有餘韻髣髴韓邦奇朝邑志之遺最爲善本然不著撰人名氏亦無序跋恩施修志於嘉慶戊辰規模粗具中載建元子傳姓王名封鎮稱雍正甲辰館容美土司署中纂施州衛志其用筆謹嚴簡潔者今亦未見傳本予甚悵悵而府學博羅君乃出其所纂府志二十

餘卷相質凡山川封域沿革建置以及土田賦稅官師人物古蹟藝文數千年埋沒於蠻烟瘴雨中者皆了了得窺其眉目其用心甚勤而載筆亦差不苟矣予乃作而言曰猗歟休哉

聖朝郅化之隆至此極哉憶此地當十八峒土司時不惟無以自跂於侏儒椎髻而弱肉强食亦莫保其生迨郡縣建置一同内地易獷悍爲醇良以文章澤椎魯自

乾隆改元以來迄今九十餘年

列聖相承重熙累洽人皆知禮義而習詩書嘉慶初年

教匪闌入守土之臣督率士民兵勇奮力攻圍殲擒淨盡讀

仁宗皇帝嘉獎諭旨可知此邦之有人而不虛

高宗皇帝生聚教訓歲縻數萬金之大澤矣羅君績學好古振鐸於此能以餘力網羅遺文裒成大帙吾知經義治事之所陶鑄必更有膺選其人出而膺宏博之選者山川英華積久必發吾固有望於諸生而此書之成亦望賢太守及各屬良司牧速付梨棗以爲雞次之典可也

施南府志序

太守　吳式欽

事莫易於因莫難於創創之難難於無所因也顧亦有僅有所因實同於創者則不惟創者難即因者亦難余於道光十年出守施南蒞郡數日羅君即以所輯府志見示觀其收散佚摭新聞書事以實詳而不濫既喜李司訓之先有所創而羅君之善爲因也因以告羅君曰子知爲志之難亦知施南志之所以難乎夫爲志難爲郡邑志而至文無可徵獻無可考則尤難子之爲斯志也自謂因於李君而李則未詳所因君亦實同於創耳

余因之重有慨矣彼當文物聲明之郡又遇名公鉅卿其人其爲志也既詳且備而後之官其土者又欲重考而詳核焉操觚者或希意旨爲之周年累月前之人無缺略可尋則又從而訾議之增減之意謂吾繼古人之後而能指摘其短救補所缺吾所爲不已難乎嗟乎本詳也而妄減之則缺本簡也而妄增之則繁以斯爲難亦何如善守古人之書而自爲其易乎施之爲志非好爲志也不得已而志也不得已而志則雖以李君啟於前羅君繼於後而無文可考無獻可徵創者本無可因

因者實同於創而卒不敢以此自諉者亦謂吾不敢謂吾志之必爲完書也要亦使後之因吾所因者爲更善於因耳今觀所志如天文本不宜圖而兼設有二義將何歸施州衛方輿書竟登雷君原書全卷義亦未安其餘間有未協體要者皆不惜辨而存之則其因同於創與其不得已而作之苦心要非繼古人後而妄爲增減者比也余方欲依康對山武功陸清獻靈壽二志與羅君損爲詳訂而以憲檄權知武昌未返郡旋奉分巡鞏秦階之

命行且去楚矣夫志亦政也李君創無可因羅君因同於創而卒能創之能因之以視余之得繼李羅二君之後而終未能善因所因益增余憾矣夫余所憾者固憾於志也實亦憾於政耳果能偕吾民而使沐浴

聖化而又鼓厲人材以輔

文治則雖荒陋之地且與文物聲明之郡相頡頏矣志猶其後焉者耳吾願即吾所憾於政與志者告吾羅君且告吾施郡之士民而仍欲以政與志之善爲創善爲因者屬之新太守云

創修施南府志序

太守王協夢

文人之心可以騰九天入九淵汪洋自恣而莫可究詰故莊列多寓言而佛經亦間出於六朝文士之手獨至於修志則不容一字無來歷蓋書成足以供後人之考據而不欲自蹈無考證重誤後人也古來著書之不必自己出者如郭象之注莊齊邱之化書指不勝屈近代如橫雲山人之明史稿爲萬季野作靈壽傳觀察之行水金鑑爲鄭芷畦作百年之後終有發其覆者獨至於修志則不蒙此譏蓋守令簿書鞅掌牒訴倥偬無閒

著書之暇日而採訪資之紳士稽覈責於吏胥斷非一人所可措手故秉筆者知所鑒裁亦第綜其成而已施南舊爲土司地前明設施州衛乾隆元年始改土歸流而置郡縣焉余以道光壬辰監試秋闈拜出守施南之命下車以來首詢疆域之毘連版籍之息耗非志乘莫詳也恩施志有刻本建始志僅有寫本來鳳故有志燬於兵此外向無邑志爲悵然者久之學博羅君好古績學司鐸有年聞其輯有府志稿本因索觀之大抵以宋李二家爲粉本而增益之詳於往昔畧於今時猶非完

書也乃檄各邑大令及學師遴選諸生廣爲採訪遂於癸巳之秋開局編纂而屬羅君蕆其事六閱月而告成蓋自乾隆四十二年權太守呂公奉部咨取志書有事於此迄用無成歷五十餘年而始克就緒噫嘻艱哉余繙閱之餘見夫山川形勢之袤延土地人民之殷庶政典禮制之賅載戶口賦役之區別莫不瞭如指掌而此邦人士之嘉言懿行與夫軼事舊聞皆得以有傳於世未嘗不歎羅君之用力甚勤而非游談無根者之所可擬也已

施南府志後序

府學訓導羅德崑

修史之難莫難於志文通江氏嘗言之矣蓋綜一代之典章制度徵文考獻勒成一書非才學識之兼長烏能折衷體要以傳世而行遠乎此史志之所以難也若郡縣之志雖與史志差同而成之較易蓋地近則見聞皆真事約則網羅亦易采而輯之不資著作之才也顧亦有難焉者遐方僻壤沿革無稽習俗殊風敷陳非典則討論難且其體兼表傳官師人物或不盡可傳古蹟藝文或不堪稱述則潤色難至一方之孝子貞婦義烈可風者或貧賤而不能上達或年遠而事蹟失記九原不作望古徒勞則難在採訪若其稍有勢力者則又妄意干名賄邑紳免當事佳傳索米穢史貽譏則難在核實各郡邑志類然今於施志觀之猶信施在勝國爲各土司地至

本朝始悉列郡縣求之前史已缺畧不備又安有圖籍傳記可考哉是以改設近百年郡志尚無成書亦難之也余於癸巳夏五秉鐸斯郡搜訪前志大半散佚無存僅得李司訓舊稿頗嫌缺畧爰不揣固陋從而增修焉

星野疆域則考之列史山川城池則參之省志賦役職官選舉則稽之檔案人物風俗藝文則得之採訪蒐遺補闕釐爲三十卷其間更定體例訂正舊稿殆過半焉既成以質郡伯朱勳楣先生謬蒙許可即擬鳩工付梨旋擢清河觀察以去乃以稿授左晦亭明府囑蕆事焉夫以崑之譾陋而輒犯所難極知僭妄有愧文通之言然使問俗玆土者知我

朝文德覃敷能使苗蠻向化變狉榛而爲文明斯亦千載一時也則藉此以敷揚

巢盛歌頌

昇平外史之本職亦儒生之素志也夫是爲序

舊志稿姓氏

明

沈　慶　僉事聘士修志

彭　鏞　衛廣文

黃　溥　由蜀臬謫衛經歷

高維勉　衛廣文

葉庭蘭　建司訓沈僉事聘修志

王　聰　衛廣文

鄒維璉　吏部郎謫戍施州

龐一德　衛廣文

童　景　衛指揮靖州參戎

童希益　衛庠生

李一鳳　衛孝廉

鮑揮金　衛庠生

鄧宗啟　衛貢生

周　鎬　衛歲貢生

張延齡　衛歲貢生

按諸家志稿兵燹之後無一存者

童天衢 衛歲貢生

唐　箴 衛歲貢生

國朝

王封鎮 衛庠生

按三家志稿宋司訓修志時猶存王太守王公修志時僅得王志抄本餘佚

宋　鼇 恩施訓導乾隆二十一年輯府志四卷未刊時改設未久又未開局徵取其書甚略

李宗汾 府學訓導乾隆四十二年續修府志八卷未刊亦未開局徵取

王協夢 施南府知府江西新建進士道光十四年創修府志十卷捐廉付梓

羅德崑 府學訓導興國舉人道光十四年協修府志十卷

增修施南府志姓氏

主修

道銜署理施南府事卽補知府松　林

道銜升用道特授施南府知府周慶榕

協修

同知銜恩施縣知縣朱三恪

署恩施縣事石首縣知縣雷登蟾

運同銜同知直隸州用署恩施縣知縣彭　燮

同知銜署理宣恩縣知縣向光謙

運同銜來鳳縣知縣尹文翰

同知銜署理來鳳縣知縣廖玉麟

同知銜署理咸豐縣知縣袁　鏞

同知銜咸豐縣知縣余思訓

同知銜利川縣知縣潘滋榎

建始縣知縣盧夢麟

纂修

前嘉魚縣學教諭丁酉科選拔舉人何遠鑒 來鳳

中書銜施南府學訓導高維嶽

恩施縣學教諭萬修墉

前署恩施縣學教諭李瀛

儘先即選訓導劉元貴恩施

分發試用訓導朱扆恩施

候選知縣康佩謙恩施

廩生張宗瑤恩施

增生姚樹勲恩施

附生廖彭齡恩施

參訂

宣恩縣學訓導蔡景星

來鳳縣學訓導項瑛

咸豐縣學訓導胡斌

利川縣學訓導徐崇文

建始縣學訓導賀九如

監修

五品銜候選府經歷李際昌恩施

軍功六品頂戴從九品成旭初恩施

軍功六品頂戴生員李繼祺恩施

軍功五品頂戴藩經歷皮越羣恩施

考輯

分缺先選用訓導朱煇憲恩施

湖南候補同知前署乾州廳同知黃元澥恩施

候選同知康光第恩施

軍功六品頂戴附貢生成朗山恩施

刑部主事乙丑科進士尹壽衡恩施

分部主事壬戌科舉人饒應祺恩施

校對

候選訓導黃之儀恩施

試用訓導朱煇施恩施

試用訓導李道源恩施

同知銜江西南城縣知縣成崑山恩施

同知銜候選知縣康明義恩施

廩生李道衡恩施

廩生潘明倫恩施

廩生鄢榮昭恩施

附生熊遠熏恩施

採訪
候選府經歷張映乾恩施
生員彭述章恩施
生員萬　謙恩施
候選巡檢田紹祖恩施
生員陳　慧恩施
生員李德慶恩施
生員朱增祜恩施
生員張世松恩施

生員易先祿恩施
生員羅　彥恩施
生員羅瀚軾恩施
附貢生皮業熙恩施
繪圖
生員曾雲程恩施
督刊
施南府經歷周文濂
恩施縣典史廖　鈞

例言
一衛志有王氏封鎮抄本粗具衛事而各土司事闕如
宋氏龍本之爲府志無所增益李氏宗游府志考及
沿革間有刊正仍未免秕糠雜糅自羅氏德崑援三
書爲紛本綜稽各史地理志考核精詳歷代沿革始
朗若列眉茲輯羅志爲經各縣志爲緯其中雖多增
補亦未敢支離蔓引總期信以傳信而已
一舊府志無天文一門茲查凡郡邑志乘鋪張星
卷臚列及歷代史書亦不外五行一志因首舉　野

而備紀祲祥彙爲天文所以察元象謹人事也
郡境山川自羅志分四正四隅由近及遠先山後水
眉目已清茲謹將入郡要害有關扼守者或係藩籬
或係門戶分清方隅另爲標出俾後之覽者瞭若指
掌得以按册而稽焉
人物志中所收稍寬蓋善善從長之義然品誼文章
胥俟蓋棺論定故凡其人現存概不立傳惟節孝婦
女核其守節年例相符無論曾否呈請　旌表存
歿皆得備書至於捐軀赴難自將領以及兵丁例以

忠烈標之光潛德而厲末俗關係非輕故是編於此志特詳

一割股舉親原屬至性然或因割斃命父母將何以爲心孝而愚可哀也愚而孝可取也不可爲訓也特爲畸行志以別之

一前代詩文凡有關於風土者皆據本存錄至近人之作未能徧徵其尋常贈答寄興之篇無關施郡事蹟者雖工不錄

一祠祭所以崇德報功無論王公下至士庶皆然若夫二氏所供奉者俱在有無之間茫無確據故特附於壇廟之後

一舊府志自癸巳迄今三十餘年世事人文日新月異自宜詳採增入彙於舊本各條之末

一志中六邑事迹詳略不同因縣志繁簡互異故不能憑空附會而補葺罅漏以俟後之博雅君子

增修施南府志目錄

卷首

序文 舊序 姓氏 凡例 目錄 各圖

卷之一

天文志 星野 禨祥

卷之二

地輿志 疆域 形勝 沿革

卷之三

地輿志 山川

卷之四

地輿志 古蹟 冢墓

卷之五

建置志 城池 公署 倉庫 積儲附

卷之六

建置志 關隘 鋪遞 坊市 義舉 村集 里甲 津梁

卷之七

學校志 廟制 賓興 學額 義學 學田 考棚 書院

卷之八

典禮志壇廟 儀注 文廟祀典源流附
卷之九
典禮志祠廟 寺觀附
卷之十
典禮志風俗
卷之十一
食貨志戶口 物産
卷之十二
食貨志田賦 雜稅 鹽引
卷之十三
食貨志賦役
卷之十四
食貨志祭祀 廉俸 工役
卷之十五
食貨志蠲䘏 普濟
卷之十六
武備志營制 俸薪 餉額 塘汛
卷之十七
武備志兵事 團練附
卷之十八
武備志控制
卷之十九
官師志文職表
卷之二十
官師志武職表
卷之二十一
官師志名宦 政績 土司
卷之二十二
選舉志徵辟 科貢
卷之二十三
選舉志保薦 仕籍 武功 封贈 世襲
卷之二十四
人物志鄉賢 行誼 忠烈 孝友
卷之二十五
人物志節孝 節烈貞女烈女附
卷之二十六

人物志 壽考 畤行

卷之二十七

人物志 流寓 方技 釋氏

卷之二十八

藝文志 詩

卷之二十九

藝文志 文

卷之三十

雜志 叢記 辨譌

施南府疆域圖

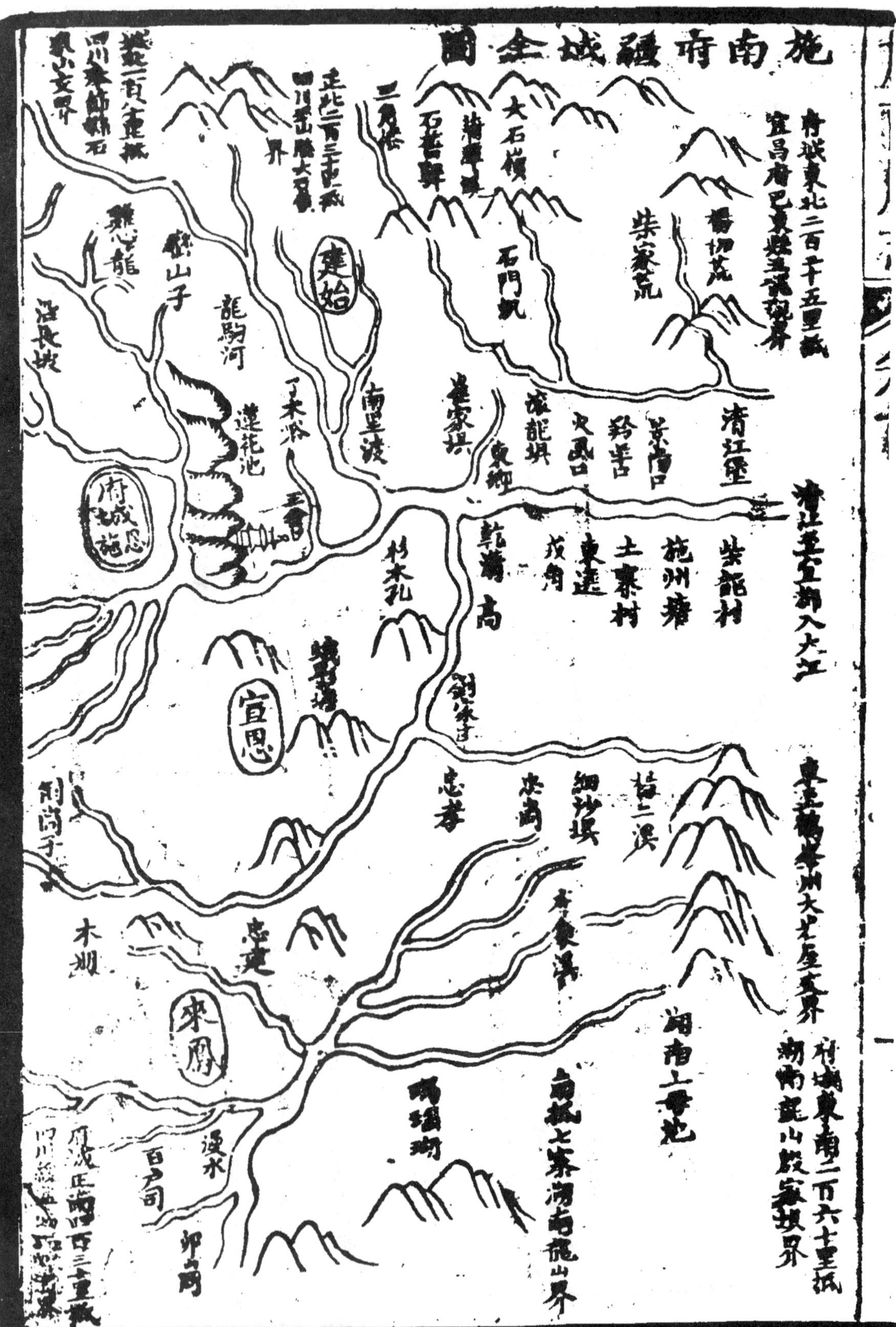

施南府疆域全圖
清江堡
柴家坑
石門坎
大石嶺
建始
龍駒河
蓮花池
南里渡
府城施恩
宣恩
杉木孔
乾溝
高
土寨村
施州塘
柴龍村
東遠
忠孝
細沙溪
忠建
來鳳
木册
百户司
漫水
卯山洞
湖南上番地
界

府城西北五百六十里抵四川石柱司交界

四川石柱司界

利川
老鴉崖
大小箐
火舖
龍馬潭
小溪
杉木垻
乾溪垻
忠路
活龍坪
金峒
兩河口
下昔垻
沙溪
唐崖
咸豐
張家坪
龍坪
水田垻
土老坪
東流

府城西南三百六十里抵四川黔彭營高家山交界

海南府治圖

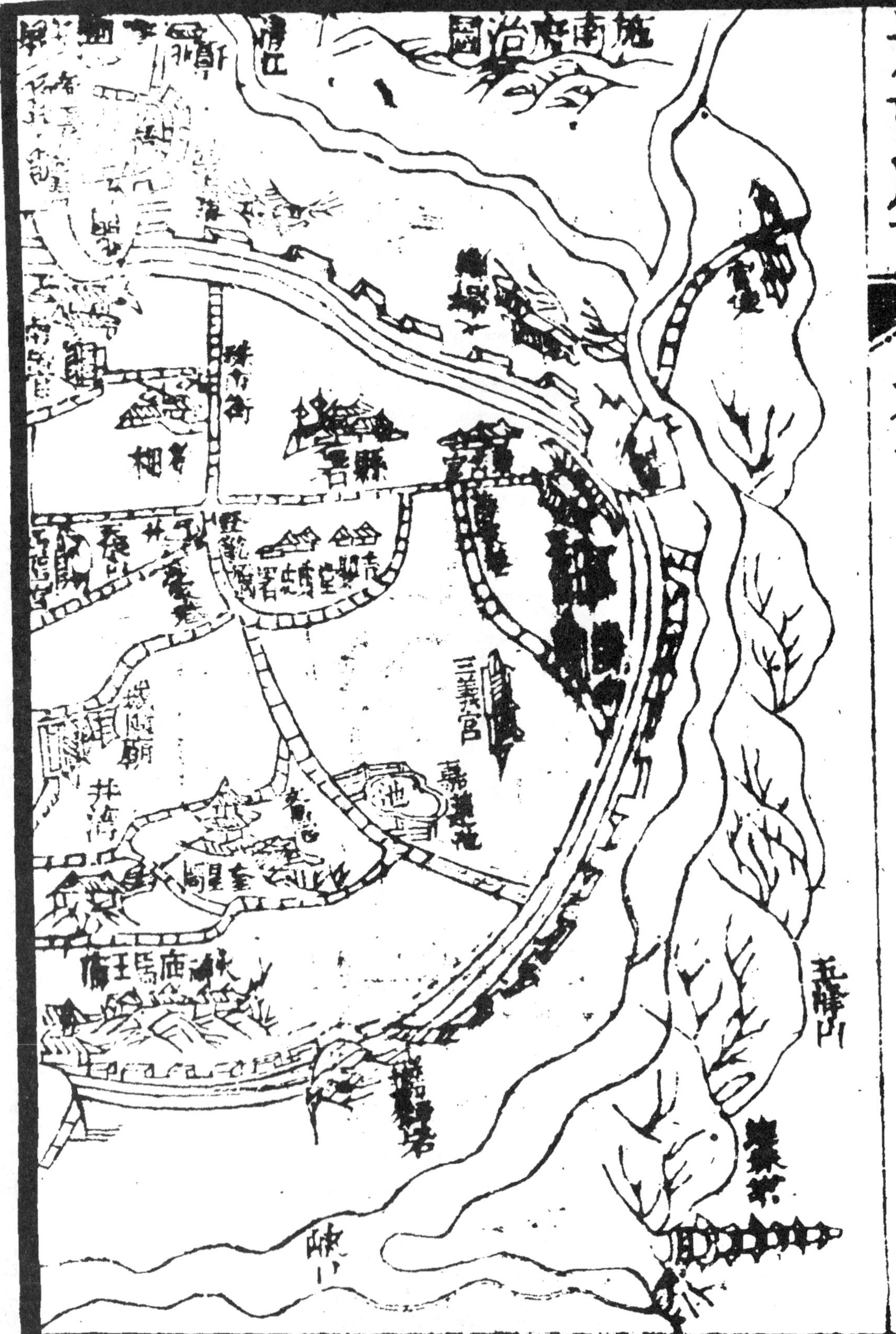
施南府治圖
三義宮
池
五峰山

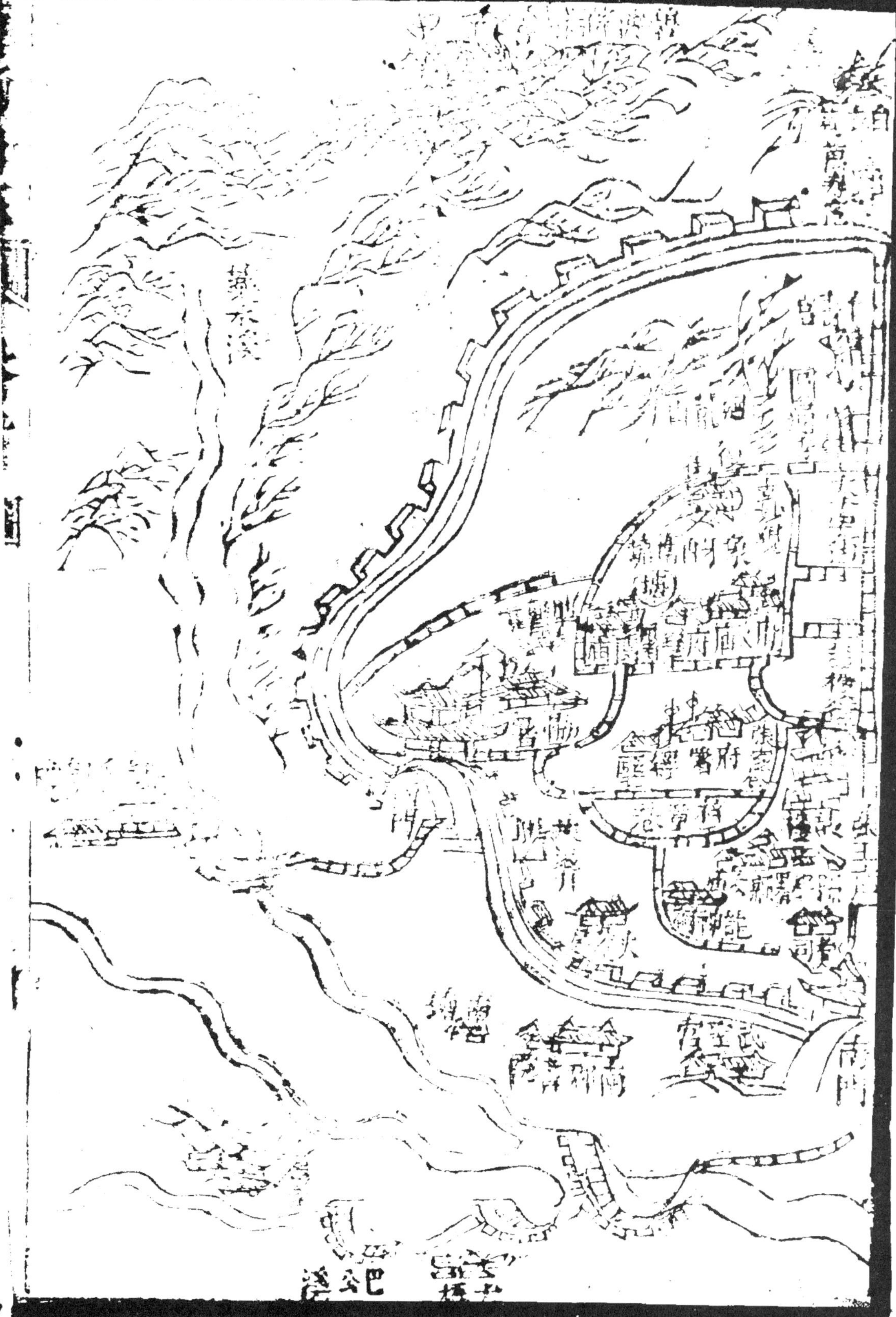

恩施縣境圖

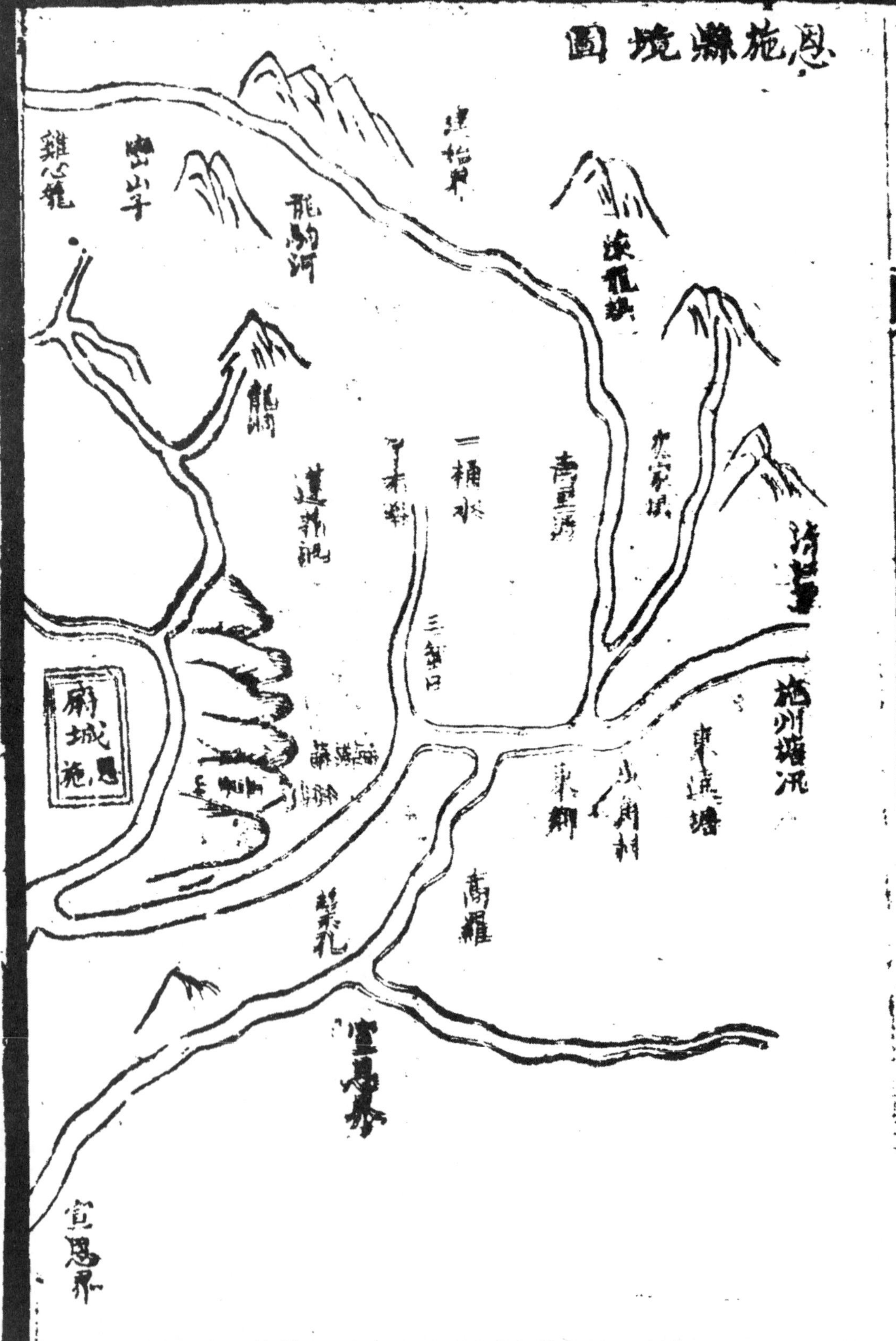
恩施縣境圖
雞心龍
龍駒河
滾龍坝
一桶水
三岔口
施州塘汛
東鄉
高羅
宣恩界
宣恩界

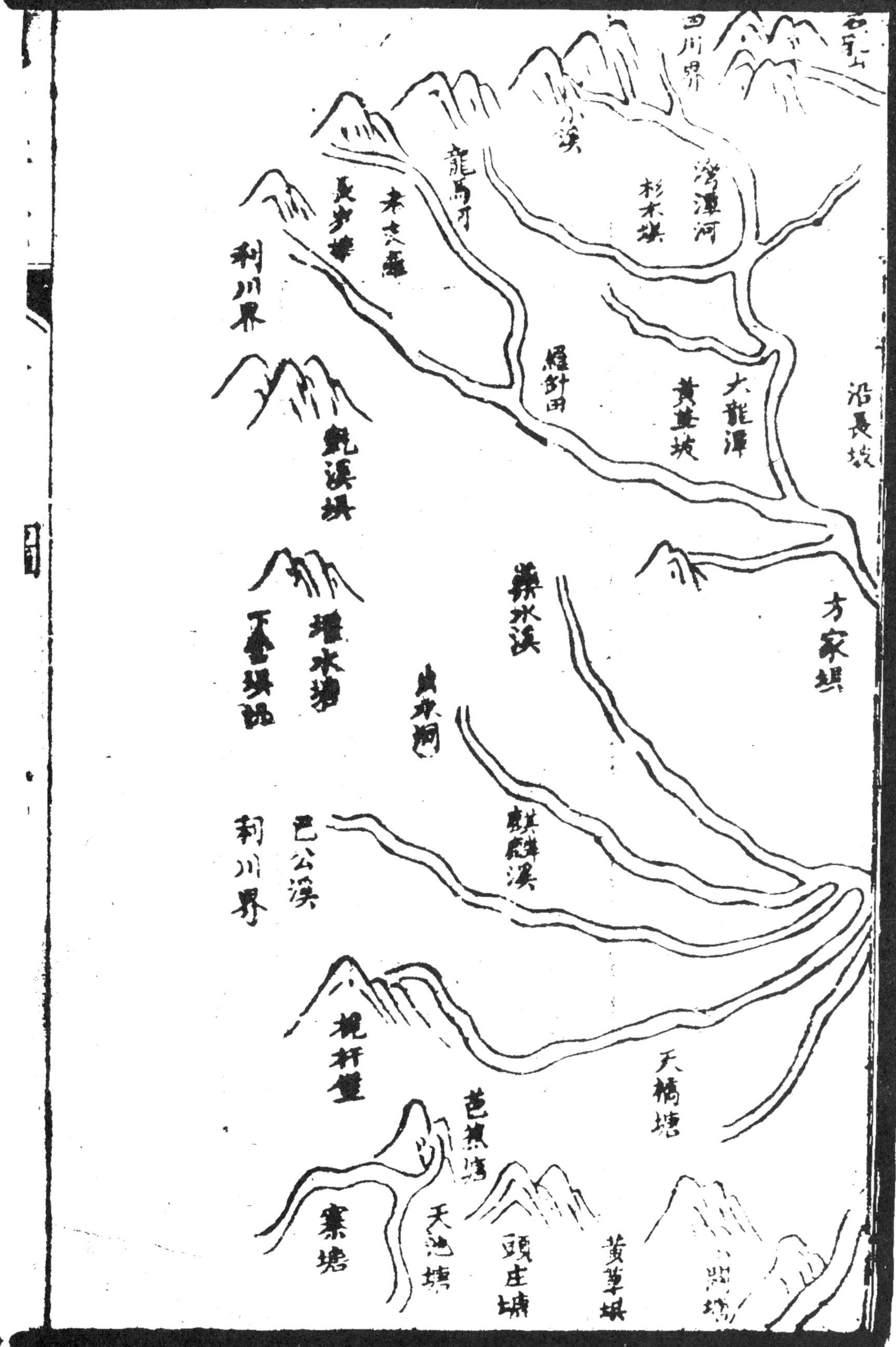
四川界
杉木堤
灣潭河
龍馬口
利川界
大龍潭
黄葉坡
沿長坡
方家堤
巴公溪
利川界
天橋塘
寨塘
天池塘
頭庄塘
黄草壩

宣恩縣境圖

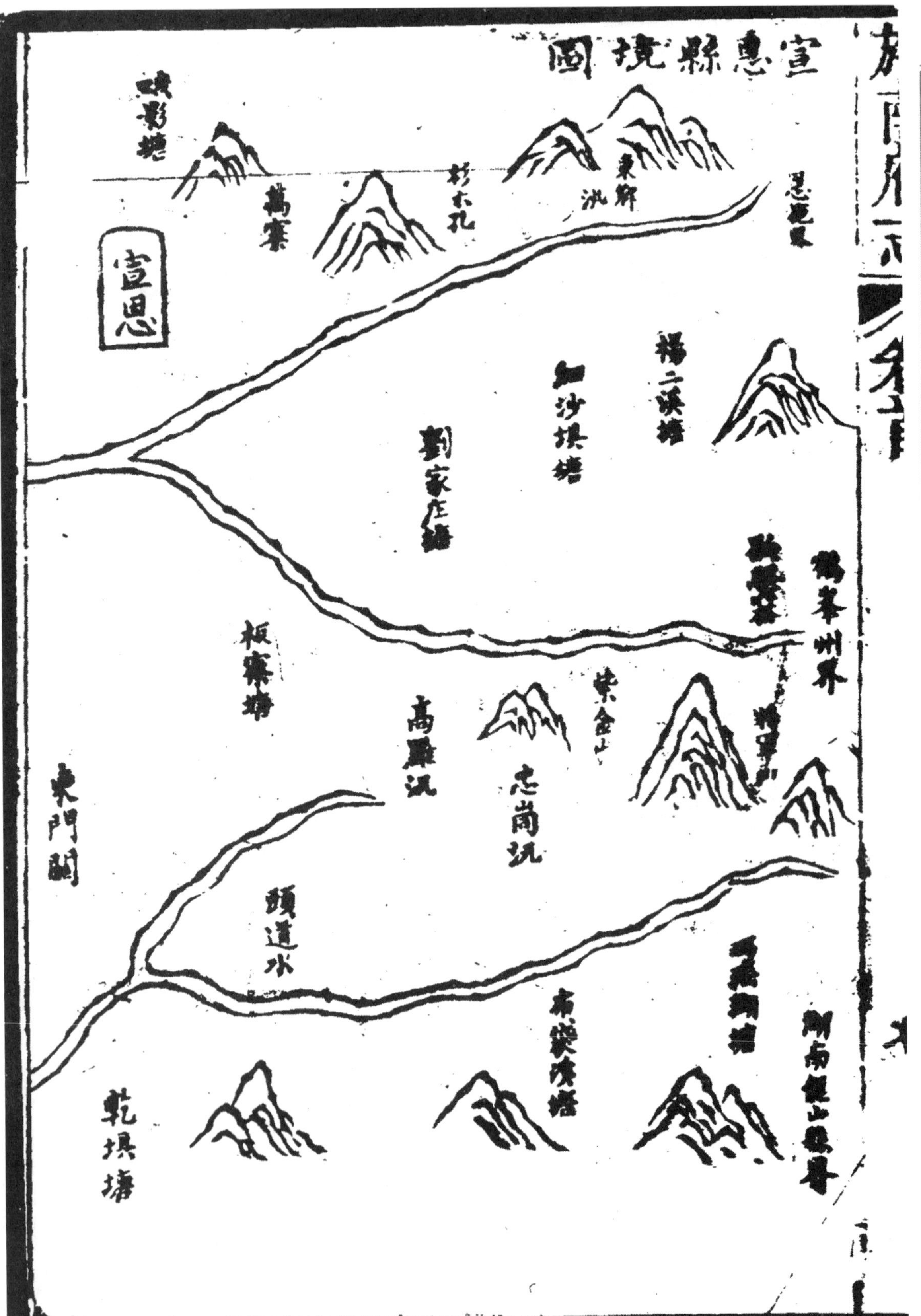
宣恩縣境圖
宣恩
萬寨
杉木孔
東鄉汛
楊二溪塘
劉家庄塘
板寨塘
鶴峯州界
紫金山
高羅汛
忠峝汛
東門關
頭道水
乾坝塘

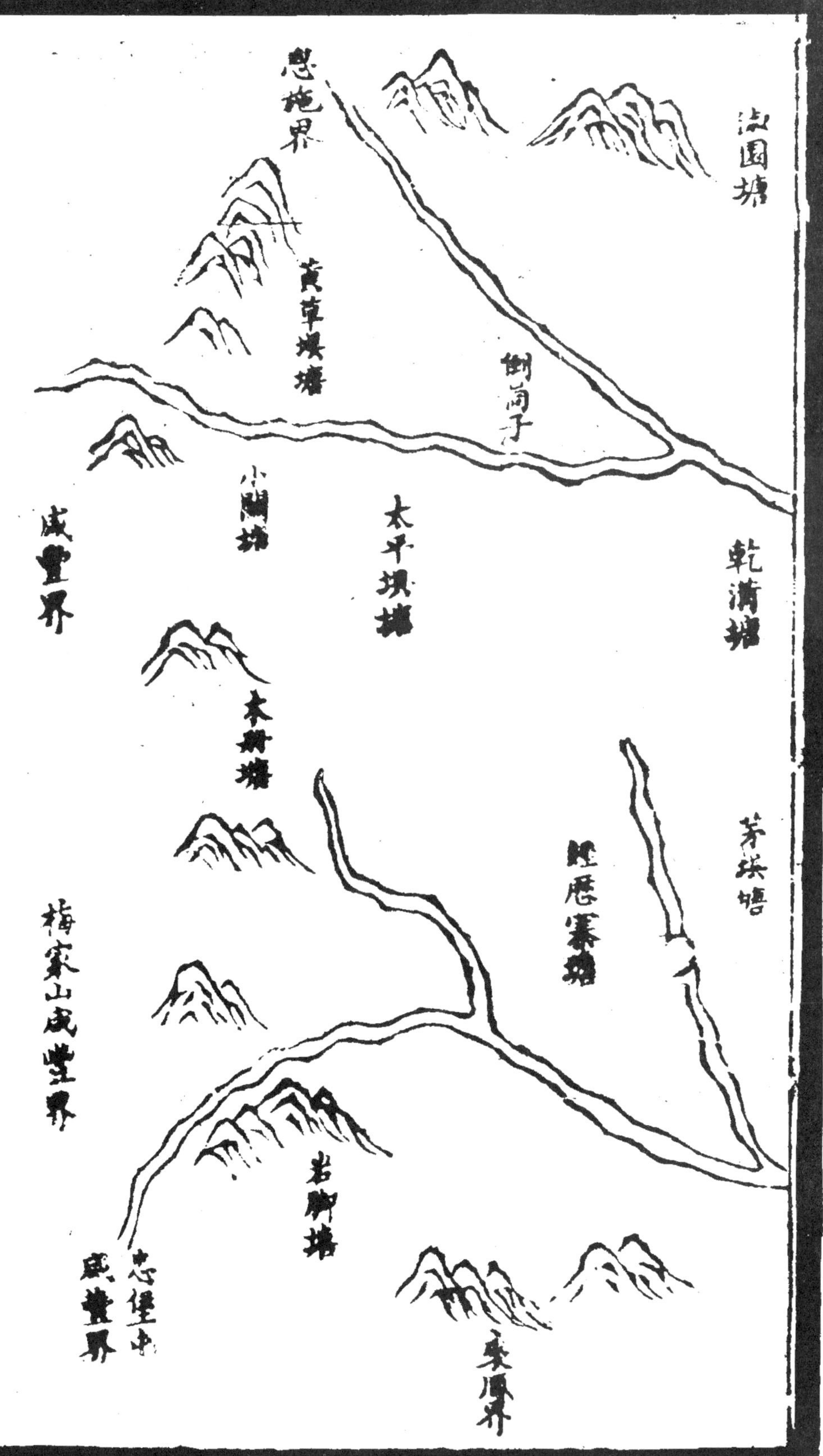
恩施界
黃草壩塘
乾溝塘
太平壩塘
咸豐界
茅坝塘
梅家山咸豐界
岩腳塘
忠堡
咸豐界
來鳳界

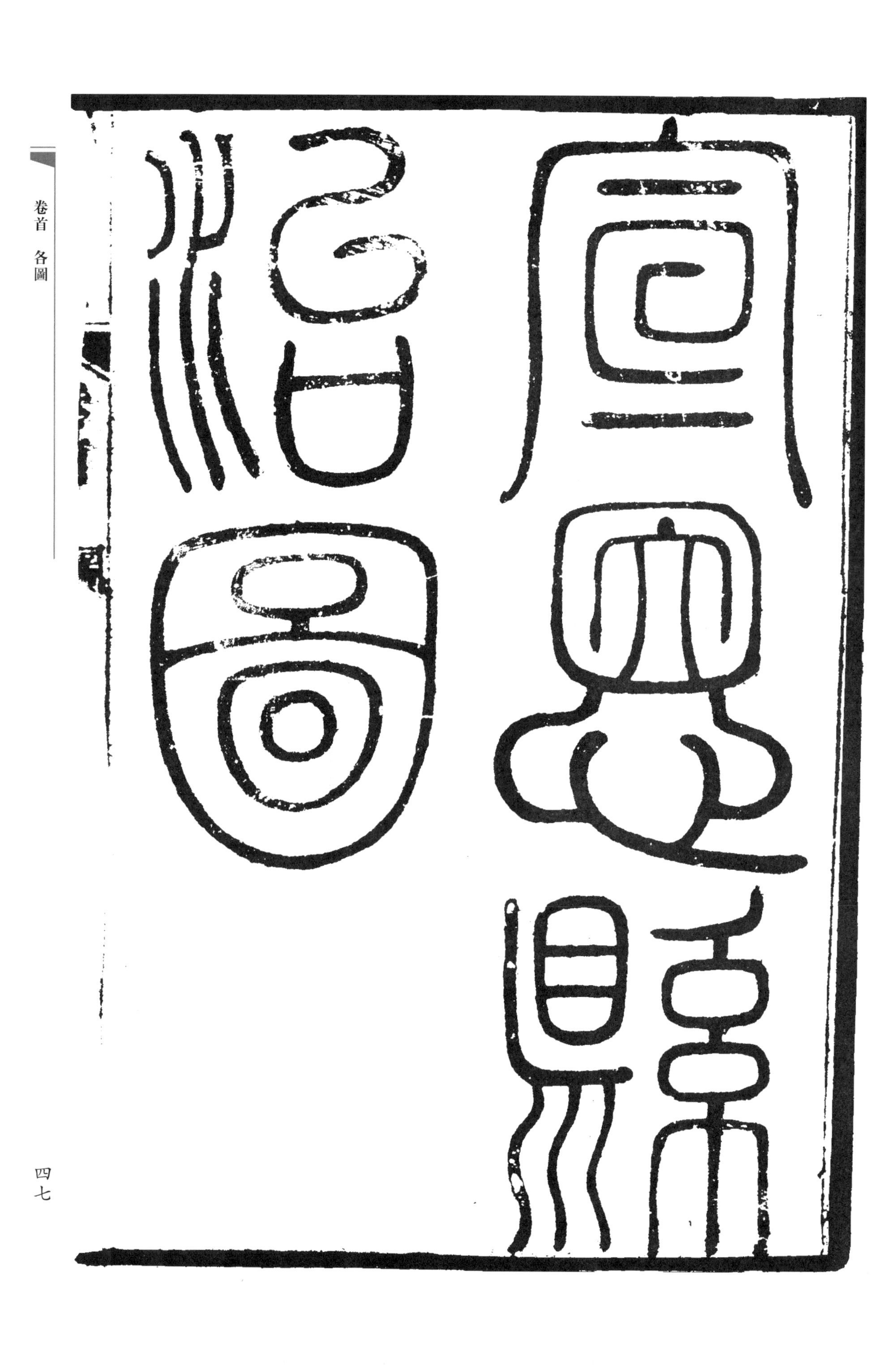

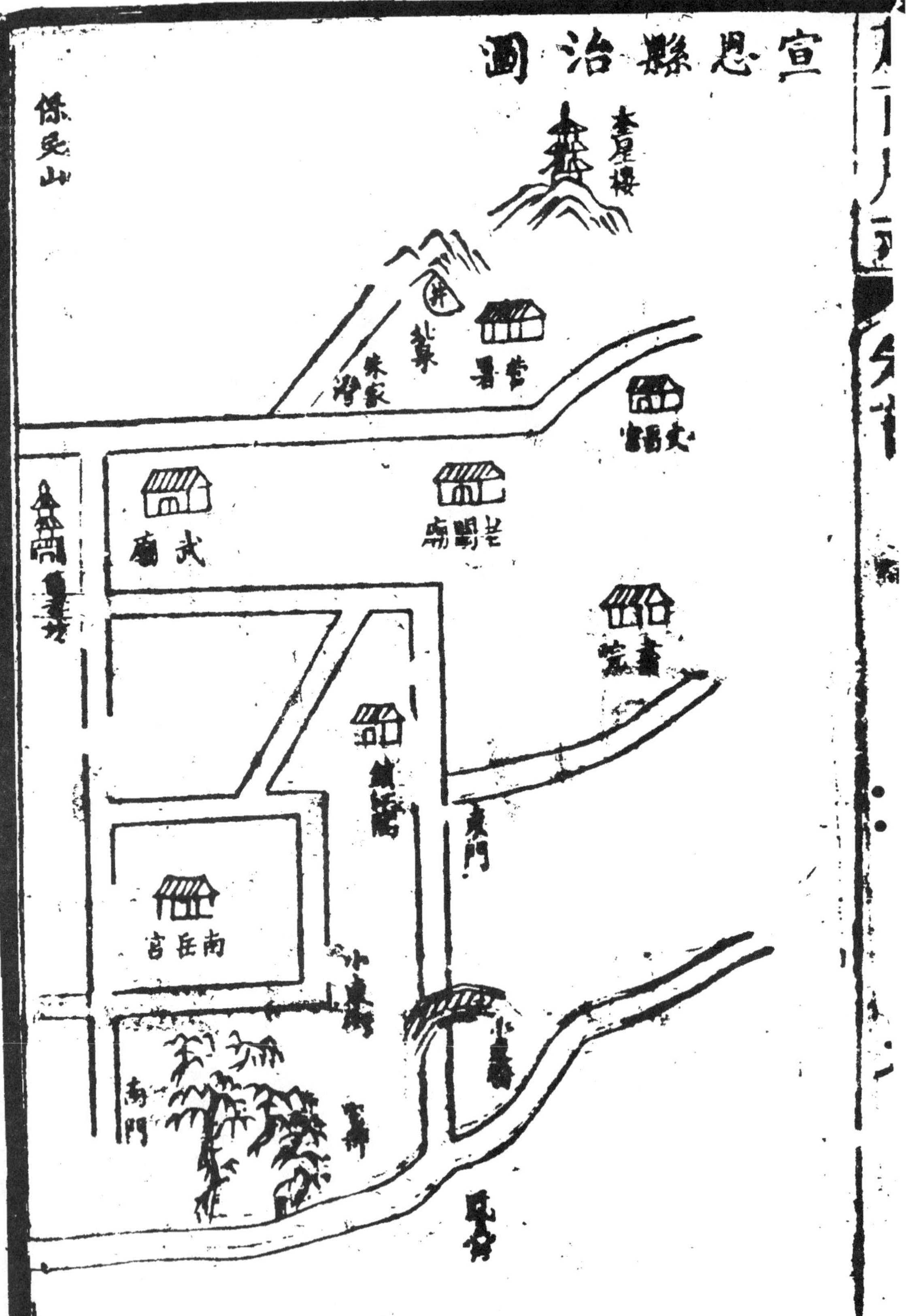
宣恩縣治圖
奎星樓
營署
武廟
書院
南岳宮
東門
南門

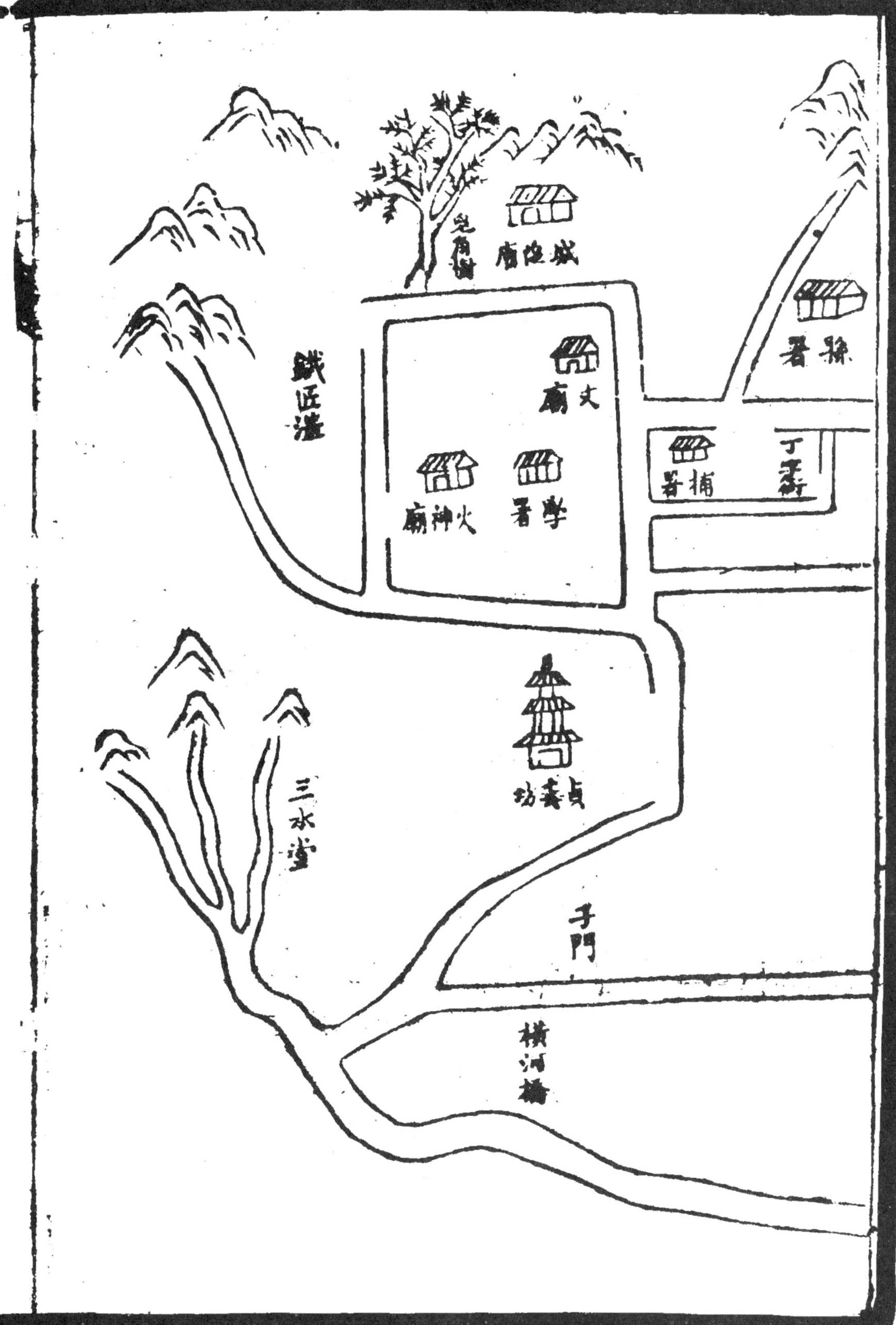
皂角樹
城隍廟
縣署
鐵匠壚
文廟
捕署
丁壽
火神廟
學署
貞壽坊
三水堂
子門
橫河橋

來鳳縣境圖

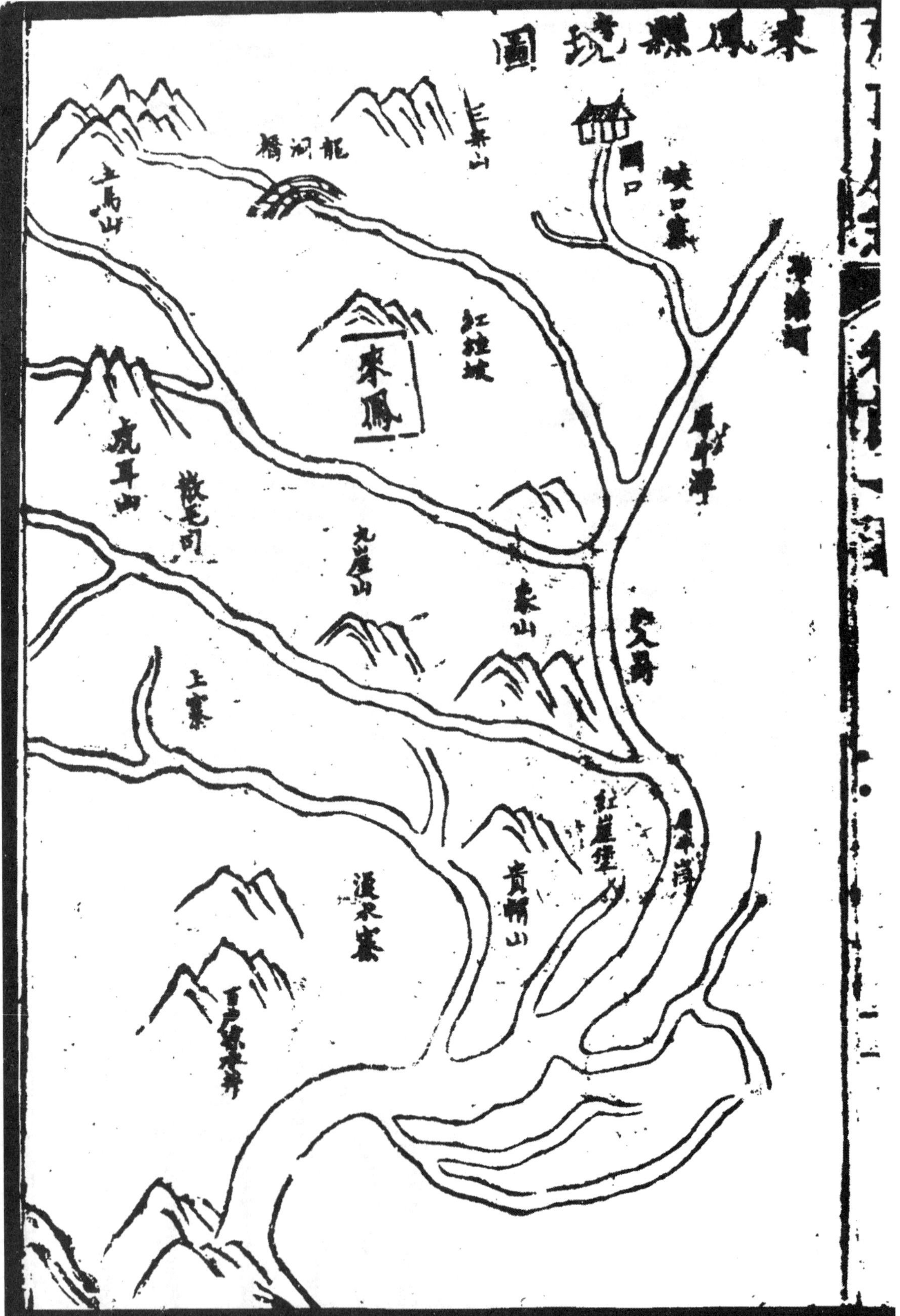
來鳳縣境圖
龍洞橋
來鳳
虎耳山
散毛司
象山
上寨
漫水寨

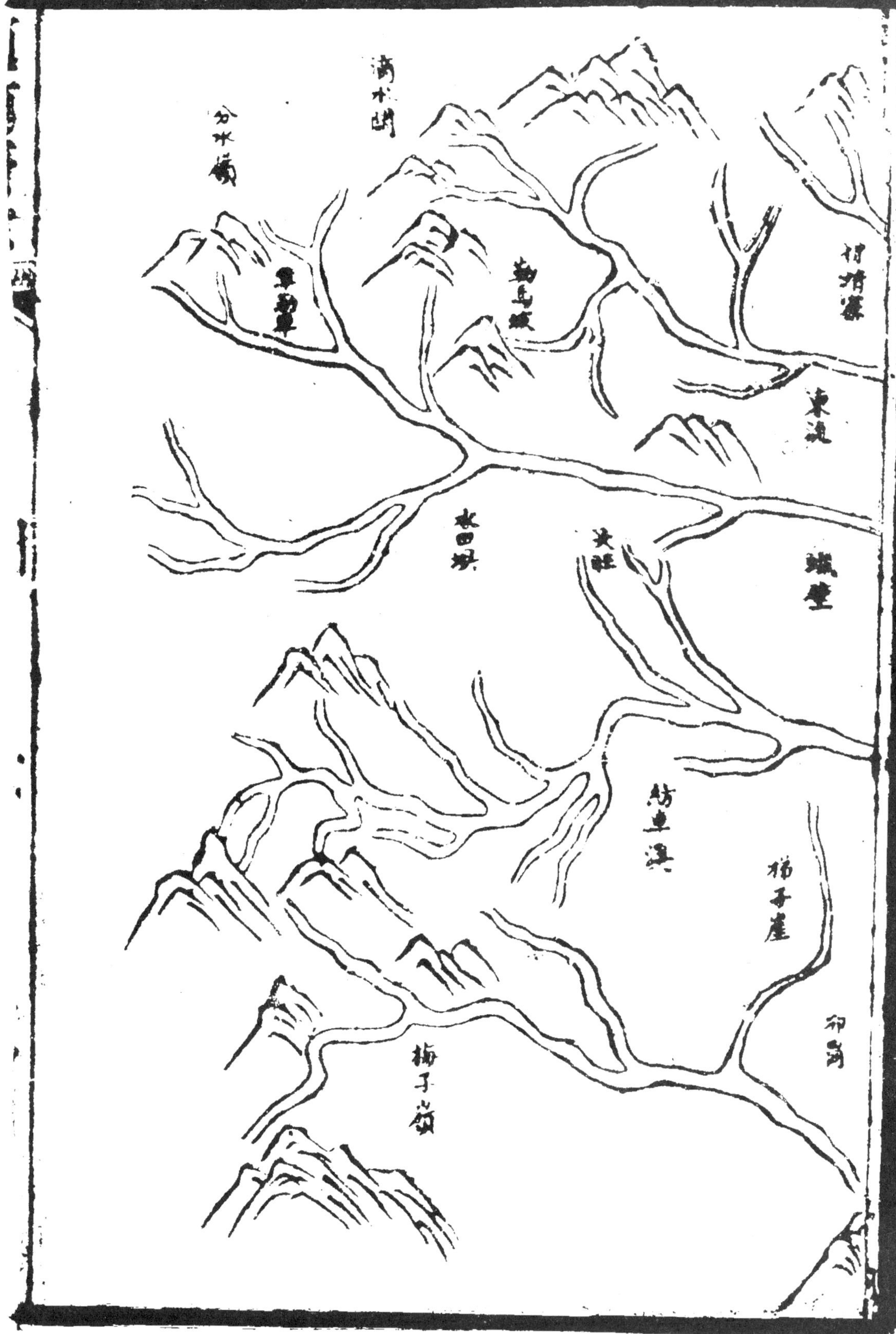
東流
梯子崖
紡車溪
梅子嶺
分水嶺

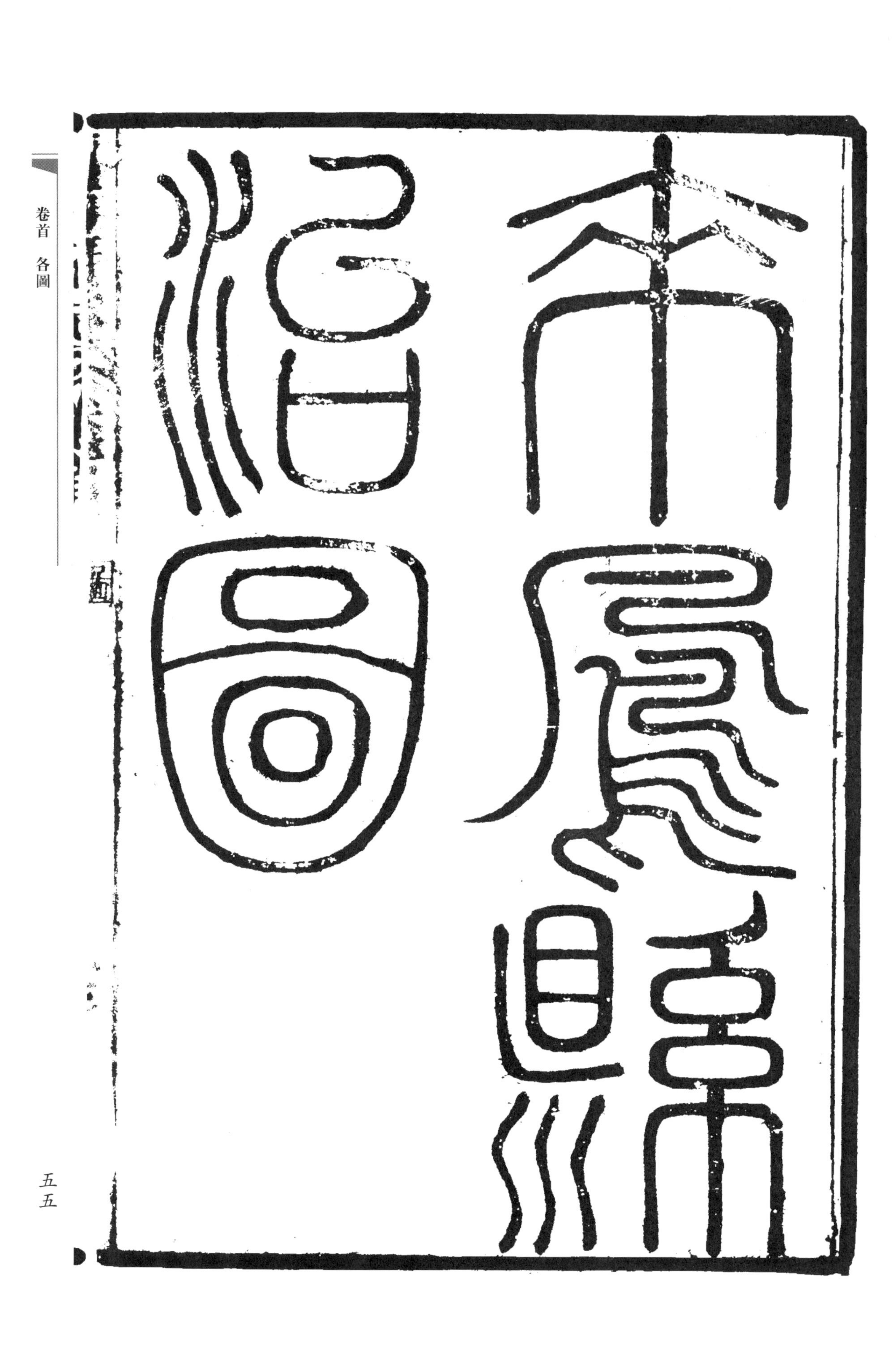

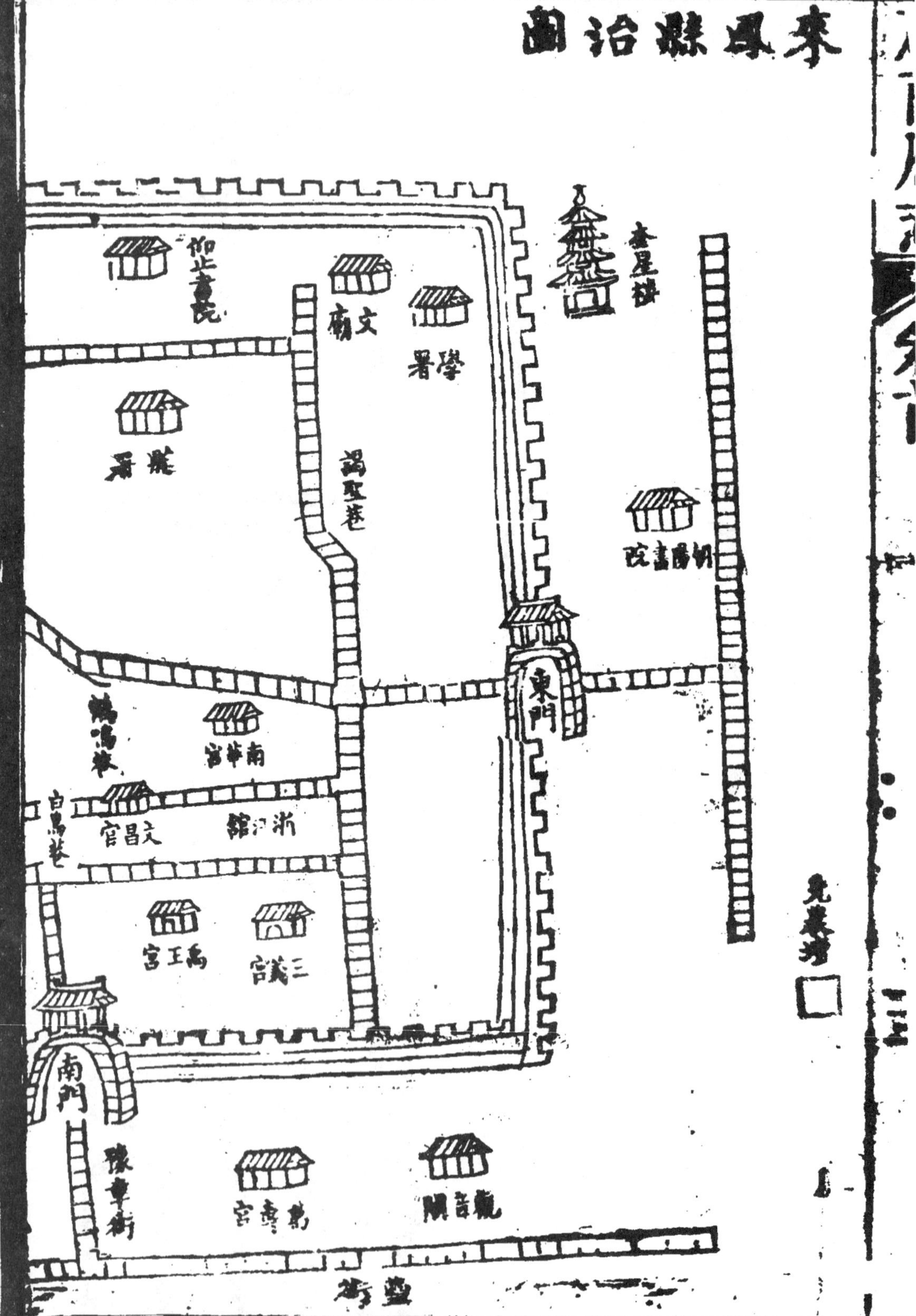
來鳳縣治圖
仰止書院
文廟
學署
魁星樓
縣署
謁聖巷
朝陽書院
東門
鶴鳴巷
南華宮
白鳥巷
文昌宮
浙江館
禹王宮
三義宮
先農壇
南門
豫章街
萬壽宮
觀音閣
鹽街

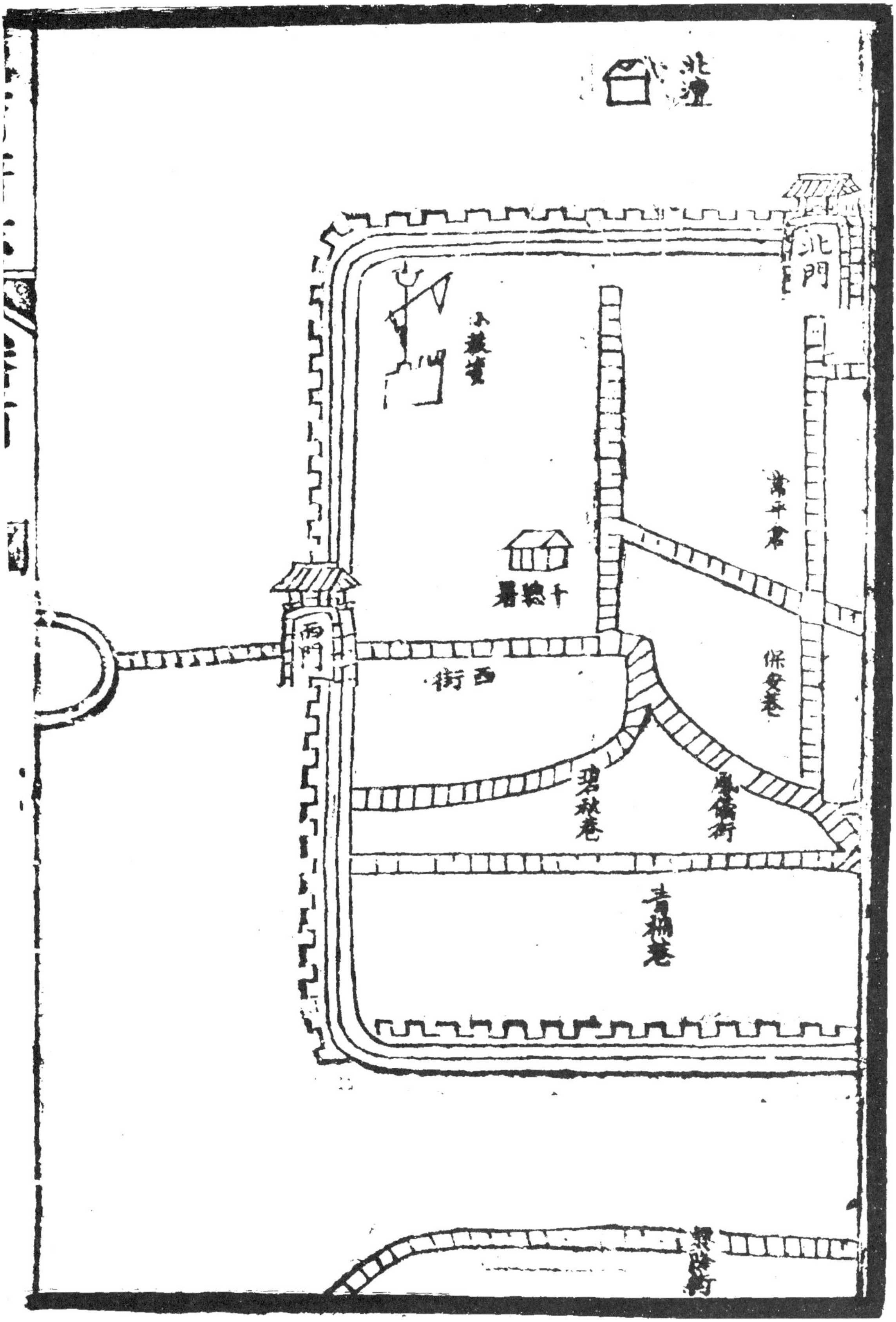

北壇
北門
小教場
常平倉
十總署
西門
西街
保安巷
碧秋巷
鳳儀街
青桐巷
豐隆街

咸豐縣境圖

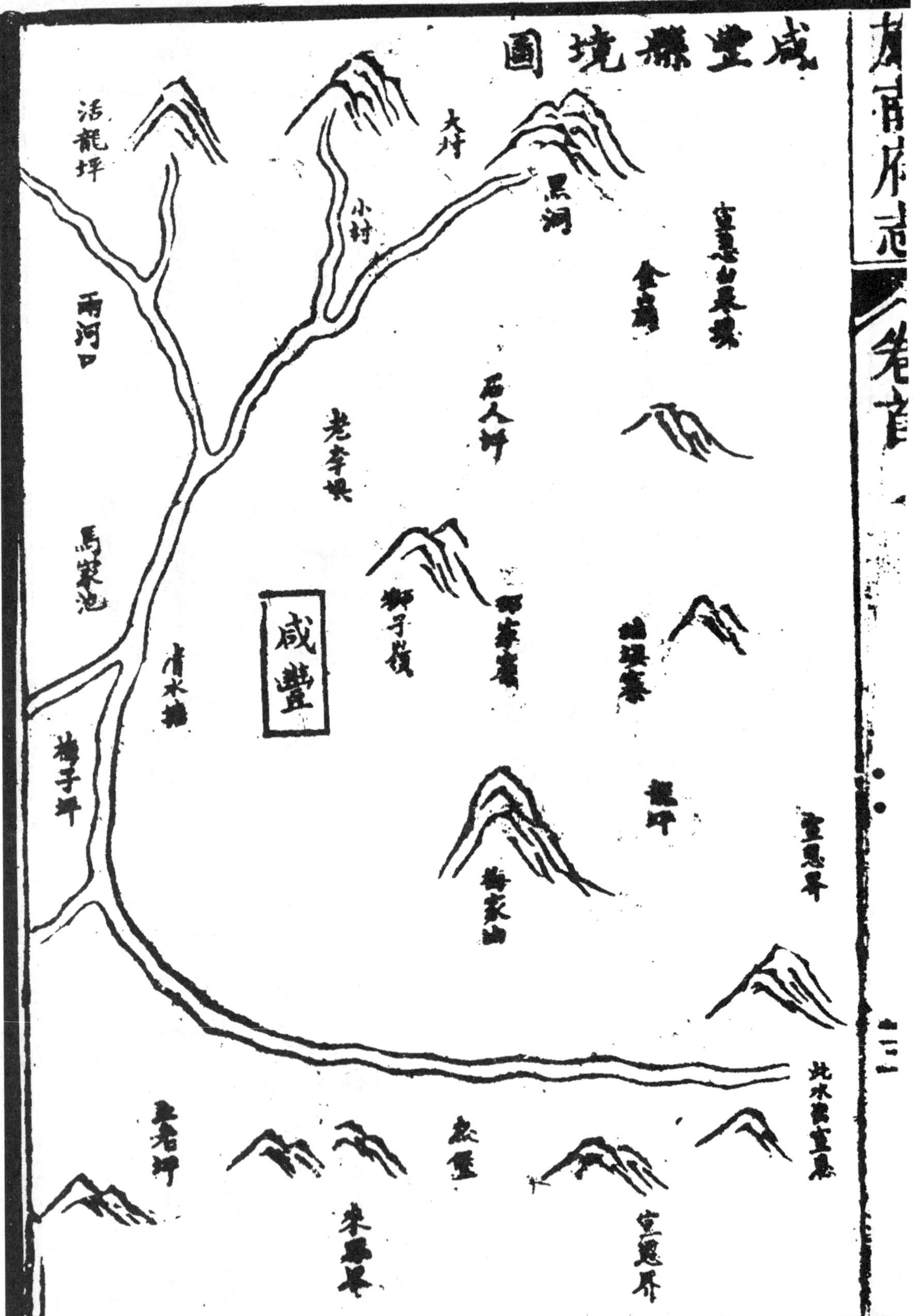
咸豐縣境圖
活龍坪
大村
小村
黑洞
宣恩縣界
金峒
兩河口
石人坪
馬家池
獅子嶺
咸豐
清水塘
梅子坪
宣恩界
梅家山
來鳳界
宣恩界

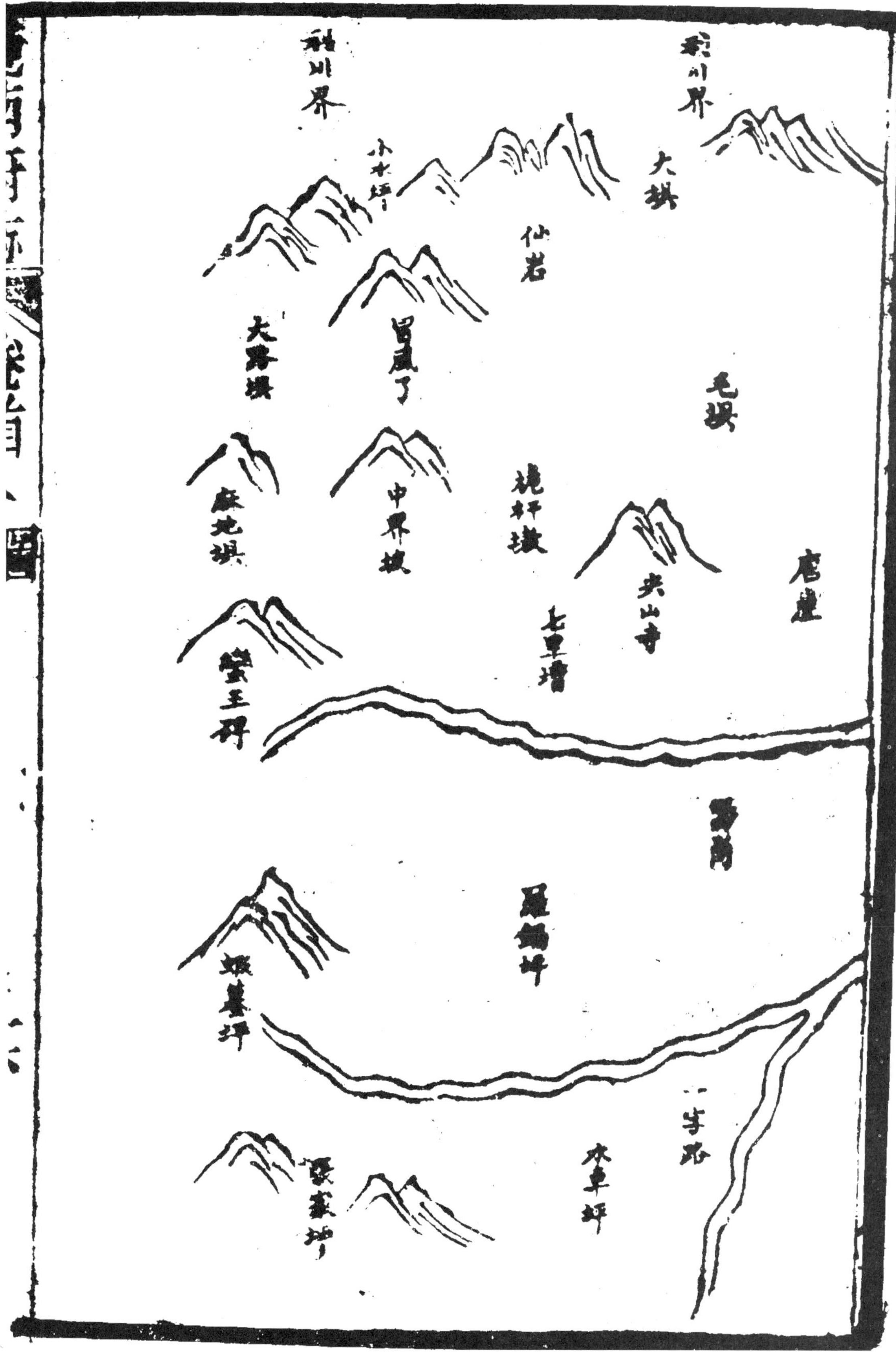
川界
川界
小水坪
仙岩
大路埡
中界埡
麻地埡
尖山寺
七里墻
羅鍋坪
水草坪

咸豐縣治圖

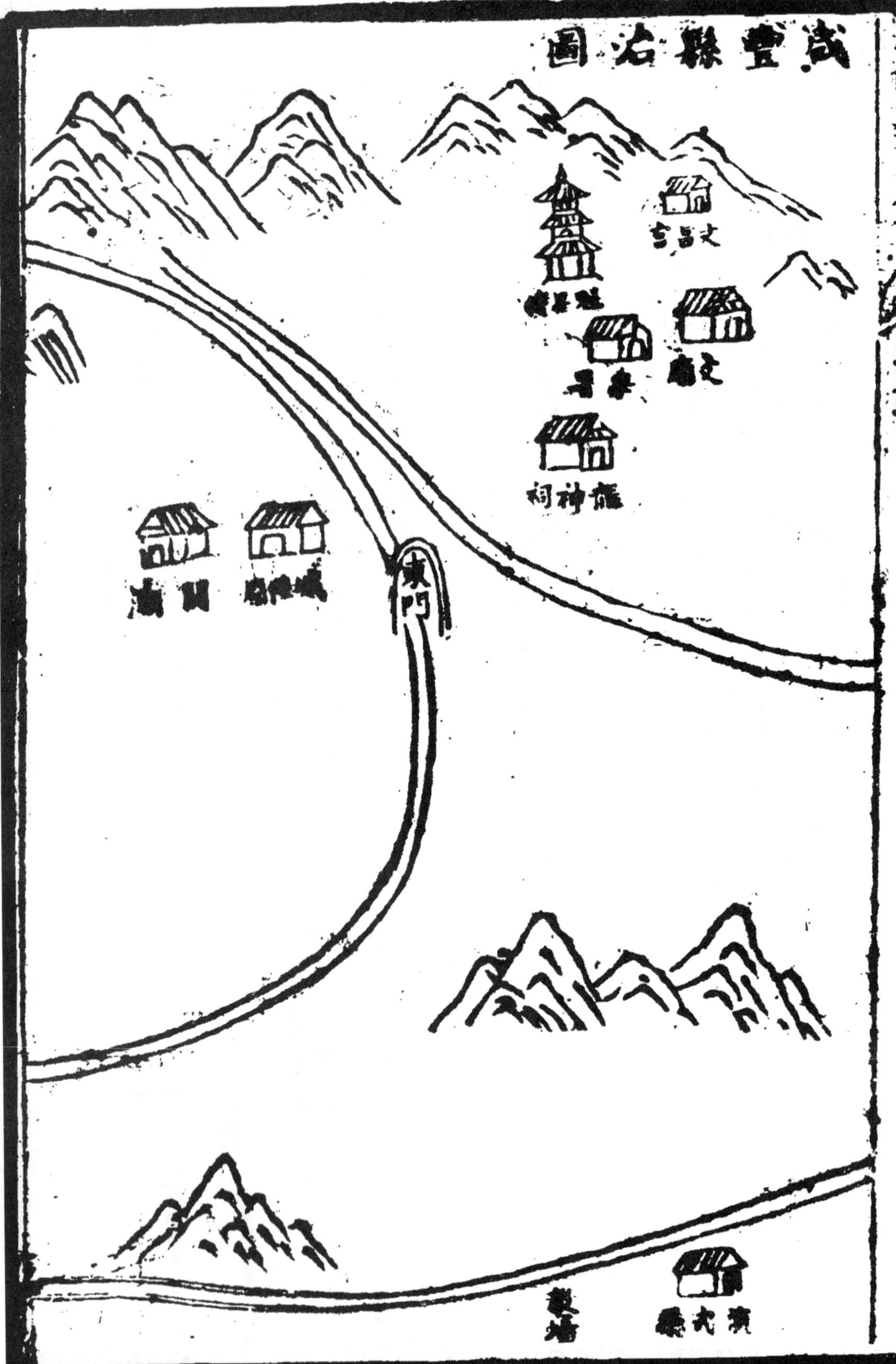
咸豐縣治圖
文昌宫
魁星樓
文廟
龍神祠
城隍廟
關廟
東門
演武廳
教場

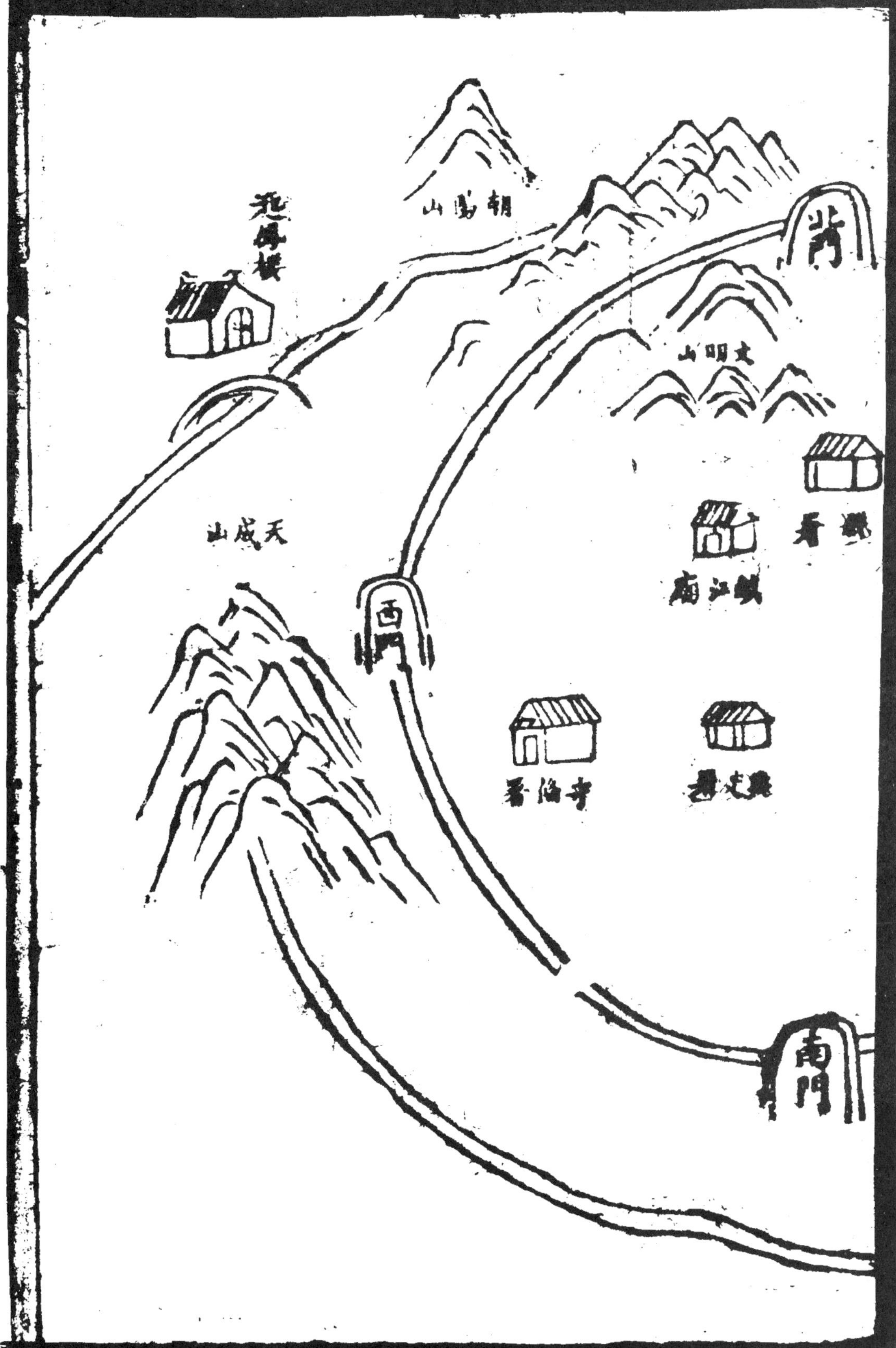
朝陽山
北門
文明山
鎮江廟
天成山
西門
守備署
南門

汶川縣境圖

利川縣境圖

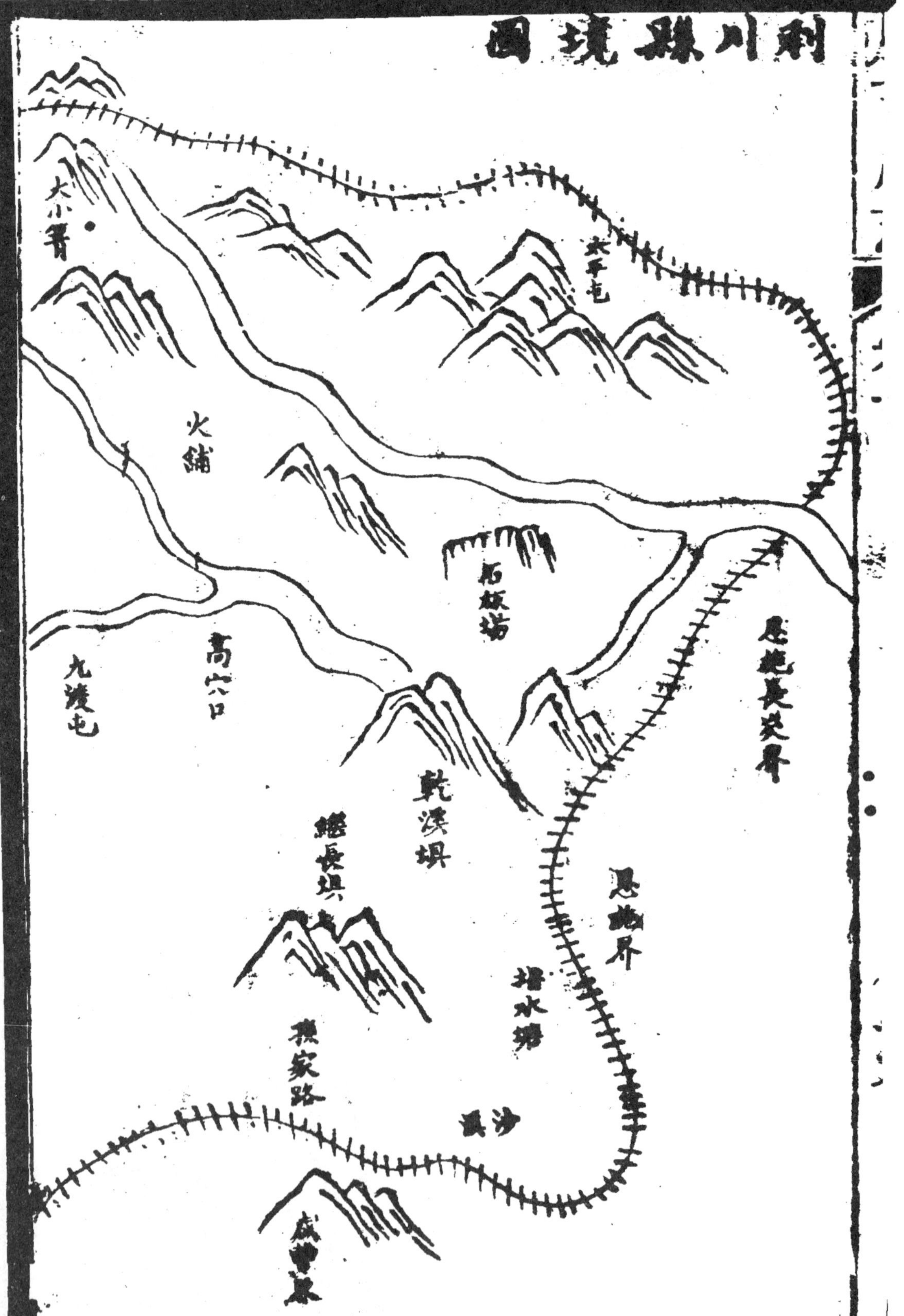

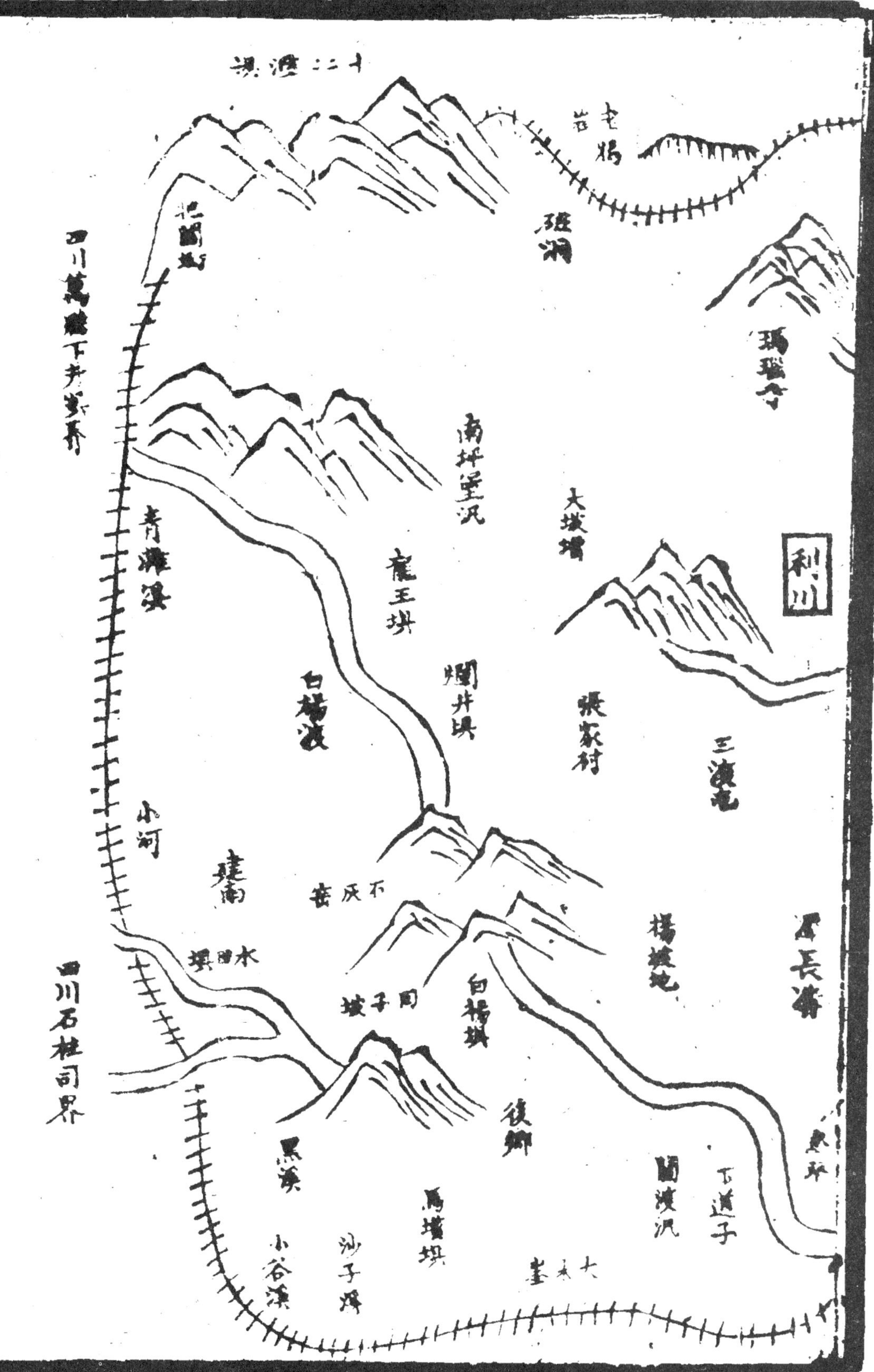

利川
四川萬縣下井界
四川石柱司界
青灘溪
龍王坝
白楊坝
南坪營汛
大垴壩
張家村
三渡坨
瑪瑙寺
小河
建南
不灰窑
水田坝
白楊坝
後鄉
黑溪
馬壩坝
沙子塆
小谷溪
下道子
東平

利川縣治圖

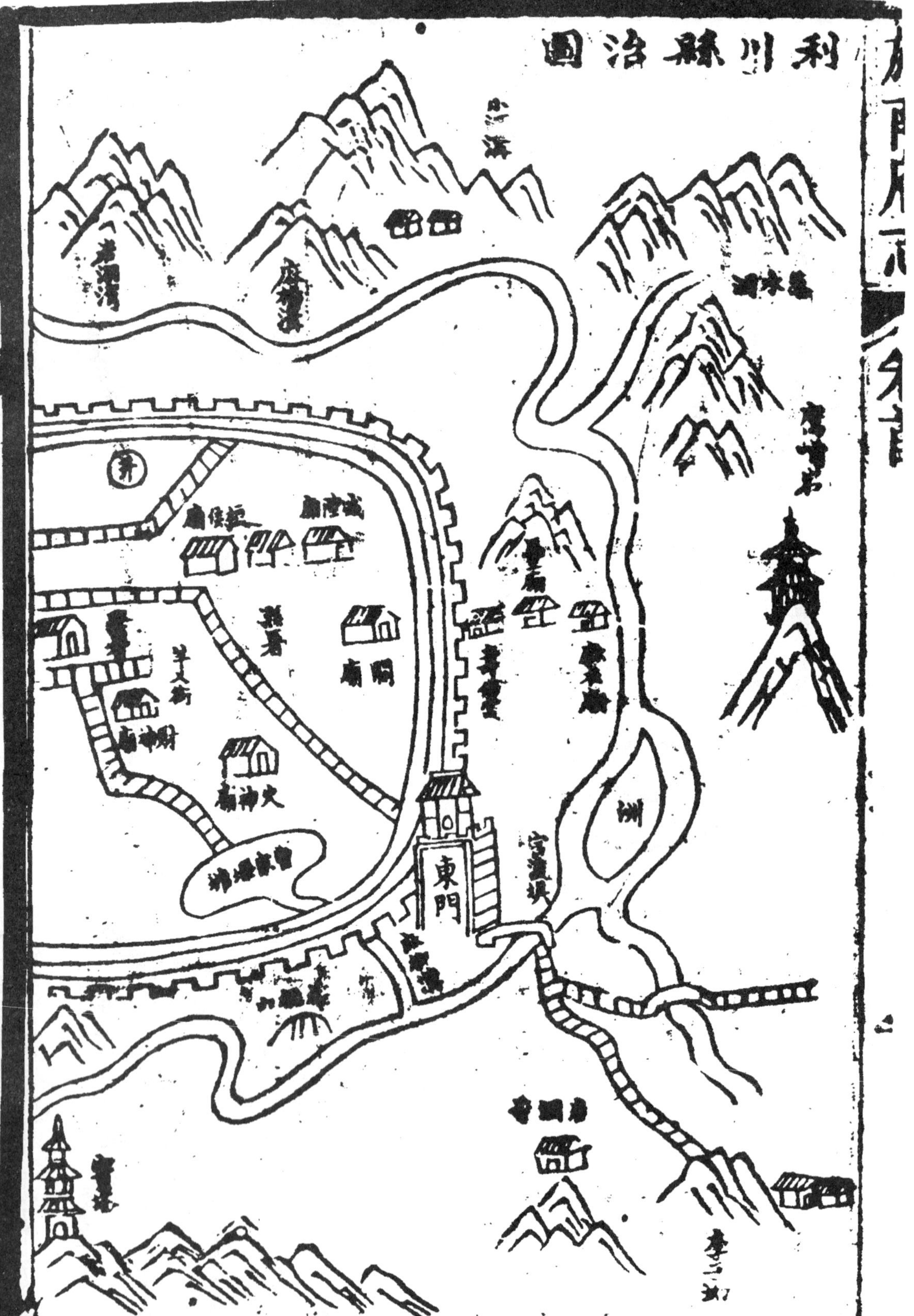
利川縣治圖
城隍廟
縣署
關廟
財神廟
火神廟
東門
洲

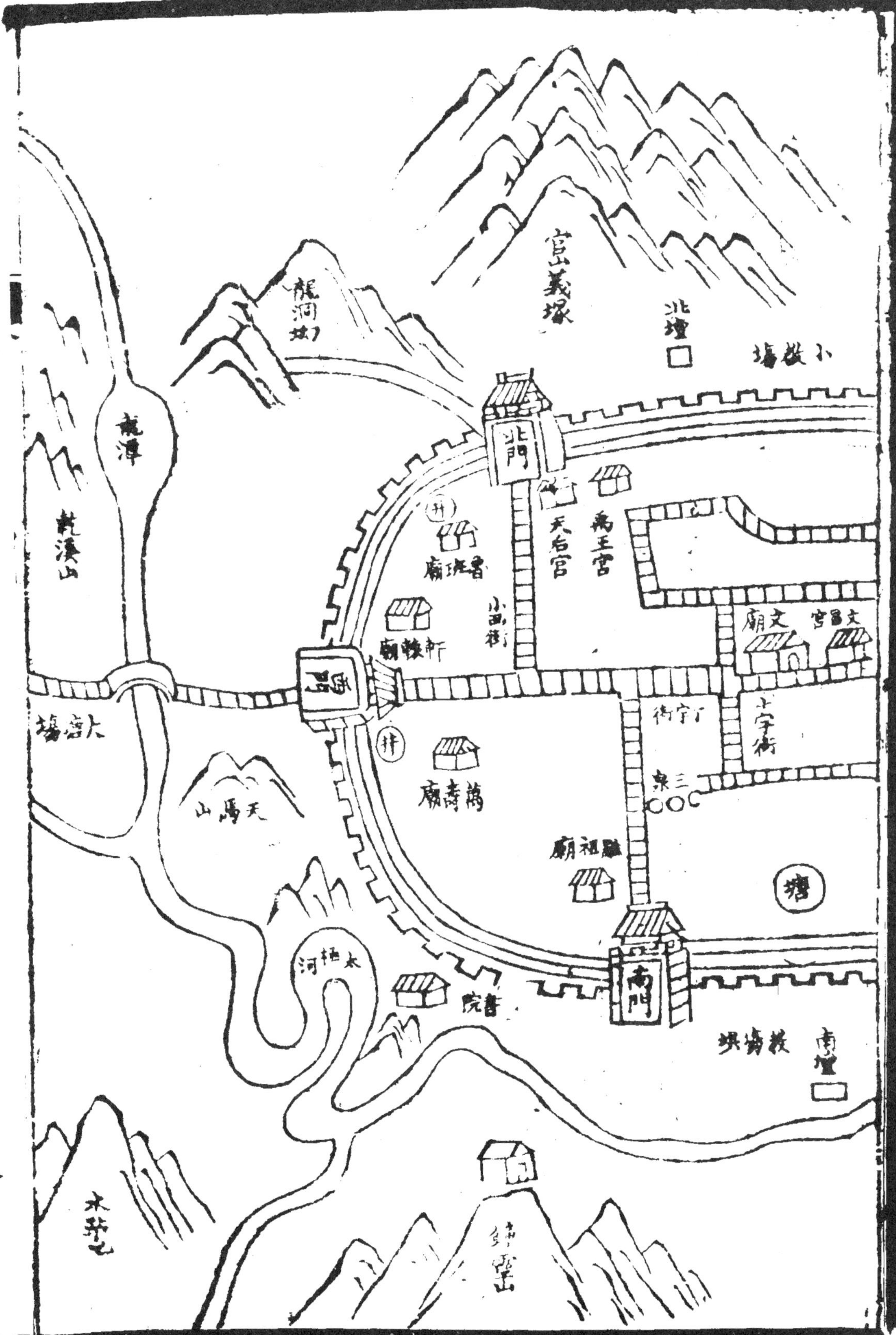
宫山義塚
北壇
小教場
龍潭
龍溪山
北門
禹王宫
天后宫
魯班廟
小西街
軒轅廟
文廟
文昌宫
丁字街
十字街
三泉
萬壽廟
天馬山
太極河
書院
南門
南壇

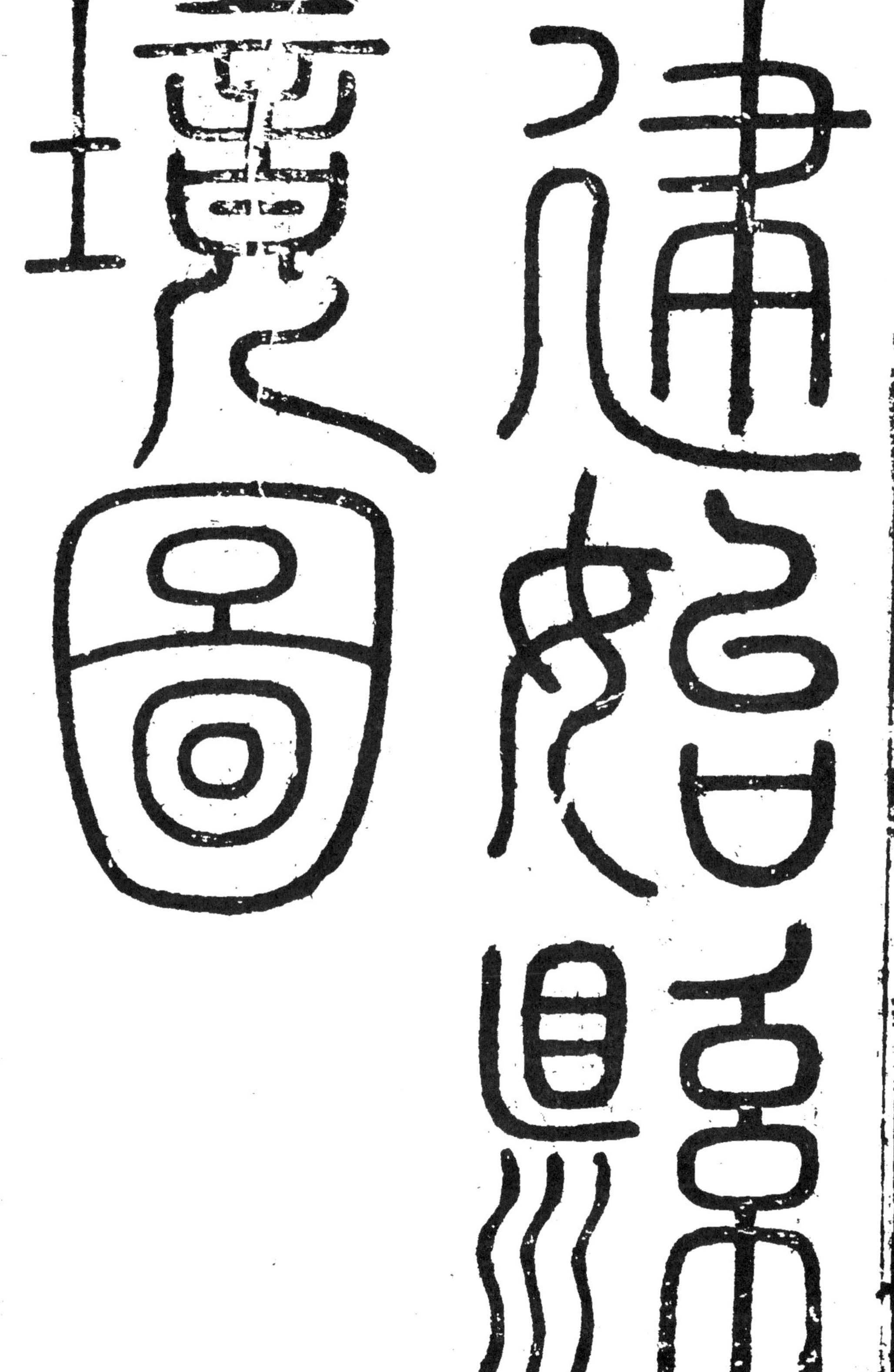

建始縣境圖
乾溝
燕子龕
望坪
連三坡
柴家荒
野山河
楊柳荒
大風口
馬水河

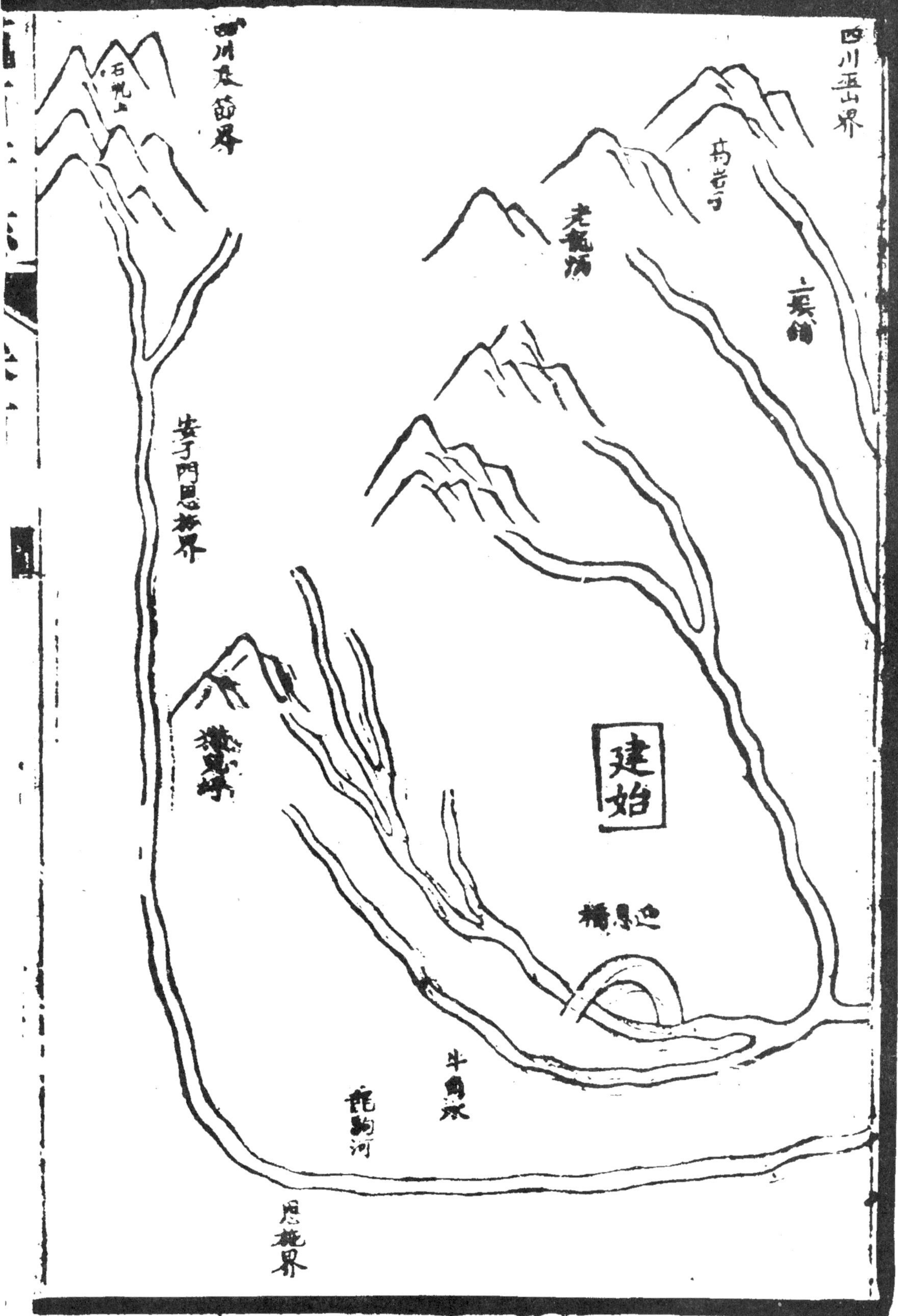
四川巫山界
四川奉節界
石乳山
高岩子
安子門恩施界
建始
牛角水
龍駒河
恩施界

建始縣治圖

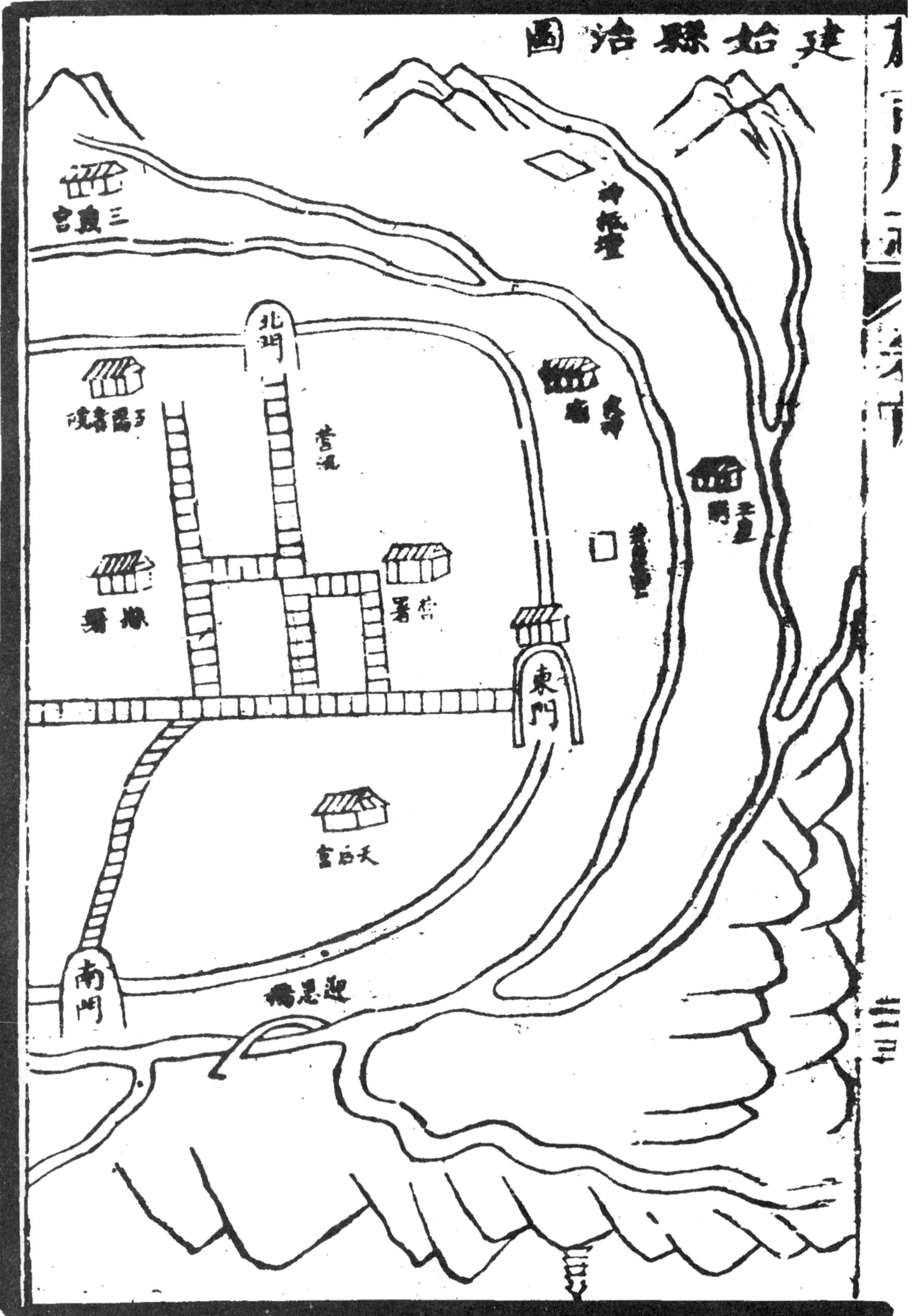
建始縣治圖
三義宮
北門
營汛
縣署
營署
東門
天后宮
南門
迎恩橋

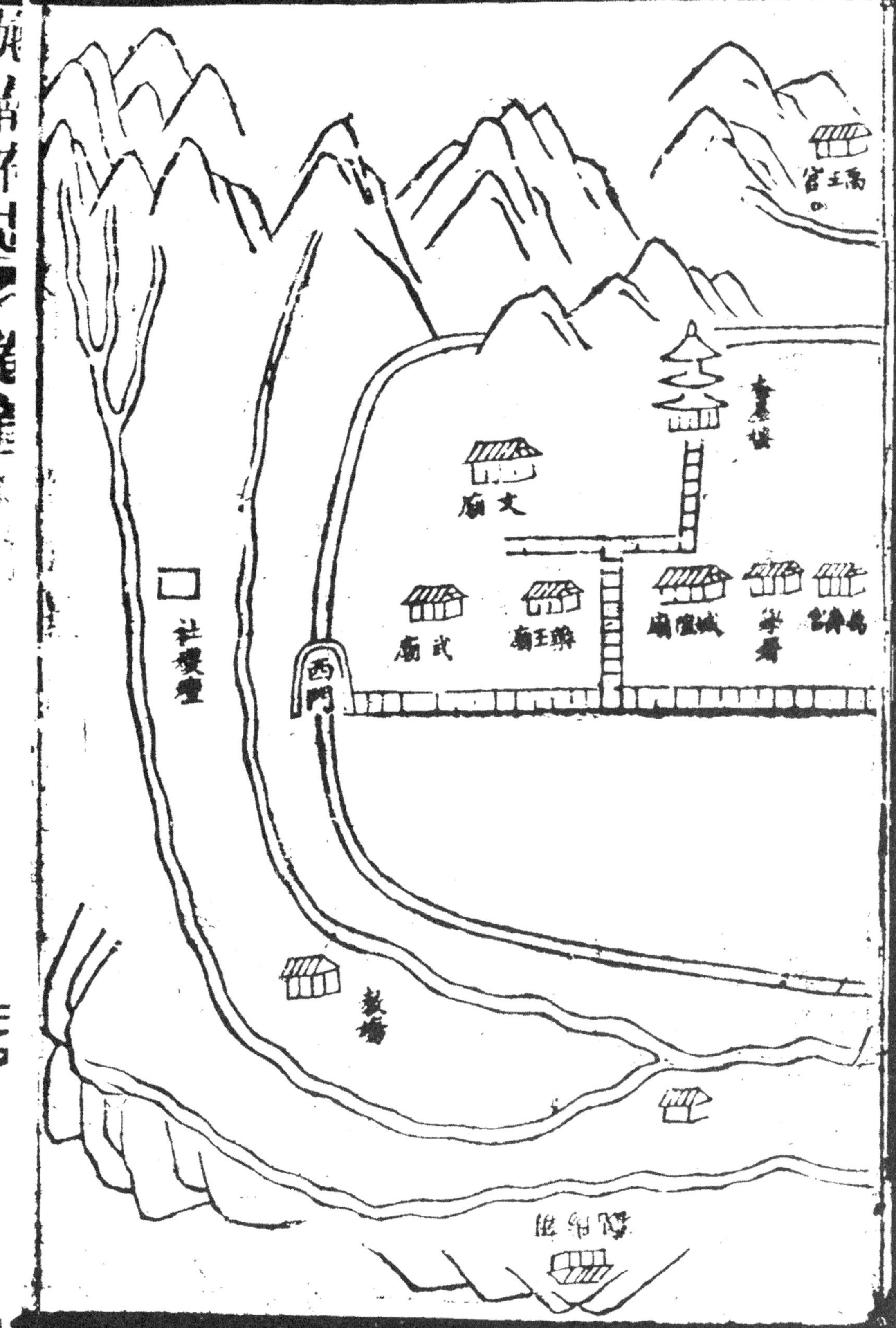
文廟
武廟
龍王廟
城隍廟
學署
社稷壇
西門
教場

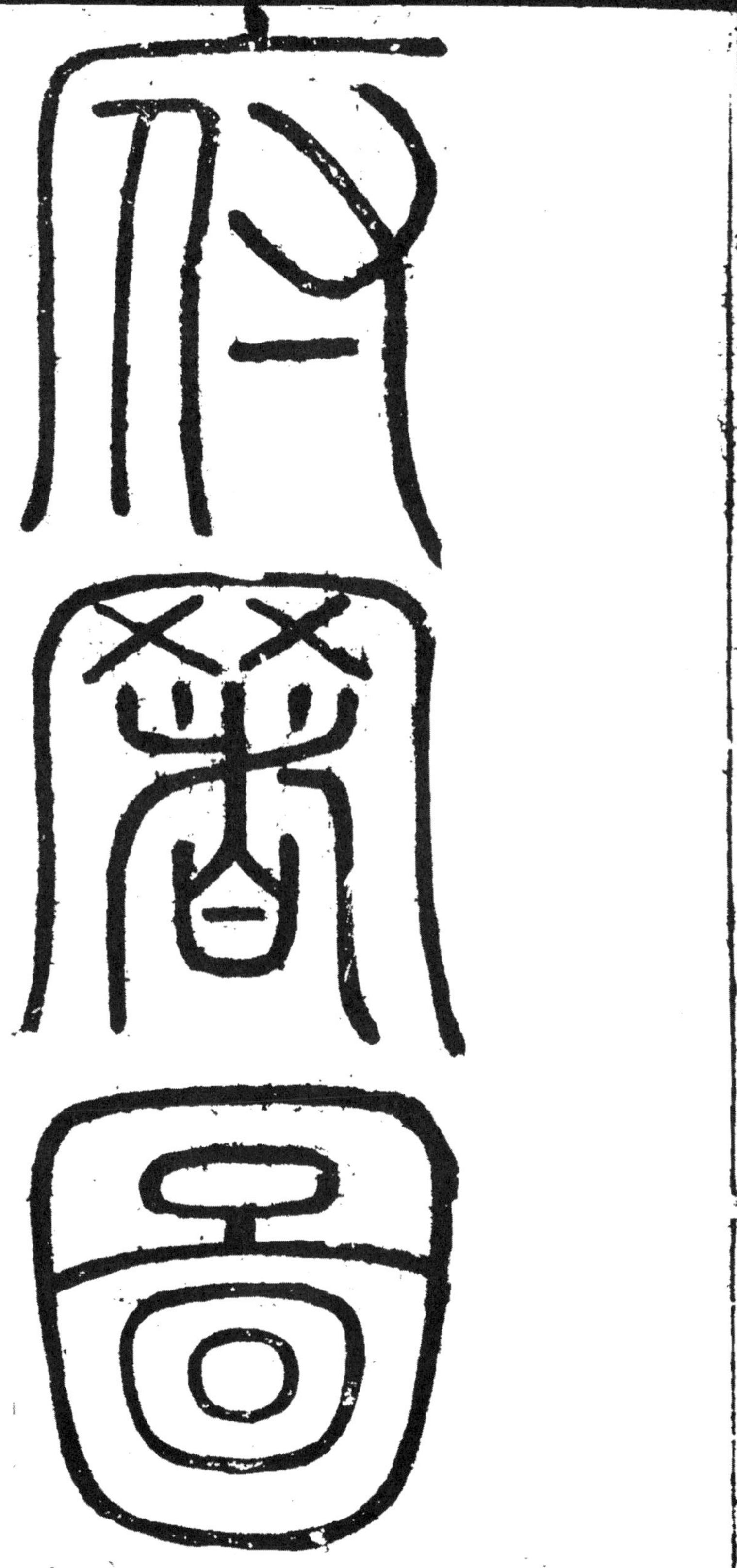

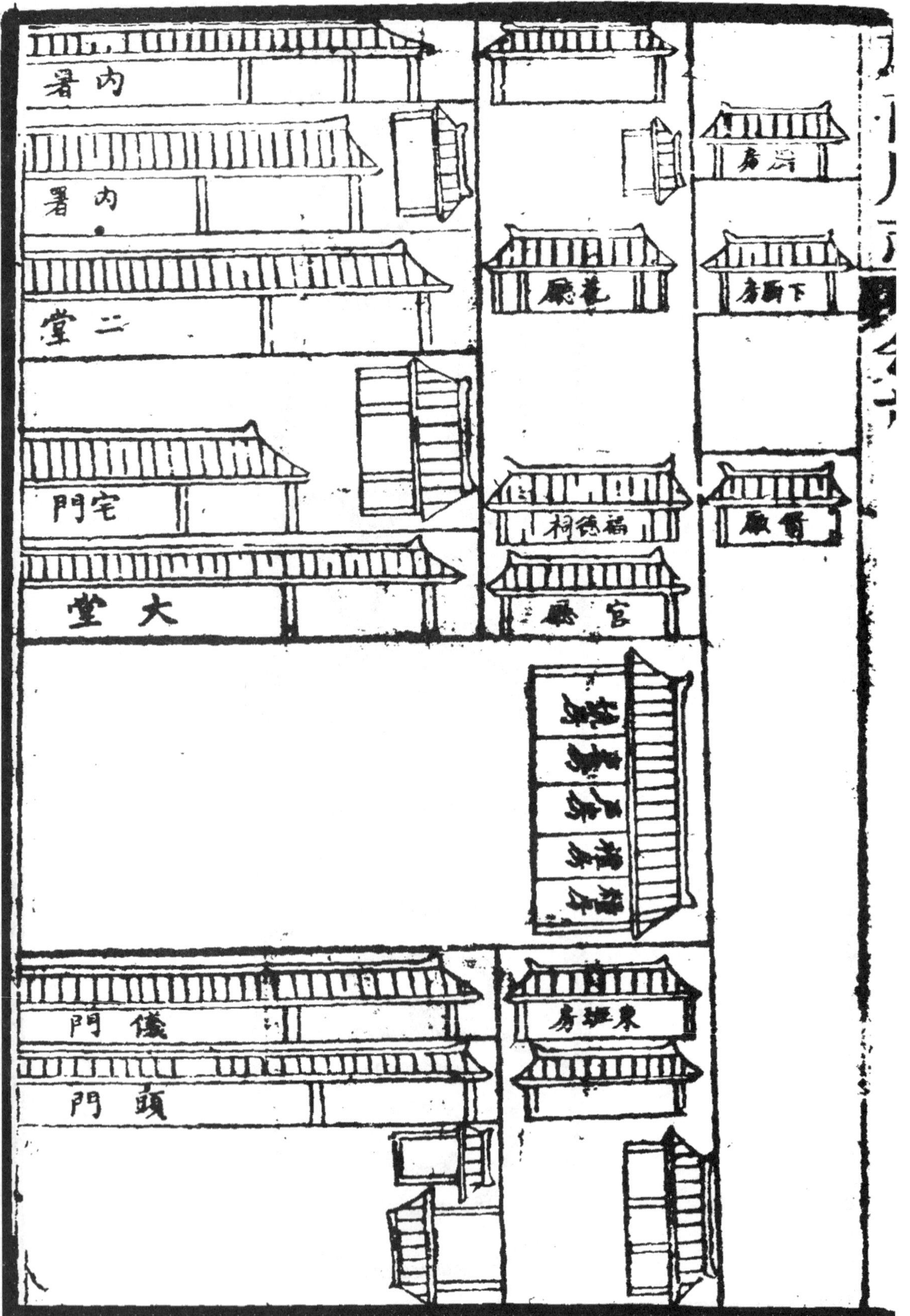
內署
內署
二堂
宅門
大堂
儀門
頭門
福德祠
官廳
下廚房
東班房

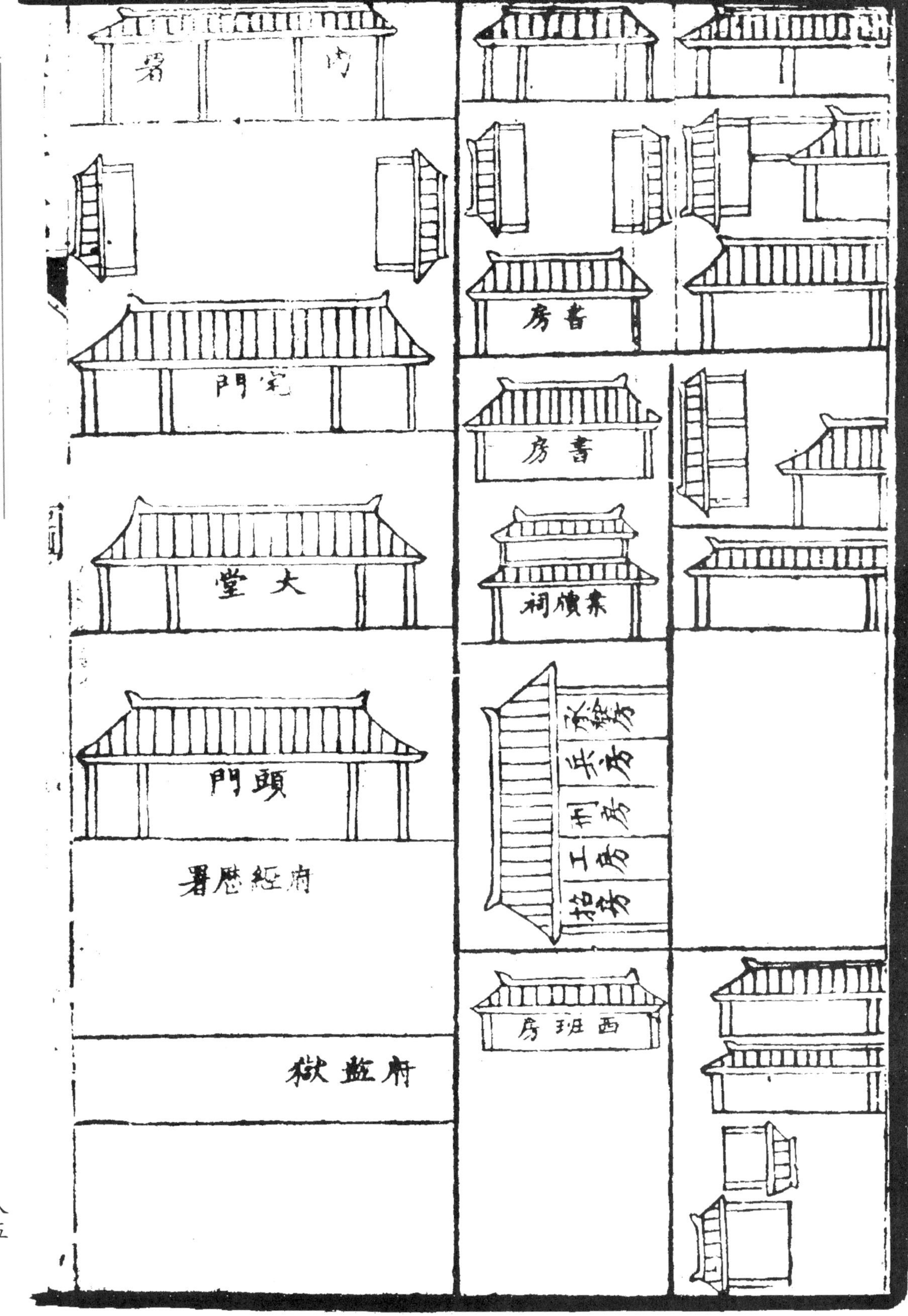
內署
宅門
大堂
頭門
府經歷署
府監獄
書房
書房
素牘祠
承發房
兵房
刑房
工房
招房
西班房

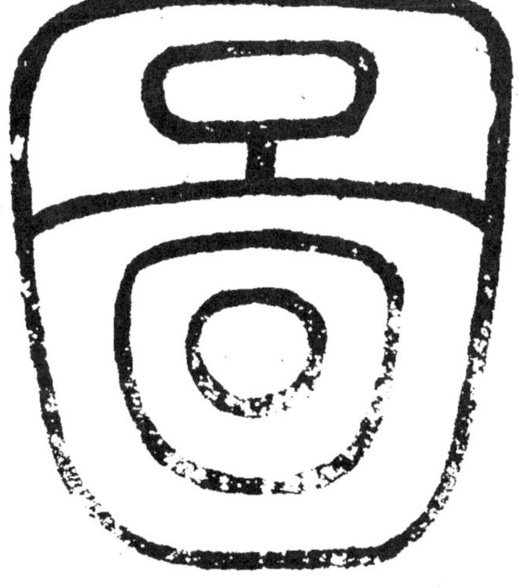

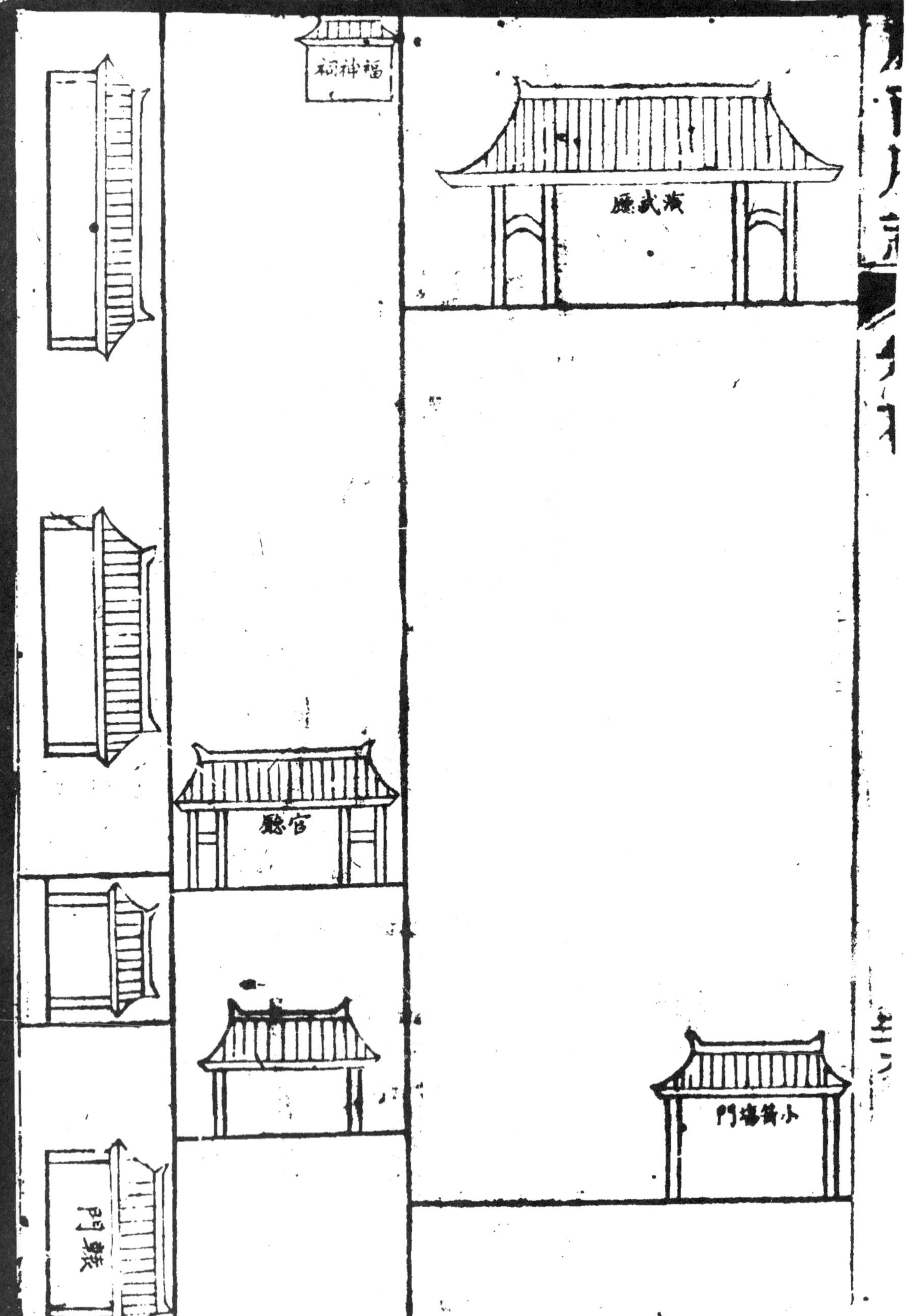
福神祠
演武廳
官廳
小箭場門
轅門

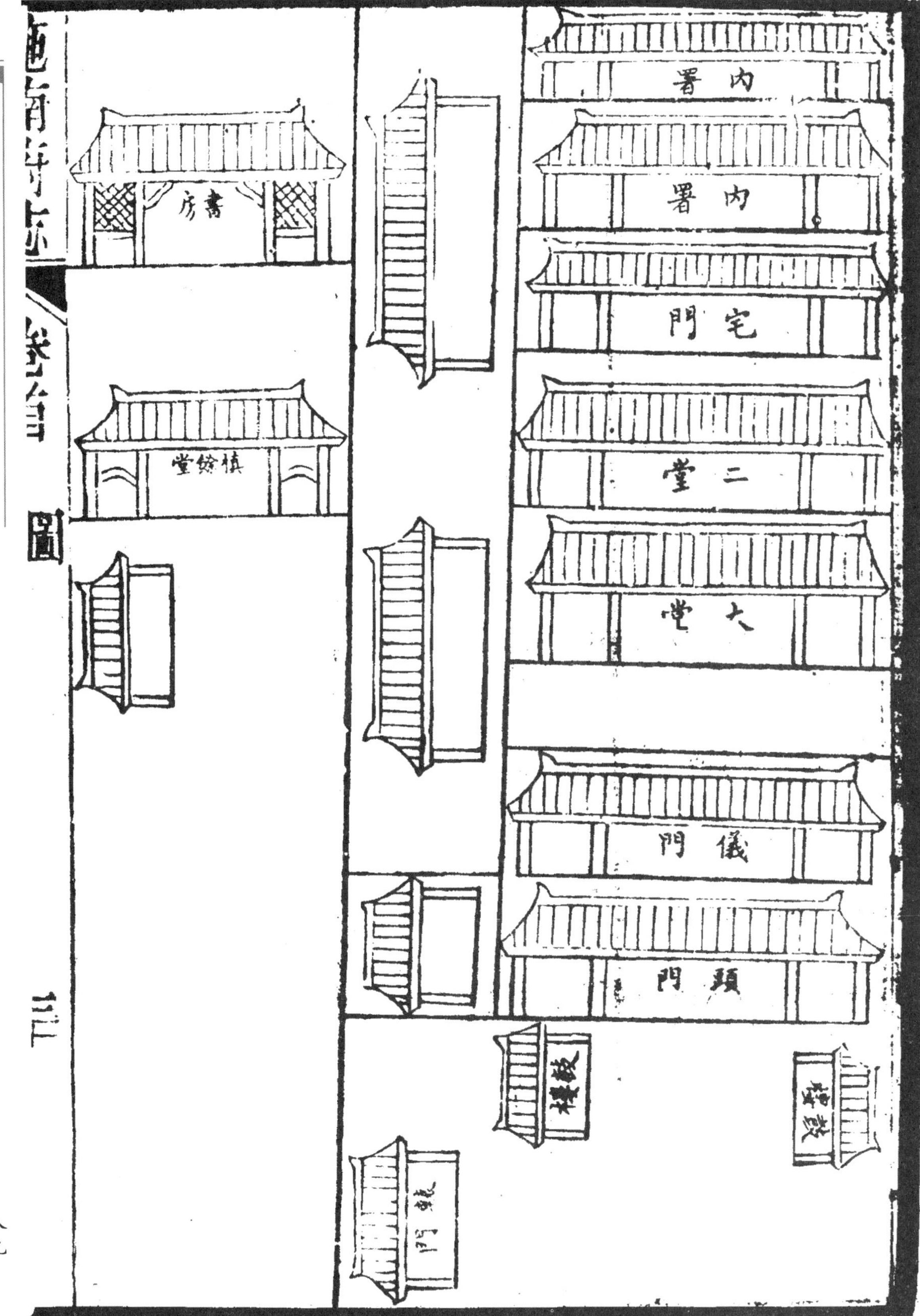
内署
内署
宅門
二堂
大堂
儀門
頭門
書房
慎餘堂
鼓樓

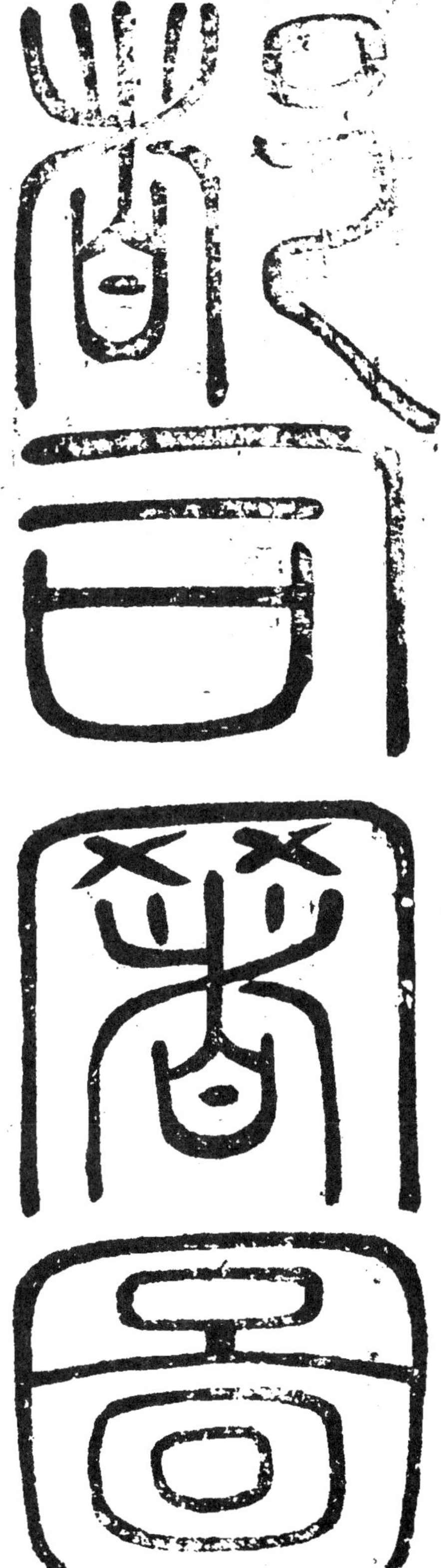

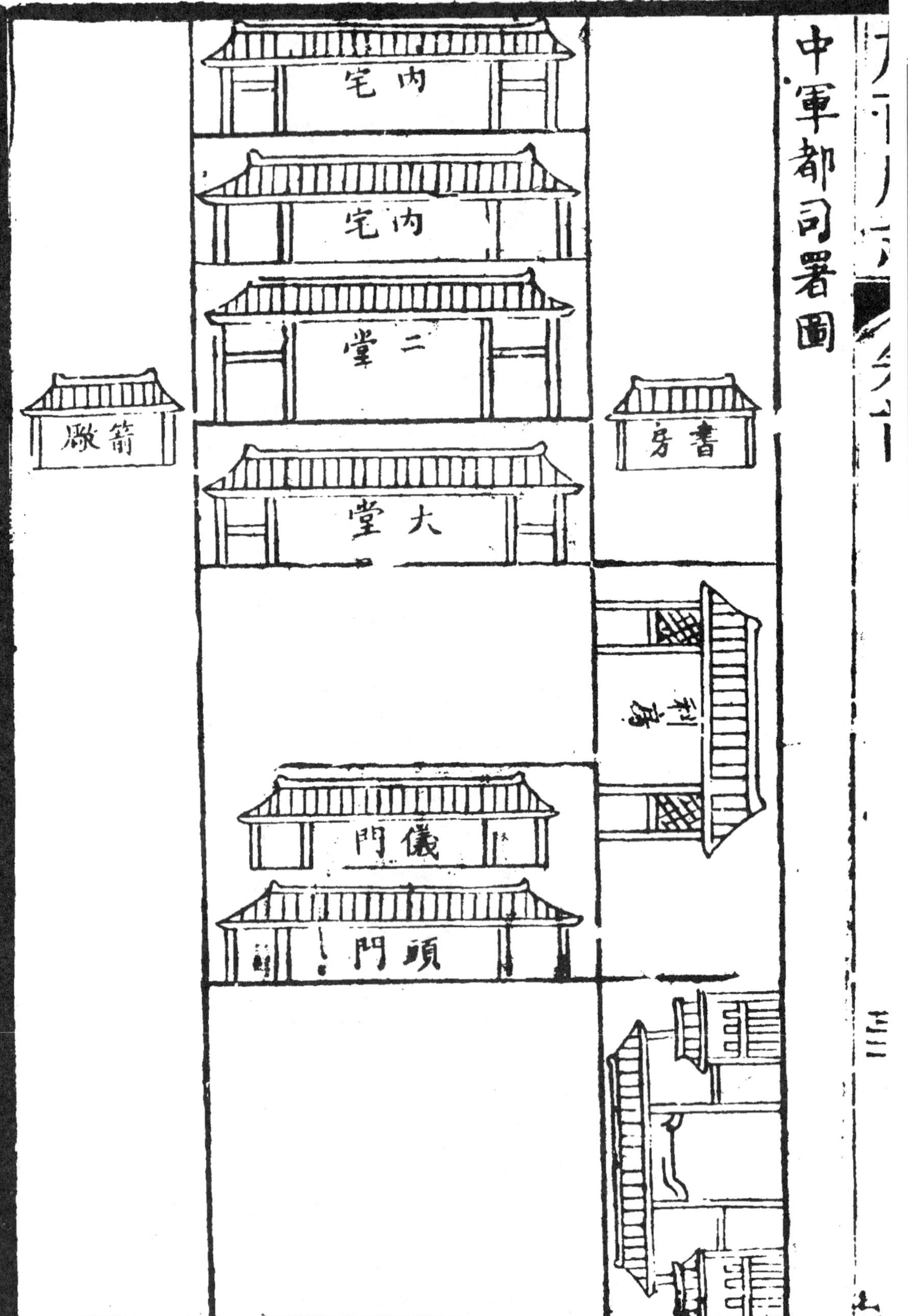
中軍都司署圖
内宅
内宅
二堂
大堂
箭廠
書房
科房
儀門
頭門

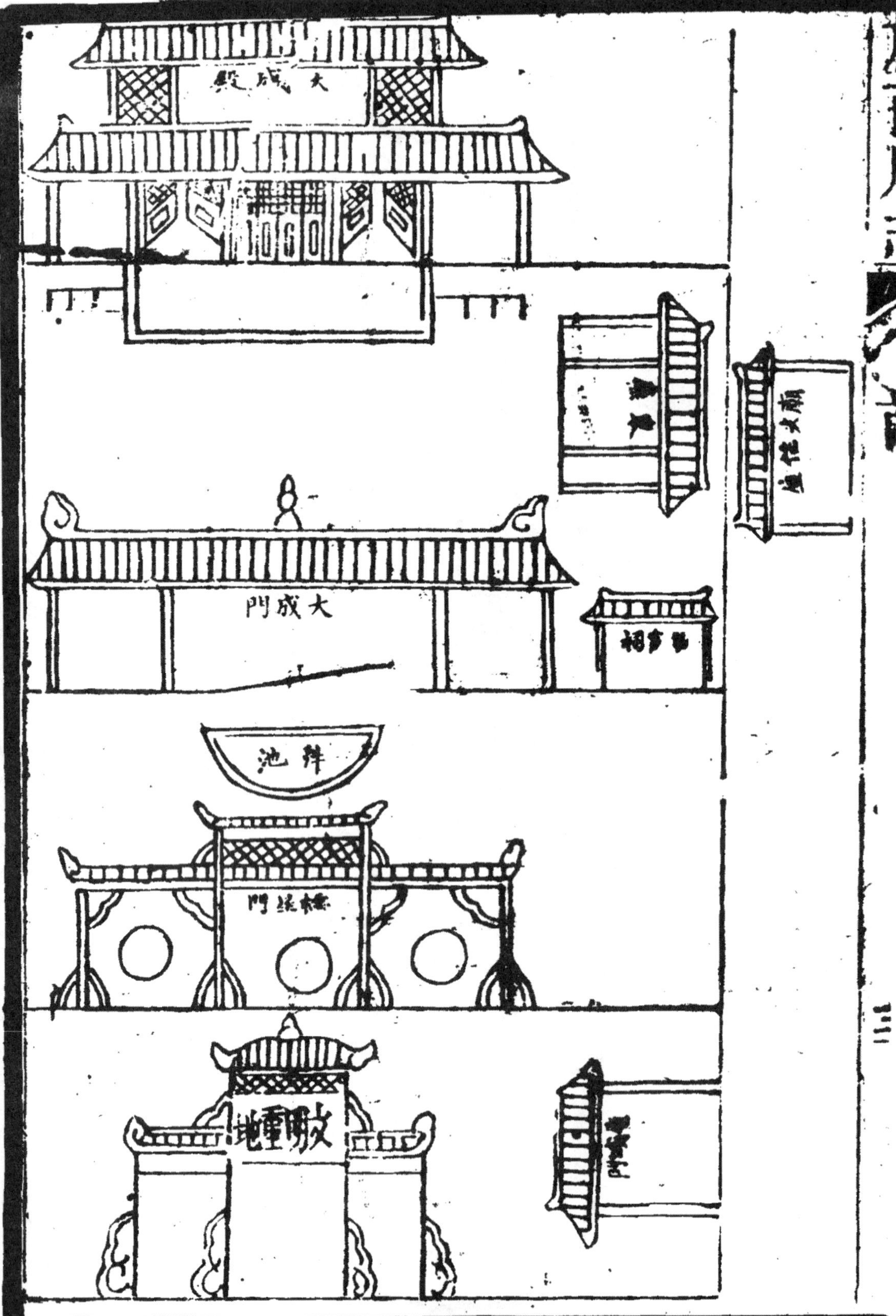
大成殿
大成門
泮池
文明重地

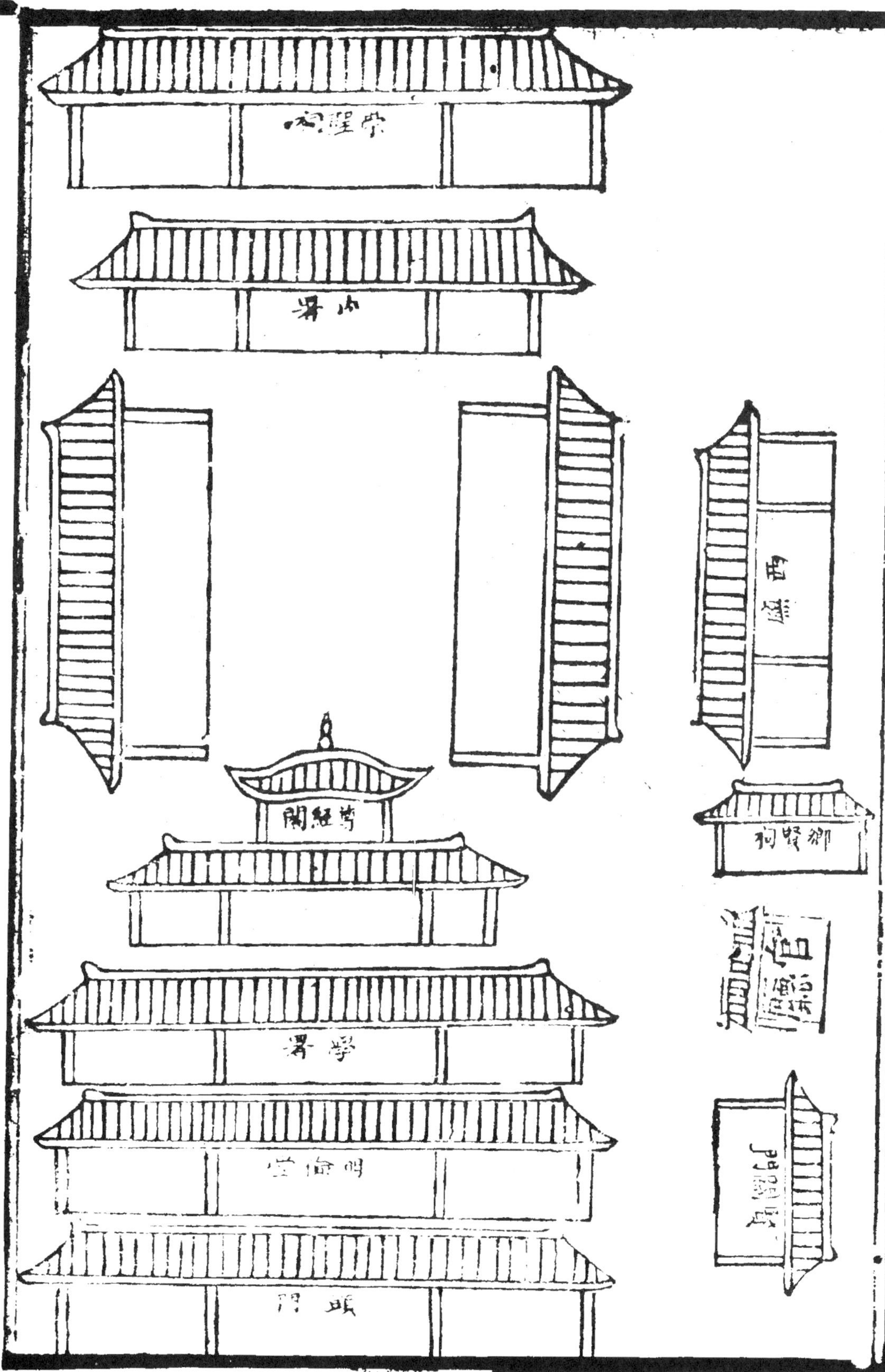
啓聖祠
尊經閣
鄉賢祠
學署
明倫堂
頭門

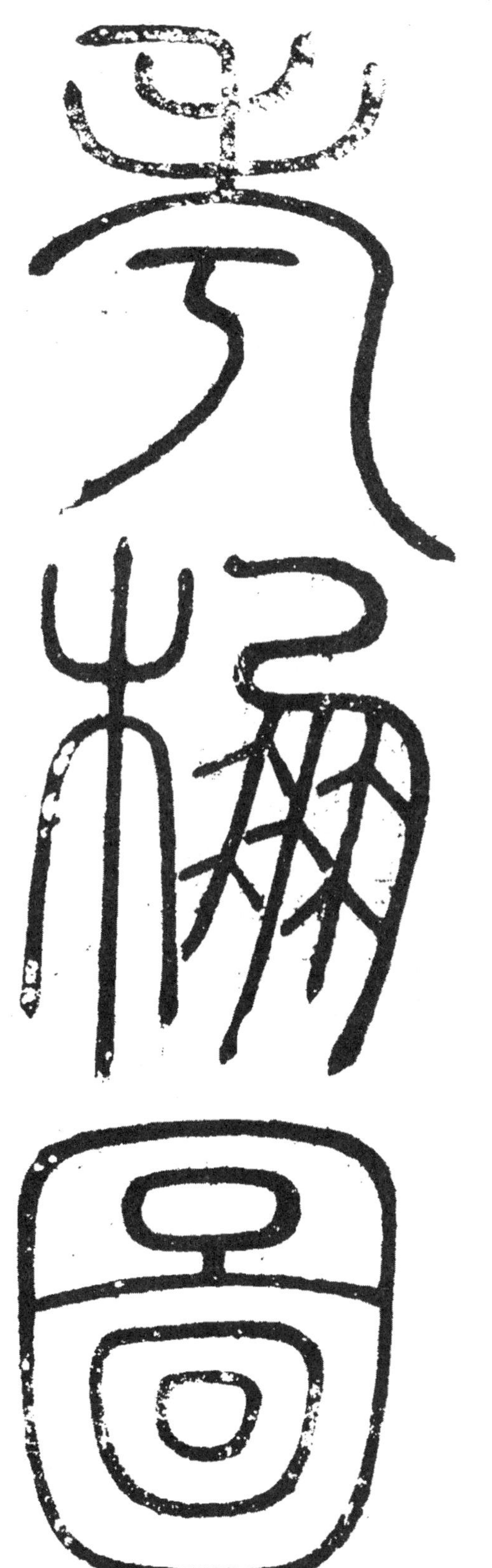

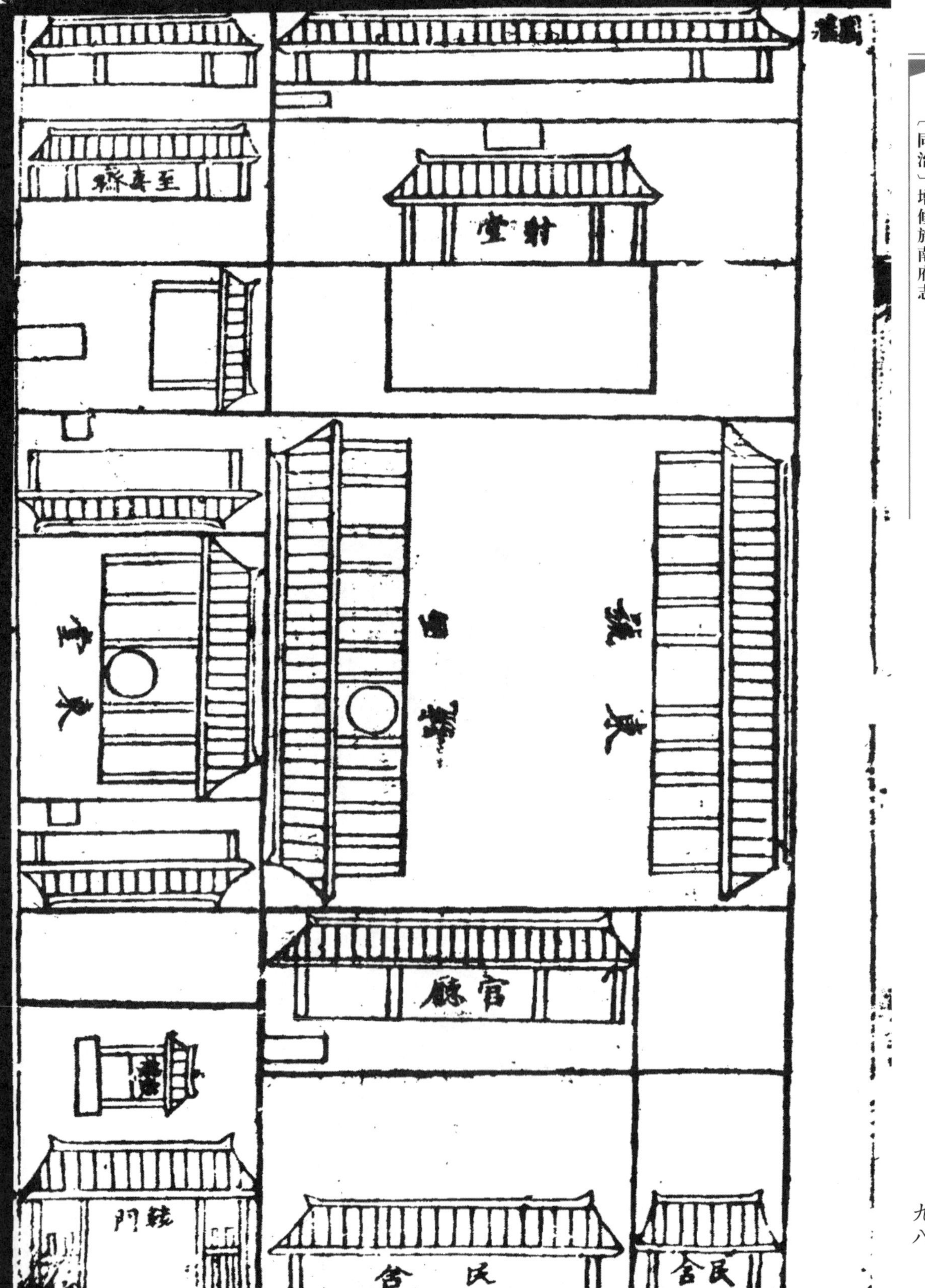
射堂
官廳
儀門
民舍
民舍

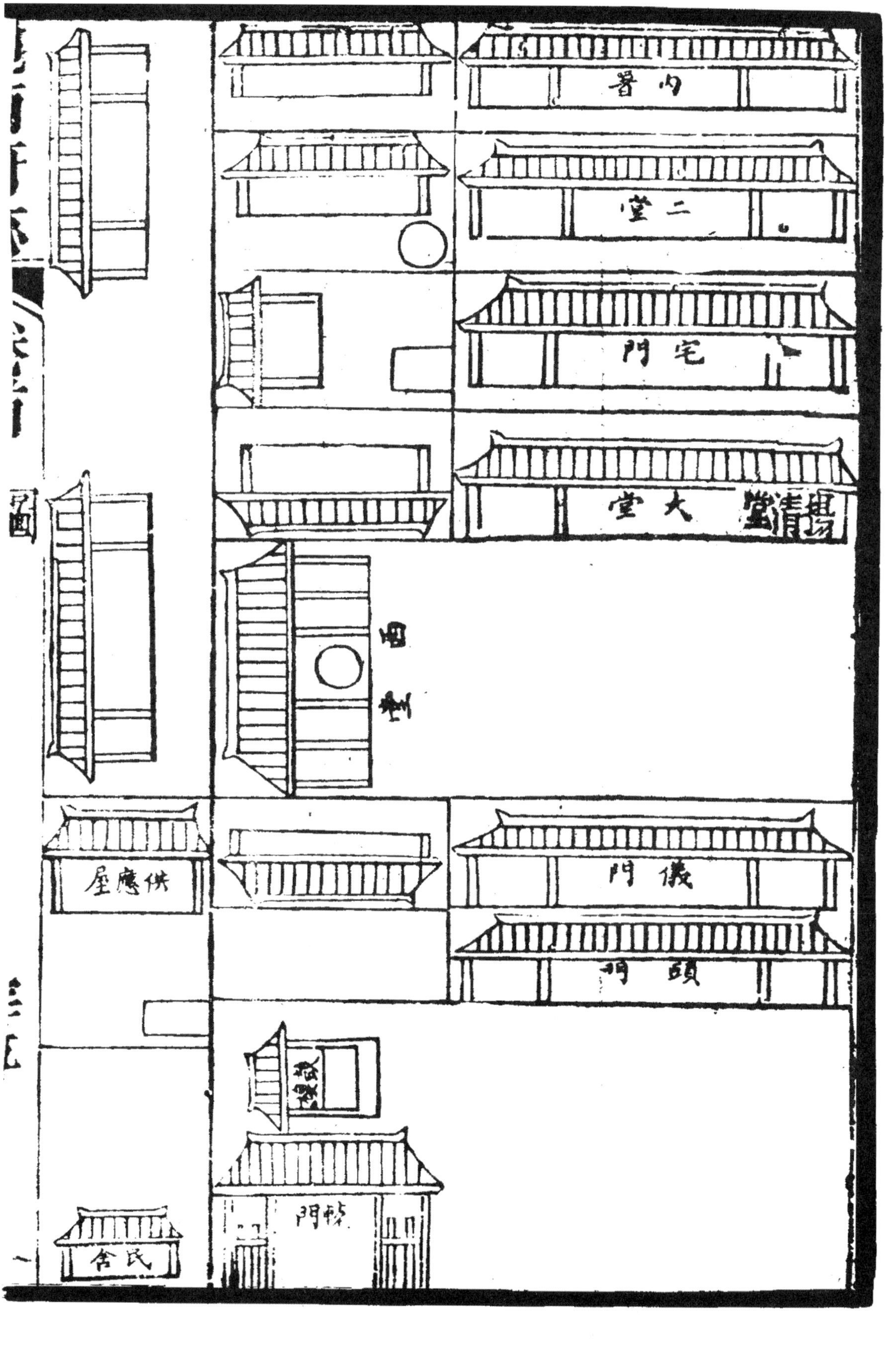

內署

二堂

宅門

大堂

儀門

頭門

供應屋

民舍

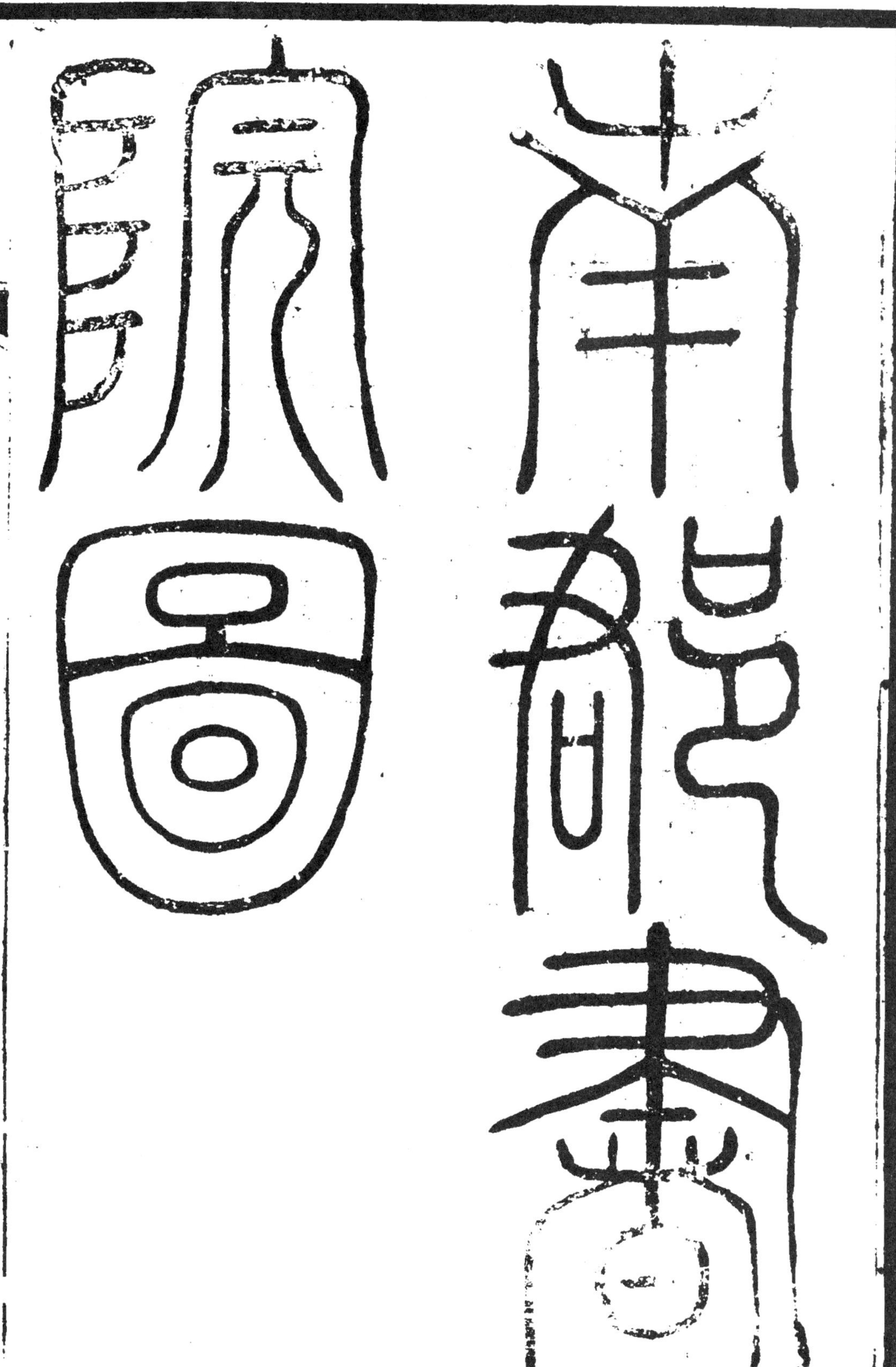

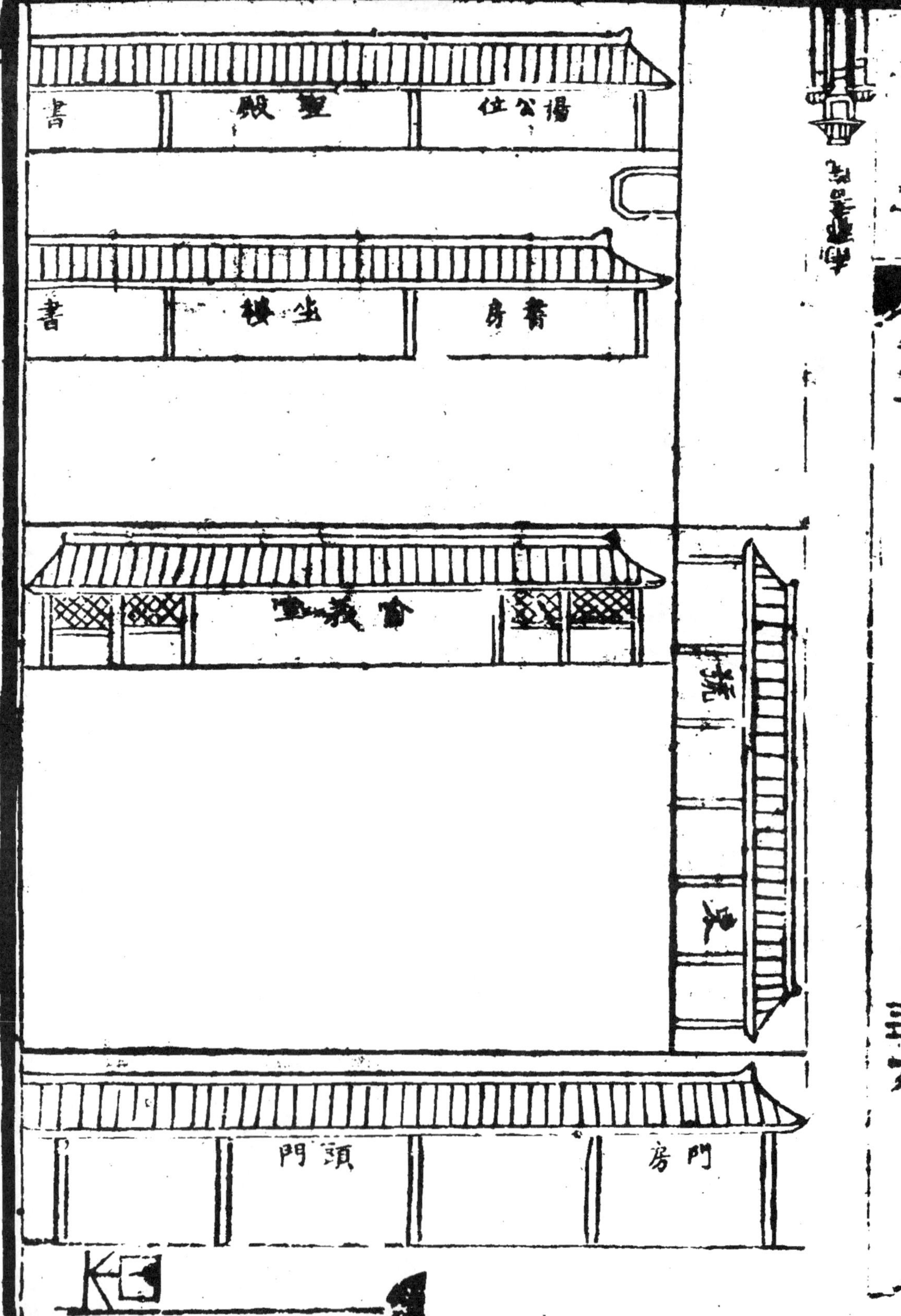
聖殿
書房
會義堂
門房
頭門

廚房

花廳

捲棚

書案

魚池

房

西

號

門房

校場圖

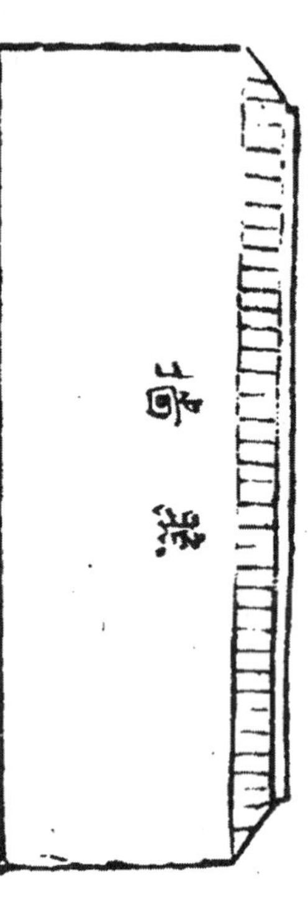

馬道

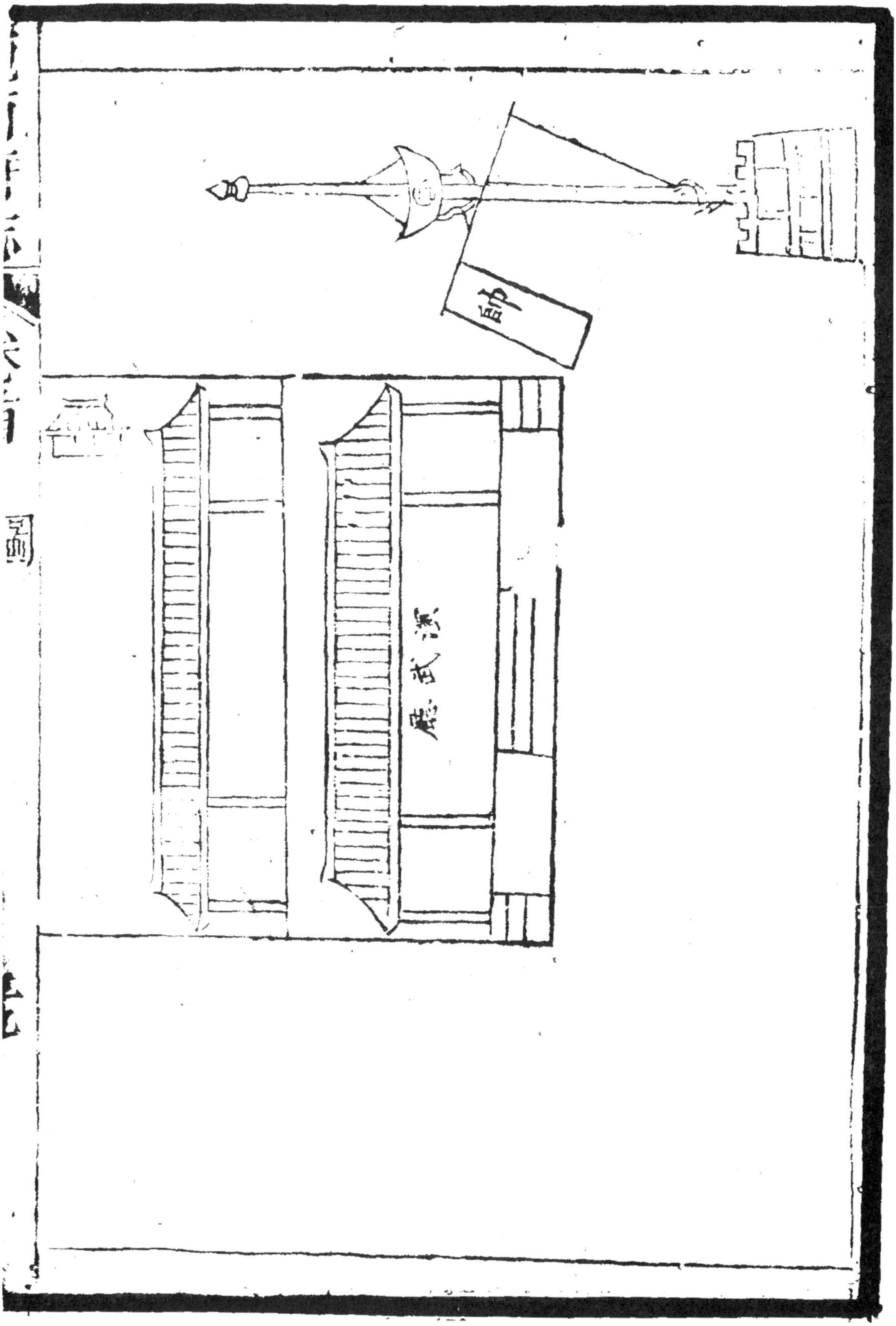

演武廳
帥

施南府志 卷首

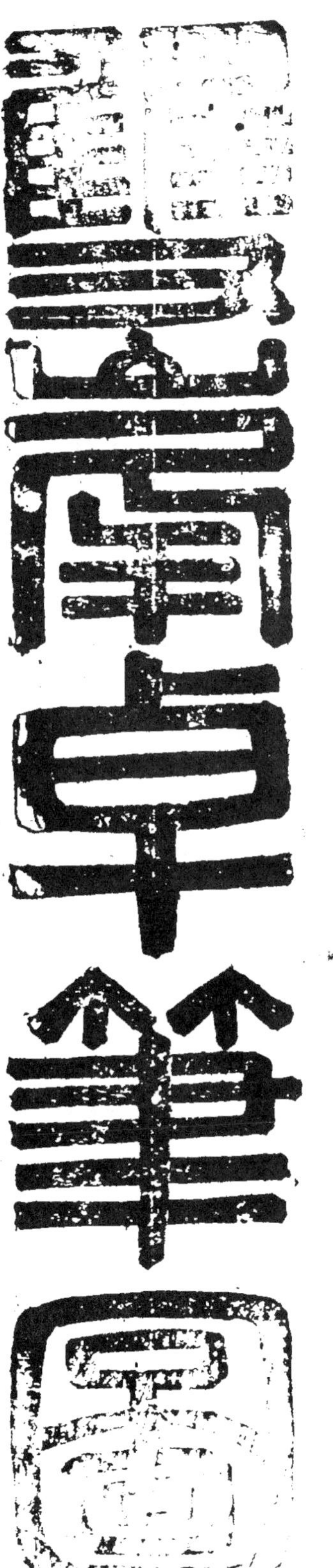
學宮卓筆圖

文筆山

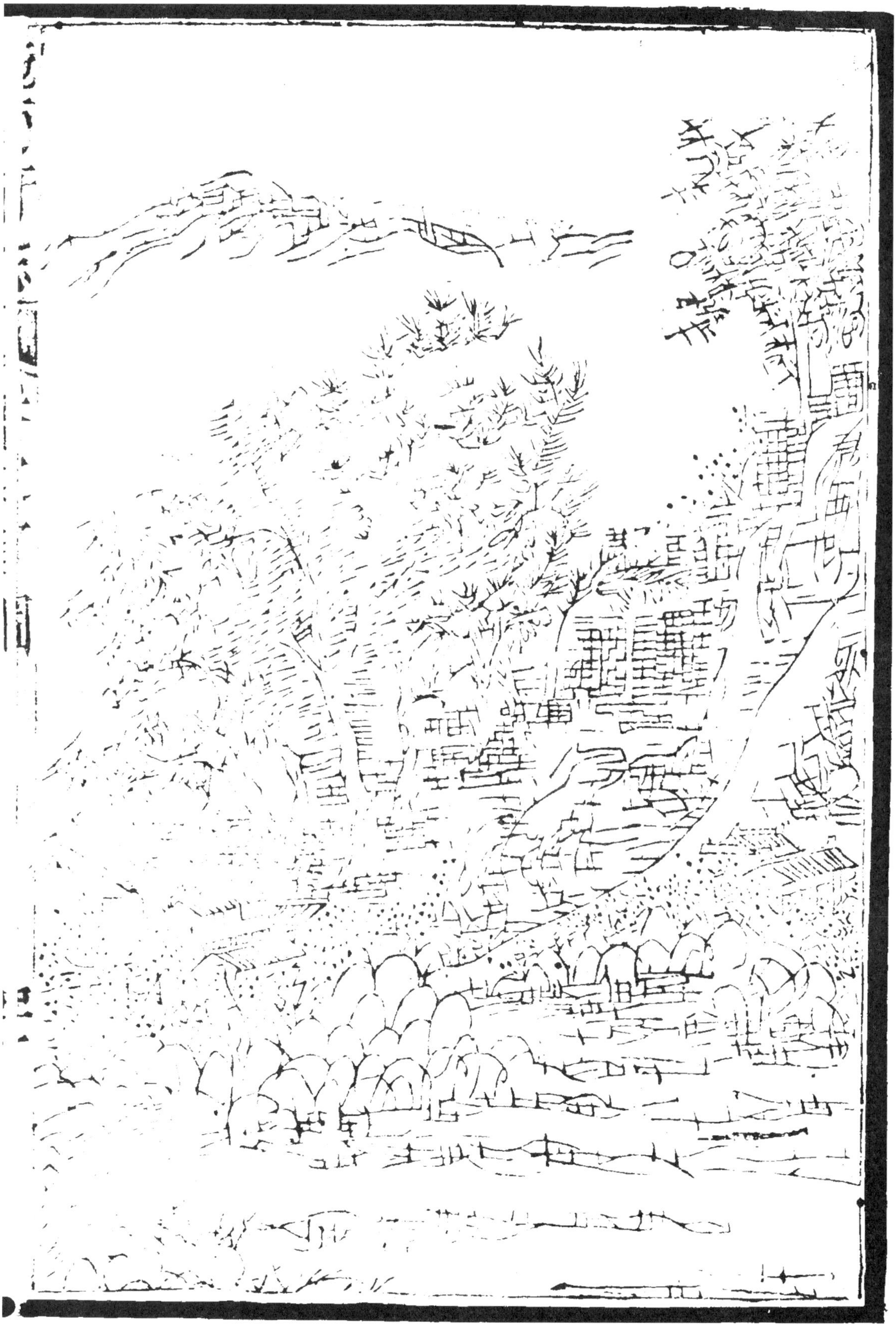

五嶺練瑞圖

連珠塔

石波居房圖

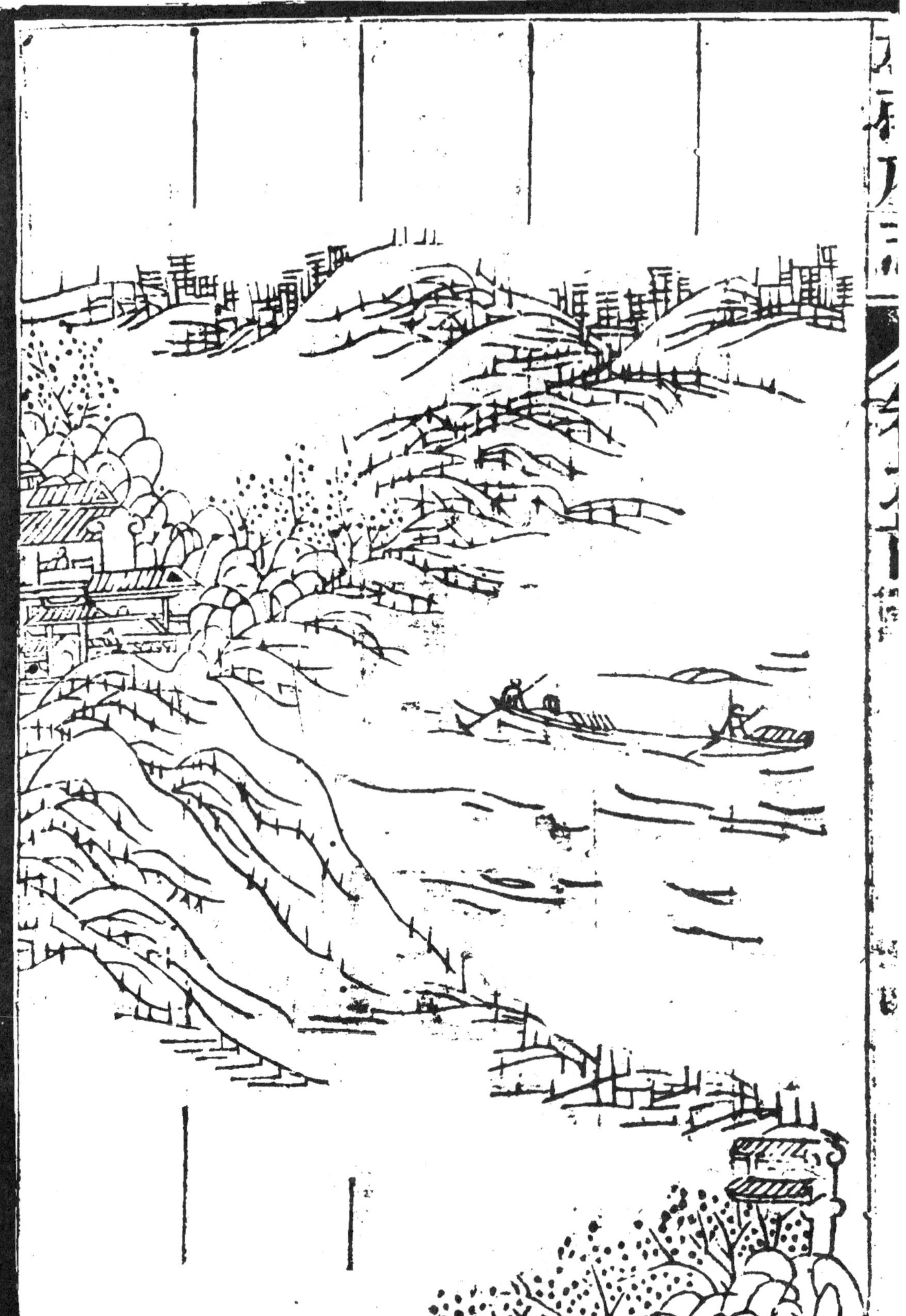

問月亭

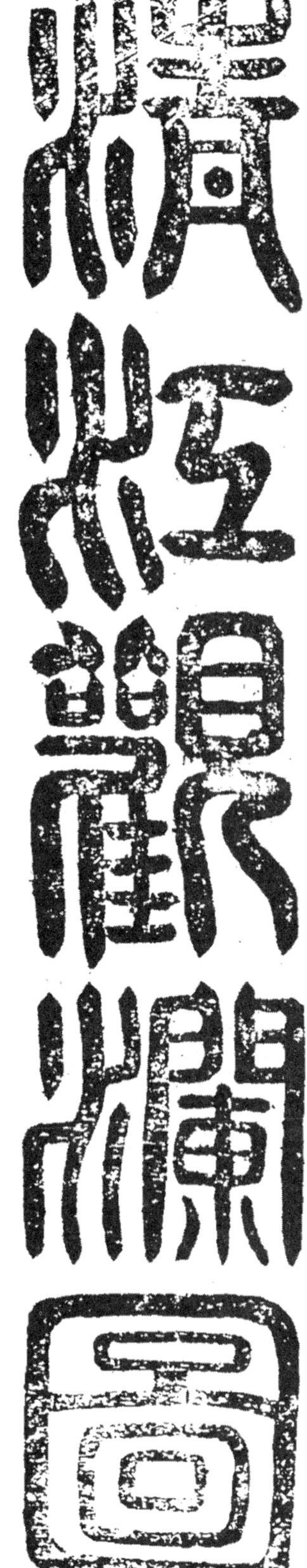
漢江觀瀾圖

觀瀾臺
四十七

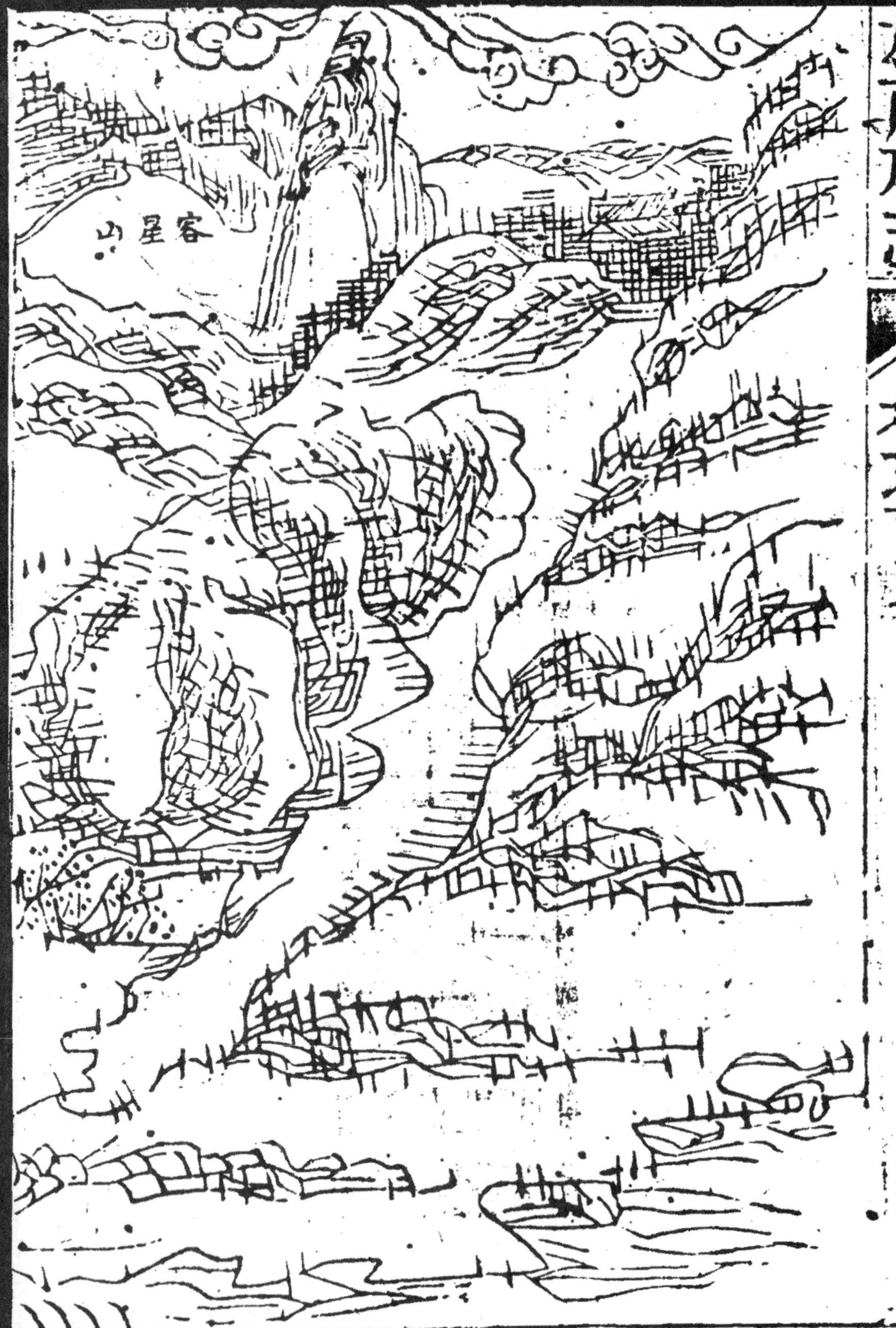
容星山

宜城縣地圖

洞口

龍王廟

增城縣學圖

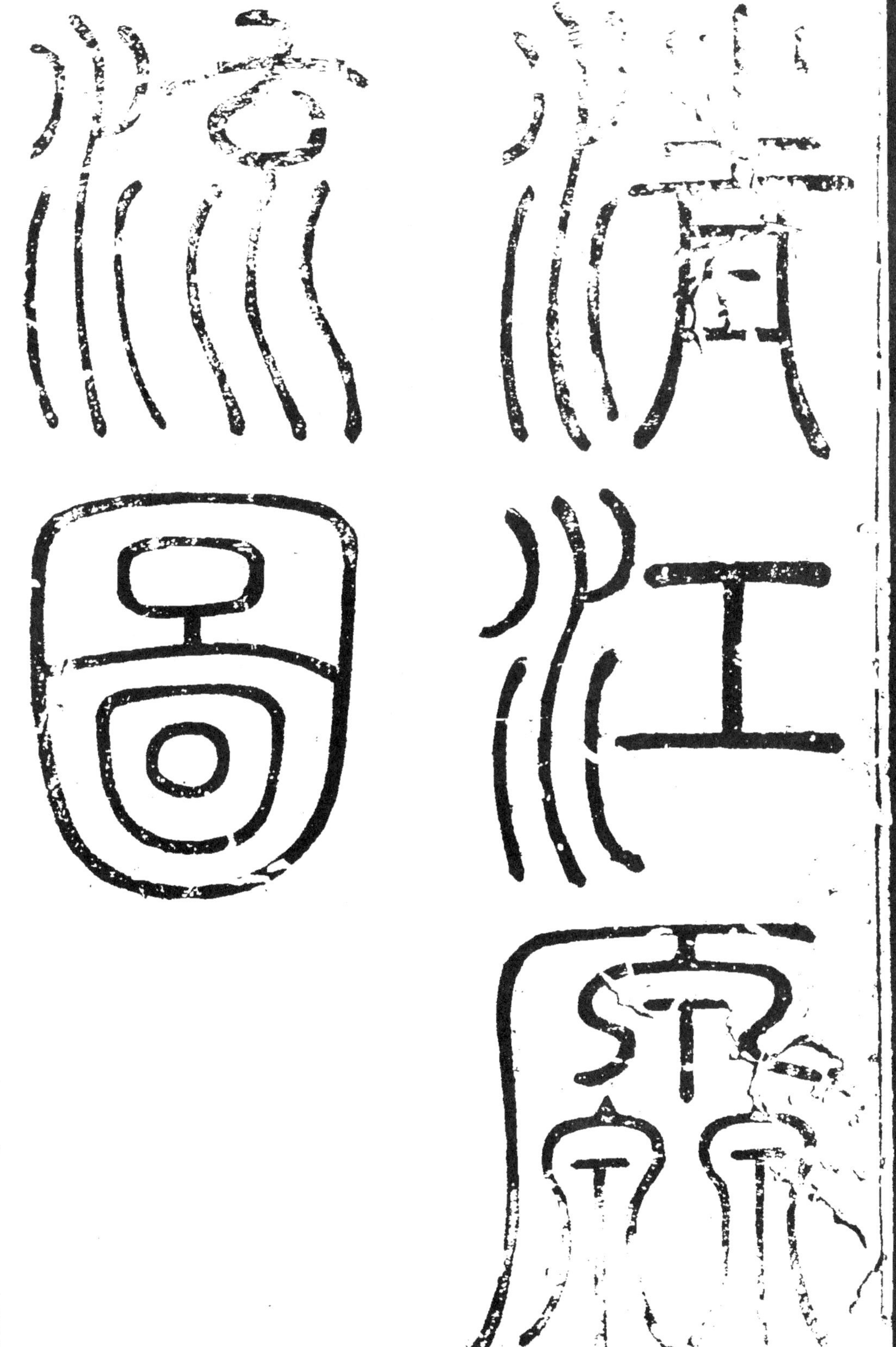

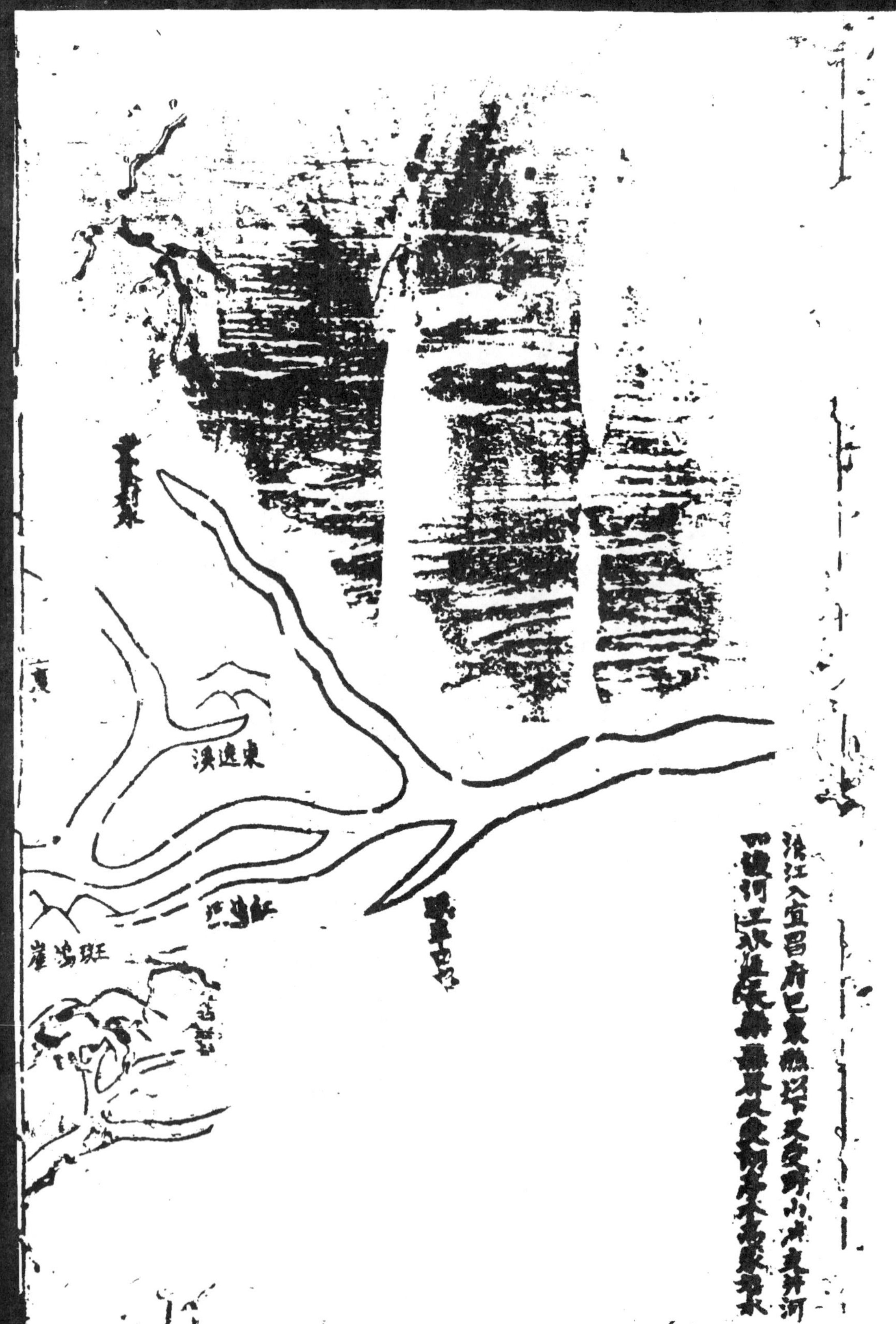
清江入宜昌府巴東縣界下又受野山關來并河
斑鳩崖

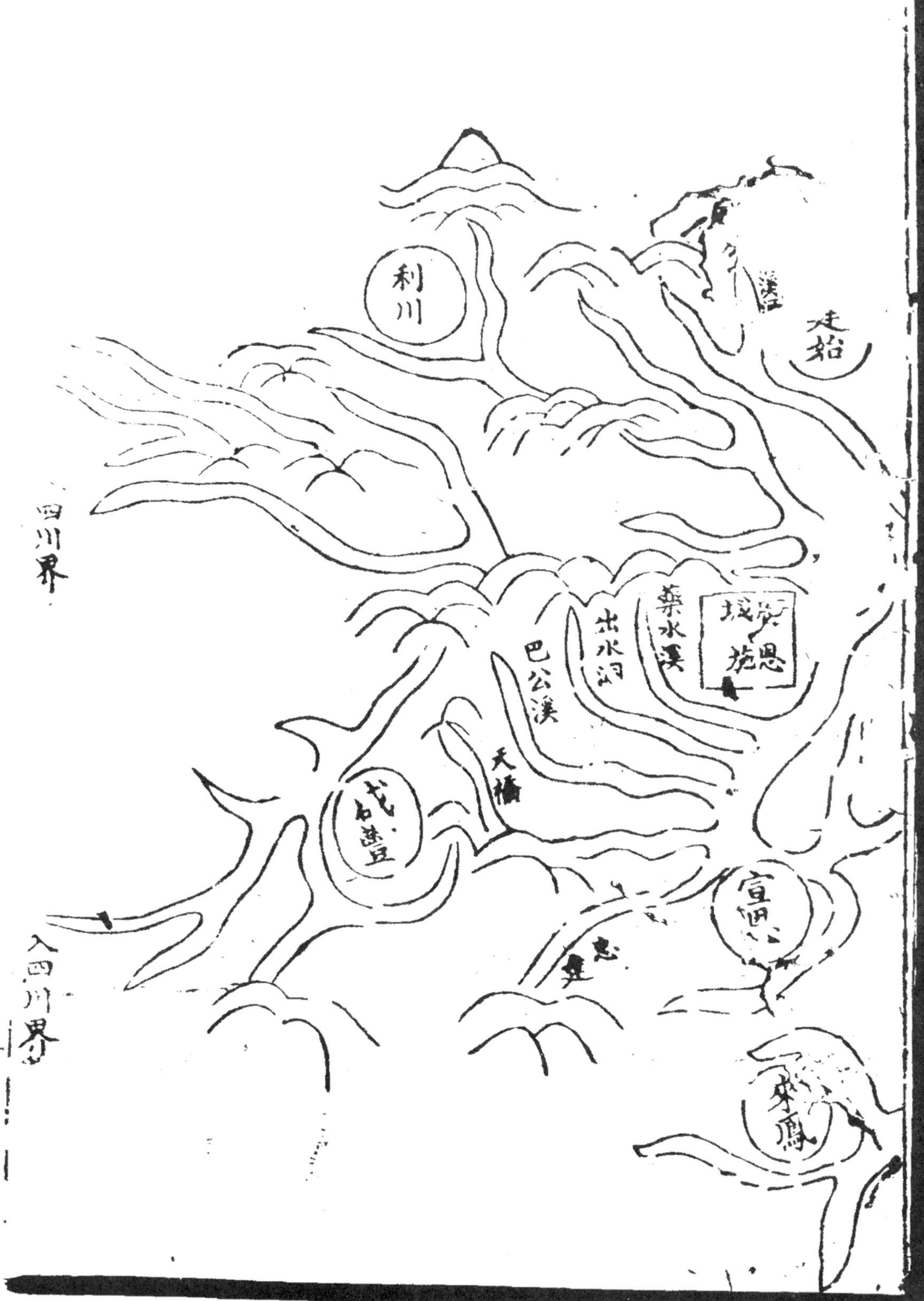
利川
建始
四川界
藥水溪
出水洞
巴公溪
天橋
宣恩
忠建
入四川界
來鳳

增修施南府志卷之一

天文志　星野　祲祥

施本楚地翼軫分野前代或隸荆或隸夔或爲建平或爲清江而楚地楚星則不可易若乃陰陽遞嬗兆年歲之豐凶氛祲時形驗政刑之得失以及四餘偏勝七政失躔象示昭然而歷代之人事繫之謹察之以爲占候之應志天文

星野

星經翼二十二星凡十九度

星經軫四星凡十七度

明一統志施州衛禹貢荆梁二州之域天文翼軫分野

唐書地理志江南道古揚州南境岳鄂潭衡永道郴邵黔辰錦施叙獎夷播思費南溪溱爲鶉尾分

荆州府志南郡江夏零陵桂陽武陵長沙及漢中汝南諸郡皆古荆州同分翼軫今之江陵公安石首松滋枝江夷陵宜都長楊遠安歸州巴東興山則荆之南郡止分翼四度而襄陽宜城南漳及安陸鍾祥潛江荆門當陽沔陽天門華容之東境與焉由施州溯瞿塘諸衛其地跨梁益屬巴郡參八度井鬼相接之鄉而荆其餘分

夔州府志九州十二域各有分星或係之北斗或係之二十八宿或係之五星夔州荆梁二州之域荆主於天璇梁主於天璣此係之北斗者也鶉尾之次其州曰荆實沈之次其州曰梁此係之二十八宿者也熒惑主楚鎮星主梁此係之五星者也夔界其中厥宿翼軫厥次鶉首厥辰爲未厥星熒惑厥斗璇璣皆其分野

宋氏府志稱南方七宿曰鶉首鶉火鶉尾石氏星經云南宮赤帝其精朱鳥爲七宿井首鬼目柳喙星頸張嗉翼翮軫尾司夏司火司南嶽蓋鶉無尾故以軫爲尾也午上有鶉鳥星在星之東首西尾東故爲朱鳥星未爲鶉首巳爲鶉尾南嶽正當午位而其分則所屬之躔次可得而言矣今按晉之南郡止自遠安以下其夷陵而上則別爲建平郡而隸之夔故分止翼十度作荆志者乃並歸州巴東長陽興山數之是

將建平一郡混入南郡亦猶晉書之意不然施州與巴東接壤安有巴東入翼十度而自施以上即入井鬼相接者乎以天之午位分之施直南嶽稍西與夔志云其次鶉首其辰未者甚爲有據又按荊府施東境也翼軫分野夔施西境也翼軫分野則施雖分翼而其與軫相接也明矣湖廣通志所云星蜀地楚文獻通考所云得秦餘分者亦占驗之一端云耳其實施去房陵白帝尚遠也然則地固楚星亦楚謂翼分野亦當推以巴東爲入翼十度則施郡分野不明也大不可也

按施本楚地星亦楚分一統志所云翼軫分野者本無可疑自宋氏採及荊夔二志遂滋疑竇其論以荊志爲非以夔志爲可據實則鶉首之次其辰未者即屬井鬼宋氏蓋不明列宿之位也要之施屬荊州翼軫分野唐書天文志地理志已有明文不得因地接梁益遂疑分野之有異也又晉書地理志建平與南郡俱屬荊州宋氏謂建平隸夔者亦無據施州至宋始隸夔州路　舊府志

按舊荊州府志云由施州瀨瞿塘諸衛云云遂啟後人星蜀地楚之疑宋氏府志稱雖辨其非仍以施南入鶉首之次仍屬井鬼則辨而未辨也舊縣志謂楚之西北鄖陽七縣故漢中郡古爲梁庸商麋諸國是秦楚之隅其星東井與鬼終柳六度接於鶉火從施州上瞿塘以迄忠州諸衛其地跨梁益屬巴郡舊法參七度新法躔四度則亦參主其說不知來鳳古屬荊州楚地也分野自當從楚周天三百六十五度一度二千九百三十二里有奇今之荊州去來邑千里而近則固不獨來鳳一隅即施州全郡亦在鶉尾之次考　大清一統志云夔州綏定二府酉陽一州石柱太平二廳皆鶉尾之次翼軫分野又龍山縣從永順分置溯自武陵極於荊州南楚分星同在鶉尾之次翼軫分野來鳳西鄰酉東迄龍星分翼軫更屬確然不得因通志有星蜀地楚之說執以論來鳳並執以論施州也　來鳳縣志

禨祥

宋

太平興國元年五月施州麥秀兩岐
端拱元年秋七月施州衙鼓角池邊生嘉蓮
二年七月施州虸蚄蟲生害稼
大中祥符七年九月施州禾一莖九穗至十二穗
嘉祐六年八月施州歌羅砦生芝四本
治平元年施州大水
元祐二年正月白虹貫日
元符元年八月施州李木連理
紹興二十三年八月施州大風雨

淳熙三年冬施州大饑以上並見宋史五行志
明
永樂初施州地大震苗猺七十餘處隨相攻害
宏治三年春二月施州石信村山崩有大石二類人形卓立路傍距五里清江南岸山裂大石塞江水遂壅爲灘
十八年施州大水
正德十一年夏施州大水壞城漂民居馬欄寺山裂以上見湖廣通志
十二年七月龍馬村柿樹僵仆三年忽有聲如雷自起卓立復生枝葉王志
國朝
康熙二十二年施州蟲
二十四年雨雹
恩施縣
乾隆十九年秋大熟
四十四年清江水溢以上見舊志
嘉慶三年有年

五年麥有秋秋有年
六年秋有年
十三年四月十六日西鄉燕子巖山崩四里許壓民韓姓張姓宅斃男女共二十一口縣令張家欏哀以詩
二十四年大疫
道光元年大饑民采蕨食
三年夏六月朔日食既衆星現
六年春二月廿八日申刻有星如月自南流西有聲
七年夏霪雨麥未穫生芽

十年霾雨傷稼饑
十一年夏豺食人
十二年冬大雪深三尺積月不消
十三年秋螟螣害稼饑
十四年夏四月豺食人
十五年夏旱
十七年夏七月郡城嘉蓮池蓮花並蒂
十八年秋七月清江水溢
七月十一日下塘壩稻地忽作裂帛聲居民盡移他

處越三日夜山崩時邑令王公爲之正經界免賦税
焉
同治元年春正月丁未東鄉和灣天雨墨
二年歲大祲
四年春正月望府學宮櫺星門赤紅纏雨柱
夏五朔府學宮泮池水潮聲如沸如是者三日
夏閏五月桂有花
宣恩縣
國朝

嘉慶六年麥有秋
咸豐元年細沙壩産穀一桴二米十一年民樂有秋
來鳳縣
國朝
雍正年鳳鳴於牛邉城
乾隆二十八年七月大水
四十三年大饑
四十九年大饑
五十九年佛像生芝如蓮

嘉慶八年空中常聞兵馬聲居民驚懼
道光初年東門外民婦産一子臍後各具耳目口鼻未
幾死
十一年大饑
十二年大饑
十五年夏六月日碧色無光
十七年夏城隍廟前水田蓮開並蒂
二十八年生嘉穀大如豆有鬚團結謂之穀王
二十九年大饑死者枕藉竹皆花花後盡枯死

咸豐六年夏五月初六日辰時地大震屋瓦皆動

七年春豕產象

八年夏梟集於泮林

十年大河壩山蟻鬬

貞肅里井水鬬

冬十一月薔薇海棠皆花

十一年邨崗民家犬作人言

春東門外地鳴

夏五月夜空中有光如長虹曳尾而行自西而來悉卒有聲

六月二十四日孛星見於西北逾月始滅

秋七月九頭鳥鳴

九月月赤如火

冬十一月十二日夜大雷

同治元年夏民間訛傳有剪髮辮並婦人乳等怪月餘亦無他異

秋八月禾兩歧

二年夏四月麥秀兩歧

五月空中有聲如礮

咸豐縣

國朝

嘉慶三年有年

咸豐六年夏五月地大震大路壩山崩由悔家灣板橋溪抵蛇盤溪三十餘里皆成湖壓斃居民以數百計李姓最多

九年清明晝晦

夏四月龍坪大水漂沒集場民舍

十一年夏四月雷震 聖宮桂碎其楹龍之爪是月黄麂入城

同治二年龍坪禾雙穗

三年復雙穗瀟草塘東門溝兩處水門

四年柿子坪秫雙穗

利川縣

國朝

順治六年己丑春利邑饑饉斗米直金四兩有數日不舉火者有合門自斃者骸骨盈郊青燐遍野黄昏月

冷白日鮮清

乾隆四十三年戊戌夏旱不雨大饑有掘石腊食者土人呼爲觀音泥按方書所載禹餘糧甘平性濇入手足陽明經生池澤無砂者良可以療饑卽此類也

嘉慶三年秋有年

建始縣

宋

紹興三十一年大水漂民舍死者甚衆

國朝

嘉慶三年有年

五年有年

增修施南府志卷之一終

增修施南府志卷之二

地輿志　疆域　形勝　沿革

施郡古山國也自改土升府以來所轄不下數千里其山川之綿亙形勝之清奇往蹟之紛呈邱壟之傳播靡不在人耳目惟沿革向無紀載爲衛志者於衛事已不能詳邊問土司事哉而建始自蜀歸楚爲邑志者更不及上詳衛事前太守王暨諸明公詳稽各史地理志得其大畧茲仍其舊以備掌故之一助云志地輿

疆域

施南府隸湖北布政司在省城西南一千九百八十七里至京師三千七百里

東抵宜昌府鶴峯州大崖屋交界距府城二百二十里

東南抵湖南永順府龍山縣脧家壩交界距府城二百七十五里

南抵永順府龍山縣七寨交界距府城四百三十里

西南抵四川黔江縣高東山交界距府城三百六十里

西抵四川夔州府萬縣龍駒壩交界距府城三百一十

八里

西北抵四川石砫廳交界距府城五百六十里

北抵四川夔州府巫山縣五龍觀交界距府城三百三十五里

東北抵宜昌府巴東縣三尖觀交界距府城二百二十五里

東西距五百三十八里南北距七百六十五里領縣六

恩施縣附郭

東至施州塘與建始縣金鹿塘交界距城一百八十里

東南至抱木埡與宣恩縣白地壩交界距城七十里

南至大崖與宣恩縣太平壩交界距城一百五十里

西南至杉木孔與利川縣粗石溪交界距城一百八十里

西至中塘與利川縣長峽塘交界距城九十里

西北至太陽河與四川奉節縣石乳關交界距城一百七十里

北至新水田與建始縣青崖交界距城二百十四里

東北至龍生坦與建始縣邱佩塘交界距城一百二十

里

東西距二百七十里南北距二百六十里

宣恩縣

府南九十里

東至牛喫水與宜昌府鶴峯州上塘交界距縣治一百二十里

東南至經歷寨與湖南龍山縣殷家壩交界距縣治一百四十里

南至瑪瑙湖與湖南龍山縣分水嶺交界距縣治一百

六十里

西南至關口與來鳳縣夾口寨交界距縣治一百六十里

西至土魚塘與咸豐縣馬蟥坨交界距縣治九十里

西北至天蒜坪與恩施縣車寮交界距縣治八十里

北至抱木埡與恩施縣九道水交界距縣治三十里

東北至萬寨與恩施縣三岔口交界距縣治七十里

東西距二百五十里南北距一百九十里

來鳳縣

府南二百七十里
東至筲家塘與湖南龍山縣正南壩交界距縣治五里
東南至近鳳河與湖南龍山縣謝家壩交界距縣治三
里
南至界址溝與龍山縣七寨交界距縣治一百六十里
西南至梅子坳與四川酉陽州馬蟥溝交界距縣治二
百二十里
西至羅二溪分水嶺與咸豐縣土老坪交界距縣治八
十里

西北至老鴉關小箐與咸豐縣忠堡交界距縣治一百
五里
北至寮葉船分水嶺與宣恩縣冉大河交界距縣治五
十里
東北至闃口塘與宣恩縣爛泥壩交界距縣治二十里
東西距八十五里南北距二百一十里

咸豐縣

府西二百四十里
東至龍坪與宣恩縣宋家溝交界距縣治八十里

東南至老鴉關與來鳳縣三堡嶺交界距縣治四十五
里
南至分水嶺與來鳳縣羅二箐交界距縣治四十里
西南至水井塘老鴉關與四川黔江縣白家河交界距
縣治一百四十里
西至黑峝與利川縣洗松坡交界距縣治一百五十里
西北至牛池子與西與壩四川彭水縣林水交界距縣
治二百一十里
北至龍背河與利川縣石門坎交界距縣治二百四十

里
東北至石人坪與宣恩縣太平壩交界距縣治一百五
里
東西距二百五十里南北距三百二十五里

利川縣

府西北一百八十里
東至石板嶺與恩施縣黎兒城交界距縣治一百八里
東南至金東坡與咸豐縣小水坪交界距縣治 百三
十里

南至天堂坡與咸豐縣東鄉交界距縣治一百六十里
西南至後鄉塘與四川彭水縣交界距縣治一百五十里
西至掛子山與四川石砫廳梳杆壩交界距縣治二百三十五里
西北至七曜山與萬縣磨刀溪交界距縣治百二十里
北至支羅屯與四川萬縣龍駒壩交界距縣治一百四十里
東北至客金堆與四川奉節縣交界距縣治四十里又

與恩施縣交界距縣治九十五里
東西距三百二十八里南北距三百里

建始縣

府東北一百五十里
東至宜昌府巴東縣土地嶺交界距縣治一百六十里
東南至宜昌府鶴峯州虎鷄嶺交界距縣治二百九十里
南至恩施縣龍駒河分界距縣治三十里
西南至恩施縣猫兒坪分界距縣治十五里

西至麂子渡石梯子與恩施縣交界距縣治三十里
西北至四川夔州府奉節縣三角椿分界距縣治八十五里
北至四川巫山縣界石嶺交界距縣治一百二十里
東北至巫山縣楊柳荒交界距縣治九十里
東西距一百九十里南北距四百四十里

形勝

施南府東北入南郡之巫縣西北入巴郡魚復朐䏰東入南郡之佷山南入牂牁之夜郎山明水秀 圖經

地當巴荊之會隱然爲西南重鎮 衛志
五峯環其東客星峙其西天樓面其南石乳擁其北清江鱗溪合流於前 方輿勝覽
東臨荊湖西抵巴蜀近瞰巫峽遠控夜郎 湖北通志

恩施縣

清江自北來由繞郡城至城南入峽兩岸山對峙如門郡西藥水麒麟巴公諸溪水至此俱會春夏水漲迴瀾疊雪洵屬大觀峽口舊有觀瀾寺今廢
問月臺在郡北門外碧波峯上清江繞其下相傳李太

白讀夜郎過此把酒問月有亭

卓筆峯正當南離一名雙翠兩峯並峙如筆頭雙管翠色欲流

城東五峯山纍纍如貫珠清江環其麓水秀山明洵一郡之勝也

龍洞在城東十五里中有泉子午二時水輒漲起尺餘俗傳與潮汐相應歲旱長官禱雨於洞輒有靈應下爲逼潮溪

城西猿啼山後嶺相連横亘天表三冬積雪燦然不可

正視郡人以雪爲占歲有年

官坡在郡東門外下臨清江渡口朝陽初上水光日影交相映射極爲可觀

郡西五里皆星山重巒複嶺每當夕陽在山餘霞徧照如萬道金繩洵巨觀也

宣恩縣

紫荆翠聳玉帶清流　萬山環繞一郡胸腹

八景　珠山曉翠　洞伏雙龍　李溪曆石　東關飛瀑
貢水文瀾　峰分三鳳　仙女池橋　呂寺晚鐘

來鳳縣

東西峙鳳亭北聳　川湖肘腋滇黔咽喉

八景　三山疊翠　佛潭印月　蕉溪夜雨　清泉引鳳
二水拖藍　仙洞流雲　石門積雪　峽關傳鴻

咸豐縣

後擎仙掌前列秀屏　楚蜀屏翰荆襄鎖鑰

八景　三星伴月　朝霞煥彩　秀屏錦幛　朝陽飛鳳
墨池生香　積翠龍淵　青龍烟雨　廣利引泉

利川縣

龍泉西峙　金山東盤

八景　[illegible]字凌雲　乾溪積雪　星巖夕照　小谷春流
鍾靈疊翠　滴水鳴絃　歸源晚鐘　柳橋烟雨

建始縣

五陽之地　楚蜀咽喉

八景　建陽翠黛　石洞通天　端陽旭日　兩溪春漲
大石峯巒　雲泉甘雨　望坪燎原　五花暮靄

沿革

沿革表

上古 廩君國	州郡府直隸州縣土司羈縻州		
唐虞 夏 商 荆梁二州之域			
周 夔子國地			
春秋 巴子國地			
戰國 楚 秦 巫郡			

朝代	州	郡	縣
秦	黔中郡		
漢	南郡		
三國吳	荊州	建平郡	沙渠 信陵 建始
晉	荊州	建平郡	沙渠 建始
宋	荊州	建平郡	沙渠 建始
梁	荊州	宜都郡	宜昌
後周		施州 清江 江州	鹽水 烏飛
		資田郡 亭州 業州	
隋開皇	荊州總管	清江郡 津州	清江 鹽水 開夷 建始
大業		清江郡改爲庸州	巴山
義寧			開夷
唐開元	江南道黔中採訪使	清江郡	清江 建始
天寶		清化郡	
乾元		施州	
宋	夔州路	施州 清江郡	清江 建始 羈縻懿州
			羈縻安定州
元	四川省夔州路	施州	清江 建始 都元帥一
			軍民府二 千戶十 土司七

朝代	州	郡	縣
明	湖廣都司	荊州府施州衛	五所 二十五土司
國朝康熙	湖廣	荊州府施州衛	十八土司
雍正六年	湖廣湖北	直隸歸州	改衛爲恩施縣土司仍舊
雍正十三年		施南府	
乾隆元年		施南府	恩施縣附府 改十五土司爲宣
			恩來鳳咸豐利川四縣 建始
			自夔州府來屬共六縣

沿革表 前表統系六縣不能詳晰茲更分縣爲表

施南府	恩施	宣恩	來鳳	咸豐	利川	建始
周 初爲巴子國地後爲楚子國地戰國屬楚巫郡地後入於秦						
秦 黔中郡						
漢 南郡地						
三國吳 建平郡 永安中分宜都郡置	巫縣地					巫縣地
晉宋 建平郡	沙渠 信陵					建始縣

齊梁	宜都郡梁置	巴山					
陳魏		州郡治不置縣					
後周		鹽水烏飛					業州建德三年
		江州					復置併置資田郡
隋	施州	清江縣					建始縣
	初廢郡大開皇五年業初廢州置屬清江						開皇廢郡大業廢州
	義寧二年縣復						以縣屬清江郡
唐	施州清江郡	清江縣州治					建始縣
							貞觀八年以屬施州
五代	施州屬蜀			羈縻感化州			
宋	施州清江郡	清江縣州置	羈縻地	初爲富州尋爲柔遠州	羈縻柔遠		建始縣
				州並羈縻地			
元	施州	清江縣至施南宣慰元司治邊溪		散毛司	散毛司	宣渡壩屬施州	建始縣
		二十二年併入州	尚招討司				
明	施州衛指揮使屬湖廣都司		施南宣撫司忠尚高羅木朳忠建共六土司	散毛宣撫司蜡壁東流大旺金峒卯峒漫水司共六土司	大田所唐崖龍潭三土司	宣渡壩屬施州衛又忠路忠孝沙溪三土司及支羅南坪	建始縣洪武中改屬四川夔州府

歷代沿革

施州禹貢荊梁二州之域春秋爲巴國界戰國屬楚巫郡地秦屬黔中郡漢屬南郡三國吳及晉屬建平郡後周於此置亭州及清江郡隋初郡廢州存大業初改名庸州治清江縣尋改州爲清江郡義寧初改爲施州唐以州隸江南道開元間改清江郡天寶初改清化郡乾元初復爲施州宋屬四川夔州路元以清江縣省入州屬夔州路明洪武初仍置施州屬夔州府後置施州衛二十三年省州入衛改置施州衛軍民指揮使屬湖廣都司編戸三里領軍民千戸所一宣撫司三安撫司八長官司八蠻夷長官司五而容美長官司亦在境內焉

明一統志

後漢書南蠻列傳巴郡南郡蠻本有五姓巴氏樊氏瞫音審氏相氏鄭氏皆出於武落鍾離山代本曰廩君之先故出巫誕也其山有赤黑二穴巴氏之子生於赤穴四姓之子皆生黑穴未有君長俱事鬼神乃共擲劍於石穴約能中者奉以爲君巴氏子務相乃獨中之衆皆歎服又令各乘土船約能浮者當以爲君餘悉沉惟務相獨浮因共立之是爲廩君乃乘土船從夷水至鹽陽荊州圖曰副夷縣有溫泉古老

相傳此水元出鹽于今水有鹽氣縣西一獨山有石穴
有二大石並立穴中相去可一丈俗名爲陰陽石陰石
常濕陽石常燥盛宏之荊州記曰昔廩君浮夷水射鹽
神于陽石之上按今施州清江縣水一名鹽水源出清
江縣西都亭山水經云夷水巴郡魚復縣注云水色清
照十丈分沙石蜀人見澄清因名清江也○劉攽云注
夷水巴郡魚復縣按文少一經字鹽水有神女謂廩君曰此地廣大魚
鹽所出願留共居廩君不許鹽神暮輒來取宿旦即化
爲蟲與諸蟲羣飛掩蔽日光天地晦冥積十餘日廩君
思其便因射殺之天乃開明代本曰廩君使人操青縷以遺鹽神曰嬰此即相宜云與女俱生宜將去鹽神受縷而嬰之廩君即立陽石應青縷而射之中鹽神鹽神死天乃大開也○劉攽曰注即稱宜云與女俱生宜將去按文少一不字
廩君於是君乎夷城四姓皆臣

之廩君死魂魄世爲白虎巴氏以虎飲人血遂以人祀
焉及秦惠王并巴中以巴氏爲蠻夷君長世尚秦女其
民爵比不更劉攽曰按巴氏之君可有爵耳民何故輒得之明衍民字有罪得以爵
除其君長歲出賦二千一十六錢三歲一出義賦千八
百錢其民戶出幏布八丈二尺雞羽三十鍭說文幏南蠻夷布也
音公亞反毛詩四鍭既均儀禮一鍭一乘鄭元注四鍭
猜鍭也鍭物而射之也三十鍭一百四十羽俗本鍭作
棠鍭作鏃者並誤也○劉攽曰三十鍭三羽當九十若
四矢爲一鍭則三百六十無緣得一百四十九未詳
漢興南郡太守勒彊請一依秦時故事
三國志吳志永安三年七月分宜都郡置建平郡

晉書地理志荊州建平郡吳置晉各有建平郡太康元年合統縣八巫北井
泰昌信陵興山建始秭歸沙渠
宋書地理志建平太守吳孫休永安三年分宜都立領
信陵興山秭歸沙渠四縣晉有建平都尉領巫北井
泰昌建始四縣晉武帝咸寧元年改都尉爲郡於是吳晉
各有建平郡太康元年吳平併合五年省建始縣後復
立永初郡國有南陵建始信陵興山永新永寧平樂七
縣今並無按太康地志無南陵永新永寧平樂新鄉五
縣疑是江左所立信陵興山沙渠疑是吳立建始晉初

所立也領縣七按下載戶口總一郡計今不錄巫秭歸歸鄉北井泰昌
沙渠晉起居注太康元年立按沙渠是吳建平郡所領吳平不應方立未詳新鄉
隋書地理志清江郡後周置亭州大業初改爲庸州統縣五戶二千六
百五十八鹽水後周置縣並置資田郡開皇初郡廢大業初置清江郡巴山梁置
宜都郡宜昌縣後周江州開皇初置清江縣十八年改江州爲津州大業初州廢省清江入焉清江後周
置施州及清江郡開皇初郡廢五年置清江縣大業初州廢有鹽水開夷後周置日烏飛開皇初改
焉建始後周置業州及軍屯郡開皇初郡廢五年置縣大業初州廢
唐書地理志施州清化郡本清江郡天寶元年更名土
貢麩金犀角黃連蠟藥實縣二清江義寧元年置開夷縣武德元年省入

建始義寧二年置業州貞觀八年州廢

宋史地理志夔州路施州下清江郡軍事元豐戶一萬九千八百四貢黃連木藥子縣二清江中下有歌羅永寧細沙寧邊尖木寨平六砦熙寧六年五月省施州永興砦還夷平砦元豐三年七月廢永寧置行鄣安碓二砦建始中下有連天一砦監一廣積紹聖三年置鑄鐵錢

元史地理志夔路下按戶口總一路計不能分晰不錄至元十五年立夔州路總管府以施隸焉施州下唐改清江郡又改清化郡又復爲施州宋因之舊領清江建始二縣至元二十二年併清江入州領一縣建始世祖本紀至元二十五年以施州之清江縣隸夔路總管

明史地理志施州衛軍民指揮使司元施州屬四川行省夔州路洪武初省十四年五月復置屬夔州府六月兼置施州衛軍民指揮使司屬四川都司十二月屬湖廣都司後州廢存衛北有都亭山東有連珠山五峯關在山下又東南有東門山東北有清江自四川黔江縣流入一名夷水亦曰黔江諸水皆入焉下流至宜都縣入於大江領所一宣撫司四安撫司九長官司十三蠻夷官司五北距布政司千七百里

大田軍民千戶所洪武二十三年又四月以散毛宣撫司之大水田置東有小關山西南有萬頃湖與酉陽界又南有深溪關北有硝場產硝東北距衛二百二十里

施南宣撫司元施南道宣慰司洪武四年十二月因之後廢十六年十二月復置屬施州衛二十七年復廢永樂二年五月改置長官司屬大田軍民千戶所四年三月升宣撫司仍屬衛東有舊治後遷夾壁龍孔即今治也西有前江發源七藥山西南流與後江合入四川彭水縣界北距衛一百里領安撫司五東鄉五路安撫司元東鄉五路軍民府洪武四年十二月改置長官司後升安撫司領長官司三蠻夷長官司二搖把峒長官司元又把峒安撫司後廢宣德三年五月改置上愛茶峒長官司下愛茶峒長官司二長官司俱元容美峒地至大二年置懷德府屬四川南道宣撫司至順二年正月升宣撫司至中正升軍民宣慰司太祖甲辰年六月改軍民宣撫司後廢宣德三年五月改置鎮遠蠻夷官司宣德三年五月置隆奉蠻夷官司元隆奉宣撫司洪武四年十二月改長官司後廢宣德三年五月改置蠻夷官司忠路安撫司明玉珍忠路宣撫司洪武四年改安撫司二十三年廢永樂五年後置領長官司一劍南長官司宣德三年五月置忠孝安撫司元置洪武四年十二月改置長官司尋復改二十三年廢永樂五年復置金峒安撫司元置洪武四年十二月改長官司永樂五年復改宣德三年五月領蠻夷官司一隆慶五年正月降爲峒長西坪蠻夷官司宣德三年五月置中峒安撫司嘉靖初置散毛宣撫司元至元三十年四月置散毛峒蠻夷官司三十一年五月升爲府屬四川行省至正六年七月改散毛誓厓等處軍民宣慰司明玉珍改散毛宣慰使司洪武七年改散毛沿邊宣慰司屬四川重慶衛宣撫司二十三年廢永

樂二年五月置散毛長官司屬大田軍民千戶所四年
三月升宣撫司屬施州衛南有白水河一名酉溪自忠
建宣撫司流入又東南入永
順司界東北距衛二百里領安撫司二　龍潭安撫司元龍
潭宣撫司明玉珍改長官司洪武八年十二月改龍潭安撫司屬四川永樂二十五年改置領蠻夷官二東
流蠻夷官司洪武八年十二月置東流安撫司屬四川後廢宣德三年五月改置來屬大旺
安撫司明玉珍大旺宣撫司洪武八年十二月因之屬四川永樂五年改置領蠻夷官二　忠建
宣撫司元忠建軍民都元帥府明玉珍因之洪武五年正月改長官司六
年升宣撫司二十七年四月改安撫司尋廢永樂四年
復置宣撫司屬施州衛南有白水河源出將軍山西南流東東河自容美司來合焉

北距衛二百五十里領安撫司二　蠟壁峒蠻夷官司宣德
三年五月置　忠峒安撫司元湖南鎮邊宣慰司明玉珍改沿邊溪峒宣撫司洪武五年正月改
沿邊溪峒長官司後廢永樂四年三月改置南有酉溪　高羅安撫司元高羅宣撫司明玉珍安
撫司洪武六年廢永樂四年三月復置領長官司一　思南長官司成化後置　容美宣撫
司領長官司五盤順椒山瑪瑙五峯石寶石梁下峒水盡源通塔坪今改鶴峯州屬宜昌府茲不詳　木
冊長官司元木冊安撫司明玉珍改長官司　洪武四年廢永樂四年三
月復置屬高羅安撫司宣德九年六月直隸施州衛
鎮南長官司元宣化鎮南五路軍民府尋改鎮邊毛嶺峒宣慰司明玉珍改鎮南宣撫司
太祖丙午年二月因之尋廢洪武八年二月屬施州衛

二十三年復廢永樂五年改置直隸施州衛　唐崖長
官司元唐崖軍民千戶所明玉珍改安撫司　洪武七年四月改長官司後
廢永樂四年三月復置直隸施州衛南有黔水郎清江之上源
明制施州衛轄五里三所三十一土司內容美宣撫司並所領五司所
惟鶴峯州屬宜昌府施南府所轄只二十五司　市郭里　都亭里　崇寧里
附郭左右中三所　大田軍民千戶所　支羅鎮守
百戶所

附　雷思霈施州衛方輿書

舊志本荊州府志載有此書其中記三所及十□土
司溯源上古迄於勝國歷代沿革並詳各土司疆域
土舍傳襲燦若列眉似若可信第細按之則其所稱
上古者不過古蠻夷國古溪峒地巴子五溪地山獠
夜郎地今按五溪夜郎本非施州地即與相接亦不
能分孰爲五溪孰爲夜郎也又云荊梁二州西北境
夫荊之西爲梁梁之東爲荊荊梁西北當在何境至
稱大田散毛爲宋富州忠建爲宋保順州忠峒高羅
爲唐珍州考唐書宋史俱不合詳控制志及夜郎考
、其載各土舍姓名皆與明史不合然出於土人記載

故辦而存之

大田所

古蠻夷國秦屬黔中郡漢屬武陵郡唐屬黔中道五季爲感化州宋爲富州地尋改爲柔遠州元爲散毛峒洪武五年定其地二十三年屬千戸所仍名散毛尋改爲大田軍民千戸所領百戸所一土官百戸所十剌惹等三峒

支羅所

古蠻夷國原支羅上下峒長舊隷龍潭司嘉靖四十四

年因峒長黄中叛討平之遂割半置所立屯以百戸一員世鎮之而今峒司屬焉其出處地至詳見龍潭在衛西二百五十里

施南宣撫司　明一統志隷施州衛

禹貢荆梁二州西北境屬巴子國宋崇寧中覃都管馬始納土輸賦令隷施州元置鎮邊萬戸總管府至元二十三年改忠義軍民安撫司至正二年叛都元帥紐璘諭降之改施南宣撫司明玉珍據蜀始更宣慰爲施南宣撫司洪武四年大軍克瞿塘中山侯遣使黄迷招覃大富入朝署施南長官司七年升宣撫十四年叛討平之二十三年定其地永樂二年改長官司屬大田軍民千戸所四年復升爲宣撫仍屬衛編戸三里領東鄉忠路忠孝忠峒四安撫司後皆不屬

國朝因之東至高羅五十里西至萬縣五百五十里南至大田六十里北至本衛六十里在衛南一百里自洪武四年覃耳毛始

東鄉五路安撫司　明一統志隷施南宣撫司

古溪峒地宋爲細沙砦屬施州乃順州之西界地元仍

之明玉珍置東鄉五路宣撫司洪武四年歸明六年置安撫司二十三年廢永樂五年復置宣德三年令領搖把上下愛茶三峒長官司及鎮遠隆奉二蠻夷官司五年省編戸一里東至忠峒一百二十里西至施南二十里南至高羅四十里北至本衛界三十里在衛南一百五十里天啟三年因征黔覃天允及子陣亡題加一級擬宣撫司自洪武四年覃起喇始

忠路安撫司　明一統志隷施南宣撫司

禹貢荆梁二州之域施之西北界宋屬龍渠縣元爲施

州屬明玉珍置宣撫司洪武四年歸明改安撫二十三年廢永樂五年復宣德三年令領劍南長官五年省編戶一里舊司在施城南二龍壩因隣侵改衛北東至金峒二百里西至石硅司五十里南至黔江一百里北至萬縣一百里在衛北四百里

國朝因之自洪武四年覃世旺始按明史係覃英非世旺

金峒安撫司明一統志隸施南宣撫司

古蠻夷國春秋蠻與羅子共敗楚師楚師復振遂屬楚秦昭王伐楚取之屬黔中郡漢屬武陵郡唐屬黔中都

督府宋爲磨嵯洛浦地元屬施州明玉珍僭擬爲五路總管府洪武四年歸明尋叛二十三年定其地永樂五年置安撫司宣德三年令領西坪蠻夷官司隸施南宣撫司隆慶五年土舍覃璧殺兄據地叛命將平之削其爵爲峒長以次支承主其地屬支羅百戶所

國朝屬衛在衛南一百四十里後徙衛西南二百五十里東至大田五十里西至都亭一百二十里南至龍潭七十里北至市郭三十里至衛城三百里自洪武四年覃耳毛始

忠孝安撫司明一統志隸施南宣撫司

禹貢荊梁二州西北境春秋楚子滅巴巴子兄弟五人流入五溪卽其地宋爲西高州元置大奴勾管等峒長官司至正十一年七月改忠孝軍民府十五年四月改軍民安撫司明玉珍改宣撫司洪武四年改安撫司二十三年廢永樂五年復編戶一里東至高羅三十里西至施南五里南至施南十里北至東鄉二十里自洪武四年田墨施始明史田大英永樂四年置

散毛宣撫司明一統志隸施州衛

古蠻夷國亦巴子五溪地春秋戰國皆楚地秦惠王欲

楚黔中地以武關易之卽此漢屬武陵郡唐屬黔中都督府五代爲感化州宋爲富州尋改柔遠州元因之尋廢爲散毛峒至元三十一年峒主覃順入貢陞爲散毛府至正六年改宣撫司明玉珍改宣慰使司都元帥洪武七年改宣慰司割其半爲大田所編戶一里領大旺龍潭二安撫司東至永順一百八十里西至大田八十里南至大旺五十里北至木册一百六十里在衛西南四百五十里自洪武四年覃野旺始

大旺安撫司 明一統志屬散毛宣撫司

古未通中國宋熙寧六年章惇經制溪峒始納上爲大翁迦峒屬師壁峒安撫司至元三十一年置宣撫司洪武四年歸明尋叛六年仍置宣撫司再叛二十三年定其地永樂五年改安撫司編戸三里宣德五年令領東流蠟壁二長官司與龍潭俱隸散毛五年省入大田所東至剌惹五十里西至大田百里南至剌惹五十里北至散毛五十里在衛南五百里自洪武四年田驢蹄始

龍潭安撫司 明一統志隸散毛宣撫司

古蠻夷國秦屬黔中郡漢屬武陵郡唐屬黔中都督府宋爲施州南砦地元置安撫司明玉珍改宣撫洪武四年歸明改安撫二十三年廢二十五年復置編戸一里領上下支羅二峒後支羅叛改所東至大田三十里西至萬縣七十里南至唐崖二百里北至金峒四十里在施南西二百五十里自洪武四年田起剌始 按明史係田應虎

忠建宣撫司 明一統志隸施州衛

古蠻夷國屬楚秦代楚屬黔中漢屬武陵唐屬黔中道宋屬保順州界元置軍民都元帥府明玉珍據蜀仍忠

建[illegible]洪武四年歸明六年改宣撫尋叛十四年改安撫再叛二十三年復宣撫編戸三里領忠峒高羅二安撫司東至永順一百三十里西至散毛五十里南至木册三十里在衛南二百五十里自洪武四年田思俊始

忠峒安撫司 明一統志隸忠建宣撫司

古蠻夷地秦屬黔中漢屬武陵充縣地吳晉屬天門郡梁置建昌縣隋開皇初屬施州十八年改充州大業廢唐爲珍州宋置順州元置湖南鎮邊宣慰司明玉珍改沿邊溪峒宣撫司洪武四年歸明尋叛十四年討平二

十三年招降永樂四年置安撫司編戸三里東至永順一百里西至高羅五十里南至高羅三十里北至東鄉一百里在衛東南二百五十里自洪武四年田鑾王始

高羅安撫司 明一統志隸忠建宣撫司

古山獠夜郎郡地唐貞觀七年開山峒置舞州龍溪郡領夜郎麗皐樂源三縣長安四年省麗皐樂源領夜郎渭溪二縣開元十三年更名鶴州大歷五年以州有珍山改名珍州置夜郎郡元和二年廢五代復名鶴州宋乾德三年七月刺史田景遷内附仍賜名珍州開寶元

年景遷言本州年歲荒歉乞改高州又名曰西高州元置石溪峝長官司後又改高羅寨長官司尋升宣撫司明玉珍改安撫洪武四年歸順尋叛六年置安撫司再叛二十三年定其地永樂五年復置編戶二里領木册長官司東至永順二百里西至施南七十里南至忠建三十里北至忠孝二十里在衛東南九十里自洪武四年田太卓始按明史係田大名非太卓

木册長官司　明一統志隸施州衛

古夜郎地元置安撫司明玉珍改長官司洪武六年歸

明置長官司尋叛永樂四年復置編戶三里東至大田一百里西至石砫司二百里南至黔江三十里北至龍潭三十里在衛西南四百里自洪武六年覃起送始按明史木册長官司田谷佐永樂四年置

東流蠻壁二蠻夷司　明一統志隸施州衛

二司沿革皆同原附大旺地徑二百餘里大旺之分族也東流自田銘始蠻壁自田大旺始

國初制衛治仍舊凡十八土司

東鄉安撫司　忠建宣撫司　施南宣撫司

右三司後各以罪廢

忠峝宣撫司　散毛宣撫司　忠路宣撫司

忠孝安撫司　高羅安撫司　木册安撫司

大旺安撫司　金峝安撫司　蠻壁安撫司

東流安撫司　唐崖安撫司　龍潭安撫司

沙溪安撫司　卯峝長官司　漫水長官司

右十五土司歸流後各予世襲

以上凡十八土司較之明史無搖把上下二愛茶鎮遠隆奉鎮南劍南中峝思南而有沙溪卯峝漫水其沿革之故不能悉也　今按雍正年間所修會典載湖北承宣布政使分轄　該布政使司所轄土司十六

宣慰司一　容美宣撫司隸荆州府今改爲鶴峯州

宣撫司四　施南宣撫司　散毛宣撫司　忠峝宣撫司　忠建宣撫司以上俱隸荆州府

安撫司七　東鄉安撫司　忠孝安撫司　金峝安撫司　忠路安撫司　高羅安撫司　大旺安撫司　龍潭安撫司以上俱隸荆州府

長官司四　唐崖長官司　木册長官司　蠻壁

長官司　東流長官司以上俱隸荊州府
以上凡十六土司惟容美改爲鶴峯州今隸宜昌府餘十五司皆改爲縣屬施南府與舊志所載又不同當從　會典
國朝康熙三年施始歸順廢指揮千百戶設流衛制守備千總各一員教授訓導各一員廢倉使驛丞營制遊擊守備各一員千總二員把總四員一駐大田一駐支羅一駐戎角一守城廢屯軍割荊鎮馬戰守兵共五百四十二名承駐防施十三年吳三桂據雲南

叛施又於逆至十九年歸順後譚宏據四川叛施又陷於逆次年歸順
湖廣總督臣邁柱
題爲請改州縣以重地方以速案件事該臣看得湖北荊州一府管轄州縣衛所共計一十五處綿延千有餘里凡遇盤查錢糧倉庫提審命盜案件每多遲延蓋緣該府所屬之歸州巴東興山長陽四州縣施州大田二衛所俱地處山僻離府窵遠文移往返動需時日一經駁查即逾例限且界連他省接壤土司是以田土爭訟亦倍於他邑而衛弁又無承審命盜之例每遇命案必詳委隣邑驗審往返就鞫更耽時日臂指鮮應呼應不通此事多遲悞之所由來也臣密加查訪按諸輿論隨與撫臣藩司會商必須改設州縣庶於地方有益去後今據湖北布政使黃焜詳議請將歸州改爲直隸州施州衛裁改爲縣大田所裁去所弁歸併縣轄同興山巴東長陽三縣併隸歸州管轄刑名錢穀事件俱令該州督催彙轉歸州原有州判一員今應復設以資督緝施州衛千總裁改典史一員就近查緝其官俸役食照舊

日衛所之俸薪儘數應用再施州原有專營遊擊大田所原有施州營把總一員帶兵可資彈壓無容另議再施州衛原管之施南十五土司應歸縣轄令歸州兼轄巡荊道統轄施州改設知縣典史則以守備千總衛署居住巡檢則以大田所衛署居住歸州州判有原設衙署可以居住無容另議蓋造其施州衛有原設教授訓導二員取進生員一十五名今應仍照舊制俟教授任滿再有補選之日即改爲教諭員缺但各州縣設有祭祀鄉飲舉貢長夫孤貧花布等項銀兩應照例逐一添

設統俟查核
題允之日另造細册呈請咨達等因請
題前來臣覆查歸州改為直隸州施州衛更設為縣在
該州管轄四縣則盤查倉庫審理刑名任專地近案件
易結一轉移間實於荊南要地大有裨益再施州衛既
改為縣如蒙
俞允恭請
皇上欽定縣名所有該縣及大田所巡檢印信並該學
條記請鑄給以昭職守合併聲明臣謹會同湖北撫

臣馬會伯合詞具
題伏乞
皇上睿鑒勅部議覆施行
雍正六年題改恩施縣七年設官與興山長陽巴東同
隸歸州十年東鄉司覃壽春以長子得罪正法諸子不
才呈請改流十一年忠建土司田興爵以橫暴不法侵
龍山改設內地經南臬審實擬罪改流俱為恩施縣地
雍正十三年施南司覃禹鼎以淫惡抗提擬罪改流又
容美司田明如窮凶極惡覃禹鼎及東鄉司覃壽春長

子楚昭皆其壻也每犯罪輒匿容美屢提不出當事以
其先人從征紅苗有功置弗問明如怙惡不悛至是特
參拏問明如畏罪自經忠峝司田光祖等糾十五土司
呈請歸流湖廣總督邁柱題以十五土司各境並原設
恩施縣增為一府五縣將撥隸夔州府之建始縣劃還
特設施南府轄六縣省歸州直隸改容美及所領五司
為鶴峯州隸宜昌府乾隆元年定各屬疆域及文武官
制一切經費悉如他郡近以土流稠雜滋生日盛案件
益繁乾隆四年湖北巡撫兼署湖廣總督陳輝祖題請

施南府志 卷之二 沿革

施南府及恩施縣俱改為繁疲難三字要缺
施南府領縣六
恩施 宣恩 來鳳 咸豐 利川 建始
施恩縣 內地
除將原屬之支羅等處撥分各縣外仍以恩施為附郭
首邑周圍九百八十里
宣恩縣 土司地
忠峝高羅木册東鄉忠建施南石虎七司地共設一縣
周圍九百餘里縣治即施南司

來鳳縣 土司地

散毛蠟壁大旺東流卯峒漫水六司地共設一縣周圍五百餘里縣治卽散毛司屬之桐子園

咸豐縣 土流各半

大田所及唐崖龍潭金峒三司地共設一縣周圍八百餘里縣治卽大田所

利川縣 土流各半

忠路忠孝沙溪三司并恩施屬之支羅南坪堡及施南司地之官渡壩巃石等處共設一縣周圍九百九十八

里一分縣治卽官渡壩巃石

建始縣 內地

按明一統志本漢巫縣地晉置建始縣屬建平郡後周置業州隋廢州郡以縣屬清江郡義寧初復置業州唐貞觀中州廢以縣屬施州宋元因之明初置施州衛洪武二十三年撥衛入楚割夔今建始距夔三百餘里爲施南入省必由之路故設府後仍撥歸施南周圍一千零五十五里

增修施南府志卷之二終

增修施南府志卷之三

地輿志 山川

山川

施南府 恩施縣

回龍山在城內䀨然奇秀登高瞻眺城景歷歷如畫下有圓通寺

象耳山在城內上有修篁佳木下有流觴曲水上建元妙觀與白華學使改爲象牙山

鼇脊山在城內舊名龜山向建城隍廟於上後改建文

昌祠奎星樓移城隍廟於山下與白華學使改今名

成山在城內又名中印山舊建成山書院土主廟巴公祠於上

瑞獅岩在城東南隅城跨其上岩壁鐫有釣臺二字

聯珠山在城東清江上五峯相連如貫珠亦名五峯山

龍首山與聯珠山相接新建聯珠塔於上

官坡在城東里許爲出山大道

鳳凰山在城東五里

椅子山在城東十五里宋開慶初郡守謝昌元移州治

於此以擬要險亦名州基山俗名舊州城其地出上
瓷器皿
金瓦山在城東四十里
石盤山在城東四十里
文筆山在城南五里雙峯卓立如筆亦名雙翠山山之
西又有丹鳳玉女二山
天成山在城南十五里兩峯千雲一水匝地中開橫石
成橋約四五丈名天橋太守顧藹亭有詩刻石壁
天樓山在城東五十里

羊角山在城東六十里
銀頂山在城東八十里有高峯數十丈
畫屏山在城東百里
紗帽山在城東六十里下有洞
玉峰山在城東百二十里山頂有真武廟不梯鐵索以
上
斑鳩崖在城東百里崖長五十里望之如城郭山上即
戎角村村後山名五葆山東有筆架山有竹泉山館
偽都人士講學處

楊平山在城東南又有龍津山黃石山
活龍山在城南里許踞麒麟溪上俗名活龍奔江今名
蟠龍山
獅子堡在城東百二十里高數十丈清溪繞其下旁有
山名鼇頭
天鵝山在城東花被村
掛榜山在城東紅土溪距城百九十里山如屏壁立千
仞城北里許有掛榜岩
小甕坡在城東與大甕坡相近出三岔口大道

轎頂山在城東百九十里雄偉壯麗[illegible]名獅子山城南
亦有轎頂山
大甕坡在城東北三十里出丫木峪大道
青龍山在城東北百里上有洞外圓內方背有雲霧出
其上
丫木峪在城東北四十里
雙樹丙在城東北九十里雙山並峙如門南里渡大道
大石嶺在城東北二百里一名仙掌嶺
羅盞山在城南五十里數峯崒然如覆螺杯一名螺盞

山

溇岩山在城南七十里由九拐山而上高出羣山上建元妙觀俗呼小武當

箐山亦名銀鑛山在城南三十里舊出銀鑛西有鐵冶

相公石在城南百三十里地名鋸子梁有岩生石筍長三尺許清明日踏青者擲小石能中者生子必貴

金貓岩在城南百二十里有奇地名欄墻口有岩絕高岩半一石約長二三尺黃黑成文作伏拱勢如貓岩脚有青石數枚若鼠俗呼金貓捕鼠岩在天池塘之前

金雞山在城南百四十里山產

翠濤山在城西南五里勢如波濤層湧山外巨石突起數十丈有竅南北通明俗號通明山

磨嵯山在西南十里上有磨嵯神廟今圮

金柱山在城西南七十里峰勢峭直其色如金

天馬山在城南五里

星斗山在城南大吉場高可摘星

扇面山在城西三里

木魚巖在城西五里旁有木魚山

字山在城西五里與月臺對峙

先生坡在城西十五里相傳有名儒隱此

客星山在城西二十里複嶺重嶂蜿蜒磅礴南連雪嶺高出雲霄下有虎口洞

麥聽嶺在城西七里

猿啼山在客星山北丹岩碧嶂林木葱蒨多猨啼聲冬常積雪故又名雪嶺郡東八十里亦有猨啼山

銅鼓山在城西七十里

飛鳳山在城西北郭外

貧山在城西三百餘里

小紅山在城西里許周圍約四里平蕪擁翠上有義塚

鐘離山在城西產仙茅

石乳山在城西北百七十里山石層疊多生石乳與利建交界

銀錠山在城西北郭外

赭馬山在城西北百十里

都亭山在城西北二百里崇岡深麓映帶左右下多良

田廣國後周於此置亭州

碧波峯在城北郭外曲折逶迤蒼翠層湧望之如波濤

詳古蹟

旗山在城北五里峯聳高展若旋旗

星城坡在城北二十四里高峯峙出上有紫雲觀

尖山在城北屯堡上距城七十里形如文筆上有盤古

廟居人求嗣禱雨輒應

香城山在城北七十四里山多麝

金樓山在城北八十里巨石層疊狀若樓臺

筆架山在城北百餘里三峯並峙中峯最高又有羊角

山與北山相倚

車下岩在城北百四十里地名墳前懸岩壁上生成車

下二字

雄獅巖在木撫巖上尖峯高聳爲羣山冠

巾子山在城北百六十里峰頂狀如巾

獅子山在城北新郵形如獅踞伏山前有石若小獅拱

頭回顧狀旁有繡毬山

清江一名夷水在縣北源出縣西北羅鍋堰東南流逕

縣城東轉東北又東流入建始界又東流入宜昌府

長樂界又東流入荆州府宜都界入大江廪君乘土

船從夷水至鹽陽注今施州清江縣水一名鹽水源

出清江縣西都亭山後漢書西南夷傳夷水出巴郡魚復縣

江東南過很山縣南漢縣屬武陵故城在今長陽縣西注夷水即很山

清江也水又逕建平沙渠縣縣有巫城南岸山道五

百里其水歷縣東出焉夷水自沙渠入很山縣水流

淺狹纔得通船東逕難留城又東逕石室又東與溫

泉三水合又東逕很山故城南南對長楊溪又東逕

虎灘水經注清江自四川酉陽州屬之黔江縣經石

硿廳過白楊渡入利川縣境至磁硐伏流三十里至

七藥山紅鶴花壩復出東南流至龍潭三渡河水自

西南注之至馬橋屯平溝河水自西南注之又伏流

數十里復出爲雪照河馬溪水自東南注之又伏流

三十里至恩施之木撫村復出新田溪水自北流注

之徑馬寨村乾坪溪水自西南流注之又十里落葉

壩溪水自北流注之又十五里歷松溪水自西南流

注之又十里帶河水自北流注之又十五里鹽水溪

水自西南流注之又五里盤龍溪水自東北流注之至府城北遶而東通潮溪水自東流注之又繞城東而南藥溪水自西南注之麒麟溪水自西流注之巴公溪水自西南流注之入峽口五里洗罾溪水自北流注之又十里天橋河水自南流注之又十五里金銀溪水自南流注之又五里爲長沙河復入峽至芷藥坪忠建河水自南流注之又二十里爲風水河又五里爲銀潭河又五里南陵渡水自北流注之又五里東遶村水自南流注之又十里爲忠建渡口又十

里紅蘭溪水自東南流注之至新渡壩過施州塘入建始境尹家村水自南流注之又三里眠羊口水自北流注之又三十里入宜昌府巴東境爲九龍潭野三河水自西北流注之又十五里支井河水自北流注之又二十里四渡河水自北流注之又三十里至長樂之鹽井朗亭水自北流注之又六十里爲曾顏口高家堰水自北流注之至荆州府宜都之清江觜入大江

按禹貢和夷厎績晁氏曰夷水出巴郡魚復縣東南過很山縣南又東過夷道縣北東入於江舊府志

衙洞在東關外清江渡口俗傳江岸有蝦蟆石見則歲歉土人鑿此厭之

通天洞在城東十里洞寬敞上有石竅通天內有田有溪有碑明時人多題咏即木杪仙人洞

大龍洞城東十餘里內有澄潭每日子午從潮聲聞數里歲旱禱雨多應

雨香洞在城東芷藥坪

雙龍洞在城東百餘里岔來壩洞水潮七日則主旱潮三日則主雨

石節洞在城南

神仙洞在城南五里洞懸半壁有丹竈石磴

影蛾洞在城南十五里天橋下水光日影交相掩映

朝陽洞在城南百里水清洮左右有石鼓扣之有聲土人逢旱禱雨輙驗

仙人洞在城南九十里鳳陽山下中有石田畦畛悉具水聲雷鳴

犀牛洞在城南一百二十里舊鋪村洞門高丈許濶入

尺村多蘭桂花放時輒見有牛自洞出齧花追之入洞中旁有洞左右門相通明季村人多避兵於此

穿洞在城西南八里一名穿山

七星洞城北百餘里七孔併流即龍馬河發源處

雙城洞城北四十里許又東五十里有雙石城出下有雙洞

落水洞城北六十里納七里溝水伏流十里出灣潭河又東亦有落水洞

穿山洞城北六十里洞口仄中闊長里許異石叠出具

人物象有石笋上下相接如屋棟玲瓏可觀旁有馬鞍山筆架山獅子山俱近杉木壩

鐵溝水城東五里亦名洗爵溪

馬公泉城東十五里舊施州地宋嘉祐中運使馬某按部至州以城跨山不可鑿井乃相視水脈以竹引泉入城中公私賴之因立祠其上號馬公泉

蓮花池城東二十五里

盤龍溪城東六十里有泉焉夏涼冬溫可沐熱氣如烟綿延數里

朝貢水城東六十里源出宣恩萬里山北入清江

銀瀑城東百八十里斑鳩崖上飛瀑如銀修篁間之望如珠簾掩映

紅蘭溪城東百八十里斑鳩崖下北流入清江

木里溪城東三百里源出長望洞曲折數百里沿溪萬山深僻旁有平地可耕

龍潭城東百十里水自平地湧出成潭歲旱鄉人禱雨輒應經滚龍壩伏流出南里渡

見龍溪城東戎角村下舊名黑龍潭咸豐七年六月有

龍見於溪中因更今名邑紳曾作記刊石上

七渡溪城東百六十里水南流至南里渡出兩河口會清江

鹽陽溪城東四百里地近鶴峰州

風木壩河城東百餘里拱建始界地多窯場土質細膩陶器較他處牢固

河水坪城東北百四十里發源建始東龍駒河復會建邑水至南里渡達清江

南里渡城東北八十餘里舊志作南陵渡陵字即里字

之訛

龍平溪城東南二百餘里合細沙溪

巴公溪城南里許有二源一出藥山一出鼓樓山合於翠濤山下至城南入清江

梅溪城南巴公溪上流里許

黃連溪城南七十里源出鹹池會硃砂溪入天僂河

金甲溪城南三十里源出銀鑛山東流合覆盆水又東合石板溪水北流三十里入清江

蝦蟆溪城南百二十里池多蝦蟆方春水生輒跳擲出岸間前壯變為羽隨衆禽飛去土人常得之雀網中

乾溪城南三十里有奇

麒麟溪城西南半里發源西山盛夏水極涼繞城南而東入清江俗傳宋雍熙中產麒麟同治二年建麟溪書院於溪上

鼉溪城西南七里宋時產靈鼉

硃砂溪城西南三十餘里合黃連溪徑天城山橋下東北流入清江

頭渡河城西南十五里源出咸豐龍峝口

芭蕉溪城西南五十里

黑峝河城西南二百二十里水有二源皆出咸豐一由西南流過地壩砦徑普落溪西南流入四川酉陽黔江界亦謂之黔水一由西南流至廢龍潭土司東繞其南流至廢唐崖土司界與徑普落溪者合流亦謂唐崖河

黔黎溪城西南三百四十里源出北荒

腰帶溪城西五里源出西山流逕宣山下南入麒麟溪

九龍溪城西南七十里源出紅岩山下東北流合清江

藥水溪城西郭外源出西山繞城西而南入清江相傳羽士洗藥流觴其間故名

天池城西南九十里

菖蒲溪城西南百九十里源出宣邑東門山溪岸多菖蒲

虎溪城西十三里源出虎口洞

冷水河城西八里高橋壩源出西山出水洞奔流而下溪中多奇石異形俗呼青獅白象

龍池城西北百六十里相傳有龍潛此

益泉城北郭外一名宜泉味最甘爲縣境諸水之冠今
名唐家灣泉
擂鼓灘城北五里清江徑流聲如鼓高下有節可聽
蟠龍溪城北五里舊施州驛馬公泉下昔傳有龍
龍馬溪城北六十里發源七星洞南流遶觀音岩至帶
河入清江相傳牧馬河濱多生龍駒故名
小龍潭城北三十里有賴姓義渡
一碗水城北七里許城東三十餘里亦有一碗水
帶河城北四十里由入龍坪流至小龍潭纏環似帶

龍駒河城北九十里東抵建始界
麂子渡城北百里有古城隍廟相傳明季掘出碑記因
於舊址復建
官渡河城北百餘里舊名麂子渡嘉慶年安子營統領
捐爲義渡後渡廢建大小二橋源出太陽河東流茨
竹溝水注之出龍駒河
丹陽溪俗名太陽河城北百二十里源出石乳山經麂
子渡龍駒河東流至大沙河會南里渡入清江
九渡溪城北三百里源出酉陽州彭水縣石柱司流入

縣界至都亭山下東入清江居民引水溉田
會水河城北八十里有二源一出甘水埡一出龍潭灣
合流遶楠木橋至高碑會龍馬溪河至衣角壩流入
清江
通潮溪城東北南近連珠山源出大龍洞其水日消長
如潮
嘉蓮池在城內柿子壩舊名鼓角池宋端拱元年生嘉
蓮故名道光十年邑紳建禦寒院收養孤貧殘廢今
猶存

洗馬池在城內協署西轅門左
衛塘在城內府學署右原係衛塘圍池
龍岡井在城內迴龍山下圓通寺中明景泰間鑿甘洌
異常
六六井原名文明井在城內府學署中訓導李宗汾鑿
有銘載藝文志
葵花井在城內西南隅舊名局井
宣恩縣
來龍山縣北里許下有醴泉

青龍山縣東二里許上有青龍寺
保慶山縣東城守署後下建先農壇
宜山舊名壘達山在縣治後土人謂天爲壘言山高達天也其下有小山山半新建宜亭因名
保民山縣北里許嘉慶元年教匪滋擾邑人避難於此
鼓臺山縣西里許山形似鼓上平下爲三水堂
蛇山縣東三里形勢逶迤
天馬山縣東四里又有墨把逼積勞喜水心諸山
寨堡山縣東五里一峯聳特烟雨迷離前土司紮寨於此

馬鞍山縣東十里
銅鼓山縣南十里相傳聞有鼓聲掘出銅鼓一面
疊翠山在縣東北
天柱峰縣南四十里一名雲頭山
福壽山縣西北三十五里高廠上有廟
筆架山縣西北六十里三峰排列中峰獨尖
東門關縣南六十里石磴凡千五百級
觀音山縣東四十里

三鳳山縣南六十里
白巖山縣東五十里白石粼粼壁立千仞下有小口初極狹逶迤而前豁然開朗余肇翊學博題曰桃源深處
龍馬山縣東四十里
獅子岩縣東南二十五里有大小二山
萬卷岩縣東五十里石壁層疊如萬卷書
龍角堡縣東四十里兩峰對峙如龍角然
金鼕山縣東八十里有奇石崖壁立夕陽返照金碧輝煌

銅鐘山縣東八十里土人掘得銅鐘二故名上寬平又名大寨
香爐岩縣東九十里平地突起一石形如香爐嘉慶初昭武都尉麻光裕堵禦白蓮教匪於此
中峰山縣東北六十里山勢巍峨爲高梁寨主山明洪武年間建廟於上殘碑在焉
石髓山縣東六十里平地生石壘約數丈如削成周圍里許上建廟茂林修竹有泉自其頂出乃石髓也

二仙崖縣南六十里
泰平山縣南八十里元末明玉珍據蜀土人避兵於此
獅子山縣南八十餘里
甲羅山縣南九十里三峯並峙甲於哥羅
玉柱峰縣南九十餘里
廻龍山縣南九十里
金星山在高羅河中
馬家山縣南八十里山高頂平居民環集上有水田
龍泉山縣南九十里

將軍山縣東南百二十里
紫金山縣東南百三十里
青龍山舊名羊角寨縣東南百四十里高十五里江流
繞其下四面懸岩壁立惟一逕可通鳥道羊腸令人
不敢俯視上有土司紮寨基址咸豐辛酉曾氏周氏
何氏三族百餘人避難於此時人比之江西魏叔子
翠微峰云訓導李敬軒題吉星照臨四字於石門
木櫳寨縣東南百五十里
飛波坡縣東南百八十里

梳頭岩縣東南百八十里
青山壩縣西六十里
淩雲山縣西北百二十里上有寺
文筆山縣西百四十里
司城縣西百二十里兩山環抱瀑布中流又有石鍾石
鼓擊之有聲
普瑩山縣西百三十里
猴子嶺縣西百四十里
大山坪縣西南百里地產硃砂

滴泉山縣西南百四十里上有金沙洞清泉常滴岩下
和尚岩縣西六十里
貓兒石縣西南九十里
龍角山縣西南八十里
亮洞坡縣南百四十里
香爐岩縣南百六十里朝暮白雲徵罩儼若香篆
二虎岩縣南百六十里
四方岩縣南百六十里
將軍巖縣南百六十里岩臨江江中有石如馬

萬綠坡縣南百四十里乾壩司署後

笑喜巖縣南百四十里側嶺嵯峨三面陡絕咸豐辛酉居民避難於此

仙人洞縣西南六十里落馬洞頂上外濶内深有石欄石床

雙龍洞縣西十里八景之一

白鶴井縣東保慶山下

清涼泉縣西門外泉從石隙瀉出極凉暑月人多汲之

桂花井縣西潘家溝

石廠溝縣東南七里有橋名七里橋

邑前河發源咸邑麻布溪四十里至龍坪十五里至長沙坪二十里至麻里洞四十里至桐子營遶邑七十里由五窖北注雙龍洞出口合流至縣南岸渡船口東流由三房溝入紅岩窖與東鄉新司河會合流忠建河至分水河會清江

慶陽壩河水源一出杉樹嶺一出香花嶺一出小鴉口合流由老茶溪至水田壩入洞伏流十餘里出馬合壩至恩邑九道水會

石家溝源出筆架山由鹽池至西草壩伏流數十里出小龍洞合流大河

桶匠溝縣西北六十里源出龍潭溪至西草壩合流

玉帶溪縣東七十里水常清以繞恩邑玉帶山得名舊郡志誤

仙女池縣東九十里八景之一明王珍據蜀遣譚向二女入宮結伴投池生蓮花

跳魚洞縣東四十里水四時不竭多魚

穿洞縣東二十五里獅子關洞而如邱濶深半里洪家河水流至關後伏半里由洞出又伏里許出與古基河合流出洪岩窖會邑前河

龍泉縣東七十里洗硯溪上流即王荀洞水溢出產魚味極美

春潮洞縣東六十里深數十丈天將雨則潮起農人候之以占晴雨

東鄉河源四一發源油煤界由洗馬坪出馬虎坪東注一發源由羊溪由富廣坪出長灘河一發源內口溪由斑竹園出長河合流經東鄉鎮出新司河四水會

流出溂洞河與縣前河水會同出忠建河會清江
溂泉下高羅南坑圓如臼水自下湧出四時不竭居民汲之作酒味甚佳
高羅河發源東門關二仙岩下石洞溂出噴爲瀑布落百餘丈逕溪西南流七八里至李溪合流經泰平山下二里與岩鳳溪水合又五里與龍溪水合經王在峰下與鉛廠溪合繞金星山南流會忠峝河經縣邑入忠峝
鑼子洞縣南百三十里

署司洞縣東南百四十里
踩水埠縣南百六十里
布袋溪縣東南百七十里
鍋匠溝縣南百八十里
大白溪縣東百三十里發源容美界出畬刀溝
三眼泉縣東百五十里
老鴉溪縣東南百六十里
碼瑙湖縣東南百八十里
鴛鴦峽縣東南百五十里發源白水河

盤山旁有黑洞巖若城門水從中流二里許始出門繞縣北爲青崖寨谷等溪其上又有一小洞伐木爲欄明洪武中征蠻兵嘗經此
梅家山在縣南二十里
牌樓山在縣境又有對山萬峰山亦曰杉篁洞頂有池流爲杉篁碧壘子等溪
唐崖在縣西五十里
二仙崖在縣北抵黔江縣界壁立數十丈岩頂方廣四十餘里上有飛瀑三道下流成河

中界坡在縣東北百里
陽峝在縣西五里
金峝在縣東北六十里
頭渡河在縣東十里源出龍洞口其水魚多
西北江在縣西二十里有二溪合流下入山洞中上郎天成橋伏流二十里至唐崖出爲乾溪河下流入龍潭河
龍潭河源出利川縣至金峝過太平壩到龍潭河繞唐崖山百節灞至彭水縣入夔江

萬頃湖在縣西南一百八十里接四川彭水縣界

兩會溪積玉山澗水所滙流也

普藥溪在縣境又有乾溪流入黑洞河

瀑布泉在縣東三十里泉出崖間如飄素練

清水泉在縣東百里有二色如藍靛

馬家池在縣西北七十里

墨池在城北舊學宮地水泉香美池畔多黑石

廣利井在縣城內

杜家塘在城東五里寬數畝其深莫測

利川縣

木椸山在城東三里山勢盤曲石齒巉巖烟鬟聳翠曰

木椸螺髻

降雨山在城東四里舊名老鸛窠每旱歲此山生雲頃

刻即雨

滴水岩在城東十二里峭壁崔嵬上有飛泉下流下有

紫石光

筆架山在城東二十五里數峰羅列大小差如筆架對

面有文筆峰

景之松岡繫月也何氏世聚族於此雲蔭山房在焉

其南為乾元寺

冠山縣東九里小河坪峰巒秀出林木整齊遠望如人

著冠浙人張氏世居其麓下有溪溪有橋朱蕉堂額

其橋曰小橋流水人家茂林修竹碧澗丹岩邑中匡

廬峰也

松雲山縣東十里三峰屏列上有松濤萬株溪流下繞

登之眼界極舒有閣名高遠長沙張氏讀書處也

官寨坡在貞肅里前明散毛土司設卡於此以衛客关

桑植各司上有朝陽寺

巖了口在貞肅里山峻而中缺月至缺處始見昔人呼

為雁門吐月

得勝坡在貞肅里原名鯀桶坡下有土坑土司封收戰

骨處嘉慶丙辰總兵慶溥敗白匪於此因改今名

五馬山縣北十里五峯高聳勢若奔馬

三尖山縣西北四十里三峰筆立蒼翠欲滴中平曠可

容數千人嘉慶丙辰咸豐辛酉邑人多避難於此

虎耳山縣西里許伏虎洞對岸高十餘丈通黔蜀大路

白巖山距城十二里城北諸山此爲獨高頗多靈異
九龍盤縣南十五里岡勢接連如龍蟠下有九龍洞
望雲山在孝原里石壁峭立高十餘里上有佛寺登其
巔酉陽黔中歷歷皆見
玉屏山縣北里許俗名觀城坡爲縣城後脈方正如屏
紅桂坡縣北里許高可十丈上多丹桂
老鷹坡縣東北十里山高峻如鷹隼聳立作鷙坡悞
新寨坡縣東十二里山形橫亘若阻巖谷左帶大河前
臨平壽後盤曲磴咸豐辛酉冬劉方伯嶽昭李總兵
後盛連營於此拒賊

轎頂山縣北二十里
馬鬃嶺縣南三十里嘉慶元年副將樊繼祖駐兵於此
上有韓湘廟
馬鞍山縣北十里
鍾雲山縣南四十里見關隘
佛山縣西三十里與雀兒峰對峙中通一溪高洞河之
水出焉上有佛寺隨雨晴爲隱現
筆架山在仁貴里三峰並立中峰微高形如筆架

埗坊坡縣南三十里與九龍盤遙對左右岡巒迴合綿
亘數十里可容萬軍咸豐辛酉邑紳周在中田耕心
召募鄉勇會酉陽州牧王麟飛主事陳繼勳連營
拒賊於此
仙人掌縣南六十里
凌雲山在忠崇里
獨秀峰仝上
香爐巖在鄉崗巖高千丈旁有蓮花瓶
觀音巖縣西二里許峭壁千尋道光初巖中忽現觀音

像岳侯方公建石臺數丈咸豐己未邑人即臺爲層
閣名飛來閣
石巖門縣西六十里兩巖對峙中通一道月從門隙照
入舊志所謂巖門穿月即此
虎子峽縣西里許危巖相向灘聲如雷徑隘而險咸豐
辛酉冬惠協戎春與遊戎祿雙都戎典率弁兵殉難
處
伏虎洞縣西里許怪石嵌爪水從中出愈入愈狹欲窮
其境依沙石中匍匐而入中有䱳魚長五六尺睛光

則出出即雨

犀牛洞縣東南七十里極幽暗水深不測相傳有犀牛出入

孝子洞縣西二里許嘉慶元年茂才周商奉親避亂罵賊遇害署令王公三錫題曰孝子洞

白巖洞縣北十二里在白巖山東南外狹內寬鄉人每禱雨於此中產硝峭壁間小洞咸豐辛酉鄒烈女罵賊殉節處

爛柴崗縣東十五里兩山迴抱中有石室二溪水盈盈一木渡之

花魚泉縣東北二十里洞小而深外臨溪河

天姥崗在百戶司俗名遺蹟崗外臨大河盛夏必褰而入內澗而曲初入如堂堂上有石臺臺上有石像天姥旁又有石蓮繞之以足頓地鏗然作鐘磬聲左右皆有門窺之甚黑非列炬不敢入左折而上有石龍長三四丈蜿蜒欲活疑挾風雨使人毛髮欲豎又有石鳶作飛鳴狀再進聞水聲潺潺復行數千武忽天光射入照見石田千畝畛畦朗然右甕石纍纍無數再前愈深不可測不敢復入轉自石門出仍至於堂

天然洞在孝原里紅魚泉洞口藤蘿繚繞莫知所入自上而下石徑盤旋泉水涓涓內分兩途中有天池深無底渡以署竹歷土梯忽有石門一夫守之萬夫無策咸豐辛酉居人多避難於此

釣巖洞縣北七里許壁立千尋洞在山半中有巨石如人當門而立嘉慶丙辰咸豐辛酉居人多避難於此

龍桂崗縣西六十里巨石雄拔中有三層高皆十餘丈中有石乳下垂石筍林立皆嵌空玲瓏如游至筍叢中令人神賜又有石柱頭角崢嶸鱗爪飛動旁又有若人物車馬花草形狀逼肖石壁中有小孔通咸豐忠堡屯

九靈崗在縣南明初向天富作亂調酉陽兵隨藍玉討平之以附近九靈地歸酉陽今仍在來邑界

高崗在孝原里懸巖千尋深潭百丈長髮犯境居人多於此避難

涼風崗縣西南五十里

來鳳縣北五里懸岩百丈湍水激流建橋名龍洞橋

卯峒 詳見古蹟

佛潭河縣東十五里懸崖峭壁水深不測下有神魚禱雨立應源出鵝峰州將軍山在宣恩境爲白水河西南流即五溪之西溪也初入縣界爲佛潭河於諸水爲最大竟縣東南二境計程一百二十餘里爲縣水崇幹其自東北來者一北來者三西來者四西南來者三東南來者二計水一十有三道皆注焉滙爲大河入辰沅常德

東門河二一出花廠至小河溪經乾元寺一由大溝經乾溪過龍峒橋曲折流至牌坊合流繞縣東南南流入河

漫水河縣南八十里滙各流入卯峒大河

龍嘴河縣南三十里兩山對峙壁立千仞縣治諸水與龍山龕水合流處

老虎灘縣西六十五里大旺泗一發源於信茂里天山坪一發源於忠崇里白巖山至大河壩合流出利正里峽口至體河入大河

鳳山泉在牛鼻城泉自石穴出滙爲二池甘冽清香不涸不竭相傳有鳳飲此故名

紅魚泉在貞蕭里有紅魚游泳其中捕之不得

涼水井在卯峒司後山味甘四時不竭鳳泉之亞也

咸豐縣

青龍山城南里許山上出雲即雨

鳳凰山縣東十里

角樓山又名高羅山縣治前面據以爲城

明月山縣治內勢曲如月前有三山峙列如星名三星拱月

秀屏山縣治前青峰高聳若秀屏狀

積翠山縣治北門外峰巒秀麗林木蒼翠境內奇觀

朝陽山縣治北門外與城內脈氣相連屬又名飛鳳山

象鼻山縣東十里截溪流水從中過

朝霞嶺縣東五十里形勢嵬峩旭日方升霞彩映射

韓信坡縣西門外半里許相傳韓信亡楚歸漢寓此

小關山縣東百里古時置關於上

積雪山縣境內極高峻積雪經春不消其南曰十二盤

旁有懸洞巖若城門水從中出繞縣北爲青崖寨谷
箐溪上有小洞伐木爲欄明洪武中征蠻官兵嘗經
此
梅家山縣南二十里
辟樓山縣境內又有對山萬峰山上有池流爲杉箐等
溪
星斗山縣東北抵恩利二縣界高聳雲霄形如春筍
唐崖頂縣西五十里
一仙崖縣西與黔江界壁立數十丈頂方廣可十餘里

上有飛瀑三道下流成河
中界坡縣東北百里
雲霧山縣西北九十里高數千仞登其巔周覽數百里
上常有雲霧明成化間建古剎碑誌猶存
笏山在丁寨舊名牛角山
楊洞縣西六十里有山名將軍山
金筒縣東北九十里
頭渡河縣東十里源出龍洞產嘉魚
西北江縣西二十里有二溪合流入天生橋伏流二十

里至唐崖出入龍潭河
龍潭河源出利川至金筒經太平壩繞唐崖出彭水入
蘷江
萬頃湖縣西南百八十里接彭水界積玉山澗水所滙
也
廣利井縣城內觀音橋下泉甘冽不竭邑人咸取給焉
瀑布泉縣東三十里泉出崖間如飄素練
清水泉縣東百里有二色如藍靛
墨沱縣城北水泉香美旁多黑石

杜家塘縣東五里許寬數畝其深莫測
馬家池縣西北七十里
雙龍塘縣南五十里二塘相去丈許水色清潔四時不
涸俗傳有雙龍蟠此
利川縣
一品山縣西四十里上有古刹
龍泉山縣西三十里上有寺三渡水繞其下
鳳凰山縣西六十里中和山麓
都亭山縣東九十里與恩施連界後周置亭州因此山

爲名與金字山相望鐙王塚在其上
金字山縣東四十里孤峰特立高插雲表獨冠羣山上有古刹三層獨闢靈境居人謝蕭三姓重建殿宇輝煌相傳明時有僧開山結茅苦無水有黑虎導僧出山門不數武跑地得泉四時不竭迄今殿前猶存黑虎像泉內出魚形類龍有四足能行朝山者取之至半途輒不見
圓寶山縣東六十里頂有石如龍蟠全形畢肖爰就石砌井建寺因名石龍寺前有培風塔下有集鎮亦以此得名

滴水巖縣東七里峭壁屹立下有洞水從巖上滴冬夏不竭涓涓若鳴琴前有觀音閣盛暑遊人多題詩
木梳山縣南里許有巒頭二一如梳一如螺髻當曉風殘月宛然烟鬟霧鬢土人呼爲木梳螺髻山麓有廟前有古杉八株並峙左右大可合抱高欲參天根盤枝亞遥望之狀如寶塔同治初湖南兵駐此欲伐之風雷大作衆皆仆遂止
鐘靈山縣南二十里爲縣治面山遥望如駿馬奔騰神龍夭矯中峰有古刹相傳明末飛來一鐘故名鐘靈
青巖縣南九十里兩壁峭立中有巨溪蜿蜒十餘里路沿溪下境極幽邃
應山縣南百里高僅丈餘距田疇數丈許人或歌詩或誦書人聲歇後一一答之宛肖口吻應處在夾壁寬八尺餘踰其界即不應莫測其異
金塘堡縣南九十里俗傳順治間土人於此掘得多金故名左右有獅頭巖象鼻嶺爲邑風水關鍵
百家寨縣南百里咸豐辛酉居人避兵於此

太極關縣南百一十里溪水環繞山勢磅礴宛如太極
獅子巖縣南百二十里山石崚嶒形肖其名
鳳鳴崗縣南百二十里形勢東向宛若鳳峙
人和寨縣南百三十里
星斗山縣南百四十里與恩咸二邑交界山頂有廟明時建
雲頭山縣南百五十里逼彭黔二邑大道咸豐辛酉余星垣陳察安帶勇戍此
二龍山縣南百四十里勢如二龍相對

馬鞍山縣西門外兩山如釜形聳相連嘉慶二年川匪竄境副將樊縉祖駐營於此遺跡尚存

大洞山縣西二里許太極河側山腰有洞莫測淺深每當天變時白雲翕然自洞中出頃刻遍野

乾溪山縣西三十里山勢崔嵬綿亘數十里隆冬積雪二三月始消上有石峰寺明銕肇和尚建後遭兵燹燬

佛寶山周圍數十里疊嶂層巒蜿蜒磅礴方駕七嶽領袖羣峰乾溪鍾靈皆其發脉爲縣城太祖山上有廟

茅曹縣西百里介兩山間多風每當春夏狂風屢作秋冬尤烈日者謂地形如船無風不行故雖風多不爲害

插旗山距茅曹五六里高約數十里如浮屠倚天亭亭獨立

中和山縣西六十里突兀崢嶸翠聳層霄登峰造極衆山皆小咸豐辛酉陳茂才壽田聯絡鄉里因險作寨結廬其中常則爲講學之區變卽爲團練之所

白玉山與中和山相峙兩峰高並其山石白天朗倍明天陰則暗土人以之占晴雨

烏雲山縣西百餘里高百丈四面如削頂平似掌將有雲覆其上旁有石屹立遥望如人出沒雲中

七星巖縣西八十里老屋基在其下石壁千仞上有天然七星當斜陽返照望之熒熒名星岩夕照

寨谷箐母縣西百里山勢平遠蘊藉上有石人二高數丈遥望之酷似兩人並立

獅子堡在老屋基場後

青龍嘴自七星巖蜿蜒而下直至老屋基場左始住其首昂然與獅子堡環繞左右

龍現臺距老屋基十五里上有塘廣延數畝昔有龍現故名

龍頭山在忠路東南

燕子巖在忠路南上有疊石寬數丈每春社後燕多作巢於巖中

天生橋在忠路西北兩山拱立溪水中流生成石橋

瑞獅巖在後江河左岸峭壁千丈天生石門其下若盆盂然上懸石乳水潽滴成獅形無不宛肖

青龍山在忠南

古琴寨其形似琴三面懸巖一逕可通能容萬戶

太陽門在忠路東兩山壁立宛若門太陽出其中

烏東坡在忠路產茶其葉清香堅實經久泡名烏東茶

馬鞍山縣西百六十里下有飛水巖

官營山縣西二百里咸豐辛酉何成之設卡於此

星寨縣西百六十里其形如塔明時土人避賊處

石龍堡縣西百六十里蜿蜒如龍長二三里下爲故土司

香爐峯縣西百七十里頂生楠木一株望之如蓋

靈台山縣西百七十里上有古寺今圮

大寶山縣西百八十里高二十里四面峭壁腰有岩一寬四丈長二里許微徑攀援而上可容數千人

皇木塘縣西百八十里崇禎時工部差官何金枝采辦皇木鑿山闢道水由此下河

天橋縣西百八十里俗名陽橋兩山壁立中有石梁懸數十似若人譚成吉培補端正種樹掩映可行車馬

觀音山在忠路小東坪左有筆架山右有轎頂山一峰特立四面排空其上有廟有亭有洞有池松竹繁陰境極幽雅

鐵爐寨縣北三里許四壁如斧削成若鐵爐然屹立直上五百餘級頂稍平明初土人避赤眉之亂作寨於頂後改建刹

火燄山望龍坡俱在南坪

硯池山在七藥山麓左有筆架山右有鐵筒山

齊嶽山縣西北八十里高與雲齊橫亘數百里上達石柱下接巫夔外則襟帶支羅忠路內則都會南坪昔漢蠻分界處相傳有道人采藥苦於難齊至此山皆備故又名齊藥一說結頂處視北斗倍明又名齊曜山

船山在支羅屯距縣百五十里形若船首尾共長有千餘丈寬半之頂平如掌可耕種旁膺皆峭壁千丈前後僅小徑可通明時黃中據此稱雄立僞署討平後遺基尚存故土人呼爲衙門坪

七孔子距縣百九十里明時土人避難於岩際鑿七孔

四方山建南署南三里許其山幽秀端正故名

帽盒山距縣百八十里崇崗峭壁高聳雲端

倉庫山距縣百七十里兩山並峙富麗穹隆

掛子山縣西北與酆都交界歧士後兩省民爭界控部

立有界石碑記記見藝文

鬪口距縣百六十里與石穿山連層巒疊嶂鳥道崎嶇

落水洞縣東二十里寬廣數丈大河水悉入其中右有一龍洞左有風洞後有鯉魚洞河水伏流十里復聞水聲潺潺名响水洞再過觀彩峽又伏流三十里下雪照河

雪照河縣東五十里落水洞水至此湧出亂石激湍不可揭厲兩岸皆峭壁層岩僅見天光一線岩腰多洞人跡罕到壬戌遠近避亂者咸爭赴之土人呼爲小桃源云

龍洞縣南九十里與接龍橋近不時潮湧歲旱禱雨輒應建南亦有龍洞

通天洞縣南百十里土人多於此避兵

激雪浮下皆石罅衆流激搏若噴雪然水聲清激可卜晴雨

仙女洞在中和山之西寬約數丈莫測深淺有泉直洌相傳有貞女不字父母欲奪其志遂匿此餐霞煉氣莫知所終晦明風雨之夕居人時聞絲竹聲洞得名

兩會河一源出中道河一出獅子壩至老屋基兩水會合

八鄉水即老屋基河以馬向覃田孫冉陳黃八姓世居此鄉故名

鳳凰池在忠路西南寬約四十丈水四時清潔不涸

沙溪縣西百六十里源出咸邑二仙巖下對河有天望玻雁次山有洞可避兵

龍鬚河縣西百八十里與咸邑活龍司水會

石馬泉縣西百七十里產洋魚不時出居人多取之

桂花潭縣西百八十里

卧牛潭在木楊上流三里許有石如牛

乳泉洞縣北里許幽閒邃奥不可具狀

建始縣

當陽縣西北四十里每當日光初出映照石崖霞彩

眩目

朝陽山縣西南三里許有風[illegible]山下有石通洞

景陽山縣南十里

慶雲山縣東北里許俗名烟墩山

連珠山縣西南十里朝陽山後

筆架山縣南五里形如筆架中峰特秀明都憲[illegible]倪玫

名文山

五花寨縣南百五十里每當日暮有五色祥光掩映寨

山

龍鳳山縣西北六十里

魚龍山縣西五里

麒麟山縣北[illegible]許環如屏障俗名麒麟崖

紅土坪縣西二里

五老山縣北十五里

石鼓山縣西五里許懸崖層疊多生石菊亦名菊花山

藥山縣西七十里出黃芩黃連木通貝母諸藥

千丈崖縣北七十里

獅子崖縣北六十里

一線崖縣北八十里山勢陡削一線可通

三角椿縣北八十里與奉節巫山交界有石筍三各識

其一高聳雲端嵚崎峭壁半山中一線羊腸盤旋曲

折俯瞰山腳懸崖萬丈係大溪通衢行人莫不苦其

危險

二仙巖縣北九十里

大巖嶺縣北百三十里舊有縣丞署今北

望坪山縣東北百二十里山麓周圍二三里而若堯直

接霄漢外山環爲垣墉中峰則孤撐一柱上有廟明

嘉靖年間建

翠屏山縣東里許即文治山

猿啼山縣東二十里宋黃知命有小猿叫驛詩即此

銀山縣東三十里石壁峻峭色白如銀

州基山縣東三十里隋置業州於此今呼棉花壩後山

燕子龕縣東九十里行人無旅店可棲往往投宿龕中

石門山縣東百二十里兩石對峙儼若圜扉鳥道盤旋

下臨絕澗

連山坡縣東百五十里

缺 宋黄知 吽驛
十里 壁峻峭色白
州東 三十里隋置業州於此今呼棉花
燕子巖 九十里行人無旅店可使往往投
石門山縣西 二十里兩石對峙儼若圓屏鳥道
下
連山城縣東

增修施南府志卷之四

地輿志 古蹟 塚墓

古蹟

施南府 恩施縣

鹽水廢縣在衛城東四十里後周置縣並置資田郡隋

郡廢大業初以縣屬清江郡明一統志 清江郡鹽水

置縣隋書地理志武德四年廢鹽水縣舊志 書地理

廢縣在衛城六十里後周置烏飛縣隋改曰開

明一統志 江郡開皇後改置曰烏飛開皇

書地理志 施州清江義寧九年置開夷縣武德元

人唐書地理志

廢縣在衛城東十里後周於此置清江郡隋初郡

鹽清江縣後廢明一統志唐爲州治宋因之元至元

三年省舊志稿

州在衛城東一百七十里後周置以都亭山爲名

隋併爲庸州徙治鹽水縣明一統志

信陵廢縣在衛城南七十里明一統志

舊施州在衛城東椅子山宋開慶間治此城基尚存湖

施州廢衛今縣治明洪武十五年置
國朝雍正六年改為恩施縣湖北通志
忠孝安撫司在縣西南元置安撫司明因之隸施南
宣撫司今裁湖北通志
施王屯在衛城南一十五里輿地紀云州有施王餘
址故以為名蓋謂此也明一統志 東晉末桓元子誕竄
蠻中自稱施王築城臨施亦號施王子孫襲王至後周
保定歸始平之以其地置施州乃施王屯餘址方輿勝覽

問月亭在城北有臺孤高獨出碧波峰之中舊建此亭
於上相傳李白謫夜郎嘗於此賞月明一統志
月臺在城北門外有臺高三十丈其頂平方役老傳唐
李白謫夜郎時玩月於此輿地紀勝
勸農臺在城東五峯山下舊府志稿
釣魚臺在衛城東南明一統志
釣臺在瑞獅崖石壁鐫有釣臺二字舊府志稿
野意樓在衛治西城上指揮同知孫本建明一統志
太白樓在北城上明撫夷同知宋洪泰建今毀址尚存

舊府志稿 按今俗呼擂鼓臺
清江樓即衛城東門樓也城四門各有樓東曰清江西
曰西順南曰南陽北曰拱北俱洪武中建明一統志
半逸亭在衛城象耳山元妙觀之東明一統志
宣威堂在衛治指揮僉事孫斌建明一統志
澄清閣在城外水衙廟左舊府志稿
白坡書屋在城南二十里鄧楩建
客星山房在城西童昶讀書處以上並見湖廣通志
仙人宅在城北七十里明一統志

砥瀾樓在府城內東南上舊衛志
大觀閣在府城南門外舊衛志
葵園在府城南門外鄉宦童大望別業舊衛志
大莫園在府城南門外鄉宦李一鳳別業舊衛志
臨流石閣在府城南五里指揮唐一麟別業舊衛志
讀易岩在府城西客星山下鄉賢童昶故蹟
籌邊樓在衛城內兵備署後舊衛志
鹿山石穴在衛城南四百里舊衛志
神仙洞在府城東戎角上房村後岩間有活水舊衛志稿

仙人掌在衛城北新化屯大石嶺上其掌跡大而有紋

張果崖在都會里岩間鑿孔以木爲梯而上相傳張果於此岩頂煉丹舊府志稿

廩君赤穴在衛城東八十里廩君巴務相生此

黑穴在衛城南二百里兩石並立舊府志稿

搖京塘水之清濁占地方吉凶舊府志稿

詹公故宅在城內登龍橋舊府志

蠻王寨在城南六里四面峭壁惟一徑可上

觀瀾臺在城南岩石壁上刻有觀瀾二字

求雨臺在西城上

成山書院在城內梓潼巷今廢

華陀屋基在城北六十里杉木壩西南隅相傳華陀曾住此至今基址猶存

木杪仙人洞即通天洞寶祐元年有碑

宣恩縣

廢上愛茶峒長官司廢下愛茶峒長官司在縣境明宣德二年置二長官司隸東鄉安撫司今裁

廢鎮南長官司在縣境明永樂五年置隸施州衛今裁

廢椒把峒長官司在縣境明宣德三年置隸東鄉安撫司今裁

廢鎮遠蠻夷長官司　廢隆奉蠻夷長官司俱在縣境明宣德五年置二長官司隸東鄉安撫司今裁

廢施南長官司在縣境明成化後置隸高羅安撫司今裁

廢夷鄉土司在縣境明洪武六年置安撫司隸施南宣慰司

國朝爲東鄉土司隸施州衛雍正十三年裁

廢高羅土司在縣境明洪武六年置安撫司屬忠建宣撫司

國朝爲高羅土司隸施州衛雍正十三年裁

廢忠峒土司在縣境明永樂四年置安撫司隸忠建宣撫司

國朝爲忠峒土司隸施州衛雍正十三年裁

廢忠建土司在縣境明洪武六年置宣撫司隸施州衛

國朝爲忠建土司仍隸施州衛雍正十三年裁

廢木册土司在縣境元置安撫司明王珍改長官司明

因之屬高羅安撫司

國朝爲木册土司隸施州衛雍正十三年裁以上並見湖北通志

咸平石柱宋丁謂立舊志載距城三百里今應在宣恩縣境內

天聖石柱宋刺史史方逐蠻至七女栅降之立以分界至明時石斷舊志載距府城二百七十里今宣恩來鳳交界處即其地也宋志

蠻人田承恩等誓柱文在施州今佚湖北通志宋史地理志清江縣細沙岩今宣恩縣東鄉有細沙壩即其地也宋志

儒學雙桂相傳不栽自生經秋花發香倍尋常初爲土官署後改爲學宮人咸謂瑞應云舊志稱

仙女池在東鄉里治東八十里詳貞女志

歌羅驛即高羅縣南九十里唐李太白流夜郎過歌羅即其處也詳夜郎考

珍山在高羅里唐改珍州以珍山賜名

來鳳縣

廢大旺土司在縣境明永樂五年置安撫司隸散毛宣撫司舊名大翁迦

國朝爲大旺土司隸施州衛雍正十三年裁

廢東流土司在縣境明宣德三年置長官司隸大旺安撫司

國朝爲東流土司隸施州衛雍正十三年裁

廢臘壁土司在縣境明置長官司隸大旺安撫司

國朝爲臘壁土司隸施州衛雍正十三年裁以上並見湖北通志

卯峒長官司　漫水長官司今並廢

落印潭在宣撫堡下五代時有向霸林者漫水土司弟也盜兄佩印口銜渡河其兄追之驚落於潭求之不得後漁人獻大魚於宣撫剖之印在其腹故名其地曰宣撫堡名其水曰落印潭

咸康佛在佛潭巖上峭壁千尋上刻古佛二尊鬚眉如畫居人倚石壁建閣三層左鐫有記僅餘咸康元年五月六字文多不可辨

按東晉成帝十年改元咸康五代蜀主王衍亦建元咸康然衍未踰年爲唐所滅則此咸康當是成帝年號至今千五百餘歲矣

咸豐縣

廢龍潭土司在縣境明洪武四年置安撫司屬散毛宣撫司
國朝爲龍潭土司隸施州衛雍正十三年裁
廢金峒上司在縣境明永樂五年置安撫司隸施南宣撫司
國朝爲金峒土司隸施州衛雍正十三年裁
廢唐崖土司在縣境明洪武六年置長官司始隸施州衛
國朝爲唐崖土司雍正十三年裁以上並見湖北通志

硝塲在大田所北一百里懸岸數千丈下有河渡其半崖一孔勢若城門上產硝土明一統志
仙掌在大田所西三十里懸崖壁立上有白色如掌下有黑迹如虎形明一統志

利川縣

銀山廢縣在衛城西一百八十里明一統志
廢劍南長官司在縣境明宣德三年置隸忠路安撫司今裁
廢忠路土司在縣境明洪武四年置安撫司隸施南宣撫司
國朝爲忠路土司隸施州衛雍正十三年裁以上並見湖北通志
廢忠孝安撫司元置明洪武四年改置長官司尋復故二十年廢永樂五年復置隸施南宣撫司今裁
廢沙溪長官司在縣境
陳家壩有陳世凱軍門祖塋

建始縣

廢業州在縣東三十里州基山舊志載恩施宣恩二縣皆古業州地建始志云在永福草塘二里世亂民散遂

爲容美所據今按形勢估於容爭事固有之而古業州實不止建始一縣也舊志稿
核桃園在縣東南六十里
詹狀元故里在縣銅鑼壩宋志稿
石通洞在天池寺山下大山中空門當山麓穹窿如屋洞頂豁開一線仰見天日石壁作牀遊人多憩之宋黃魯直謫涪州號涪翁其弟嗣直宰巫山來遊斯洞壁間鐫涪翁二字尚可辨識
石門在縣東一百二十里巨石崙硐人穿石中儼然圓

扇焉由門有石壁穹窿上覆如屋垂霤乾隆三十九年中丞陳公因石壁作寺塑佛像立寺外望對岸白石如虎伏諺云石門對石虎也兩岸側聳巉岩峭削由西北折迴而下踰澗復上約七八里澗底有石橋名石曼橋步橋上望兩岸懸岩萬仞烟霧迷漫泉瀑之流亂石間令人骨慄魂驚橋上有亭今圮東岸上廟名對佛寺乾隆四十三年制軍王公創修

塚墓

施南府　恩施縣

巴蔓子墓在城西北都亭山

巴公墓在城南二里昔有巴國大棚王世葬於此歷年雖多纍纍可辨

蠻王墓在城西南一百二十里又都亭鄉有冢高百餘丈冢腹有穴十二皆藏柩之所相傳爲蠻王墓

南鄉羅家坳有古碑高丈餘刋大唐大觀年號相傳朱氏祖塋

詹公墓在城南三十里硃砂溪

妯娌墳詳列女志

妯娌墳在城北十餘里申家橋邊

明光祿大夫孫虎墓在城北馬鹿口

明懷遠將軍馮耀墓在城北圍山

明光祿大夫右柱國太保王昌墓在城北梧桐堡

明懷遠將軍陳載功墓在城北

明懷遠將軍覃孫公墓在城北馬鹿口

明武畧將軍墓在城南二十五里大壩溝碑載劉應龍守漢臣河南襄城人崇禎辛未武魁

南輪仙冢在北鄉木貢村大鹿門輪仙洞內

明葛公墓在土橋咸豐十年六月初一日大雨崩坍骨骸暴露朽棺中惟紗帽一頂如新貢生賴朝正易棺遷葬宅右有磚刻墓誌畧明由廸功郎諱磐字定之號一泉原籍楊州江都人由貢途受四川江津縣三尹公蒞縣有惠政發一二奸伏稱神明告歸終養銘曰國有橋木里有源泉本實鴻漉厚於公焉公既有聲而又有子刻石誌美永永無圯隆慶壬申孟夏朔弟周誥撰

明奉政大夫周公墓在城西十里高橋壩

明舉人李一鳳墓在城西十里牛角尖

明陳處士墓在城北八里向家灣俗呼地爲鴻雁臨

明陳瓘墓在城西十里高橋壩俗呼地爲燕窩穴

國朝

前任邑侯楊公松磐墓在城東北十里花子埡係浿宵

進士

武顯將軍陳連陞墓在城南八里余家壩

西門外小紅山義塚一處

王寨山官山義塚一處

慶坡義塚一處在城東十里民人陳光連捐

東關外烏羊壩中嶺義塚一處係邑紳朱捐施有案

宣恩縣

昭武都尉麻光裕墓在治東九十里東鄰里大坪

竹谿教諭陳文雄墓在治西二里白虎堡天王廟前

棗陽訓導覃長有墓在治西貓兒堡

福建南靖典史唐廷掞墓在治東三里棉花壩

江南舉人徐廷璋墓在治南九十里高麗里地名川灣溝

湖南辰州庠生覃璣墓在治後花園堡

湖南石門庠生覃樹堂墓在治東西十五里東望新司河龍角堡前

浙江山陰祁光祖墓在縣東王慶山方姓屋後

典史饒成堃正室宋氏墓在縣南龍神堡

西關外白虎堡義塚一處

西關外迎恩橋前二台坪義塚一處

高羅里一甲汛在義地灣義塚一處

舊道溝場頭新寨義塚一處

來鳳縣

明車騎將軍臘壁司安撫使田大旺墓在宣撫山

明都督元帥散毛司宣撫使覃本林及其子顯宗墓在伯虎城

明臘壁司長官司田耳毛送墓在衙院後山

蓬萊墓在貞肅里官墳山墓制甚鉅無碑無銘上刻蓬萊墓三字中有石門日影倒入石隙可以窺見左右千章古木大皆十圍常有大鳥數千旋遶上下棲停爲明鎮遠將軍散毛司宣撫使覃玉鑑之墓

鎮遠將軍散毛司宣撫使覃勳麟墓在蘇家堡豐碑穹窿人馬望柱具備碑刻　誥勅及誌銘以經風雨漶滅不能成篇

散毛宣慰使司覃鴻基墓在侯栗堡距城十五里舊曰衙署之西今衙署已毀土人尚呼爲衙院云

廣東督標守備前朧壁司長官司田封疆墓在鐵家坨

處士覃瑢墓在侯栗堡縣訓導蕭琴銘其墓曰士曰王士臣曰王臣薄海內外莫不尊親矧茲蠻裔敢憑險阻以勞王師抗命戕虜　皇帝曰咨咨爾十五司率

土歸誠用沛恩施予爾世職以輔我　國家無窮之基公也當襲再拜固辭曰有子可教有書可讀何世職之云云

訓導甘杜墓在學署後嘉慶丙辰殉教匪之難

張尉葬衣冠墓在縣東十里峽口寨嘉慶丙辰之變典史張寍殉難屍毀於賊士民具衣冠葬之

三烈士墓在三堡嶺指甲坡嘉慶丙辰之變邑諸生蕭大鍾千總龔起元劉宗文三人起義兵討賊總督福寍令徃說賊降賊殺之同葬於此樊將軍繼祖題其墓曰忠烈之墓

周孝子墓在鹿子峽縣令王公三錫題其墓曰　大清孝子生員周南之墓湖南舉人歐習儀銘曰翩翩周生其人如玉小醜跳梁奉親山谷賊至逼降生罵不屈不媿聖賢難報鞠育同時何君亦自越俗先後隕命媿彼鼠伏（謂生員何公潭也亦罵賊而死者）溝壑不忘其志彌篤千載而下仰茲芳躅

王孝女墓在客寨河知縣錢塘周公向青作墓碑紀其事

詩人歐陽敬亭墓邑諸生歐陽祖瑛工於詩年七十餘卒葬鹿子峽即公任宅也道光癸卯知縣濟南李公景頤題其墓曰詩人歐陽敬亭之墓

知來鳳縣事鳳陽林公士端墓在城東洲上公卒於咸豐壬子之春殯於縣署之西越八年庚申王公頌三率邑紳祭而葬之

知來鳳縣事滇南王公恩綸墓在南河

麥地塢義塚一處在縣東五里長五十五弓寬五十三弓乾隆元年縣民公置知縣林公翼池記之曰出東

門不數武爲河沿河行里許故置一隙地竪碑作義塚塚山從兌轉坎乾亥垂頭朝巽巳方廣約有七畝餘塋各層半坡作腰落分前屏後障水抱山環蓋不特地之寬綽無礙穢穡而形勢團結是可爲阡斯塚者造福云

綏東坪義塚一處在縣南五里乾隆元年置長五十四弓

[illegible]坪義塚一處在縣西三里道光十年本城士民公置

[illegible]茶里義塚一處乾隆二十年置

[illegible]崇里義塚一處乾隆二十年置

信茂里義塚一處乾隆二十年置

利正里義塚二處一在九龍盤縣南二十里潘廷輪鄧主振等捐置一在縣南五十里木油灣查國榮捐置

咸豐縣

城西門外義塚一處地名官山

城南門外義塚二處地名官廠坡

利川縣

巴蔓子墓在城東六十里都亭山

蠶王藏在城西六十里

詹狀元墓在城西十五里楊家溝

汪公澤墓在城東六十里詳名宦志

陳敬襄公世凱墓在城西三十里陳家灣康熙三十二年　諭葬

李公墓在城東十五里

古墓壙在城東官渡壩殘碑斷碣已不可考

北門外官山義塚一處又官山下土坑一區嘉慶二年歙匪入境死者積屍無算良匪莫分悉委坑內後爲人墾種道光九年典史章模長洲吳錦契買還其故塚

西門外義塚一處監生彭視盛捐置周圍七百二十丈立碑定界

千人塚相傳在城西四十里明季被流寇所殺者並葬此今不知其處

南門外義塚一處岸鄰大河地名黃州公山

建始縣

包家埡官山義塚一處在縣北門外

上店子官山義塚一處在縣北四里監生魏光祖捐置

二里臺官山義塚一處在縣北門外

增修施南府志卷之四終

增修施南府志卷之五

建置志 城池 公署 倉庫 積儲附

施自改土歸流立府分縣治同內地而城池壁固門闕息警蓋隱然上游一重鎮矣由是郡縣營汛規模已殊公署倉厫紀綱漸易至於安民輯衆則坊市鄉里匪輕木拔道通則津梁鋪遞亦重其他育嬰有堂養老有院一切義舉雖從君子隨時增益實見良有司率作興事之勤焉

志建置

城池

施南府　恩施縣

恩施爲附郭首邑縣城即郡城也周圍五里七分有奇崇二丈四尺五寸門四東曰迎恩南曰朝陽西曰金華北曰拱辰東北臨清江西北環溪水串樓警鋪雉堞鱗列門上各有飛簷危樓樓中各有屋三楹東門樓上建官倉數十厫南門樓祀 關帝於其上按宋淳佑三年五月詔施州創築土城及關隘六十餘所本州將士及思州戍卒執役三年者各補轉一官宋舊城即今叅牙

一及瑞獅巖因山爲之元仍其舊明洪武十四年指揮僉朱永拓址甃石周九里有奇高三丈五尺

國朝

乾隆二十六年知縣李汝遜領費修城周圍丈量計長一千零三十一丈石甃城身高二丈磚甃女墻高四尺五寸三十七年復詳驗重修其廣崇較明朱永所修僅三之一即今城是也

嘉慶五年知府孫仲清率士民重建西北兩樓補修西南隅傾圮數處甃砌周環雉堞有碑

道光十二年知縣姒朝縉補修並勸士民助修

咸豐二年知府何大經知縣任海晏重修西門城樓及屋三楹周環雉堞皆覆以青石

十年知府黄益杰勸修坍塌拙裂凡六處

同治三年知縣翁鏈勸捐修理三處

鼓樓在城内府署左久圮乾隆三十六年知府張映纛謂其地宜建樓成石基數尺旋以解任中止同治乙丑知府夏錫麒捐廉率士民鋭意成之是年夏即有尹壽衡南宮之捷縣志

同治八年知縣朱三恪勸修坍塌西北隅數處

舊西城樓簷溜當日建修皆係滴於女墻内咸豐二年重修改其溜滴於女墻外城中婦女遂多病血瘵同治八年紳耆意以改簷滴所致因禀請松太守復修如舊婦女亦漸無病瘵者

宣恩縣

舊爲施南司地改設後未經詳請建城舊府志

來鳳縣

乾隆元年設縣治於故散毛司之桐子園勘定城基周

三里四分嗣因土性鬆浮詳議停修

嘉慶三年知縣康乂民首捐廉俸督紳耆捐建土城門四東曰廣仁西曰崇義南曰敦化北曰承恩繞城鑿池引老母溝水灌入歷經風雨坍塌幾盡惟四門城樓僅存嘉慶八年龍山苗民煽惑土著謡言日起訓導蕭琴集紳耆明倫堂議建石城請於知縣朱鳴鳳遂捐廉率邑紳勸捐議用外石内土遂於三月起工九年三月蕆事四周共計一千一百八十八弓長五百九十四丈計三里三分高一丈二尺脚一丈四尺上厚七尺高一丈

七尺

道光二十九年知縣林士瑞以縣城歷四十餘年坍塌叉將殆盡議宜建石城督同邑紳仿照前式另砌新石費鉅宜修遂於三十年秋起工至咸豐元年冬告竣所有董事出力官紳及捐資人等　奏請議叙有差

咸豐縣

舊為大田所城周五百丈有奇崇二丈門四明洪武二十三年千戶鄭瑜甃今圯乾隆二十六年估定城基周三里三分後因地勢險要未建嘉慶元年教匪蠢動知縣康乂民倡築土城縣志

利川縣

設縣時勘定城基周三里三分嗣因僻在山隅未建嘉慶元年教匪滋擾知縣陳春波倡築土城道光元年知縣王星榆重修今惟城樓及遺址尚存道光二十八年粵賊犯湖南知縣常鏡鍪議修石城將興工以調漢陽缺任遂中止縣志

建始縣

縣城周圍五百五十丈計三里有奇昔為土垣明正德七年夔州府知府吳潛始易以石崇一丈二尺門四東曰潔祿南曰望陽西曰聳基北曰崇碧外環以濠續經知縣魏昭瓊創置樓雉百度維新後因屢遭兵燹坍塌殆盡惟西南隅城堞尚有存者迨乾隆年間知縣邱岱略加補葺僅存四門嗣因地屬偏徼奉文暫停修理縣志

公署

施南府

文署

府署在城西南係舊衛署乾隆元年升府因故基修建歲久榱棟朽壞道光五年署府孫仲清捐廉補修大堂儀門及內宅官舍等處并立楚蜀要津坊於署東控制嚴疆坊於署西咸豐七年知府朱啟仁建安硯樓於署二堂右并八角亭船廳

同知署在利川建南鎮嘉慶元年傾圮同知朱炘置行署於東門內

通判署在咸豐唐崖今裁

訓導署在學宮右

經歷署在府署右

武署

協署在城西門內同治七年副將王允昌建覽勝樓於署之座樓側

中軍都司署在城南門內

左營守備署在咸豐城內

右營守備署在利川忠路

恩施縣

文署

縣署在東門內先爲縣丞署即明兵備道行署基雍正六年改衛爲縣治仍衛署舊址爲府治乃移縣署於今考棚地後因建立考棚始移於此

嘉慶二年知縣尹英圖作獎義堂

道光十二年知縣姒朝縉修理西廊文案房六間十六年知縣王令儀修理客廳並立建平首邑坊於署東振武巖疆坊於署西二十九年知縣李嘉瑞修理大堂及東西廊十二房

咸豐十一年知縣多壽補修差房獄舍數間同治元年捐廉補修頭門儀門四年建照牆一座

學署在黌宮左

縣丞署在城北九十里馬者村分防木貢原在東門內今縣署地乾隆二十年移此

巡檢署在縣東百二十里崔家壩

典史署在城內柿子壩嘉蓮池此即前衛千總署

武署

城守把總署在南門內

分防把總署在崔家壩

演武場在城北鎮武橋舊有射堂三楹堂後有武侯祠

宣恩縣

文署

縣署門堂房室共四十二間監獄一所乾隆二年建

學署在學宮右門堂房室共十三間厨房一間乾隆二年建咸豐十一年燬

典史署在縣署西門堂房室共十三間厨房一間乾隆二年建久圯

巡檢署在縣南百六十里乾壩一在縣東五十里東鄉鎮係東鄉土官舊署

武署

城守署在縣署東門堂房室共十二間演武廳三間馬房一間兵房共四十間乾隆二年建

忠崗汛把總署門廳坐樓共九間兵房共三十間乾隆二年建

來鳳縣

文署

縣署乾隆四年建門堂房室共四十六間厨房二間馬房二間二堂額曰作新堂知縣康乂民題書房額曰竹梧書屋知縣方策題有小房有亭曰政餘亭知縣陳炳常建儀門左為土地祠右為獄神祠內獄三間外監二間嘉慶元年教匪竄燬二年重建咸豐十一年髮逆陷城復燬僅存頭門儀門大堂厨房同治二年重建西書房五間餘未修

學署乾隆四年建明倫堂三間三十六年設學始建學署門堂房室凡十一間嘉慶元年燬二年重建至咸豐四年傾壞過半訓導閔洪重修咸豐十一年復燬又至同治六年訓導項映重修

縣丞署在大旺司乾隆四年建五十二年鈌裁署廢

巡檢署在卯峝乾隆四年建門堂房室凡二十二間厨房二間

典史署在縣署右乾隆四年建門堂房室凡十五間厨房二間馬房二間乾隆十九年典史張成埰增修西院書房南北各三間嘉慶元年燬二年重建咸豐十一年髮賊陷城復燬僅存大堂頭門及二堂之半同治四年重修

武署

城守千總署在西門內乾隆四年建通計九間營房五十間演武廳一座嘉慶元年燬二年重建咸豐十一年復燬同治四年重建

把總署在大旺司乾隆四年建衙署九間營房三十間演武廳一座咸豐十一年燬僅存頭門一間同治二年重修

咸豐縣

文署

縣署乾隆四年建

學署在學宮旁

廵檢署在縣西六十五里張家坪

典史署在縣署左

武署

城守把總署在南門內縣署左

把總署在縣西五十里唐崖

利川縣

文署

縣署在南門街乾隆五年建

學署在學宮旁乾隆四十二年訓導戴廷杞修

縣丞署在縣南忠路鋪距城百三十里

廵檢署在縣北六十里南坪堡一在縣西建南鎮

典史署在縣署西

武署

城守千總署在縣北門內

把總署在南坪堡一在建南鎮

建始縣

文署

縣署在城正中自明季兵燹後悉皆草房康熙二十六年知縣史晟始易以瓦四十二年知縣劉珙徵大堂外捐修捲棚東西科房乾隆二年知縣武怡請帑增修三十九年知縣吳森又重修頭二門東西科房及大堂二堂三堂共九間書房六間廚房二間門房二間圍墻九十九丈有奇日久坍塌道光二十一年知縣袁景暉補修同治四年知縣熊啟詠又倡捐新建三堂六間

學署原在學宮左側乾隆九年知縣武怡訓導岳爾藩移建西門內創置大堂頭門內廳廂房凡十間週圍環

以垣三十二年訓導段枝萃補修咸豐二年訓導張熉加修

縣丞署在縣北大岩嶺乾隆五十六年建今圮

典史署在縣署頭門內左雍正九年復設乾隆三十四年典史亢嗣基重修大堂二堂內宅凡九間厨房廂房各二間皂房四間四十五年典史沈鉦補修

武署

把總署在城東北隅

倉庫積儲附

施南府
府倉在東門城樓及圓通寺
府庫在大堂西側向無存庫錢糧未設庫書庫丁協署
領餉回寄存府庫營弁派兵看守
同知倉
通判倉向儲咸豐常平倉內
恩施縣
常平倉在縣署左右共二十六廒共儲穀一萬八千石
庫在大堂左側有庫書四名

社倉分儲各里共二十六處歷年糜耗僅存其名同治
丙寅年知縣朱三恪同紳耆共籌款填之
東崇甯里分儲社倉十二
河水屯　蔣家壩　七渡溪　花被村　石板塲
馬尾溝　三里壩　滾龍壩　八山嶺　落渡村
董家村　杉木寮
共儲穀一千六百五十六石六斗一升二合六勺
南市郭里分儲社倉四
南屯堡　硃砂溪　芭蕉村　落坡村

共儲穀四百四十五石一斗一升三合
西北都亭里分儲社倉十
茶田壩　三會驛　龍馬村　大屯堡　落葉壩
金子壩　馬者村　木貢村　木撫村　軍寨
共儲穀一千四百四十四石四升二合五勺
通儲穀三千五百四十五石七斗六升八合一勺
義倉在城內圓通寺右以懷保惠鮮四字編名以鮮字
倉爲賑倉以備用實共儲穀一千二百八十四石五斗
嗣因歲歉平糶秋收買還除原數外得贏餘穀三十八

石六斗六升五合咸豐三年因軍需挪移漸就廢弛同
治三年知府夏錫麒以賑倉平糶之贏餘爲義倉之存
息資本錢穀互易出入同環至周且密府縣有案倉所
有碑
賑濟倉在城內薛家巷道光十七年職員康光遠捐設
共產業九契每年額收課穀九十四石五斗課錢七十
七千二百文康富貲財樂善好施生平懿行不可枚舉
其彰彰在人耳目間者惟捐設此倉爲最前知府顧椿
知縣王本立詳請

旌獎加鹽運同銜咸豐九年知府朱啟仁勒石定章由府遴紳輪管十年知府黃益杰同治三年知府夏錫麟先後示諭倉中各有碑志

宣恩縣

常平內倉在縣署儀門左以大有慶豐年五字編號共五廒常平外倉在縣署前十字街以民安物阜長歌六字編號凡六廒原額設穀四千八百石整又加充公租穀四百六十一石五斗共五千二百六十一石五斗歷任共發穀二千零一十九石二斗至代理知縣周瑞任

內僅存三千二百四十二石三斗周任內又動用七百二十八石四斗實存穀二千五百一十四石九斗又附貯社穀四十八石共二千五百六十二石九斗

庫房一間在縣署二堂內西

社倉在縣治內大地坪二所東鄉司忠建里忠嵩里各一所

來鳳縣

常平倉在縣署西乾隆四年建兩座六廒共儲穀一千五百石三十二年收捐監穀一百八十三石六斗四十二年增二千三百一十六石四斗六十年湖南苗叛奉文碾米濟軍無存嘉慶初知縣朱鳴鳳分年買補足額咸豐十一年城陷焚燬無遺

庫在縣署大堂後東西各一間

社倉乾隆初年建共九處一在縣署西餘八處分設各里共積穀二千六百石嘉慶丙辰教匪竄蕩然無存咸豐九年知縣王頌三勸捐社穀一千六百三十八石六斗四升分儲十二里咸豐十一年髮逆刦燬及兵勇就食復蕩然無存嗣以大難初平未議捐補

咸豐縣

常平倉在縣署內以官清歲稔歸糶輸將新盈富十一字編號共十一廒原額設穀四千石又附貯穀一千五百石共五千五百石嗣因咸豐年間屢次挪發兵穀動用無存旋奉文勸捐彌補實存穀四千二百二十五石六斗

庫在縣署大堂左側戶書兼管

社倉分建各里共十二處儲穀共二千零一石九斗四升六合八勺歷係各社長經理嗣因咸豐十一年挪發

兵穀亦用無存尚俟籌補

利川縣

常平倉在縣署儀門左共積穀四千石

庫在大堂西側有庫丁四名

社倉知縣吳八彥建分置各里共二十五處積穀三千一百一十四石三斗一升八合一勺咸豐年間半遭兵燹

建始縣

常平倉在縣署西舊典史署基地康熙五十五年改建常平倉六間雍正九年知縣武怡增修五間道光二十一年知縣袁景暉重修十二間下用石磉懸墊儲穀四千石院內有倉神祠三間

庫在縣署大堂左有庫書一名

社倉一在石臼驛一在蒲塘溪共儲穀二百五十二石六斗九升四合

增修施南府志卷之五終

增修施南府志卷之六

建置志　關隘　鋪遞　坊市　義舉　村集　里甲　津梁

關隘

施南府　恩施縣

五峯關在城東北二里　水關在城東　振武關　石乳關在城西北一百七十里　以上見衛志稿

崔家壩在城東一百二十里　孜角村在城東一百二十里　暗利岩在縣南一百五十里　歌羅砦在縣南　老鷹岩在城西　木貢在城北一百里

以上見舊府志

寵羊口　錦陽關　石灰窰　三磴岩　邉　南

風水河　長沙河　黃木埡　南里渡　臥犀坪

斗欄口　瑪瑙河　瓦窰水　見天橋　雨河口

太陽河　青　堡　杉木壩　龍馬村　龍駒河

白岩頭　板　橋　蒿　壩　大岩磧　大樓門

大木寨　羅針田　扦　山

以上新縣志

宣恩縣

東鄉鎮在縣東五十里　獅子關在縣東　東門關在縣南東門山上　小　關

在縣西五十里乾　關在縣南一百四十里　西　關　土地關在忠建

勝水關在忠建　虎城關在忠建　野熊關在忠建　野牛關在忠建

水心嶂在水心砦下　懷來嵩　七女棚　羊角寨　望岩

來鳳縣

散毛關在縣東南十五里　界址溝在縣南一百六十里　卯峒關在縣西一百

二十里　興隆坳　梅子嶺在縣西南二百一十里　野貓關在縣西三百里

老鴉關　滴水關　峽口關　夯水關　龍家寨口

大板營　土地丫　薄刀嶺　羅二箐　白杳木

苗溶　梯子岩　鍾靈山　梅子樹　洗木園

三台坡

咸豐縣

土老坪在縣南　水車坪在縣西南　張家坪在縣西南六十五里　二仙巖在縣西南一百

四十里　梅子坪在縣西南三十里　深溪關在縣西　活龍坪在縣西北

一百八十里　石牙關在縣西北　老牙關　獨樂關

利川縣

兩界關在縣東九十五里　忠路鋪在縣南一百三十里　關口城在縣南二百四十里

建南鎮在縣西三百六十里　掛子山在縣西二百二十五里　長堰塊在縣西北

四十里　金子關在縣北四十里　南　坪在縣北六十里　梅子關

以上舊府志

石板頂　馬鬃嶺　大茅坡　青巖卡　麻園卡

夾壁卡　磯高卡　羊角嶆　鹿子峽　關口卡

石門坎　小箐丫　軟耳箐　黃連溪

建始縣

建陽關在縣南二十里　野三關在縣東一百二十里　建平關　龍駒關

石門關在縣東一百三十里　石乳關傳三國時吳蜀分界處武侯曾至此今呼十二關

龍駒河　馬水河　耳石關在縣西四十里　西北　三角椿在縣西北八十

五里　大岩嶺在縣北一百二十里

總計入郡諸隘備覽

東由鶴峰長陽長樂入藩籬隘口三

眠羊口

錦陽關

石灰窑

東由鶴峰長陽長樂入施門戶隘口三

三磴岩

邊　南

風水河

東南由湖南鶴峰入施僻徑門戶隘口一
長沙河
東北由宜昌入施大道藩籬隘口一
野山關
東北由宜昌入施僻徑藩籬隘口一
黄木埡
東北由宜昌入施門戶隘口一
南里渡
南由四川酉秀黔彭及南省辰沅永常入施藩籬隘口三

東門關
卧犀坪
牛欄口
南由四川酉秀黔彭及南省辰沅永常入施門戶隘口二
碼瑙河
瓦窑水
覓天壩
西由四川湖南入施藩籬隘口一
西由四川湖南入施門戶隘口一

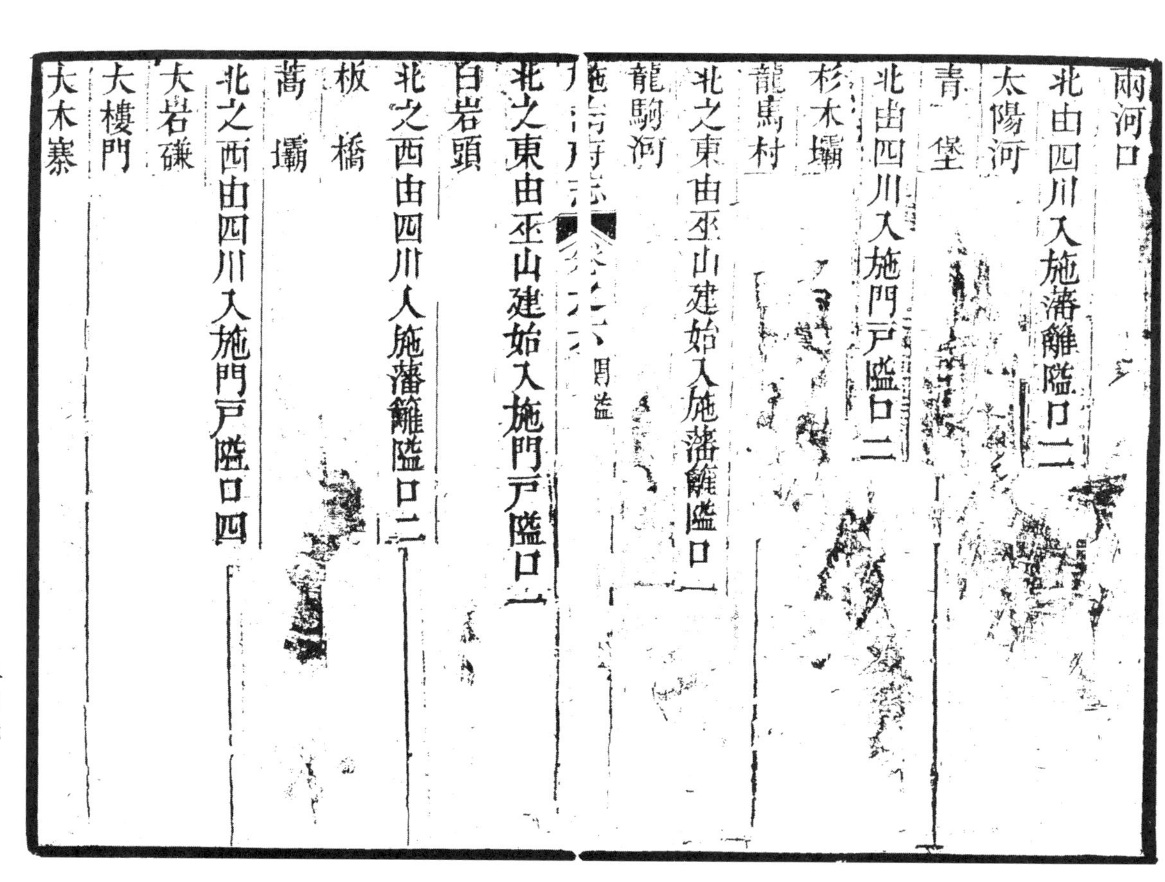

雨河口
北由四川入施藩籬隘口二
太陽河
青　堡
北由四川入施門戶隘口二
杉木壩
龍馬村
北之東由巫山建始入施藩籬隘口一
龍駒河

北之東由巫山建始入施門戶隘口二
白岩頭
北之西由四川入施藩籬隘口二
板　橋
蒿　壩
北之西由四川入施門戶隘口四
大岩磏
大樓門
大木寨

羅針田

以上諸隘皆入郡之要害遠而藩籬近而門戶俱有險隘可據守之

坊市

施南府城坊市凡二十三

恩施縣附郭

東

永勝坊正街 永和坊小十字街 一德坊薛家巷 仁德坊大陽溝

永壽坊嘉遐池 聯陞坊城外

南

鎮遠坊正街 仁政坊鼓樓街 上仁壽坊葛家坡 下仁壽坊大十字街 仁和坊梓潼巷 文昌坊城外 勝高坊城外

西

永寧坊正上街 永寧坊中後街 永勝坊西城巷

北

清寧坊正街 清順坊正街 永興坊珠市街 武勝坊上城外 武勝坊中城外 武勝坊下城外

宣恩縣

仁惠坊前街 永興坊正街 豐樂坊江西街 清寧坊猪市街

祥興坊鐵匠街 七郎坊西街 貞吉坊北街 安貞坊東門街

興隆坊小東門街 興南坊鳳嘴街

來鳳縣

彩耀街東門內 正途街東門內 鳳鳴街東門外 營房街西門內

迴房街西門外 鳳儀街南門內 豫章街南門外 常德街南門外

鹽街南門外 興隆街北門內 白鳥巷 青桐巷

鶴鳴巷 碧秋巷

咸豐縣

西街 南街

利川縣

東街 南街 西街 北街 羊叉街

建始縣

東街 南街 西街 北街

朝陽街 十字街

村集

施南府 恩施縣

東鄉村集七

七里坪在縣東七里 蓮花池在七里坪之前距七里坪十八里距縣二十五里 了洣峪在蓮花池之前距蓮花池二十里距縣四十五里 三里荒在了洣峪之前距了洣峪九里距縣五十四里今廢 響板溪在三里荒之前距三里荒十六里距縣七十里 鴉雀水在響板溪之前距響板溪三十里距縣百里 崔家壩在鴉雀水之前距鴉雀水二十二里距縣一百二十里○按此集即巡檢把總分防駐汛處集前八里石梯子與建始接壤

東南隅村集十三

萬寨在七里坪南距七里坪五十三里距縣六十里按此集與宣恩相錯集東屬恩施集南屬宣恩 三岔口在七里坪迤南距七里坪三十二里距縣四十里 天生橋在三岔口之南距三岔口五十里距縣九十里 新塘在天生橋之南距天生橋二十里距縣一百一十里 保水溪在新塘之南距新塘五里距縣一百一十五里 紅土溪在保水溪之東南距保水溪七十里距縣一百八十五里 石灰窰一名十個棚距紅土溪六十里距縣二百四十里○按此集東五里孤里坪與鶴峰州交界北五里黃牛亮與建始接壤南十里白岩溪與宣恩接壤 水沙壩在天生橋之南距天生橋五十里距縣百四十里 大溪場一名城牆口在水沙壩之前距水沙壩八十里距縣一百四十里 雙土地在紅土溪之東距紅土溪三十里距縣二百○按此集即施州塘分汛外委駐防於此 黑灣一名和灣在蓮花池南距蓮花池二十五里距縣五十里 沙子地在黑灣之東距黑灣三十五里距縣九十里 天鵞坪一名麥子垰在沙子地之南距沙子地三十五里距縣一百二十五里○按此集與建始地界相錯

東北隅村集一

河水屯在崔家壩之北距崔家壩一十五里距縣一百四十里○按此集與建始接壤

南鄉村集六

天橋在縣南十五里 沙子坡在天橋之前距天橋五里距縣二十里 芭蕉坡在沙子坡之右距沙子坡四十里距縣六十里 梔桿堡在芭蕉之前距芭蕉四十里距縣六十里 盛家壩在梔桿堡之前距梔桿堡四十里距縣一百二十里 大吉場一名大歇場在盛家壩之前距盛家壩二十里距縣一百四十里○按此集之前牛欄口與宣利咸三縣犬牙相錯

南之東隅村集二

王家村在天橋之東距天橋四十五里距縣六十里 黃泥塘在天橋之前距天橋四十五里距縣六十里○按此集與宣恩岩桑坪接壤

施南府志 卷之六 村集

南之西隅村集二

硃沙溪在沙子坡之西距沙子坡三十里距縣三十里 羅家坳在硃沙溪之西距硃沙溪十里距縣四十里

西鄉村集三

白果壩在縣西三十里 雨河口在白果壩之前距白果壩五十里距縣八十里 見天壩在雨河口之前距雨河口三十里距縣一百三十里

西南隅村集一

栢林溪一名牛滾壋在雨河口之南距雨河口四十里距縣一百三十里

北鄉村集六

小龍潭在縣北三十里金龍壩在小龍潭之前距小龍潭十里距縣四十里龍馬村在金龍壩之後距金龍壩二十里距縣六十里杉木壩在龍馬之右距龍馬村三十里距縣六十里梭布埡在杉木壩之前距杉木壩三十里距縣九十里太陽河在梭布埡之西距梭布埡六十里距縣一百二十里○按此集石乳關與四川奉節交界

北之東隅村集四

向家村在小龍潭之右距小龍潭十里距縣三十里鷄心籠在向家村迤東距向家村十里距縣四十里欒山了在鷄心籠之東距鷄心籠三十五里距縣六十五里白洋坪在欒山了之南距欒山了十五里距縣八十里○按此集與建始龍駒河接壤

北之西隅村集九

方家壩在縣迤西二十里左至羅針田右至大屯堡羅針田在方家壩之西距方家壩五十里距縣七十里○按此集石板頂與利川接壤大屯堡在方家壩之右距方家壩四十里距縣六十里左達馬者村右達紅椿壩馬者村在大屯堡之左距大屯堡三十里距縣九十里○按此集即縣丞分治處木撫在馬者之西距馬者三十里距縣一百二十里紅椿壩在大屯堡之左距大屯堡三十里距縣九十里土峰凸在紅椿壩之前距紅椿壩三十里距縣一百二十里萬壩在土峰凸之西距土峰凸三十里距縣一百五十里板橋在萬壩之西距萬壩十里距縣一百六十里○按此集與四川奉節交界

宣恩縣

施南里村集六

椒園治西北十五里慶陽壩治西三十五里倒峝塘治西三十里岩桑坪治西北二十五里覃家坪治西南三十里臥犀坪治西南六十里

東鄉里村集六

萬寨治東北七十里忠建河治東八十里長潭河治東七十里獅子關治東南二十五里洗馬坪治東七十里乾溝塘治南十五里

高羅里村集三

板寮治南六十里下高羅治南九十五里新安壩治南九十里

忠峝里村集一

龠刀溝治東南一百二十里

忠建里村集一

李家河治西一百六十里

木册里村集二

上峝坪治西一百里板栗園治西南百三十里

石虎里村集二

小關治西七十里黃草壩治南一百二十里

來鳳縣

城內集一

本城二七日場元阜里附城無場
孝康里村集一
旗鼓寨
利正里村集二
上寨　毛壩
貞肅里村集二
猴栗堡　三堡嶺
孝原里村集三
華物草　蔡家堡　東流司

悌恭里村集二
舊司　杉木塘
忠崇里村集一
觀音橋
信茂里村集一
大河壩
智樂里村集一
漫水
仁育里村集二

安撫司　小均
勇毅里村集一
百戸司
咸豐縣
永豐里村集一
西南二門
樂群里村集三
丁寨　土老坪　鹽田灣
太和里村集五

馬河壩　龍坪　大興場　散毛河　老李場
平陽里村集五
忠堡　張家坪　楊峒　興隆場　沙子場交黔江界
仁孝里村集三
尖山寺　二臺坪　清水塘
義禮里村集四
蛇盤溪　活龍坪　毛壩　[illegible]塘
禮忠里村集四
燕子岩　大村　小村　[illegible]溪

智信里村集二

石人坪　黑洞

稻里村集一

大路壩

利川縣

中汎村集十八

李子坳　黃泥坡　團包寺　野猪坪　長岗塘

箐口　偏岩　冷水坪　紅椿溝　青岩　茅壩

太和　大塘　豐樂　新場　三岔街　興隆場

土墻壩

忠路村集十一

忠路汎　大沙溪　椒園　沙溪司　十字路　雙岭場　岩門頭亦名樂利　長灘壩　黃土池　老屋基

南坪村集五

南坪汎　野茶壩　長堰塘　汪家營　七里溝

建南村集八

建南汎　蘿蔔店　太平鎮　興隆場　箭竹溪　魚泉口　白楊塘　小河

來鳳縣

東鄉村集九

龍潭坪一百六十里　青里壩一百二十里　高店子一百里　廣福橋九十里　三里壩六十里　石堰子八十五里　落水洞七十里　大興廠七十五里　萬福橋八十五里

南鄉村集十

羅家壩二十里　小客坊十五里　紅岩子六十里　花果坪一百里　杉樹灣一百零五里　上魚河六十五里　官店口二百里　田家壩一百二十里　挖舊塘一百六十里　朱耳河二百五十里

西鄉村集二

貓兒坪十五里　上竹園十二里

北鄉村集九

板橋子七里　長梁子三十里　下壩觀十五里　銅鼓凸一百二十里　毛田七十里　石臼驛四十里　頭壩堰二十五里　黃土坎八里　杜家壩七里

里甲

施南府　恩施縣

舊府志編戶三里東曰崇寧里南曰市郭里西北曰都亭里各里每百戶設鄉約保正各一名牌頭十名設總

戶分里府志及諸舊志皆未詳其實查恩邑自前明設衛與屯里籍之外復有屯籍各志所載俱以土著之民爲籍調撥而來者爲屯籍迄今歲征邑糧尚以屯里爲區別里糧則較減屯糧三之二而選舉志載宋以來進士都亭鄉外又有常平道政南巖等鄉名是不獨有屯籍里籍而並有鄉籍府志沿革中載明制施州衛轄五里而所列之里又祇崇寧市郭都亭三里並以崇寧專屬之東市郭專屬之南都亭專屬之西顯與今之疆理不合

恩施縣屬縣丞分治里甲

一甲離城四十里周一百九十里

東抵巡檢汛涼傘關　南抵二甲魚古壩

西抵二里麥地壩　北抵四川奉節縣界

以下每甲皆設鄉約一名保正四名甲長二十名牌頭二百一十名

三甲離城一百二十里周一百二十里

東抵一甲土洞子　南抵四甲木撫

西抵利川縣界　北抵四川奉節縣土墻壩

甲長二十名牌頭二百二十名

二甲離城九十里周一百九十里

東抵建始縣龍駒河　南抵五甲茶山洞

西抵四甲魚洞口　北抵一甲棲木埡

甲長二十三名牌頭二百三十四名

四甲離城一百四十里周一百八十里

東抵二甲黃泥屋基　南抵六甲文字村

西抵利川縣界　北抵一甲滴水岩

甲長九十名牌頭二百九十一名

五甲離城九十里周一百八十里

東抵盤龍溪　南抵一甲橫欄山

西抵一甲馬者　北抵三甲青浦

甲長二十名牌頭二百名

六甲離城八十里周一百八十里

東抵五甲月壁村　南抵八甲沙子門

西抵利川縣界　北抵利川縣石板嶺

甲長二十一名牌頭二百二十名

七甲離城二十里周一百一十里

東抵巡檢汛蕭子溪　南抵典史汛豬圈門
西抵七甲香爐村　北抵五甲三龍壩
甲長二十二名牌頭二百二十名
八甲離城二十里周一百二十里
東抵典史汛方家壩　南抵典史汛沿長坡
西抵典史汛香爐灘　北抵四川奉節縣界
甲長二十二名牌頭二百二十名
以上八甲共設鄉約八名保正三十二名甲長一
百七十名牌頭一千四百八十六名

恩施縣屬巡檢分巡里甲
一甲離城一百二十里周一百里
東抵建始縣紅巖子　南抵四甲青巖
西抵四甲麥子埫　北抵二甲河水屯
每甲設鄉約保正同前甲長十五名牌頭一百五
十名
二甲離城九十里周一百二十里
東抵一甲排衆　南抵四甲人山嶺
西抵四甲南里渡　北抵建始縣界

甲長二十二名牌頭二百二十名
三甲離城九十里周一百八十里
東抵一甲南里渡　南抵五甲三里荒
西抵縣丞汛牽馬嶺　北抵建始縣界
甲長十七名牌頭一百七十八名
四甲離城七十里周一百八十里
東抵鶴峰州進寶巖　南抵五甲城墻口
西抵五甲城墻口　北抵一甲趙家村
甲長七十名牌頭一百七十名

五甲離城三十里周一百二十里
東抵三甲一楄木　南抵大丫口
西抵七里茴香壩　北抵縣丞汛馬矢壩
甲長十九名牌頭一百九十三名
六甲離城二十里周一百八十里
東抵鶴峰州界　南抵宣恩縣界
西抵八甲長沙河　北抵七甲分水河
甲長十八名牌頭一百七十八名
七甲離城四十里周一百二十里

東抵五甲沙子地　南抵五甲石板水
西抵八甲小木龍　北抵典史汛蓮花池
甲長十九名牌頭一百九十名
八甲離城三十里周一百一十里
東抵七甲石信村　南抵宣恩縣界
西抵典史汛崔家村　北抵典史汛金銀溪
甲長十四名牌頭一百四十名
以上八甲共設鄉約八名保正三十二名甲長一百二十七名牌頭一千二百八十九名

恩施縣屬典史分列里甲
一甲環城附郭周七十四里
東抵巡檢汛甕城　南抵六甲徐家壩
西抵四甲高橋壩　北抵二甲小渡口
每甲鄉約保正同前甲長二十一名牌頭二百一十名
二甲離城十里周一百七里
東抵巡檢汛老巖　南抵一甲小渡口
西抵三甲鹽水溪　北抵縣丞汛向家村

甲長二十四名牌頭二百四十一名
三甲離城二十五里周一百一十里
東抵縣丞汛下官屯　南抵四甲虎口洞
西抵四甲天蒜園　北抵縣丞汛鴨松溪
甲長二十一名牌頭二百一十名
四甲離城三十里周二百里
東抵一甲周家坪　南抵一甲白果壩
西抵利川縣界　北抵三甲三岔口
甲長二十名牌頭二百一十名

五甲離城五十里周八十里
東抵凉水井　南抵七甲桅桿堡
西抵利川縣界　北抵四甲野鷄灘
甲長二十四名牌頭二百四十名
六甲離城二十里周一百三十里
東抵巡檢汛龍潭村　南抵八甲乾溪
西抵七甲麻布井　北抵一甲石家坡
甲長二十名牌頭二百名
七甲離城七十里周一百二十五里

第六甲麻布井　南抵三甲石角村
西抵宣恩縣界　北抵九甲盛家壩
甲長十九名牌頭一百九十名
八甲離城四十里周二百八十里
東抵猺檢洞柴家灣　南抵九甲天池塘
西抵九甲東流壩　北抵宣恩縣界
甲長二十四名牌頭二百四十名
九甲離城一百二十里周九十里
東抵山羊溪　南抵七甲天池塘
西抵宣恩縣界　北抵宣恩縣界
甲長二十四名牌頭二百四十名
以上九甲共設鄉約九名保正三十六名甲長一百九十八名牌頭一千九百八十二名

宣恩縣
編戶七里
施南　石虎　木册　忠建
東鄉　高羅　忠尚
共保正五十六名甲長三百三十九名

來鳳縣
編戶十二里
東曰體鄉里五
誠一　元阜　亨康　利正
貞肅
南曰達德鄉里三
知樂　仁育　斯敬
西曰聚倫鄉里四
孝原　悌恭　忠崇　信義
每里分四甲每甲鄉約保正各一名共鄉約四十八名保正四十八名

咸豐縣
編戶八里
永豐　樂鄉　太和　平陽
仁孝　義悌　禮忠　智信
共保正六十四名

利川縣
編戶七里

中汛三

市郭　都亭　講讓

共三十六保

忠路二

懷德　興仁

共二十八保

南坪一

都里

共十五保

建南一

向化

共十保

建始縣

編戶七里

坊郭　太安　長壽　景陽

新隴　永福　革塘

今併景陽新隴永福革塘於坊郭太安長壽內實三里分四甲共鄉約保正三百五十名

津梁

施南府　恩施縣

東門渡在縣東門外　鴨溪渡在縣東二十里　長沙渡在縣東三十里　風水河渡在三岔口前爲往天生橋新塘之大路　南里渡一名南潭渡在縣東七十里向爲官渡　新渡壩在花被村下爲眠羊口之上游過渡即後塘壩雙土地之大路　老渡口在縣東九十里沙地　子木渡塘在縣東七十里二僊岩下　清平渡在縣東九十里　石信渡在縣東一百里　東津渡在縣東一百里　忠建河渡在縣東一百二十里　小渡口在縣北八里　紅廟渡在縣北十[illegible]里　大龍潭渡在縣北二十三里爲四川利川往來之要津　牛渚口一名牛渡在縣北二十里　支里渡在縣北五十里　龍溪渡一名龍駒河在縣北一百里過渡即建始縣地　麻姑渡在縣北一百二十里　橋坡渡在縣北一百二十里　牛乳河渡在縣北一百二十里　七渡河在縣北一百四十里與利川接壤爲川楚往來之要津

登龍橋在城內典史署西舊傳城中有詹詞科故宅橋當其前里人重之因名橋跨小溪自後城東流折而南傍嘉蓮池出關口入清江今太小十字街盡爲民居溪形乍隱乍現橋於現處甃石以成　繼志橋在縣東五里舊名接龍橋　覽勝橋在縣東北通濟溪上　活龍溪在縣東十五里　平安橋在城東二百三十里　萃秀橋在東鄉大河口距縣二十二里爲往蓮花池利川之要津　冰霜橋在縣東花被村　同志橋在縣東問天台之麓　文明橋在縣南藥水溪上　成志橋在縣南麒麟溪上　濟政橋在城南公溪上　巴碼磁河在縣南　凌虛橋在縣南六十里　萬壽橋在縣南六十里芭蕉下　乾溪橋在縣南八十里爲湖南及宜來要津

石板溪在縣南官渡河橋在縣南桅桿堡前金華橋在縣西門外藥水溪上湧僊橋在黃腰溪上○按舊志即前文明橋高橋在縣西十五里鎮武橋在縣北門外匯水溪橋在縣北十五里隆施橋在縣北十里金子壩蟠龍橋在縣北十二里蟠龍溪上廣濟橋在縣北涼水井接龍橋在縣北沙河乾元橋在縣北接龍橋側板橋在縣北金鳳山前數里始修用木地因以名今易石龍水橋在縣北十二里金龍壩橋在縣北四十里多福橋在縣北四十五里衣角壩採蘭橋在縣北六十里一名小栅木橋羅鍋田橋在縣北濟川橋一名方橋在縣北一百二十里太陽河藤橋在縣北橋坡河之北有藤四枝紐結成橋長數丈里人呼爲天藤橋雙橋在縣北一百二十里大岩灘下東西兩橋故名

宣恩縣

南門渡在縣南門外新司河渡在縣東鄉里治東四十里忠建河渡在東鄉里治東九十里乾溪渡在高羅里治西南一百一十里泰平壩渡在石虎里治西一百三十里桃子岔渡在忠峝洪旁治南一百二十里即畬刀溝渡李家河渡在忠建里治南一百五十里穿箭河渡在忠建里治南一百四十五里巖腳河渡在忠建里治南一百六十里仙人峝渡在忠建里治南一百六十五里頭道水渡在忠峝里治東南一百二十里二道水渡在忠峝里治東南二百二十五里老梘潭鄉渡在施南里治西十二里牛槽鄉渡在施南里治西南十五里同知營鄉渡在施南里治西四十里中壩鄉渡在施南里治東五里陳家灣鄉渡在施南里治東十里古屋基鄉渡在東鄉里治東二十里九洞河鄉渡在東鄉里治東六十里欄杆坪鄉渡在忠峝里治南一百二十里踩水埠鄉渡在忠峝里治東南一百七十里葉家鄉渡在東峝里治南一百四十里小東橋在本城東門內迎恩橋在本城西門內七里橋在施南里治南七里龍洞橋在施南里治西八里觀音橋在高羅里治西南九十里花栗堡橋在東鄉里治東二十里乾溝塘橋在東鄉里治南十五里穿箭河橋在忠建里治南一百五十里李家河橋在忠建里治南一百六十里馬蹄橋在東鄉里治東四十五里板寮河木橋在高羅里治南七十里李溪河木橋在高羅里治南七十五里湯灣木橋在忠建里治南一百五十里波羅埠木橋在忠建里治南一百六十里

來鳳縣

龍峝橋縣北五里太平橋縣東五里東流橋縣西三十五里高洞橋縣西南三十里天人橋縣西南三十里三元橋縣西南六十里安遠橋縣西南七十里石梁橋縣南一百一十五里迎鳳橋縣南九十五里雙鳳橋縣東門外高橋在縣南一里即斗種橋也霽虹橋在縣南一里俗名接龍橋雙楓橋縣西十五里旁有雙楓故名五里橋縣南五里利鳳橋縣西里許觀瀾橋縣東五里乾元寺左峽口橋縣東十里小河坪越津橋縣南三十里紅巖堡明暗雙橋在卯峝大河渡在卯峝往龍山大路小河渡在卯峝往晉大路廻龍橋縣南五十里上寨文筆二橋在忠崇里苦竹溪興隆石橋在忠崇里芭蕉溪雙江橋在忠崇里板斗科三亭橋在忠崇里紡車溪觀音二橋在忠崇里一石一木名永鎮橋客寨河　紅巖堡渡縣南三十里上寨河渡縣南四十餘里大車沛堰寨河渡・官堰塘渡・花屋

灘渡　遊風寨渡　斗坎子渡　簡家潭渡　小壩渡　陳家灘渡在縣東十里　倒開門渡在縣東十二里　鯉魚潭渡在縣東十五里　老虎灘渡在忠崇里　乾石洞渡在忠崇里

咸豐縣

魚洞溪渡　芭蕉溪渡　唐崖渡　麻地壩渡　大星潤渡　田寨河渡　大河邊渡　白巖嘴渡　龍潭司渡　手扒巖渡　螺螄灘渡　朝陽寺渡　通濟橋在城東十里　升龍橋在縣城南門外　大田壩巖橋在縣南　起鳳橋在縣西門外　野貓河橋在縣西門外二十里

利川縣

挽瀾橋　三星橋　宫渡橋　福壽橋　木站高橋　太塘高橋　九渡塘橋　新場大橋　堰水龍橋　鴉雀橋　毛壩石橋　白龍灘橋　楊柳橋　天生橋　桂花橋　龍門橋

建始縣

龍駒河渡在縣南三十里又名龍溪渡　馬水河渡在縣東十五里　清江麻根墻渡在縣南一百三十五里　野三口渡在縣東南一百六十里　迎恩橋在縣南門外今圮　惠遠橋在縣南門外　通明橋在縣南一里　小靈橋在縣西十五里顏家

通進橋在縣北門外　宣化橋在縣北門外　指陽橋在縣北門外一里許　板橋在縣北七里　烏龍橋在縣北二十里即下壩　摘星橋在縣北二十五里　襄政橋在縣東六十里　三里壩橋在縣東六十里係木橋　福壽橋在縣東七十里落水洞　普濟渡在縣東八十五里石埡子　萬福橋在縣東八十五里　廣福橋在縣東九十里今圮　普濟橋在縣東一百零五里野三關　石門橋即石曼橋在縣東一百二十里懸空結構傳爲魯班所造　文治橋在縣東一百二十里芊芊河　毛茸河橋在縣東一百四十里今圮　野池壩橋在縣南二百三十里　史家村橋在縣南二百四十里　永安橋在縣西北七十里太陽河　聯珠橋在縣北一百六十里

鋪遞

施南府

總鋪鋪司二名

恩施縣

總鋪鋪司二名

東門底鋪鋪司二名

蓮花池鋪鋪司二名自東門底鋪至此三十里

丫沭峪鋪鋪司二名自蓮花池鋪至此二十里

一桶水鋪鋪司二名自丫沭峪鋪至此二十里

南里渡鋪鋪司二名自一桶水鋪至此二十里

滾龍壩舖舖司三名自南里渡舖至此二十里

崔家壩舖舖司三名自滾龍壩舖至此二十里自此十五里達建始縣紅岩子舖

南門底舖舖司一名

天橋舖舖司二名自南門底舖至此十五里

乾溪舖舖司二名自天橋舖至此三十里自此二十里達宣恩縣椒園舖

芭蕉舖舖司一名自南門底舖西行至此六十里

桅桿堡舖舖司一名自芭蕉舖至此三十里

天池舖舖司一名自桅桿堡舖至此三十里

下當壩舖舖司一名自天池舖至此二十里自此三十里達咸豐縣七十塘舖

北門底舖舖司一名

方家壩舖舖司二名自北門底舖西行至此三十里

黃草坡舖舖司二名自方家壩舖至此四十里

羅鍼田舖舖司二名自黃草坡舖至此三十里自此三十里達利川縣長興舖

北門達建始底舖舖司一名

沿長坡舖舖司二名自北門底舖東行至此二十里

鷄心籠舖舖司二名自沿長坡舖至此二十里

巒山子舖舖司一名自鷄心籠舖至此二十五里自此二十五里達建始縣龍駒河舖

共二十四舖額設舖司四十六名俱係徭編

按恩施縣舖司咸豐二年奉文裁汰改派差遞施於同治八年照舊復設

宣恩縣

總舖舖司四名

劉家莊舖舖司一名自總舖東行至此二十里

東鄉舖舖司一名自劉家莊舖至此三十里

乾溝舖舖司三名自總舖南行至此十五里

茅壩舖舖司二名自乾溝舖至此二十五里

東門關舖舖司二名自茅壩舖至此二十里

高羅舖舖司三名自板寨舖至此二十里

頭道水舖舖司三名自高羅舖至此二十里

乾壩舖舖司二名自頭道水舖至此二十五里

崖腳舖舖司二名自乾壩舖至此二十五里自此十八里達來鳳峽口寨舖

忠峝舖舖司■名自頭道水舖東行至此三十五里

椒園舖舖司四名自總舖西北行至此二十里自此二十五里達恩施縣乾溪舖

倒峝舖舖司二名自椒園舖至此三十里

大岩壩舖舖司二名自倒峝舖至此二十五里

黃草壩舖舖司二名自大岩壩舖至此二十五里自此二十五里達咸豐白菓壩舖

共二十六鋪額設鋪司三十五名俱係徭編

按宣恩縣鋪司咸豐二年奉文裁汰改派差遞旋於同治八年照舊復設

來鳳縣

總鋪鋪司二名

本城鋪司二名

峽口寨鋪鋪司二名自在城東行至此十五里達宣恩縣崖腳鋪

散毛鋪鋪司二名自在城鋪西北行至此十五里

革勒車鋪鋪司二名自散毛鋪至此四十里自此二十五里達咸豐縣土老坪鋪

石門崖鋪鋪司二名自散毛鋪西行至此四十里

大旺鋪鋪司二名自石門崖鋪至此四十里

卯峝鋪鋪司二名自漫水鋪至此四十里凉水井鋪

漫水鋪鋪司二名自上寨鋪至此三十里

上寨鋪鋪司二名自紅岩堡鋪至此二十里

紅岩堡鋪鋪司二名自在城鋪南行至此二十五里

共十一鋪額設鋪司二十二名俱係徭編

按來鳳縣鋪司咸豐二年奉文裁汰改派差遞旋於同治八年照舊復設

咸豐縣

總鋪鋪司四

猴子嶺鋪鋪司二名自總鋪東行至此十五里

邢家村鋪鋪司二名自猴子嶺鋪至此十五里

白泉壩鋪鋪司二名自邢家村至此二十五里自此二十里達宣恩縣街草塘鋪

十字路鋪鋪司二名自總鋪南行至此十五里

土老坪鋪鋪司二名自十字路鋪至此二十五里自此四十里達來鳳縣革勒車鋪

水車坪鋪鋪司二名自總鋪西南行至此三十里

張家坪鋪鋪司二名自水車坪鋪至此二十里自此四十里達四川黔江縣

梅子坪鋪鋪司二名自總鋪西行至此三十里

唐崖鋪鋪司三名自梅子坪鋪至此二十里

七里塘鋪鋪司二名自唐崖鋪至此三十里自此三十里達恩施縣下營壩鋪

馬家池鋪鋪司二名自總鋪西北行至此八十里

雨河口鋪鋪司二名自馬家池鋪至此三十里

毛壩鋪鋪司二名自雨河口鋪至此三十里

活龍坪鋪鋪司二名自毛壩鋪至此四十里自此四十里達利川縣沙溪鋪

共十五鋪額設鋪司三十名俱係徭編

按咸豐縣鋪司咸豐二年奉文裁汰改派差遞

旋於同治八年照舊復設

利川縣

總舖鋪司三名

火舖塘鋪司三名自總鋪東行至此三十里

下馬溪鋪鋪司三名自火舖塘至此三十里

長界鋪鋪司三名自下馬溪鋪至此三十里自此三十里達恩施縣羅針田鋪

三渡水鋪鋪司二名自總鋪西行至此三十八里

繼長墈鋪鋪司二名自三渡水鋪西行至此三十八里

譚丈溝鋪鋪司二名自繼長墈至此三十里

孫家塘鋪鋪司二名自譚丈溝鋪至此二十里

忠路鋪鋪司二名自孫家塘鋪至此二十里

下道子鋪鋪司一名自忠路鋪至此五十里

沙溪鋪鋪司一名自下道子至此三十里自此四十里達咸豐縣活龍坪鋪

小箐塘鋪鋪司二名自總鋪北行至此二十里

南坪鋪鋪司二名自小箐塘鋪至此三十里

石灰窑鋪司二名自南坪鋪至此四十里

白楊塘鋪司一名自石灰窑至此三十里

楊坡地鋪鋪司二名自白楊塘至此三十里

水田壩鋪司二名自楊坡地鋪至此四十里

建南舖鋪司二名自水田壩鋪至此三十里自此七十里達四川龍駒壩八十里達四川石砫廳

共十八鋪額設鋪司三十七名俱係循編

按利川縣鋪司咸豐二年奉文裁汰改派差遞旋於同治八年照舊復設

建始縣

總舖鋪司三名

牛角水鋪鋪司二名自總鋪南行至此十五里

龍駒河鋪鋪司二名自牛角水鋪至此十五里又南行三十里達恩施縣欒山子鋪

馬水河鋪鋪司二名自總鋪東行至此十五里

小壩鋪鋪司二名自馬水河鋪至此四十里

乾溝鋪鋪司二名自小壩鋪至此三十里

石門鋪鋪司三名自乾溝鋪至此三十里

連三坡鋪鋪司三名自石門鋪至此三十里

箐口鋪鋪司三名自連三坡鋪至此三十里又東行四十里達巴東縣三尖觀鋪

羊背隴鋪鋪司二名自總鋪東南行至此三十里

核桃園鋪鋪司二名自羊背隴鋪至此三十里

紅岩子鋪鋪司二名自核桃園鋪至此十五里又西南行十五里達恩施縣崔家壩鋪

共十二鋪額設鋪司二十八名

按建始縣鋪司咸豐二年奉文裁汰改派差遞旋於同治八年照舊復設

添設健足章程

乾隆二十年八月准宜昌府移據巴東縣詳據馬夫等稟差使煩多馬夫額設無幾勢難分身兼顧且馬遞施南公文路途崎嶇內有楊柳荒三十餘里深林密箐並無居民店鋪每積雪凝冰與春夏雨發泥深

尺許滑溜難行更有箐口沿途荒山甚多而虎豹熊豺之類時常出沒請飭令各鋪兵若值夜晚遇公文馳遞到鋪即持火把護送庶公文得以迅速詳奉藩臬批飭仰宜昌府會同施南府即速妥議詳奪並准宜昌府飭據巴東縣議詳將建始縣屬箐口塘撥設健足一二名帮司接遞巴東縣馬夫遞回之公文彼此尚覺適中等因移請會稿據詳飭令建始縣選撥健足二名縣給鈐印發號票責有攸歸並飭該縣遵辦各等情詳奉批准在案

三十九年五月因接到省中各件公文破爛遲悞請仿照荊宜二府於郡城召募健足數名將府縣文稟按五日一次徑送省城甚屬便捷施郡距省面遞應請仿照設立健足六名在郡輪流差送六邑公文飭交恩邑總鋪同府發申每逢一六日差健足一名送省交江夏總鋪折封分投其省中遞日行府及六邑一切公文亦交回施健足收投往返以二十六日為限其健足六名每名公食六兩每次腳價錢二兩四錢每月六次閏月六邑輪派一次無須另差專役較

文從前輾覺省便當經詳奉批准在案四十年據恩邑詳請各縣按月輪次派撥其工食銀兩自行給發嘉慶二十年因各健足盤費不敷多有遲悞府飭各屬加添銀一兩四錢共銀四兩四錢現在遵照辦理

義舉

施南府

恩施縣

育嬰堂向在捕署左側屋三向地基濶　丈　尺深　丈　尺因經費未充暫爲停止同治七年知府張觀

銜給貲四百串題一片婆心匾額於堂九年知府周慶榕劉與六爻會每日自捐二十會倡首勸諭紳氏日捐共得二百數十會事遂行

義學見學校志

義倉見公署備志

明生員張泰陽於東門渡造清江橋冬設春撤當時稱便見後爲官渡旋有邑人康興龐於嘉慶十六年置買田產捐設義渡東關外立有碑記後一并歸入湖南會館經理每年冬水涸時權搭木橋至來春水漲始撤仍用船渡

明指揮使唐貴於成化三年在縣南麒麟溪上始修木橋一座萬歷六年衛人周汲泉重修易以石因奉父命成之故名成志橋康熙六年守備買進才齊文勝再修乾隆五十一年張姓補修嘉慶二十一年宣恩宋宏加修一名便冬橋湖廣通志既載此橋又載便冬橋實一橋也今俗呼南門大橋有碑見藝文志

明指揮唐貴貢生李庠在城南巴公溪上用木修濟政橋衛人周汲泉重修易以石康熙間復修嘉慶十六年重修知府曾光譔更名豐樂橋有碑見藝文志

明指揮使孫本於宣德十年建鎮武橋正統間指揮使馮衡重修康熙中游擊盧達再修嘉慶年里人重修今俗呼北門外小橋

高之緯於嘉慶二十三年建修金龍壩橋

康先之道光年間捐修建始縣野三河石橋一座行人稱便

節婦劉孫氏建泳霜橋

邑令常駿麟於道光二十年督紳重修鹽水之後樂橋

衛守備衛康明士咸豐年間重修繼志橋舊名接佛橋

陳士福等於咸豐三年募修多福橋大水衝壞橋石數條同知黃元弼補修

邑庠向懋德劉宣揚等捐貲同修同志橋

貢生向毓珏等於咸豐九年募修乾溪橋

邑庠黃顯聲咸豐丁巳年倡修平安橋盤石架梁若天造地設者自是平安若大路然故名

守禦所千總銜辛永春同志元年捐貲重修活龍溪下橋

康應甲於同治八年補修西門外金華橋

獅象橋在縣西八里居獅象二堡之間紳耆捐修

明教授王建衡鎮撫石林造文明橋因又名王公橋康

熙間崔成玉重修

鄉紳傅嘉慶年間在長沙河捐設義渡

陸邦采捐設忠建河義渡

里人捐設南里渡義渡

恩建人捐設小渡口義渡同治四年康明士復造木橋一

座冬設春撤

橋坡渡里人捐設義渡

牛氣河里人捐設義渡

七渡河里人與利邑人共捐設義渡

商文禮道光年間捐施棺木十數載每施一副并給葬

費錢數百文

水龍二架一存義倉一存鼓樓廣福江西湖南三會館

公置一架郡紳耆公置一架

江西會館同治初年起議捐施棺木有來領者必詳記

其姓名至百副訖建齋超度並寄冥資百如本省有

願捐施者會館即停捐讓其施滿再爲接施永遠不

替

鹽道同衙皮家驛同治七年捐施棺木二百副每百副

訖建齋三日寄冥資百

劉永生同治八年捐施棺木三百副每百副訖建齋三

日寄冥資百

宣恩縣

理問衙宋宏坦於縣南關外增義渡船二隻田一處

屋三間價銀八百兩作義渡之資前縣李贈以好德

如川匾額

又於西關外捐修迎恩橋一座

又修迎恩廳一座廳後增設孤貧院左右分別男女百

福堡義地一所共銀一千五百餘兩

又於老關廟捐修天樞樓一座以培文風用銀三百兩

來鳳縣

管金聲於乾隆壬寅年設上寨河義渡船一夫一捐置

家塘水田一坵後以餘積添置體河水田并房屋永

作船夫之資

鄧玉棠等於堰塞渡官堰塘二處設義渡募貲五百餘
金買置田地以作渡夫工食及歲修之貲
覃善基於乾隆十年捐建太平橋
縣丞蔣灝於乾隆十六年捐建三元橋未竣十八年縣
丞蒲又洪捐廉重建
縣丞蒲又洪於乾隆二十一年捐建安遠橋
巡檢董天祥乾隆二十一年捐建石梁橋迎鳳橋
鄉約王正國乾隆間倡建明暗雙橋
巡檢沈陵楓乾隆五十五年倡設大河義渡
邑紳耆於嘉慶十三年建齊虹橋今五十餘年得免胥
溺之患
楊文龍於道光元年捐建越津橋
巡檢陳文灼里人田定朝彭光榮等於道光二十三年
捐設小河義渡
張培桂於道光二十九年捐建觀瀾橋
首士何文龍等十六人於嘉慶六年倡建見義堂捐施
棺木收掩露骸原置產業遭咸豐十一年兵燹僅存
地基五處並荳坪熟土一塊堰壆山熟土一塊同治
八年知縣尹文翰增捐錢二十串以助其施

增修施南府志卷之七

學校志 廟制 學額 學田 考棚 書院 賓興附 義學

人才之生在鄉邑人才之聚在朝廷而陶成之
者學校也迄今人文蔚起科第蟬興儒雅彬彬
增光上國
聖朝菁莪之化於斯爲盛而增賓興廣學額復建書
院添置義學鼓舞振作之道亦日興而日異繼
起者宜何如砥礪勉圖上進歟謹以廟制之源
流著於篇而學田考棚亦以類從焉志學校

學校

欽依刊立臥碑 順治九年頒乾隆四十三年知府汪獻琛勒石
御書萬世師表題額 康熙二十三年
御製訓飭士子文 康熙四十一年
上諭加封孔氏五代改啓聖祠爲崇聖祠 雍正元年
御製
聖諭廣訓 雍正二年
御書生民未有題額 雍正三年
上諭避孔子聖諱 雍正四年

奉
旨頒發平定青海告成太學碑文 雍正六年
御書與天地參題額 乾隆元年
欽定樂用六佾設樂舞生四十名免府縣試 乾隆五年
奉
欽頒祭祀樂章 乾隆九年
奉
旨頒發平定金川告成太學碑文 乾隆十四年
奉
旨頒發平定準噶爾告成太學碑文 乾隆二十年

奉
旨頒發平定回部告成太學碑文 乾隆二十四年
奉
旨頒發平定兩金川告成太學碑文 乾隆四十一年
恩詔增廣學額大學加取五名中學加取三名其取進
六名以上者加取三名四五名者增額二名二三名
者增額一名 乾隆六十年
恩詔直省儒學增廣學額一次大學加取七名中學加
取五名小學加取三名 嘉慶元年

御書聖集大成題額 嘉慶四年

恩詔直省儒學增廣學額一次大學加取七名中學加取五名小學加取三名 嘉慶四年

御書平定三省紀畧 嘉慶七年

恩詔直省儒學增廣學額一次大學加取七名中學加取五名小學加取三名 嘉慶二十五年

御書聖協時中題額 道光元年

恩詔直省儒學增廣學額一次大學加取七名中學加取五名小學加取三名 道光元年

御書德齊幬載題額 咸豐元年

恩詔恩施縣永廣文武學額各二名暫廣各二名宣恩縣暫廣各一名來鳳縣暫廣各一名咸豐縣暫廣各一名利川縣暫廣各四名建始縣暫廣各一名 咸豐十一年

御書聖神天縱題額 同治三年

恩詔恩施縣永廣各一名暫廣各一名咸豐縣暫廣各三名來鳳縣暫廣各一名利川縣暫廣各三名建始縣暫廣各三名 同治三年

恩詔恩施縣永廣各一名暫廣各二名宣恩縣暫廣各二名咸豐縣暫廣各一名來鳳縣暫廣各四名利川縣暫廣各四名 同治六年

恩詔利川縣永廣文武學額各二名 同治九年

以上廣額係以銀一萬兩助餉加廣永遠文武學額各一名銀二千兩加廣一次文武學額各一名

頒發學宮經籍

御纂四書

周易折衷

書經傳說彙纂

詩經傳說彙纂

春秋傳說彙纂

三禮義疏

孝經註

性理精義

十三經註疏

二十一史

明史

朱子全書
通鑑綱目
資治通鑑綱目三編
唐宋文醇
淵鑑古文
四書文
以上府學及各縣學皆同

廟制

施南府

學宫在城內象牙山之陽乾隆元年知府田三樂倡建三年工竣三十五年知府張映壽補修五十四年知府赫爾謹倡修未竣嘉慶五年知府馬維馭捐廉倡率署恩施縣知縣蔣遇春府學訓導歐陽壂及紳士李廷柱崔元魁李璠等重修道光元年署府學訓導蔡薰勸諭恩施童生金某捐貲補修各處

大成殿基高五尺殿前月臺遶以石欄前爲拜臺甃以石

東西兩廡道光十三年知府王協夢捐廉修葺　先賢　先儒各神牌及龕座

大成門左爲金聲門右爲玉振門道光八年署恩施縣知縣張啟雲訓導羅德崐倡率監生吳文儒廩生李大魁改建並以餘貲補修各處

泮池在大成門前上有橋環池甃以石

櫺星門在泮池前門前有文明重地坊坊前有影壁左右角各有賢門同治五年知府夏錫麒改建文明重地坊中左右各一門均以長石横豎爲楹

名宦祠在大成門左　鄉賢祠在大成門右乾隆四

施南府志　卷之九　學校　廟制

十二年知府汪獻琛始立二祠神牌並設正殿鐘鼓同治十年知府周慶榕捐廉油漆　名宦　鄉賢神牌各處匾額裝修正殿龕座并補砌前後圍牆

崇聖祠在
大成殿後之西

尊經閣在
崇聖祠前

明倫堂在尊經閣前

學署在明倫堂後內署在尊經閣後

府學存貯樂器

琴六張並架　瑟四張並架　敔一座並欂　笛一座並筑　鎛鐘一口並架　應鼓一面並架

府學存貯祭器

木登三件　木鉶三十二件　木簋五十八件　木籩五十八件　竹籩二百三十四件　木豆二百三十四件　銅爵三十三箇　錫登一箇有匣　錫鉶一箇有匣　以上二件係前府楊倫江捐製

硃漆爵墊十七箇　錫香爐大小二十座　錫燭臺大小二十三對　錫爵杯二百三十六件

以上錫祭器計點錫重二百一十六斤三兩係知府王協夢同署恩施知縣陳肖儀捐製發學交齋長敬謹收貯備祭學官入於交册

恩施縣

學宮卽施州衛學地原在城南門外後遷治北明景泰中僉事沈慶守備任忠復遷南門外宏治中參議林鏞僉事鄭岳復遷南門內之右卽今學也崇禎十二年撫夷同知宋洪泰重修康熙四十三年守備傅天錫教授張佐瑞酆維憲重修乾隆十一年教諭魏榮楠訓導宋鼇等接次補修嘉慶七年知縣李鍾白捐廉倡率士民補修道光二年教諭石時和會同知縣左章晒倡率紳士李朝舉朱榮祿楊聯綬李文玉陳發棟賴朝陽鄧士林陳廷芳田岱雲胡漢章李大魁李大經等勸捐重修至道光七年署知縣張起雲落成

大成殿基高五尺殿前月臺臺下拜臺高五寸俱甃以石

先師及四配十哲舊俱有像今另奉木主於前

東西廡東廡北有金聲亭南有奎文閣西廡北有玉振亭南有尊經閣俱係道光七年添建

大成門

泮池在大成門前上有橋環池甃以石前有紅牆左右角各有黌門

名宦祠在大成門左祠左紅牆有小黌門

鄉賢祠在大成門右

崇聖祠在

大成殿後之東

明倫堂在

崇聖祠前

儀門在明倫堂前

學署在明倫堂後東西各三間

宣恩縣

學宮在縣城內西街乾隆五年以土司署改建

大成殿

東西廡

大成門

泮池

名宦祠

鄉賢祠

崇聖祠

明倫堂

學署

來鳳縣

學宮在縣城內東街乾隆五年知縣于執中倡建嘉慶七年知縣朱鳴鳳訓導蕭琴倡率重修

大成殿重修時加厚基址

東西廡

大成門

泮池在大成門前道光八年訓導孫莫勸後

櫺星門在泮池前嘉慶十六年拔貢生王廷弼舉人曾有光等倡建

名宦祠嘉慶十六年建

鄉賢祠嘉慶十六年建

崇聖祠在大成殿後

尊經閣

忠孝節義祠

明倫堂

學署

咸豐縣

學宮在縣城內西街乾隆五年建後圮四十二年遷於東門外五十六年知縣張曾勅訓導胡恒邑軍功

楊勝岳生員馮世鑛蔣進綬倡率重建
大成殿
東西廡
大成門
泮池
崇聖祠
明倫堂
學署
利川縣

學宮在縣城內東街乾隆五年建
大成殿
東西廡
大成門
泮池
名宦祠
鄉賢祠
崇聖祠
明倫堂

學署
建始縣
學宮原在縣城西門外元大德間建洪武七年重修
明末圯後士人於地中掘得
先師銅像掘時像係東向遂建廟向東康熙十二年知縣譚性學改建治北二十四年知縣吳李芳重修三十年知縣史晟復改建於城西北隅仍東向四十六年知縣劉珙徵雍正十年知縣武怡乾隆十八年知縣邱岱屢經補修三十三年知縣嚴錫紱署加修葺

四十八年署知縣陳瞻燧捐廉倡率士民悉加修理
先師銅像下列七十二賢像
大成殿
東西廡
大成門
泮池
櫺星門
名宦祠在大成門左
鄉賢祠在大成門右

崇聖祠

明倫堂在

大成殿左乾隆十八年建

學署在舊節孝祠右

學額

施南府

文學八名

武學四名

廩生四名

增生四名

恩施縣

文學十五名咸豐同治年間捐輸軍餉加額四名

武學十五名咸豐同治年間捐輸軍餉加額四名

廩生十二名

增生十二名

宣恩縣

文學二名

武學二名

廩生二名

增生二名

來鳳縣

文學三名

武學二名

廩生二名

增生二名

咸豐縣

文學三名

武學二名

廩生二名

增生二名

利川縣

文學四名同治年間捐輸軍餉加額二名

武學二名同治年間捐輸軍餉加額二名

廩生八名

增生八名

建始縣

文學八名
武學八名
廩生二十名
增生二十名
雍正七年部議湖北施州衛改爲恩施縣應照各縣例將原設廩增各四十名之數各裁去二十名留二十名二年一貢
乾隆三十六年部議湖北施南府屬宣恩來鳳咸豐利川四縣於乾隆元年改土歸流嗣於乾隆四年議

准另編新字號考試四縣共酌進童生二十二名暫歸恩施縣學管轄並未撥縣置學現今人文充盛應照該省鶴峯州長樂縣並湖南永順府暨保靖諸縣之例分設學額嗣後宣恩來鳳咸豐三縣准其各取三名利川縣取進四名至施南府設立府學將府屬恩施縣學原額十五名內量減三名建始縣學原額八名內量減一名撥入府學此外於六縣中酌取四名定爲學額八名令該學政歲科兩試時嚴愼校閱如佳卷不敷寧缺毋濫至各縣廩增額數並校試武童亦准其照鶴峯長樂二州縣之例俟將來人文再盛另請增設並將宜昌府訓導撥改施南府學東湖縣訓導撥改來鳳縣學巴東縣訓導撥改咸豐縣學歸州訓導撥改利川縣學恩施訓導撥改宣恩縣學以專訓迪
乾隆三十九年部議湖北施南府屬宣恩來鳳咸豐利川四縣自乾隆三十六年各設學額所有舊附恩施考試各生業經撥歸各學管轄但未設有廩增額數查利川人文較盛撥回之生已有六十餘名內實

廩八名候廩三名應將恩施縣原額廩增各二十名俱減爲十三名以八名撥入利川縣卽以撥回之現廩八名補實遇有缺出以候廩三名收補增八名除將候補實補外餘以撥回之生照考案序補其府學及宣恩來鳳咸豐三縣俟設學十年後自四十六年爲始各設廩增二名現在考試各童來鳳咸豐俱有候廩二名卽令認保至設廩之年准其先與補實宣恩責令撥回之附生暫行認保同學均照定例設廩後必食餼十年方准出貢以後四年一貢至撥回之

貲廩侯廩在恩施食餼已久仍准其與恩施學較年
分出貢侯屆該本學應貢之期再將未貢之生歸於
本學出貢再武童應於恩施量減三名建始量減一
名作爲府學四名其宣恩來鳳咸豐利川各取進二
名
嘉慶十一年部議湖北巡撫瑚圖禮等奏請恩施縣
復還學額三名文武童生各取進十五名建始縣復
還學額一名文武童生各取進八名但既復還二縣
學額則府學僅存學額四名仍於原額有缺應請於

府學內加還學額四名以符乾隆三十六年定額八
名之數並令於宣來咸利四縣各坐撥一名其餘四
名作爲六縣分撥以昭平允其府學武童進額亦照
舊仍設四名外增設廩增各二名共四名
咸豐十年湖廣總督官
奏爲湖北省紳民接年捐輸軍餉前經兩次核計總數
請廣鄉試定額現在各歸各邑查明細數額懇
聖恩俯准加廣學額以示激勸復據湖北布政使莊
詳稱續據各州縣造册到司及奉准外省移咨免收湖

北紳民各捐款又有銀九萬六千九百餘兩連前總
計共銀一百二十九萬九千六百三十九兩四錢四
分九釐遵照奏定章程一州一縣捐銀一萬兩加文
武永遠學額各一名捐銀二千兩加文武一次學額
各一名除原任兩廣總督葉　前已咨奏奉
上諭前後捐輸軍餉銀二萬兩該督原籍湖北漢陽縣
著加文武學額各二名永爲定額欽此欽遵辦理外
綜計各屬尚應請加廣文武永遠學額共九十六名
再應加一次文武學額者共一百二十九名其所請

加學額查每州每縣並未過十名之限均請以欽奉
上諭之日爲始學臣即按數取進俾昭激勸所有現在
查明各郡各邑捐款細案請廣文武學額緣由相應
分別開造清摺清册詳請
奏咨等情前來　臣　等覆核無異除册分送戶禮兵三部
查核外謹會同湖北學政俞　合詞恭摺具
奏並繕具各州縣紳民節年捐助軍餉各銀數清單敬
呈
御覽伏乞

皇上聖鑒勅部核覆施行

同治元年五月初一日部議湖廣總督官 湖北巡撫嚴

奏請施南府屬士民集團勦賊捐餉濟軍實屬深明大義即照湖南省鳳凰等四廳縣之例限定人數於兩湖游額一名輪應湖北取中之年該府屬應試士子至三十名以上者准另編方字號取中及至鄉試應考者不足三十名應毋庸另編字號以昭畫一即於下屆甲子正科爲始照案遵行以廣登進

同治八年九月三十日部議湖廣總督李 湖北巡撫郭

奏稱施南府屬各生以近來觀光者日益加多前屆壬戌科中式五名丁卯科中式二名惟甲子科輪值編號僅中一名其餘房薦者皆以額滿見遺瞬屆庚午正科請予免編仍歸散號一體中式等語是該府屬應試人數漸多轉因中額有限致礙進取若不准予免編字號誠無以示鼓勵而廣登進至鄖陽府屬離省寫遠鄉試艱難且節年捐輸團練集有成効核與施郡另號取中成案相符公同商酌所有原撥施南府方字號中額一名擬請准其撤銷即撥歸鄖陽府編號取中即自下屆庚午科爲始應如所議辦理奉

旨依議欽此

學田

施南府學

恩施縣學

尖山子水陸田地一段崇禎十七年衛民徐大成捐

薛家莊田地山場一段康熙二十一年衛民薛正紀捐

南門外水田一段康熙二十二年衛民陳姓捐

甕王砦水田一段康熙四十年衛學門斗陳宗嶢捐

南門外學地數段葛家坡學地一段東門內學地一段俱康熙年間衛守備范福咏傳天錫衛千總雷洪聲捐

乾隆三十六年恩施訓導撥任宜昌府訓導爲施南府學三十八年訓導馬堂詳請舊有衛學田地分撥府學公收以作香燭之資知府袁文觀飭署恩施縣知縣吳森安議分撥府縣兩學公收在案

乾隆四十五年訓導李宗汾詳請將學田穀石甚細

細行分撥知府施三輅飭恩施縣知縣韓悅曾均撥
並詳藩司立案府學每年收租穀拾捌石租銀陸兩
玖錢貳分縣學每年收租穀拾玖石租銀陸兩玖錢
貳

建始縣學

城內學宮前共田大小十六坵每年租穀陸石陸斗
又田二坵租錢伍千文
北鄉茅草壩共水田四十三畝每年租穀拾肆石
二共完糧銀柒錢

考棚

考棚在恩施縣署西半里許即舊縣署地也乾隆元
年設土歸流所屬六縣惟恩施建始二縣舊有學制
皆附宜昌考試三十六年知府張映熹詳請按縣設
學隨據各生童以宜昌考試路遠費艱願於本府城
內捐建考棚詳准興修四十一年工竣四十五年題
請學政按臨四十六年學使吳省欽按臨考試倣歐
陽文忠公至喜亭而以至喜名其齋復製揚清堂額
懸於大堂跋其後云施郡城東清江源自奉節白鹽
山曰夷溪曰抒水亦曰鹽水至宜都入江處曰很山
此溪實古夷水胡氏謂在魚復受江亦禹貢荊州所
導之一沱予昨考正然施之水莫大於是是水常伏
流揚之猶導之云爾即士氣何以異復作施州行署
東芭洲太守詩勒之於碑訓導李宗汾撰有覲學記
詳藝文中嘉慶二十一年學使鮑桂星按臨作施州
行贈尹太守詩咸豐六年學使馮譽驥作重試施州
示諸生詩均勒石壁間

書院 賓興附

施南府

南郡書院在郡城南關外嘉慶十四年知府楊毓江
捐廉爲倡檄所屬六邑各剖廉俸并廣勸紳富解囊
爲助知府譚光祥繼之始經落成立講堂三楹爲喻
義堂堂前翼以講舍十間爲肄業齋房堂後建
聖殿中置山長書舍其右偏爲花廳廳後環以倉廚共二
十二間知府佟景文始主講課士於其間題自擬皐
比匾額以餘資置田屋爲永遠經費計詳定考取膏
火章程迭經知府黃盄烝夏錫麒張觀鈞諸明公參

酌盡善碑記載藝文志

恩施縣

麟溪書院在縣西門外金華橋南踞麒麟溪之上游同治二年署知縣許光曙勸捐剏建講堂三楹爲修道堂後建　聖殿東爲賓興館翼以講舍十四間西爲花廳知府夏錫麒顏曰潛齋後爲王講書舍環以齋廚共三十八間其碑記齋跋均詳藝文志所有餘資置產作膏火費

賓興館向在郡城龍脊山麓昉自陳邑侯肖儀以建培餘資建立館舍深心培植士氣奮興其時錢課穀租均有成數四十年來入不敷出所餘無幾同治元年許邑侯光曙改建新館於麟溪書院之側合舊遺田業附存書院每年撥出四成以備鄉會試路費之資出入帳目仍歸書院首士經管碑記載藝文志

宣恩縣

龍洞書院舊在文昌宮左圮後經邑侯陳文炤於咸豐年間勸諭移建事未竟同治間始續成之講堂三間其左建大堂五間東西號舍六間書房四廚二倉廒二縣試即作考棚

賓興館附書院右建屋六間

來鳳縣

岐陽書院在城內白鳥巷乾隆七年知縣于公執中捐建十三年知縣范公汝軾重修二十一年知縣林公翼池重修嘉慶二年知縣康公乂民移建東門外稿子園易名曰朝陽講堂三楹後爲山長書室左右齋房各十間廚房二間

朝南書院在城南司乾隆七年知縣于公執中捐建

桂林書院在卯峒司乾隆五年奉文建十年縣丞蔣灝捐建四十一年巡檢沈懷楓改置嘉慶九年增修講堂同治五年紳首捐募重修

賓興館邑紳何誠瑞捐田土創舉同治二年知縣任廷槐發善後公項續成之以爲鄉會試路費

利川縣

鍾靈書院在南門外一里許知縣張兆棨勸捐置買蔣姓田宅以作講堂齋舍義民文天松弟承輝兄弟捐田三處以助膏火首事李光兆等勸捐廣置產業

每歲由縣學派人經理

寶興館向係汪本塘吳啟新等捐置後經黃德化溫

[illegible]守入人質置田產皆其分捐費遂稍濟

建始縣

五陽書院原在城外松樹坪乾隆二十年知縣邱岱始移於北門內文昌祠舊基建房舍十間嗣因歲久圮頹且基址狹隘不敷肄業道光二十一年知縣袁景暉督諭紳耆李如桂等勸捐重建開拓基地兼作考棚自講堂齋號以及廳閣廚圖共計四十餘間並[illegible]立章程延請主講考課無不盡善

義學

施南府

義學一所名鳳山書院乾隆四十一年署知府呂世慶倡建飭府學訓導李宗浴兼攝山長將乾隆三十一年恩施縣知縣崔振緒所斷縣民張姓等互爭田地歸入每年收租錢三十四千四百餘以作膏火知縣劉毓璠詳請立案至嘉慶二十一年因南郡書院經費不充兼之鳳山書院久圮知府佟景文諭將此項歸入南郡書院

咸豐十年知府朱啟仁諭紳耆倡立義學三所以改任中止

同治八年知府松林議由府捐廉設義學一所並勸諭紳耆共捐錢數百串設義學三所捐項生息以作師資并將陳劉氏捐入自置山田一坵當田一坵地名紅山屯外河舊每年輪派公正首士管理

恩施縣

舊有義學一所名崇化書院今廢

舊有義學一所名成山書院在城內成山[illegible]今廢

宣恩縣

城中義學一所

乾壩義學一所係乾隆五年奉文建每年共領藩庫銀三十二兩分給二所膏火

忠峝義學一所

東鄉義學一所前巡司史敏捐廉置田十畝義館二進前知縣任國選以培風書舍額之有跋

來鳳縣

青岡坪義學一所咸豐八年邑人田右韜捐建同治二年其子耕心增修捐置學田四年勘明運詳立案

咸豐縣

義學一所乾隆五年奉文建每年請領藩庫銀十六兩作膏火二十四年知縣張禹將縣民互爭生基坪官荒變置水田山場一分歸入義學每年收租穀十六石一斗二升三十九年知縣潘□□武將民互爭黃土嶺官荒詳歸義學

利川縣

忠路義學一所在

建南義學一所俱乾隆五年奉文建每年請領藩庫銀三十二兩分給二所膏火

城中義學一所署知縣李恂捐廉設立每年塾師修銀十六兩

忠路樂利塲義學一所縣丞繆庭瀊勸士翁懋等捐置田產延師訓課

忠路長潭壩義學一所

忠路黃土池義學一所

南坪義學一所名鳳鳴書院乾隆五十八年巡檢王霖公建置產每年首士范泰來許召棠廖進璧陳大發等輪流掌管延師訓課

建始縣

東鄉大水田義學一所文童黃中理捐建並置買水田一坵每年租穀雜糧四十餘石

南里金竹子店義學一所生員黃光悠捐建並置買

坵計三十一畝每年收京斛租穀四十餘石

□山田一坵每年收包穀□八

恩施縣

□壇在府城北門外二里許馬鹿口雍正二年建今壇垣尖圮

宣恩縣在縣城西

來鳳縣在縣北門外乾隆二十一年知縣林翼池建

咸豐縣在縣南門外

利川縣在縣城東門外

增修施南府志卷之八

典禮志　壇廟　儀注　文廟祀典源流附

壇廟

崇德報功垂諸祀典直省郡邑皆同施自立府分縣壇廟屢經增益方志所宜備紀而崇山峻嶺建置尤多雖未載在祀典實名勝之區也故志壇廟而寺觀附焉至若牲酒豆籩之數登降上下之節或亦考獻徵文者所不容畧乎及迎詔迎春鄉飲讀法則嘉禮也日月食救護霜降祭旗

纛則軍禮也並錄之以備掌故志典禮

施南府　恩施縣

社稷壇在府城北門外二里許馬鹿口雍正二年建今壇圮

宣恩縣在縣城西

來鳳縣在縣北門外乾隆二十一年知縣林翼池捐建

咸豐縣在縣南門外

利川縣在縣城東門外

建始縣在縣城西門外演武廳之左

社右稷左異位同壇皆北向

通禮歲以春秋仲月上戊日致祭府知府主之縣知縣主之在城文武官丞史把總皆與胝割牲省盛府以佐貳縣以丞若史各一人糾儀府以教授訓導縣以教諭訓導二人執事用禮吏贊相禮儀均於學弟子員內選充

儀注　先期主祭官暨陪祭官執事人各於公廨致

齋三日掃除壇壝內外具祝版備器陳祭之前夕飭掌饌潔備品物置案於神廚設香燭胝割牲官公服詣案前上香行三叩禮畢宰人牽牲告腯遂割牲以豆取毛血瘞於坎及祭日雞初鳴執事人入設案一於壇上正中北向陳鉶二實和羹簠二實稻粱簋二實黍稷籩四實形鹽棗栗鹿脯豆四實菁菹鹿醢芹菹兎醢若不能備各就土所有以其類充案前設俎

陳羊一豕一又前設香案一陳祝文香盤鑪鐙左
設一案東向陳篚一實帛二尊一爵六又設福胙
於尊爵之次司祝一人司香帛二人司爵二人位
案西東面階下之東設洗當階爲主祭官拜位其
後爲陪祭官拜位文東武西通贊二人位階下左
右糾儀官二人分位陪祭官左右均東西面漏未
盡上祭官及陪祭官朝服畢集
壇外引贊一人引省盥官入
壇循眡牲器酒齊饌者告潔退左右引班二人引陪祭
官入東西序立東班西面西班東面引贊二人引
主祭官入至階下盥手通贊贊執事者各司其事
贊就位引贊引主祭官引班引陪祭官咸就拜位
立贊迎
神引主祭官升詣香案前跪司香跪奉香主祭官三上
香興贊復位引主祭官降階復位立贊跪叩興主
祭官暨陪祭官行三跪九叩禮贊初獻引主祭官
升詣
神位前跪司帛跪奉篚主祭官受篚恭獻仍授司帛奠
奠於案司爵跪奉爵主祭官受爵恭獻仍授司爵
興分詣
社
稷位前各奠正中皆退贊讀祝引主祭官詣香案前跪
陪祭官皆跪司祝三叩興奉祝文跪於右讀曰維
某年某月某日某官某致祭於
社
稷之神曰維
神奠安九土粒食萬邦分五色以表封圻育三農而蕃
稼穡恭承守土肅展明禋時屆仲春秋敬修祀典庶
丸丸松柏鞏磐石於無疆翼翼黍苗佐神倉於不
匱尚
饗讀畢三叩興以祝文復於案退贊叩興主祭官暨
陪祭官三叩興贊復位引主祭官降階復位立贊
亞獻引主祭官升壇
神位前獻爵於左贊終獻獻爵於右均如初獻儀贊
賜福胙引主祭官升詣香案前跪司爵跪進福酒於右
主祭官受爵拱舉司爵接爵興司饌跪進豆肉於

左主祭官受豆拱舉司饌接豆興各退贊叩興主
祭官三叩興贊復位引主祭官復位立贊送
神贊跪叩興主祭官暨陪祭官行三跪九叩禮贊徹饌
執事官徹饌贊瘞祝帛執事官奉祝次香次帛次
饌詣瘞所禮畢各退

施南府　恩施縣

先農壇在府城北門外馬鹿口雍正四年建今壇垣久
圮壇高二尺一寸寬二丈五尺正房三間中奉
先農神牌紅地金書牌高二尺四寸寬六寸牌座高五

寸寬九寸五分東貯祭器農具西貯耤田米穀配
房二間東置辦祭品西守農居住繚以周垣

宣恩縣在縣城[illegible]門外

來鳳縣在縣城東門外乾隆四年建

咸豐縣在縣城南門外

利川縣在縣城東門外

建始縣在縣城東門外雍正五年知縣祖承緒置買
耤田四畝九分建神庫三間八年知縣武怡復建
門樓一座

通禮歲以仲春亥日致祭或用季春府知府主之縣知
縣主之文武官及各執事人均如祭
社
稷之禮先二日主祭陪祭執事各官致齋公所掃除
壇上下祭日雞初鳴執事人入設
先農神案於
壇正中南向陳鉶一簠一簋二籩豆各四案前設俎
陳羊一豕一又前設香案一陳祝文香盤鑪鐙左
設一案東向陳帛一尊一爵三陳福酒胙肉於尊

爵之次設洗於階下之東
儀注質明引班引陪祭官入引贊引主祭官入通
贊贊執事者各司其事贊就位引主祭官至階下
盥手畢就拜位立陪祭官案班就東西拜位立均
北面迎
神上香讀祝行三獻禮祝辭曰維某年月日某官某致
祭於
先農之神曰惟
神肇興稼穡立我烝民頌思文之德克配彼

天念率育之功陳常時夏茲當東作底服先疇洪惟
九五之尊歲舉
三推之典共膺守土敢忘勞民謹奉彝章聿修祀事惟
　願五風十雨嘉祥恒沐
神庥庶幾九穗雙歧上瑞頻書大有尚
　饗餘儀與祭
社稷同祭畢率屬行耕耤禮
　耤田在
先農壇側有事

先農之日知府率在城文官耕耤是日首縣知縣眡十
　宜備穀種青箱朱鞭耒服耜槊牛及他農器耕器
　豫陳耕所耆老率農夫披蓑戴笠竢於田間通贊
　學弟子員分立田首又向
闕張畫屏設香案一南向通贊立香案之南引班教
　諭訓導立通贊之南皆西面致祭
先農禮畢各官易蟒袍詣耤田通贊贊行耕耤禮知府
　以下就耕所執事者授耒耜與鞭皆右秉耒左執
鞭進耕知府知縣以丞二人執種箱吏一人播種

皆耆老一人牽牛農夫二人扶犁各九推九返畢
　釋鞭耒以次序立田首西向北上農夫遂終畝告
　畢事各官補服望
闕立通贊贊齊班引班分引各官至香案前按班序
　立重行北面耆老農夫稍遠列行北面隨立贊跪
　叩興行三跪九叩禮興各退各縣則正官率佐貳
　丞史耕耤各以耆老二人執箱播種餘儀同
文廟府學在城內象牙山下
　恩施縣學在城南門內

　宣恩縣學在縣城西
　來鳳縣學在縣城內東北
　咸豐縣學在縣城東
　利川縣學在縣城南門內
　建始縣學在縣城內西北隅
崇聖祠府學在　大成殿西
　恩施縣學在　大成殿後東
　宣恩縣學在　大成殿後
　來鳳縣學在

咸豐縣學在

利川縣學在

建始縣學在

大成殿內

至聖先師正位南向

東配

復聖顏子漢永平十五年配七十二弟子顏子位第一魏晉祀孔子均以顏子配唐貞觀二年以孔子爲先聖顏子配饗

述聖子思子宋大觀二年從祀端平三年升列哲位咸淳三年配饗

西配

宗聖曾子唐開元八年從祀宋咸淳三年配饗

亞聖孟子宋元豐七年配饗

以上配位宋以前皆稱封爵元至順元年贈顏子兗國復聖公曾子郕國宗聖公子思子沂國述聖公孟子鄒國亞聖公明嘉靖九年改稱復聖顏子宗聖曾子述聖子思子亞聖孟子

國朝因之

東哲

先賢閔子唐開元八年從祀

先賢冉子唐開元八年從祀

先賢端木子唐開元八年從祀

先賢仲子唐開元八年從祀

先賢卜子唐貞觀二十一年以經師從祀開元八年以十哲從祀

先賢有子唐開元八年從祀國朝乾隆三年升列哲位

西哲

先賢冉子唐開元八年從祀

先賢宰子唐開元八年從祀

先賢冉子唐開元八年從祀

先賢言子唐開元八年從祀

先賢顓孫子唐開元八年從祀宋咸淳三年升列哲位

先賢朱子宋建炎四年生慶元六年卒年七十一淳祐元年從祀國朝康熙五十一年升列哲位

以上哲位宋以前皆稱封爵明嘉靖九年改稱先賢某子

國朝因之有子朱子升列哲位從一例

東廡先賢

先賢公孫僑 左傳魯襄公八年始見昭公卒國朝咸豐七年從祀原西廡擬移東廡

先賢林放 唐開元二十七年從祀明嘉靖九年罷祀於鄉國朝雍正二年復祀原西廡擬移東廡

先賢原憲 唐開元二十七年從祀

先賢南宮适 唐開元二十七年從祀

先賢商瞿 唐開元二十七年從祀

先賢漆雕開 唐開元二十七年從祀

先賢司馬耕 唐開元二十七年從祀

先賢梁鱣 唐開元二十七年從祀

先賢冉孺 唐開元二十七年從祀

先賢伯虔 唐開元二十七年從祀

先賢冉季 唐開元二十七年從祀

先賢漆雕徒父 唐開元二十七年從祀

先賢漆雕哆 唐開元二十七年從祀

先賢公西赤 唐開元二十七年從祀

先賢任不齊 唐開元二十七年從祀

先賢公良孺 唐開元二十七年從祀

先賢公肩定 唐開元二十七年從祀

先賢鄡單 唐開元二十七年從祀

先賢罕父黑 唐開元二十七年從祀

先賢榮旂 唐開元二十七年從祀

先賢左人郢 唐開元二十七年從祀

先賢鄭國 唐開元二十七年從祀

先賢原亢 唐開元二十七年從祀

先賢廉潔 唐開元二十七年從祀

先賢叔仲會 唐開元二十七年從祀

先賢公西輿如 唐開元二十七年從祀

先賢邽巽 唐開元二十七年從祀

先賢陳亢 唐開元二十七年從祀

先賢琴張 唐開元二十七年從祀

先賢步叔乘 唐開元二十七年從祀

先賢秦非 唐開元二十七年從祀

先賢顏噲 唐開元二十七年從祀

先賢顏何 唐開元二十七年從祀明嘉靖九年罷祀國朝雍正二年復祀

先賢縣亶 國朝雍正二年從祀

先賢牧皮 國朝雍正二年從祀原西廡擬移東廡

先賢樂正克 國朝雍正二年從祀

先賢萬章　國朝雍正二年從祀

先賢周敦頤　宋天禧元年生熙寧六年卒年五十七淳祐元年從祀

先賢程顥　宋明道元年生元豐八年卒年五十四淳祐元年從祀

先賢邵雍　宋大忠祥符四年生熙甯十年卒年六十七咸淳三年從祀

西廡先賢

先賢蘧瑗　左傳魯襄公十四年始見卒年無考史記定公十四年孔子猶主蘧伯玉家其卒後於公孫僑蓋三十餘年唐開元二十七年從祀明嘉靖九年改祀於鄉　國朝雍正二年復祀原東廡提移西廡

先賢澹臺滅明　唐開元二十七年從祀原東廡提移西廡

先賢宓不齊　唐開元二十七年從祀

先賢公冶長　唐開元二十七年從祀

先賢公晳哀　唐開元二十七年從祀

先賢高柴　唐開元二十七年從祀

先賢樊須　唐開元二十七年從祀

先賢商澤　唐開元二十七年從祀

先賢巫馬施　唐開元二十七年從祀

先賢顏辛　唐開元二十七年從祀

先賢曹卹　唐開元二十七年從祀

先賢公孫龍　唐開元二十七年從祀

先賢秦商　唐開元二十七年從祀

先賢顏高　唐開元二十七年從祀

先賢壤駟赤　唐開元二十七年從祀

先賢石作蜀　唐開元二十七年從祀

先賢公夏首　唐開元二十七年從祀

先賢后處　唐開元二十七年從祀

先賢奚容蒧　唐開元二十七年從祀

先賢顏祖　唐開元二十七年從祀

先賢句井疆　唐開元二十七年從祀

先賢秦祖　唐開元二十七年從祀

先賢縣成　唐開元二十七年從祀

先賢公祖句茲　唐開元二十七年從祀

先賢燕伋　唐開元二十七年從祀

先賢樂欬　唐開元二十七年從祀

先賢狄黑　唐開元二十七年從祀

先賢孔忠　唐開元二十七年從祀

先賢公西蒧　唐開元二十七年從祀

先賢顔之僕唐開元二十七年從祀

先賢施之常唐開元二十七年從祀

先賢申棖唐開元二十七年從祀

先賢左邱明唐貞觀二十一年以經師從祀

先賢秦冉唐開元二十七年從祀明嘉靖九年罷　國朝雍正二年復祀

先賢公明儀國朝咸豐三年從祀原東廡擬移西廡

先賢公都子國朝雍正二年從祀

先賢公孫丑國朝雍正二年從祀

先賢張載宋天禧四年生熙寧十年卒年五十八淳祐元年從祀

先賢程頤宋明道二年生大觀元年卒年七十五淳祐元年從祀

以上先賢位宋以前從祀者皆稱封爵明嘉靖九年改稱先賢某子周張程邵五子嘉靖時稱先儒崇禎十五年改稱先賢位在七十子之下漢唐諸儒之上

國朝俱稱先賢不稱子

東廡先儒

先儒公羊高子夏弟子唐貞觀二十一年從祀

先儒伏勝秦博士唐貞觀二十一年從祀

先儒毛亨年無考受詩於荀卿以授毛萇按史記楚考烈王二十五年荀卿廢居蘭陵距漢興三十二年太平御覽引毛詩正義云荀卿授漢人魯國毛亨則是秦漢間人　國朝同治二年從祀

先儒孔安國漢武帝時爲博士侍中唐貞觀二十一年從祀原西廡擬移東廡

先儒后蒼漢宣帝時爲博士明嘉靖九年從祀

先儒鄭康成漢永建二年生建安五年卒年七十四唐貞觀二十一年從祀明嘉靖九年改祀於鄉　國朝雍正二年復祀原西廡擬移東廡

先儒范甯晉咸康五年生隆安五年卒年六十三唐貞觀二十一年從祀明嘉靖九年改祀於鄉　國朝雍正二年復祀原西廡擬移東廡

先儒陸贄唐天寶十二年生永貞元年卒年五十二　國朝道光六年從祀

先儒范仲淹宋端拱二年生皇祐四年卒年六十四　國朝康熙五十四年從祀

先儒歐陽修宋景德四年生熙甯五年卒年六十六明嘉靖九年從祀

先儒司馬光宋天禧三年生元祐元年卒年六十八咸淳三年從祀原西廡擬移東廡

先儒謝良佐宋元豐八年進士生卒年無考與楊時同稱程門四先生　國朝道光二十九年從祀

先儒羅從彦宋熙甯五年生紹興五年卒年六十四明萬歷四十二年從祀

先儒李綱宋元豐六年生紹興十年卒年五十八　國朝咸豐元年從祀原西廡擬移東廡

先儒張栻宋紹興三年生淳熙七年卒年四十八景定二年從祀原西廡擬移東廡

先儒陸九淵宋紹興九年生紹熙三年卒年五十四明嘉靖九年從祀原西廡擬移東廡

先儒陳淳　宋紹興二十三年生嘉定十年卒年六十五　國朝雍正二年從祀

先儒眞德秀　宋淳熙五年生端平二年卒年五十八　明正統二年從祀原西廡擬移東廡

先儒何基　宋淳熙十五年生咸淳四年卒年八十一　國朝雍正二年從祀原西廡移東廡

先儒文天祥　宋端平三年五月二日生元至元十九年卒年四十七　國朝道光二十三年從祀原西廡擬移東廡

先儒趙復　生卒年無考以宋端平二年至北庭當元儒之首　國朝雍正二年從祀

先儒金履祥　宋紹定五年生元大德七年卒年七十二　國朝雍正二年從祀原西廡擬移東廡

先儒陳澔　宋景定二年生元至正元年卒年八十一　國朝雍正二年從祀原西廡擬移東廡

先儒方孝孺　元至正十七年生明建文四年卒年四十六　國朝同治二年從祀

先儒薛瑄　明洪武二十二年生天順八年卒年七十六隆慶五年從祀原西廡擬移東廡

先儒胡居仁　明宣德九年生成化二十年卒年五十一萬歷十二年從祀

先儒羅欽順　明成化元年生嘉靖二十六年卒年八十三　國朝雍正二年從祀

先儒呂柟　明成化十五年生嘉靖二十一年卒年六十四　國朝同治二年從祀原西廡擬移東廡

先儒劉宗周　明萬歷六年生　國朝順治二年卒年六十八道光二年從祀原西廡擬移東廡

先儒孫奇逢　明萬歷十二年生　國朝康熙十四年卒年九十二道光八年從祀原西廡擬移東廡

先儒陸隴其　明崇禎三年生　國朝康熙三十一年卒年六十三雍正二年從祀原西廡擬移東廡

西廡先儒

先儒穀梁赤　子夏弟子唐貞觀二十一年從祀

先儒高堂生　秦末漢初人唐貞觀二十一年從祀

先儒董仲舒　漢武帝初年對策爲江都相元至順元年從祀原東廡擬移西廡

先儒毛萇　漢河間獻王博士當武帝時唐貞觀二十一年從祀

先儒杜子春　漢永平初年卒年九十唐貞觀二十一年從祀原東廡擬移西廡

先儒諸葛亮　漢光和四年生建興十二年卒年五十四　國朝雍正二年從祀原東廡擬移西廡

先儒王通　陳至德二年生隋義寧二年卒年三十五一作開皇二年生年三十七明嘉靖九年從祀原東廡擬移西廡

先儒韓愈　唐大歷三年生長慶三年卒年五十七宋元豐七年從祀

先儒胡瑗　宋淳化四年生嘉祐四年卒

先儒韓琦　宋大中祥符元年生熙寗八年卒年六十八　國朝咸豐二年從祀原東廡擬移西廡

先儒楊時　宋皇祐五年生紹興五年卒年八十三明宏治八年從祀原東廡擬移西廡

先儒尹焞　宋熙寗四年生紹興十二年卒年七十二　國朝雍正二年從祀

先儒胡安國宋熙寧七年生紹興八年卒年六十五明正統二年從祀

先儒李侗宋元祐八年生隆興元年卒年七十一明萬歷四十二年從祀原東廡擬移西廡

先儒呂祖謙宋紹興七年生淳熙八年卒年四十五景定二年從祀原東廡擬移西廡

先儒黃榦宋紹興二十三年生嘉定十四年卒年七十國朝雍正二年從祀

先儒袁燮字和叔國朝同治七年從祀

先儒蔡沈宋乾道三年生紹定三年卒年六十四明正統二年從祀原東廡擬移西廡

先儒魏了翁宋淳熙五年生嘉熙元年卒年六十國朝雍正二年從祀原東廡擬移西廡

先儒王柏宋慶元三年生咸淳十年卒年七十八國朝雍正二年從祀原東廡擬移西廡

先儒陸秀夫宋端平三年十月八日生祥興二年卽元至元十六年卒年四十四國朝咸

豐九年從祀

先儒許衡宋嘉定二年生元至元十八年卒年七十三皇慶二年從祀

先儒吳澄宋淳祐九年生元元統元年卒年八十五明正統八年從祀嘉靖九年罷國朝乾隆二年復祀原東廡擬移西廡

先儒許謙元至元七年生後至元三年卒年六十八國朝雍正二年從祀原東廡擬移西廡

先儒曹端明洪武九年生宣德九年卒年五十九國朝咸豐十年從祀原東廡擬移西廡

先儒陳獻章明宣德三年生宏治十三年卒年七十三萬歷十二年從祀

先儒蔡清明景泰四年生正德三年卒年五十六國朝雍正二年從祀

先儒王守仁明成化八年生嘉靖七年卒年五十七萬歷十二年從祀原東廡擬移西廡

先儒呂坤明嘉靖十五年生萬歷四十六年卒年八十三國朝道光六年從祀

先儒黃道周明萬歷十三年生國朝順治三年卒年六十二道光五年從祀原東廡擬移西廡

先儒湯斌明天啟七年生國朝康熙二十六年卒年六十一道光三年從祀原東廡移西廡

以上先儒位明嘉靖以前從祀者皆稱封爵嘉靖九年改稱先儒某子

國朝稱先儒不稱子

通禮歲以春秋仲月上丁行釋奠禮正獻知府主

之兩序兩廡以知縣教職分獻眡割牲省齍盛以佐貳糾儀以教職司祝司香司帛司饌引贊通贊引班以學弟子員嫺禮儀者執事在城文武官咸與祭縣以知縣爲正獻官前期致齋二日祭前一日飭廟戶潔掃廟宇內外眡割牲官公服詣神廚眡割牲如儀正獻官率執事人入學習儀禮生十四名教官率舞生入學習舞習吹佾舞生三十六名樂工五十二名夜分具器陳

先師位前牛一羊一豕一登一鉶二簠二簋二籩十豆

十鑪二鐙二

四配位前各羊一豕一鉶二簠二簋二籩八豆八鑪一鐙二

十二哲位前鉶一簠一簋一籩四豆四東西各羊一豕一鑪一鐙二殿中設一案少西北向供祝版其東南設一案西向陳禮神制帛九（色白）香盤四尊三爵二十有七西設一案東向陳禮神制帛八香盤三尊二爵二十有四凡牲陳於俎凡帛正位四配與從十二哲東西共篚凡尊實酒承以舟疏布冪

勺具東廡二位同案每位爵一實酒每案簠二簋一籩四豆四

先賢位前羊二豕二香案一鑪一鐙二

先儒案前羊一豕一香案一鑪一鐙二設案一於南北向陳禮神制帛二香盤二尊三虛爵六俎篚冪勺具東西兩廡陳設同設洗於階下之東

通禮樂器陳設兩階編鐘在東編磬在西皆十有六懸以簴業東應鼓一柷一敔一東西分列琴六瑟四簫六篴六篪四排簫二塤二笙六搏拊一旌二羽籥三十有六

儀注祭之日雞初鳴各官豫集於明倫堂均朝服昧爽贊禮生二人引承祭官由大成左側門入又禮生八人分引兩序兩廡分獻官隨入至階下之東盥手畢引至階下拜位前立引班引陪祭官由左右側門入各就拜位序立典儀唱樂舞生登歌執事者各司其事文舞六佾進贊禮生贊就位承祭官分獻官陪祭官各就位立典儀贊迎

神司樂贊舉迎

神樂奏昭平之章

春夾鍾（清商）立宮　倍應鍾（變宮）主調

秋南呂（清徵）立宮　倍仲呂（清角）主調

大（春秋）（伕仕）哉（化仜）孔（仕伲）子（伬伕）先（伕仕）覺（伲仕）先（伬伕）知（仕伲）與（化仜）天（仕伲）地（伲化）參（伬仕）萬（伕仕）世（伲化）之（伬伕）師（伬伕）祥（伬伕）徵（伲化）麟（化仜）紱（仕伲）韻（化仜）答（伲化）金（伕仕）絲（伲化）日（化仜）月（仕伲）既（伕仕）揭（伬伕）乾（化仜）坤（仕仜）清（化仜）夷（伕仕）樂作贊禮生贊就上香位引承祭官升東階入殿左門贊詣

先師香案前跪承祭官跪行一叩禮與贊上香司香跪

奉香承祭官上炷香三上瓣香跪行一叩禮興不贊
以次詣
四配位前跪上香儀同贊復位引承祭官退降階復
位初迎
神時贊禮生分引東西序分獻官各一人升東西階
入殿左右門詣
十二哲位前跪上香退降階復位引兩廡分獻官東
西各二人分詣
先賢

先儒位前跪上香退復位均如前儀贊禮生贊跪叩
興承祭官分獻官暨陪祭官均行三跪九叩禮興
樂止典儀贊奠帛爵行初獻禮贊樂奏宣平之章
予伕仕懷化仕明化伬德伬伕玉伬化振化仕金伕仕聲伬化生仕伬民
化仕未伬化有伬伕展化仕也仕伬大伬伕成仕伬俎伬化豆伬化千伕仕
古伬伕春仕伬秋仕伬上伬伕丁仕伬清伬仕酒伬化既化仕載伕仕其
化仕香仕伬始化仕升伕仕舞羽籥之舞
作宣平舞
予稍前向外開籥舞懷踏向裏開籥舞明合手蹲朝上德起辭身向外高舉籥朝上

玉兩相對蹲兩面相向振合手掌蹲朝上金正揖聲起平身出左右立生兩兩相對
自下而上東西相向民稍前舞舉籥垂翟未中班轉身東西相向立惟兩中班十二人轉身
俱東西相向有舉翟三合籥展稍前向外垂手舞也踏身向裏垂手舞大向前
合手謙進步雙手合籥成回身再謙退步側身向外高手回面內向俎正蹲朝上豆稍舞
躬身挽手側身向外呈籥耳邊面朝上千正揖古起辭身挽手復舉籥正立春兩兩相對
文籥兩班俱東西手執籥秋正揖上向外退挽手舉籥向外面朝上丁回身正位清稍前
舞酒正蹲朝上既左右垂手兩班上下俱舞垂手東西相向載起高手相向立其左右
側身垂手向外開籥垂手舞香右側身垂手向裏垂手舞始正揖朝上升躬而受之躬身
朝上拱籥而受之三鼓畢起樂作贊禮生引祭官升階贊請

先師位前贊跪承祭官跪行一叩禮興司帛跪奉篚承
祭官受篚拱舉奠於案司爵跪奉爵承祭官受爵
拱舉奠於墊中跪行一叩禮興不贊贊禮生贊就讀
祝位引承祭官至殿中拜位立贊跪承祭官分獻
官暨陪祭官皆跪贊讀祝司祝跪讀祝辭曰維某
年月日某官某致祭於
至聖先師孔子曰惟
先師德隆千聖道冠百王揭日月以常行自生民所未
有屬

文教昌明之會正禮和樂節之時辟雍鐘鼓咸恪薦
於馨香泮水膠庠益致嚴於籩豆茲當仲春秋祇率
彝章肅展微忱聿將祀典以
復聖顏子
宗聖曾子
述聖子思子
亞聖孟子配尚
饗讀畢奉祝版跪安
先師位前篚內三叩興退樂作贊跪叩興承祭官分獻
官暨陪祭官均行三叩禮贊禮生引承祭官以次
詣
四配位前跪奠帛獻爵儀同退降階復位退及殿左門出降階
復位見舊通禮贊禮生分引兩序分獻官詣
十二哲位前跪奠帛獻爵降階復位均如儀引兩廡
分獻官詣
先賢
先儒位前奠帛獻爵復位儀同樂止亞獻樂奏秩平
之章

式佚仩禮仁仩莫仩伬愆伬佚升伬仁堂伬佚再仁仩獻佚仩響伬仁協
伬佚鼖仁仩鏞仩伬誠伬佚孚伬仁罍伬佚甗佚仩肅伬佚肅伬佚雍仩伬
雍仩伬譽仁仩髦佚仩斯伬仁彥佚仩禮伬仁陶伬佚樂仁仩淑仩佚相
伬佚觀仩伬而仁伬善佚仩
作秩平舞
式左右進步向外垂手舞禮向裏垂手舞莫向外落籥面朝上愆舉籥朝上正立
升正蹲堂起身向前轉向外舞再向手舞獻合手謙進步向前雙手合籥蹲謙響
兩相對自下而上兩籥相舉籥東西協上下俱垂手惟兩中班上下二人俱垂手轉身東西向鼖
轉身東西相向立鏞相向立兩班上下以翟相籥誠稍前舞兩班上下俱垂手向外
孚相裏垂手舞罍合手謙進步向前垂合籥甗回身再謙兩班上下東西相向合籥立
肅稍前舞向外開籥翟肅向裏舞雍雙手平執籥翟開籥翟雍劍籥翟朝上正立
譽俱身垂左兩班側垂手向外舞髦躬身正揖斯雙手舞籥翟躬手彥躬而受之躬身
朝上拱籥受之云鼓而進禮一叩頭舉右手叩頭陶舉右手叩頭樂復舉右手叩頭淑
拜一鼓舉叩起躬身三鼓平相三舞蹈舉籥向左躬身舞觀舉籥向右躬身舞而舉籥
復向右躬身舞善洪籥躬身而受之樂作贊禮生引承祭官升階
贊詣
先師位前暨
四配位前奠爵於左如初兩序兩廡隨分獻畢均復

位樂止終獻樂奏敘平之章

自佚仩古化仜在伬佚昔仩伬先伬化民伬佚有化仜作仩伬皮伬佚弁

伬化祭化仩菜佚仩於伬佚論伬佚思仩伬樂化仩惟伬佚天伬化牖佚仩

民伬佚惟化佚聖伬化時化仜若仩伬彝伬佚倫伬佚攸伬化敘佚仩至

伬化木化仩鐸佚仩

作敘平舞

自向外開籥舞古向裏開籥舞在側身向外面朝上昔朝上正立先兩班上下

兩兩相對交籥民合手朝上正蹲有側身向裏落籥作合籥朝上正立皮向外開籥樂舞

弁向裏開樂舞祭開籥朝上正立菜合籥於向外開籥舞論向裏開籥舞思

進步向前雙手合籥樂回身東西相向手謙惟向外開籥舞天向裏開籥舞牖開籥

朝上正立民合籥朝上正立惟向外垂手舞聖向裏垂手舞時朝上正揖若躬身

而受之彝躬身向左合籥舞倫躬身向右合籥舞攸躬身復向左右舞敘合籥

朝上拜一便起身至側身向外垂手舞今側身向裏垂手舞木朝上正揖鐸躬身

朝南受之三鼓畢起身樂作引承祭官升階奠爵於右如亞

獻儀兩序兩廡隨分獻畢均復位樂止文德之舞

退典儀贊飲福受胙贊禮生贊詣受福胙位引承

祭官至殿中拜位立奉福胙二人自東案捧福胙

至

先師位前拱舉退立於承祭官之右接福胙二人自西

案進立於左贊禮生贊跪承祭官跪贊飲福酒右

一人跪遞福酒承祭官受爵拱舉以授於左接以

興次受胙如飲福酒之儀贊叩興承祭官三叩興

贊復位引承祭官退降階復位贊跪叩興承祭官

分獻官暨陪祭官均行三跪九叩禮興典儀贊徹

饌樂奏懿平之章

先佚仩師化仜有仩伬言伬佚祭佚仩則伬化受佚仩福佚佚四化仜海

佚仜黌伬佚宮伬化疇化伬敢仜伬不化仜肅佚仜禮伬佚成伬化告佚仩

徹伬佚毋化仩疏仩伬毋化仜瀆佚仩樂伬佚所伬化自化仩生佚化中

伬佚原仩伬有化仜菽佚仩樂作徹畢樂止贊送

神樂奏德平之章

鼎佚仩彝化仜嶷仩伬嶷伬佚洙伬化泗佚仩洋化仜洋仩伬景伬化行

伬佚行伬佚止伬化流化仜澤仩伬無伬佚疆佚伬聿伬佚昭伬化祀化佚

事佚仩祀佚仩事伬化孔化仜明仜伬化佚仩我伬佚蒸佚仩民伬化育

化仜我仩伬膠化仜庠佚仩樂作贊禮生贊跪叩興承祭官

分獻官暨陪祭官行三跪九叩禮興樂止典儀贊

奉祝帛饌送燎有司各奉祝帛香饌恭送燎所如

儀承祭官過立拜位西旁蹕過復位樂作贊禮生

引承祭官詣燎所視燎畢仍引由左側門出樂止

陪祀各官皆退

崇聖祠殿內

肇聖王木金父公正中

裕聖王祈父公左

詒聖王防叔公右

昌聖王伯夏公左次

啟聖王叔梁公右次皆南向以上正位明嘉靖九年於

大成殿後立啟聖祠祀叔梁公

國朝雍正元年

詔封孔子先世王爵合祀五代更名啟聖祠爲

崇聖祠

東配

先賢孔氏孟皮咸豐七年配饗

先賢顏氏名無繇唐開元二十七年從祀明嘉靖九年配饗

先賢孔氏名鯉宋咸淳三年從祀明嘉靖九年配饗

西配

先賢曾氏名點唐開元二十七年從祀明嘉靖九年配饗

先賢孟孫氏

東廡先儒

先儒周氏名輔成年無考明萬歷二十三年從祀

先儒程氏名珦宋景德三年生元祐五年卒年八十五明嘉靖九年從祀

先儒蔡氏名元定宋紹興五年生慶元四年卒年六十四明嘉靖九年從祀

西廡先儒

先儒張氏名迪年無考雍正二年從祀

先儒朱氏名松宋紹聖四年生紹興十三年卒年四十七明嘉靖九年從祀

通禮

正位前各羊豕一鉶一簠簋各二籩豆各八鑪一鐙二配位前簠簋一籩豆

四東西各羊豕一鑪一鐙二中設一案少西供祝版東西設一

案陳禮神制帛五四色白香盤六四尊四三爵十有五二兩

廡東二西一案每位爵一實酒每案陳設如配位之數

俎篚冪勺皆具設洗於階下之東

儀注上丁同時致祭正獻以教官分獻以食餼弟

子員各一贊禮生引承祭官分獻入詣階下盥手

贊就位典儀贊迎

神司香奉香盤就各案前立贊禮生贊就上香位引
承祭官升東階入殿左門贊詣
肇聖王位前跪承祭官跪行一叩禮興贊上香司香跪
奉香承祭官上炷香三上瓣香跪行一叩禮興不贊
次詣左右正位前跪上香儀同降階復位贊禮生
引分獻官升東西階入殿左右門分詣四配兩廡
位前跪上香如儀降階復位贊禮生贊跪叩興承
祭官分獻官行三跪九叩禮興典儀贊奠帛爵行
初獻禮贊禮生引承祭官升階贊詣

中案前跪承祭官行一叩禮興司帛跪奉篚承祭官受
篚拱舉奠於案司爵跪奉爵承祭官受爵拱舉奠
於墊中跪行一叩禮不贊以次詣左右正位案前跪
奠帛獻爵儀同贊禮生贊就讀祝位引承祭官詣
殿中拜位立司祝至祝案前跪三叩奉祝版跪案
左贊跪承祭官分獻官皆跪贊讀祝司祝讀祝
曰維某年月日某官某致祭於
肇聖王
裕聖王

詒聖王
昌聖王
啟聖王曰惟
王奕葉鍾祥光開聖緒成德之後積久彌昌凡聲教所
覃敷率循源而溯本宜肅明禋之典用申守土之
忱茲屆仲春秋聿修祀事配以
先賢孔氏孟皮
先賢顏氏
先賢曾氏

先賢孔氏
先賢孟孫氏尚
饗讀畢興奉祝版跪安
肇聖王位前篚內三叩興退贊禮生贊跪叩興承祭官
分獻行三叩禮興贊復位引承祭官出降階復位
贊禮生引正殿分獻升東西階入殿左右門詣配
位前引兩廡分獻分詣兩廡位前跪奠帛獻爵與
復位均如正獻儀亞獻各獻爵於左終獻各獻爵
於右均如初儀典儀贊徹饌有司徹饌畢贊送

神贊禮生贊跪叩興承祭官分獻官行三跪九叩禮

興與儀贊奉祝帛饌送燎司祝司帛司香司爵各

奉祝帛香饌以次恭送燎所如儀承祭官避立西

旁俟過復位贊禮生引詣燎所視燎贊禮畢仍引

由祠垣左門出各退

通禮月朔釋菜望日上香教授教諭訓導等官分

班行禮

施南府　恩施縣

忠義孝弟祠在

宣恩縣在

來鳳縣在

咸豐縣在

利川縣在

建始縣在

施南府　恩施縣

節孝祠在

宣恩縣在

來鳳縣在

咸豐縣在

利川縣在

建始縣在

施南府學

名宦祠在　文廟戟門之左各縣學同

隋清江令李超

唐施州刺史南承嗣

唐施州刺史房武

唐施州司戶參軍張道古

宋建始令李庭芝

宋施州刺史龐恭孫

宋施州刺史寇瑊

宋清江縣主簿任伯雨

宋施州通判程公許

宋施州攝判王在

宋施州通判李周

宋施州巡檢使侯廷賞

明施州令譚則然

明施州指揮僉事朱永
明施州衛教授龐一德
明施州衛經歷黃溥
明湖廣按察司僉事兵備道駐劄施州衛李堯德
施南府學
鄉賢祠在　文廟戟門之右各縣學同
周巴國將軍巴蔓子
漢教授尹珍
宋鴻博狀元詹邈

明淮安府知府事申朝
明霍州州同童希賜
明交州府同知向德豪
明淮安總兵童景
明參軍童希益
明孝子陳鑛
恩施縣崇祀名宦鄉賢二祠與府學同
通禮春秋釋奠禮畢教職一人公服詣四祠致祭引贊贊跪主祭官跪讀祝辭曰維某年月日某官某致祭於
忠義孝弟之靈曰惟
靈稟賦貞純躬行篤實忠誠奮發貫金石而不渝
義問宣昭表鄉閭而共式祇事懋彝倫之大性摯莪蒿克恭念天顯之親情殷棣蕚模楷咸推夫懿
德
綸恩特闡其幽光祠宇維隆歲時式祀用陳尊簋來格
几筵尙
饗讀畢以祝文復於案退主祭官俯伏興執事者酌

酒獻於左又酌酒獻於右退引贊贊跪叩興主祭官跪三叩興執事者以祝帛送燎引贊引主祭官出執事者徹皆退各祠致祭儀同
通禮節孝祠祝曰維某年月日某官某致祭於
節孝之靈曰惟
靈純心皎潔令德柔嘉矢志完貞全閨中之亮節竭誠致敬彰閫內之芳型茹冰蘗而彌堅清操自勵奉盤匜而匪懈篤孝傳徽
絲綸特沛乎殊恩祠宇昭垂於令典祇循歲祀式薦尊

醪尚

饗餘儀同

謹按通禮名宦鄉賢二祠祝文各省州縣所在異辭不悉載

文廟祀典源流附

漢高祖十二年過魯以太牢祀孔子平帝元始初追諡曰褒城宣尼公明帝永平二年令郡縣學校皆祀周公孔子十五年祀孔子及七十二弟子於闕里魏正始七年始祀於辟雍以顏回配宋文帝元嘉二年釋奠太學樂用登歌南齊武帝永明三年議釋奠禮設軒懸之樂六佾之舞牲牢器用悉依上公北魏孝文帝太和十六年詔改諡宣尼曰文聖尼父北齊制春秋二仲行釋奠禮每月旦祭酒領博士以下拜孔尼顏郡學於坊內立孔顏廟博士下亦每月朝北周宣帝大象二年詔封孔子爲鄒國公立後承襲唐高祖武德七年詔以周公爲先聖孔子配享祭以上丁與大祀遇用仲丁州縣常用上丁唐貞觀中升孔子爲先聖配以顏回詔州縣皆作孔子廟尋尊孔子爲宣父以左邱明卜

子夏公羊高穀梁赤伏勝高堂生戴聖毛萇孔安國劉向鄭衆杜子春馬融盧植鄭元服虔何休王肅王弼杜預范甯賈逵共二十二人並爲先師配享議國學以國子祭酒爲初獻牲用太牢州縣以刺史縣令爲祭主牲用少牢高宗永徽中復以周公爲先聖孔子爲先師顯慶二年詔周公別配武王乾封元年追贈孔子太師總章元年贈顏回太子少師曾參太子少保並配享中宗嗣聖七年封孔子爲隆道公元宗開元八年詔以十哲與祀帝親爲顏子贊書於石二十七年追諡孔子爲文宣王位正南面衣以袞冕兩京牲用太牢樂宮懸舞六佾州縣牲以少牢無樂十哲東西列侍顏子贈公餘贈侯宋眞宗大中祥符元年追諡孔子元聖文宣王追封叔梁紇齊國公五年以國諱改諡孔子曰至聖文宣王神宗元豐六年詔封孟子鄒國公七年始以孟子同顏子配食荀況楊雄韓愈並封伯爵從祀崇寧元年詔封孔鯉孔伋侯爵三年詔以王安石配享又詔文宣王殿以大成爲名

四年詔文宣王用冕十二旒大觀二年詔躋子思從祀四年詔封孔子弟子公夏首等十人爲侯政和三年詔王安石子雱從祀五年詔州縣孟子廟以樂正子配享封侯公孫丑以下從祀封伯欽宗靖康元年詔降王安石祀兩廡四年詔去王雱從祀理宗寶慶三年追封朱熹公爵淳祐元年加周敦頤張載程灝程頤伯爵與朱熹並從祀黜王安石從祀景定二年復加張栻呂祖謙伯爵從祀咸淳三年始以曾參孔伋與顏孟同配享爲四配升

顓孫師於十哲封公爵列邵雍司馬光從祀雍封伯爵又詔以孔鯉列孔忠之次元大德十一年加號孔子大成至聖文宣王皇慶二年以許衡從祀又詔封孟子父激爲邾國公六年追封周敦頤公爵又封蘧瑗侯爵從祀至順元年加封叔梁紇爲啟聖王加封子思沂國述聖公顏子兗國復聖公曾子郕國宗聖公孟子鄒國亞聖公程灝豫國公程頤洛國公以董仲舒從祀位列七十子下三年封顏子父無繇公爵至正二十二年封楊時李侗

胡安國蔡沈眞德秀公爵明洪武五年新建太學大成門左右列戟二十四又前爲櫺星門詔天下祀孔子釋奠禮三獻十哲兩廡一獻祭各以正官分獻則以本學儒職春秋仲月上丁行事十七年敕每月朔望國學行釋菜禮郡縣長以下詣學行香二十六年頒大成樂器於天下府學令州縣學式於府學二十九年以董仲舒從祀封伯黜揚雄英宗正統二年以胡安國蔡沈眞德秀從祀三年禁祀孔子於釋老宮創啟聖王殿於闕里伯魚子

晳加封公與顏孟父並從祀正統八年封吳澄公爵從祀憲宗成化十二年詔增樂舞爲八佾孝宗宏治八年以楊時從祀嘉靖九年改大成至聖文宣王曰至聖先師孔子定四配曰復聖顏子宗聖曾子述聖子思子亞聖孟子東西十哲兩廡孔門弟子曰先賢某子左邱明以下曰先儒某子又別立祠祀叔梁紇爲啟聖公以顏無繇曾點孔鯉孟孫激配享稱先賢程珦朱松蔡元定從祀稱先儒罷公伯寮秦冉顏何荀況戴聖劉向賈逵馬融王

肅王弼何休杜預吳澄十三人又以申黨申棖實係一人去黨存棖增祀后蒼王通歐陽修胡瑗陸九淵而以林放蘧瑗鄭衆盧植鄭元服虔范甯七人各祀於其鄉撤諸塑像易以木主改大成殿曰先師廟大成門曰廟門大學用八佾十二豆籩郡國減二等自四配以下舊封公侯伯爵盡行釐革隆慶五年以薛瑄從祀萬歷十二年益以王守仁陳獻章胡居仁二十三年以周輔成從祀啟聖祠四十一年以羅從彥從祀四十五年以李侗從祀

國朝順治元年定月朔及進士釋褐釋菜禮月望行香儀十四年行經筵禮親祭先師孔子

聖祖仁皇帝康熙二十五年文華殿告成設孔子位於傳心殿三十八年

詔各學設樂器三十九年

御製至聖先師贊暨四賢頌學勒石五十一年

特諭升朱子於十哲之次五十三年

詔以宋儒范仲淹從祀

世宗憲皇帝雍正元年

追封孔子五代王爵曰肇聖裕聖詒聖昌聖啟聖將

啟聖祠改爲崇聖祠二年

命增定從祀先賢先儒復林放蘧瑗秦冉顏何鄭元范甯增縣亶牧皮樂正克公都子萬章公孫丑諸葛亮尹焞魏了翁黃幹陳淳何基王柏趙復金履祥許謙陳澔羅欽順蔡清陸隴其增張廸入崇聖祠

三年

詔郡縣丁祭用太牢奉部頒文廟禮樂圖籍五年

諭直省內外逢先聖誕辰一日齋戒

命諱孔子名加阝爲邱

高宗純皇帝乾隆二年

詔復祀吳澄三年

詔升有子於十哲位卜子之次八年頒文廟祭祀樂章

九年

詔禁道釋家奉孔子二十一年從衍聖公昭煥及九卿議黜孟廟告子從祀定爲浩生不害又樂正子四人改書先賢某子陳臻以下至韓愈十五人改書先儒某氏以孔道輔有倡立孟廟功亦書先儒某

氏

宣宗成皇帝道光二年以明儒劉宗周從祀三年以湯

斌從祀五年以黃道周從祀六年以唐儒陸贄明

儒呂坤從祀八年以孫奇逢從祀二十三年以宋

儒文天祥從祀二十九年以宋儒謝良佐從祀

文宗顯皇帝咸豐元年以宋儒李綱從祀二年以宋儒

韓琦從祀三年以公明儀從祀七年以孔孟皮配

饗崇聖祠以鄭公孫僑從祀九年以宋儒陸秀夫

從祀十年以明儒曹端從祀

皇上同治二年以漢儒毛亨明儒方孝儒呂柟從祀

八年以宋儒袁燮從祀

施南府　恩施縣

神祇壇在府城南門外南郡書院之左壇垣以圯

宣恩縣在縣城南門外

來鳳縣在縣城南門外乾隆二十一年知縣林翼

池捐建

咸豐縣在縣城　門外

利川縣在縣城南門外

建始縣在縣城北門外

通禮歲春秋仲月諏吉致祭府知府主之縣知

縣主之在城文武各官皆與設案一於壇正中

南向

雲雨風雷之神位居中

施南府境內山川之神位左

施南府城隍之神位右案陳鉶一簠二簋二籩豆各

四案前設俎陳羊一豕一又前設香案祝文香盤

鑪鐙西設一案陳帛九尊一爵二十有一福酒胙

肉於尊俎之次

儀注祭日有司供具執事人預入序立引班引陪

祭官入引贊引主祭官入通贊贊執事者各司其

事贊就位引主祭官至階下盥手就拜位立陪祭

官按班就東西拜位立均北面迎神上香讀祝行

三獻禮祝辭曰維某年月日某官某致祭於

雲雨風雷

施南府境內山川之神

施南府城隍之神曰惟

神贊襄天澤福佑蒼黎佐靈化以流行生成永賴乘氣機而鼓盪溫肅攸宜磅礴高深長保安貞之吉憑依鞏固實資捍禦之功幸民俗之殷盈仰
神明之庇護恭修歲祀正値良辰敬潔豆籩祇陳牲幣尚

社稷同

變餘儀節與祭

歲孟夏後諏吉雩祭陳設儀注同前若間不雨及潦諏宜祀之辰具祝文（隨時撰擬）備牲牢籩豆香帛尊

爵鑪鐙守土府縣官率屬肅服虔禱爲民請命行禮儀節與常祀同既應而報陳設供具朝服行報祀禮儀節均與祈祀同

施南府　恩施縣

關帝廟在城內學宮之右南向雍正八年建乾隆三十五年知府張映嶽重修道光二年知府琦昌捐廉諭紳士李大睿李文玉陳啟棟朱輝憲補修（一在南壇上一在南門外一在北門外）

宣恩縣在縣城東南

來鳳縣在縣城南乾隆四年建

咸豐縣在縣城東門外

利川縣在縣東門內乾隆五年建五十九年邑令陳春波訓導龔寬模典史李裕泰勸捐重修

建始縣在縣西門大街乾隆二十年知縣佘本祥修

邇禮歲以春秋仲月及五月旬有三日致祭府知府主之縣知縣主之後殿以丞史執事以贊生是日昧爽廟祝潔掃殿宇內外具祝版備器陳
神位前牛一羊一豕一登一鉶二簠簋各二籩豆各十

鑪一鐙二殿中設一案少西北向供祝版東設一案陳禮神制帛一（白色）香盤一尊一爵三牲陳於俎帛實於篚尊實酒冪勺具設樂於西階上設洗於東階上承祭官拜位在殿內正中（按今郡中現行之禮文東武西拜位皆在階上惟上香讀祝則承祭官拜位在殿內正中祭文昌廟同）

儀注質明承祭官朝服詣廟贊禮生二人引承祭官由廟左門入至東階上盥手畢進殿東門詣拜位前立典儀贊執事者各司其事贊禮生贊就位引承祭官就位立典儀贊迎

神樂奏格平之章

春夾鐘清均　倍應鐘起調

秋南呂清均　仲呂起調

懿春秋伬佚鑠伬化兮佚仩焜伍伬煌佚仩神伍仩威仩伬靈伬佚兮伍伬赫仩伬
入伬佚方仩伬偉佚仩烈伬化昭伍伬兮佚仩累伬化禩佚仩祀伬佚事仩伬明伍伬兮伬佚承伍伬光仩伬達仩伬精伍伬誠伬化兮佚仩黍伬化稷佚仩馨伬佚
香仩伬儼伬化如佚仩在仩伬兮佚仩洋伬化洋伬佚

禮生贊詣上香位引承祭官就香案前立贊上香司香跪奉香承祭官上炷香三上瓣香畢贊復位引承祭官復位立贊跪叩興承祭官行三跪九叩禮興典儀贊奠帛爵行初獻禮有司揭尊冪勺挹酒實爵樂奏翊平之章

英佚仩風伬化颯佚仩兮伍伬神伍伬格伍伬思仩伬紛伬化葆伬佚蓋仩伬兮伍伬龍伬化旂佚仩蜒伬化桂伬佚醑仩伬兮伍伬盈伍伬卮仩伬香佚仩始伬化
升伍伬兮佚仩明伬化粢佚化惟伍伬降仩伬鑒伬佚兮伍伬在伬佚茲仩伬流伬化景伬佚祚仩伬兮伍伬翊佚仩昌伬仩時伬佚

樂作司帛奉篚司爵奉爵各進王
神位前司帛跪奠篚於案三叩興司爵立獻爵於案正中各退司祝詣祝案前跪三叩興奉祝版跪案左樂暫止贊禮生贊跪承祭官跪典儀贊讀祝司祝讀祝辭曰維某年月日某官某致祭於
忠義神武靈佑仁勇威顯護國保民精誠綏靖翊聖大
帝神位前曰惟
帝星日英靈乾坤正氣允文允武紹聖學於千秋至大至剛顯神威於六合仰聲靈之赫濯崇典禮於馨香茲當仲春秋用昭時饗惟祈
昭格克鑒精虔尚
饗讀畢以祝版跪安於篚內叩如初興退贊禮生贊叩興承祭官行三叩禮典儀贊行亞獻禮樂奏恢平之章

觴伬佚再伬化酌佚仩兮伍伬告伬佚虔伍伬舞伬化干佚仩戚伍伬兮仩伬合伬化宮伍伬懸佚仩歆佔伬苾伍伬芬伬佚兮仩伬潔伍伬蠲仩伬備伬化巍伬佚
顯仩伬翼伍伬兮仩伬神佚仩功伬化宣伬佚

樂作司爵獻爵於左如初獻儀典儀贊行終獻禮樂奏靖平之章

聲伬佚鏗伬化兮佚仩三伍伬申伍伬羅伬佚籩伬佚簋仩伬兮伍伬畢伬化陳

儀卒度兮肅明禋神降福
兮宜民宜人
樂作司爵獻爵於右如亞獻儀典儀贊徹饌樂奏
彝平之章
物惟備兮咸有明德惟馨兮
神其受告徹兮禮終罔咎
佑我家邦兮孔厚
樂作有司徹畢贊送
神樂奏康平之章

幢葆蕤兮神聿歸馭鳳軫
兮驂虬騑降烟熅兮餘馚
騑願回靈聆兮德洽明威
贊禮生贊跪叩興承祭官行三跪九叩首禮興樂
止典儀贊奉祝帛饌送燎有司奉祝帛香饌以次
送燎如儀贊望燎樂奏康平二章
焄蒿烈兮燎有煇神光遥爓
兮祥雲霏祭受福兮茂貴
無違庶揚駿烈兮永奠暨殺

贊禮生引承祭官詣燎位眂燎禮畢樂止各官皆
退
遹禮同日祭後府縣均以承史將事
光昭王位中
裕昌王左
成忠王右均南向位各異案每案羊一豕一鉶二簠簋
各二籩豆各八鑪二鐙一殿中設案少西北向供
祝版東西各設一案分陳禮神制帛三䇄香盤三

爵九尊三俎篚冪勺具設洗於後垣門内甬道東
承祭官位殿檐下正中執事人各以其職爲位如
常儀贊明承祭官由前左門入後垣中門盥手升
階就位迎
神引詣正位前上香畢以次詣左右位前上香復位行
二跪六叩禮初獻讀祝如儀祝辭曰維某年月日
某官某致祭於
關帝之
曾祖光昭王

祖裕昌王
考成忠王曰惟
王世澤肁庥令儀裕後靈鍾河嶽雋生神武之英誠溯
淵源宜切尊崇之報班爵超躬桓而上升香肅俎
豆之陳茲際
仲春秋爰修祀事尚祈
昭鑒式此苾芬尚
饗凡儀節皆與前殿同咸豐七年奉文加太牢致祭
通禮五月十三日致祭於

關帝廟前殿
神位前陳牛一羊一豕一果實五盤鑪鐙具陳設及行
禮儀節與春秋祭同祝辭曰維某年月日某官某
致祭於
忠義神武靈佑仁勇威顯護國保民精誠綏靖翊聖大
帝神位前曰惟
神九宇承庥兩儀合撰崧生嶽降溯誕聖之靈辰日午
天中届恢台之令序聰明正直壹者也千秋徵肸
蠁之隆盛德大業至矣哉六幕肅馨香之薦爰循

禮典式展明禋苾芬時陳精誠
鑒格尚
饗
通禮同日致祭後殿每案羊一豕一果實五盤與
儀不贊徹饌司爵以執事生餘陳設及行禮儀節
與春秋祭同祝辭曰維某年月日某官某致祭於
關帝之
曾祖光昭王
祖裕昌王

考成忠王曰惟
王廸德永家果仁崧生嶽降誠毓聖之有基木本水源
宜推恩之及遠封爵特超於五等馨香永薦於千
秋際仲夏之屆時命禮官而將事惟祈
昭格鑒此精虔
施南府　恩施縣
文昌廟原在城南門外即衛學舊地今改爲書院嘉慶
三年知施南府事前恩施縣知縣尹英圖移建於
城內龍脊山上

宣恩縣在縣城東

來鳳縣在縣城東門內

咸豐縣在縣城東門外

利川縣原在城東乾隆二年建嗣移於西關外嘉慶八年訓導張定模勸移建於學署左

建始縣在東門外乾隆辛亥年知縣趙源生重修

通禮歲以二月三日暨仲秋月諏吉致祭具祝版備器陳設洗辨位設樂均與祭

關帝廟同

儀注祭日昧爽廟祝潔掃殿宇內外具祝版備器

陳

神位前陳牛一羊一豕一登一鉶二簠簋各二籩豆各十鑪一鐙二殿中設一案少西北向供祝版東設案一陳禮神制帛一色白香盤一尊一爵三尼牲陳於俎帛實於篚尊實酒羃勺具設樂於西階設洗於東階上承祭官拜位在殿內正中執事各以其職爲位贊引承祭官朝服詣廟贊禮生二人引承祭官由廟左門入至東階上盥手畢進殿東門詣拜位前立典儀贊執事者各司其事贊禮生贊就位引承祭官就位立典儀贊迎

神樂奏至平之章

秉伬氣仉兮伕靈伍躔仩翊仉文伕運伍兮仩赫伍中仉天仩蜺伕旌仉兮伕戾仉止伕雕伬俎仩兮伍告伍虔仩迓仉神伕庥仩兮伍於仉萬伕斯仉年伬

樂作贊禮生贊詣上香位引承祭官就香案前立贊上香司香跪捧香承祭官上炷香三上瓣香畢

贊復位引承祭官復位立贊跪叩興承祭官行三跪九叩禮典儀贊奠帛爵行初獻禮有司揭尊羃勺挹酒實爵司帛捧篚司爵捧爵進至

神位前司帛跪奠篚三叩興司爵立獻爵於案正中樂奏敘平之章

神伬之仉來伍兮伕籩伍豆伍式仉陳伕神伍之仩格伬兮伍几仉筵伕是仩親伍極仉昭伬彰仩兮伍靈仉既伕致仉蠲伕潔伍兮仩明仉禋伕升伬香仩兮伍伊伬始伕居伬歆仩兮伍佑伍我仉

人伬民伬
各退司祝詣祝案前跪三叩興捧祝版跪案左樂
暫止贊禮生贊跪承祭官跪典儀贊讀祝司祝讀
祝辭曰維某年月日某官某致祭於
文昌帝君之神曰惟
神功參斡籥撰合乾坤溯誕降之靈辰三台紀瑞度中
和之合節九宇承暉若日月之有光明闡大文於
孝友如天地無不覆載感玉治於馨香爰舉上儀
秖陳芳薦精禋罔斁
神鑒式臨尚
饗讀畢興以祝版安於篚叩如初興退贊禮生贊跪
叩興承祭官行三叩禮興典儀贊行亞獻禮司爵
獻爵於左樂奏煥平之章
再伬酌伬兮伬瑤伍觴仩燦仩爛伬兮伬庭伬燎
伬之伍光仩申伬虔伬禱仩兮伍神伬座伬儼伍
陟仩降伬兮伍帝伬鄉伬粢伬醴伬潔伬兮伍齋
仩邀伬將伬綏伬景仩運伍兮伬靈伬長伬
贊行終獻禮司爵獻爵於右樂奏煜平之章

禮伬成伬三伬獻伍兮仩樂伬奏伬三伍終仩亶
伬敷伬元伬化仩兮伍繄伬神伬功伍馨伬香伬
達伍兮仩肸伬蠁伬通伍歆仩明伍德伬兮仩昭
伬察伬寅伬衷
均如初獻儀典儀贊徹饌樂奏謐平之章
備伬物伬兮伬惟伍時仩告伬徹仩兮伍終伬禮
伬儀伬神伬悅伬懌伍兮仩鑒伬在伬茲伍垂仩
鴻伍佑伬兮伬累伬洽伬重伬熙伬
有司徹畢贊送
神樂奏蔚平首章
雲伬軒伬駕伬兮伍風仩旗伬招伬神伍之仩歸
伬兮伍天伬路伬遙伬瞻仩翠伬葆伍兮仩企伍
丹伬霄仩願伬廻伬靈仩眷伍兮仩福伬我伬朝
伬
贊禮生贊跪叩興承祭官行三跪九叩禮興樂止
典儀贊捧祝帛饌送燎有司捧祝帛香饌以次送
燎贊望燎樂奏蔚平二章
焰伬煜伬降伍兮伬元伍氣伬和伬神伬光仩

伍兮仩梓佤潼佉之伍阿佉化佤成佉者伬定仩

兮伍齋佤兮佉戢伍戈仩文仩治伍光伬兮仩受

佤福佉則佤那伬

贊禮生引承祭官詣燎位視燎禮畢樂止承祭官

及執事者皆退

咸豐七年奉文升入中祀另添春秋祭文

惟

神道闡苞符性敦孝友並行並育德侔天地以同流乃

聖乃神教炳日星而大顯仰鑒觀之有赫示明德

之維馨茲當仲春秋用昭時享惟祈歆格克鑒精虔

尚　饗

通禮同日祭後殿

文昌帝君先代神位前設一案陳羊一豕一鉶二簠簋

各二籩豆各八鑪一鐙二承祭官行二跪六叩禮

祝辭曰維某年月日某官某致祭於

文昌帝君先代之神曰惟

神道備中和神超亭毒稟貽謀而光紹欽毓聖之有

基雲漢昭回際嶽降嵩生之會馨香感格與水源

木本之恩式肇明禋用光彝典尚祈

神鑒享此清芬尚

饗餘陳設器數及行禮儀節均與祭

關帝廟後殿同

施南府　恩施縣

龍神祠在府城南門內縣學之西嘉慶十五年知府譚

光祥建

宣恩縣在文昌宮左同治三年知縣張金瀾建一在

高羅李龍溪

施南府志　卷之八　壇廟

來鳳縣在縣署左咸豐元年知縣林士端建

咸豐縣在縣南門外

利川縣在縣南門外

建始縣在縣南門外

通禮歲以春秋仲月辰日致祭前期有司具祝文

飭廟戶潔掃祠宇拂拭神案備執事人具器陳羊

一豕一簠簋各二籩豆各十鑪一鐙二陳祝文于

案左陳帛一香盤一壺一爵三於案右

儀注主祭官朝服詣祠贊禮生二人引入拜位前

立典儀贊迎
神樂作贊禮生贊就上香位引主祭官就香案前立司
帛自右奉香盤進主祭官上炷香三上瓣香訖贊
復位引主祭官復位贊跪叩興主祭官行三跪九
叩禮興典儀贊奠帛爵行初獻禮司帛跪奠篚獻
帛於案三叩興司爵酌酒實爵獻於正中皆退司
祝詣祝案前跪三叩興奉祝版跪案左樂暫止典
儀贊讀祝引贊贊跪主祭官暨各官皆跪祝辭曰
維某年月日某官某致祭於
龍王之神曰惟
神德洋襄海澤潤蒼生永襄水土之平經流順軌廣濟
泉源之用膏雨及時績奏安瀾占大川之利涉功
資育物欣庶類之蕃昌仰藉
神庥宜隆報享謹修祀典式協良辰敬布几筵肅陳牲
幣尚
饗祝辭本湖北通志讀祝畢興奉祝版安於篚叩如初贊禮
生贊跪叩興主祭官及各官行三叩禮興典儀贊
行亞獻禮司爵酌酒獻於左典儀贊行三獻禮司
爵酌酒獻於右退延徹饌送
禮引贊贊跪叩興主祭官行三跪九叩禮興執事者以
祝帛送燎禮畢各退

施南府

昭忠祠在　府城隍廟內右側
通禮歲春秋仲月諏吉致祭陳設器數儀節與忠
孝節義祠同

施南府　恩施縣

厲壇在府城北門外振武橋之北
宣恩縣在縣城北門外
來鳳縣在縣城北門外乾隆二十一年建
咸豐縣在縣城北門外
利川縣在縣城北門外
建始縣在縣城北門外
通禮歲三月寒食節七月望十月朔祭厲壇於城
北郊
儀注前期守土官飭所司具香燭公服詣
神祇壇以祭厲告

本境城隍之神上香跪三叩興退至日所司陳羊三豕三米飯三石尊酒棉帛於祭所設燎鑪於壇南質明贊禮生二人引守土官公服詣

神位前贊跪守土官跪贊上香守土官三上香贊叩興守土官三叩興退執事者焚棉帛守土官詣燎鑪前祭酒三爵退禮生仍奉

城隍神位還

神祇壇退

迎

詔

通禮有司豫於公廨設屏南向屏前設

詔案又前設香案案東設臺階下爲文武官拜位文東武西重行異等如朝賀儀紳士班於文官之末耆老軍民集於武官之末皆北面宣詔官一人展詔官二人立臺下西面通贊者立香案左右引禮生立百官班位左右皆東西面

儀注

詔及郊守土官備龍亭旗仗出迎使者衆

詔書以架奉陳龍亭內乘馬後隨鼓樂前導文武官朝服出迎道右跪候過興先至公廨門外序立紳士耆老軍民畢會

詔至門跪迎如初禮使者下馬從龍亭入衆隨入使者奉

詔書陳於案退立案東西面引禮生引羣官就位北面立通贊贊跪叩興衆行三跪九叩禮贊宣

詔使者奉

詔授宣詔官復位立宣詔官跪接登臺展詔二人從升均西面展

詔書宣讀訖復於案皆降衆聽贊復行三跪九叩禮如初退

宣講

聖諭

通禮月朔望府縣各飭所部民衆集公所選臨諳耆老一人爲約正有司公服涖恭宣

世祖章皇帝欽定六諭

聖祖仁皇帝聖諭十六條

世祖憲皇帝聖諭廣訓兵民圍聽宣畢各退鄉堡均擇適中地爲鄉約所選老成公正一人爲約正樸實謹守者三四人直月按期集所部民宣講聖諭擇律文內民俗易犯者咸宣示之守土官實力董率並飭縣令教職隨時巡行宣導

迎春

通禮先立春日府縣於東郊造芒神土牛立春在十二月望後芒神執策當牛肩在正月朔後當牛腹在正月望後當牛膝示民農事早晚

儀注屆立春日吏設案於芒神春牛前陳香燭菓酒之屬案前布拜席通贊執事者於席左右立府縣正官率在城文武官丞史以下朝服畢詣東郊立春時至通贊贊行禮正官一人在前餘以序列行就拜位贊跪叩興衆行一跪三叩禮執事者舉壺爵跪於正官之左正官受爵酌酒酹酒三授爵於執事者復行三叩禮衆隨行禮興迺舁芒神土牛鼓樂前導各官從迎入城置於各所各官執采杖環立樂工擊鼓擊土牛三迺各退

鄉飲酒禮

通禮歲孟春望日孟冬朔日舉行鄉飲酒之禮於學宮府以守縣以令爲主人以鄉之年高六十以上有德行者一人爲賓其次一人爲介又其次爲衆賓以教官一人爲司正學弟子習禮者二人司爵二人贊禮二人引禮一人讀律令僚佐皆與前期戒賓賓禮辭許戒介亦如之右戒賓介先一日司正率執事者詣講堂肄儀設監禮席次於庭東北面布賓席於堂西北南向主人席於堂東南西向介席於堂西南東向衆賓之長三人席於賓西南向東上皆專席不屬衆賓於西序東向僚佐席於東序西向皆北上司正席於主人之東北向有如鄉大夫來觀禮者坐於東北三品以上席南向四五品席西向無則闕之設律令案一於主介間正中東西肆設尊案一於東序端南北肆設樂於西階下如儀右陳設布席

儀注屆日質明執事者入具饌設尊於案實酒於尊加冪勺觶爵在尊北讀律令者奉律令陳於中案監禮者朝服詣學宮主人率司正及僚屬咸朝

服入廼徧人速賓介屆時賓介盛服至庠立於庠門外之右介居賓南衆賓居介南皆東面北上執事以賓至告於主人主人出迎賓西面揖賓介以下東面答揖主人入門左賓揖介介揖衆賓以次入門右當階主人揖及階揖賓皆答揖主人與賓讓升三讓賓三辭主人升賓廼升主人東階上賓西階上贊者贊拜主人西面再拜賓東面答拜興即席主人降延介一讓升介升拜如賓禮就位主人廼延衆賓衆賓以次皆升主人揖賓長皆答揖衆賓即席主人率僚佐以下皆即席（右迎賓介贊）

贊者贊揚觶執事者引司正由東階升詣堂中賓介皆起立贊揖司正揖賓介以下答揖司爵詣酒尊所舉冪酌酒於觶進授司正司正揚觶而語曰

恭惟

朝廷率由舊章敦崇禮教舉行鄉飲非為飲食凡我長幼各相勸勉為臣盡忠為子盡孝長幼有序兄友弟恭內睦宗族外和鄉黨無或廢墜以忝所生讀畢贊者贊司正飲酒司正立飲畢以觶授執事者反於案贊揖司正揖賓介以下皆揖司正復位賓介以下皆坐（右揚觶）

贊讀律令執事者舉律令案於中堂引禮引讀律令者就案前北面立賓介主人以下聽贊咸起立旅揖如司正揚觶禮廼讀律令曰律令凡鄉飲酒序長幼論賢良高年有德者居上其次序齒列坐有過犯者不得干與違者罪以違制失儀則揚觶者以禮責之讀畢復位賓介以下皆坐（右讀律令）

贊者贊供饌執事者舉饌案於賓前次介次主人衆賓以下徧舉訖贊獻賓主人起離席北面立司爵詣酒尊所酌酒實爵授主人主人受爵詣賓席奠於案稍退賓避席立於主人之左贊拜主人再拜賓答拜皆復位立贊賓酢主人賓離席司爵酌酒授賓賓受爵介從詣主人席前拜送爵主人答拜如前儀復位主人起獻介介酢主人如前儀皆坐執事者徧獻三賓衆賓爵訖（右獻賓賓酢主人）

酒數行工升歌周詩鹿鳴三

卒歌笙奏

御製補南陔詩辭曰我逝南陔言陟其岵昔我行役瞻

望有父欲養無由風木何補我遊南陔言陟其岵
令我行役瞻望有母母也倚閭歸則宜止南陔有
筍籜實兮之孱孱孩提孰喚咪之愼爾溫清潔爾
旨餚令爾不養日月其悄

御製補白華詩辭曰有白者華不污纖塵咨爾士兮宜
修其身不修其身乃貽羞於二人有白者華婉茲
靜好咨爾女兮宜修婦道不修婦道廼貽羞於二
老白華匪玉湼而不淄白華匪蘭芬廼勝之我擷
白華載詠載思白華匪玉質玉之令白華匪蘭臭

蘭之淨我擷白華載思載詠

御製補華黍詩辭曰瞻彼阪田厥黍始華胝足胼手壁
我農夫瞻彼阪田黍華以秀胼手胝足惟勤斯茂
華有不秀矣秀有不實矣其雨其雨矣杲杲日出
矣愁予愁之恤矣間歌周詩魚麗南有嘉魚南山
有臺三章笙奏

御製補由庚詩辭曰王庚便便東西朔南六符調燮八
風節宣王庚容容朔南西東維敬與勤百王道同
王庚廓廓東西南朔先憂而憂後樂而樂王庚懨
懨南朔東西皇極孰建惟德之依

御製補崇邱詩辭曰澗松童童蛙黽鄰兮邱草萋萋茂
青雲兮凡百君子愼廼託身兮澗松童童澗則卑
兮邱草萋萋邱則崎矣凡百君子審廼所依兮有
崇者邱物無不遂有卓者道愚無不智資生育德
永植勿替

御製補由儀詩辭曰在上曰天在下曰地君君臣臣父
父子子在下曰地在上曰天父父子子君君臣臣
由其儀矣物則熙矣儀其由矣物則休矣廼合樂

歌周南關雎三章召南鵲巢三章卒歌工告備出
執事者行酒主賓以下飲無算爵 右樂賓贊禮贊
徹饌衆起離席主人率僚屬在東西上賓介在西
東上皆北面贊拜主人再拜賓介以下皆再拜賓
降西階出介及衆賓從立庠門外之右東面北上
主人降東階出僚屬從送賓於庠門外之左西面
旅揖賓介退禮卒無從監禮者出主人率僚屬送
於庠門外皆退 右徹饌賓出

日月食救護

通禮府縣遇日月食各按欽天監推定時刻分秒隨時救護各於公署均以正官一人領班行禮正貳教職二人糾儀學弟子員二人通贊二人引班陰陽官一人報時至日設香案於露臺上爐燈具早晚隨日月爲向糾儀通贊引班分列於香案左右布各官拜席於香案陳金鼓於儀門外樂舞生二人奉小鼓於露臺下各官素服陰陽官報日月初虧通贊贊齊班引班引各官至拜位前立重行異等少進贊跪叩與衆行三跪九叩禮興贊上香

班首官進至香案前三上香畢復位贊跪皆跪贊伐鼓樂舞生奉鼓進跪於左正官伐鼓三聲儀門外金鼓振作乃接班更番上香祗跪糾儀二人更番祗立並如前儀陰陽官報日月復圓金鼓聲止通贊贊齊班衆官至拜位前立聽贊行禮如初畢各退

旗纛神致祭之禮

通禮每歲秋季霜降日中令本標弁卒校閱於演武場前一日各營將弁肅隊伍赴校場豫立軍幕屆日黎明軍士擐甲列陣中軍建大纛於場正中閫師以牲醴致祭行二跪六叩禮中軍以下將士均隨行禮畢軍門鼓吹節鉞前導閫師偏閱行陣還登將臺升帳儀衛左右分列諸將擐甲傳臺下中軍詣帳前上行陣圖式請令操兵廼舉旗麾衆合操

增修施南府志卷之八終

增修施南府志卷之九

典禮志 祠廟 寺觀附

祠廟

施南府

恩施縣

城隍廟在府城內鼇脊山下嘉慶三年知府法克晉知縣尹英圖由山上移建於此道光十年闔郡士民捐資重修一在白楊坪

火神廟在府城南門內瑞獅巖上

馬王廟在火神廟右

昭忠祠在府城隍廟右

武侯祠在城北門外演武廳後

董公祠在城南門外

陳孝子祠在城內葛家坡

宣恩縣

城隍廟在城西北

火神廟在城西

昭忠祠在賓興館東

田太翁祠在高羅司太翁本司峒長初土人不知耕鑿之利太翁教之開田採杉土人立祠祀之

來鳳縣

城隍廟在縣城東門內乾隆四年建道光六年知縣方策重修同治元年燬四年重修右有元后宮祀 皇帝元妃西陵氏同治元年燬

火神廟在城內碧秋巷咸豐元年知縣林士端建同治元年燬

昭忠祠嘉慶四年附建城隍廟西祀殉難莊公紉蘭甘

公桂典史張公宜旋圮道光十七年署知縣繆庭澄復建於關廟後左側並附祀殉難生員蕭大鐘何潭周南及陣亡兵勇數十人同治元年燬

王公祠在城內碧秋巷祀殉難知縣王公頌三同治二年知縣任廷槐奉文建

天王廟在舊場一在縣南三十里瑪瑙河丙辰辛酉教匪髮賊作亂俱屢靈異

按白帝天王之祀始於湖南嘉慶間湖督某請入祀典部議從之廣虞初新志載白帝姓楊氏湖南乾州

鵝溪人毋感龍而孕一産三男俱武藝絕倫宋南渡時討苗有功殁後官民立廟祀之故稱白帝天王

咸豐縣

城隍廟在南門內

火神廟在縣署左

馬王廟在縣署左

天王廟在縣南五里

利川縣

城隍廟在城東門內乾隆三年邑令湯應求建

馬王廟在城東門外

火神廟在城南門外

火神廟在城南門外乾隆十五年建

建始縣

城隍廟在城西門內

火神廟在城東門外一在縣北長梁子

龍神廟在城南門外

寺觀

施南府

恩施縣

圓通寺在城內迴龍山下明洪武十四年建

元妙觀在城內象耳山舊名真武廟永樂中改今名明統志觀後建觀音殿係嘉慶十九年於地中掘得銅像並銅鑪木魚各一

三官祠在元妙觀右側

魁星樓在城內鼇脊山文昌宮右南向嘉慶三年建

西陵宮在城內城隍廟右側

巧聖宮在城內蔣家坡

巴公祠在城內成山重建後多火災不敢復修

東嶽廟在城東門內道光二十六年邑紳成君賢重建

天后宮在城東門內薛家巷一在城南峽口

三義宮在城東門內柿子壩嘉蓮池右

郡王宮在城東門內柿子壩

水滸廟在府城東門外山門署萬壽宮字樣

開元寺在府城南門外唐時建宋淳熙四年重修

呂祖廟在城南門龍神祠內後有藥王廟

張王廟在城南門內鼓樓街

五通廟在城內箭道坡之西
仁壽宮在城內北街圓通寺左
南嶽宮在城北門內
白馬廟在城北門內
二郎廟在城北門外四川省志云秦時蜀守李冰治水其子二郎佐之蜀人稱冰爲川主二郎爲鎮江王元至順元年封冰爲聖德廣祐英惠王二郎爲英烈昭惠靈顯仁佑王 舊府志
萬壽宮在城北門外

向王廟在城北門外歸州有東陽人向輔隋大業初屢著靈異土人祠之施有此廟不知所始康熙年間守備賈進才重修乾隆三十一年分巡荆宜施道來謙鳴重題額 李志 按湖北通志歸州載有向王廟亦云隋大業人向輔而宋志據土人云漢景帝時人向述云云詳雜記中 舊府志
桓侯廟在城北門外道光年間移城南門內鼓樓對面
帝主宮在城北門外碧波峰之麓
白衣菴原名無垢菴在北門外石關廟後山上丹磴翠

徑景最清幽尹大守以林壑尤美四字榜於山門咸豐十年士民重建
永福廟在城東里許五峯山頂宋政和中封爲嘉惠侯賜廟額曰永福
石佛寺在城東五里許土橋
三聖宮在城東七里坪
烏雲觀在城東崔家壩
雲台觀在城東滾龍壩
龍尖山寺在城東九十里南里渡

青峯寺在城東圓壺垴
普濟寺在城東猪耳坡
大和觀在城東洞下村
三龍寺在城東百家溝
雲臺觀在城東二十五里柳州城
龍居寺在城東一百二十里河水驛
玉峰山寺在城東一百三十里沙子地
竹王祠在城東南山下即夜郎侯祠也按華陽國志云初有女子浣於遯水有三節竹流入足間聞有嬰兒

[illegible]竹得男收養之及長材武自立爲夜郎王以竹
爲姓漢武平西南夷被殺夷人求立後天子乃封其
二子爲侯死後配食其父宋崇寧中賜廟額曰靈惠
明一統志

通明菴在城南門外

江口寺在城南里許峽口令圯

倦飛菴在城南二十里

真武廟在城南七十里洪巖山上俗呼爲小武當

禹王宮在城南一百八十里大吉塲

黑神廟在城南大吉塲

磨嵯神廟在城西南十里磨嵯山洛浦蠻爲邊患屢擊
破之故老云神每以陰兵助官軍擊賊靈蹟顯著施
民所在祠之

大興菴在城西二十里僧綱宗瑞募建

金鳳山寺在城北十里金子壩

朝陽觀在城北二十里

觀音閣在城北蘭花山

青龍觀在城北三義墻又有興隆寺

[illegible]廟在城北四十里雞心籠

[illegible]寺在城北小龍潭

殞龍寺亦在小龍潭

望州觀在城北三十里

白雲觀在城北七十里

青雲觀在城北七十里

紫雲觀在城北七十里

寶平觀在城北八十里

宣恩縣

萬壽宮在縣南江西街

禹王宮在小關石虎[illegible]一在高羅里一在忠哨里番刀
溝一在木册里上哨坪

魁星樓在東門外上有鎮江閣

南嶽宮在小東門

節孝祠在賓興館西

蕭曹祠在縣署堂左

財神廟在縣東鹽店巷

太白祠在高羅里舊建玉柱峯上今移李溪

張王廟縣東里許
天王廟縣東二里
觀音殿在縣南江西街一在縣西花漢一在縣北一在
高羅里乾溪
青龍寺縣東里許
呂祖寺縣後三里
馬鞍山寺縣東八里
獅子岩寺在施南里
靈岩山寺縣南四十里

廻龍寺在天馬山前一在縣南高羅里
福興寺在縣西花溪
東門關寺在縣南東鄉里
朝陽觀在高羅司二十里
佛潭寺在忠建里與來鳳龍山交界處
南禪寺在石虎里小關
來鳳縣
朱文公祠即仰止書院舉人曾有光倡建道光十七年
職員張思緒等重修

東嶽宮在東門內道光六年知縣方策重建
張公祠在西門外接龍橋一在元阜里沙坨乾隆年邑
人公建祀知縣太康張公冲爲民興水利者
王公祠在城西麂子峽嘉慶時邑人公建祀知縣王公
三錫今圮
禹王宮即湖南會館在南門內乾隆二十年建同治元
年燬大殿獨存同治四年重建卯峒大河壩舊司塲
皆有之
許真君廟即　萬壽宮江西人會館在南門外乾隆二

十年建嘉慶二十一年重建同治元年半燬於賊卯
峒大河壩舊司塲上寨塲皆有之
天后宮在東門內福建人會館
浙江會館在城內白鳥巷祀關聖文昌二帝道光年建
魁星閣在東門外朝陽書院前嘉慶三年知縣康乂甑
鳴鳳樓在城東半邊城道光甲辰知縣陳炳常率紳士
建樓凡三層上祀魁星中祀關帝文昌咸豐辛酉燬於賊
靈官廟在城西虎耳山同治元年燬
雷神廟在城東翔鳳山頂道光年建

財神廟在南門外清泰街同治二年建

南離在舊司塲

水府廟在上寨塲

川主廟在元阜舊屋基

按川主廟祀秦蜀郡太守李冰李冰治水淘灘作堰功德在民其子二郎復以神力佐父治孽龍永無水患雍正五年從川撫憲德請封冰敷澤興濟通祐王封二郎承績廣惠顯英王

魯班廟在東門内工師匠人建

張王廟在人育里明卯峒土司建相傳昭烈入蜀命桓侯招撫峒蠻故歷來土司祀之甚謹

黑神廟在元阜里後坪祀唐睢陽殉難南將軍霽雲

飛山廟在客寨河祀唐誠州刺史楊再思

按唐誠州即今靖州方輿紀要飛山在湖南靖州西北十五里俗呼勝山蠻人保障於此號飛山蠻楊再思為刺史時嘗駐兵飛山寨蓋奪險使失所恃也宋紹興間封威遠侯立廟祀之

三撫宮在大河壩一在舊司塲

按三撫神相傳為三姓土司生有惠政民不能忘故祭之頗著靈異

乾元寺在縣東五里咸豐十一年燬同治三年尼僧必空重修

大觀寺在縣東南三里翔鳳山

仙佛寺在元阜里佛潭巖

興隆菴在貞肅里前明散毛土司建一在亨康里

祖師殿在縣西南六十里

祖元寺在縣西南七十里

觀音閣在卯峒司下臨大河一在忠崇里望月山

廻龍觀在縣西二十里一在縣南五十里

飛來閣在縣西三里許知縣方策建築石臺咸豐間邑人建閣其上辛酉燬同治四年復建

雲臺寺在縣南五十里廻龍橋上

定雲菴在縣西貞肅里

玉皇閣在忠崇里小鷲嶺

秦古寺在人育里

鳳凰菴在猴栗堡

龍鳳觀在水寨明時建

廻瀾菴在峽口寨散毛宣撫司覃氏建基址尚存

咸豐縣

萬壽宮在縣西門內

軒轅宮在西門

禹王宮在西門內一在清水塘一在活龍坪一在大路壩一在丁寨

奎星閣在西門外

雷祖廟在西門外

東嶽宮在南門外

三義廟在西門外

張爺廟在唐崖

川主廟在縣南五里一在縣南十里

地主宮在西門外一在忠堡

山王廟在水壩

三閭宮在西門外

三撫廟在縣南二十五里

巧聖宮在西門外

鞋神廟在西門外

財神廟在縣西

鎮江廟在縣西

八角廟在蒲草塘

五通廟在西門外

晏公祠在丁寨

興國寺在西門外明洪武中建宏治年重修

觀音寺在西門外有碕一在東嶽宮側一在縣西龍隆對面

施南府志 卷之九

延真觀在縣西

廻龍寺在縣西四里

墨池寺在縣西六十里

虎溪寺在寒溪

尖山寺在縣南十二里其山高聳雲際

靜樂寺在大寨坪

無邊寺在青岡嶺

龍洞寺在清水塘

鐵牌寺在唐崖對面

朝陽寺在生基坪
元武寺在曆崖
大寺堂同上
興隆寺在興田坡
把水寺在大村
白岩觀在丁寨
板橋寺同上
海潮寺在楊崗
靈珠觀在燕子岩

天橋寺同上
玉泉山在大茂坡
靈山寺在茶園壩
道宏山在茶園溝
龍泉寺在白水
靈山寺在黑崗
雲霧山在二台坪
靜竹寺在馬河壩
逆水寺在活龍坪

金子殿同上
朝陽寺在水壩

利川縣

萬壽宮在南門內
禹王宮在北門內
軒轅廟在西門內
帝主宮在北門內
萬天宮在西門內
羅祖廟在南門內

施南府志 卷之十九 寺觀

巧聖宮在西門內
天后宮在北門內
南華宮在北門內
財神廟在南門內
韻府廟南門內
桓侯廟在東門內
麻衣廟在東門內
觀音閣在東門內
壽佛宮在東門內

巖洞寺　把水寺　雙溪寺　毛坪寺
雙峯寺　金山字寺　滴水巖寺　團包寺
鍾靈山寺　廻龍寺　歸源寺　核桃寺
金沙寺　翊鳳寺　報國寺　鐵爐寨寺
朝陽寺　石峯寺　觀音寺　潮音寺
五龍寺　楚藩寺　興隆寺　福田寺

建始縣

禹王宮即湖南會舘在縣北門外
萬壽宮即江西會舘在縣西門內

東嶽宮在縣北門外
泰山廟在縣北門外
三義宮在縣北門外
張爺廟同上
二郎廟在南門外乾隆二十一年知縣郎岱重修
天后宮在縣東門內
蠶神廟同上
藥王廟在縣西門內
漢王廟在縣東百六十里

伍爺廟在縣東百八十里
八卦廟在縣南土魚河
財神廟在縣北長梁子
晏公廟在縣西四里
觀音閣在縣東門內一在縣南
廻龍觀在縣東門外一在縣南百四十里一在縣北八十里
永興寺在縣南門外
永壽菴在縣南門外

朝陽觀又名天池寺在縣西三里一在縣南廣福橋
玉皇閣在北門外
雲霧觀在縣東三十里又有三寶觀
天鵞觀在縣東三里壩
石柱觀在縣東望坪明嘉靖年建
普恩寺在縣東大水田
奎文觀在縣東青里壩
石門寺在縣東石門關乾隆三十七年陳中丞輝祖建
對佛寺在石門對山乾隆三十三年三衛軍實建

五顯廟在縣東龍潭坪
祖師殿在縣東百八十里爲出巴東要道
飛仙寺在縣東南百里
萬峯觀在縣南牛角水
興隆寺在縣南二十五里
鷹嘴觀在縣南三十里
潮水寺在縣南花果坪
朱家觀在縣南田家壩
青龍寺在縣南麻根壩
雲臺觀在縣南百八十里
五通廟在縣西猫兒屯
鳳尾觀在縣西當陽壩
開元寺在縣西五十里
下壩寺在縣北十五里
天通觀同上
冬瓜寺在縣北二十里
大紅觀在縣北三十里
小紅觀同上

興隆寺在縣北三十五里
白雲寺在縣北石白驛
玉洪觀在縣北六十里
府行寺在縣北羅轉壩
奇元寺在縣北百二十里
通靈寺在縣北百四十里
復興寺在縣北百五十里
靈臺觀在縣北百六十里
林同寺在縣北百八十里

水晶宮在縣北百八十里

增修施南府志卷之九終

增修施南府志卷之十

典禮志

修其政不易其俗方志所以記風俗也然與化移易今固不盡如古所云也施自改衛升府治法既殊民風亦變則舊志所紀有難信於今者且郡屬數百里而遥東南極瀟湘西北連川蜀莫不各有遞似酌六邑從同之處採而存之其俗雅遠邇於古其風醕未戾於古也志風俗

風俗

歲時令節元旦焚香燭祀祖先擇吉時吉方舉家出天行至各神廟焚香親族交相拜賀閉門三日謂之閉財門春酒彼此招飲上九後鄉城有龍燈戲雜以獅象麟魚競出驅疫至元宵止元宵食湯圓逅塚家家送燈遠望之如繁星是夜燈火花爆達旦不休商賈方擇日開市驚蟄前夕畫灰於地像弓矢形謂之射蟲社日採蒿作炊雜以肉糜親戚轉相饋送新塚以白紙懸竹竿插其上謂之掛社童子亦往往結伴競放紙鳶藉以舒其氣清明掃墓仍懸紙竿上墳上謂之掛清有修理墳塋者於前一日併工成之不忌方位吉凶也是日家家插柳葉於門男婦皆簪柳葉於首農人量氣候之暖寒於此節前後播種三春之風俗大畧如此

夏四月八日以朱紙書嫁毛蟲字樣粘壁間五月五日懸蒲艾於門飲雄黃酒以雄黃點小兒額及手足心采百草煎湯澡洗搗蒜和雄黃水徧灑門戶及墻隂以辟蟲先期各以角黍蕉霜相餽遺亦有贈香扇者俗以是日爲小端陽十五日爲大端陽閒始於馬伏波將軍是日競渡龍舟十五日尤盛方竹儂先生詩云今日昇平真有象大端陽節鼓鼕鼕十三日　關帝誕辰有雨謂之磨刀雨二十八日相傳爲城隍生日先期市人盛儀仗迎神以童子扮臺閣故事旌旗鼓吹觀者如堵六月六日曬衣服書畫蓄和醬水是月也始嘗新日用卯穀尚魚忌雞農人亦於六日[illegible]酒祀田間謂之圍苗

秋七月七夕看雲色以天河去來以暫占秋收豐歉諺云天河搭屋脊家家有飯喫中元節前以紙錢封包或以金銀錠裝籠書祖先名諱所謂清明記墳中元記名祭於中庭男女上食如生三日焚之於外各廟作盂蘭

會賑濟無主孤魂放蓮燈於江又以香蘸油徧爇山徑謂之路燭八月中秋節士大夫家以月餅棗梨相餽遺有艱於子者親友夜竊鄰圃南瓜畀以紅綾導以鼓樂曰送瓜取生男多子之義主人具酒食明年生子延宴相酬往往有驗九日載酒登高搗米粉爲餻采茱萸爲酒邑人士競以詩文相倡和

立冬日俗傳宜晴又宜霜語云一斤霜卜來年木棉旺仲冬三一日宜晴謂初一十一二十一也諺云冬月三一雨穀米一般平十二月二十三夜祀竈神戒妄言二十四日曰小年亦曰小除日掃舍宇親友相餽遺曰送年節除日合家聚食曰團年長幼次第揖拜親隣互相往來曰辭年除夕易門神桃符貼春聯祭先祖五祀置酒守歲不異大邦風俗

郡在萬山中高低田地皆用牛犂近城之膏腴沃野多水宜稻旱則宜薯且宜蕎麥豌豆諸春粮至遠鄉之絕壑危坳耕以人力方春覘山可墾處伐木燒畬種植雜糧包穀爲多鄉民居高者恃包穀爲正糧居下者恃甘薯爲接濟正糧藏薯穿土窖欲其不露風藏包穀及雜糧或高懸屋角或編竹爲囷欲其露風

郡中最高之山地氣苦寒居民多種洋芋亦有種藥材者低處肥土得植苧蔴分三季收之

各邑年歲以高山收成定豐歉凡民食稻者十之三食雜糧者十之七山糧最忌七八月風謂之秋風

百工多係本邑居民亦有外來者惟工資不厚值歲熟每日傭工可贍二三丁口如遇荒歉則不能間有精於藝者或居肆製物以貨或代人造作課其成以給費若干不計工之多寡其間或有贏餘藉以養畜

商賈多江西湖南之人其土產之苧蔴藥材以及諸山貨概負載閩粵各路市花布綢緞以歸土著亦能貿易多販米糧行而不遠而交易均屬直率銀錢進出一律頗有五尺不欺之風即肩挑背負概無詐虞

四民各安其業凡城市村集均少茶館酒肆棲遲游民郡中惟値院府考試偶添設之試畢即止

巫醫并行於時而信巫者較衆富貴之家少有不豫即延醫診治不惜藥資貧賤者既自嫌夫力薄似又不達於理以爲木根草頭奏效者茫不及巫之詭其詞說必

有神在也如僞一中之則傳播不衰由是一倡百和郡屬皆然

士人以油炸米花豆乾芝麻黄豆諸物和茶葉作湯泡之名曰油茶客至則獻之以致敬宣咸來三邑旅店中亦有鬻此爲生易者行人便之

鄉俗以冬初煮高粱釀甕中次年夏灌以水插竹管於甕口吸之謂之咂酒

城市婚葬諸宴會海味山珍動輒不廢不如是主人自覺減色附郭殷富亦如之有心世道者所宜交相勸戒崇節儉爲惜福之地

郡城卑濕風土頗類長沙雖當炎暑早晚亦覺清涼然四圍皆山地氣稍煖冬不甚寒積雪易消惟高山風緊夏日天變亦可著棉冬雪入春始化各邑田地不分頃畝有以穀種計多寡者有以田穀計者家業以此分厚薄契券以此定價值惟來鳳及宣邑之忠建里與他處稍異以七斗爲一運水旱田地不以種計不以石計但曰每一運值錢若干凡糶[illegible]穀不以種計錢不以千計但準錢一掛糶穀幾斗一掛計錢八百文也糶米則否

文教肯興人皆向學不獨世家巨室禮士賓賢各有家塾即寒素子弟亦以誦讀爲重而且潔清自愛雖士大夫非因公事不輕出入公庭

郡人平居皆大布之衣非遇慶賀宴會雖搢紳家鮮著紈綺大率士大夫之服雅商賈之服華城市之服時鄉村之服古婦女亦然婦女且素稱貞樸無論貧富不遊春不冶容鄉城皆善紡績且競以針黹爲能事惟不善織村市皆有機坊布皆機匠織之

施地山多田少稍乾則有年雨淫則歉收雖近日稠人廣處但收穫過半亦足接濟惟包穀以不能經年屯積多消耗於燒煙一遇歲凶僅恃近城稻米價值倍昂貧民概以葛采蕨搗粉爲食顛形艱苦所賴官紳預禁外販再開賑倉減價平糶以救荒歉

郡屬界與四川接壤徑僻山深啯匪不時竄入嘯結本地游民賭博窩藏或於僻地奪取人物或於村集擄取人財互相底分團練保甲之法雖承平不可俱廢

冠禮俱遵家禮將婚前夕父母祀祠先致祝祠晏客醮子并於先期請親友子弟未婚者十人陪之謂之賀郎

親友製小扁因其名而贈以字書以金泥鼓樂送之亦古者冠字敬名之意也女家亦擇吉日延賢婦爲之笄謂之上頭請親隣待字之女十八陪宴謂之帶花酒

婚禮俱遵家禮壻至婦家親迎奠雁納采曰插香納幣曰過禮女家不取聘金男家不索厚奩迎新婦曰鼓樂儀仗二人紅燈導引輿至女家麾輿從出以斗覆轎前女兄弟扶女出立斗上拜辭祖先散著一束曰不家食新婦至門壻家陳香燭清酒雄雞一祀女家護送神於大門外曰回煞新婦廟見後拜見舅姑以次拜諸親曰分大小擇族中賢而有福者先拜之曰開拜後曰圓拜亦如之

喪葬多遵文公家禮居喪者不與宴會不拋絲觴縉紳家咸以喪事爲重

祭禮則祀於正寢近日寄籍者多創建宗祠篤報本之念而土著之家亦漸師以爲法此風一倡古道復矣大約六邑風氣恩與利建爲近宣與來咸爲近語音亦然

壽誕三四十歲時無過問者五十間有慶賀至六十子孫視其力之厚薄遍知戚友製錦屏觴歌優雜進屆誕辰戚友具衣冠詣祝先期之夕戚友內眷亦盛裝拜慶宴飲而歸大率可以榮其親者無弗爲也

𣹢南府志卷之十終

增修施南府志卷之十一

食貨志戸口　物産

戸口

施在前代土流間治戸口之豐耗不能悉登於版圖又僞明季流冦所虔劉生齒凋敝極矣我朝平定海宇施衛向仍勝國舊制迨諸土司革心向化始改土歸流重以聖聖相承休養生息涵煦二百餘年遂使學校農桑同乎上國戸口之滋生物産之蕃殖近古以來所未聞也志戸口而物産附焉

漢以前戸口無可考

晉書地理志建平郡統縣八戸一萬三千二百

按晉書所載八縣惟建始沙渠信陵屬施

宋書地理志建平太守吳永安三年分宜都立晉又有建平都尉永初郡國志有南陵建始信陵興山永新永寧平樂七縣今並無所領七縣巫秭歸歸鄉北井泰昌沙渠新鄉戸一千三百二十九口一萬八百三十四按所紀七縣惟沙渠是施地新鄉不詳所在餘俱不屬施

隋書地理志清江郡統縣五戸二千六百五十八五縣

鹽水　巴山　開夷　清江　建始

俱屬郡地

唐書地理志施州清化郡戸三千七百二口一萬六千四百四十四縣二　清江　建始

宋史施州清江郡元豐戸一萬九千八百四十領縣二

清江　建始

元史地理志夔州路領七州施其一　本路戸一萬二千四口九萬九千五百九十八

明史地理志統計湖廣戸口之數不詳各郡不備錄

國朝

施南府屬六縣原數戸口共二萬七千七百一十八戸原額隨糧及改土案內勘出人丁並歷屆編審滋生人丁土著不成丁男女大小共十一萬七千四百三十丁口道光十二年奉文編查保甲清理戸口共十一萬八千七百九十五戸九十萬二千一百二十三丁口現在編査民數共十八萬六百八十五戸一百

萬零七萬八千八百三十八丁口其細數開載各縣

恩施縣

闔縣舊管新收土著流寓民數五萬零八百四十餘戸現在編審隨糧人丁暨滋生人丁土著不成丁男女大小共三十三萬七千零丁口

宣恩縣

闔縣舊管新收土著流寓總共三萬四千一百零八戸長成歸增總共計男婦大小丁口共一十六萬七千一百八十四丁口

來鳳縣

闔縣舊管新收民數二萬四千三百六十五戸現在編審隨糧人丁暨滋生人丁土著不成丁男女大小共九萬八千三百九十一丁口

咸豐縣

闔縣舊管新收民數一萬八千三百八十四戸現在編審隨糧人丁暨滋生人丁土著不成丁男女大小共十萬一千七百六十一丁口

利川縣

闔縣舊管新收民數三萬一千二百二十六戸現在編審隨糧人丁暨滋生人丁土著不成丁男女大小共十九萬三千四百四十三丁口

建始縣

闔縣舊管新收民數三萬一千七百六十二戸現在編審隨糧人丁暨滋生人丁土著不成丁男女大小共十八萬一千零五十九丁口

物產

施州清化郡土貢麩金犀角黄連蠟藥實　唐書地理志

施州貢黄連木藥子　宋史地理志

宋初頗與榷酤言事者多陳其非便太平興國七年罷之自是惟夔建開施瀘黔涪黎威州梁山雲安軍及河東之麟州荆湖之辰州福建之福泉漳汀州興化軍廣南東西路不禁自春至秋醖成即鬻謂之小酒自五錢至三十錢有二十六等臘釀蒸鬻候夏而出謂之大酒自八錢至四十八錢凡醸用秫糯粟麥等及麴法酒式皆從水土所宜　宋史食貨志

施州一種崖椒葉大如蜀椒彼土人四季采皮入藥　圖

續本草

白藥　瓜藤　金稜藤　崖櫻　小赤藥　露筋草

野蘭草　小兒羣　紅茂草　大木皮　都管草

獨葛藤　野猪草　以上十三種載明一統志

石合草其苗繞樹作藤能治瘡腫

金稜草有葉無花可療筋骨疼

龍牙草株高二尺春夏採之治赤白痢

金星草治發背　以上四種載輿地記

露金草生施州株高三尺以來春生苗隨開花結子碧

綠色四時不凋

小兒羣生施州叢高一尺以來春夏生苗葉無花冬枯

獨用藤生施州四時有葉無花葉有倒刺采無時

野猪草生施州藤纒大木四時有葉無花

崖櫻生施州石崖上苗高一尺以來其狀如櫻四時有葉無花土人采根去粗皮入藥

雞公藤生施州蔓延大木上有葉無花采無時

半天回生施州春生苗高二尺以來赤斑色至冬苗枯土人夏采根

野蘭根生施州叢高二尺以來四時有葉無花采無時

紫背金盤生施州苗高一尺以來葉背紫無花土人采根　以上九種載湖北通志

貨屬　桐油　茶油　菜油　禾油　麻油　藍靛

桕子　草菸　鹼白者曰冰鹼以桐鹼爲佳　漆　茶葉　蜜

黃蠟　白蠟　漆蠟　木油　麻恩施土產有公母二種黃白二色青者爲次而黃者其性較勝每年分三季收穫

土絹　棉花　家機布

石灰　牛毛毯　石膏　礦　硝　蔴布　炭　紙

煤炭　凍綠皮

穀品六穀俱有　包穀本草名玉蜀黍施人呼包穀山居以爲正糧

蠶掌即䅟子又名鴨脚稗　香稻出利川　旱稻　按六書故稻性宜水亦有陸種者謂之陸稻記曰煎醢加於陸稻上是也施俗謂之旱稻

仙穀土人亦名仙姑米云七女栅仙女煉丹於此措米於地生此穀如粟穀紅米白以作飯芬芳特異

蔬品俱有　包白菜出利川土人呼繡毬白菜蓋菘類

菌種甚多雪菌尤佳　洋芋生高山一年實大常芋數倍食之無味且不宜人山民聊以備荒　洋合蘘

䔲荷土人呼洋合　蒟蒻用磨作漿凝如豆腐土人呼為磨芋豆腐作時須不語語即不成　薯有數種其味甚甘山地多種之清明下種雨後翦藤插之霜降後收掘窖藏之可作來年數月之糧又有白薯俗呼腳板薯蓋山藥之類　薑來鳳以鹽漬曬乾名冰薑者最佳　藕恩來建三邑産者每枝重六七觔　地蠶俗名地牯牛又名土蛹　大莧菜又名擘藍出來鳳　絞瓜　辣子又名海椒能解水之寒性居人多食之

花品俱有多産月月紅　月桂　荷包花　玫瑰花山人以此納茶葉中其氣味香美　蘭花分春蘭夏蕙秋芝　尋惟春蘭中之素心者絕佳　映山紅有胭脂桃紅雪白三色　茶花紅白各色多至二十餘種

菓品俱有多産橘柚橙子　佛手柑恩施産者較他處洸著　木瓜宣恩産者油飽香甚　密羅出恩施清香可入茶　梨惟恩施名水冬瓜咸豐名楊洞梨利川名香水梨三種絕佳　救兵糧其色紅又名滿盤珠可以備荒

竹品俱有惟南竹慈竹最多　羅漢竹老人可為杖　畫竹每葉青白相間　鳳尾竹　龍頭竹

木品俱有以楠木為上其木近根處多山水紋花草紋蔚蔚紋者皆呼為影木以作棹几屏風文櫃拜匣諸器皿其香不散恩來咸利多出之

陰沈木此物須掘地得之名陰沈木質香而輕體柔膩以指甲掐之即有掐文少頃復合如伽楠然土人云其木為棺入土則日重重則沈葬千年後其棺陷入地數十丈亦堅重如鐵致寶貴之

杉木其性剛有紅白二種直而堅可以杠輿此外香樟紅杉　翠柏　桑亦頗不少

草品俱有惟虎耳草　臘燭草其形如臘燭徧山叢生　粑巖香用小雞蒸服可治小兒痢疾宣來多有之葉較似豆又名豆蔓風　三種多出之

蕨山中最多掘根搗爛去渣澄粉其味甚甘可以備荒

靈楓述異記云南方楓木老者為人形亦呼為靈楓蓋木癭也譚景升化書云楓老化為羽人無情而之有情也又孫炎云攝生江上有寄生枝高三四尺生著一名楓子天旱以泥泥之即雨　舊志稿

按明史土司列傳巡撫劉慤條議言施州延袤頗廣物產最饒衛官朘削致民逃夷地云云議土廣人稀荒山未闢暢茂蕃殖自爾豐饒也自改土以來流人麇至窮巖邃谷盡行耕墾砂石之區土薄水淺數十年後山水衝塌半類石田尚何物產之有詢之故老言從前此地亦產棉花今則絕無其種棠衣之資亦市之外地山險水惡運負維艱地力之窮則亦無如之何也近日廣植苧蔴尚可以此易彼而不知者顧病其多占穀土欲從禁飭亦可謂不達物情矣至於仙伯市魁或抽私稅此尤病民之大者仁之長所宜密察嚴禁庶可少甦窮黎乎閱舊志物產附識於末舊府志

開採附

咸豐縣建始縣硝觔乾隆五十年總督特成額巡撫吳垣題湖北各營及銀匠鋪戶需用硝觔向購自河南湖南二省前因長陽來鳳咸豐三縣土硝尚堪採用奏明開採以供營匠之需今據歸州興山建始三州縣督商勘明各有礦硐可供開採又查建始縣鹽等硐每年可獲淨硝三萬餘觔

開採恩施縣硫磺乾隆三十八年[illegible]本[illegible]流磺招商開採至四十四年省局積存餘磺奏明停採五十四年總督畢沅巡撫惠齡題准將恩施縣前經封閉之礦硐仍招商開採

府屬六縣歲辦常額硝各二千觔內恩施建始[illegible]磺恩施兼辦磺四千觔建始兼辦磺二千觔俱以正月開篆日起限磺以六月二十日起限定四個月內解繳省局掣批賫府核驗逾限[illegible]上查取承辦[illegible]職名[illegible]處以上舊志

志餘[illegible]十一[illegible]

增修施南府志卷之十二

食貨志 田賦 課税 鹽引

田賦

施在前代爲羈縻地田賦之入司農者無稽焉

國初猶仍勝朝舊制土流間治迨

聖聖相承重熙累洽而土司俯體

舉土來歸

德澤敷遐邇兩階舞干羽而土司顧自改府設縣以

來計其徵輸之[illegible]按以[illegible]工兵餉之支解入

庫者且什九焉不幾加賦於田乎及閱[illegible]

則知諸土司中或以貪暴自罹於法或未能

馭咸願改流

大聖人如天好生故不惜歲捐數萬金以拯此一方不

令獨抱向隅之慽也後之蒞斯土者尚其加意

撫字焉志田賦而以廉俸工役祀典附焉兵餉

別見軍政志

乾隆三年正月奉

上諭湖北忠峒等土司改土歸流增設施南一府統轄

恩施宣恩咸豐利川來鳳建始六縣除恩施係屬舊縣

建始係川省改歸並恩施分歸咸利二縣之田地人丁

向有定額毋庸另議外其餘改土地方新入版圖者該

督撫現在查勘分別陞科但該土司向未輸納秋糧不

計田地多寡每年統計止納銀七十三兩六錢四分今

若照內地科則徵收必至加於前數朕心愛養斯民望

其共受國恩原不計貢賦之多寡乾隆元年曾降諭旨

將容美司改設之鶴峰長樂二州縣成熟田地即照原

額秋糧銀九十六兩之數作爲徵收定額今忠峒七司

與容美事同一例著將查明成熟田地即照原額秋糧

銀七十三兩六錢四分之數將田分派作爲定額毋庸

另擬科則俾苗疆黎庶永沾薄賦之恩至乾隆二年未

完秋糧一併豁免該部即遵諭行欽此

施南府

道光十二年分原額並續加人丁一千三百五十六丁

五斗內正丁一千二百三十六丁半每丁徵銀九錢七

分力丁九十丁每丁徵銀三錢共徵銀一千二百二十

六兩四錢五釐內除逃故人丁一千一百二十四丁五

斗無徵銀一千七十六兩六錢九分五釐外實在人力二百二丁各徵銀不等該徵銀一百四十九兩七錢六分又請

旨案內原報屯丁三十二丁每丁徵銀二錢共徵銀六兩四錢以上共徵丁銀一百五十六兩一錢一分奉文歸入闔省糧銀內攤徵除攤丁銀一百一十八兩四錢一分八釐於起運項下減除外實徵丁銀三十七兩六錢九分二釐其改土案內勘除人丁原經詳請　題明免派丁銀

原額民屯新舊並勘出成熟田地共三千八百八十[illegible]頃三十七畝九分三釐零除建始縣田地係照川省之例按畝徵銀不科糧石又改土案內宣來咸利四縣勘出田地係原額秋糧按田科則亦不科糧石外實額徵糧三千八百一十石六斗七升五勺四抄額銀二千四百兩六錢三分九釐內除荒糧一千六百六十一石一斗九升九合三撮三粒荒糧七百七十一兩一錢一分三釐外成熟糧二千一百四十九石四斗七升三合三勺三抄三撮九圭九粒七粟實徵銀一千六百二十九兩五錢四分一釐額外各案開墾首墾及宣來咸利建等縣自乾隆十九年起至三十九年止陸續陞墾田地共五百五十三頃九十六畝四分零並陞墾帶丁徵銀二百二十四兩四錢六分九釐又合恩宣來咸利建等六縣乾隆四十六年陞墾成熟田地共徵銀三百六十二兩四錢五分九釐又咸豐縣另案陞銀九錢又恩施縣乾隆四十七年陞墾糧銀二十兩三分二釐又恩咸利建四縣陞墾成增丁銀二十六兩五錢七分八釐又建始縣乾隆五十一年四川巫山縣撥歸下則地一十五畝二分三釐共徵銀九錢又利川縣乾隆五十三年民人首墾下則地四十三頃三分三釐三毫每畝徵銀六釐共徵銀二十五兩八錢二釐又建始縣乾隆五十六年民人首墾中則地二頃二十三畝二分共徵銀八錢九分四釐闔府額徵新舊地丁錢糧並建始遇閏加徵銀共四千三百四十七兩九錢三分八釐內除逃故人丁無徵銀一千七十六兩六錢九分五釐攤減丁銀一百一十八兩四錢一分七釐又荒地銀七百七十一兩一分三釐外實徵銀二千三百八十一兩七錢一分

二釐內存留項下官役俸工及廩生餼糧並遇閏加增及祭祀等項銀七百四十三兩八錢三分三釐照新例照數坐支實起運充餉銀一千六百三十七兩八錢五分九釐內雍正七年陞墾銀三十九兩四錢五分七釐係彙同請抵漢陽等縣重丁之數

細數分載各縣

恩施縣　原額並續加正力丁人丁除歸建始縣外共一千一百二丁五斗內正力一千四十四丁五斗每丁徵銀九錢七分又力丁五十八丁每丁徵銀三錢共該徵銀一千三十兩五錢六分五釐內除逃故正力人丁九百七十四丁五斗無徵丁銀九百三十三兩二錢五釐實在正力人丁一百二十八丁共徵丁銀九十七兩三錢六分又原屯丁除撥歸建始縣外實在屯丁一十一丁每丁徵銀三錢共該三兩三錢以上共徵丁銀九十九兩五錢六分全書載明係歸入閤省糧銀攤徵除攤減丁銀一十五兩六錢八分一釐又除撥咸豐縣派徵丁銀五兩一錢三分二釐於起運項下登除外實徵丁銀一十八兩七錢四分七釐

原額民屯田地除撥歸建始縣外共四百四十六頃九畝二釐該糧一千九百三十二石三升二合六勺該銀七百七十六兩六錢八分九釐內除荒糧七百五十一石三斗九升八合四勺荒銀三百三十八兩一錢二分九釐成熟原糧一千三石四斗七升四合八勺六抄零實徵銀三百六十八兩四錢六分五釐零乾隆四十五年陞科成熟額內糧一百七十二石九斗三升六合四勺成熟銀六十八兩一錢九分五釐

閤縣起運項下充餉額銀一千九百八兩六分七釐內除逃故人丁無徵銀九百三十三兩二錢五釐又攤減丁銀七十五兩六錢八分一釐又分撥咸豐縣派增丁銀五兩一錢三分二釐又荒地銀三百三十八兩一錢二分九釐共計起運銀五百五十五兩九錢二分左右中三所及支羅所二百八十五兩九錢二分四釐市郭都亭崇寧三里二百六十九兩九錢九分六釐內有雍正七年陞墾銀二十六兩七錢八分五釐係彙同請抵漢陽等縣重丁之項

宣恩縣　改土案內原額成熟水田二百二十頃四十

五畝三分零該折秋糧銀一十二兩四錢八分四釐零
旱地一百九十一頃五十八畝零該折秋糧銀五兩四
錢二分五釐零水旱田地共銀一十七兩九錢一分零
又自乾隆十年十二年十六年陸續升科勸墾田地水
旱共八十一頃四十九畝零係照原額秋折糧銀按田
派則徵納共銀三兩三錢一釐零共起運銀二十一兩
三錢一分零乾隆四十三年又開墾水旱田地共一百
六十頃五十畝七分奉　部覆飭照恩施縣里糧下則
每畝徵銀無分水旱六釐該銀九十六兩三錢五分八
釐零現今共起運秋糧銀一百二十七兩五錢六分九
釐零
來鳳縣　改土案內勘出水旱田地五百七十一頃六
十三畝七分六釐零共徵秋糧銀五十四兩二錢六分
六釐乾隆八年新墾成熟水旱田地共四頃八十五畝
九分共徵秋糧銀二錢九分四釐乾隆十六年首墾成
熟水旱田地二十六頃七十九畝五分共徵秋糧銀一
兩零六分四釐乾隆四十三年開墾水旱田地八十八
頃九十六畝二分共徵秋糧銀二十三兩五錢八分共

起運銀四十九兩三釐零
咸豐縣　撥歸案內原報屯丁七丁每丁徵銀三錢共
徵丁銀二兩四錢又恩施縣撥歸隨糧入丁丁銀五兩
一錢三分二釐以上共徵銀六兩五錢三分三釐又雍
正七年陞墾派徵丁銀八兩六錢五釐雍正十一年乾
隆三年至四十三年陸續陞墾派徵丁銀共三十兩零
三錢七分九釐　原設民屯田地三百一十三頃九十
八畝二分七釐五毫該糧五百九石二升一合該銀二
百五十四兩二錢九分八釐六毫成熟民屯田地二百
六十六頃七十七畝一分二釐一毫科糧五百三十二
石五斗四升三合二勺實徵銀二百四十兩九分三釐
又乾隆四十五年報墾成熟額外民田地六十二頃
八十三畝一分三釐科糧二百五十五石六斗六升三
合二勺實徵銀五十六兩五錢四分八釐又改土案內
勘出水旱田地三百八十一頃十三畝一釐一毫實徵
銀十八兩六錢一釐以上入丁田地及帶墾隨徵丁銀
共銀三百四十五兩六錢五分三釐又除荒蕪田地銀
二兩二錢七分一釐外實徵起運充餉銀三百四十三

兩三錢五分一釐隨徵加一一火耗銀三十五兩七錢二分二釐五毫

利川縣　原額並續加正力人丁共一百一十丁五斗內正丁八十九丁五斗每丁徵銀九錢七分力丁二十一丁每丁徵銀三錢共該銀九十三兩一錢一分五釐內除逃故正力人丁六十三丁無徵丁銀六十四兩四錢四分共徵銀三十二兩六錢七分五釐又原報屯丁十名每名徵銀二錢該銀二兩共徵銀三十四兩六錢七分五釐歸入閤省糧銀攤徵計減銀二十五兩四錢二分二釐實徵丁銀九兩二錢五分三釐又續墾攤增丁銀十七兩三錢七分七釐二共實徵銀二十六兩六錢三分內除撥歸川省地畝開除丁銀二分四釐外實徵丁銀二十六兩六錢零六釐又原額民屯並勘出成熟水旱田地共四百四十二頃八十畝七釐派徵丁銀十二兩九錢六分三釐不科糧外實徵民屯各科則不等額糧一千零三十九石五斗六升四勺該銀四百三十二兩七錢八分八釐內除荒糧五百五十一石七斗四升五合六勺荒糧二百四十八兩二錢八分六釐歲熟糧四百八十七石八斗一升五合實徵銀二百八十四兩三錢一分五釐又開墾額外田地二百四十一頃六十畝八分四釐內除開墾改土地方水旱田地一百零六頃七十七畝八分徵銀五兩一錢九分一釐開墾民地三十四頃八十三畝四釐該糧六十九石六斗六升八勺該徵銀二十兩八錢九分八釐二共銀二十六兩零八分九釐　以上民屯丁銀並秋糧共徵銀五百八十四兩三錢三分三釐內除逃故人丁無徵丁銀六十兩四錢四分三釐又閤省均攤人丁應減銀二十五兩四錢二分二釐又餘荒糧無徵銀二百四十八兩二錢六分六釐並撥歸川省地畝糧銀一錢八分八釐丁銀二分四釐外實徵銀二百四十九兩九錢七分三釐又乾隆四十三年至五十三年陸續陞墾成熟田地共徵銀九十六兩三錢九釐閤縣實徵原額民秋糧銀三百四十六兩二錢八分二釐

建始縣　原額新舊田地共一千三百三頃四十一畝一分二釐係照川省例按畝徵銀不科糧石共徵條銀七百五十二兩八錢九分五釐又恩施縣撥歸外屯地

为並續加正力人丁一百一十三丁五斗內正丁一百二丁五斗每丁徵銀九錢七分力丁十一丁徵銀三錢共徵銀一百零二兩七錢二分五釐內除逃故人丁八十七丁無徵丁銀八十三兩零五分實在正力人丁二十六丁五斗共該徵銀十九兩六錢七分五釐　又撥歸屯丁四名每名徵銀二錢共徵銀八錢　以上共徵丁銀二十兩四錢七分五釐係歸閤省糧銀攤徵除攤減丁銀一十七兩三錢一分五釐於起運項下登除外實徵丁銀三兩一錢六分　又撥歸民屯川地共二十

九頃三十畝五分三釐該糧三百四十八石八斗二升六合六勺該銀一百一十兩三錢四分八釐內除荒糧一百二十石三斗四升六勺荒銀五十三兩六錢五分九釐成熟糧一百二十八石五斗二升二合成熟糧銀五十六兩六錢八分九釐　又乾隆十九年起至乾隆五十六年止陸續陞墾田地頃畝該徵銀一百二十六兩九錢九分四釐三毫又巫山縣撥歸地銀九分又撥歸陞墾派徵丁銀四兩一錢九分又陞墾派徵丁銀九分三釐　閤縣額徵共銀一千一百八兩一錢八分四

釐內除逃故人丁無徵銀八十三兩五分又攤減丁銀十七兩三錢一分五釐又荒地銀五十三兩六錢九分五釐外實徵銀九百五十四兩一錢六分　存留坐支官俸工役祭祀廩糧等項銀七百三十八兩五錢二分起運充餉三百六十九兩六錢六分四釐內除逃故人丁無徵銀八十三兩五分又攤減丁銀十七兩三錢一分五釐又荒地丁銀五十三兩六錢五分九釐外實起起運充餉銀二百一十五兩六錢四分內有恩施縣撥歸雍正七年陞墾銀五錢一分六釐係彙同請抵漢陽

等縣重丁之項以下據檔案

雜稅

恩施縣雜稅牙稅銀五錢　田房稅銀儘徵儘解

每年額辦硝貳千觔

每年額辦磺四千觔

每年額辦砲硝一百四十八觔二兩三錢七分砲磺二百五十觔係繳兩院轅門砲位

宣恩縣雜稅田房稅銀儘收儘解

來鳳縣牙帖稅銀道光十年卯嵩司請設花行一名銀

承順承充納稅銀五錢咸豐六年誠一里請設花行一名張恒裕承充納稅銀七錢五分七年誠一里請設花行一名何萬利承充納稅銀七錢五分誠一里請設花行一名何萬泰承充納稅銀四錢五分卯崗司請設油行一名張復興承充納稅銀一兩八年誠一里請設米行一名張恒豐承充納稅銀四錢五分九年誠一里請設米行一名覃豫美承充納稅銀四錢五分請設紗行一名覃元厚承充納稅銀四錢五分請設牛行一名熊廣六承充納稅銀四錢五分請設牛行一名熊萬和承充納稅銀四錢五分請設豬行一名熊復興承充納稅四錢一分請設牛行一名劉九大承充納稅銀四錢五分卯崗司請設油行一名張德裕承充納稅銀四錢五分十年誠一里請設布行一名向良發承充納稅銀四錢五分請設雜糧行一名全盛美承充納稅銀四錢五分請設牛行一名熊震泰承充納稅銀四錢五分同治三年卯崗司請設山貨行一名王彥光承充納稅銀四錢五分以上共稅銀八兩八錢五分

田房稅無額儘徵儘解

咸豐縣雜稅田房稅銀盈餘儘解　棉花牙行一名偏僻中則每年完納銀五錢

利川縣雜稅田房稅銀盈餘儘解

建始縣雜稅茶稅銀共六兩七錢五分　田房稅銀儘收儘解

恩施來鳳咸豐三縣向有牙行四處每年收牙稅銀二兩恩施咸豐均已繳硝惟來鳳另設

鹽引

府屬六縣例食川鹽自乾隆三年詳定章程招商增引等事俱由縣招募殷實載糧民籍取造戶鄰保年貫請府加結送本府驗轉詳楚川督鹽各道並給文移送四川夔州鹽捕通判酉陽直隸州衙門驗明詳送川鹽憲核驗認充由夔州鹽捕府通判酉陽州領赴廠配鹽運鬮換領引根引紙隨鹽運赴食鹽州縣地方官衙門驗截申繳造報其稅銀錢引俱係四川夔通判酉陽州衙門代楚徵解截繳如有欠繳遲延飭取食鹽地方官職名咨參仍由地方官衙門將經征鹽稅數目於年底造冊賫請本府核明報銷內恩施宣恩利川建始四縣額行四川雲陽大寧二縣廠竈花鹽來鳳

咸豐二縣額行四川彭水秀山二縣廠竈白鹽其鹽均由川河運回本縣接濟民食恩施宣恩二縣鹽經建始縣境及恩施縣境內轉運來鳳咸豐利川建始四縣鹽經川屬地面入境運銷在於本縣城鄉設店分銷濟食恩施宣恩利川建始四縣由騾馬運來鳳咸豐二縣由挑夫背運

施南府屬六縣額行川鹽一千四百三十一引

恩施縣額行四川雲陽縣水引一百六十七張陸引三百口十

宣恩縣額行四川行銷大寧廠水引二百四十二張陸引一百八十六張續請詳增犍爲縣永通廠一百五十張行銷雲陽雲安廠水引六十四張

來鳳縣額行四川彭水縣陸引三百五十九張

咸豐縣額行四川彭水縣陸引三百七十二張

利川縣額行四川萬縣水陸引三百二十七張

建始縣額行四川雲陽彭水二縣水引九十三張

增修施南府志卷之十二終

增修施南府志卷之十三

食貨志

賦役全書

施南府

恩施　宣恩　來鳳　咸豐　利川　建始

戶口

額並續加正力及原報屯丁改土案內勘出人力丁共六千六十四丁二斗八升四勺七抄五撮八圭九粒七粟三顆內除建始縣隨田人丁六百八十四丁七斗八升四勺七抄五撮八圭九粒七粟三顆應徵丁銀原於條銀內派徵又除建始縣承糧戶丁七百九十六丁遵奉

恩詔永不加賦又除改土案內勘出人丁三千二伯二拾五丁於欽奉

上諭事案內詳請題准部覆照康熙五十二年滋生人丁之例免派丁銀外正力屯丁共一千三百五十八丁五斗

額徵丁銀壹千貳伯叁拾貳兩捌錢伍釐內

原[illegible]除正力人丁一千一百八十二丁五斗開除丁
銀壹千玖拾陸兩壹錢伍釐內除康熙三十四十
四十五並五十年肆屆編審共審復人丁五十八
丁該徵丁銀壹拾玖兩肆錢壹分外尚有實開除
人丁一千一百二十四丁五斗開除丁銀壹千柒
拾陸兩陸錢玖分伍釐外
實在人丁二百三十四丁
實徵丁銀壹伯伍拾陸兩壹錢壹分遵奉
恩詔以康熙五十五十二年丁册定爲常額於詳請丁
隨糧派等事案內蒙
前督部院迪　前撫部院馬　會同題准部文自雍正七年爲始
歸入閤省糧銀均攤帶徵每糧銀壹兩派徵丁銀　壹錢貳分玖釐陸毫肆
絲玖忽柒微貳塵叁纖壹渺叁漠捌茫陸沙　肆灰陸漂柒銖肆漠玖燼以實徵糧銀扣算共該
徵銀叁拾柒兩陸錢玖分貳釐貳毫叁絲伍忽肆
徵肆塵伍渺叁漠肆茫陸沙伍灰計減原徵丁銀　壹百壹拾捌兩
肆錢壹分柒釐柒毫陸絲肆忽伍微　伍塵玖纖肆渺陸漠伍茫叁沙伍灰
又於議奏事案內遵照部文將恩施歲豐利川三縣
雍正七年陞銀照原則扣算派徵丁銀伍兩壹錢
壹分伍釐伍毫肆絲肆忽壹微柒塵壹纖捌渺肆
茫　係抵算鍾祥縣垂丁銀一千二　百壹十八兩九錢零以內之項
二共實徵丁銀肆拾貳兩捌錢柒釐柒毫柒絲玖忽
陸微壹塵貳纖叁渺叁漠捌茫陸沙伍灰
康熙五十五年編審起至乾隆三十一年編審止增
益滋生人丁四千六百九十四丁
又建始縣節屆編審增益滋生人丁四百二十九丁
共增益滋生人丁五千一百二十三丁欽奉
恩詔永不加賦　五年編審人丁一次於乾隆七十七年　七月內奉准通政司咨乾隆三十七年
六月內內　閣抄出奉
上諭五年編審不過沿襲虛文無裨　實政嗣後編審之例永行停止
又於欽奉
恩詔事乾隆六年編審案內遵照部文將恩施咸豐利
川叁縣雍正十十一十三及乾隆二三四年陞墾
粮銀各照現今攤徵之則派徵丁銀肆拾柒兩貳
錢肆分伍釐陸絲玖忽陸微玖塵伍纖陸渺捌漠
玖茫自乾隆七年爲始起徵內除利川縣於乾隆
二十八年詳明事案撥歸川省奉節縣管轄民地

陞墾糧銀帶派丁銀貳分肆釐叁毫壹忽伍微肆塵肆纖壹渺伍茫壹沙壹灰外

實在墾派丁銀肆拾柒兩貳錢貳分柒毫陸絲捌忽壹微伍塵壹纖伍渺捌漠叁茫捌沙玖灰

又於欽奉

恩詔事乾隆十一年編審案內遵照部文將恩施咸豐利川三縣乾隆七八十等年陞墾糧銀各照現今攤徵之則派徵丁銀肆兩伍錢伍釐壹毫玖絲捌忽貳微貳塵貳纖捌渺陸漠玖茫自乾隆十二年爲始起徵

又於欽奉

恩詔事乾隆十六年編審案內遵照部文將恩施縣乾隆十二十四十六等年陞墾糧銀各照現今攤徵之則派徵丁銀捌錢柒分貳釐肆毫肆絲伍微貳塵肆纖陸渺壹茫自乾隆十七年爲始起徵

又於欽奉

恩詔事乾隆二十六年編審案內遵照部文將恩施咸豐利川建始等縣乾隆二十二二十四二十六等年陞墾粮銀照現今攤徵之則派徵丁銀壹拾伍兩伍錢伍分肆釐柒毫肆絲伍忽壹微肆纖壹渺伍漠貳茫叁沙柒灰自乾隆二十七年爲始起徵

又於欽奉

恩詔事乾隆三十一年編審案內遵照部文將咸豐縣乾隆二十八年陞墾糧銀照現今攤徵之則派徵丁銀肆錢柒分叁釐柒毫肆絲捌塵捌纖叁渺肆漠捌茫陸沙壹灰自乾隆三十二年爲始起徵

又咸豐縣乾隆三十二年陞墾民糧銀兩派算應徵丁銀叁錢捌釐肆絲柒忽柒微肆塵貳纖壹渺柒漠柒茫肆沙貳灰自乾隆三十七年爲始起徵此查項丁銀係乾隆三十六年編審案內應增之項適欽奉上諭編審之例永行停止所有前項派增丁銀按數於奏銷冊內入額造報其乾隆三十六年屆當五年編審奉文停止造報新墾粮銀應攤丁銀奏准戶部咨覆按年攤徵嗣奉上諭丁銀一事悉仍其舊復經詳請咨准部覆湖北民賦新墾地畝應派丁銀係按陞粮科則派算歸於五年編審具題其題報五年編審之例既已停止似可毋庸專案具題至攤派丁銀欽奉諭旨悉仍其舊亦應仍以五年一次彙造攤徵丁銀冊隨同奏銷送部以備查核

又咸豐縣乾隆三十九年陞墾民粮銀兩派算應徵

丁銀叁錢陸釐捌毫捌絲捌微玖塵肆纖陸渺陸漠玖茫自乾隆四十二年爲始起徵 查此項丁銀係遵欽奉上諭編審之例永行停止新墾糧銀應攤丁銀恐仍其舊是前項丁銀應屆乾隆四十一年攤丁一次之項按數徵收彚造攤徵丁册隨同奏銷送部備查在案理合登明

又恩施咸豐利川建始四縣乾隆四十三四十六等年陞墾糧銀派算應徵丁銀貳拾貳兩叁錢捌分捌釐壹毫叁絲肆忽叁微叁塵玖纖伍渺伍漠叁茫叁沙捌灰自乾隆十七年爲始起徵 查此項丁銀遵例屆當乾隆十六年攤丁一次之項按數徵收彚造攤徵丁册隨同奏銷送部備查在案理合登明

一土田

原額民屯上中下田地二千二百八十二頃一十四畝三分五釐

科糧米四千一百七十石五斗八升七合四勺三抄七撮九圭三粒四粟 內除建始縣糧米三百伍十九石九斗一升六合八勺八抄九撮九圭三粒四粟原在川省於雍正七年奉文清丈案內不科外

實載米叁千八伯一十石六斗七升五勺四抄八撮

額徵銀貳千叁伯貳拾兩壹錢貳分貳釐陸毫叁絲貳忽玖微叁塵捌纖伍渺 遇閏加銀肆拾叁兩貳錢伍分壹釐陸毫玖絲玖忽伍微玖塵叁纖叁渺伍漠

改土案內勘出水旱田地一千六百四頃一十七畝五分八釐八毫七絲

額徵銀柒拾叁兩陸錢肆分

以上田地共三千八百八十六項三十一畝九分三釐八毫七絲

科糧米四千一百七十石五斗八升七合四勺三抄七撮九圭三粒四粟 內除建始縣糧米於清文案內不科外

實額糧三千八百一十石六斗七升五勺四抄八撮

額徵銀貳千叁百玖拾叁兩柒錢陸分貳釐陸毫叁絲貳忽玖微叁塵捌纖伍渺 遇閏加銀肆拾叁兩貳錢伍分壹釐陸毫玖絲玖忽伍微玖塵叁纖叁渺伍漠

實荒民屯田地一百五十頃九十三畝六分五釐五絲五微五塵五纖五漠八茫三沙六灰

實荒粮一千四百三十二石五斗八升三合二抄二撮七圭九粒六粟

實荒銀陸伯肆拾叁兩伍錢叁分伍釐柒毫玖絲伍忽玖微伍塵叁纖貳渺

成熟民屯及勘出田地三千七百三十五頃三十八畝二分八釐八毫一絲九忽四微四塵四纖玖渺四漠一茫六沙四灰內除利川縣於乾隆二十八年詳明事案撥歸川省奉節縣管轄民地三十一畝二分四釐外

實在田地三千七百三十五頃七畝四釐八毫一絲九忽四微四塵四纖九渺四漠一茫六沙四灰

成熟糧二千三百七十八石八升七合五勺二抄四撮一圭四粟內除利川縣撥歸川省奉節縣管轄

民地糧六斗二升四合八勺外

實在糧二千三百七十七石四斗六升二合七勺二抄四撮二圭（各屬則例不等詳見各書）

實徵銀壹千柒百伍拾兩貳錢貳分陸釐捌毫叁絲陸忽玖微捌塵伍纖叁渺內除利川縣撥歸民地

實徵銀壹錢捌分柒釐肆毫肆絲外

實在銀壹千柒百伍拾兩叁分玖釐叁毫玖絲陸忽玖微捌塵伍纖叁渺

雍正三年開墾田地一十三頃六畝

該銀陸兩捌錢玖分陸釐捌毫壹絲貳忽捌微貳塵捌纖（此項開墾奏册計入原額以內之項）

原額並開墾成熟田地除撥歸奉節縣外共三千七伯四十八頃一十三畝四釐八毫一絲九忽四微四塵四纖九渺四漠一茫六沙四灰

成熟根二千三百七十七石四斗六升二合七勺二抄四撮二圭四粟

實徵銀壹千柒百伍拾陸兩玖錢叁分陸釐貳毫玖忽捌微壹塵叁纖叁渺

乾隆八年起至乾隆二十六三十三四十三等年開墾並首墾田地九百八十三頃一十九畝六分七絲三忽五微三塵

科糧二佰七十五石八升二合一抄六撮四圭四粟

該銀肆百貳拾玖兩玖錢玖分肆釐玖忽捌微玖塵捌纖玖渺柒漠捌灰捌漂（遇閏加增銀柒兩柒錢捌分柒毫壹忽叁微叁塵柒渺貳漠捌茫柒沙伍灰其節年陞墾細數詳見各書）

以上人丁田地及墾帶丁並額外陞墾共額銀肆千壹百陸拾兩貳錢貳分捌釐貳毫伍絲陸忽肆微

肆塵玖纖叁渺叁漠叁茫捌沙陸灰捌漂內除撥歸川省奉節縣地畝糧銀壹錢捌分柒釐肆毫肆絲墾帶丁銀貳分肆釐叁毫壹忽伍微肆塵肆纖壹渺五茫壹沙壹灰外該額銀肆千壹伯陸拾兩壹分陸釐伍毫壹絲肆忽玖微伍纖貳渺貳漠捌茫柒沙伍灰捌漂內除無徵丁銀壹千柒拾陸兩陸錢玖分伍釐荒銀陸百肆拾叁兩伍錢叁分伍釐柒毫玖絲伍忽玖微伍塵叁纖貳渺又除詳請丁隨糧派等事案內闔省均攤人丁應減銀壹百壹拾捌兩肆錢壹分柒釐柒毫陸絲肆忽伍微伍塵玖纖肆渺陸漠伍茫叁沙伍灰又除雍正七年墾派丁銀伍兩壹錢壹分伍釐伍毫肆絲肆忽壹微柒塵壹纖捌渺四茫又除雍正十十一十三及乾隆二三四年墾派丁銀肆拾柒兩貳錢貳分柒毫陸絲捌忽壹微伍塵壹纖伍渺捌漠叁茫捌沙玖灰又除乾隆七八十等年墾帶丁銀肆兩伍錢伍釐壹毫玖絲捌忽貳微貳塵貳纖捌渺陸漠玖茫又除乾隆十二十四等年墾帶丁銀捌錢柒分貳釐肆毫四絲伍微貳塵肆纖陸渺壹茫又除乾隆二十二三十四二十六等年墾帶丁銀壹拾伍兩伍錢伍分肆釐柒毫肆絲伍忽壹微肆纖壹渺伍漠貳茫叁沙柒灰又除乾隆二十八年墾帶丁銀肆拾兩柒分叁釐柒毫肆絲捌塵捌纖叁渺肆漠捌茫陸沙壹灰又除乾隆三十二年墾帶丁銀叁錢捌釐肆絲柒忽柒微肆塵貳纖壹渺柒漠柒茫肆沙貳灰又除乾隆三十九年墾帶丁銀叁錢陸釐捌毫捌絲捌微玖塵肆纖陸渺陸漠玖茫又除乾隆四十三四十六等年墾帶丁銀貳拾貳兩叁錢捌分捌釐壹毫叁絲肆忽叁微叁塵玖纖伍渺伍漠叁茫叁沙捌灰（墾帶丁銀另於書後登收以符奏冊額實總數）實徵銀貳千貳百貳拾肆兩陸錢貳分貳釐肆毫伍絲伍忽一微伍塵貳纖捌渺肆茫柒沙叁灰捌漂

起運

戶部項下充餉除撥歸奉節縣外該額銀叁千叁百貳拾肆兩柒錢伍分壹釐壹絲伍忽陸微陸塵伍纖肆渺柒漠捌灰捌漂內除無徵丁銀壹千柒拾

陸兩陸錢玖分伍釐又除荒銀陸百肆拾叁兩伍錢叁分伍釐柒毫玖絲伍忽玖微伍塵叁纖貳渺
又除均攤人丁應減銀壹百壹拾捌兩肆錢壹分柒釐柒毫陸絲肆忽伍微伍塵玖纖肆渺陸漠伍茫叁沙伍灰外
實徵銀壹千肆百捌拾陸兩壹錢貳釐肆毫伍絲伍忽壹微伍塵貳纖捌渺肆茫柒沙叁灰捌漂內有雍正七年墾叁拾玖兩肆錢伍分陸釐陸毫伍絲叁忽貳微陸塵伍纖壹渺伍漠係彙數抵算漢陽重丁之數又建始縣遇閏加銀肆拾肆兩玖錢貳分玖釐伍絲陸忽肆微陸塵貳渺叁茫柒沙伍灰

存留官役俸工等銀柒百叁拾捌兩伍錢貳分查本府屬建始縣遇閏加銀伍兩叁錢叁分叁厘叁毫叁絲叁忽貳微捌塵查該府屬存留俸工祭祀等銀捌千叁百伍兩貳錢叁分玖厘內除恩施縣祭祀均攤餘賸銀貳兩柒錢叁分外共該銀捌千叁百貳兩伍錢玖厘內除巴東縣鋪兵工食銀叁拾陸兩於宜昌府書內開造外實該銀捌千貳百陸拾陸兩伍錢玖厘內除建始縣額編撥供銀柒百叁拾捌兩伍錢貳分餘額支銀柒千伍百貳拾柒兩玖錢捌分玖厘係於司庫地丁銀內動支之項再建始縣虞膳項下遇閏添銀伍兩伍錢叁分叁厘叁毫叁絲叁忽貳微捌塵係該縣額編項下撥供之項

雍正七年墾派丁銀伍兩壹錢壹分伍釐伍毫肆絲肆忽壹微柒塵壹纖捌渺肆茫

雍正十十一十三及乾隆二三四年墾派丁銀肆拾柒兩貳錢貳分柒毫陸絲捌忽壹微伍塵壹纖伍渺捌漠叁茫捌沙玖灰

乾隆七八十等年墾派丁銀肆兩伍錢伍厘壹毫玖絲捌忽貳微貳塵貳纖捌渺陸漠玖茫

乾隆十二十四十六等年墾派丁銀捌錢柒分貳厘肆毫肆絲伍微貳塵肆纖陸渺壹茫

乾隆二十二二十四二十六等年墾派丁銀壹拾伍兩伍錢伍分肆釐柒毫肆絲伍忽壹微肆纖壹渺伍漠貳茫叁沙柒灰

乾隆二十八年墾派丁銀肆錢柒分叁釐柒毫肆絲捌塵捌纖叁渺肆漠捌茫陸沙壹灰

乾隆三十二年墾派丁銀叁錢捌釐肆絲柒忽柒微肆塵貳纖壹渺柒漠柒茫肆沙貳灰

乾隆三十九年墾派丁銀叁錢陸釐捌毫捌絲捌微玖塵肆纖陸渺陸漠玖茫

乾隆四十三四十六等年墾派丁銀貳拾貳兩叁錢捌分捌釐壹毫叁絲肆忽叁微叁塵玖纖伍渺伍

漠叁茫叁沙捌灰

一學田租稞

學院册開建始縣原額學田四十畝三分該納谷六石九升

乾隆二十九年清查學田租稞案內議增谷六石九升　共納租稞一十二石九升

共該折銀陸兩陸錢伍分　遇閏照川省例除完正賦銀陸錢壹分壹釐閏銀叁分伍釐外

實納學租銀陸兩肆釐　係支給社師生膏火並賑給貧生之用

一雜稅

牙帖稅銀貳兩　原經報部牙稅銀叁錢乾隆二十三年來鳳縣添設船行一名納稅銀叁錢乾隆二十五年於遵

旨議案內遵奉

部咨分別繁盛偏僻量增稅銀肆錢乾隆三十七年恩施縣添設花布山貨行一名納稅銀伍錢又乾隆四十二年內來鳳縣西門內請設棉花中行一名完納偏僻中行稅銀伍錢

茶稅銀陸兩柒錢伍分

田房稅正額銀原未報解　盈餘銀兩儘徵儘解原無定額

以上舊府志

增修施南府志卷之十三終

增修施南府志卷之十四

食貨志

祭祀銀　俸廉　工役

六縣附

府學

文廟春秋祭祀銀肆拾兩

各縣

文廟春秋祭祀銀肆拾兩

崇聖祠春秋祭祀銀柒兩

名宦鄉賢春秋祭祀銀柒兩

武廟春秋祭祀銀叁拾伍兩柒錢肆分陸釐

山川壇春秋祭祀銀拾兩

先農壇祭祀銀伍兩　常雩祭銀伍兩

文昌廟祭銀與　武廟同

霜降祭旗銀貳兩　香燭米折銀壹兩零伍分

邑厲壇祭銀拾兩　米折銀壹兩貳錢貳分

俸廉工食廩糧鄉飲經費

知府俸銀壹百伍兩　養廉壹千捌百兩　門皂快狀

禁傘轎斗級共六十六名共工銀叁百玖拾陸兩
同知一員俸銀捌拾兩　養廉銀柒百伍拾兩　門皂
快轎壯役五十名共工銀叁百兩
通判一員俸銀陸拾兩　養廉銀柒百貳拾兩　門皂
快轎壯役四十五名共工銀貳百柒拾兩
訓導一員俸銀肆拾兩（各教諭訓導同後不注）　齋馬銀
拾捌兩　門斗名半共工銀拾兩零捌錢　廩生四
名共銀拾兩九錢叁分貳釐
經歷兼司獄一員俸銀肆拾兩　養廉壹百兩　門皂
馬夫六名共工食銀叁拾陸兩
恩施縣知縣俸銀肆拾伍兩（各知縣同後不注）　養廉銀
壹千兩　門庫壯捕皂傘轎禁仵作倉舖渡夫共一
百二十八名共工銀柒百肆拾貳兩零加器械銀貳
拾肆兩
教諭一員（俸同）　齋馬門斗共銀叁拾叁兩　廩生十二
名共銀叁拾貳兩柒錢玖分陸釐
縣丞一員俸銀肆拾兩　養廉壹百兩　門皂馬壯十
四名共工銀捌拾兩（利川縣丞俸廉工食並同）

崔家壩巡檢一員俸銀叁拾壹兩伍錢貳分　養廉銀
柒拾伍兩兵皂民壯二十名工銀壹百貳拾兩加增
器械銀捌兩在內（各縣巡檢俸廉同後不注工役銀不同者各注）
典史一員俸銀叁拾壹兩伍錢貳分　養廉柒拾伍兩
門皂馬六名共工銀叁拾陸兩（各縣典史俸廉同後不注工役銀不同者另注）
鄉飲銀陸兩（各縣同）
宣恩縣知縣（俸同）　養廉銀捌百兩（來鳳咸豐建始並同）
各役一百二十名共工銀陸百陸拾兩器械銀拾陸
兩
訓導一員（俸齋馬門役銀兩同府學）　廩生二名共銀伍兩
肆錢肆分陸釐
乾壩巡檢一員（俸廉同）　役二十四名共工銀壹百肆拾
肆兩器械銀捌兩
東鄉巡檢一員（俸廉工器銀並同）
典史一員（俸廉工器銀與恩施典史同）
來鳳縣知縣（俸同養廉同宣恩）　役九十八名共工銀伍
百捌拾捌兩器械銀拾捌兩

訓導一員俸齋馬門役同上　廩生二名銀同上

卯峝巡檢一員俸廉工器同上

典史一員俸廉同上　役二十名共工銀壹百貳拾兩器

械銀八兩

咸豐縣知縣俸廉同上　役一百二十名共工銀陸百陸

拾兩

訓導一員俸齋馬門役銀同上　廩生二名銀同

典史一員俸廉工器銀同上

張家坪巡檢一員俸廉同　役二十名共工銀壹百貳拾

兩器械銀捌兩

利川縣知縣俸廉同　役一百十名共工銀陸百陸拾兩

訓導一員俸齋馬門役銀同　廩生八名共銀貳拾壹兩

捌錢陸分肆釐

縣丞一員俸廉同　役十四名共工銀捌拾肆兩器械銀

捌兩

南坪巡檢一員　建南巡檢一員俸廉工器銀並與咸豐張家坪巡檢同

建始縣知縣俸同　養廉銀捌百兩　役一百名共工銀

陸百兩

訓導一員俸齋同　役四名共銀貳拾肆兩　廩生二十

名共銀陸拾肆兩遇閏增銀伍兩叁錢叁分

大岩壩縣丞一員俸廉工器銀同恩施縣丞

典史一員俸工器同　養廉捌拾兩

施南府各官養廉原照苗疆例養廉從厚五年郎陞乾

隆二十年改內地五年停陞知府貳千貳百減肆百實

壹千捌百兩恩施宣恩來鳳咸豐利川五知縣養廉壹

千貳百兩減貳百兩實壹千兩共同知通判經歷縣丞

巡檢典史原照內地之數加給一半如同知例給陸伯

兩酌加叁百兩共玖百兩今將加給之數減去一半實

柒百伍拾兩餘員較廉多少各減加給之半惟建始縣

原係四川簡缺養廉陸百兩今當孔道乾隆十九年加

貳百兩實捌百兩

府縣祭祀銀共柒百叁拾柒兩柒錢肆分瞻釐　文昌

廟祭嘉慶七年奉文照　武廟祭銀數不在內共祭祀玖百伍

銀壹兩伍錢拾貳分貳釐

府屬各官俸銀壹千叁伯叁拾玖兩並教官齋馬銀共壹千肆百柒拾兩

府屬各官養廉銀共壹萬零叁百伍拾伍兩

府屬各學廩生廩糧銀玖拾陸兩

六縣鄉飲共銀叁拾陸兩

府屬佐雜各衙門役食銀共伍千玖百捌拾陸兩同知未載

施南協歲支俸餉共銀叁萬貳百壹拾貳兩伍錢捌分肆厘

六縣舖司工食銀共壹千貳百兩

以上合款共銀伍萬陸百玖拾肆兩伍錢貳分以上舊志

增修施南府志卷之十四終

增修施南府志卷之十五

食貨志 蠲卹 普濟

蠲卹

施舍已責王政所祟是以恩蠲災賑歷朝不廢

本朝

聖聖相承民依在念

推恩行慶膏澤頻施偶遇偏災即時蠲賑其事屬全省擯庸分載惟及府屬者始登諸志以昭

聖恩優渥不遺一隅庶盤井耕田之侶謳歌勿忘云志

宋

治平二年施渝州大水遣使行視疏治賑恤蠲其租賦宋史英宗本紀

淳熙十二年冬十月甲寅蠲施州經制無額錢宋史孝宗本紀

國朝

乾隆三年正月定施南賦額奉

上諭乾隆三年未完秋糧一併豁免欽此

乾隆三十八年八月奉

上諭據陳輝祖奏此次沿站民夫因官兵經過運送軍械等項咸爭來站受僱如宜昌巴東一路人烟稀少其旁近之恩施宣恩建始等縣民夫亦多自行趨集軍營偶有遺失行裝隨路趕送交給等語此誠佳事該省上年過兵地方本年新正曾經加恩緩徵今沿站旁近各縣民夫俱能踴躍急功各効子來之誼自宜再沛恩膏用照獎勸著該署督查明恩施宣恩建始三縣量緩徵十分之幾奏聞請旨再直隸河南陝甘黔貴等兵丁經過各州縣節經降旨加恩分別緩徵其沿站旁近之州縣民夫如有協助辦差出力者並著該督撫一體察明具奏候朕酌量加恩以普一視同仁之意該部即遵諭行欽此

嘉慶元年正月前此

恩詔普免案內先儘乾隆六十年被水被災等州縣暨附近苗疆施南府屬六縣共計二十九州縣衛作爲首次於是年蠲免

七月蠲免施南府屬六縣應徵各款正項及耗羨雜課錢糧

八月蠲免宣恩縣本年地丁錢糧

又蠲緩恩施來鳳咸豐利川建始宣恩等縣應量同被水等州縣共四十三州縣應以嘉慶丙辰至戊午年共蠲免三次

二年正月蠲免恩施利川二縣應役錢

九月以是之食恩施建始利川普行賑給賑三月並予房屋修費是月以來鳳咸豐賊匪滋擾官兵鄉勇殲滅再蠲免恩施利川來鳳咸豐等州縣應徵錢糧一年

三年來鳳當陽二縣賑濟本色米共八千一百六十九石二斗給修房屋銀共叁千叁拾柒兩壹錢二縣被賊滋擾分賑給湖北通志

八年正月奉

恩詔蠲免恩施宣恩來鳳咸豐建始等被賊滋擾地丁錢糧全行蠲免

普濟堂

施南府屬六縣每縣八名共銀貳拾兩壹錢陸分總額孤貧四十八名每名貳兩伍錢貳分額載口糧花布共銀壹百貳拾兩玖錢陸分在奏銷項內以上舊府志

增修施南府志卷之十五終

增修施南府志卷之十六

武備 營制 俸薪 餉額 塘汛

明洪武初置施州衛指揮使司伍數之載在通考者四千六百七十九名我
朝康熙三年廢指揮千百戸設營制遊守各一員割荆鎮馬步戰守兵共五百四十二名永駐防施乾隆元年改衛設府初置施南協副將一員額兵一千五百七十七名幅員寖廣兵數反減於前良由
文德誕敷苗蠻向化無事重兵防守也茲條舉前代軍制之可考者及我
朝營哨因時損益之制因以見
文德武功超軼千古之盛焉志營制而俸餉塘汛附其後

宋

宣和四年詔茂州石泉軍舊營土丁子弟番上守把不諳射藝其選施黔兵善射者各五十人分任教習俟精熟日遣回宋史兵志

夔州路義軍土丁壯丁施黔思三州義軍土丁總隸都巡檢司施州諸砦有義軍指揮使把截將砦將弁土丁總一千二百八十一人壯丁六百六十九人又有西路巡防殿侍兼義軍都指揮使都頭十將押番砦將宋史兵志

徽宗崇寧元年湖北都鈐轄舒亶奉旨相度召募施黔土丁致討辰沅山猺每州無過七百人緣猺賊深在溪洞險阻不通正軍故也宋史兵志

明

分巡上荆南道兼施歸兵備副使一員駐荆州

施州兵備僉事一員駐彝陵州後裁以荆南分巡兼領

荆瞿守備一員 各衙掌印指揮一員 佐貳二員

營操一員 清軍一員 營屯一員 巡捕一員

隨操者無定員 其屬鎮撫一員 所千戸百戸掌印各一員 佐貳各二員 隨操者無定員

施州衛指揮使 指揮同知 指揮僉事 左右中千戸所千戸 百戸 兵四千六百七十九名以上出續文獻通考

明初每歲按察司都司官各一員巡歷間歲御史親至

永樂初勑荆瞿九永施共一守備巡防後另設荆瞿守

備巴鎮南坪繼移鎮施每年巡歷荆瞿南坪等處嘉靖四十五年設兵備道駐彝陵州轄重慶府屬歲專巡施北因黃中平後以善後特設兵備李堯德任後宰執張居正郎議撤去天啟三年奢酋據重慶復設事平亦撤添荆州府通判一員為撫夷廳專制施州隆慶三年改府同知為撫夷萬歷二十年給關防命駐施兼理糧餉衛掌印佐貳也屯操巡捕每五年軍政推選千百戶亦然唐氏衛志

按明祖以土司滋擾設衛廣屯欲使官省餽運而人自為戰也其後兵不能衛民反借民以衛兵又借客兵以衛衛則見於鄒維璉之志序是有衛而無兵矣協濟餉十年不至則見於朱光祚爭復額餉之碑是有兵而無餉矣其他兌頭攬納官吏侵漁而兵枵腹雜見於童志王志者又不一蓋作法雖善而日久弊生如此我
朝一革屯里之弊而全資於帑信善哉宋氏府志

國朝

施州營遊擊一員 守備一員 千總二員 把總四員 兵八百名馬一步九 屬彝陵鎮標於康熙四年駐施分城西南為營地南抵孝子坊西抵圓通寺內除衛署基址東北二門有營地數間為司門之居平𤀹逆後裁兵二百六十六名其分防大田所把總一員箐上把總一員三义口把總一員其塘汛自衛城至巴東縣交界凡九塘東與容美司交界凡五塘南與施南司交界凡二汛正南稍西繞金峒龍潭司凡五塘又自所城西至所城南繞西陽大旺司界凡五塘北自衛至所繞中路司凡六塘

康熙四年以荆州鎮前營遊擊移駐施州衛雍正十三年改協轄左右二營

施南協副將一員

中營都司僉書一員

左營守備一員駐咸豐縣

千總二員一駐宣恩縣 一駐來鳳縣

把總四員一駐咸豐縣 一駐唐崖司 一駐大旺司 一駐忠峝司

外委千總四員一駐活龍坪 一協防高羅司 汛二 一協防東鄉鎮汛 一[illegible]

百戶司汛

額外外委三員二駐恩施縣分防近府各塘汛 一駐咸豐縣

右營守備一員駐忠路

千總二員乾隆十一年撥一員入宜都駐利川縣

把總五員一駐恩施縣 一駐恩施縣崔家壩 一駐建南汛 一駐南坪堡 一駐建始縣

外委千把總五員 一駐恩施縣下營壩 一協防施州汛 一駐石門 一駐忠路 一駐官渡

額外外委二員一駐恩施分防近府各路塘汛 一駐忠路

額設兵一千四百七十七名內馬兵一百一十八名

戰兵二百二十七名

守兵一千一百四十二名

以上本湖北通志

施南協營制以下本舊志

副將一員　中軍都司一員　存城把總一員額兵二百三十名駐府城　駐防崔家壩汛把總一員額兵四十七名　協防施州塘外委把總一員額兵三十五名　駐防建始縣把總一員額兵九十五名　協防下營壩外委把總一員額兵六十五名

以上四汛三十六塘連府城共兵五百六十三名

分防左營守備一員　存城把總一員駐咸豐縣額兵一百七十一名　駐防唐崔司汛把總一員額兵五十七名　協防活龍坪汛外委把總一員額兵一十九名　駐防來鳳縣千總一員額兵八十六名　協防百戶司涼水井汛外委把總一員額兵二十二名　駐防大旺司汛把總一員額兵六十四名　協防乾壩汛外委把總一員額兵三十四名　協防高羅司汛外委千總一員額兵七十八名　駐防宣恩縣千總一員額兵七十八名　協防東鄉鎮汛外委千總一員額兵三十九名

以上左營所屬十汛五十九塘共兵六百四十八名

分防右營守備一員　存城外委把總一員駐忠路額兵一百零八名又分防五塘兵三十五名係外委防守　駐防建南汛把總一員額兵四十六名　協防官渡汛外委千總一員額兵四十名　駐防南坪堡汛把總一員額兵六十九名　駐防利川縣千總一員額兵七十名

以上右營所屬四汛三十五塘共兵三百六十

八名

通計經制官弁二十五員馬步戰守兵共一千五百七十七名并各官親丁公費名糧在內（馬一步九各官親丁馬三步七）康熙四年設立營制遊守千把共八員兵五百三十二名雍正四年改縣添兵一百三十八名十三年建府改協設副將都司守備四員千總外委二十一員添兵八百九十七名共兵一千五百五十七名乾隆二年歸併四川巫山營分防建始縣把總一員兵九十名共官二十六員兵一千六百三十七名乾隆

施南府志　卷之十六

十一年將右營左哨千總撥宜都營隨撥兵丁三十七名十六年撥兵十四名赴德安營分防隨州本協實額兵一千五百八十六名除外委九名實兵一千五百七十七名四十七年奉文添設兵額制兵一千

撥道光十三年營册原額馬步兵一千四百七十七名道光五年奉文裁兵七名歸德安營召募又於道光十一年奉文裁減馬步兵二十名撥歸回疆新節糧餉歸入經費項下道光二十二年奉文裁減馬步兵十二名歸直隸兵額項下咸豐八年奉　上諭改設漢江水師專營施南協裁減馬步兵一百四十四名歸水師專營召募實在兵一千二百八十五名

俸薪

副將一員每年俸銀五十三兩四錢五分八厘　薪銀每年一百四十四兩蔬菜燭炭銀七十二兩　養廉銀八百兩　心紅紙張銀一百零八兩　坐馬十二匹每匹銀十兩二錢共銀一百四十兩零四錢

共銀一千三百一十七兩八錢五分八釐

都司一員每年俸銀二十七兩三錢九分四厘　薪銀

施南府志　卷之十六

七十二兩　蔬菜燭炭銀一十八兩　養廉銀二百六十兩　心紅紙張銀二十四兩　坐馬四匹每匹銀十兩二錢共銀四十兩零八錢

共銀四百四十二兩一錢九分九釐

守備二員每年每員俸銀十八兩七錢六釐　薪銀四十八兩　蔬菜燭炭銀一十二兩　養廉銀二百兩　心紅紙張銀一十二兩　坐馬四匹共銀四十兩零八錢

計銀三百三十一兩五錢八釐　二員共銀六

百六十三兩一分二釐
千總三員每年每員俸銀一十四兩九錢六分四釐八毫　薪銀三十三兩三分五釐二毫　養廉銀二百二十兩　坐馬二匹共銀二十兩零八錢
計銀一百八十八兩八錢　三員共銀五百六十六兩四錢
把總九員每年每員俸銀一十二兩四錢七分一釐　薪銀二十三兩五錢二分九釐　養廉銀九十兩　坐馬二匹共銀二十兩零八錢

計銀一百四十六兩八錢　九員共銀一千三百二十一兩二錢
外委九員每年每員養廉銀一十八兩　馬戰餉二十四兩　米三石六斗共銀二兩五錢二分　馬乾十兩零二錢
計銀五十四兩七錢二分　九員共銀四百九十二兩四錢八分
額外外委五員每年每員支領馬戰餉二十四兩　米三石六斗共銀二兩五錢二分　馬乾十兩零二錢
計銀三十六兩七錢二分　五員共銀一百八十三兩六錢
通共俸銀四千九百八十六兩七錢四分九釐

[illegible]額

馬兵一百二名每年每名支領馬占餉二十四兩　米三石六斗共銀二兩五錢二分　馬乾十兩二錢
計銀三十六兩七錢二分　總共銀三千七百四十五兩四錢四分
戰兵一百八十八名每年每名銀一十八兩　米三石

六斗共銀二兩五錢二分
計銀二十兩五錢二分　總共銀三千八百五十七兩七錢六分
守兵九百九十五名每年每名銀十二兩　米三石六斗共銀二兩五錢二分
計銀十四兩五錢二分　共銀一萬四千四百四十七兩四錢
通共餉銀二萬二千零五十兩六錢

塘汛

施南協共十八汛一百三十塘共汛塘兵九百一十六名

駐劄施南府城

副將一員　都司一員　存城把總一員

分防一汛十一塘每塘兵皆五名

下營壩汛汛兵九名　蓮花池塘　沿長坡塘

雞心壠塘　巒山子塘　黃草坡塘

羅針田塘　天橋塘　乾溪屯塘

芭蕉塘　桅桿堡　天池塘

駐防建始縣城

把總一員

分防一汛十六塘每塘兵皆五名

石門汛汛兵十二名　龍溪河塘　河水坪塘

小壩塘　火風口塘　林陽口塘

景陽口塘　清江坐塘　柴蘢村塘

紅沙溪塘　茶寮塘　上壩鋪塘

石臼驛塘　蕭潭溪塘　核桃園塘

吳家荒塘　楊柳荒塘

駐防崔家壩汛汛兵十七名

把總一員

分防一汛八塘每塘兵皆五名

施州塘汛汛兵九名　了木峪塘　一桶水塘

南里渡塘　滾龍壩塘　三岔口塘

東港塘　戎角塘　土寨溝塘

駐劄咸豐縣城

守備一員　把總一員

分防一汛十二塘每塘兵五名

梅家山塘　忠堡塘　梅子坪塘

十字路塘　土老坪塘　水車坪塘

張家坪塘　蠻王牌塘　楊崗塘

邢家村塘　頭莊塘　地壩寨塘

駐劄宣恩縣城

千總一員

分防一汛十三塘每塘兵皆五名

東鄉鎮汛汛兵八名　椒園塘　倒崗塘

黃草壩塘　太坪壩塘　乾溝塘
茅壩塘　劉家莊塘　細沙壩塘
楊二溪塘　杉木樹塘　萬寨村塘
蛾影塘

駐劄來鳳縣城
千總一員
分防一塘九汛每塘兵皆五名　涼水井汛汛兵二十一名
峽冂寨塘　紅岩堡塘　上寨村塘
東流司塘　散毛司塘　保靖寨塘
革勒車塘　漫水塘　界址溝塘

駐劄唐崖汛
把總一員
分防一汛九塘每塘兵皆五名
活龍坪汛汛兵十八名　馬家池塘　桅桿墩塘
小水坪塘　七里槽塘　金峝塘
麻地壩塘　中界坡塘　兩河口塘
大壩塘

駐劄忠峝汛
把總一員
分防一汛十塘每塘兵皆五名
高羅汛汛兵十二名　布袋溪塘　歇騾店塘
瑪瑙湖塘　乾壩塘　崖脚塘
經歷寨塘　冉大河塘　木冊塘
板寮塘　頭道水塘

駐劄大旺汛汛兵二十五名
把總一員
分防七塘每塘兵皆五名

紡車溪塘　梯子崖塘　卯峝塘
梅子嶺塘　石崖門塘　蠟壁司塘
水田壩塘

駐劄忠路營
守備一員
分防一汛七塘每塘兵皆五名
忠路汛汛兵三十五名　乾溪壩塘　堰水塘
沙溪塘　楊坡地塘　石灰窯塘
水田壩塘

駐劄利川縣城

千總一員

分防八塘每塘兵皆五名

火舖塘　石板場塘　長岕塘

高穴口塘　九渡屯塘　三渡屯塘

大小箐塘　大坡槽塘

駐防南坪堡汛汛兵十七名

把總一員

分防九塘每塘兵皆五名

孫家壩塘　潭丈溝塘　繼長壩塘

張家村塘　爛井壩塘　磁崗溝塘

瑪瑙寺塘　老支羅塘　大坪屯塘

駐建南汛汛兵十七名

把總一員

分防一汛十二塘每塘兵皆五名

關渡汛汛兵九名　白楊坡塘　清灘溪塘

山女岕塘　馬槽壩塘　下道子塘

大木峰塘　小穀溪塘　回子坡塘

後鄉塘　黑溪塘　沙子溪塘

增修施南府志卷之十六終

增修施南府志卷之十七

武備志　兵事　團練附

兵事之設王者所以資捍衛也施在前代爲徼外地兵事時勤焉我朝文教誕敷治同內地生養休息二百餘年戶盡絃歌人知信義雖教匪滋事於前髮逆竄擾於後而郡城堅守固如苞桑者豈專恃地多險阻足以據守之歟抑以官弁士紳團防有具捍禦有方也故忠烈勇往之士倡義嚮風之士遞荷

諭旨褒嘉是可欽也謹志兵事而歷代控制蠻疆之畧即附於後

歷代兵事

三國志吳志陸遜傳黃武元年劉備率大衆來向西界從巫峽建平連圍至夷陵界立數十屯遜曰此必有譎上疏曰夷陵要害國之關限備水陸俱進今反舍船就陸處處結營察其布置必無他變乃敕各持一把茅以火攻拔破其四十餘營備因夜遁

吳志永安七年二月鎮軍陸抗撫軍步騭征西將軍留平太守盛曼圍蜀守將羅憲

干寶晉紀王濬治船於蜀吾彥取其流柹以呈孫皓曰晉必有攻吳之計宜增建平兵建平不下終不敢渡江皓弗從

宋書南蠻列傳荊雍州蠻分建種落布在諸郡縣居武陵者有雄谿樠谿辰谿酉谿舞谿謂之五谿蠻而宜都天門巴東建平江北諸郡蠻所居皆深山重阻人跡罕至焉太祖元嘉六年建平蠻張雖等五十人詣闕獻見世祖大明中建平蠻向光侯寇暴峽州巴東太守王潛

荊州刺史朱修之遣軍討之光侯走清江清江去巴東千餘里時巴東建平宜都天門四郡蠻爲寇諸鄉民戶流散百不存一太宗順帝世尤甚雖遣軍征伐終不能禁荊州爲之虛敝

南齊書南蠻列傳宋泰始以來巴建蠻向宗頭反刺史沈攸之斷其鹽米連討不克晉天興二年建平夷王向宏向璠等詣臺求拜除尚書郎張亮議夷貊不可假以軍號詔特以宏爲折衝將軍當平侯並親晉王賜以朝服宗頭其後也太宗置巴州以威靜之

周書列傳蠻者族類蕃衍憑險作梗世爲寇亂逮魏人失馭其暴滋甚有冉氏向氏田氏者陬落尤盛餘則大者萬家小者千戸更相崇樹僭稱王侯屯據三峽斷遏水路荆蜀行人至有假道者太祖略定伊瀍聲教南被諸蠻畏威靡然向風矣

唐書列傳成汭青州人少無行入蔡賊中爲賊帥假子更名郭禹當戍江陵亡爲盜後詣荆南節度使陳儒降署裨校張瓌囚儒以禹凶慓欲殺之禹結千人奔入峽襲歸州入之自稱刺史秦宗權故將許存奔禹禹以剽

卒三百畀之使討荆州部將牟權於清江禽權取其衆之又破其將王建肇建肇奔黔州昭宗詔禹爲節度留後始改名汭復故姓天復三年帝詔淮南節度使楊行密圍鄂州朱全忠使韓勍救之諷成汭與雷彥威掎角汭自將而行淮南將李神福壁沙橋擊汭君山敗之火其船衆大潰汭投江死士民皆爲彥威所劫韓勍走還王建遂取夔施忠萬四州天祐中朱全忠表汭死國事請立廟

五代史前蜀世家昭宗天復元年王建攻下夔施忠萬四州此後施遂爲蜀所據莊宗同光三年蜀王衍降施爲後蜀孟氏所據矣

宋史太祖本紀乾德三年正月己酉蜀王孟昶降癸巳劉光義取夔施忠開四州

宋史太宗本紀淳化五年六月賊攻施州指揮黃希遜擊走之

宋史蠻夷列傳大中祥符元年夔州路言五團蠻嘯聚謀刼高州欲令暗利砦援之上以蠻夷自相攻不許發兵

宋史列傳史方字正臣開封人天禧中知夔州時富順

州蠻田彥晏寇施州焚暗利砦方領兵直抵富陽蕩其巢穴窮追至七女柵降之

宋史蠻夷列傳乾興初順州蠻田彥晏率其黨田承恩寇施州暗利砦縱火而去夔州發兵討之俘獲甚衆天聖九年施州蠻覃彥綰等寇永寧砦

宋史列傳林栗字黃仲福州福清人知夔州屬郡曰施州其羈縻郡曰思州施民覃汝翌者與知思州田汝弼交惡會汝弼卒汝翌率兵二千人伐其喪弼子祖周深入報復兵交於二州之境施黔大震汝翌復以重幣借

兵諸崮而乞師於帥府栗曰汝翌實招亂者移檄罷兵乃選吏屬往攝兵職以漸收汝翌之權令兵馬鈐轄按閱諸州容檄至施黔攝州事汝翌不之覺已乃惶恐遁入成都事聞孝宗親札賜栗及成都制置使陳峴曰田氏猶是羈縻州郡覃氏乃夔路豪族又且首爲釁端帥府不能彈壓從其至此如何不悛未免加兵除其元惡汝翌在成都聞之逃歸調集家丁及役八砦義軍於沱河橋與官軍戰潰汝翌遁去俘其徒四十三人獲甲鎧器仗三萬一千栗取其巨惡九人誅之田祖周懼與其

毋冉氏謀獻黔江田業計錢九十萬緡以贖罪戀遂安

宋史孟珙傳嘉熙三年諜報大元兵欲大舉臨江珙策必道施黔以透湖湘以二千人屯峽州千人屯歸州以精兵五千駐松滋爲夔聲援大元兵自隨窺江珙密令劉全拒敵遣伍思智以千人戍施州

元史世祖本紀至元二十一年七月勅荆湖四川兩省合兵討又巴散毛崮蠻

元史文宗本紀至順三年正月夔路忠信寨崮主阿其什用合崮蠻八百餘寇施州四月師壁散毛大盤追出三崮蠻野王等二十三人來貢方物

元史李德輝傳至元十四年詔以德輝爲西川行樞密院副使十五年再爲重慶踰月拔紹興南平夔施忠播諸山壁水栅皆下

元史楊大淵傳楊文安字泰叔天水人授驃騎衛上將軍兼宣撫使至元十三年分兵略施州擒宋統制薛忠會大軍遣蔡邦光夜攻殺守將向貝奪其城十七年遣辨士王介諭降散毛諸崮蠻以散毛兩子入門因進言曰元帥蔡邦光昔征散毛而死可念也帝曰散毛既降

而殺之何以懷遠乃擢邦光之子理爲管軍總管佩虎符賜散毛兩子金銀符各一並賜其酋長以金虎符元史石抹按只傳石抹按只契丹人石抹按只卒子不老襲父職爲懷遠大將軍兼夔路守副萬戶至元十八年大小盤諸崮蠻叛命領諸翼蒙古漢軍三千餘人戍施州既而蠻酋向貴什用等降其餘崮蠻之未服者悉平以爲保寧等處萬戶

元史李忽蘭吉傳李忽蘭吉一名庭玉隴西人四川南道宣慰使至元二十一年五溪崮蠻思播以南施黔鼎

澧辰沅之界蠻獠叛服不常乃詔四川行省討之曲里吉思汪惟正一軍出黔中巴六一軍出思播都元帥脫察一軍出澧州忽蘭吉一軍自夔門會令盤山開道諸蠻酋長率衆來降獨散毛嵓譚順走避嵓谷力屈始降

元史石抹狗狗傳石抹狗狗契丹人至元十七年進明威將軍管副萬戸二十一年以蒙古軍八百從征散毛蠻戰於茶園坪滲水溪皆敗之壁守石砦月餘散毛降大盤諸蠻亦降二十四年大將軍移戍重慶

元史塔海帖木兒傳塔海帖木兒答答里帶人宣武將

軍管軍總管五溪蠻散毛大盤蠻司木的什用等叛從行省曲里吉思師往討皆擒之殺其酋長頭狗等

明史太祖本紀洪武五年正月衛國公鄧愈爲征南將軍江夏侯周德興江陰侯吳良副之分道討嵓蠻夏四月愈平散毛諸嵓蠻

明史土司列傳洪武五年征南將軍鄧愈平散毛柿溪赤溪安福等三十九嵓　十四年江夏侯周德興移師討水盡源通塔平散毛諸嵓置施州衛軍民指揮使司

明史太祖本紀洪武十四年九月周德興移師討施州蠻平之

明史列傳梅思祖夏邑人洪武十四年四川水盡源通塔平散毛諸蠻長官作亂命思祖爲副將軍與江夏侯周德興帥師討平之　張銓定遠人副江夏侯周德興征五溪蠻已而水盡源通塔平散毛諸嵓酋作亂復副德興討平之封永定伯　功臣錄洪武二十二年宣德侯金鎮駐施州休息士卒控制蠻獠

明史土司列傳洪武十七年景川侯曹震言散毛等嵓蠻時爲擄掠爲民患已命施州衛及施南宣撫覃大勝招

之如負固請發兵討　二十三年凉國公藍玉克散毛嵓禽刺惹長官覃大旺等萬餘人置大田軍民千戸所隸施州衛　時忠建施南叛蠻結寨於龍孔玉遣指揮徐凱將兵攻禽宣撫覃大勝餘蠻退走玉復分兵搜之殺獲男女一千八百餘人械大勝及其黨八百二十八人送京師磔大勝於市餘戍開元給衣糧遣之

明史太祖本紀洪武二十三年夏閏四月藍玉平施南忠建叛蠻六月玉遣鳳翔侯張龍平都勻散毛諸蠻

舊衛志徐凱字子安合肥人都指揮使洪武二十三年

從藍玉征散毛鎮南等峝二月克散毛禽散毛土酋剌惹覃大旺等萬餘人五月施南司土官覃大勝等亂玉命移兵討之擒大勝及其黨男婦八百二十口解磔大勝於市師還凱獨先諸將賞賚甚厚玉賜鈔增祿凱陞副羌將軍都督

明史列傳張玉字世美祥符人仕元爲樞密院知院元亡從走漠北洪武十八年來歸從大軍出塞至捕魚兒海以功授濟南衛千戶遷安慶衛指揮僉事又從征遠順散毛諸峝

舊衛志成化元年僉事郁文博按部至施時有川寇餘黨竄入衛地博命指揮童鍾督施南宣撫覃彥昇擒獲孫居土胡清等三十餘人悉平之

明史土司列傳成化二年搖把峝長官向麥答踵奏鄰近洗羅峝長竊知本峝土兵調征兩廣村寨空虛煽誘土蠻攻刼乞調官軍勦治

舊衛志宏治間崇寧里民向旺三等助桑柘蠻白崗作亂參政李宗同副使徐孜率衛守備夏士麒調兵五千搗穴擒旺三等賊三十人追還所掠男婦二千餘口棄功報上賜幣鈔琮字義方景寧人仕至福建布政使

宏治中崇教寨民廖玉文等入寇建始之親隴里參政林鑲同僉事鄭岳都指揮同知樊華按部至施率本衛及瞿塘忠州長寧等衛所官軍先駐要害玉文等十一人威攝受款事平賜金幣又與岳遷學官於城南門之右郎今所　鑲閩縣人岳莆田人華荊州左衛人

明史列傳鄭岳字汝華宏治六年進士遷湖廣僉事施州夷民自相仇殺有司以叛聞岳擒治其魁餘悉縱遣

舊衛志嘉靖中支羅土冠黃中叛剽掠川民施南散毛

三司流刼施建忠酆楚撫谷虛中奉命征討檄參政晉三暘浙江人督餉副使吳邦彥吳江人紀功副使王紹元金谿人監軍參政洪遠寧遠人督哨指揮湯世傑襄陽人坐營沔陽指揮王楹辰州衛指揮楊某等領永順五寨及本衛官軍攻勦黃中聽撫解院磔於市餘黨悉平施南散毛土司次第就擒隆慶五年討金峝叛蠻覃壁參政馮成龍浙江人監軍副使張大業紀功

舊衛志正統十三年師壁七十餘處各相攻殺施地大震御史蔣誠副使邢端按部至施率指揮童輔督兵討

之追其僞印　成化元年麓川反千戸唐貴領施兵討平之陞賞指揮周溥隨征大藤峽功陞本省都司　正德間戎角村民叛指揮童昶討平之　廣西猺叛指揮童昶率戎角土兵隨征有功陞賞　嘉靖元年散毛覃斌殺忠建田本奪其地楚撫席書檄指揮孫廉督征遁入永順九年施州賊黃馬了等百人流刼雲萬奉節等處川東道檄本衞擒捕偵知馬了乃忠路仇人檄安撫覃正剛擒之二十八年施民譚黃牯流刼巫建歸巴奉萬兩省會勦指揮杜遇伏兵賊巢歸路夾擊擒之

萬歷二十年剌惹向明甫與仇爭戰解至省死於獄　二十六年楊應龍叛徵八省兵進勦衞指揮唐一麟夜出殺賊守夜人代其鈴柝遂進破之陞賞有差　四十年忠路土官覃寅化霸佔民田仇殺撫夷章守愚檄指揮唐符勘明伏辜立土漢界碑　崇禎二年木貢民譚正倫與仇互告案未結剖仇者腹殺傷多命指揮唐堯德單騎入穴擒正倫正法當事嘉之　七年流寇猖獗檄調施南東鄉二司進兵勦以指揮鄧宗震唐堯德及僧寂明分督之至巴東平陽壩敗績寂明死之十二月

施南土司覃良士因事在獄土官統兵圍城脅指揮唐復亮出良士所過村庄殘滅殆盡

舊衞志明崇禎七年流寇自楚入蜀由巴東過建始衆數十萬居民屠戮大半自是往來不絕十七年獻賊大驅荊民入蜀路出建始又肆殺掠衞有土司之擾里民之變此時流寇尚未入衞以猶僻處故也改革後闖獻餘孽上自川東下達彝陵盡爲賊藪丁亥五月一隻虎郎李過闖賊愛將後降福王賜名赤心者始率十三家餘燼入衞地肆屠掠與土司戰於城南大破之遂移營容美戊子自容美轉抵施南司賴有朱經略招之出後亂興山王觀興者賊黨三家之一僞荊國公其弟昌僞襄陽侯初駐巴東李過去隨遣其僞總兵劉太倉鎮衞殘酷百端會觀興至衞人哭訴乃撤駐南坪民間謂之劉督已丑獻賊餘孽李來亨高必正姚黃等迭至擄人曰索金錢贖之辛卯劉體純綽號二虎者至擄無所得盡剝男女衣服赤身放之鳳衞伯牟文綬家居詐賊秦王檄檄之去癸巳孫可望兵自貴州至大索乙未二虎忿文綬欺已自西山發兵侵衞觀興詐稱救衞劉賊擄

衛民刼牟村時文綬已没洗其家丙申正月觀與已逐劉兵屯南坪老營衛民謂之王營旋屯馬寨村丁酉復屯衛戍戍屯戎角村戎角施東境也四面絶壁惟一路可上已亥焚衛城驅士民入戎角編伍派役徧搜山谷謂之打糧湖川兩督以文招安不聽殺其使甲辰夔府西山巴東興山諸賊蕩平賊始懼欲降又爲僞參謀蔣尚膺所阻衛舊指揮陶啟唐等與士庶暗結投誠盡爲觀與截殺然亦决策投誠矣乙巳正月出山大驅施建民同出壯威民扶老攜幼踐踏棄捐死者過半至巴東

歷衛入艙底而地方了無人跡始觀與於諸賊爲稍有恩繼怒衛背已故脅之出至荆州賴湖督張親臨撫慰給票糧遣徐尚謀送回籍五月抵衛城中屋僅數椽遺官靳宗臣同衛舊弁朱純捧檄招安各土司七月設遊擊千把領兵防守飭巴東民及塘兵運米接濟時康熙四年也尚謀專主民事披荆棘敎耕種哀鴻漸集其留荆者十二三焉

國朝

齊祖望巴東縣志順治三年李來亨高必正等自歸與來巴東攻碧崗焚廬舍男婦被擄不殺索財則縱之大江以南則免明年乃移營入施州衛

巴東縣志順治五年譚毅譚宏余大海等不時出没巴東殺掠無算十月王光興及其弟昌率羣賊駐南坪昌酷虐光興屢戒之少止光興招集難民約束軍旅大江以南賴以少安未幾昌病死十三年光興以官兵漸逼遁於施州衛去之日秋毫無犯康熙三年乃降

按光興即觀與衛志謂其踐踏死者過半此言去之日秋毫無犯恐未然也

陳氏紀畧順治十四年流賊劉二虎復入施州百戸陳世凱率鄉勇敗賊於堰水。十六年川陝總督李國英遣將分兵平忠路賊寇。康熙三年王光興盤踞施州總督李蔭祖檄諸土司擊之殺光興子戎旗光興降

舊衛志施經羣寇之後康熙四年始靖十三年吳三桂據雲南叛僞號周僞檄至施衛守備署遊擊賈進才率官民降八月以進才貪殘革職其僞經歷李純弼夏二麒遊擊徐暹朱棟守備蔣明璉總兵李春儒時彝陵爲戰場軍需嚴酷後三桂敗有僞將軍總兵合窮寇數萬

由施入黔一路搶掠賴春儒多方供給衛人免供輸焉建始亦降賊僞知縣婁其才逐舊縣設兵守隘繼易僞令張拱極又添總兵冉爲龍不數月檄爲龍巫山改僞副將黃孔門孔門欲斬僞令反正事覺不果引兵去康熙十七年三桂死

上諭赦從逆餘黨許以維新十七年提督徐檄宣

上德招安至施衛將李春儒率衆投誠而施及建乃反正春儒安置荆州以天年終

吳逆平後委祖建藩令建始僞令張拱極匿民間康熙三十年譚宏據四川天城山叛宏獻賊餘黨降我

朝封慕義侯吳叛應逆吳敗復降是秋不自安復叛夔屬州縣悉爲所據施建悉陷於逆僞令張拱極執祖建藩解賊請賞因之拱極復僞令建次年賊平建藩歸斬拱極懸其首當事尋調建藩以安反側

康熙十七年

皇帝勅諭各省王貝勒將軍督撫提鎮等茲據大將軍

簡親王等報稱逆賊吳三桂已經身死良由三桂數年以來搆兵倡亂荼毒生靈罪大惡極故天命殛之當日推其遷移原欲保全安插始終寵眷詎意其包藏禍心輒自行反叛背累朝豢養之恩逞一旦鴟張之勢橫肆內逆擾亂地方元凶既服天誅脅從宜施寬典凡在賊中文武兵民人等皆朕赤子素受國家恩養必非甘心從逆或心存忠義不能自拔或勢被驅迫懷疑畏罪陷身逆黨朕甚憫焉其各體朕寬大好生之心翻然悔悟爭先來歸朕必優加恩賚論功序錄爾等卽宣布德意廣示招徠務使懷忠抱義之士順天命以圖全審事幾而建績撫綏戡定早奏蕩平以副朕嘉與維新至意故勅

嘉慶元年五月初一日奉

上諭據署湖北巡撫惠齡等奏稱施南府之恩施縣有賊屯聚經知縣尹英圖等率領鄉勇分路擒捕殲斃多賊洗蕩賊巢該縣等尚爲奮勇尹英圖著卽以同知陞補其經歷蔣遇春及把總外委等俱著酌量陞用以示獎勵欽此

內閣奉

上諭汪新奏川楚奉節利川賊匪全行撲滅一摺覽奏

况此項川省奉節賊匪竄入楚北利川境內經汪新令副將樊繼祖統兵堵截並令恩施利川二縣約會川省奉節縣曉諭居民同心併力會合奮勳旋經各該縣尹英圖陳春波周景福會同千總外委等共相激勸督率三縣士民於利川縣長堰塘樓子壩等地方殺死賊匪一千數百餘名生擒賊目四十餘名又因賊分兩股奔竄兵勇亦分兩路追勦殺賊二千餘名生擒二百二十餘名三縣地方賊匪全行撲滅所辦實屬可嘉除汪新等已另加優賚外該省錢糧前已有旨普行寬免此次恩施利川二縣及川省奉節縣鄉勇士民均能齊心奮力同聲敵愾著再加恩將三縣應徵錢糧再行豁免一年以示獎義推恩無已至意欽此

嘉慶元年五月奉

上諭福寧奏分路痛勦賊匪並焚燒賊人瞭望寺院一摺覽奏欣慰此次旗鼓寨賊衆膽敢直撲來鳳兵卡經福寧督率將弁三路衝殺殲賊多名其分往大堰坪肆擾之賊復經將弁等俟其半渡用礮轟擊勦殺多賊并將河邊高披賊人之瞭望寺院用火焚燒看來福寧一路大有起色據稱現俟孫士毅移兵前進兩路夾攻等語孫士毅帶兵早抵茶園溪一帶距旗鼓寨甚近福寧在來鳳勦賊伊斷無未經得信之理當賊匪撲擾來鳳兵卡時若孫士毅乘虛來勦直搗賊巢豈不一鼓集事乃孫士毅尚未移兵前進未免畧遲想孫士毅自因續調士兵未到畧爲等候但旗鼓寨之賊不過么麽蟻聚且經福寧痛加勦殺賊人自已聞風喪膽正當乘此盛勢協力會勦以期迅速蕆事若此旨到時士兵已經調到帶兵進攻固屬甚善倘因路遠未到亦未便久駐等候用兵之道固不可冒昧輕進亦不可坐失機會著傳諭孫士毅務卽與福寧商同會勦將旗鼓寨紅岩堡之賊悉數殲除早靖地方以副委任至守備陳世文因統赴後路衝入賊隊於受傷後猶手刃數賊被羣匪亂砍陣亡殊堪憫惜陳世文著加二等咨部照遊擊例議䘏將此由六百里加緊傳諭孫士毅等知之仍各將殺賊得勝情形迅速馳奏以慰廑注欽此

嘉慶元年八月奉

上諭福寧等奏旗鼓寨賊匪全數蕩平生擒首逆一摺

覽奏欣悦旗鼓寨賊匪經官兵剿殺又築小木城希圖抗守經福寧等督率將弁兵丁四面攻打欲開木城一擁直入將賊巢全行焚燬拏獲賊首剿淨餘匪所辦實屬可嘉福寧前在鎮筸駐守多時一無展布自到來鳳後帶兵殺賊屢次克捷兹又將旗鼓寨賊匪全行蕩平實能改過奮勉自當寬其既往特沛新恩除另降諭旨與觀成同加官銜外福寧觀成著各賞白玉喜字搬指一個金嵌火鐮包一個黃辮大荷包一對小荷包四個與總兵諸神保已降旨賞給巴圖魯名號仍著與慶溥各賞白玉喜字搬指一個大荷包一對小荷包四個其餘帶兵奮勇各員弁俱著咨部議敘其此次打仗兵丁著加恩賞給一月錢糧屯土兵丁鄉勇各賞一月鹽菜口糧以示鼓勵至所奏軍營出力文武各員已照所請獎擢惟閱摺內把總孫應奉兵丁宋如吉等十人砍開木城奮勇先登尤為超衆出力而福寧等未經列入保獎單內殊屬遺漏亦已有旨分別加恩超擢優賞矣其陣亡之參將楊治寧著咨部照例議卹著查明該員有無子嗣一併覆奏其餘傷亡弁兵俱著咨部卹賞現在旗鼓寨賊匪業經掃除淨盡惟騎馬山地方尚有竄聚之賊早經兵勇四面圍困此時福寧諒已與諸神保先後前往攻剿此等困守零星賊匪更可尅日殲除惟當倍加奮勉將該處賊匪及龍馬山之賊一律迅速剿淨以便移兵速赴椰坪一帶會合夾擊擒拏賊目林之華掃除餘孽再邀恩賚又據奏田谷敦供出之王子俊孫仕禹二首犯均係陝西平利縣人已飛咨陝西及襄陽一體嚴拏等語王子俊係邪教有名首犯孫仕禹又係王子俊之師據田谷敦供王子俊於正月間到來鳳地方說孫仕禹現在鄖陽一帶叫他傳知同教約期起事是該二犯為邪教案內傳徒糾衆滋事首惡不可不嚴拏務獲以淨根株王子俊孫仕禹非潛回陝西平利縣原籍即現在襄陽一帶藏匿或與姚之富同在鍾祥均未可定著傳諭永保畢沅汪新及秦承恩一體嚴密訪拏務期弋獲勿致遠颺漏網復留萌孽方為妥善又據獲犯供出之楊子敖陳貴武楊瓏潘成富各犯檢查福寧等所奏摺內俱無下落著該總督一體留心查拏務獲毋任乘間竄逸至福寧等此次拏獲之賊匪首夥各

犯除業經正法外其首逆田谷敦唐貴三犯著派委員即行解京盡法懲治並飭委員於沿途小心管押毋致疎虞又據畢沅奏酌籌善後事宜一摺尚爲妥協著即照所奏辦理將此各傳諭知之欽此

嘉慶元年九月奉

上諭本日福寧等奏勦殺宣恩縣龍馬山賊匪餘黨全數投誠一摺覽奏欣悅此番福寧等督率官兵奮力攻勦將首賊李登哉拏獲其餘夥黨聞風畏懼攜帶家口呈繳器械等項自行投出該處已無賊匪藏匿所辦實

屬可嘉現在宣恩一路既經肅清而椰坪亟須兵力勦捕福寧現已馳赴該處務須倍加奮勉督率官兵與成德等會合夾攻擒獲首逆林之華等勦淨餘匪迅速蕆事俟奏到捷音再加恩賞此次帶兵之遊擊董寧川尤爲出力著加恩以參將陞補用示鼓勵福寧自宣恩前赴椰坪約幾日可到著將會兵勦賊情形迅速具奏至另摺酌辦龍馬山投誠賊匪一事此等匪徒雖經從賊抗拒但既自行投出若遽行辦理恐鍾祥椰坪賊匪聞而生畏益堅其梗化之心抵死拒守今福寧等查明賊

目四十四犯暫緩發遣解交施南郡城監禁其餘夥黨交地方官妥爲安頓造冊存案亦祇可如此辦理但賊目等人數較多且甫經投出難保其不心懷反側著傳諭畢沅汪新嚴飭該府隨時留心防範稽查勿令稍有疎虞此爲最要至成德處兵力較單尙覺不敷攻勦此時惠齡搜捕涼山餘匪自已完竣就近帶兵馳赴椰坪而福寧等又已由宣恩移兵會勦與成德惠齡分路夾擊賊匪自無從逃竄成德等務須上緊勦辦擒拏賊首肅清餘黨剋期蕆功同邀獎賞將此由六百里加緊傳

諭知之仍迅速覆奏捷音以慰廑注欽此

嘉慶二年閏六月奉

上諭額勒登保等奏節經跴探賊踪俱向五家河前去額勒登保等趕至白果坪勦賊又竄至馬家壩復經官兵躡勦俱逃至宣恩縣之椿木營一帶等語賊匪不往北竄又向西奔逸若一直前去係川省酉陽一帶不可不亟籌堵截至摺內稱入山路遠軍火軍糧不能接濟等語此時附近夔州一帶川省現有勦賊之事自難兼顧著傳諭汪新飭附近施南府各屬星速辦運軍火

糧餉探明額勒登保等帶兵向何處勦賊即運往該處
應用不可遲誤至湖北荆宜一帶如有留守駐防之兵
與其在彼閒住何不酌派數百名令參將等官帶領速
往聽候額勒登保等調遣此二事俱著汪新就近酌籌
妥辦勿稍遲緩爲要至額勒登保等一路官兵不下萬
名現令馬瑀帶兵千餘名前赴該處又令汪新於附近
地方防守官兵內抽撥數百名前往着額勒登保等自
行酌量如兵力尚不敷[illegible]不妨於距賊較遠之各標
營及義勇內酌派應募[illegible]兵力益加壯盛而軍火糧餉

有汪新等辦接濟亦無虞缺乏額勒登保等惟當專心
勦辦速擒首逆馳報捷音當計日以待耳將此由六百
里加緊又緊傳諭知之欽此

嘉慶二年九月二十三日奉

上諭據汪新奏利川恩施被賊勾引齊起匪徒業經撲
滅添派官兵堵截由川竄入賊匪滋擾經兵勇等截擊
將恩施勾結之賊撲滅所辦尚好其殺賊陣亡之兵勇
等俱著咨部加倍賞卹其圈出之出力文武各員如果
始終奮勉著咨部議敘至奉節賊匪楊秀[illegible]張永禮等

兩股合併擾至利川地方賊衆共有萬餘距施南郡城
僅有百餘里距利川僅四十里該縣又無城垣雖經汪
新派令副將樊繼祖帶兵前往堵勦又續派參將朱廷
荃等馳赴該處但兵力無多不敷勦捕之用現在額勒
登保等所勦竄匪已由羊岕橋追殺至王家埡一路而
首逆林之華覃加耀復由土橋竄至巴東地方巴東距
利川甚近境壤毗連不過一站之路額勒登保等如此
時已將林之華等[illegible]即就近移師往勦毋使再有蔓
延勾合[illegible]等僅追勦[illegible]賊之林之華覃加耀

等無多潰散賊匪尚不能即時擒獲任其輾轉奔逸今
若再令人人由川竄來萬餘賊匪更恐不足倚恃樊繼
祖朱廷荃皆係營員彼此不相統屬且兵力無多調度
乏人朕爲此懸廑前景安具奏欲俟黑龍江未起兵到
即同愛星阿酌帶直隸山東山西各兵赴明亮等一路
策應今思明亮等追勦之賊早已西竄竹山一帶距襄
陽已遠而襄陽又有汪新駐札漢江北岸又有李奉翰
防範竟可無須景安在彼著該撫接奉此旨即同愛星
阿酌帶直隸山東山西新到各兵速赴施南利川一帶

督率樊繼祖等將此股竄合賊首楊秀𨌌湯永禮及餘匪迅速殲擒以靖地方而杜勾結此爲最要並著景安於接奉此旨何日帶兵若干由襄起程馳赴施南督辦之處加緊覆奏至宜綿昨奏官兵奪獲邱家堡等處賊營仍未獲一賊首而賊匪仍竄至岳家院一帶節經傳旨嚴飭並令迅速勦辦本日又據汪新奏四川奉節賊匪兩股合併擾及利川南坪地方已飛咨宜綿派撥官兵與楚省兵勇前後夾攻此股賊匪又係從川省竄逸至楚宜綿身爲總統在彼勦辦多時毫無籌畫任聽賊

匪奔竄又至闌入楚境實屬無能著再傳諭宜綿務當倍加愧奮速將岳家院一帶賊匪勦淨擒獲賊首王三槐徐添德羅其清冉文儔等以期稍贖前愆該處賊匪係自奉節竄來是否卽係總兵德齡等所勦之賊並著飭知該鎮帮同景安等兩面夾擊以期迅速勦盡將此由六百里加緊又緊傳諭知之仍著將擒拏首逆勦殺賊匪情形迅速加緊馳奏以慰廑注欽此

嘉慶二年九月二十八日奉

上諭前因奉節賊匪竄至利川滋擾前經派令景安愛星阿前往督率樊繼祖等上緊勦辦但相隔稍遠尚未奏報起程該處久乏大員督率爲此正深廑念茲據汪新奏到奉節利川賊匪經恩施縣尹英圖利川縣陳春波奉節縣周景福彼此約會激勸三縣士民無不踴躍爭先力圖殺賊而千總劉尚魁外委劉文玉亦會同率領兵勇一齊奮力攻圍生擒賊首邱大才等及殲斃賊首冉添青並拏獲賊目楊士秀等共殲賊三十餘人其餘燒斃者不計其數賊衆全行撲滅覽奏欣慰此次奉節利川會合賊匪不下萬餘尹英圖等以知縣千總等

官能率領士民鄉勇迅速勦除實屬可嘉之至尹英圖周景福陳春波均著超賞知府銜有缺酌行奏補其千總劉忠魁著超陞都司外委劉文玉著超陞守備其分路帶兵之守備陳安信等六人著交汪新查明如果奮勇出力卽以應陞之缺陞用並該三縣應徵錢糧加恩再行蠲免一年以示獎賞衆民所有紳士鄉勇人等亦著汪新查明擇其尤爲出力者爲首賞給六品頂戴其餘分外出力者酌賞七八品頂戴汪新雖在襄陽駐劄但一聞該處匪徒滋事卽分飭各縣設法勦捕果能卽

時蕆事辦理尙爲妥協汪新著賞給金盒一個內貯蒲匋乾檳榔豆蔻辦大荷包一對小荷包四個副將樊繼祖於賊匪竄至利川長堰塘地方卽會同知縣陳春波擊退賊匪俾得三面兜圍痛加殲戮亦著賞給裝鉛子魚袋一個花大荷包一對小荷包四個其餘在事之兵丁鄉勇著汪新酌加獎賞陣亡兵勇俱從優賞䘏但據宜綿奏奉節賊匪係楊秀灘楊承禮爲首今汪新摺內祇據獲犯供稱祇有楊承禮一犯而楊秀灘未經提及該二犯是否卽在燒燬賊巢擒之內倘尙未就獲此外或尙有逸犯著汪新轉飭樊繼祖會同該知縣營員等趁此勝勢尙緊查拏不可使一名漏網至另片覆奏前此在鄖陽黃龍灘渡口擊退賊匪係屬知縣葉治等語此事前已有旨交汪新查明如該員始終出力卽咨部議敘現在奉節利川賊匪既經勦除卽有一二藏匿餘匪已交樊繼祖會同該知縣營員等分投搜捕足資料理豫楚交界地方亦屬緊要景安愛星阿竟不必前往施南利川卽於途次轉回或仍至襄陽一帶以防賊匪折回之路或就近爲明亮等聲援惟在該撫酌量事機緩急而行不可拘泥顧此失彼爲要又據觀成等奏攻撲老木園焚燬賊卡一摺不但未得老木園賊巢而于輸頂山緊要賊卡亦未能攻克實屬無能無恥且所奏馬瑀陣亡一節早經宜綿等奏到尤屬無謂又據惠齡奏帶兵搜殺賊匪一摺其所稱在小河口擊賊情形亦經恆瑞會同承恩等奏到且恆瑞慶成雖到興安已落賊後而惠齡尙未馳抵興安更落恆瑞慶成之後實大無能不是惠齡觀成劉君輔俱著傳旨嚴行申飭現在惠齡所追賊匪係李全爲首著責成惠齡恆瑞慶成三人尙緊設法擒獲勿任與平利賊匪合夥而英善奏承恩亦當留心嚴拏以期迅速就獲再額勒登保等追勦巴東竄匪自二十日奏到後迄今已隔八日未據續有奏報前因利川地方有賊匪滋擾該處與巴東境壤毗連恐與林之華合夥勦辦更爲費手今奉節利川之賊業經勦淨林之華等之勢益孤額勒登保等僅係追勦此等窮竄之徒有何難辦豈尙不知奮勉將林之華覃加耀尙緊擒獲耶再宜綿身爲總統在川省勦辦多時總未能擒一首犯任聽賊匪闖入陝楚地方無能已極該處

賊匪係徐添德王三槐冉文儔羅其清此四犯著責成宜綿上緊擒拏務獲不可坐待明亮等到彼致躭時日試思奉節利川賊匪多至萬餘該處亦崇山峻嶺乃以知縣千總微員尚能激勵士民率領兵勇一鼓直前涉歷險阻奪要攻堅拏獲首逆殲盡餘黨而川省白岩山老木園西鄉及湖北帽子山竄匪宜綿額勒登保惠齡觀成等俱係大員且兵多將廣乃始則藉詞賊巢險固不能攻克及至逃逸又不能設法兜截任其東奔西竄蹂躪地方經年累月尚未膚渠蕆事彼此相形不知伊等有何顏面朕實代爲羞之著再傳諭宜綿額勒登保惠齡觀成等務宜各發天良愧極思奮趕緊勦辦擒獲首逆殲淨餘黨以期稍贖前愆勿再延緩朕辦理軍務賞罰嚴明各路帶兵大員等諒所深悉此次奉節利川賊匪經知縣千總等立時勦淨即加等超擢以示優獎豈辦理遲悞之大員等竟聽其遷延貽悞竟不將伊等加倍治罪乎伊等不可不知愧懼迅速蕆功勿謂朕恩可以屢邀伊等之罪可以倖免也至昨據明亮奏擊退竹谿賊匪殲賊二三百人督飭將領分投截勦尚未擒獲賊首一人自因新調吉林黑龍江勁兵未經到彼僅就原帶之兵分投截勦是以未能大加殲戮擒獲賊首尚可暫恕此時吉林官兵早已前至軍營本日又據汪新奏烏爾圖那遜帶領黑龍江官兵五百名及察哈爾續起馬匹於二十一日自襄陽起程前赴明亮軍營其後起黑龍江官兵及後起馬匹自已陸續到齊明亮等得此精兵健馬聲勢百倍况現在奉節利川之賊經川楚地方官率領兵勇勦辦完竣想明亮等聞之自必倍加欣喜益思奮勉殺賊將首逆姚之富齊王氏尅日擒獲再赴白河平利安康及紫陽石泉等處殲除賊匪方爲不負委任昨已有旨令勒保馳赴湖廣新任該督到彼所有楚省軍務自當令其董率辦理而宜綿亦本係總統但現在勁兵健馬俱在明亮等一路且姚之富齊王氏尤爲賊首中緊要之犯此時所盼者惟明亮德楞泰二人捷報宜綿勒保雖係川楚總督亦斷不肯掣明亮德楞泰之肘伊二人不得因聞勒保現有到楚之信稍存觀望倚目下不能將姚之富齊王氏拏獲而轉被他路拏獲則明亮德楞泰又將何顏對朕現在明亮德

楞泰總當確探姚之富齊王氏踪跡專心設法擒獲此二首犯一經就獲其餘黨夥自必望風瓦解易於辦理而此外四川賊首徐添德王三槐羅其清冉文儔責成宜綿巴東賊首林之華覃加耀責成額勒登保等老木園賊首書成觀成劉君輔其竄至安康李金責成惠齡恒瑞慶成彼此各辦各賊原不相統率不拘何路將賊首擒獲即屬該處帶兵大員之功何路任賊首縱逸即係該處帶兵大員之罪如此分勦各顧功罪勦辦自易爲力明亮德楞泰更不必分心他處務須將姚之富齊王氏擒獲殲淨務盡一帶賊匪再探聽白河平利安康何路緊要即帶領勝兵馳赴該處以次勦辦再赴川省協勦此爲最要務此由六百里加緊又緊傳諭宜綿等並諭恒瑞慶成英善柯藩劉君輔等知之仍將接奉此旨伊等如何愧厲及勦截各路賊匪擒獲各首犯之處速行加緊馳奏以慰廑注欽此

嘉慶七年六月奉

上諭吳熊光奏酌撤分防兵勇一摺鄉勇一項朕意必當於官兵未撤之前先行裁撤藉官兵之勢往彼彈壓庶可不至周章今吳熊光與德楞泰商辦亦能見及此與朕所降諭旨適合朕懷寬慰之至但鄉勇即撤之後尤當設法安置此輩斷非身家殷實之人本係游手無業之徒應募來營從征日久好勇鬬狠之風遽難化誨一經裁撤既無口糧可得又無恒業可恃難保其不滋生事端殊堪厪慮昨已降旨令經略參贊會同各該省督撫悉心辦理吳熊光尤當審思熟慮妥爲經理務俾日久寧貼此爲最要至所云撤出之後酌加獎賞一節所需極是朕前旨亦已論及此係第一辦法然亦不可過厚開冀幸之漸總宜量其功績分別示勸其酌撤鄉勇事宜責成知府尹英圖經理所辦亦是尹英圖在湖北辦理堵禦事宜最爲出力朕所素悉此項鄉勇本係尹英圖由施南召募前來今該員已補授施南府知府即責成該員就近管束自能妥協至所稱應撤各兵內請將雲貴遠省之兵先行撤回其餘俟大局定後陸續再撤等語著即照吳熊光所議辦理總之撤兵一事較之撤勇爲易即稍爲停待陸續撤完亦無不可又所奏各衆勇等語揑括寨匪無口糧經費請妥爲立議核實支

給等語湖北地方向無律貼一項朕亦素知此等費用無出自係實情今當追勦零匪之時旣資該寨勇分段搜捕以助官兵之所不及自不能不給與費用現在吳熊光籌欵撥給惟當核實辦理不至浮冒將來准其作正開銷可也將此由五百里諭令知之欽此

謹按施爲明末流寇所虔劉凋殘特甚迨乎王師南下肅清滇蜀斯民始慶更生重以吳逆之變兹地復經騷擾至於

武功奮伐芭蘖悉除海澨山陬同嬉化日嗣是土舍歸誠穴鼠息爭澤鴻漸集涵濡生息百有餘年生齒之繁同乎內地比及嘉慶初年教匪闌入來鳳首被其毒迨兵勇勦捕又復奔逸四出延至六七年之久大兵四合始就蕩平其時官紳盡節士庶效忠義勇之風昭乎遠近允宜詳載以示來兹第事關全省各邑册檔未全傳聞異辭殊難傳信惟節年捷音奏報

諭旨昭宣謹按年恭載其間同澤之歌

恩綸褒美執戈之義

卹典優隆見武勳忠義諸志焉舊府志

嘉慶元年土賊覃加耀自長樂竄老虎口官兵逼險葵文又林之華餘黨自椰坪竄崔家壩兵勇併力勦之

四川土賊湯永義等倡亂結近城土匪爲內應知縣尹英圖捕誅之

咸豐七年髮逆自襄陽復竄宜昌將由大溪建始兩路窺施副將與祿出防知府陳壽圖設局措餉團防委經歷邰汝正駐野山河旋獲奸細數人賊知有備而去

咸豐十一年郡城防堵始末

十一年七月黔蜀流寇李洪糾合髮逆竄涪州進逼咸豐郡中聞風震懾時知府陳洪鐘蒞任甫數日會同知縣多壽復設局勸捐團練爲防勦備副將惠春出防線壩恩宣咸三縣要害處泒邑紳營弁守之擒獲賊首廣大五並奸細數人悉誅之九月十三日逆竄線壩惠春退守天橋馳檄乞援於宜鎮夔府及各大憲速撥軍防勦十四日逆焚咸豐十五日陷來鳳乃遴員防東門關風聞逆將乘虛撲郡復催調宜夔及省兵兼程來援十月四川守備況倫福丁鳴岐自夔州至帶兵勇四百名

進防宣恩建南同知周會文募勇三百名自利川至進防乾壩復移惠春進營咸豐十九日逆分股竄乾壩周會文遂移軍臥犀坪宜昌鎮遊擊興祿都司雙慶帶兵八百餘名先後至翌日進軍東門關高羅十一月李撫調劉觀察嶽昭來援十二月標下總鎮李復勝率果後左右雄健副後五營至施隨即進軍來鳳營新寨坡兩與賊戰皆捷十五日統領果後全軍劉嶽昭自宜昌至翌日亦進攻來鳳檄調官兵移屯忠堡防逆回竄咸豐二十四日檄傳各路兵同攻來鳳宜施兩營移駐紅花嶺二十五日全軍出戰賊犯果後營力擊卻之宜施兵至麂子峽接應賊遂撲敗績惠春興祿雙慶及守備朱正名周忠福把總譚尚榮李世斌外委黃一才沈光才余文富等皆死之兵歿於陣者過半同治元年正月石逆達開自洪江浦市復竄來鳳號稱十萬分股屯踞忠堡劉統領退軍高羅以圖兼顧時南省兵駐龍山不移營過江果健營由郡入川挽留不允乃馳請劉統領撥軍守城初六日李復勝率果後湘勇入郡城分屯西北門周勇分防東南門初九日南軍克復來鳳逆退走咸豐復揚言分股兩路襲郡城官紳并力截擊之遂西遁入川賊凡蹂躪三縣而不敢犯郡城者皆諸紳防堵力也事後府縣會詳在事出力紳士均蒙獎勵有差

同治二年五月黔匪包毛先竄酉陽警至知府晏錫麒知縣許光曙復設局勸捐團勇號爲恩威正副二軍以備戰守

七月石逆黨李幅猷擾黔江勢逼施郡副將扎拉罕出防咸豐邑紳分撥恩威二軍堵禦要害又按戶抽丁分布四城晝夜防守賊知有備遂從秀水入貴州遠去及撤局散勇所餘軍需四千餘金歸入麟溪書院於偃武寓修文之意焉

克復來鳳始末

咸豐十一年辛酉八月十五日四川羊角磧賊警至

是日知縣王頌三爲母祝壽聞羊角磧賊警訛爲土匪滋事不甚介意

二十日夜半黔江失守城中居民警避城爲之空

賊陷黔江信至人心驚慌紛紛逃避是日囚諜於獄縣令誅其尤者四人餘乃定

二十五日知縣王頌三募勇協同營兵守諸隘口分置千總祿興前典史高懋勲生員張麟等守龍家了口鼎鑽寨等處及四鄉紳士團練防堵又調諭元亨利四里練勇輪流入城早集暮歸以壯聲勢越數日復調高懋勲張麟移防線壩居民稍歸里各捐貲米接濟軍食

九月十三日賊渡線壩河諸軍皆潰

是日黎明賊渡黔江線壩河沿河防守皆潰施南協惠春敗績於長干嶺賊遂如入無人之境矣

十五日賊陷縣城知縣王頌三死之

是日日晡蟲傳賊由[illegible]家溝紅花嶺等處王公知事不可爲乃焚衙[illegible]入夜城陷遂遇害家人彭姓從之死明年正月賊平得其屍於北門濠失一足面如生

十六日賊攻龍山不克

是日辰刻賊以數百人攻龍山縣永順副將合兵勇禦之賊不能克遂轉掠城外及亂山溝謝家壩等處擄其婦女財物以去

十九日南軍果健營與賊戰於象鼻嶺敗績

候補知縣易佩紳統帶果健全軍自湖南來與賊戰於象鼻嶺敗績賊追至陽雀坡而還自是龍鳳兩邑縱橫百里外爲擄燒殺日肆其毒往來自如矣

十月智仁勇利四里鄉勇會同酉陽州兵禦賊於塘房坡

塘房坡距縣治三十餘里下通卯峒智樂仁育男敬[illegible]亞四里紳耆集勇數千人會同酉陽州敎王[illegible][illegible]於　分營於上寨舊司攻賊於回龍橋毛壩場灘營於大車浦移營於謝家營賊屢撲之不得志四里賴之以安

十二月十五日統領劉嶽昭以兵來援軍於新寨坡賊至卻之

果後營統領即補道劉嶽昭自隨州來援駐軍新寨坡號令嚴明秋毫不犯方營賊薄之劉指揮諸軍且營且戰總兵李復勝親援枹鼓賊屢撲不勝營成而賊退賊開市於小河坪凡兩月餘自是始稍斂入城

十八日施南副將惠春宜昌參將興祿軍於三岔嶺

兩軍各千餘人來援屯於三堡嶺貞肅孝原二里鄉
勇從之
二十五日統領劉嶽昭擊賊於東門外失利
是日分三路攻城一由龍山正南墉一由小河溪一
由乾元寺大路沿路遂殺游賊會軍東門外賊大懼
閉城固守諸將請以火攻不許會土堡桿賊數百由
近鳳山橫衝之軍稍却賊復由北門譟而出遂敗賊
追至峽口寨橋死傷甚衆先鋒[illegible]兵李復勝以大砲
轟之乃退
九[illegible]施宣兩軍攻賊於鹿子峽敗績副將熊春泰與
祿游擊雙慶守備周忠禧等皆死之
宜施兩軍由三堡嶺進駐紅花嶺聞果後營薄城東
而不知其敗將乘勢攻其西軍至鹿子峽賊以一隊
當其前別以驍賊由觀城坡攻其後大敗之惠興雙
皆陣亡死傷塡谿谷生擒者無數守備周忠禧等力
戰被擒不屈而死
同治元年壬戌正月初二日統領劉嶽昭全軍退保高
羅

時逆首石達開由永順里耶濟河繞龍山來
餘萬沿途焚劫與城中賊會數日而去嶽昭[illegible]其犯
施南連夜退軍高羅分兵守諸隘口初五日城中賊
始知之乃舉火焚其營並燒兩岸民房殆盡
初九日南軍攻復縣城賊退走咸豐
楚南軍集龍山期復來鳳初九日黎明分道渡河賊
禦之不勝繞城走諸軍火攻縣城賊開兩
子峽紅花嶺遁入[illegible]豐我軍自東門入城
[illegible]
嶺[illegible]不計其數川軍隨至又復走出[illegible]遂爲[illegible]
壁

附團練

同治元年知縣多壽新定團練章程二十條通詳各大
憲批飭各州縣悉遵行之案存縣署

增修施南府志卷之十七終

增修施南府志卷之十六

武備

歷代征撫蠻疆紀略

宋

宋史仁宗本紀天聖四年八月己丑詔施州溪峒酋領三
年一至京師
嘉祐五年十一月施州溪峒蠻來貢
宋史
列傳夔路轉運使丁謂言溪蠻

外轉給我戍兵[illegible]
侯[illegible]廷賞曰蠻無他欲唯欲鹽爾上曰
何不與之乃詔丁謂謂即傳告陬落羣蠻歡悅因相與
盟約不爲寇鈔負約者衆殺之且曰天子濟我以鹽我
願輸與兵食自是邊穀有三年之積六年四月丁謂等
言高州義務軍頭角田承進等擒生蠻六百六十餘人
奪所掠漢口四百餘人初益州兵亂議者恐其緣江下
峽乃集施黔高溪蠻豪子弟捍禦羣蠻因熟漢路寇略
而歸謂等至即召與盟令還漢口既而有生蠻違約謂

遣承進率衆及發州兵擒獲之焚其室廬皆震懼伏罪
謂乃置尖木砦施州以控扼之自是寇鈔始息邊溪峒
田民得耕種七月施州叛蠻譚仲通等三十餘人來歸
宋史列傳丁謂字謂之蘇州長洲人領峽路轉運使會
分川陝爲四路改夔州路初王均叛朝廷調施黔高溪
州蠻子弟捍賊既而反爲寇謂至召其種酋開諭之且
言有[illegible]誓不殺酋感泣願世奉貢乃作誓[illegible]石柱立境
上蠻地饒粟而乏鹽謂聽以粟易鹽蠻人[illegible]悅先時屯
[illegible]州而餽以夔萬州[illegible]是民無轉餉[illegible]廢之諸

[illegible]積聚皆可給特遣刑部侍郎賜白金二[illegible]兩
宋史蠻夷列傳大中祥符五年詔施州溪[illegible]年朔望犒
以酒餚閏十月五溪蠻向貴升及磨嵯洛[illegible]浦蠻來貢
天聖四年詔安遠天賜保順南順等州蠻貢京師道里
遼遠而離寒暑之患其聽以貢物留施州所賜就給願
來貢者十人聽二[illegible]一人至闕下首領聽三年一至
舊衛志王立天聖初爲夔路轉運使施州徼外蠻利得
賜物每歲來貢所過煩擾爲公私患立奏令以貢物輸
施州悉遣還溪峒又城施州通寧安軍以運鹽上嘉之

宋史蠻夷列傳施州蠻者夔州徼外熟夷南接牂牁諸[illegible]又與富順高溪四州蠻相錯蓋唐彭水蠻也咸平中[illegible]蠻嘗入寇詔以鹽與之且許其以粟轉易蠻大悅自[illegible]不爲邊患後因饑又以金銀估實直質於官易粟官[illegible]能禁熙寧六年詔施州蠻以金銀質米者估實直如七年不贖則變易之著爲令熊本經制清芥事蠻酋田[illegible]等內附夔路轉運判官董鉞副使孫[illegible]施州冠平皆以招納功被賞施黔比近蠻子弟精悍[illegible]木弩藥箭戰鬬趫捷朝廷賞團結爲忠義勝軍其後[illegible]川瀘井石[illegible]泉蠻皆獲其用

按宋史蠻夷列傳荆湖南北路徼外有[illegible]北江蠻北江有上中下三溪州又有龍賜天賜忠[illegible]保靜感化永順州六懿安遠新給富來寧南順高州十一南江蠻自辰州達于長沙邵陽各有溪峒曰敘峽中勝元曰獎錦曰富鶴保順天賜古等處後章惇平諸蠻改爲沅州施州蠻與富順高溪四州蠻相錯則天子北江其距南江沅川幾二千里乃考施舊志竟以敘獎錦等州爲施州地失之遠矣

宋史食貨志寧宗開禧元年夔州路轉運判官范孫言本路施黔等州荒遠綿亘山谷地廣人稀其占田多者須人耕墾富豪之家誘客戶舉室遷去乞將皇祐官莊客戶逃移之法較定凡爲客戶者諸役其身毋及其家屬凡典賣田宅聽其離業毋就租以充客戶凡貸錢只憑[illegible]交還毋抑勒以爲地凡客戶身故其妻改嫁者聽[illegible]自便女聽其自嫁應使深山窮谷之[illegible]得安生理刑[illegible]皇祐逃遺舊法輕重適中所以經[illegible]淳熙比附[illegible]之法大矣今後凡理訴官莊客戶並[illegible]皇祐舊法[illegible]從之

元史世祖本紀至元十二年招順言施[illegible]諸蠻等有向化之心乞降詔使之自新並許世紹封[illegible]從之十六年春正月詔諭又巴散毛等四峒番蠻酋長使降十七年七月賜招收散毛等峒官吏衣緞十九年九月亦奚不薛之北蠻峒向世雄兄弟及散毛諸峒叛命四川行省就遣亦奚不薛軍前往招撫之使與其主偕來

元史阿里海牙傳至元十有二年四月傳檄郢歸峽常德澧隨辰沅靖復均房施荆門及諸峒無不降者蓋奏

官其所降宦以兵守峽籍其戶口田賦來上帝喜大宴二日

明史土司列傳宣德九年木册長官田谷佐奏高羅安撫常倚勢凌轢侵奪其土地人民已蒙朝廷分理然彼宿怨未平恐復加害乞徑隸施州衛從之

正統三年命散毛宣撫覃友諒之子瑄試職初友諒以罪械赴京中路逃匿後爲官軍所獲斃獄至是本司以其子爲蠻民信服乞襲職帝以友諒罪重宜革第以蠻故詔法信恩命瑄試職以圖後效

景泰三年禮部奏散毛宣撫司副使黃緝瑄謀殺親兄律應斬其妻譚氏遣子忠等貢馬贖罪瑄罪重法不可宥宜給鈔以酬馬值從之　天順五年禮部奏施州衛木册長官土舍譚文壽兇暴並造誹謗不法之言罪當科令其母向氏進馬以贖恐不可從帝命給鈔百錠以慰其母其子仍禁錮之　宏治二年木册長官田賢及容美致仕田保富各進馬爲土人譚敬保等贖罪刑部言蠻民納馬贖罪輕者可原重者難宥宜下按臣察覈

九年金峒安撫覃彥龍奏境內產杉木嘗鬻金二千貯庫彥龍年老子惟一人恐身後土人爭奪乞解部工部議非貢典却之　正德四年散毛宣撫入貢後期部議半賞從之　嘉靖七年龍潭安撫司每朝貢率領土人所過擾害鳳陽巡撫唐龍以聞禮部按舊制進貢不過百人赴京不過二十人命所司申飭　忠孝安撫司把事田友者數十人稱入貢僞造關文騷擾驛傳應天巡撫以聞兵部議土司違例入貢且所過橫索恐有他虞宜嚴禁諭　十六年臘壁峒等長官司入貢禮部驗印詐僞詔革其賞并下按臣勘問　三十二年龍潭安撫黃俊素貪暴據支羅峒寨以睚眦殺人係獄會白草番反俊子中請立功爲父贖罪又自求爲副指揮賄當事者許之俊出益驕乃與中及羣盜李仲實等恣行于四川之雲陽奉節間副使熊逵等計擒俊與仲實俊死于獄中自縛出降執餘黨譚景雷等自贖帝命追戮俊梟示仲實等論斬中謫戍而賞有功者　隆慶元年吏科給事中朱會等言湖廣施州衛忠路安撫覃大寧二日奏五上語多不實請究治都察院議金峒安撫土舍覃璧爭印相殺及磁峒不當轄四川俱下撫按官勘

報　四年覃壁作亂傷官軍撫按請治失事諸臣罪兵部言本衛孤懸境外事起倉猝宜從寬貫以責後功帝然之命所司相機勦撫　五年巡撫劉慤以覃壁平條議五事一請以川東所轄巫山建始黔江萬縣改屬上荆道一以荆州去施州衛遠不便巡歷夷陵西有傅友德所開取蜀故道名百里荒者抵衛僅五百餘里請以巴東之石砫司巡檢施州衛之州門驛三會驛並移近地俾闡井聯絡而於百里荒及東卜壠仍創建哨堡令千戶一人督班軍百人戍守一施州延袤頗廣物産最

饒衛官朘削致民逃夷地爲亂宜裁通判設同知撫治民蠻均平徭賦勿額外横索一金峒世官不宜遽絶貧覃勝降安撫爲峒長聽支羅所百戶提調一施州十四司應襲官舍必先白道院始許理事其擅立名號者請嚴治並令兵巡道每歲經歷施州豫行調集各官獎諭令赴學觀化俱從之　萬歷十一年湖廣撫按奏施州衛施南等宣撫司各官仍聽鎮筸參將節制載入勅書以一事權從之　衛舊志載劉慤條議請移石砫司巡檢於野三關移州門驛於河水鋪比傳文尤詳

鄒均方輿纂要施州衛外蔽夔峽内遶溪山道至險阻蠻獠錯雜自巴蜀而瞰荆楚者恒以此爲出奇之道宋末蒙古搭海入蜀荆湖帥孟珙遣兵屯施州以備之又蒙古兵渡萬州湖灘施夔震動蓋施夔表裏大江而清江源出彭水中貫衛境至夷陵宜都而合大江其取逕尤捷也明隆慶五年湖廣撫臣言荆州去施州道里險阻不便巡歷夷陵以西有明初傅國公穎友德所闢取蜀故道名百里荒者抵衛境五百餘里請移巴東之石砫巡司于野三關施州衛之州門驛于河水鋪三會驛

于古夷鋪俾闡井聯絡而于百里荒及東卜隴仍創建哨堡各令千戶一員督夷陵長寧二所班軍各百人更番戍守庶無險遠之虞此亦平時效籌者所當知也中湖邊方奏議原施州衛諸夷皆由地名七藥山南坪出沒重夔地方刦掠爲患故四川奏將九永守備加勅專鎮施州欲以杜前患也而卒不免者蓋未得禦夷之機括也彼施夔相去五六百里令守備深居施州城内而土夷遠出州境地方警報豈得遽知及知焉能驟到而禦之彼蜀于各該地方亦設有南坪等二十餘堡各有

官軍民壯快手守禦似矣而亦不能禦止之者則又以不得其人與其地故也蓋異省職卑土人所輕本省職重土人所畏禦彼出入猶之悍僕在逃必見其主而後降他人執之鮮有不以力相抗者矣隨查南坪堡乃諸路之衝要各堡之總會也其公署墻垣經畫規制視各堡爲雄壯完固合將荆瞿守備移鎮南坪堡于施州衛推選指揮一員千百戶數員其瞿唐二衛所指揮千百戶撥分一半俱赴南坪駐劄以聽守備行事施州衛仍分撥衛軍管領守堡其奉節雲萬忠酆等州縣各將原

守各堡民快數百名委官管押節于彼處戮力防守悉聽守備官常行操備如此則諸夷憚重職之尊嚴畏官軍之衆盛自將消其劫掠之奸而不敢任情出沒矣其守堡軍糧施州衛就將近堡坪上三屯並馬橋壩牟站二屯輸納施州倉屯糧照數扣貯支給免其六七日遠運上倉瞿唐衛忠州所聽彼處自處各州縣民快工食則循用各堡舊規守備官往鎮南坪之日其廩給服役俱出自各州縣應辦于地方無事之時仍往來歷巡所屬施州等衛則出自各該所夫守備之設本所以衛地方也若置之于緊關之地則可以爲干城保障之寄否則勢相遼隔而緩不及事亦爲徒設無補也何用哉

增修施南府志卷之二十八終

增修施南府志卷之十九

官師志

職官表

施在前代爲州爲郡，廢置不常，官制亦屢經更易，不能悉詳也。勝國土流間治，中葉以後官始可紀。我
朝聲教覃敷，無遠弗屆，而諸土司胥革心向化，於是改土歸流，置守令，立學官，增營弁，制馭之宜邁越前古。爰臚其名籍出身，以備一郡掌故。前代職官之可考者，亦隨時代先後列表於前，總題曰職官。其政績可紀者，别爲小傳，附名宦後。述職官志。

文職官表

	兼轄	刺史	令佐	簿尉
隋			李超 清江令詳名宦志	
唐		裴冕 字章甫河東人右僕射降施州刺史	崔道古 施州司戶參軍	郗昂 清化尉
		南承嗣 施州刺史詳名宦志		
		房武 施州刺史詳名宦志		
		李孝逸 施州刺史		
		陳樹龍 施州刺史		
		柳然明 施州刺史		
宋	王立 夔路轉運使詳名宦	黃希遜 施州指揮詳兵事志		趙彥成 清江主簿見藝文志
	熊伯明 權總制施州詳名宦	王在 通判施州詳名宦		任伯雨 清江主簿詳名宦
	王蘧	龍景照		
	丁謂 詔領州事詳名宦	寇瑊 施州刺史		

夔路轉運使見控制 權領施州詳名宦

史方 知夔州詳名宦志 龐恭孫 通判施州詳名宦

熊本 詔察訪梓夔詳兵事志 張知命 字仲謀施州刺史

董鉞 夔路轉運詳控制志 程公許 通判施州詳名宦

孫珪 轉運副史詳控制志 李周 通判施州詳名宦

林栗 知夔州詳兵事志 謝昌元 知施州詳名宦

向士璧 知峽州兼施渝鎮撫使 劉儀 施州守見通天洞石壁題名寶祐中任 朱珥 推官見石壁題名寶祐中任 張昂英 簿見石壁題名寶中任

范孫 夔路轉運判官詳控制祀署 朱珥 施州判見石壁題名 孫龍 令見石壁題名寶祐中任 張震珪 尉見石壁題名寶祐中任

張寶臣 咸淳初知施州開拓險遙人皆便之 張綱 施州教授寶祐中任

文應祥 施州教授寶祐中任

李庭芝 建始令詳名宦

元

邵濮 郡守築城見夔州府志

王守仁 知施州有傳

明

李堯德 按察僉事詳名宦 朱永 施州指揮詳名宦 譚蒯然 建始令詳名宦

李才 知州 孫明用 州同 李德秀 吏目

胡士能 知州有傳 王傑 州判

夏士麒
衛守備詳兵事志

施州衛

夷同知
衛儒學教授訓導
衛經歷

明李光前
劍州人
何求益
金谿人宣德間任
王拱辰
海航
潯州人

陶鑾
曲江舉人
陳勅
福建人宣德進士
王鑑
雲南人
程鵬
綿竹人

蔡璧
張勲
歐陽達
張鉉

錢塘進士
昆山人正統間任
廬陵人
福建人

秦寵
合肥舉人
高維勉
長樂人天順間任
彭鏞
金堂人景泰間任
李平
大理人

郝松
綏德進士
高紹保
南昌人天順間任
王聰
賴愈
餘干人

楊雲才
桂林舉人
蔣德
豐城人天順間任
高拱宸
仁壽人
戚士玉
墊江人

伍士望
南昌進士
歐陽希稷
任懋榮
巴陵人
胥高華
眉州人

高則益
南昌進士
王逑
華容人嘉靖間任
高拱
四川人
黃溥
有傳

許言詩
太康舉人
汪槊
浙江人嘉靖間任
徐用中
溪人
史肇聰
有傳

徐萬仞
漳浦進士
王汝器
定安人嘉靖間任
革邦聘
四川人
劉尚義
四川人

陶允明
會稽舉人
汪澤
浙江人嘉靖年任
居山
[illegible]人
林源
福建人

徐亮彩
徐端
任守[illegible]
汪[illegible]

江西舉人
貴州人
歙縣人有傳

唐懋德
雲南舉人
張銑
吉安人隆慶間任
張承謝
呂旦
上虞人

王應泰
馬平舉人
謝廷翰
晉江人隆慶間任
唐朝卿
臨桂人
張日新
福建人

石可久
延州舉人
鍾萬化
沘源人
馬大有
道州人
胡仲賢

高士達
巴縣舉人
王盈化
慈利人
朱伯傳
犍爲人

童守愚　貴溪舉人
王繼相　慈利人
湯應宿　雲陽人

程道新　歙縣官生
張腌　簡州人
張問達　隆昌人

奚元稷　鶴慶舉人
蔡紹　延平人
張德教　平涼人

黃宗明　南城舉人
張儒　奉天人
雷有大　新淦人
胡朝

郭希孟　保安恩貢
耿同曙　伊陽人
李早　通山人
鄧世寧　撫州人

熊涇　雲南選貢
陳譜　普定人
陳其善　永明人
鄧諫　廬陵人

趙國楨　赤水舉人
楊正達　武陵人
徐有孚　武陵人
葉齊　慈谿人

劉邦瀾　豐城舉人
趙卿　浪穹人
蔣一桂　雲南人
李逢春　侯官人

宋洪泰　莆田舉人
劉報國　龍里人
王家霖　穀城人
胡[illegible]　酆都人

李光春　湄潭舉人
龐一德　南海人　有傳
柯宏材　安莊人
張勛

蘇鳴瑜　以上三人見荊州志
石中璧　沔陽人
朱藎臣　漵浦人崇禎間任
熊啟鴻　儀徵人

郭猶典　河南選貢
宋儒傑　蒲圻人
陳秉忠　金壇人

章爾佩　雲南舉人
胡天定　巴陵人
王天明　貴州人

徐時選　永興人
趙一豸　洛陽人

楊春闈　巴陵人
鄧國相　四川人

李玉潔　安仁人
程大經　歙縣人

向禹　歸州人
王元　巴縣人

楊鈞　瀘溪人
廖民襄　普安人

陳宗舜　巴陵人　　王衛　貴州人

崔應詔　原武人　　陸元儒　歸安人

張助明　歸安人　　蔣子藩　鄞縣人

顧天峻　貴陽人

陳大猷

……寧人

黃鐘音　浙江人

張明德　沅陵人

胡循訓　永州人

蔣信正

龍思淳　長沙人

建始縣知縣

建始縣宋元以前屬施州自明初改州爲衛遂割建隸夔改府以後仍撥隸施其以前各官名本縣志次敘於衛職之後籍貫則多不可考丞史全闕焉

明建始縣知縣　縣儒學教諭　訓導

熊珣　新淦人　　葉芳　　王綸

葉榮　　周邠

詹殷　　曹琛　　盧璟

史善　眞定人　　周顯禮　　李朝陽

熊元吉　巴陵人　　趙璋　　唐一夔

陳奎　　張拱極　　葛一寅

段顯　　曾宗儒　　張熙

崇智　　楊復初　　陸夢暘

宋清　　金鑾　　楊愈

章　寀

江南常熟人

裘思聰

陳允階

福建莆田人

伍文霖

梁　保

湖廣人

曹　拱

鄧時中

金　階

葉庭蘭

天順間應沈

僉事纂修衞

李　陸

陝西人

姚服璜

荆門州人

曹自重

山西平定州

人

譚朗然

茶陵州人許

名宦

張　潮

顧天佑

雲南人

趙　鉉

貴州人

李　思

福建人

楊　周

雲南人

尹　理

唐仁麟

儲　乾

林廷輝

福建人

王世道

李占春

江西人

國朝職官年表

康熙三年施始歸順廢指揮千百戶設流衛守備千總各一教授訓導各一　案藝文各志當有經歷一員而舊志失載今無從考

施州衛守備　衛千總　衛學教授　衛學訓導

康熙四年
徐尙謀　江南武進士
蔣明璉　順天人
舒子彥　興國州貢生

八年
劉嘉祉　直隸景州武進士
劉過
梅嘉蘭

二十年
張炳　陝西榆林武進士
李岳齡　浙江烏程人
葉俊士　以上籍貫無考
劉宗漢　山西平陽武進士
陳可法　江南興化武舉
王夢龍　江陵舉人
范福咏　山東諸城武進士
倪溥　泗州人三十四年任
艾自馨　江夏舉人
陳洵嘉　廣東潮州人以上三人舊志未載任年
艾亦武　江南金壇武學三十五年任
劉體仁　平江舉人以上俱[illegible]荊州府未至施

四十一年
劉蓮權　江西武舉
程維極　蘄州人始至衛城

四十三年
傅天錫　西川重慶人
夏熙臣　孝感貢生

四十四年
雷聲洪　順天人
張佐瑞　漢陽貢生

五十三年
林濬　江南上元武進士見東門修路碑舊志闕
熊炳　浙江籍四川人廩生
鄧維德　黃岡貢生
陳[illegible]　浙江[illegible]舉人

五十五年
敃務新　順天武舉捐修學宫創設義倉卒於任
孫鼇　山東平陰武進
蔣宏毅　江夏貢生見東門修路碑舊志失載
繆陞
徐大鏞　與蔣教授同時見東門修路碑

雍正元年
張丕振　山東長清武進士

五年
涂翰嘉　廣東潮州武舉捐修學宫給諸生鄉試資因改衛去民思之

建始縣知縣 隸四川夔州府

康熙二十年 譚性學 廣東人

二十九年 祖建藩 奉天人

一年 龍雲錦 廣東南海進士 舊志未載任年

二十三年 吳李芳 湖廣進士

建始縣學 應有教諭訓導二員 舊志祇載訓導三員 餘並失載

典史

二十五年 史晟 福建晉江舉人 詳名宦

一 李德新 山東舉人 舊志載史晟之後 未詳何年任

三十三年 左其選 湖廣夷陵人 詳名宦

四十年 武令謨 山西太原進士

四十 劉珙徽

年 江西進士

一 趙恒 浙江貢生 | 賀元亮 四川歲貢

一 王元圻 江南貢生 舊志載二人於劉珙徽之後 未詳何年任 | 傅于位 四川歲貢

雍正一 祖□纓 漢軍鑲紅旗監生

雍正五年

九年 武怡 陝西臨潼舉人 | 岳爾濤 四川南江歲貢 | 張景星 陝西□關吏員

施南府志 卷之十九 文秩

雍正六年改施州衛為恩施縣屬直隸歸州

恩施縣知縣 教職 典史

雍正七年 馬昉義 直隸唐縣貢生 | 張承堯 竟陵舉人 | 沈應銓 順天武清吏員

十年 紐正己 江蘇吳縣進士 | 解澤洪 鍾祥歲貢

吳寧咨 湖南善化舉人

陳欲珍

雍正十三年諸土司盡改流始設施南府及宣恩來鳳咸豐利川四縣並原設之恩施縣及前撥隸夔州之建始縣割還俾共轄六縣特設施南府知府一員

同知一員舊駐忠峝乾隆二十五年裁（改設黃州府屬之武穴）乾隆四十九年將湖南辰州府同知裁汰改設施南協同知駐施南鎮　通判一員（駐唐崖今裁）　府學訓導一員乾隆三十七年以宣恩縣學訓導移設

經歷一員（兼司獄事）　知縣六員（恩施宣恩來鳳咸豐利川建始）　縣丞三員（恩施利川建始）　教諭一員　訓導五員　宣恩縣學訓導乾隆三十七年以恩施縣學訓導移設　來鳳縣訓導以宜昌東湖縣學訓導移設　咸豐縣學訓導以巴東縣學訓導移設　利川縣學訓導以歸州學訓導移設　建始縣學裁汰教諭留訓導一員

巡檢七員（恩施二宣恩二來鳳一咸豐一利川一）　典史六員

施南府							
知府	同知	通判	知縣	教諭 訓導	經歷 縣丞	巡檢	典史
乾[隆元年] 田三樂 直隸深州貢生	忠峝 陳文言	唐崖 王湘	恩施 鹿鳴豫	訓導 陳[illegible]珍	經歷 黃士會		

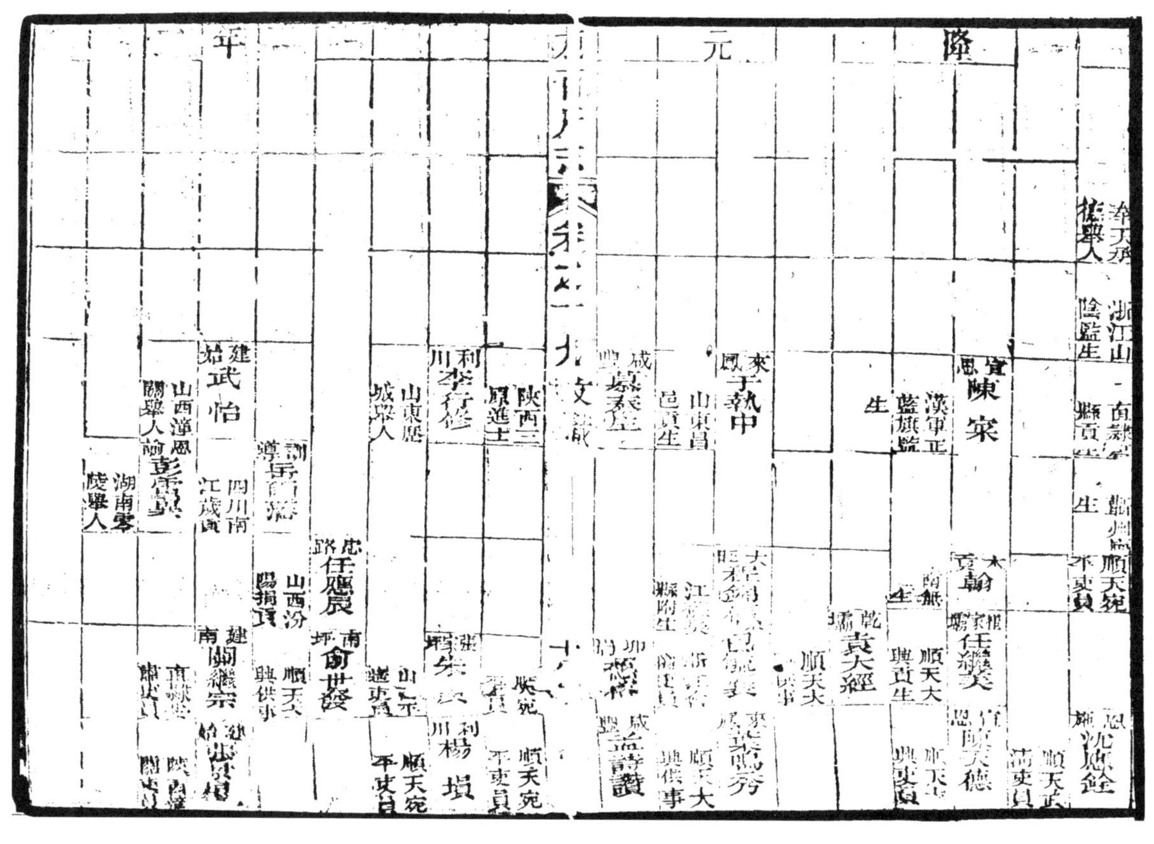
隆
元
年
浙江山陰監生
宣恩 陳棨 漢軍正藍旗監生
來鳳 于執中 山東昌邑貢生
咸豐
乾[illegible] 袁大經
任繼[illegible]
順天大興貢生
順天大興供事
順天宛平吏員
陝西三原進士
利川 李行[illegible]
山東歷城舉人
利川 楊塤
忠路 任應辰
南坪 俞世發
山西汾陽捐貢
建始 武怡
四川南江歲貢
湖南零陵舉人

年 三 年 四 年 五 年 六 二 二 年 七 二 一 年

建始訓導 烏臺
江夏歲貢
利川 湯應求　恩施訓導 余光綮　宣恩 方瑶
廣東臨川舉人　大冶歲貢　江南旌德供事
建始 范汝軾　建始訓導 許元淳　恩施 黃宏章
河南蘭陽進士　房縣歲貢　直隸易州吏員
利川 王光明
山東福山吏員
大旺 黃卓　卯峒 王燧
江西南城拔貢　順天順義吏員
曹墊　宣恩 黃卓　恩施教諭 陶[illegible]
江南無錫舉人　江西南城拔貢　黃岡舉人
咸豐 戈居邦　恩施訓導 孫祚灝
江西南昌貢生　黃岡舉人
岑映奎　東鄉 陳錫文　建始 諸淇祥
廣西凌雲生員　安徽青陽供事　順天大興典試[illegible]
南[illegible] 徐詠鏘
湖南巴陵吏員

八 二 年 九 二 年 十 年 十一 年 十 二

曹墊　史鳳輝　恩施 嚴灣寬　大旺 李集
江南無錫舉人　江南荊溪舉人　山西榮河舉人　漢軍正藍旗官學生　[illegible]州吏員
宣恩 武經國
山西天鎮拔貢
恩施 道雲龍　恩施訓導 魏榮南　大旺 蔣灝　崔家壩 曾光祖　來鳳 [illegible]國璘
四川雲陽舉人　荊門舉人　江蘇元和監生　廣東始興吏員　順天宛平吏員
建始訓導 朱承源　忠路 何讓　乾壩 姚鎔　[illegible] [illegible]道堂
江夏貢生　順天宛平監生　貴州修文吏員　順天大興吏員
建南 樊鎔　建始 錢照
浙江山陰供事　順天大興典史
來鳳 李越　[illegible] 楊[illegible]　崔家壩 陸恩純
山西臨[illegible]舉人　江蘇元和歲貢　江蘇供事
恩施 范汝軾　恩施訓導 宋[illegible]
河南蘭陽進士　黃岡進士
恩施 常書[illegible]　張家壩 姚鎔　建始 朱瀠
直隸交河舉人　貴州修文監生　浙江山陰監生
來鳳 范汝軾
河南蘭陽進士

二　年　十　三　十　年　十

孫廷權
浙江海鹽舉人
魏師勝　利川
直隸盧龍舉人
鄭晉　建始
福建侯官舉人
夔舒
唐大遠　宣恩
李長春　經歷
潘大宗　巴東
浙江上虞吏員
丁鍠　鶴峰
張成燦

四　年　十　五　十　年　八

滿州正黃旗貢生
貴州湄潭舉人
福建永安優貢
順天大興生員
莊德芝　利川
江蘇陽湖進士
向世俊　忠路
沈濂　巴東
浙江會稽監生
江蘇陽湖監生
尹可謨　建始
陳淮　南坪
山東壽光廩貢
浙江山陰貢生
楊瑞
直隸玉田吏員
李良貴
河南河內舉人
商盤
浙江會稽進士
趙法孔　宣恩
陝西鳳翔舉人
潘滋　經歷
江蘇武進附生
諸兆奎　咸豐
浙江山陰供事

年　十　七　年　十

陳愷　建始
湖南武陵舉人
葛煒　恩施
江蘇新陽舉人
李縉　來鳳
順天宛平進士
鄭鵬　利川
福建霞浦舉人
馮湛　利川
蒲又宏　大旺
甘肅秦州增生
董天祥　卯峒
貴州[illegible]平供事
黃如珪
張化鵬
許宣[illegible]
傅英

八　年　十　九

順天宛平貢生
直隸南宮舉人
邱佶　建始
滿洲鑲白旗舉人
順天大興吏員
蕭聯　來鳳
廣東嘉應副榜
廣東揭陽貢生
俞南寅　咸豐
福建寧化供事
浙江山陰供事
任振聲　利川
浙江山陰監生
沈永慶　建始
江南石埭供事
錢棨
浙江海鹽貢生
徐泓　利川
順天大興舉人
謝魯　鶴峰
浙江上虞吏員
徐信　宣恩
順天宛平吏員
傅廷理　咸豐
廣東[illegible]

利川 張國襄 順天大興吏員

恩施 鄒敦禮 江蘇山陽監生

楊琨 湖南新化進士

來鳳 林翼池 福建同安進士

陳玉璧 山東歷城廩生

咸豐 張禹 山西孝義舉人

恩施 徐金麟 浙江嘉興監生

劉□ 山西洪洞監生

姜震 江蘇吳縣廩生

恩施 賈六奇 直隸故城副榜

建始 金堂 順天大興監生

十二

建始 佘本

三年

廣東嘉應監生

二十四年

德榮 滿洲鑲紅旗官學生

高宗諤 江南泰州貢生

恩施 孫維祖 四川長壽舉人

恩施 訓諭 施章 黃岡舉人

東鄉 於鶴年 山東萊陽監生

來鳳 黃汝梅 福建仙遊舉人

大旺 高國綱 江南江寧貢生

咸豐 馮潛 浙江會稽供事

利川 王芳 順天大興吏員

恩施 李汝遜 河南鄭州舉人

來鳳 李徹 雲南鶴慶舉人

二

五

浙江會稽

三三

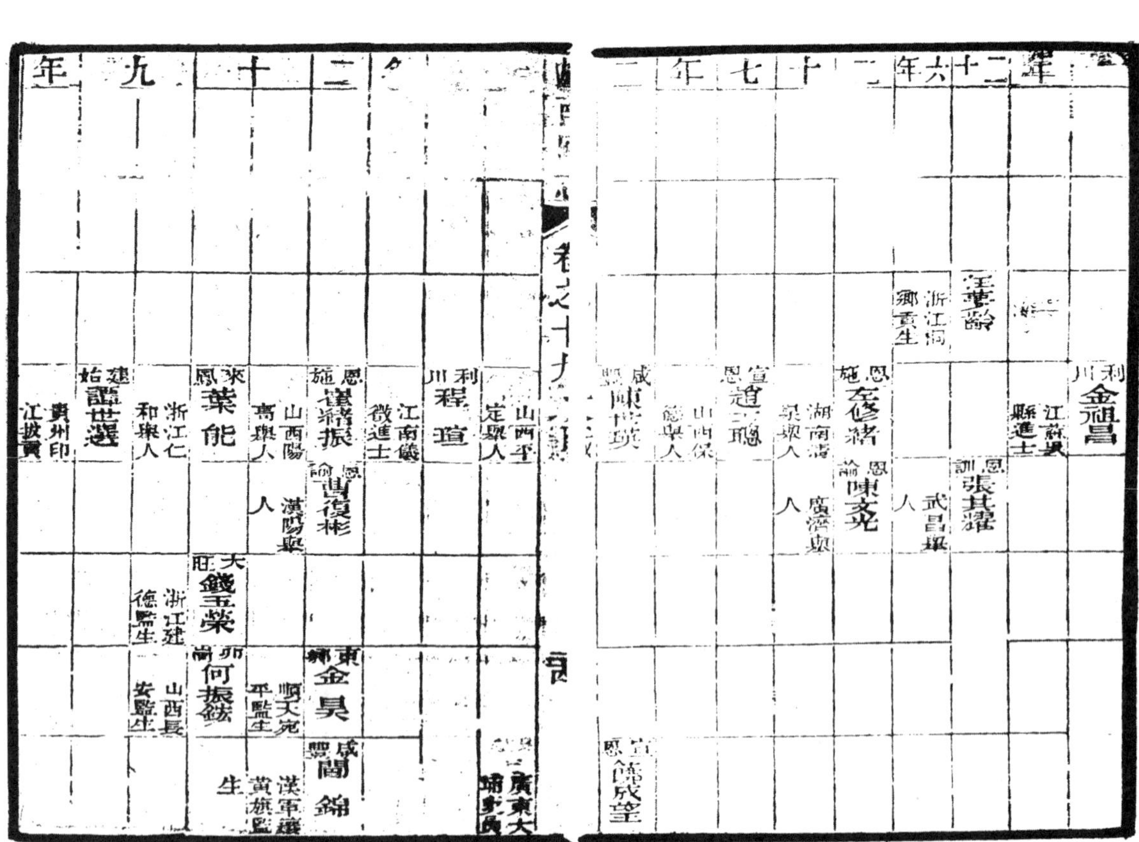

年

二十六年

利川 金福昌 江蘇吳縣進士

汪葷齡 浙江桐鄉貢生

恩施 訓導 張其耀 武昌舉人

恩施 左修緒 湖南清泉舉人

恩施 教諭 陳文堯 廣濟舉人

二十七年

宣恩 趙□聰 山西保德舉人

咸豐 陳世琰

宣恩 饒成堂

山西平定舉人

廣東大埔人

利川 程瑄 江南徽進士

恩施 饒紹振 山西陽高舉人

恩施 教諭 曹復彬 漢陽舉人

東鄉 金昊 順天宛平監生

咸豐 閻錦 漢軍鑲黃旗監生

來鳳 葉能 浙江仁和舉人

大旺 錢玉榮 浙江建德監生

咸豐 何振鋐 山西長安監生

建始 譚世選 貴州印江拔貢

二十九年

三四

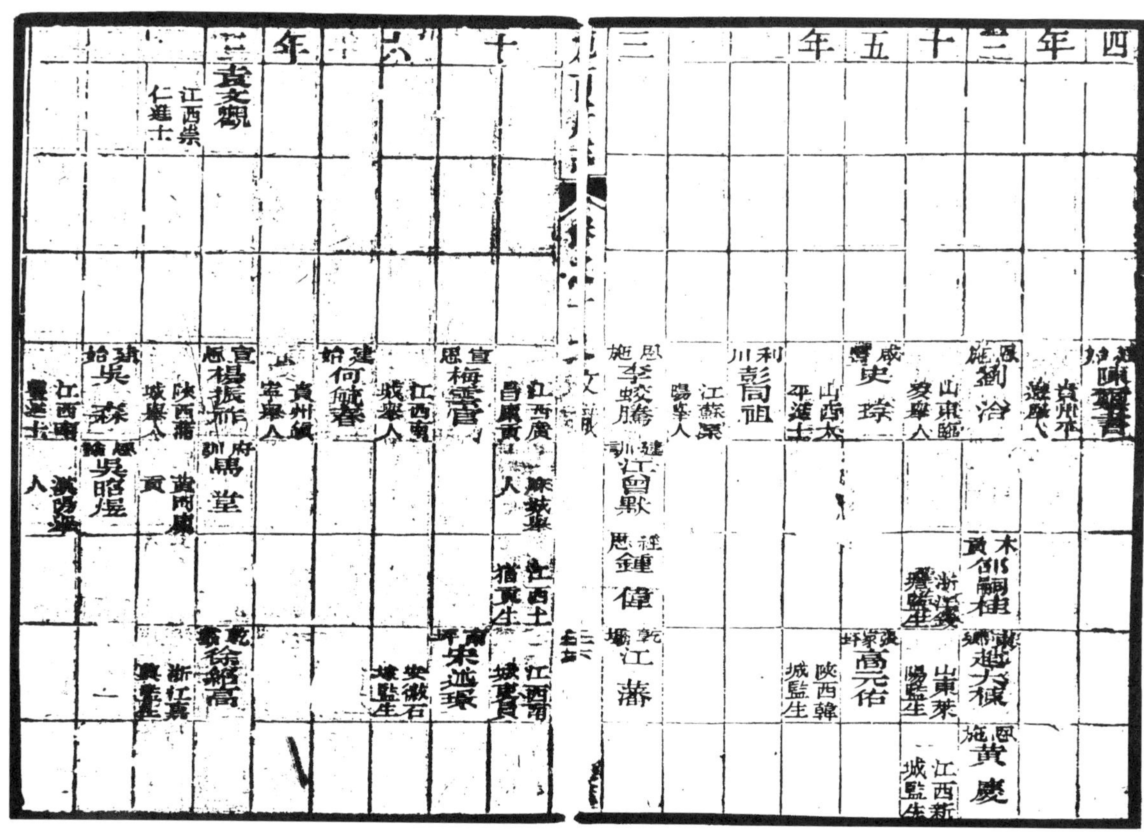

三　十　年　三　十　一　年　三

王培宗　浙江會稽進士

恩施　冀啟業　貴州舉人
恩諭　黎嘉進　黃梅舉人
忠路　葉道傳　江南無錫監生

宣恩　李龍翔　江西建昌舉人
施訓　段枝華　河陽舉人

來鳳　楊澄清　貴州貴筑舉人

建始　嚴錫統　浙江餘杭舉人
張家坪　沈永潤　浙江嘉興監生
宣恩　蕭廷棟　浙江嘉興監生

恩施　黃毓仁
恩施　劉懷碧

十　二　年　三　十　三　年　三　十

貴州安順舉人
順天宛平舉人

咸豐　雷霈源　廣西新安舉人

恩施　袁鴻典　直隸舉人
恩諭　陳範　江陵舉人
木貢　鄭朝選　湖南鳳凰廳貢
張家坪　鄭廷基　順天大興監生
建始　亢嗣基　山西臨汾監生

利川　李常吉　浙江海鹽舉人

恩施　劉芳　直隸新安舉人
忠路　劉永誠　江西南豐舉人
宣恩　錢成龍　順天大興吏員

四　年　三　十　五　年　三

建始　陳璜書　貴州平越舉人

恩施　劉洽　山東臨邑舉人
木貢　邰嗣楨　浙江錢塘監生
東鄉　趙大楨　山東萊陽監生
恩施　黃慶　江西新城監生

咸豐　史琮　山西太平進士
張家坪　高元佑　陝西韓城監生

利川　彭高祖　江蘇溧陽舉人

恩施　李蛟騰
建訓　江曾默
經思　鍾偉
乾壩　江潞

十　六　年　三

江西廣昌廩貢　人
江西士□　猶貢生
江西南城貢

宣恩　梅雲　江西南城舉人
南坪　宋述琛　安徽石埭監生

建始　何毓春　貴州鎮宗舉人

宣恩　楊振旂　陝西蒲城舉人
府訓　馬堂　貴州□貢
乾壩　徐紹高　浙江嘉興監生

建始　吳森　江西南豐進士
恩諭　吳昭煜　漢陽舉人

二　王文觀　江西崇仁進士

十
宣恩訓 張冀燿 武昌舉人
來鳳訓 王文燦 天門舉人
七
咸豐訓 夏鎧 石首舉人
利川訓 戴廷杞 蒲圻舉人
年
三 陳道燿
恩施 汪廷炎
宣恩訓 張宗振
忠路 景啟昌
南坪 [illegible]培
利川 劉相昌

浙江進士
安徽休寧舉人 黃岡舉人
廣天宛平生員
廣天宛平供事
福建平武監生
十
來鳳 樸起元 浙江桐鄉進士
咸訓 趙嵩 新山歲貢
咸豐 潘憲㦸 貴州貴筑進士
八
利川 王喬高 江蘇寶應舉人
年
來鳳 黃升 湖南巴陵舉人
宣訓 蕭中棋 天門舉人
[illegible] 莫本立 山東[illegible]城吏員
來鳳 林宗發 順天大興供事
二十 姚棻 江蘇桐城進士
劉超 直隸通州歲貢

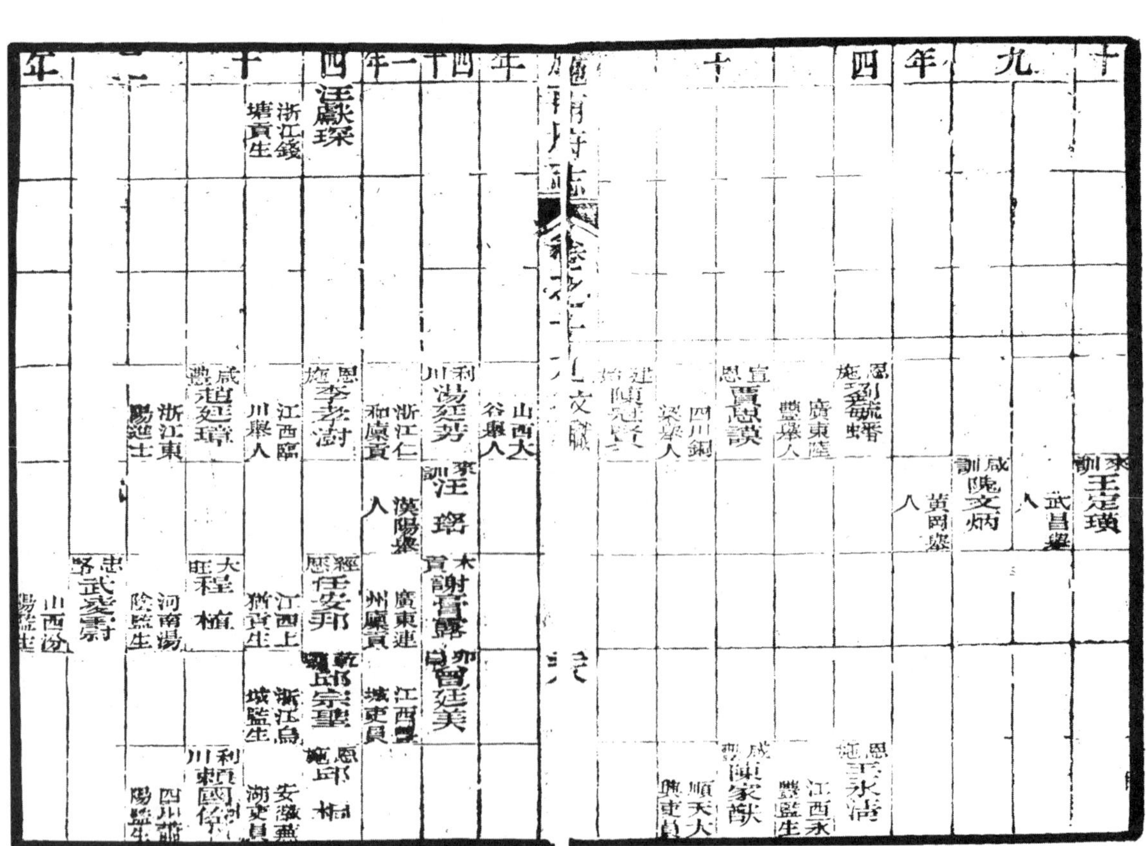

十
來訓 王定璜 武昌舉人
九
咸訓 隗文炳 黃岡舉人
年
四
恩施 劉毓蟠 廣東陸豐舉人
恩施 王永清 江西永豐監生
宣恩 賈思謨 四川銅梁舉人
咸豐 陳家猷 順天大興吏員
十
建始 陳[illegible]賢 [illegible]

山西太谷舉人
利川 湯廷芳 浙江仁和廩貢
來訓 汪璐 漢陽舉人
[illegible] 謝育[illegible] 廣東連州廩貢
[illegible] 曾廷美 江西[illegible]城吏員
十四
年
十一
年
四 汪獻琛 浙江錢塘貢生
恩施 李孝澍 江西臨川舉人
經歷 任安邦 江西上猶貢生
乾[illegible] 邱宗璽 浙江烏城監生
恩施 邱[illegible] 安徽無湖吏員
十
咸豐 趙廷璋 浙江東陽進士
大旺 程植 河南湯陰監生
利川 賴國[illegible] 四川[illegible]陽監生
二十
忠路 武燮[illegible] 山西汾陽監生
年

溫鉞 宣恩 山東□縣舉人
韓悅曾 恩施 江南長洲監生
李廷禎 利川 山西安邑舉人
劉君椿 來鳳 直隸鎮原舉人
四川仁壽舉人
劉晟耀 來鳳 江西安福監生
吳廷銓 湖南巴陵監生
徐梅 南坪 浙江仁和監生
周思敬 乾埧 浙江海寧議敍
沈鈺 建始 順天宛平監生

鄭世鐸 建始 陝西長安舉人
陳經謨 浙江錢塘進士
李濤 恩施 廣濟舉人
周京 來鳳 保康歲貢
熊斯鳴 來鳳 江西宜黃舉人
鄒朝縉 大旺 浙江餘杭監生
李實第 忠路 山東惠明監生
徐溫 乾埧 山東臨淄監生
徐立三 高卯 順天宛平貢生
張宗 來鳳 浙江山陰監生

恒 四川大寧舉人
劉家聚 咸豐 大冶歲貢
陳家渭 利川 江西南安進士
袁述 建始 福建上杭舉人
王升 咸豐 直隸昌黎舉人
句和 建始 浙江仁和監生
王澤定 四川閬中舉人
史偉烈 恩施 河南商邱舉人
任安邦 恩施
周士達 乾埧 江蘇武進供事
鋐

滿洲鑲白旗舉人
李經芳 直隸高邑舉人
劉澍 宣恩 山東昌樂舉人
胡烜 咸豐 孝感舉人
莊震 經歷 順天大興吏員
李際泰 來鳳 浙江錢塘進士
涂一雲 利川 福建長汀監生
史易 咸豐 奉天進士
余學禮 浙江歸安拔貢
范道立 恩施 河南虞城舉人
沈履楓 高卯 浙江烏程監生
李錫博 宣恩 廣東嘉應監生

年

建南 王懿仁 四川成都監生

五十一年

恩諭 劉學璉 鍾祥舉人
忠路 楊界 漢軍正黃監生
宜家典 葉兆國 江蘇上元供事
建始 趙承祖 江西奉新歲敘

宣訓 於長源 黃岡舉人
大岩嶺 邵明縉 浙江餘杭監生

利訓 石世守
木貢 石振麟
南坪 王霖

來鳳 葛桂芳 安徽貴池舉人 咸寧歲貢
江蘇阜寧監生
浙江山陰供事

利川 管應祥
建訓 李飛鵬
大路 徐逢甲

五十二年

浙江海寧舉人
蘄水舉人
湖南瀏陽貢生

卜維吉 直隸天津舉人
木貢 王霖 浙江山陰供事
建南 鮑志彬 安徽青陽供事
恩施 鄭芳 順天大興供事

忠路 王三錫 湖南泌陽拔貢

大岩嶺 楊禮孫 浙江平湖監生

大岩 張用 陝西三原歲貢

年

五十四年

赫爾謹 滿洲正藍旗官學生
恩施 湯誥 浙江錢塘進士
府訓 曹合一 穀城歲貢
木貢 賀瑛 江蘇丹陽監生
乾典 潘肯堯 安徽東流監生
宜忠 趙興 江蘇武進監生

利川 張宗孔 山西鳳台舉人
宣訓 李懷遂 江陵舉人
咸豐 梁衍翔 廣東高要監生

建始 趙源生 河南郾城舉人
利訓 衛大章 南漳歲貢
建始 張焘 浙江山陰監生

五十五年

恩 曾芳祖 江西新建監員

五

宣恩 蘇於洛
來訓 吳水暗
東鄉 高雲程
利川 李裕泰

十六年

河南湯陰進士
天門歲貢
江南元和監生
河南武安吏員

咸豐 張□敘
安徽桐城舉人

五十七年

法克晉 滿洲正白旗監生
恩施 □□□ 雲南□□進士
來訓 甘杜 竹溪歲貢
大路 余榕 福建建寧監生
建南 余誠 江西宜黃供事

來鳳 夏之迪 江蘇江都舉人
經歷 蔣遇春 江南宜興供事

利川 陳春波 福建侯官進士
木貢 朱振森 浙江山陰供事

年

五十八年　五十九年　六十年　嘉慶元年　二年　三年　四年

康文民　來鳳　江西龍泉拔貢

張定模　利川訓導　襄陽歲貢

莊紹蘭　來鳳

李振麟　咸豐　江蘇阜寧監生

康文民　來鳳　江西龍泉拔貢

福建侯官舉人

郭俊　宣恩訓導　安[illegible]人

[illegible]翰　順天固安歲貢

楊秉和　乾堡　浙江仁和吏員

周[illegible]　來鳳　浙江山陰監生

余端　建始訓導

楊秀名　來鳳訓導　京山舉人

彭維運　建始訓導　咸寧舉人

歐陽璧　宣恩訓導　江夏舉人

何澤茂　忠路　福建光澤捐貢

王文謨　乾堡　江西太和監生

朱炘　江西南昌舉人

張鳳池　建始　浙江蕭山舉人

鈕茂莘　東鄉　浙江山陰吏員

馬維駿　奉天吉林進士

五年　六年　七年　八年

范仁澗　利川　江蘇吳縣監生

張裕莊　利川　安徽桐城監生

余亮　來鳳　四川隆昌拔貢

朱鳴鳳　來鳳　浙江海鹽舉人

彭之材　大岩　江西宜春拔貢

秦飛鵬　咸豐　陝西郃陽舉人

李鍾[illegible]　恩施　江西瀘溪舉人

蕭琴　來鳳訓導　漢陽歲貢

劉本孝　建始訓導

王雲錦　江蘇[illegible]縣進士

張許　陝西潼關

[illegible]英圖　雲南蒙自進士

孝感舉人

張亮德　建始　山西徐溝舉人

戴日新　宣恩訓導　沔陽舉人

徐綸章　南坪　順天宛平供事

黃寶璋　宣恩　江蘇新城監生

李璡　建始　廣東德慶監生

劉澍　恩施　順天通州進士

陶成棨　恩施訓導　鍾祥舉人

馬國英　大岩　甘肅永昌吏員

盧崧　南坪　湖南巴陵吏員

瞿之綸　來鳳　江蘇無錫監生

程鼎　利川　安徽休寧舉人

范兆光　建南　山西平遙貢生

沈紹棠　建始　浙江山陰吏員

九年

恩貢 賀[illegible]

江蘇武進供事 路 金[illegible]

一 安[illegible]

十年

陳祁 福建新化監生

宣恩 曾[illegible] [illegible]監生

王三備 宜昌歲貢

咸家壩 左輔清 河南歷山監生

十一年

賈炳 河南[illegible]縣進士

利川 達清阿 滿洲正白旗進士

府訓 李志灝 枝江歲貢

張家圩 何漢光 廣東長樂監生

咸豐 鍾邦運 浙江山陰監生

咸訓 龍從文 竹溪歲貢

士

恩施 蔡家楣

來訓 鄭世茂

乾隆 陸恩榮

恩施 饒德修

施南府志 卷 文職 三三

十二年

湖南湘潭舉人 松滋歲貢

咸豐 牛中開 山東鄆城舉人

建南 陳寶善 直隸[illegible]雲監生

一 浙江山陰供事

宜恩 周[illegible]紫 江西宜黃監生

安徽[illegible]德監生

恩施 牛文光 順天宛平監生

來貢 余德壓 湖南平江監生

東鄉 史敏 陝西三原吏員

十三

大岩 魏繼績 江蘇常熟吏員

十年

楊毓江 陝西府谷進士

咸豐 秦錫疇 江蘇金匱舉人

恩諭 毛鴻 應山舉人

來貢 徐賡雲 安徽廬江歲貢

乾壩 寧崧 湖南武陵監生

來鳳 李得鳳 甘肅皋蘭供事

大岩 姚應銓 浙江諸暨監生

四

卯尚 王如珪 浙江嘉善監生

張家圩 沈鋼 浙江德清供事

十年

譚光祥

佛寧阿

來訓 毛有光

宣恩 湯槐

施南府志 卷 文職 三三

五年

江西南豐進士

滿洲正藍旗監生

公安歲貢

順天大興監生

建訓 唐德璽 監利舉人

十六年

徐潤第 山西五台進士

恩施 詹鼎 江蘇吳縣舉人

來訓 余夢芳 武昌舉人

南坪 陳璞 順天大興供事

利川 韓[illegible] 山東淄川進士

十七

四柱 滿洲正白監生

咸豐 祥福 滿洲正紅生員

忠路 杜瀛 福建龍岩監生

崔家壩 湯炳燚 浙江蕭山進士

恩施 曾鵬翮 順天大興供事

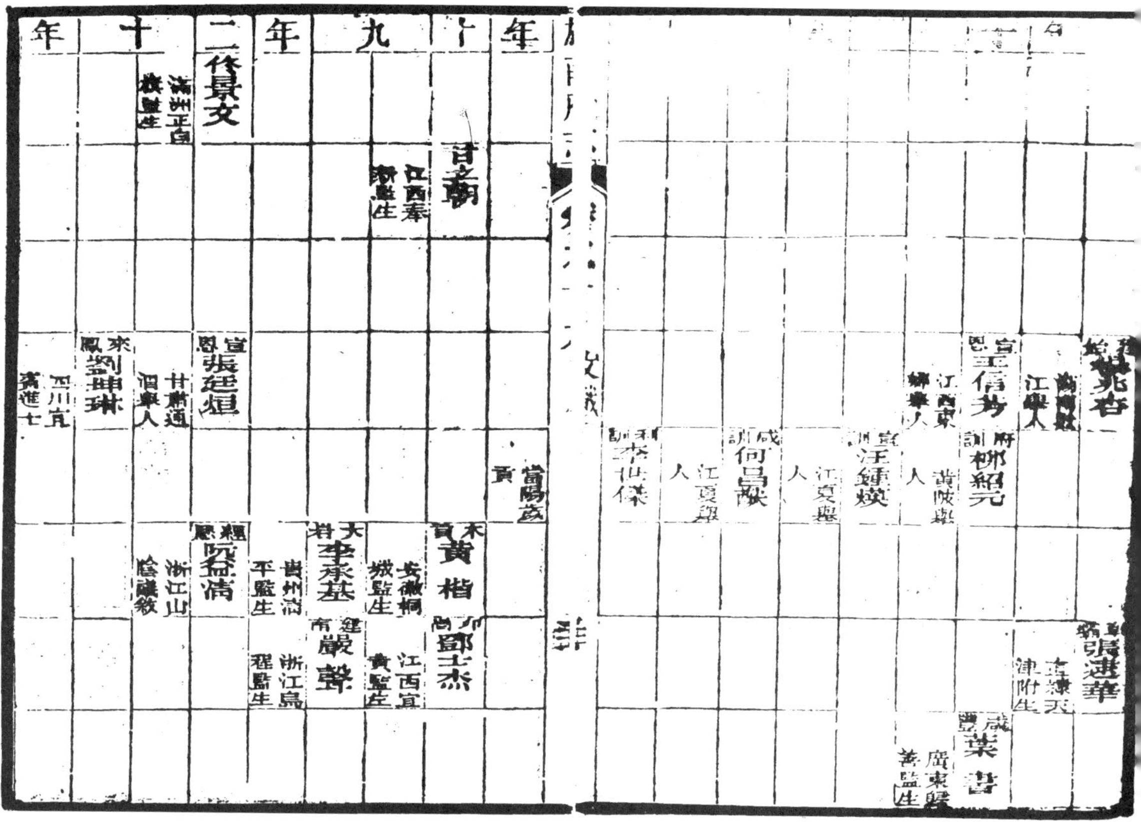

兆杏 江舉人

王信芳 恩貢 江西東鄉舉人

張遇華 天津附生

柳紹元 府訓 黃陂舉人

汪鍾燠 宣訓 江夏舉人

何昌燦 成訓 江夏舉人

李世傑 利訓

葉書 咸豐 廣東[illegible]監生

年 十 九 年 二 十 年

甘之蘭 江西奉新監生

佟景文 滿洲正白旗監生

富陽岳 貢

張廷烜 宣恩 甘肅通渭舉人

劉坤琳 來鳳 四川宜賓進士

黃楷 木貢 安徽桐城監生

李承基 天柱 貴州湄平監生

阮益清 經歷 浙江山陰廩敘

鄧士杰 江西宜黃監生

嚴磐 建南 浙江烏程監生

二 十 一 年 二 二 年 二

張尊德 咸豐

石時和 恩施 陝西藍田進士 興國舉人

阮秉恒 經歷 順天大興議敘

張兆麟 利川 順天寶坻舉人

鄧日訓 府訓 江陵廩貢

吳宜然 大治 順天宛平監生

藍紹芬 恩施 廣東河源舉人

陳範淮 府訓 漢川廩貢

吳觀樂 咸豐 福建閩縣舉人

余肇渭 宣訓 安陸舉人

計進

劉維憲 來鳳

孫墺

常湘 建始 安徽[illegible]監生

三 年 二 十 四 年 五

葛濤 滿洲正藍旗監生

浙江錢塘監生

黃道 湖南沅陵監生

徐步雲 建始 江西萍鄉進士 貴州安化進士

王鳳楡 利川 安徽合肥進士

黃陂舉人

石懷選 利訓 黃陂舉人

張鈴晟 建訓 孝感舉人

直隸天津監生

順天大興監生

童鳳梧 建南 浙江山陰供事

石炳奇 鶴峰 順天大興供事

郭瑞祥 建始 四川合州監生

沈國雁 咸豐 浙江會稽供事

道光元年

恩施 左章炳 雲南蒙化進士

府訓 羅德昆 興國舉人

劉景祿 江蘇吳縣監生

利川 趙中培 河南固始監生

二年

琦昌 滿洲正白旗

夏文蔚 雲南昆明進士

利川 齊廷芳 順天寶坻舉人

東鄉 喻大鏞 浙江海寧監生

建始 張世圖 順天大興監生

三年

秀倫 滿洲鑲黃旗

鶴峰 郭文秀

大 顧蘷梅 江蘇長洲監生

乾 盛世文 浙江秀水監生

東鄉 徐鳴謙

南坪 張成濟 浙江山陰供事

四年

建始 李芬 貴州安化舉人

建始 張鉅萬 順天大興監生

浙江會稽監生

建始 熊廷燮 江西進賢

五年

來鳳 方策 福建閩縣舉人

張廷彬 江蘇江都監生

六年

麼音泰 漢軍鑲黃旗

宣訓 王綱 四川江津舉人

利訓 楊文煒 江夏優貢

經歷 徐炳然 浙江會稽監生

司 楊澧 順天大興監生

恩施 陸家昆 順天大興監生

七年

咸豐 趙鵬翔 直隸獻城進士

來鳳 祥福 滿洲正黃旗舉人

宣訓 周之煜 天門舉人

忠路 繆庭澂 江蘇江陰監生

利川 章模 順天大興供事

來鳳 徐聖薇 江蘇無錫監生

八年

建始 李慶英 安徽當塗舉人

宣恩 周泰階 廣西臨桂舉人

來鳳 孫蓂 鍾祥歲貢

乾 王國楨 浙江上虞供事

建始 施鴻恩 浙江山陰供事

利川 王汝彤

建訓 周鯤化

東鄉 溫福

九年

河南信陽舉人

鍾祥舉人

江西石城監生

恩論 高德政 江陵舉人

李翰容 順天大興監生

東鄉 林文蔚 福建閩縣供事

咸訓 賀壽運 蒲圻舉人

來 楊承鏞 浙江定海監生

十年

宣恩 劉本澄 安徽太湖監生

來訓 李大訓 潛江歲貢

司 柯養德 甘肅西寧供事

建始 李林 四川綿竹舉人

十一年

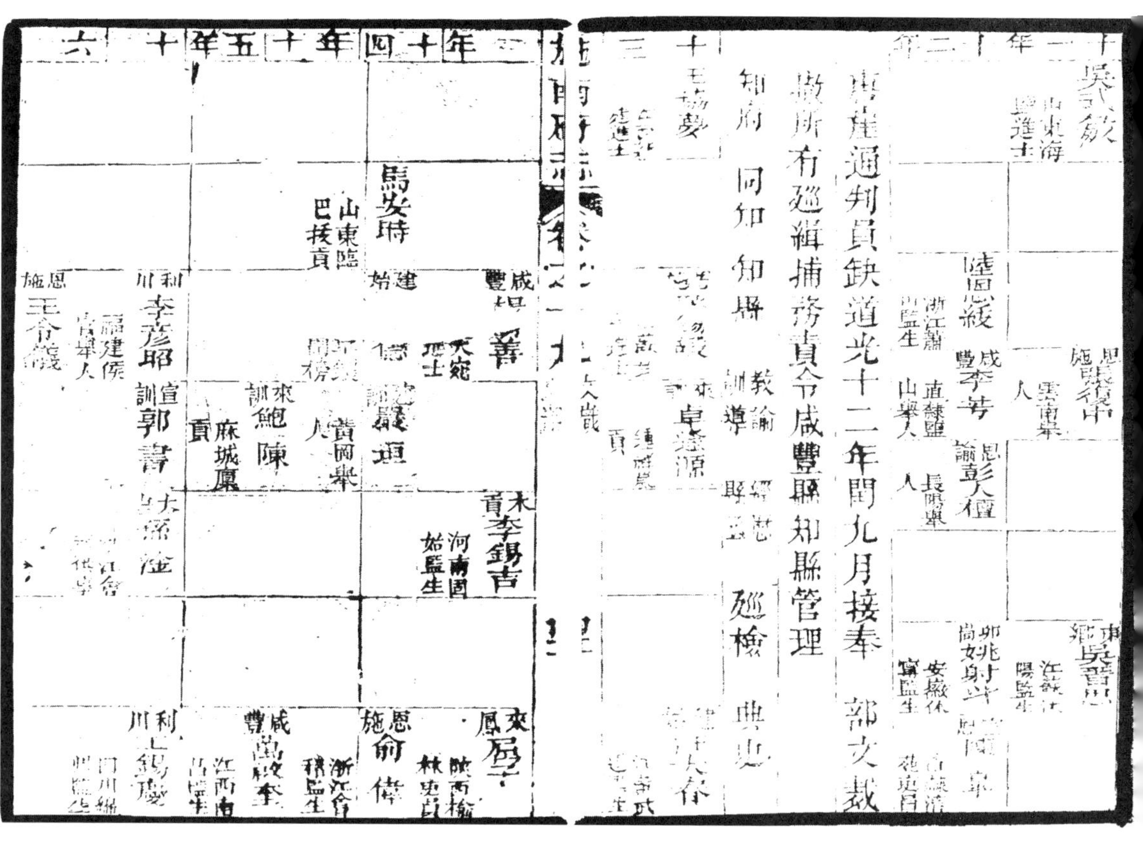

十一年
吳式敘 山東海豐進士 | 恩施 張復申 雲南舉人 | 東鄉 吳晉 江蘇江陽監生

十二年
陸嘉穀 浙江蕭山監生 | 咸豐 李芳 直隸鹽山舉人 | 恩諭 彭大僊 長陽舉人 | [illegible] 姚射斗 安徽休寧監生 | [illegible]

專隸通判員缺道光十二年閏九月接奉
部文裁撤所有巡緝捕務責令咸豐縣知縣管理

知府　同知　知縣　教諭　訓導　經歷　縣丞　巡檢　典史

十三年
王協燮 [illegible]進士 | [illegible] [illegible]貢 | 來 卓遠源 [illegible] | 建 [illegible]大春 [illegible]

十四年
馬安時 山東臨巴拔貢 | 咸豐 楊善 大宛平進士 | 建始 嚴垣 黃岡舉人 | 來 李錫吉 河南固始監生 | 來鳳 屠[illegible] 陝西榆林[illegible] | 恩施 俞偉 浙江會稽監生

十五年
來訓 鮑陳 麻城廩貢 | 咸豐 高殿奎 江西南昌舉人

十六年
利川 李彥昭 福建侯官舉人 | 宣訓 郭壽 | 大[illegible] 孫[illegible] [illegible]江會[illegible] | 恩施 王介錢 | 利川 [illegible]錫慶 四川[illegible]監生

十七年
阿爾泰阿 滿州鑲黃監生 | [illegible] 江蘇金匱監生 | 宣恩 龔煥枝 江西南昌進士 | 府訓 哈廷珍 漢陽舉人 | 羅田舉人 | 經歷 劉光杰 順天宛平供事 | 崔家 楊鸞遲 順天大興議敘

十八年
[illegible]俊 | [illegible]式 滿州鑲黃筆帖式 | 咸豐 錢香雲 江蘇長洲監生 | 來鳳 宋其浚 山西汾陽舉人 | 利川 [illegible]旭 江西都昌舉人 | 來 鄭開 順天宛平廩生 | 恩施 胡化[illegible] [illegible]議敘

十九年
建始 徐炳然 浙江紹興監生 | 大岩 顧瑞熊 浙江會稽監生 | 崔家坝 梁耀宗 河南光州監生 | 張家坪 孫培基 山東福山[illegible]

二十年
顧椿 廣西臨桂進士 | 宣訓 蕭鉅運 黃陂舉人 | 來訓 吳[illegible]涵 | 忠路 郭翰宗 山西介休監生 | 經 [illegible]清州 浙江[illegible]

年 二十一年 二十二

利川 金寶樹 江蘇元和進士

[illegible] 鍾祥廩貢

利川 彭惠疇 江西新昌進士

恩施 楊松蓉 雲南浪穹進士

來鳳 王慶元 陝西大荔附貢

恩施 劉兆玉 鍾祥舉人

來鳳 劉鎮岐 崇陽廩貢

恩施路 沈松齡 浙江仁和監生

建南 劉聯[illegible] 四川[illegible]昌吏員

南坪 蔣見坐 順天宛平吏員

恩施 趙萬年 甘肅皋蘭吏員

年 二十三年 二十

咸豐 鄭長齡 直隸豐潤舉人

宣恩東鄉鎮巡檢員缺道光二十二年十二月奉部文裁撤移駐武昌府崇陽縣桂口

何大經 福建侯官進士

利川 吳人彥 安徽涇縣監生

來鳳 陳炳常

大[illegible] 王敬烈 山西趙城貢生

崔家壩 吳敦任 安徽涇縣監生

宣恩 [illegible]梓 山東諸城從九

恩施路 龍柏齡

李壬華 四川吏員

建始 楊瑞 浙江餘姚議叙

來鳳 [illegible]

施南府志 卷十八

四年 二十 年 二十七年 二十八年

善福 漢軍正藍監生

宣恩 彭鳳池 廣西龍川監生

浙江歸安舉人

恩施 廖華國 武昌舉人

來鳳 黃秉纖 順天大興保舉

咸豐 黃學喆 潛江舉人

利川 常懿麟 山西鳳台增貢

來鳳 程錫金 雲夢廩貢

廣東順德監生

張燭武 河南光州監生

張家坪 黃元泰 陝西長安吏員

建南 胡傳灝 江西南昌監生

張家坪 宋映辰 浙江錢塘從九

宣恩 徐[illegible] 順天大興監生

咸豐 夏獻寶 江西新昌監生

江蘇無錫保舉

二十九年 三十年

恩施 李嘉瑞 順天大興舉人

來鳳 林士端 安徽懷遠舉人

咸豐 王永益 甘肅武威吏員

宣恩 姜國祺 江西清江拔貢

建始 張烜 漢陽舉人

咸豐 [illegible]

謝瀠 陝西朝邑監生

陳傳書 湖南衡山監生

倪明遠

咸豐元年

[illegible]貢

來鳳訓 曹[illegible]誠 江夏廩貢

廣東海陽附貢

咸豐 劉聯第 四川隆昌吏員

恩施 吳世鼎 甘肅皋蘭保舉

咸豐 錢悌 浙江紹興監生

咸豐 平震 順天大興監生

利川 熊[illegible]鏞 順天大興監生

二年

恩施 蔣光鑾 四川進士

來鳳 [illegible] 江西宜[illegible]監生

三年

來鳳訓 閔洪 江夏廩貢

咸豐 張炳輝 河南偃師舉人

四年

來鳳 黃觀元 浙江鄞縣副榜

恩施 顧安鵬 江西萍鄉監生

建始 馮端禮

五年

六年

建始 雷凌駿 四川長壽舉人

恩施諭 陳炳甲 蘄州舉人

河南祥符監生

七年

恩施 王甲曾 江蘇江都舉人

府訓 高維嶽 江夏附貢

利川 蕭炳臨 福建光澤舉人

朱滂 浙江會稽監生

八年

朱啟仁 順天大興監生

恩施 多壽 鑲黃旗附生

來鳳訓 周振本 咸寧貢生

恩施 董丙銓 浙江會稽監生

九年

宣恩 陳文焰 浙江山陰監生

利川訓 楊必昌 襄陽貢生

咸豐 盧慎[illegible] 福建永定舉人

來鳳 王頌三 江西興國拔貢

建始訓 賀九如 蒲圻舉人

經歷 徐元杰 湖南善化監生

毛學詩 江西新昌議敘

恩施 胡丕組 安徽六安監生

十年

來鳳訓 張源浚 鍾祥廩貢

來 恭錦 正黃旗附生

利川 殷棣 江蘇上元議敘

十一年

宣恩訓 蔡景星

李世英

蘄州舉人

南坪 凌治鑑 陝西長安監生

陝西富平貢

同治元年

張錫麟 浙江錢塘進士

炳元 湖州正藍舉人

利川 黃調佑 安徽合肥拔貢

來鳳 任廷槐 江西玉山進士

建南 喬楨 陝西城固監生

恩施 余榮春 陝西城固監生

二年

咸豐 張梓 陝西宜川附貢

經歷 詹寶增 陝西郃陽附貢

[illegible]家壩 王勳 陝西涇陽附貢

來鳳 陳世禛 河南信陽監生

咸豐 彭紹鼎 江蘇溧陽監生

三年

[illegible]舉人

四年

建始 熊啟詠 湖南零陵監生

來鳳訓 項映 麻城廩貢

忠路 鍾觀光 廣東嘉應監生

乾[illegible] 劉獻之 湖南臨湘監生

宣恩 高聯逵 安徽貴池監生

五年

宣恩 胡昌銘

利川訓 徐崇文 蘄水附貢

咸豐訓 胡斌

[illegible]家坪 張鵬翰 陝西長安監生

南坪 朱念慈

江西南豐進士

黃梅舉人

江蘇六合監生

六年

張觀鈞 山西渾源進士

恩施 宋三恪 四川長壽監生

利川 潘滋榎 山東夏津監生

來鳳 尹文翰 山東蘭山拔貢

經歷 周文滌 河南商城附貢

建南 陳光祓 湖南巴陵監生

利川 王化方 湖南[illegible]縣監生

[illegible] 何紹軒 四川[illegible]監生

七年

八年

周應榕 河南祥符軍功

建始 盧夢麟 貴州貴定舉人

恩[illegible]諭 萬修墉 應山舉人

[illegible] 吳翔衢 河南遂平監生

恩施 廖鈞 江西南城監生

九年

咸豐 余思訓 湖南長沙舉人

大[illegible]宕 孫潮 順天宛平監生

[illegible]家壩 周在滋 湖南漵浦監生

施南府志卷之十九終

增修施南府志卷之二十

官師志

武職官表各官員額詳軍政志

明

荆瞿守備

任忠 呂鍾 許英 夏士麟擒賊受賞

柴高 樊華受賊降褫賞 張鐵 馮雍

韓泰 蔡豐 高崇 胡昂

潘璵 甄祥 沈經 吳綬

吳棟 陶戩 周寶 苗龍

楊元 王倫 陶希謙 湯世傑剿賊有功

周用中 呂昂 瞿汝益 鄭德明

丁元吉 宋奎 潘承嗣 彭昌祚

張應奎 張相 陳萬策 高應岳

劉永基 黃龍 柴時泰 熊光佐

章上達 劉俊 范光遠 楊縉

跻由義 鍾曉 袁千里 王輔

湯森 郭元

國朝武職官表

康熙四年以荆州鎮前營遊擊移駐施南衛設遊擊一員守備一員千總二員把總四員屬彝陵鎮標舊志惟備載遊擊以下皆缺畧謹以其可考者列爲表

施州營

	遊擊	守備	千總
康熙四年	趙充仁 南陽府人	鄒世玉	
九年	梁起雲 榆林衛人		
二十年	談國經 西寧衛人	陳士昇 江南武進士	
二十三年	劉明德 漢軍鑲藍旗人	張艮佐 衢州武進士	
二十六年	盧達 江西建昌人		
三十一年	陳龍 福建漳州人		

三十四年 李通 安陸人

三十七年 盧德 直隸人

四十五年 薛朝龍 陝西人

四十六年 劉龍 陝西人

四十八年 林濟 江南武進榜眼 齊文勝 山東人

五十五年 袁瑜 涼州人 史開泰 涼州人

雍正元年 董永寧 山東人

四年 馬之岱 武昌人 李秀 山西固原人 魏天章

九年 劉策名 四川成都人 吳永遠

十三年 魏國徵

雍正十三年設各官員額詳軍政志

施南協營

副將 都司守備 千總 把總

乾隆元年 黃繼善 寧夏中衛 都司 鞏鉞 陝西盩厔進士 宜恩 王應正 恩施行伍 存城 徐成貴 左營 王文進 崔壩 錢選 恩施人 右營 陳世隆 河南筸行 忠峝 袁正德 恩施行伍

二年 建始 邱國元 恩施行伍 大旺 潘國臣 恩施行伍

六年 張大猷 陝西固原人 都司 王文進 存城 賈思賢 恩施人 左營 龔學序 湖南郴州人 建始 吳文[illegible]

年八年九年十年十一年

1		湖南溆浦行伍		四川人
2				崔霸朱光
3				恩施行伍
4	王守乾		宣恩張士相	
5	陝西乾州人		恩施行伍	
6		左營趙宏榜		
7		湖南零陵行伍		
8		右營楊琦		
9		湖南長沙行伍		

十二年十三年十六

1		都司陳世隆		
2		湖南		
3				
4		左營楊炎		
5		陝西武舉寧湖人		
6		右營王愷		
7		南漳行伍		
8	李勳	都司王介福	宣恩姚燦	
9	貴州鎮遠人	山西鴻濤進士	恩施行伍	
10		右營李之安		

年十七年十八年十九

1		湖南武陵行伍		
2		來鳳胡文炳	來鳳王朝元	
3		湖南武陵行伍	東湖行伍	
4	胡世榮			
5	貴州普定人	右營李維元		
6		東湖行伍		
7			宣恩陳大用	存城熊安國
8			恩施行伍	恩施人
9				建始黃國正

年二十年二十二年二十三年二十四年

1				四川人
2	路嶬			建始徐元功
3	陝西長安人			四川人
4				大旺陳錫疇
5				恩施行伍
6			宣恩袁英	南坪楊應松
7			恩施	恩施人
8		右營袁起祿		
9		澧門行伍		

三 蔡瓊玫 四川人
宣恩 李廷英 恩施人
十
五
忠峒 謝如鼇 湖南武陵武舉
建始 王世龍 四川人
存城 陳克讓 恩施人
忠峒 褚鑑
十六

八
[illegible] 行伍
建始 葉汝蕃 四川巫山人
三
高益 滿洲鑲黃旗人
建始 張麟 恩施人
十
忠峒 王敬緒 遠安行伍
四
十
二
唐崖 周成龍 東湖行伍
年

三 劉艮臣 山西榆林人
宣恩 王正綱 恩施行伍
建始 余國佐 宜昌人
十
三
林炳昰 廣西海陽進士
建始 陳克勳 恩施行伍
宣恩 王發第 恩施人
建始 戴人鶴 湖南武陵武舉
七
十三年
宣恩 唐光茂

[illegible] 湖南武舉人
右營 王廷瑞 四川華陽人
建始 柳懋德 恩施人
右營 袁起祿 荊門行伍
四
左營 王貴 陝西長安人
宣恩 曹夢熊 利川行伍
存城 鄧文光 襄陽行伍
右營 李國典 湖南沅江人
咸豐 吳開泰 鶴峰行伍

一 年四十二年四 十 三 年四 十十 四

陳大恩 福建漳州 騎都尉

都司 楊光明 湖南永綏人
左營 蕭應得 湖南瀘溪人

來鳳 羅世德 陝西西安武舉
利川 袁廷英 恩施人

孛城 滘之炆 東湖行伍
崔壩 汪應龍 東湖行伍
大旺 柳懋德 陝西潼關武舉
咸豐 李安國
江西南昌武舉
建始 康世龍 江西德縣人
南坪 劉正龍 東湖行伍
忠路 高震虎 遠安行伍
咸豐 滕鵬陞 江西南昌武舉

四 年四十六年四十七年四十八年四十四 九年五十一年五 十 二 年

樊繼祖 四川三台 一等輕車都尉

左營 汪應龍 東湖行伍
都司 梁 煥 貴州清江人
左營 張俊杰 江夏行伍
右營 朱吉典
湖南永順人
都司 張 順 湖南郴州人
左營 田業昌 湖南沅江人
右營 王 愷 南漳人

來鳳 趙元長 陝西長安行伍
利川 柳懋德 陝西潼關武舉

南坪 朱 宣恩行伍
唐崖 熊景泰
唐崖 袁天倫 恩施行伍
大旺 魏愼德 恩施行伍
建始 陳國安
行
大旺 杜蓮順 江陵行伍
存城 賈光德 恩施人
唐崖 劉 鳳 興山行伍

四十三年 五十二年 五十六年 五十

左營 陳安信 湖南鎮筸行伍
右營 姚士華 江夏行伍
右營 宋吉典
都司 王愷

宣恩 袁天倫 恩施行伍
來鳳 柳懋德 陝西潼關武舉陞
利川 賈光德 恩施行伍

存城 譚明普 襄陽行伍
咸豐 朱槐 興山人
咸豐 滕美貴 恩施行伍
左翼 鍾志茂

七年 五十九年 六十年 嘉慶元年

南漳人
都司 張元善 直隸人

恩施人
南坪 黄國珍 恩施行伍
南坪 袁存禮 恩施行伍
咸豐 趙一申 恩施行伍

四 …… 五

五 烏爾卿額 滿洲鑲藍前鋒校

右營 魏尊德 恩施人
都司 周言昇 湖南巴陵人
右營 張玉璧 鄖陽人

忠峝 向開武 興山行伍
唐崖 龔宏基 鶴峰行伍
建始 王清 東湖人
大旺 鍾廷科 鶴峰人
南坪 董悅新

年 六 年 七 年 八 一 十

右營 修永宏 江陵軍功
左營 盧得新 穀城難廕

鄖陽人
咸豐 趙申
恩施行伍
咸豐 向元龍
忠峝 譚[illegible]纓 恩施行伍
咸豐 李光盛

恩施行伍

九年

南坪　覃光斗　恩施行伍

建始　黃興隆　鄖陽行伍

存城　陳國璉　湖南武陵行伍

建始　譚明善　襄陽行伍

十年

都司　張代鳳　鄖陽行伍

來鳳　楊陞　東湖行伍

建始　馬孚湯　施義勇

存城　鍾廷科　鶴峰人

右營　黃金玉　湖南辰州人

崔壩　陳連陞　鶴峰人

十一年

右營　從大智　湖南芷江人

大旺　楊敏賢

建南　王棨

十二年

都司　陳大倫　湖南武陵行伍

宣恩　陳連陞　鶴峰人

忠峝　姜忠懷　東湖行伍

十三年

曹星　河南祥符武舉

咸豐　趙必秀　恩施行伍

十四年

唐崖　史可富　恩施人

十五年

左營　張永清　穀城行伍

利川　楊敏賢　建始行伍

存城　賈光德

十六年

大旺　鍾廷科

建始　史可富　恩施人

十七年

存城　李文陞　恩施武生五品軍功

十八年

左營　黃成文　東湖行伍

來鳳　李光盛　恩施人

利川　楊陞

十

常寧

九年 三十年 二十一年 三十

蒙古雲壂 使

都司 黃金玉 湖南辰浣行伍陞

右營 張朝鳴 江夏行伍

利川 姜忠懷 東湖行伍

來鳳 馬貴 東湖行伍

大旺 黃玉龍 建始六品軍功

崔壩 袁廷英 恩施行伍

三年 十二四年 十二五年 道光元年 二

文奎 滿洲正黃 整儀尉

崔壩 袁大才 恩施行伍

宣恩 趙必秀 恩施行伍

唐崖 朱允明 枝江行伍

建始 許應泰 恩施行伍

利川 譚永祿

崔壩 王榮

年 三年 四 十 年 五

劉興國 四川成都人

都司 得寶 漢軍正藍侍衛

利川義勇

咸豐行伍

右營 王洪綱 鄖陽行伍

唐崖 楊應忠 恩施行伍

南坪 胡名揚 大岩武舉

左營 王桐 鄖陽義勇

宣恩 宋代富 東湖武生

崔壩 袁大雄 恩施武舉

年 六 一

咸豐 姜忠懷 調

建始 趙夌霄 武昌武舉

左營 馬貴 東湖行伍陞

存城 譚綸 恩施行伍

大旺 李文陞 恩施武生軍功

建南 宋聯陞

任　七　年

來鳳 趙淩霄 陞

大旺 謝洪魁 東湖行伍 東湖人

利川 胡名揚 陞

忠峒 趙永正 宜都行伍

南坪 燕宗賢 咸豐行伍

建始 許登俊 恩施行伍

年　九　年　十

都司 方展鵬 廣東東莞侍衛

唐崖 趙永正

忠峒 楊應忠 恩施行伍調

大旺 孫大用 宜都行伍

唐崖 王廷芳 恩施行伍

崔壩 潘天佑

年　十一年　十二年　十三年

崔壩 趙永正 恩施行伍

咸豐 鄧士科 恩施行伍

瑞琇 滿州正白侍衛

左營 羅永貴

都司 梁廷誨 東湖武生軍功 貴州古州行伍

十五年　十六年　十七

玉芳 滿州正白旗監生

都司 劉大鵬 安徽定遠武舉

忠峒 謝洪恩 東湖行伍

大旺 黃遠吉 恩施武生

存城 莫如德 東湖行伍

右營 張金榜

建始 李輔臣 鶴峰州行伍

年十八年十九年

江夏武舉

左營盧萬忠 江夏行伍

宣恩楊連 河南新野行伍軍功

都司胡定國 浙江山陰進士

來鳳李國雄 江夏世襲恩騎尉

宣恩劉正新 東湖世襲雲騎尉

來鳳張連科 遠安行伍

崔壩丁啟祥 恩施行伍

大旺謝紹龍 鶴峰州行伍

二十年三十二

佟昌 滿州鑲白旗漢軍

左營張正隆 江夏行伍

來鳳黃開甲 恩施世襲雲騎尉

利川王炎遂 東湖世襲雲騎尉

崔壩黃大鴻 枝江武生

建始周大銑 東湖行伍

利川袁開柄 恩施行伍

大旺余文富 東湖行伍

唐崖田宗炳 鶴峰州行伍

南坪嚴先登

年二十三年二十四年

雙福 滿州正白旗軍功

遠安行伍

建始陳德高 恩施行伍

利川羅渭鷹 荊門州武舉

建南邢偉成 穀城行伍

崔壩袁正常 鶴峰州行伍

大旺鄧士致 恩施武生

二十六年二十七年二十八年二十

楊青鶴 河南汲縣世襲雲騎尉

右營黃維蘇 巴東世襲雲騎尉

都司富興 滿州正黃旗世襲騎都尉

王家琳 安徽太湖進士

來鳳陳雲會 黃陂武舉

利川談尚榮 遠安行伍

建南劉發科

三年　四年

來鳳　譚榮名　恩施世襲恩騎尉
宣恩　周忠福　東湖行伍

東湖行伍
建南　孫廷彪　監利俊秀
唐崖　陳大福　東湖行伍
城守　向占魁　東湖行伍
咸豐　許大濱　恩施行伍

五年　七年　十年

惠春　滿州正白旗護軍

右營　魏金榜　江夏武生
左營　魏正清　江夏行伍軍功　未到任
都司　孫衡

利川　秦殿魁　孝感武舉
來鳳　禄興　荊州駐防前鋒
利川　黃占超　四川崇寧行伍

忠尚　李克儉　南漳行伍
建始　黃金全　穀城行伍
建南　袁泰來　恩施行伍

同治元年　二年　四年　五年

江夏行伍
左營　闕作勝　四川梁山鄉勇

宣恩　譚得芳　利川武生行伍
來鳳　楊得志　鄖縣行伍軍功

忠尚　李名貴　恩施行伍
大田　陳衡高　恩施行伍
城守　王家祥　東湖行伍
咸豐　陳士高　恩施行伍

六年　七年　八年

都司　殷開山　穀城行伍
左營　譚子達　房縣武生
左營　何紹淩　湖南道州鄉勇
右營　德亮　滿州正白旗人

利川　安祥

南坪　蔡長德　鄖縣行伍
唐崖　李開林

年	滿州正黃旗人
建南	南漳軍功
劉大榜	江夏武童軍功
□富昌	滿州正白旗人
咸豐	
闞發旺	襄陽軍功
建南	
田際楞	恩施行伍
年	

增修施南府志卷之二十終

增修施南府志卷之二十一

官師志

施南府

土司

宋

向永勝　嘉祐三年以施州蠻向永勝所領州爲安定州　宋史蠻夷列傳

向再健　紹興十二年詔以施州南砦路夷人向再健襲父思遷充銀青光祿大夫檢校國子祭酒兼監察

御史武騎尉知懿州事　同上

元

勾答什用　至元三十年四月師壁散毛峝勾答什用等四人各授蠻夷官賜以璽書遣歸　元史世祖本紀

覃順　至元三十五年五月散毛峝主覃順等來貢方物陞其峝爲府　同上

明

石山　洪武二十三年涼國公藍玉克散毛峝禽刺惹長官覃大旺等萬餘人置大田軍民千戶所隸施州

衛以玉奏散毛鎮南大旺施南等峒蠻叛服不常黔江施州衛相去遠難應援今散毛地與大水田相連宜置千戶守禦乃改散毛爲大田命千戶石山等領土兵一千五百人置所鎮之 明史土司列傳

冉舜卿正德元年命大田千戶所千戶冉霦子舜卿爲指揮僉事以自陳討川寇功也 同上

覃大勝 覃大旺 覃大興 田答谷 洪武四年元施南道宣慰使覃大勝弟大旺副宣慰覃大興光寶 容美宣撫田光寶 子答谷等皆來朝納元所授金虎符命以施州宣慰司爲從三品東鄉諸長官爲正六品以流官參用 同上

墨池 驢吾 阿巨 洪武五年忠建元帥墨池遣其子驢吾率所部溪洞元帥阿巨來歸附納元所授金虎等并銀印銅章誥敕置忠建長官司及沿邊溪峒長官司以墨池等爲長官 同上

覃野旺 覃起剌 洪武五年散毛宣慰司都元帥覃野旺上僞夏所授印十七年散毛沿邊安撫司安撫覃野旺之子起剌來朝命爲本司僉事 同上

田思進 子忠孝 洪武二十二年命忠建宣撫田思進之子忠孝代父職時思進年八十餘乞致仕故有是命 同上

覃友諒 覃添富 田應虎 田大民 田谷佐 覃忠孝 永樂二年復設散毛施南二長官司先是洪武初諸土司長官來降者皆予原官蠻苗吳面兒之亂諸土司地多荒廢長官亦罷承襲至是故土官之子覃友諒等以招復蠻民請仍設治所以其戶少降爲長官司隸大田軍民千戶所以友諒爲散毛長官覃添富爲施南長官四年改施南散毛仍爲宣撫司以友諒添富來朝故也以田應虎爲龍潭安撫時應虎來朝言其祖父自宋元來俱爲安撫自蠻亂併其地入散毛隔遠難治乞仍舊從之時高羅安撫田大民言招復蠻民四百餘戶乞還原職治所木冊長官田谷佐唐崖長官覃忠孝並言父祖世爲安撫洪武時大軍平蜀民驚潰治所廢今谷佐等招集三百餘戶請襲許之

覃興 覃忠 覃英 田大英 覃天貴 永樂五年

鎮南長官覃興等來朝稱係世職洪武中廢今招徠蠻民三百戶乞仍舊從之同時設東鄉五路安撫以覃忠爲之隸施南既復設忠路忠孝金峝三安撫司隸施州衛以覃英田大英覃天貴爲之皆因洪武間蠻民散廢其治所今忠等以故官子姪來朝奏請復設並從之各賜印章冠帶

覃喧爲散毛宣撫司

黃縉瑄散毛宣撫司副使

譚文壽木冊長官司長官以上三人俱見控制紀畧

向麥答踵搖把峝長官見兵事志

田賢木冊長官

覃彥龍金峝安撫　以上二人見控制紀畧

黃俊龍潭安撫司見兵事志

覃大寧忠路安撫見控制紀畧

覃壁金峝安撫土舍見控制紀畧

各土司始宣德二年設建南長官司隸忠路安撫搖把峝上愛茶下愛茶峝三長官司及鎮邊隆奉二蠻夷官司皆隸東鄉五路安撫東流臘壁峝二蠻夷司隸散毛宣撫石關峝長官司西萍蠻夷官司隸金峝安撫皆以其酋長爲之先是忠路安撫司等各奏前元故土官子孫牟酋蠻等各擁蠻民久據谿峝今就招撫請設官司授以職事兵部以聞帝以馭蠻當順其情所授諸司宜有等殺兵部議以四百戶以上者設長官司四百戶以下者設蠻夷官司元土官子孫量授以職從所招官司管屬皆從之令三年一朝貢如故事

國朝

忠孝安撫司田京前明長官司田永豐子康熙八年襲職授總兵十九年告休子昌祚昌祚子璋遞襲至雍正十三年歸誠十三年改爲恩施縣璋隸漢陽世襲千總璋故長子世位襲璋次子世海襲擢荊州水師營守備

東鄉五路安撫司覃壽椿遞襲至雍正十三年歸誠改流其地入於恩施縣境

忠路安撫司覃承國前明宣慰司進孝子康熙元年以征譚逆功襲前職子世藩世藩子建侯建侯子茈梓

由遞襲至雍正十三年歸誠改爲利川縣楚梓隸漢陽世襲千總累擢貴州提標叅將楚梓故姪章繡襲章繡故子殿雄襲殿雄故弟殿勇襲

金峝安撫司覃世英康熙四十三年襲子邦舜歸誠改爲咸豐縣乾隆二年邦舜隸漢陽縣籍世襲千總邦舜故子廷建襲累擢山東德州營叅將

龍潭安撫司田厯國康熙五年襲至田貴龍歸誠雍正十三年裁其地入於咸豐縣乾隆二年貴龍隸江夏縣籍世襲千總貴龍故子朝舉襲朝舉故子勝祖襲

勝祖故子萬春襲

忠建土司雍正十三年裁其地入於恩施縣

施南宣撫司康熙年間襲雍正十三年裁其地入於宣恩縣 按東鄉忠建施南二司俱因獲罪改流故無世襲

大旺安撫司田永封子安國安國子玉玉子正元遞襲雍正十三年裁其地入於來鳳縣乾隆二年正元隸孝感縣籍世襲千總正元故子大德襲

忠峝宣撫司田楚珍順治初調征播州敘功襲前職子桂芳桂芳子雨公雨公姪光祖遞襲雍正十三年裁其地入於宣恩縣乾隆二年光祖隸江夏縣籍世襲千總

漫水宣撫司向國泰子正乾正乾子庭富遞襲雍正十三年裁其地入於來鳳縣乾隆二年庭富隸孝感縣籍世襲千總庭富故子恩榮襲累擢甘肅馬營都司

西萍蠻夷長官司雍正十三年裁其地入於咸豐縣

東流長官司田獻章子玉璧玉璧子興仁興仁子堯封遞襲雍正十三年裁其地入於來鳳縣堯封隸孝感

縣籍世襲把總堯封故子邦榮襲

臘璧長官司田琦康熙元年頒給印信琦子朝杜朝杜子俊德俊德子封疆遞襲雍正十三年裁其地入於來鳳縣封疆隸孝感縣籍世襲把總陞廣東督標守備封疆故孫受乾襲

卯峝長官司向舜雍正十三年裁其地入於來鳳縣乾隆元年向舜籍隸孝感縣

百戶土司向杜遠子金鑾金鑾孫權遞襲雍正十三年裁其地入於來鳳縣乾隆二年權隸孝感縣籍世襲

把總權故子玉璽襲玉璽故子振綱襲
高羅安撫司田飛龍順治初襲子國鼎國鼎子昭遞襲
[illegible]雍正十三年裁其地入於宣恩縣乾隆二年昭隸漢
陽縣籍世襲千總昭故子永興襲
散毛宣撫司覃勳麟順治初襲勳麟子鴻基鴻基子烜
[illegible]遞襲雍正十三年裁其地入於來鳳縣乾隆二年覃
烜隸江夏縣籍世襲千總無嗣
沙溪宣撫司黃天奇康熙四年襲天奇子楚昌楚昌子
正爵遞襲雍正十三年裁其地入於利川縣乾隆二

年正爵隸江夏縣籍世襲千總乾隆四十六年正爵
故子恩榮襲陞福建延平守備
建南長官司雍正十三年裁其地入於利川縣
木冊長官司田經國子生瓊生瓊子濟民濟民子應鼎
遞襲雍正十三年裁其地入於宣恩縣乾隆二年應
鼎隸孝感縣籍世襲把總子孫龍襲
唐崖長官司覃宗禹康熙四年以宣慰司改給長官司
印宗禹子鋐鋐子溥澤溥澤子梓椿梓椿弟梓桂遞
襲雍正十三年裁其地入於咸豐縣乾隆二年梓桂

隸漢陽縣籍世襲把總梓桂無嗣以兄子光烈襲乾
隆三十七年光烈故子世培襲
謹按土司各省均有歷代羈縻弗絕但服屬年久奉
正朔襲冠帶給予世襲傳子及孫雖不得號為封建
蓋亦竊比附庸矣因纂施宜二府土司改土歸流以
前封襲生卒附藩封之後湖北通志
謹按湖北通志載施宜各土司在宋時紀珍奨等州
刺史俱非湖北地元明以來不及詳考惟於歸流以
後各司承襲生卒極為詳明蓋有冊檔可徵故也雖

改土以後籍隸江漢諸縣然其先固施人也茲仍登
諸志而宋元明以來亦詳稽各史增刪成編焉

增修施南府志卷之二十一終

增修施南府志卷之二十一

官師志　名宦　政績　土司

施在秦漢以前名宦無可考隋唐以後亦不數覯焉宋代治法稍備良吏之載史傳者至五六人而舊志已載無遺今於已列祠祀者次序於前其他或有功德或死事此地者亦依時代立傳矧爲政績所以慎重祀典亦不没人善也志名宦政績而附土司於後

名宦

隋

李超字仲舉隴西人大業間清江令治績懋著爲當時最民戶祝之　明一統志

唐

南承嗣魏州頓邱人霽雲之子歷施涪二州刺史柳宗元稱其服忠思孝無替負荷　明一統志

房武河南洛陽人由盩厔令擢施州刺史有遺愛民德之仕至興元尹韓愈爲作墓誌銘　明一統志

張道古字子美臨淄人乾寧間遷左拾遺上疏言國家有五危二亂貶施州司戶參軍

宋

侯延賞爲施州巡檢使眞宗嘗召問蠻事延賞言民無他求惟欲鹽耳上乃召夔路轉運使丁謂措置詳控制紀畧

寇瑊字次公汝州臨汝人眞宗時進士授遂州軍事推官徙開封府推官會施州蠻叛轉運使移瑊權領施州先是戍兵仰他州饋糧瑊至請募人入米償以鹽軍自足而民力紓　宋史列傳

龐恭孫字德孺單州武城人潁國公謚莊敏公籍之孫蔭補通判施州崇寧中部蠻向文疆叛詔轉運使王蘧領州事致討恭孫說降文疆而斬之蘧上其功進三秩仕至徽猷閣學士　宋史列傳

李周字純之馮翊人登進士第通判施州州界羣獠不習服牛之利爲闢田數千畝選諭戍知田者市牛使耕軍食賴以足　宋史列傳

任伯雨字德翁眉州眉山人進士第調施州清江主簿郡守檄使莅公庫笑曰里名勝母曾子不入此職何

爲至我裁拒不受 宋史列傳

崔公許字秀與一字希頻敘州宣化人嘉定中進士金人犯閬中制置使桂如淵遁三川振動朝廷擢李埴代之辟公許通判施州行戶曹事公節浮費疏利源民不增賦而用足時諸將乘亂抄掠事定自危以重賂結幕府大將和彥威懷金寶以獻公許正色卻之彥威慙而退吳彥者緘僧牒於書尾以進公許卷還之而責其使聞者畏服仕至寶章閣學士 宋史列傳

王在武陵人理宗端平初進士治周禮眞德秀知貢舉在擢冠本經舉判施州城陷不屈死之 宋史忠義

李庭芝字祥甫其先汴人後徙德安嘉熙末江防甚急庭芝之得鄉舉不行以策干荊帥孟珙時四川有警帥以庭芝權施之建始縣訓農治兵選壯士雜官軍教之期年民知戰守善馳逐無事則負耒而耕有事荷戈而戰夔帥下其法於所部行之後德祐三年加庭芝參知政事督師勤王元兵大集戰敗死之 宋史列傳

明

朱永字遇純鳳陽人洪武十四年任施州衛指揮僉事拓東北一帶城垣安集軍民數千家陞廣東都指揮昔去後人戶祀之 明一統志

黄溥字澄濟廣信弋陽人天順二年由四川按察使謫施州衛經歷興廢省役不專事法律初施學同雲貴例士以選貢目不知書溥至選官民子弟親爲授經士始向學在任九年起廣東按察使 舊湖廣通志

李堯德永年人已未進士土寇黄中既平議設兵備駐扎隆慶二年德以車駕副郎任湖廣按察使司僉事駐扎施州衛振武數文誅黄中族黨戮散毛宣撫覃梁施南宣撫覃宁陞本省布政使司歷陞陝西巡撫 舊衛志

龐一德南海人衛學教授造就士類重修衛志 舊衛志

譚頴然茶陵舉人嘉靖初令建始悉心撫字勸課農桑稱循吏焉 舊衛志 以上俱崇祀

政績 去思附

宋

黄希遜淳化五年六月賊攻施州指揮使黄希遜擊走之 宋史太宗本紀

董鉞熙寧六年與察訪梓夔事熊本夔路轉運判官董鉞副使孫珪以招納本州蠻酋內附寇平俱以招納功被賞 宋史蠻夷列傳

王立天聖初爲夔州路轉運使施州徼外蠻利得賜物每歲求入貢者甚衆所過煩擾爲公私患立奏令以貢物輸施州遣還溪峒又城施州通雲安軍以運鹽朝廷嘉之 舊志

謝昌元開慶元年四月乙酉知施州自備糴錢百萬米麥千石築郡城有功詔轉一官 宋史理宗本紀

熊伯明咸淳十年權總制施忠部將與知秦州龔準以天長縣東橫山秦童洞青溝口等處戰功推賞 宋史度宗本紀

元

王守仁太原人至元間知施州廉明剛謹均賦寬役時有禾雙穗牛一犢之瑞 舊夔州府志

郤濃知施州築州城有功吏民思之 舊衛志

明

李才施州知州與州同孫明用州判王傑吏目李毓秀洪武十四年覃芳諸蠻叛圍州城糧盡力屈城陷並死之 舊夔州府志

胡士能施州知州洪武二十年安福蠻夏得忠結諸蠻叛攻城遇害 舊夔州府志

汪澤歙縣人衛經歷土寇黃中負固攻圍數月不克澤上寨作質誘其出降及下寨擒之餘黨磔殺澤今上寨高塚猶存一云澤以公事至荆謁分巡吳公面諭黃中事令其相機撫降無致朝廷勞費澤歸自勵約衛人冒險登寨開諭黃中降川兵妬之追逐迫急失足墜崖死二志不同今兩存之

梁思泰珠崖人荆州府通判天啟二年督施兵援黔戰敗罵賊死 舊衛志

國朝

徐倚謀江南武進士康熙四年王觀興出山投誠題衛民至荆蒙上憲釋回選徐守備蒞衛事闢草萊招流亡給牛種銀若干次年墾數完官益亦撫字而心勞焉 舊衛志

左其選彝陵人爲建始令自戊子兵燹後邑人烟十五

年矣其選於康熙四年至建始縣借典史尹德攜一僕茹蕨飲水共民出入者三閱月親刈荆棘環堵衛舍招回流民數百人定縣治興學勸墾三年致政舊夔州府志

吳李芳湖廣人內閣中書改補建始令建始士著甚稀按年文武生僅十名公教導三年士著入學二十八名自是始登賢書歷任後士民請祟祀名宦史晟贊其輔端曰撫民以寬勵士以勤刑不刻而民懷畝不履而野穿 舊夔州府志

史晟福建晉江舉人康熙二十六年令建始兵燹後糧僅三十石公廳俱草房晟竭力經營創建學宮縣署易以瓦房五間常平義倉悉爲經始奉文益賦至六十餘石而民不擾真循吏也 舊夔州府志

武令謨山西太原進士建始令留心民瘼培植人材邑人秦應光少孤貧公奇其才命與己子共讀朝夕提命後舉鄉試任河南淅川令有循聲皆公力也其他邑人士亦多所成就 舊夔州府志

張良佐浙江衢州武進士施南營守備精騎射工書法禮士戢兵丙丁虫荒運米巴夔兩路接濟民賴以生焉 舊衛志

劉珙徽江西臨江進士建始令聽斷勤敏加意學校公餘招集諸生講論經史勗以實行建邑之士習民風賴以主持

武怡陝西臨潼舉人雍正八年任建始縣知縣在任十年清廉愛民勸學禮士惠政孔多以老致仕歸舟至江中值暴風大作驚濤四起舟子白公請以豬羊許愿公不許手揮一絕投江中詩曰武怡作令不虧民那有豬羊祭鬼神居官若有欺心事船到波心不保身頃刻風平浪靜當危急時其夫人金釧投水中默祈神佑及舟泊岸家人輩買魚沽酒相慶剖魚腹而所投之金釧在焉持以白公共相驚異此語雖近荒誕然故老相傳亦足以徵公清廉之政可質於神明矣迄今中元節各鄉民皆焚冥鏹奉之以酬公德

田三樂直隸深州貢生乾隆元年任施南知府四年詳請宣恩來鳳咸豐利川四縣士童另編新字號附恩施縣一體考試如文理可觀每於恩施正額外四縣

共取一二名暫隸恩施縣儒學管轄題准四縣生童
每遇歲科試照貴州古州增設苗額之例酌量取進
一二名應如所請詳學校志其振興學校作育人材
有足多者
夔舒滿洲鑲黃旗人世襲騎都尉任施南知府莅治三
載愛民恤物將去百姓強留不得行有臥轍攀轅難
徑去臨淮盛事在於今之句蓋紀實也
王如珪宛平人貢生任施南知府莅政精明吏民咸服
整飭士習諄諄以殖學立品爲訓命訓導宋蘩纂輯
府志自爲之序令得藉爲粉本焉
錢士雲雲南昆明進士任施南知府善政善教士民愛
戴陞荊宜施道
張應蕙江西鉛山人副榜任施南知府勤於政治勸修
學宮詳請府學及宣來咸利四縣設學官併入學額
數倡修考棚免生童遠赴宜昌附試之苦建塔五峰
山頂修理城池民至今思之
呂世慶餘姚舉人署施南知府爲政精密嚴懲嘓匪聚
民安堵特設鳳山書院命府學訓導兼掌其教時自

與士子考課文藝及身心性命之學
獻琛錢塘貢生任施南知府在官三年利興害除詳
請學政按施考試立學官臥碑設文廟鐘鼓於名宦
鄉賢神牌移守荊州士民至今思之
施光輅浙江舉人任施南知府聽斷公明民咸畏服
陳嘉謨浙江錢塘進士任施南知府精嚴爲政慈祥居
心去後士民思之
尹英圖字北窗雲南蒙自人乾隆丁未進士歲壬子選
授恩施縣知縣有惠政嘉慶元年川省教匪竄入縣
境公率領紳衿義勇於縣屬之荆竹園擒獲賊首殲
除餘匪賊又擾利川縣之長堰塘公會利川知縣陳
春波奉節知縣周景福合三縣義勇及本協弁兵勦
除淨盡事　聞　特旨加知府銜嘉慶七年授施南
知府詳兵事志
楊毓江字作舟陜西府谷進士由戶部郎中補授施南
知府潔己愛民創立南郡書院振興文教吏畏民懷
惠政不可殫書至今猶尸祝之道光十三年士民請
祀名宦格於部議不果行

譚光祥字蔺楷江西南豐進士以戶部河南司郎中銜授施南府知府蒞前太守創修南郡書院之議倡勸而落成之以振興文教為急務維時用匪不靖公用守望相助法教民待暴以及平訟拔奸蠹務變道日久不遑居勤政愛民不可枚舉後移守武昌府以憂勞終而家人竟不能舉火其清廉如此

佟景文滿洲正白旗進士任施南府知府公餘主講南郡書院懇懃課士文風大振其孝行尤足為士民楷模

王協夢字松廬江西德化進士儉以養廉正色率屬六邑有稍歉於吏治者輒已之鏡懸虛堂吏秉官箴守施數載民遊熙皞之世案牘餘閒復留心學校士之以文藝就質者靡不細加黜竄府志賴以集成付梓升江南觀察解任去迄今且四十年矣施之人知與不知皆爭相稱道

何大經字左卿福建侯官進士潔已率屬仕不廢學每度務精詳不動聲色施人思之

夏錫麒字雲舫浙江仁和進士培植士類留心民瘼尤善辦荒政同治年間郡荒救活貧民無算卒於任父老至今猶稱道之

張觀鈞字貽山山西渾源州進士銳於任事吏治嚴明人無敢欺尤嚴於課士增置膏火文教振興其禁婦女入廟燒香實有關風化嘗自額其齋曰願聞過齋可謂能以虛受人者

松林字茂亭滿洲正藍旗官學生以秋曹出守倜達鄉民多不識書創設啟蒙義學數處嘗自額其堂云不貪為寶又於廳事箴其楹曰當官先要品端行正

處世尤宜心平氣和可以見其概矣

紐正紀江南吳縣人太田千戶陞桑植守備以熟悉苗情特疏改補恩施令

鹿驄豫阜陽貢生任恩施令革陋規整士習扶弱鋤強幾於無訟任至貴州貴西道民於官坡建祠祀之今圯碑猶存

于執中字君敬山東昌邑人授湖南永順衛經歷雍正七年永順既改歸流經歷缺裁制府以其才猷明敏又熟悉苗情檄委協理恩施縣事乾隆元年遂補來

鳳令捐廉建本城及大旺義學二所置田四十五畝以資膏火

張沖河南太康人雍正癸丑進士任來鳳知縣多惠澤附郭西南一帶膏田以數頃計皆捐俸鑿渠以資灌溉

劉毓璠陸豐舉人恩施知縣才識通敏歷任有能聲

楊應求江西臨川舉人乾隆三年任利川知縣下車之始即創建衙署 文廟多方撫䘏勸民耕作撫字十載不辭勞瘁由是四境安謐人民得所至今父老猶

稱道不衰

邱岱鑲紅旗舉人乾隆十八年任建始知縣樂易愛民事必親理加意學校修葺城垣創建五陽書院勸輸置買房舍以資膏火課士勤嚴教澤所留科名相繼又創建明倫堂與節孝祠在任十餘年多方撫字至今口碑載道

林翼池福建同安進士任來鳳知縣重修岐陽書院定婚喪之禮創修邑志心存仁愛有古循吏風

嚴錫紳浙江餘杭進士任建始知縣好賢禮士修飾學宮省刑薄斂以善政聞

王鴻典直隸舉人任恩施知縣法嚴令肅積牘皆清既去民猶思之

潘憲武貴州貴筑進士任咸豐知縣清慎簡易不務煩苛居官數載依然儒素因公解組竟乏歸資真廉吏也

黄升湖南巴陵舉人任來鳳知縣端方清介人不敢干以私簿書之暇即操鉛槧常聚邑中子弟課以經術制義文教爲振興焉

王嵩高江南寶應進士選利川知縣懲啯匪撫良民恩威並行置社倉建義學善政具舉

范汝軾河南蘭陽進士初任建始知縣旋調任來鳳首事教化邑書院屋宇卑隘難容諸生乃充拓基址齋舍講堂規制周備延師訓課加意作興時各邑雖設學額尚未設學官與諸生講學論文孜孜不倦以一身兼父師之任比之文翁化蜀焉

蔣灝江蘇上元監生任來鳳縣丞重修大旺義學又捐建卯峒義學

蒲又宏甘肅秦州增生任來鳳縣丞修造安遠三元二
　橋又與邑令林公同修邑志
劉若椿甘肅鎮原舉人截取知縣選令來鳳甫下車一
　洗從前因循粗畧之弊培植學校勸課農桑嚴禁溺
　女平反冤獄薄用刑罰善政彰彰至今猶載口碑焉
張曾敷安徽桐城舉人來鳳知縣重修書院培植人才
沈懷樹浙江烏程供事選卯峝廵檢教匪滋事懷楓保
　全三里重修義學捐助膏火卯峝始有入泮者
賈思讓四川銅梁舉人改宣恩知縣邑本土司地文獻

　無徵公纂修邑志為政簡易因公解任去民猶思之
保泰蒙古正白旗人施南協副將重修問月亭後陞泰
　寧鎮總兵兵民立有德政碑
陳象渭江西高安進士利川令涖政明敏獄訟衰息興
　利去害講學課士去後民為立生祠焉
范道立河南虞城舉人恩施知縣政簡刑清士民愛戴
高世俊江蘇陽湖監生利川縣丞居官勤慎有循聲
葉道傳江蘇無錫監生利川縣丞勤課生童厚給花紅
　時生童赴宜昌考試公捐助資斧入泮者衆士民稱
　頌不忘
江會懸麻城舉人任建始訓導端方爾雅士林矜式激
　勵後學講論不倦捐俸修葺節孝祠又助邑令重修
　學宮在任十八年實心化導故科名日盛陞襄陽府
　學教授
戴廷杞蒲圻舉人任利川訓導時初設學公倡修學校
　日集諸生訓以經義邑之文風賴以振興陞任常德
　府學教授
李賓第山東惠民監生利川縣丞與民休息閭里安全

　修建義學延師訓課民懷其德
王霖浙江山陰供事任南坪巡檢創修義學措置田產
　以資膏火迄今邑中入泮者南坪為多嘉慶二年堵
　禦賊匪頗著勞績
樊繼祖四川三台人以祖廕任叅將陞施南協副將嘉
　慶元年教匪擾來鳳公率弁兵駐卯峝斷賊路不數
　月而來鳳平二年教匪擾利川公率兵會恩施利川
　奉節三縣知縣合鄉勇會勦賊匪全行撲滅仰荷
　諭旨褒嘉

恩賚裴鉛彈子魚袋一筒花大荷包一對小荷包四箇二三年陞浙江鎮總兵積勞成疾卒葬施南其子孫遂入恩施縣籍次弟之子從典繼襲任宜昌鎮中營遊擊姪從鑾恩施縣庠生

趙源生河南郾城舉人任建始知縣有才能善武藝敏於吏治民愛戴之嘉慶元年教匪犯境公募義勇數百人率往直突賊營殺賊無算羣賊蜂擁圍公垓心義勇藏焉公潰圍而出復募義勇請援兵屢戰克捷賊引去會本邑教匪潛謀起事公偵得實先發制之

全民保境爲功甚大陞荆州府同知

陳春波福建侯官進士任利川知縣修治學校招集流亡循聲著聞嘉慶元年教匪竄入縣境公創築城垣團練鄉勇於黃家山黃泥坡石莊坪長堰壩等處連破賊巢擒獲賊目民賴以安軍功陞荆州府同知加知府銜

莊紉蘭福建侯官舉人嘉慶元年任來鳳知縣值教匪滋事公率鄉勇往捕爲賊所傷縛以去公罵賊被害

賜祀昭忠祠世襲雲騎尉詳本傳

張寧浙江山陰供事任來鳳典史同知縣莊公往捕賊遇害

賜祀昭忠祠世襲恩騎尉

甘杜竹溪歲貢來鳳訓導邑令莊公捕賊被戕賊入城公投水自盡賊援之送歸署賊圍學署公乘間自縊死

賜祀昭忠祠世襲恩騎尉

蘇於洛河南湯陰進士任宣恩知縣教匪擾來鳳邑匪起爲聲援公誘擒其魁餘黨悉就撫以功晉同知臨

營辦理糧臺以病卒於恩施之丫木峪

浦寶光安徽東流監生任乾壩巡檢署來鳳典史堵勦教匪於宣恩縣之魚泉被害

王三錫河南泌陽拔貢任利川縣丞才識明敏勤於吏職教匪陷來鳳公奉飭往捕遂募集鄉勇與賊戰於城下大敗之賊始舍城往據土堡復破之賊奔據紅岩坨及旗鼓寨復屢敗之賊閉壘自固時出抄掠因設卡嚴防奪其所掠迨大兵至一舉蕩平而公及鄉勇之助爲不少矣

曹芳祖江西新建吏員任宣恩典史勤於供職教匪擾
東鄉芳祖率領鄉勇保護縣城日夜巡邏未嘗入息
賊知有備不敢窺竇公力也
陳安信湖南鎮筸行伍施南協右營守備嘉慶二年賊
匪入境帶兵四路攻勦多方捍禦民賴以全厥功最
鉅多
張定模當陽歲貢利川訓導訓課勤嚴多所成就邑甲
科李耀瑚出其門下勸捐重修　文廟及文昌祠嘉
慶二年教匪入境公選派諸生多方捍禦復帶領鄉

勇赴巴東建始界運解糧餉軍器護守糧臺上憲保
薦以年老辭後以積勞致疾告歸疾愈復任先後十
八年賢聲最著年八十餘告歸而卒
李光地山西歲貢署南坪巡檢清廉有守禮士愛民
張裕莊安徽桐城監生任利川典史嚴於緝捕盜賊衰
止斯民愛戴
韓厥田山東淄川進士任利川知縣清介有守勤政愛
民嘉慶癸酉歲旱公齋祓祈雨甘霖立沛士民歌忭
康乂民江西泰和拔貢選恩施縣丞陞來鳳知縣移建

書院增修齋房培植士類愛養斯民捐築土城爲民
保障卓異陞興國州牧
朱鳴鳳浙江海鹽舉人任來鳳知縣寬以撫民百姓安
業重修學宫增建石城又勸諭士民建修城南客寨
河石橋以便行旅輿情愛戴
張兆棨順天宛平舉人任利川知縣聽斷明决吏畏民
懷興學校建書院培植士類邑人頌德焉
王星榆安徽合肥進士任利川知縣仁恕清廉勤於聽
政公餘[illegible]諸生講學課文多所成就修補城垣保障

有寄蒞任三年以艱去父老泣送
陳瞻燧浙江龍泉舉人署建始知縣修建　文廟實心
任事邑人德之
劉興國四川成都人施南協副將在任八年恤兵愛民
合郡感戴歿於任
楊兆杏湖南舉人任建始知縣慈良成性廉靜有守建
自嘉慶元二年兵後書院荒廢文教日衰公加意振
作捐助膏火勸學課藝士林頌德後調通城縣知縣
唐德玉監利舉人任建始訓導與諸生辯析經旨寒暑

不殼工制藝一日可成數十篇邑中嗜學通經者多出其門

張表樾湖南湘潭舉人官中書改授恩施縣有惠政與[illegible]諭陶成葆纂修邑乘邑之有志自公始

[illegible]應甲字湘亭安徽婺源舉人授恩施知縣尊賢愛士主持騷雅尤以恤民爲急務在任五年政簡刑清士民遵其風教

陳肖儀字琴泉江西弋陽人道光十四年權恩施縣事精廉自矢聽訟明決人不敢欺審一逆子事抗不服

公曰果不孝雷必擊之時天淨無雲忽霹靂震地觀者駭然邑有妖術公聞杖之三百術遂寢豺入城食人公禱於城隍豺避境去甲午歲以建連珠塔餘貲創設賓興士林立生祠祀之後任廣濟死節

龔煥枝字幹亭江西南昌進士權恩施縣事勤政愛民持重有體訟無鉅細必俾兩造各盡其詞察而後斷曲直昭然士民悅服

王本立字禹門河南羅山進士學優文粹臨事明決權恩施篆士服其教吏畏其威後擢漢陽同知

楊松磐號春巖雲南浪穹進士授恩施知縣起家寒微而能以清廉自矢去任後一錢不選至今猶嘖嘖人口

楊宗時字春生順天涿州人攝篆恩施訟庭舊有送案費陋規民甚苦之公慨然革去百姓如免苛征至今口碑傳頌

任海晏字靜波河南陽武拔貢宰恩施甲寅秋邑有土匪聚衆滋事公訪得其實首從五十餘人皆捕獲正法四境以安後調蒲圻縣

多壽字靜庵蒙古鑲藍旗附生三宰恩施咸豐十一年粵匪陷來邑土匪潛謀內應公偵得實嚴堵關隘逼諭鄉民團練嚴查拏獲奸細並土匪七十餘人駢斬梟示賊懼不敢窺境奏

聞

賞花翎以同知直隸州補用

許光曙字曉東湖南沅陵拔貢宰恩施精吏治悉民情留心折獄本邑向係課士於南郡書院公捐廉倡義另建書院於麒麟溪上置田儲爲膏火費以十分之

四作賓興去後士林思之
羅德崐字子峰興國舉人施南府學訓導博學能文得
宋李二博學府志抄稿纂修郡乘稱勤敏焉太守王
協夢監訂付梓
彭人煟字樹香長陽舉人工書得魯公筆意詩尚風格
司鐸恩施教士以矜風骨尚氣節爲先晚年奉諱歸
偎山
陰廷珍號湘儂漢陽舉人任府學訓導歷攝恩施縣學
教諭篆造士有方多所成就陞黃州教授因病乞休

旅卒於施
陳宗濮鑲正藍旗人乾隆元年新置宣恩縣公創規定
矩井然有條實心實政邑民懷之有去思碑宣恩舊志稿
唐文遠貴州湄潭人宰宣恩十載多惠政宣恩舊志稿
張廷恒甘肅通渭舉人兩任宣邑令凡十一年聽訟如
神民咸畏威懷德宣邑奎星閣文昌宮龍洞書院皆
勸諭士民創修之
鄭世楷字元圃陝西鳳翔舉人宰宣恩四年實心行政
清廉自矢民化其貪道光二十九年饑發穀二千餘

石賑救事後出家貲買補之
盧毅元福建舉人權來鳳令吏治嚴明不畏强禦其清
白之聲至今尚有能道其事者
蔣曾舉漢陽優貢選來鳳縣學訓導兼攝朝陽書院勸學
課士邑建石城寶公靖齋倖力贊成之
方策福建名士宰來鳳留心學校聽訟如神雖積年疑
案與不片言而折故巨奸大猾弊竇不能生
譚祖蔭郴州舉人知來鳳縣事不苛不擾爲政十年民不
能忘

余夢庚武昌舉人來邑訓導性嚴介不苟取與居官十
六年勤於課士以經術爲文章啟迪有法從遊者學
舍常滿
林士端鳳陽貢生補來邑令重修縣城建考棚及龍火
二神祠團練鄉勇思患預防
王鎮三江西興國拔貢屢權大邑有能名晉同知銜咸
豐九年補來邑令興復社倉法良意美又修軍需局
於署左以備不虞十一年九月髮逆陷來邑公以身
殉奉

旨贈知府銜建立專祠以彰忠節
楊夔孫浙江平湖人宰咸豐恩威並用其事上也絕義
理破名分一時府書營兵皆爲斂跡而事親尤至孝
吳家璲福建閩縣舉人宰咸豐持躬清潔勤於課士題
署中楹聯云士農工商爾宜各安本分是非曲直我
總不昧良心今存
吳觀樂福建閩縣舉人宰咸邑三載清廉自守尤勤於
課士題楹聯云眼前皆赤子頭上有青天
李士高浙江山陰人宰咸邑[illegible][illegible]慈明愛民如子至於
[illegible]
鋤奸除暴剔絕不姑息士民仰之如慈父母焉去後
立位生祀之
楊劭善順天宛平進士任咸邑令聽斷明決吏畏民愛
年餘以入簾去任歷任天門蘄州等處屢著賢聲咸
豐三年在鄂遇難咸民聞而哀之
彭仲芳廣東舉人任咸邑令五年捐廉創建賓興士赴
鄉闈者資斧有賴後任羅田殉難
胡烜崇廣東舉人司鐸咸邑十餘年敦品勵學振興文教
廣授生徒培植多人

曾元黄陂舉人訓導咸邑九年品學兼優多所造就
賀[illegible]蓮蒲圻舉人任咸邑訓導十七年課士亦[illegible]造就
多人後陞漢陽教授加中書銜
吳人彥安徽涇縣人道光二十二年知利川縣事攝老
僕一官凡二莅任書役多所裁汰性慈良廉靜自守
輕刑薄稅聽斷勤敏無留獄公退之暇時閱學書三
年後攝命咸[illegible][illegible]歲無訟事勤諭各保捐設義倉二
十四處積穀三千六百餘石以備旱潦合邑賴之任
[illegible]……[illegible]之[illegible]
碑於縣東門外後任尚鏡峰爲之撰記詳藝文志
惠春滿洲正白旗護軍任施南協副將咸豐十一年髮
逆竄踞來鳳公帶標下弁兵數百名由咸豐線壕
防忠堡歷數月而不與戰者以彼衆我寡未可輕心
以掉損我軍威大將謀國識深慮遠迨果後營湘勇
及各路兵繼至始約戰深入虎穴直抵城外之鹿子
坡而賊出詭計以伏股抄出山後我軍兩不[illegible][illegible]
底谷中公携手不得幸守備周忠諾
委黄一才沈光才余友富俱死之事

賜葬祭晉總兵銜
賞世襲騎都尉入祀昭忠祠

增修施南府志卷之二十一

選舉志 徵辟 科貢

選舉之法倣自隋唐始設科目而施無考
傳者自宋僅還中葉詞科始顯元明以來
不常士生其間即爭自濯磨亦無由表見泊我
朝改衛設府養士徵賢其所以揚芹藻之風而
鼓之選者至深且厚矣夫涵濡久則才出
鴻騫鳳舉摛藻揚華領鄉薦而捷南宮
建勳業一時蔚落英

馳譽名場詎非
聖天子雅化作人之效也哉志選舉而封蔭附焉

歷代選舉表

國朝

徵辟

道光年 楊蓬祥 永順人嘉慶辛酉科府學拔貢元年舉孝廉方正

陳起鵬 恩施文童吋從連陞征剿英夷殉難二十一年欽賜舉人一體會試

同治 龍人啟 建始歲貢元年舉孝廉方正

何先煒 建始廩生元年舉孝廉方正有傳詳人物

進士

宋

元祐年

詹邈　鄱亭里人，[illegible]年中博學鴻詞科第一

譚榮賜　常平鄉人，濠州知州

譚榮昌　常平鄉人，蘇州知州

譚國計　常平鄉人，任至金紫光祿大夫

向中之　常平鄉人，任教授

寶祐年

李閎　道政鄉人，進士

按：羅志未遑詳科第，此本宋志紀載。

向九錫　字次疇，進士，見崇禎五年掘出元祐時修學碑

譚和敬　常平鄉人，襄陽主簿

譚汝山　常平鄉人，襄陽知縣

譚曰巖　吉巖鄉人

元

譚正卿　常平鄉人，重慶府教授

黃勝　都亭鄉人，興隆府同知

譚子達　常平鄉人，西充縣主簿

譚國富　常平鄉人，巴東知縣

元代七公未詳科目，按衛志謂或由選舉，而仍宋志、府志均載列科第中，今遵附錄。

譚易卿　常平鄉人，黔江知縣

譚道卿　常平鄉人，廣鹽知縣

黃升亮　都亭鄉人，建州判官

明

宏治

譚宗義　建始人，丙辰科進士，湖廣永興縣知縣

天啟

徐臨莊　建始人，進士，貴州貴陽縣知縣

國朝

康熙

陶仁明　丙辰科，建始人，四川忠州學正

雍正

譚譯　癸丑科，建始人，獻策之子，刑部山東司主事

嘉慶

李耀瑚　己卯科，利川人，雲南易門縣知縣

同治

尹壽衡　乙丑科，恩施人，原名克壘，欽點主事，現分刑部

舉人

明

永樂

譚禎　戊子科，建始人

萬歷

張問禮　丙子科，施州人，詳人物

李一鳳　己酉科，施州人，夔州府同知

宏治

譚宗義　壬子科，建始人

王之權　丙午科，施州人

崇禎

童天閎　庚午科，施州人，詳人物

國朝

順治

洪日旦　庚子科，建始人，石城縣知縣

童綏世　庚子科，施州人

康熙

楊亦溥　庚子科，施州人

江公葉　己酉科，建始人

陳憲　丁卯科，建始人

闞玳　丙子科施州人

陶仁明　丙子科建始人

歐陽汝升　己卯科施州人

顏光位　乙酉科施州人

雍正

冉洪　甲子科施州人

譚詳　甲子科建始人

乾隆

范遴之　丁酉科建始人江夏訓導六品軍功

嘉慶

曾有光　戊辰科來鳳人安陸訓導

道光

李鴻鈞　甲午科來鳳人筆忠義傳

闞旭善　丙子科施州人

秦應光　丙子科建始人河南淅川縣知縣

余植　乙酉科施州人

李正華　戊子科建始人山西永寧州學正

朱貞玫　壬子科建始人武昌教諭

李耀瑚　癸酉科利川人

何識立　丁酉科來鳳人

何遠鑑　丁酉科來鳳人嘉魚教諭

范佑正　己酉科建始人北闈

咸豐

羅卿雲　辛亥科建始人同知銜貴州貴定縣知縣

同治

饒應祺　壬戌辛酉正科恩科補行恩施人

尹克墨　壬戌辛酉正科恩科補行恩施人

傅朝欽　壬戌辛酉正科恩科補行建始人

樊增祥　丁卯科恩施人

潘澍之　己酉科利川人

崔德璋　壬戌辛酉正科恩科補行恩施人

何盛矩　壬戌辛酉正科恩科補行恩施人

彭光煉　甲子科恩施人

張湘　丁卯科來鳳人

武進士

明

萬曆

劉寅　己酉科施州衛千總

國朝

李緯光　戊辰科恩施人江蘇徐州衛守備

向元魁　己丑科恩施人直隸泰寧鎮白石口路守備

李逢春　甲戌科恩施人藍翎侍衛山西[illegible]

藍翎都司

武鄉學

施州衛

國朝

康熙

王碧　己酉科施州衛人

乾隆

袁天鈺　壬午科恩施人

田貞　丁酉科建始人

張明韶　庚子科來鳳人

袁若灃　癸卯科建始人

嘉慶

呂殿元　戊午科建始人

田世瑛　庚申科建始人

劉干霄　丁卯科建始人

趙國璽　丙子科施州衛人

侯華嵩　甲午科建始人

龍得元　己亥科建始人

熊金榜　癸卯科咸豐人

熊彥青　己酉科咸豐人

向明珍　庚申科恩施人

李緯光　丁卯科恩施人

向占魁　戊辰科恩施人

道光
李逢春　戊辰科恩施人
向元魁　壬午科恩施人
黃玉山　戊子科恩施人
龐武釗　壬辰科恩施人
侯榜全　乙未科宣恩人
同治
倪景安　辛亥科咸豐人
同治
黃文化　丁卯科恩施人
光培　庚午科咸豐人

龔大雄　己卯科崔家壩把總恩施人
向存道　乙酉科恩施人
雷世興　辛卯科恩施人
蔡玉振　甲午科恩施人
朱宗培　己亥科恩施人
向瀛洲　庚午科恩施人

貢

國朝
向學　恩施　宣恩　來鳳　咸豐　利川
乾隆年
徐綸　金資　楊光萱　[illegible]釗
來鳳人　教魏榮　韓世載　[illegible]炳
當陽教諭　孫維鐇　[illegible]燦
嘉慶
李甸　蔣諤　王貴夏　珊　楊逢泰　劉宗盡　冉大進　[illegible]縉
恩施人　軍功七品
道光
向發道　姚玉凌　陳天煦　鄭永烈　羅才美　劉日桐

恩施人
枝江教諭
周宏藻　龔顯才　王炳文　曾有光　耿邦桂　王應璿　謝瓊
來鳳人
道光年
朱榮祿　龍得珠　趙之璧　張廷松　楊秀煜　劉仕偉　王士紱
恩施人宣　施州州
鶴峯州訓導
軍功議敘知縣
李文王　張問仁　楊秀崑　楊如桂　嚴道鍾　冉大璽　于士典
恩施人
鄒元炳　李大睿　瞿善運　戴用璐　黃裳吉　牟維恩　龐澧昌
來鳳人
譚世廉　李學閔　覃梓彬　議敘六品軍功

何遵椿　田耀先　徐昌運　覃樂中　李培林　劉雲賓　傅南川
來鳳人　孫百朋　馮永暹　鄭盛僑　饒廷燒 六品軍功署宜都教諭
鄧福澤　艾大雅　饒瑞　王偉　李耀瑃　李德揚
咸豐　來鳳人　毛克舉　劉之均 同知銜廣東大埔縣知縣　黃文璠
年　向安懷 來鳳人　王正續 署湖南九谿司　向肇修 署荊門州訓導　唐渠　段士桐
李廷芸　何盛矩　李佑春　劉先達
冉裕智　周兆棠
覃吉祥　于文蔚

同治年　李廷桂 來鳳人　李錦堂　張仲韓　楊守愫
蕭風儀 來鳳人　王汝楠

明

選貢

崇禎年　李化徵 桂林府通判　張治 榮昌知縣
蔡軒 夾江縣丞　葛楚仕 和曲知州
張應揚 廉州通判　張初揚 江都縣丞
張所修 錢塘縣丞　倪天和 兵部郎中
殷啟勝　王家棟
唐箴　李永春 建始人

國朝

府學　恩施　宣恩　來鳳　咸豐　利川　建始
雍正乙酉　杜琿 施州人
乾隆辛酉　陳訓
丁酉　范述之 江夏訓導
乙酉　陳文雄 竹谿教諭　金達　覃珍光　王廷弼 七品軍功直隸州州判　劉介 雲夢教諭　李光南　喻琳

嘉慶辛酉 楊逢祥 來鳳人 張能容 署漢陽教諭 張書紳 吳尚貴

癸酉 李正鋆 建始人 王家筠 王 煜 楊秀浩 賀伯厚 陳知新

道光乙酉 張有守 來鳳人 朱琇懷 四川眉州州判 張 鋙 馮永旭 夏曰瑚 甘肅秦州州判 劉雲章

丁酉 何誠立 來鳳人候選知縣 李景芳 直隸州州判 朱一點 張 筠 范佑正

何遠鑒 來鳳人嘉魚教諭

張 峻 來鳳人 張映芸 同知銜安徽建平知縣現署福建南安縣知縣 何夢筆 潘澍之 文紀祥

邱道鎔 來鳳人

咸豐辛酉 彭明道 彭光煉 彭泗源 饒鴻漸 潘潤之 四川候補州判

副貢

國朝

康熙 譚獻策 丙子科建始人今從四川夔州府志更正 江西分宜縣知縣

同治 黃國炳 庚午科恩施人

同治 黃國炳 恩施人庚午科
康熙 譚獻策 丙子科建始人今從四川夔州府志更正 江西分宜縣知縣
國朝
副貢

功貢

明

向　信　順天府治中

唐一鶚　河南縣丞

童大德　寧德縣丞　有傳

李學洗　貴池縣丞

歲貢

漢武功後

鄧宗啟　舊志載拔貢

向得豪　交州府同知　祀鄉賢

申交才

唐　彪　一作譚彪

嚴州推官

芒部檢校

崔　文　廣州吏目

楊　富　泉州府教授

廖　忠　建昌經歷

何　侃　羅州吏目

黃　瑞　彰明令

黃　燦　仙遊令

譚　福

馮　試

黃　炎

陳　瀛

曾　瓘　萬縣訓導

童　璀　主簿

湯貽忠　訓導

張　屺　訓導

陳　濬

盧　紀

王　忠

許　深

顏麗美

劉　煥

周　洪

李　森

徐　起

葛　瑄

施南府志　卷之二十二

建昌照磨

劉　鑑

游　正

陳　材

鄭萬福　重慶府經歷

唐　貴

韓　瑞

程　宏

鄧　秀

魏　進　思明州吏目

崔　巍

徐　鈴

高　崇　崇安縣丞

謝文通

陳　植

黄鎬　經歷
申愈
鄧璽　吏目
羅慶
許謨
張謐　高陽令

陳樾
夏景
許謐
張翙
趙鎣
陳栗　渠縣主簿
閔惠　□化縣主簿

吳緒　成都照磨
周庭蘭　鄭州審理
陳燧　陸涼知州
許評　眉州州判
陳楷

許訓　西充主簿
童旻　連山令
盧華
李縉　成都經歷
劉憲　南戶部主事

劉華　房山縣丞
崔炯　峩眉令
黄澍
易希孔　苑馬司縣令
金□　□□

陳軒　南東城兵馬司
朱纓　南昌縣令
阮華　潼關令
呂維精
周庭芸　廣德州同

□□　宜陽主簿
彭魁春
陳加表　縣丞
李庠　宣城主簿
李源　墊江主簿
葛淇

盧大中　縣令
張鷁　景州州判
葛磐　新淦主簿
單朝儀　大足令
許謙

縣丞

屈乾伸　　趙欽

鄧節　瑞昌訓導　　童希達　通江令

許環　睢寧令　　陳瘄　通江令

劉鑰　　申潮　淮安知事　祀鄉賢

金汝礪　滎山令　　王佩

景州州判

許瑆　貴陽令　　欽州吏目

馮時元　太平令

趙助

葛銓　　陳桐

上元縣丞　　兗州經歷

陳址　　杜道

潁州州判　有傳　　童養浩

童希賜　　南昌經歷　祀鄉賢

壽州州同　　周宦

泰州州同

李序　古田主簿　　陳加言

李如奎　茶陵主簿　　崔鳳陽　桐柏令

周邦爵　欽州知州　　朱世卿　陳州判官

陳墨　華亭縣丞　　阮大節　新津主簿

周易　　阮大策

巫山教諭　　滁州縣丞

童養氣　長壽縣丞　　陳奎　羅源令

萬歷年

周謹　南溪主簿　　吳江源　清江主簿

劉逢春　梧州府通判　　蔣仕進　劍州州判

許可教　歸州訓導　　李茂仁

李如昂

李如璧 中江令 有傳
天長訓導 有傳
李佳實 永州府教授
趙繼宗 邛州學正
黃訓 長汀教授 有傳
鄧鴻烈 嚴州同知 有傳
李佳祐 善定衛經歷
林澍 潛江教諭
馬逢元 麥川令
杜逢元 光山主簿
許可進
周之楨 懷集教諭
童大蘐 富州教諭
張鉉 桃源令
童大志 太原府經歷
童養成 桂林府通判
陳大勳 長寧教諭
童養就
孫希孔
張問官
李友杞

銅鼓衛教授
華亭縣丞
童大奇 宜興令
蔣汝賢 海陽縣丞
崔佩 吉安訓導
陳欽汝
高應試 柳州教諭
大道 醴陵教諭
高應登
盧之榮 攸縣教諭
吳江瀾
倪淑忠
童大亨
懷集令
張三陽
李一星 雲陽令
張所養
孫希柳 修仁教諭
殷之銘 泉州衛經歷
朱正色
張文煥
鄧楚臣
天啟年
李友直 南昌照磨
張淑陽
童大望
陳元閎

童大魁　陳元達
唐一俊　純田主事
張　楫　周歷隆
黃九章　李學晟
周三畏　李枝芳
之麟之子　許天生
商思陟　童天行
童復恒　商思衢
張延緒　牟正非

童復昌　張　楚
殷啟哲　陳樹杞
周　鎬　陳樹桂
周　鎬許昌通　陳樹桂
趙光大有傳　張其廉文煥子
例監
周之麟羅源令陞泰州同知　周　化
向興儒　陳　陞左所建始令
譚仲謨　向　光
陳際朱　廖　琦

永寧知州　山陽令
殷之盤　徐　鐩
蕭陽主簿　元氏縣丞
薛從儒　鮑輕金
崇禎年
陳　啟　德清縣丞
靖州學正　黃九鼎
陳欽賜　馬湖同知有傳
歸州學正　李學綱
黃九官　建陽縣丞

經歷　鄧楚翹
童大泰　唐一鴻
湘潭訓導　雲夢教諭
童天申　趙光大
蘄水訓導有傳　羅田訓導
李學曾　童天衢
柳州訓導　有傳
童天成　陳元實
鮑能變　童大道

陳燈　周三元
左所柴府典膳　雲夢令
建始縣歲貢時隸夔州府
曾文　輔祥
黃信　黃淮
譚忠　仲必達
于智　黃福
冉通　趙智
向延壽　譚清
向敬　龍勝
向凱　蔡昌明
向賢　劉亨
黃明　于晃
譚萬忠　龍文
于昇　杜楷
李翰　劉志道
曾儉　向思經歷
唐鸞　劉良臣廣文

吳瑞　彭受大
馮覲　李道
羅采　兵馬司指揮
李仲傑州司　熊高
冉鳴
徐宗堯　李如金
通判　王廷祿
明書　于德剛
王槐　唐相
縣丞　向諫南
向德　黃連
冉嵩　陰勇
譚第　向德第
歐枚　黃一龍
廣信通判　徐試
龍友貴　于調麟
黔江訓導　上海縣丞
向柏　龍爲正

石麟
雅州學正
向聯第
南州訓導
向陞第
有傳詳鄉賢

武進縣丞
劉應諭
渠縣教諭
向門第

有傳詳鄉賢
向陞第
南州訓導
向聯第
雅州學正
石麟

向門第
渠縣教諭
劉應諭
武進縣丞

歲貢

國朝

施州衛　建始縣

順治年
王家賓　傅宗梅
羅紳　周之祚
江洪源　李含春
李運開　劉允達
戎都　陶以景

康熙
劉世壽　司灝
年
謝嗣輝　李宗白
張世熊　楊以英
王希逑　吳宗璧
王國正　李魁先
楊鑑　吳[illegible]弼
葉尉望　龍登榜
艾天英　向東旭
鄧猷　吳天祐
康良俊　黃宗凱

夏錫履　向登甲
潘文煥　秦廷璋
楊大生　麻城教諭
邵匡弼　王秉正
歐陽汝升
雷玠
葉本榮
易宗旦
鄭炯

余珝
張開禧
楊祁
劉澤民
萬大成
劉國標
張如彤　永安教諭
楊世學

朱光緗
嚴之荃
張永賡
徐世德
柳首甲
崔毓炎
賀澧
危銘
王葉宏

趙世傑
曾夢龍
胡惟漢
李盈
何桂
葛如洪
曾子魯
朱璣
雍正
江禹柱

年

陳　揆

王　偉

金鳳鳴

胡　銓

朱炳任

張黃堅

以上係前施州衛一年一貢自雍正六年題改衛爲恩施縣隸直隸歸州十三年十八土司歸流乃仍前恩施縣並撥四川夔州府屬之建始縣及土司地特設施南府分六縣乾隆元年定各屬彈域以後恩施縣間歲一貢

乾隆年

府學	恩施	宣恩	來鳳	咸豐	利川	建始
張鴻範	李開運	楊　楫	滕自達	蔣世凱	冉時雍	吳　虞
來鳳八孝感縣	譚天王	石爲祥	覃述綸	楊勝忠	牟漢勳	監利訓導
訓導軍功七品	譚恩賢	胡藎臣	覃　琡	文運開	冉萬崇	薛　魁
王正達	向必正	軍功七品選遠安訓導	原名自富軍功議敘吏目	譚一信	向孔璠	
童世輔				冉紹提	劉克宣	
楊光室		覃述書	張文興	張世昱	黃大棟	
吳光明		梅如楷	解宗朝		京山教諭	
朱　譜		祁嵩陵	冉武清	劉　琥		

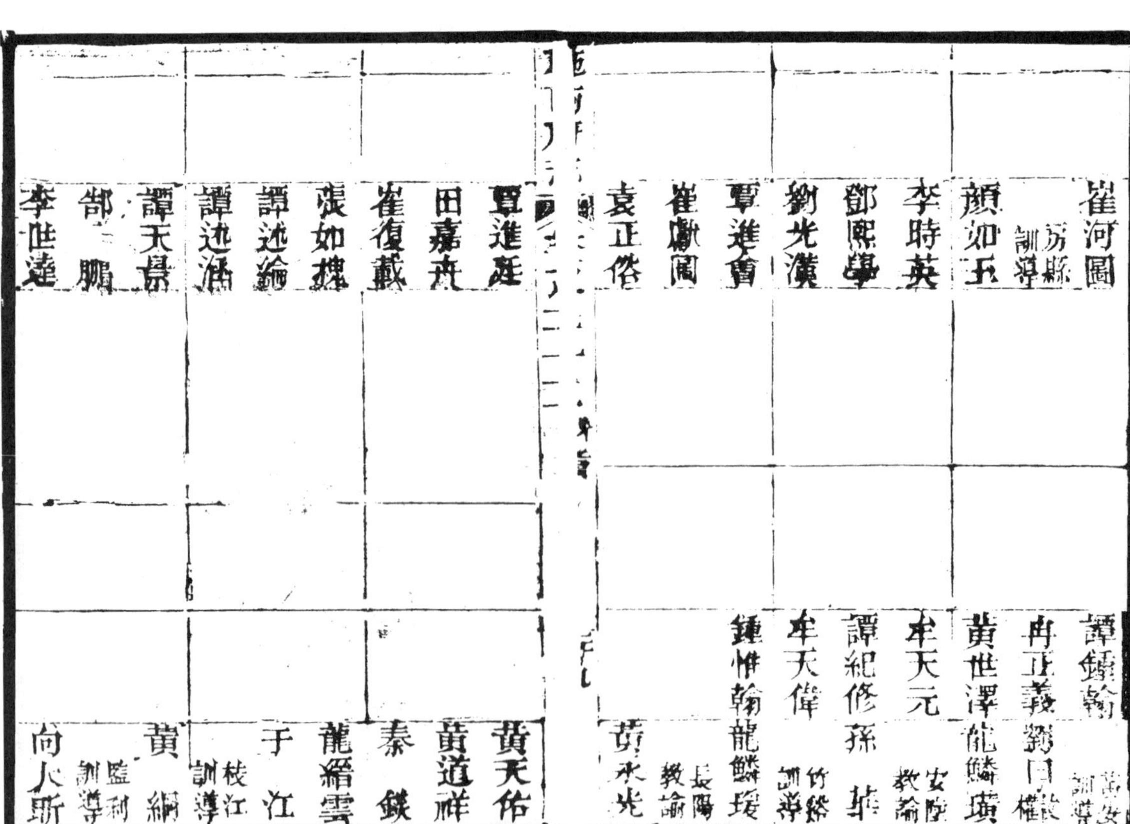

崔河圖　譚鍾翰　遠安訓導

房縣訓導　冉正義　劉同樞

顏如玉　黃世澤　龍鱗璜

李時英　牟天元　安陸教諭

鄧熙學　譚紀修　孫　華

劉光漢　牟天偉　竹谿訓導

覃進曾　鍾惟翰　龍鱗瑗

崔勵圖　長陽教諭

袁正偕　黃承光

覃進廷　黃天佑

田嘉卉　黃道祥

崔復載　秦　鐵

張如樑　龍縉雲

譚述綸　于　江

譚述瀚　枝江訓導

譚天景　黃　綱

鄧一鵬　監利訓導

李世達　向大昕

陳楚材
羅文玫
陳賢文
通城訓導翟相漢
陳金鑑
劉學禮
尹啟鱗
吳綱
冉鈺
劉曰校
范佑聖
田春
譚琄
劉佩
嘉慶
郭志元　朱尚志　覃長有　楊正誼　冉廣耀　牟承佩　于興禮

建始人雲夢教諭　向鏞　襄陽訓導　軍功八品　蔣士槐　牟承勳　文元琦
姚光國　龍官春　覃旭和　漢陽府學訓導　譚鍾科　于廷言
蕭德昭　涂相國　公安訓導　唐　峯　覃世煜　黃興岱
咸豐人　黃開益　高登甲　覃祚桐　汪本一　郭文選　吳正誼
魏登瀛　吳文蘭　楊太和　覃協中　張思誠　蔣德馨　李國倫
恩施人　崔復初　袁德亨　軍功八品　蘄州訓導　譚文彩
田文錦　胡在泗　劉大忠　鄒代芝　李照慶　江如桂
宣恩人　浠水訓導　曾　祐　易世則
尹其璋　何開榜　張廷松　龍澤江

道光三年　七年　十一年
恩施人歸州訓導　冉興棪
張光杰　周炳先　張光嶽　王宗舜　楊秀棣　李天德　胡南杰
來鳳人監提舉銜遠安訓導　房縣訓導　候選訓導　張　樂　穀城訓導　張宗顏　田衍庶
陳啟棟　張學源　張　瀛　文士才　牟秀簡　于祖誠
向述傳　譚萬啟　袁逢祿　文士衡　郎明新
來鳳人　張大酷　秦廷祿
張　瑛　褚上林　張學純
來鳳人署應城訓導　王家璽　龍錫鈞
賴朝陽　龍綸鈞

李春騰
喻湘珍
于大珍
李玉章
彭宗周
易啟芳
龍廷獻
李如桂
黃宗傑

朱士瀛

周德芳 陳興邦 鄭 芫 張思賢 游行施 冉武清 向玉振

來鳳人 周達杰 乾爲首 向振鵬 宋文藻 李明桂 黃道昭

鄢耀廷 黃隆山 候選訓導 楊逢甲 文有典 田大業 陳 杰

恩施人 張百壽 吳家典 鄧福恒 張光杰 郜 鵬 于十鴻

黃 鑑 賴朝宗 向人文 張 治 候選訓導國子監學正 翁 樾 龍人啟

來鳳人 羅斯德 田永松 儲先彝 銜 賴宗德 范啟端

張 滙 胡正芬 朱定鼇 劉 菁 羅含三

來鳳人 趙明哲 候選訓導 牟天禧 李成瀚

李 灼 曾以魯 孫學炳

解學純 田道宣

龍文治

敖興棟

咸豐年

李多魁 賴廷芳 唐家駿 張 鈞 丁秀鋐 鄧賢才 劉遠坦

恩施人 由權之 朱兆麟 候選訓導 潘周仁 劉 灝

田文錦 宋緗雲 向志賢 六品頂戴國子監學正銜候選 熊 飛 吳 江 饒從煜

宣恩人 向奎文 朱夢齡 訓導 楊思儼 李宗白 吳作韶

姚復亘 周遠梅 周榮昌 饒 瓚 郜 鼎 黃維彰

宣恩人

謝金釗 何盛治 何曉山

向志瀛 何達署 試用訓導 試用訓導軍功署通城縣學

同治年

褚希昉 李盛卿 周肇基 楊亨衢 冉壽益 宋志和

王正緯 楊士瀛 邱鳳誥 馮建寅 吳小鵬 邱光讓

黃開甲 李文階 冉復初 曾試三

劉世松 吳 藩 龍受之

由廩保選欽前先選用訓導加藍翎銜

楊炳軒

優貢

國朝

咸豐　魏樹芝　戊午科　建始人現署直隸安州知州

同治　黃國炳　甲子科　恩施人

增修施南府志卷之二十三

選舉志　保薦　仕籍　武功　封贈　世襲

保薦

元

至大　李達可　道政鄉人至大中謝甲阿者客美等尚州行省辟達可往諭之首長出降因設十寨以控扼之授達可巡檢使泰定間陞黔江知縣

至大　廖啟龍　崇教鄉人至大中客美等尚叛同千戶塔求諭酋長墨施什用出降陞永安副官

向國孫　道政鄉人以功補資陽縣巡檢

唐志通　以功授[illegible]香木寨巡檢

泰定　覃國珍　忠尚峯巡檢泰定三年尚峯叛同孫志通國珍九姓長官彭忽都不花招降酋長月先什用等立出明年大酋向大宅覃錫等亦授款都元帥羅羅不花奏其功各授巡檢

至元　向進益　至元十一年充溪尚安撫使三十一年從劉國傑討平諸尚又助官軍兩月餉進金紫光祿大夫

國朝

按施南府自雍正末年始立府設縣所有保薦武功各門即羅志亦未詳紀里居間有著聞[illegible]

採自縣志茲經重修自不能不分別各縣俾其原籍朗若列眉惟未分縣以前倘屬統載而所以分之者實自乾隆初年起

嘉慶

宋承殷 附生八品軍功任廣東博羅縣典史

徐正奎 從九六品軍功任直隸遵化州巡檢

倪國珍 附生八品軍功

王天衢 附生六品軍功

宋榮位 監生六品軍功任山東衍聖公府齋

伍士紱 附生軍功任廣西岑溪縣典史

奏官

向得科 府學附生六品軍功

王春芳 附生六品軍功

咸豐

朱輝嵩 增貢生六品軍功籌濟軍餉以復設訓導分缺先選

康光第 監生六品軍功陞用同知

同治

李際昌 監生通判銜候選府經歷防勦出力加五品銜

張映乾 監生州同銜候選府經歷防勦出力加五品銜

朱輝旗 廪貢生防勦出力以訓導不論雙單月儘先選用現分發試用

劉元貴 附貢生防勦出力以訓導不論雙單月儘先選用

李道源 增貢生防勦出力以訓導儘先選用現分發試用

朱 晟 附貢生防勦出力以訓導儘先選用現分發試用

黃之儀 廪貢生防勦出力以訓導儘先選用

賈詛臣 附生防勦出力保從九選廣西恩恩

成 燧 監生防勦出力以從九儘先選用府司獄

徐應麒 附貢生候選訓導防勦出力加國子監學正銜壬戌科中式

康醕甫 監生由營保藍翎知縣加同知銜留江西補用

趙鴻藻 附生從軍保五品花翎留貴州以直隸州知州補用

康明哲 監生湖南候補知縣由征戰保陞湖南即補道賞戴花翎加布政使銜

朱 煒 監生廣東試用縣丞由營保陞知縣加六品藍翎仍留廣東即補

趙 詠 增生由營保即選訓導

左宏達 附生由營保藍翎即選訓導

譚存恪 附生由營保候選知縣加同知銜

沈昌墀 監生候選縣丞由營保藍翎留江西

康明義 附貢候選知縣由營加同知銜以知縣補用加同知銜

皮越羣 監生藩理問銜五品軍功

李維祺 附生六品軍功

成朗山 附貢六品軍功

成旭初 監生六品軍功

陳奮高 廪生六品軍功

庚立誠 由藍翎軍功以縣丞選用

田紹祖 附生由營保不論雙單月遇缺前先選用從九

胡開瑞 由軍功保不論雙單月儘先即選巡檢

成 燾 附生山江西軍務保藍翎訓導不論雙單月遇缺即選

胡登賢 軍功由營保藍翎即選知縣

以上恩施人

嘉慶

宋宏增 增生由軍功以知縣補用并加五品藍翎

唐廷拔 府學附生由軍功任福建南靖典史

以上宣恩人

嘉慶 何文龍 監生八品軍功

徐世玠 附生八品軍功

覃遜疇 附生八品軍功

查國榮 由軍功保八品文職

龔愛臣 由軍功保七品文職

以上來鳳人

嘉慶 蔣士槐 附生六品軍功任湖南湘陰縣丞署浙江知縣

文中和 九品軍功入學後以五八品用

熊大文 附生八品軍功

趙錦文 吏員由軍功補四川五統橋巡檢

楊勝岳 增生八品軍功任貴州思南府經歷

馮侹現 附貢生七品軍功選溪州吏目署桐梓縣知縣

楊勝樟 附生八品軍功選直隸赤城典史

游葵 監生八品軍功

梅如璉 附生八品軍功選福建全州經歷

馮祖頤 增生六品軍功

以上咸豐人

嘉慶 朱良一 監生六品軍功

以上利川人

嘉慶 邱裕霖 廩生六品軍功任湖南保靖縣知縣歷靖州直隸州知州

柳榮湘 附生六品軍功

邱嵐 裕霖之子八品軍功任浙江於潛縣典史

龍鱗銓 監生軍功有傳

同治 張樹森 監生州同銜由營保河南候補縣丞加五品銜賞戴花翎

張仲伊 廩貢生試用訓導由營保直隸州留直隸省補用賞戴花翎

張鑾 監生由營保品藍翎從九

以上建始人

仕籍

國朝

道光 楊炳東 恩施監生江西試用縣丞六品軍功

張思傳 來鳳廩貢歷署咸寧穀城教諭

張思九 來鳳監生安徽休寧縣縣丞

何梅 來鳳附生山西太原司獄

向肇麟 來鳳監生江南候補州同歷官銅山寶應儀徵等縣知縣

咸豐 李道全 恩施廩貢廣東新會縣縣丞

劉濬川 恩施監生江西南康府經歷署吉水縣縣丞保委用知縣加五品銜

成崑山 恩施增貢江西建昌府經歷陞署南城縣知縣加同知銜

黃元弼 恩施附貢湖南候補同知署乾州廳

康立卿 恩施附貢湖南候補通判

李際晟 恩施監生湖南候補從九署大荆鎮巡檢

同治 康交鼎 恩施監生湖南陞用縣丞署桃源縣典史

康紹庭 恩施貢生四川候補縣丞

康佩謙 恩施附貢生捐免保舉以知縣儘先選用

康立賡 恩施監生陝西專施縣知縣

李道融 恩施附生廣東候補從九歷署寬仁甲子巡檢
張昭卿 恩施監生候選縣丞

王肇棨 恩施監生候選府經歷
朱練臣 恩施監生湖南試用從九

曾經芳 來鳳人由供事歷官貴州黃平州吏目思州府經歷天柱縣知縣普安廳同知大定府知府以道員補用
覃紹鼎 來鳳人由供事加六品銜授福建邵武府經歷光澤縣知縣

向鎮南 來鳳人湖南候補縣丞
張世佑 來鳳人山東冠縣典史

覃紹彝 來鳳人陝西長安縣主簿
覃炳南 來鳳人甘肅候補縣丞

張毓麟 來鳳人山西應州巡檢
魯堉基 來鳳人經芳子以陝西補用同知

張燾 來鳳廩貢候選訓導
鄧秀燁 咸豐附生刑部主事

曾憲榮 利川監生署湖北花縣丞
夏昌言 利川監生刑部主事

徐流慶 建始監生湖南善化縣丞

武功

宋

淳化
向通漢 初爲五溪諸州統軍鶴州刺史淳化二年改富州刺史至道二年太宗祀南郊通漢上言詔加檢校司徒進封河内郡侯五溪諸州都防禦使本衛志
向 昆 初署寨將歷陞都統詳人物志

譚汝珏 本州人初充義軍咸淳中以功陞都指揮使
馮友諒 綏德鄉人屢著邊功陞都指揮使

元

至元
譚世鳳 常平鄉人至元二十一年從李廷玉討平諸峒三十一年從劉國傑討平諸峒陞都元帥萬戶
李瓊鳳 道政鄉人從劉國傑討平諸峒授副元帥
譚子從 常平鄉人從劉國傑討平諸峒授萬戶

至正
向壽福 詳忠義傳
向廷芳 詳忠義傳

向紹榮 詳忠義傳

明

洪武
鄧貞叔 都亭里人十六年充總旗管軍千戶

天順
童鍾 施州衛人詳人物傳
童昶 施州人詳鄉賢志

成化
童貴 衛千戶元年調征廣西苗攻克荔蒲
周溥 指揮使成化中以功陞本省都僉事

熙思尚橫嶺銀木寨大
藤峽等處生擒賊首侯
惡解官十一年調征靖
州苗攻破大塘山箐龍
翁箐雷塘箐等處
陞本衛指揮僉事
嘉靖
石　岳　施州人指揮同知以功陞道州守備
唐一麟　施州人指揮同知以平播功陞守備
石美中　施州人指揮掌衛印考天下清職最
陞守備
覃蔵勳　授勅官總兵
天啓
牟海鰲　都亭里人天啓四年以黔功授貴州

覃寅化　施州衛人征四川余崇明有功官都
督
覃洪化　以功官副總兵
童希高　施州人指揮同知以功陞靖州守備
馮時元　施州人初任太平襲指揮陞僉事
唐符一　麟子指揮
覃勷勳　與化子同授援勅官副總兵
向有功　都亭里人官總兵
覃奇勳　都亭里人隨督師王三善勦貴州賊

守備
黃中和　都亭里人征貴州陽省寨封沙溪宣
尉使
崇禎
牟海龍　都亭里人崇禎二年以渝城功授漢
中守備
牟海師　原任川北鎮左營副將
牟世瓊　原任山西平陽鎮標騎將軍
牟文綬　詳人物志
覃大允　詳忠義傳

以功加總兵
慰路尉使
向儒選　有功子官遊擊
牟世龍　以功授漸永守備
牟之龍　隨征標騎將軍
牟世勳　本參將奏華指揮領本處守備屯里
相
安
牟國恩　原任川北副將
徐文魁　太田百戶以功陞都司

覃天柱　大田千戶正麟之子崇禎九年土司
攻黔柱隨父往援陣亡崇祀黔邑
周歷遠　本衛指揮陞穀城參將
向霖龍　衛諸生七年授義勇以功授守備九
年勦安廬池大光固霍黃等處擢都督指揮十
二年東虜犯闕奉青加陞副總兵
向鼎周　指揮陞總兵
向汝選　遊擊
覃進孝　奇勳子隨楊嗣昌勦賊有功胥封忠

童復元　本衛指揮陞麻陽參將
向雲龍　以功授標旗鼓遊擊
向霈龍　以功授遊擊
杜崇周　一本作杜永昌本衛指揮任屯田總
兵
鄧宗震　本衛指揮崇禎九年督土官勦賊有
功陞守備

勇侯加宮保
黃　龍　沙溪司人勦賊有功升山東青州總
兵
國朝
順治
龍國命　建始人雲南尋霑協參將二年分李
自成逆黨入川公率子姪團練鄉兵捍禦保護
鄉里里人德之崇祀鄉賢
牟大元　利川人四川征伐西路功陞驍騎將
軍

牟正道　都亭里人原任參將
黃　杓　都亭里人山東壽光營千總陞登州
指揮
覃承國　進孝子勦殺流有功爲忠路安撫使
黃　檄　利川人副總兵投誠後升陝西鳳翔
府都督總兵
黃　樞　利川人援勦都統

黃登明 利川沙溪司人授江南鳳陽府都督總兵

康熙陳世凱 詳人物志

傅再說 明百戶傅榮裔永寧副將

張仲勝 詳忠義傳

楊之榮 字宅菴施州衛籍初任襄陽遊擊歷陞虎頭門副將

黃正卿 恩施人授沙營副將

陳紀 凱養子以功授副將

陳天闢 凱次子由侍衛任■江鎮

陳天錫 三等侍衛任永昌鎮遊擊

陳天德 江西撫標千總陞守備

陳有年 凱三子由侍衛任湖南提標左營遊擊

田封疆 來鳳人臘壁長官司陞上後陞廣東提標守備

牟大寅 字宏開利川人由投誠陞定海總兵

牟大壽 利川人任四川保寧等處總鎮都督

牟文祿 利川人授川北鎮標騎將軍

陳世奇 凱堂兄以功授都督僉事

張益富 施州屯籍候選遊擊從征吳逆溺死洞庭

黃正相 恩施人雲南提標遊擊陞遵義鎮副將

龔仁禮 恩施人雲南遊擊

陳天培 字篤公凱長子由世襲歷陞浙江提督

陳天輔 台州守備

陳重乾 四川黔彭營守備

陳光漢 凱四子浙江台州協守備

陳思遠 凱長孫由世襲任廣東潮州鎮遊擊

覃廷建 咸豐人世襲千總擢山東德州參將後陞副將

牟大襲 利川人詳孝義傳

牟大猷 利川人隨營標騎將軍

牟之輔 利川人頫橋副將

牟登祿 大寅長子授河廣彝鎮右營守備

牟承珏 利川人孟河營遊擊

張成榮 利川人陝西留壩營守備

黃天燦 利川人四川黎雅營遊擊

黃天煒 利川人援勦副將總兵

乾隆楊功興 湖南長沙營遊擊

魏國珍 雲南曲尋協守備

王應忠 宣恩千總

朱光 崔壩把總

潘國臣 大旺把總

陳太用 宣恩千總

楊應松 南坪把總

張麟 建始把總

陳克勳 建始把總

袁天倫 宣恩千總

黃國珍 南坪把總

嘉慶魏慎德 湖南撫標守備

牟之弼 利川人任遼東遼陽標騎將軍

牟承瑛 利川人管理江南總督河道營標河營都督

李如會 利川人陝西潼關鎮千總

黃天焰 利川人山東青州營參將

黃天熺 利川人援勦都司

張士相 廣東守備

袁英 蘄州營守備

袁正德 忠尚千總

邱國元 建始把總

姚燦 宣恩千總

陳錫疇 大旺把總

褚繩 忠尚外委

王正綱 宣恩千總

王發第 宣恩千總

賈光德 存城把總陞利川

賈克繩 ■■把總

魏尊德 鄖陽鎮標右營都司

李　蘊宜都營千總
袁存理南坪把總
李盛俊長陽千總
祝鳳鳴由軍功任貴州上江協都司
李文桂興山營千總
李文陞武生五品軍功任存城把總
譚殿元武生五品軍功
王大用武生五品軍功
向宏道武生軍功把總
唐官儀六品軍功
許映奎武生軍功把總
向豊新武生軍功外委
向如龍武生六品軍功
向登道九品軍功
向思堯軍功外委
黄天貞軍功外委
向允明軍功外委
楊忠建軍功外委

李文蘭六品軍功
黄明經六品軍功
趙光宗武生八品軍功外委
劉　發六品軍功
黄錫功軍功千總
潘天德宜昌中營外委
宋士模八品軍功
許錫福六品軍功
方金榮六品軍功
黄飛鵬武生六品軍功
譚天偉軍功千總
向開榜六品軍功
譚必達八品軍功
金　梽武生六品軍功
張宏禮九品軍功
黄登信六品軍功
黄天爵八品軍功
懷澤遠八品軍功

吳宏富九品軍功
李昇浩六品軍功
周尚仁長樂千總
陳廷柄建南外委
趙　申咸豐把總
覃光斗南坪把總
李光盛來鳳千總
劉　增外委
張如奎閩渡外委
魏正舉武生軍功興山外委
道光
陳連陞鶴峯人寄籍恩施任廣東三江口副將賞戴花翎詳忠義傳
陳　玢高羅外委
史可富建始把總
黄遠吉武生由行伍陞衛昌千總
鄧士枚武生大旺把總
向應珍六品軍功
許登雄武生興山外委

李道森武生廣東提標遊擊賞戴花翎
陳啟中宜都外委
許登俊建始把總
陳得高武生建始把總
楊大鴻東鄉鎮外委
鄭廷魁活龍坪外委
趙必秀藍翎軍功宜恩千總
謝觀國宜都營千總
許映泰建始把總
袁大剛來鳳外委
黄先品石門外委
鄧士科活龍坪外委陞衛昌營千總
楊應忠宜鎮千總
王廷芳唐崖把總
楊應奎來鳳漾水井外委
樂瑞璽右營外委
袁開柄利川千總
張長春藍翎遠安千總

李世斌 松滋把總　王桂森 右營外委
陳展鵬 連陞子，世襲騎都尉，襄陽遊擊，詳忠　孫世和 忠路外委
義傳　李可樫 東鄉鎮外委
楊永海 八品藍翎拔右營關渡外委　馬子英 衛昌營把總
樊　爕 由世襲輕車都尉歷任湖南永州總
鎮，署常德提督軍門
咸豐 譚榮名 由世襲雲騎尉任來鳳千總，現陞都　陳士高 宜昌鎮水師營藍翎把總
司
鄧朝儀 遠安把總　曾宗全 荊水師把總

廖康華 宜昌鎮外委　許大濱 咸豐把總，五品藍翎
李得鈺 武生五品藍翎穀城守備　袁泰來 六品藍翎建南把總
鄒得鏞 六品藍翎衛昌營把總　張宗瑞 忠路外委
李復全 鄖陽鎮標把總　陳衡高 大旺把總，賞戴藍翎
寇延嗣 六品軍功本協右營外委　張義鵬 宜昌鎮水師把總
張宗琨 本協中營外委　李名貴 本協左營忠峝把總
黃開榜 現任江西九江鎮水師營提督，賞　楊文祥 由軍功發營効用儘先把總
給勤勇巴圖魯　熊湘琳 建始把總
同治 燕啟檽 六品軍功本協中營外委　李名鳳 本協左營外委

陳文申 本協左營活龍坪汛外委　袁有誥 武生投營拔本協中營額外
田際榜 六品軍功關渡外委　劉明典 記名總兵儘先副將，賞戴花翎
曹國安 即選提督利勇巴圖魯，賞戴花翎　鄒連陞 提督銜記名簡放總鎮僩勇巴圖魯
現署河南河北鎮總兵　黃廷旗 候選參將
吳業成 儘先守備，賞戴花翎　蕭占彪 儘先守備，賞戴花翎
陳明發 以千總拔補，賞戴藍翎　康明典 武生由營保儘先把總，賞戴藍翎
譚定武 儘先千總，賞戴藍翎　鄭昌首 藍翎外委
吳業揚 儘先外委　趙鴻鈞 藍翎千總
康朗泉 六品軍功藍翎把總加千總銜　田見龍 五品軍功藍翎千總

黃三錫 千總　黃桂芳 守禦所千總
康立賢 六品軍功藍翎外委　曹維國 藍翎把總
曹德興 藍翎千總　曹德麟 藍翎千總
以上恩施人
乾隆 王勝祖 軍功遊擊銜
嘉慶 麻光裕 由軍功拔遊擊銜，賞戴花翎，任湖南　唐開元 武生軍功把總
提標都司，歷署遊擊　王萬年 武生六品軍功
以上宣恩人
嘉慶 覃　璁 八品軍功　劉宗文 軍功把總銜

徐　梅 八品軍功

彭　交 軍功外委

周安瀾 軍功把總

龔起元 軍功把總銜

向正樂 從征大小金川由守備陞江南泗州營都司

向伯端 正樂子從征川湖教匪授廣西永營守備陞廣西潯州營都司擢用副將

向熙榮 甘肅馬營都司

任紹萱 軍功把總

牟承崧 軍功把總

胡有坤 軍功把總

袁圖南 軍功把總

向正魁 陝西河州守備以剿川陝功陞馬壩營都司

向振銓 從征鎮筸苗及白蓮教匪功授行營守備

向振鋼 襄陽縣千總

洪紹前 七品軍功

張士陶 六品軍功職銜

張士柄 武生軍功六品

同治

覃庭中 來鳳人散毛司裔由世職歸督標以守備補用

以上來鳳人

嘉慶

姚成章 軍功任四川五綂橋把總

劉有慶 九品軍功

羅文治 九品軍功

滕家高 九品軍功

張士纁 武生軍功把總

楊洪明 來鳳人由行伍累功至副將同治元年同復縣城四年征貴州苗卒於軍贈總兵

朱順皇 九品軍功

胡朝齊 六品軍功

游　春 六品軍功

郗有松 六品軍功

晏安賢 軍功任南坪把總

姚金瀾 軍功任巴東守備

以上咸豐人

乾隆

曹夢熊 署宜恩千總

嘉慶

牟奇仕 武生六品軍功

吳三才 六品軍功

牟承煜 武生八品軍功

咸豐

譚德芳 宣恩千總軍功藍翎

沈天成 軍功

王　庸 軍功任崔壩把總

楊定品 六品軍功

朱贈逵 武生六品軍功

覃殿勇 六品軍功

以上利川人

嘉慶

王萬德 甘肅遊擊銜賞健勇巴圖魯

龍攀雲 雲南守備

龍　夔 六品軍功任宜昌鎮標長樂外委

董志松 六品軍功候補千總

孫宗會 武生六品軍功

黃奇勳 六品軍功任甘肅西寧鎮標千總

潘榮陞 軍功外委

田道釗 軍功外委

龍凌雲 雲南千總

向　龍 廣東順德營遊擊

江正桂 六品軍功候補千總

向學凡 六品軍功候補千總

向得勝 武生六品軍功

邱裕霎 裕霖弟八品軍功

劉朝文 軍功外委

陳世秀 軍功外委

梁世貴 軍功外委
曹大垿 軍功任甘肅千總
同治
聶晉卿 由營保花翎留湖北提標以守備用
以上建始人

明
封贈
鄧　使 以子宏烈貴例封
覃大欽 庠生以子天閎貴例封
以上本朱志

龍澤鴻 軍功外委
黃玉瓏 武生由軍功補大旺把總
張漢梁 由營保藍翎把總
張金泉 以子問禮貴例封
鄧楚翹 貢生以子宗啟貴例封

國朝
賈元雄 以子光德貴贈武畧騎尉
朱廷升 以子榮位貴贈承德郎
向玉璘 庠生以子元魁貴贈昭武都尉
胡國璞 以子在河貴贈修職郎
李官廷 以子道全貴贈修職郎
賈倫英 施州營衛守備贈明威將軍
李應榮 以子蔭貴贈武畧騎尉
李　堅 以子光盛貴贈武信騎尉

朱承先 以子光貴贈奮武郎
向德新 庠生以孫元魁貴贈昭武都尉
向存道 武舉以弟元魁貴封昭武都尉
李大章 庠生以子道森貴贈武翼都尉
李大琳 以姪道森貴贈武畧騎尉
賈元英 遠安營把總贈奮武郎
李天蔭 以孫光盛貴贈武信騎尉
朱榮祿 恩貢以子燡憲貴贈修職郎

劉三分 以子濟川貴贈承德郎
吳文儒 以婿黃元弼貴贈奉政大夫
康興藤 以子光達貴贈朝議大夫
李可祿 以子得鈺貴封武信騎尉
康希富 以子光第貴贈奉政大夫
黃光輝 以孫開榜貴贈振威將軍
尹炳昌 以子克壘貴封修職郎
張重英 以降服子映芸貴贈奉政大夫
皮家騂 運同銜以子越羣貴贈奉政大夫

劉三會 以姪濟川貴貤贈承德郎
黃復達 以子元弼貴贈奉政大夫
李大元 以孫得鈺貴贈武信騎尉
黃錫春 以曾孫開榜貴贈振威將軍
黃占魁 以子開榜貴贈振威將軍
張重倫 以子映芸貴贈奉政大夫
康光第 同知銜以子佩謙貴封文林郎
成君賢 從九以五子崑山貴贈奉政大夫
謝應位 以孫觀國貴貤封武畧騎尉

謝應仕 以子觀國貴勅贈武畧騎尉
以上恩施
張廷植 以子毓麟貴封登仕郎
以上來鳳
王文煥 以子偉貴贈朝議大夫
以上咸豐
同治
張一全 以孫樹森貴貤贈儒林郎
以上建始

謝觀德 以弟觀國貴貤封武信騎尉
何誠一 以子達鑑貴贈修職郎
張元善 以子樹森貴誥贈儒林郎

世襲

國朝

嘉慶樊從典以父繼祖襲一等輕車都尉
姚金榜以父士華襲雲騎尉
李文桂以父紱襲雲騎尉
黃大成以伯父國珍襲雲騎尉
劉受爵以父鳳襲雲騎尉
滕自莊以父美貴襲雲騎尉
滕成典以祖美貴襲雲騎尉

鍾尚爵以父志茂襲雲騎尉
趙天申以父甲襲雲騎尉
黃國珠以兄國珍襲雲騎尉
王大坤以兄大倫襲雲騎尉
曹維藻以父緒德襲雲騎尉
向茂蘇以父廷芳襲雲騎尉
王守誥以父友貴襲雲騎尉

鄭純武以父紹舉襲雲騎尉
道光樊燮以祖繼祖襲一等輕車都尉
姚尚清以祖士華襲雲騎尉歷署本協左右營守備中營都司
趙大魁以祖甲襲雲騎尉
黃開甲以祖國珍襲雲騎尉
鄭世臣以祖紹舉襲雲騎尉
陳受桂以父舉鵬襲恩騎尉
咸豐鍾業光以父淑友襲雲騎尉

王光福以伯父大倫襲雲騎尉
鍾淑友以祖志茂襲雲騎尉
李世斌以祖紱襲雲騎尉
曹得馨以祖緒德襲雲騎尉
譚榮名以叔祖世敏襲恩騎尉
陳展鵬以父連陞襲騎都尉
趙大魁以祖甲襲雲騎尉
黃連陞以父一才襲雲騎尉
陳受初以祖連陞襲騎都尉

王與全以祖友貴襲雲騎尉
同治樊增祹以曾祖襲一等輕車都尉

以上恩施

嘉慶顏國華以父襲雲騎尉

以上宣恩

嘉慶張來以父襲雲騎尉
道光張繼祖以祖襲雲騎尉

以上來鳳

康熙陳天培以父世凱襲一等輕車都尉

雍正陳思遠以祖世凱襲一等輕車都尉
嘉慶李殿揚以襲雲騎尉
道光陳奮烈以祖世凱襲恩騎尉

以上利川

增修施南府志卷之廿三終

增修施南府志卷之二十四

人物志 鄉賢 行誼 忠烈 孝友

楚國先賢傳襄陽耆舊傳志人物於志亦其嚆矢矣施爲楚邊郡春秋傳所載楚地人物既難確指而漢唐亦鮮有可紀者紀自宋以來舊志分門太瑣且以死節諸職官入其中殊乖體例道光癸巳歲經秉筆者詳加考訂頗具規模茲准各邑稟採擇并旁徵文獻力發前人幽光總題曰人物次行誼於鄉賢後而以忠孝諸傳附焉

鄉賢

周

巴蔓子周季氏巴國亂將軍蔓子請師於楚許以三城楚就巴巴國已安楚使請城蔓子曰藉楚之靈克綏禍亂誠許是三城將吾頭往城不可得也乃自刎以頭授楚使楚王以上卿禮葬其頭於荊山之陽巴國葬其身於都亭山 明一統志

漢

尹珍毋斂人自以生長荒裔不知禮義從汝南許叔重受經書學成還鄉教授於是南域始知向學仕荊州刺史

按毋斂非施地然舊志載入鄉賢今仍之詳辨訛

宋

詹邈傳學宏詞科第一恩施利川建始三縣皆祀鄉賢

明

向得豪施州都亭里人歲貢生永樂十五年任交州府同知洪熙元年黎利叛陷交州被執不屈罵賊死祟祀鄉賢

童杲字明甫別號客星本衛世襲指揮僉事博學有文武才初平獠向能蜀鄢藍二賊又從征石阡方四及廣西斷藤峽等處俱有功歷靖州參將及淮安總鎮命下而公卒著有施州衛大田所二志周正考樊川詩俱燬於兵燹祟祀鄉賢

童希賜字宗盟施州歲貢舉孝廉不求仕宦毋强之仕受霍州同知三月聞母病即歸歿祀鄉賢

申瀾字汝信施州人歲薦南雍歸見施蠻將變條陳五

事一議兵備宜專鎮施二守備宜移南坪三重藝留糧宜復本邑解施四宜撤靖州戍兵五塗堡宜增兵防於謁選上之部議免戍軍餘目爲迂闊授淮安府知事越三年土蠻黃中叛會兩省兵討平之而地方受客兵害殆甚於賊始服其先見施議善後悉如所議施祀鄉賢

童希孟號新齋景次子衛諸生嘉靖中土蠻黃中叛上安邊十二策聘作參軍同經歷汪澤等說黃中降事平敘功力辭請以贖宗子指揮童養廉失律之罪以

孫天爵貴受封崇祀鄉賢以上俱本舊志

向塗第建始貢生敦實行守正不阿崇祀鄉賢

國朝

龍國命建始人順治二年李自成餘孽入川公團練鄉兵保護鄉里仕至雲南尋霑營參將崇祀鄉賢本舊府志

施南府　恩施縣

行誼

元

向午鳳施州人至元二十二年征尚蠻充哨馬把總身先土李專子引蠻入覲授開封將領大德九年拔臣紹慶路總管楚紀

明

陳德芳少聚生徒教授洪武四年明師伐蜀德芳諭施南土司覃州隆降附以兵助王師欲酬其功固辭不受獻藩欲以卓行薦使者及門踰垣而避舊衛志

龔承祖洪武中以秀才異等拜監察御史命同御史張亨等八人署都察院事承祖劾奏武定侯郭勳私蓄家僮擅殺無辜帝命議其罪已而宥之尋出爲浙江

僉事治獄平允擢江西按察使舊志

童鐘字景陽衛指揮天順間川蠻孫居士等流入施南司鐘督擒孫居士等三十餘人其餘黨復竄入土陀寨攻掠彭水等縣蜀撫汪浩檄鐘再勦斬賊首二十八人餘黨悉散川湖以安舊衛志

許深字大本穎悟好學師事黃溥以歲貢終宏治壬子崇教寨民叛當事欲由八山嶺進攻公上言斑鳩崖之險一夫可守若由萬寨木裏圍擣其背則彼險可奪從之遂擒首惡賊以平宋志

陳濬字士哲性孝友博文強記師事黃溥屢試不第隱
居授徒 宋志
向佶崇寧里人天順間蠻起佶以諸生率民擒賊闔境
以安仕至順天府治中 舊衛志
陳址字對滄衛人博學工詩由歲薦歷潁州州判 舊衛志
張問禮號立齋衛人萬歷丙子舉人雎州知州清白自
矢忤魏璫降馬湖通判尋遷嘉定州眉州知州告歸
舊衛志
張應揚問禮子選貢任華州州同有惠政陞廉州府通
判祀華州名宦 湖廣通志
鄧宏烈字東升施州衛官籍由歲薦仕雙流縣知縣督
施兵征播連破三關及青山川砦諸屯楊應龍自焚
死募士冒火取得其尸事見平播全書歷遵義大理
嚴州三府同知家貧如故卒年逾九十 湖廣通志
黃訓字邱台衛人常獨騎行山中遠見茅簷下微露黃
蓋知必官長乃徒步過之其古道如此由歲薦爲長
汀教諭士服其教 舊衛志
張三陽號熙還以明經謁選汪光祿寺署丞 舊衛志

葛楚元字覲雲歲貢婺川令以調停播餉安集流民功
當陞竟掛冠歸 舊衛志
周經世字衡臨世襲衛指揮使歷二十年有能聲 舊志
楊偉衛百戶當黃中之變暮夜詭言偉挺身偵探無事
施城乃安蠻壁恃險負固偉冒死至寨曉以禍福遂
詣軍門降後擢廣西都司世襲支羅年九十卒 舊衛志
張鎰字五岳衛諸生少時喪妻不更娶由明經知孝義
桃源二縣宦遊上以恤民稍不直即袖律例以白後
致仕歸與寒儒講學不倦 舊衛志
李一鳳字岐陽萬歷己酉舉人知貴池縣歷數州同知
以廉惠稱致仕歸開大莫園以課子弟重修衛志 舊志
牟文綬字章甫天啟中以功授黔守備後移守鳳泗陵
寢賊不敢犯陞淮安總兵征討川湖流寇晉鳳衛伯
雖介胄之士冲和有儒者氣象 舊衛志
童天閎祀裔孫崇禎庚午舉人初任部郎福王唐王時
屆以奔播晉三部尚書 舊衛志
童天衢歲貢纂衛志頗稱博洽 舊衛志
鄧宗啟字開甫號魯山衛拔貢授武選司郎中亂後不

仕隱居教授舊衛志
張廷齡字令齒號藥溪篤行博學精六書工詩文明喪
禮遠近學者宗之有濠上下集二編行於世亂後先
正云亡所以昭示來學咸魯山藥溪二先生之力云
舊衛志
金鳳翔意氣激昂王觀興搜山人民流離鳳翔不忍見
投水死舊衛志
童大德衛歲貢任崇德丞委修海防不忍派民屢修屢
壞作文祭之是夜大風濤湧沙成堤以功最遷去民

尸祝之致仕歸囊無一物舊衛志
童大欽還孤客遺金數百兩貧不苟取鄉人重之唐志
國朝
張都字俞廷屯籍明末選貢康熙時授定興丞遷高陵
知縣有惠政民尸祝之陞池州同知致仕僑寓安陸
每桑梓有所經營必遣奚相助焉舊衛志
王封鎮字建元衛諸生博學能文雍正七年館於容美
土司署剛方正直土司敬禮之舊衛志簡撮右體
舊府志

詘本璉字賓侯邑諸生性孝友敦行崇學時士之通經
者多出其門嘉慶初白蓮猖獗本璉率鄉人於杉木
壩之關門巖壘石爲關拒賊賊懾不敢進旋制府帥
軍叩關本璉恐賊之僞扞益嚴乃令人引長絙縋己
下與鄉人約曰如賊殺我可撤石擊之乃見制府制
府褒其義勇年七十餘卒舊府志
李盛松庠生存心正直立品端方子文玉　恩貢孫德
珍庠生
陳綬武生選拔陳訓之孫爲人誠樸剛正兼優文事太

守楊公創修南郡書院遴派監修丞避嫌怨獨任其
勞落成後金盡無膏火費公具呈縣尹詹公請將向
日入官田產撥歸院中管業收租以作獎勵人材之
資學使鮑給予宣勤翼教匾額子廷策廷選武生廷
芳附生廷楠孫玢德高仕高衡高　高俱詳武功志
朱尙志字景伊歲貢博學能文遊其門者皆蜚聲學序
郡向無書院力請於郡伯楊公毓江募修之蕆事後
汪制軍以南郡名院顏額於廳事誌顛末而并爲公
勵焉

鍾倚直歲貢篤信好學家貧恃硯田作生涯尤工書得二王筆意點坐嘗自警曰愧人子弟損陰功其慎獨如此

成君賢從九品銜其父由江右貿遷於施擕公偕來公襄理店務億屢中家遂大康爲人樂善好施郡有義舉如修學宮建珠塔江西會館輸重資不少吝耄年尤信神明進香東嶽宮目睹廟宇神像頹敗悵甚發願獨力重修卽延戚友董監告成費錢萬串餘又因明及幽另捐産剏盂蘭會衹盡其己力能爲遂已諱言邈毀其他周貧施棺修路焚券等類難以備述卒

年八十有三子朗山貢生耀南從九品裕亭旭初孫宅之道謙曾孫錫俱國學子崐山孫壽燧詳選舉志

朱榮祿字仁山恩貢性篤天倫昆季四環爲母壽促公就仕承歡而公不旦暮違也山居課子敦品爲先嘗讀史慕范文正好行其德慨然曰秀才負荷匪輕觀顏呼負負邪設孤貧禦寒院置義塚費頗不貲復見學宮傾圮倡議督修建南郡書院建珠塔作育人文任其重不以爲勞鄉人德之晚年手抄衛志四卷府

志資爲粉本四弟榮壽理問廳恪守庭訓以勤儉孝友勤爲家箴子偉憲孫扆俱詳選舉志

李世達號微之貢生好學篤行爲士林模楷教授生徒百餘人多知名士年八十餘講學不倦性沈靜謹厚言動悉循禮法雖燕居必整衣冠年九十卒子甸春貢生孫應鍾庠生

胡在泗號杏亭歲貢爲人肅恭恒講求修身寡過之學以宋大儒爲依歸遇事持正不可以非義屈郡伯尹北窗太史常目之曰是眞康侯裔也講學三十年造

就多一時之彥選蘄州訓導卒於官子正蒸字芷塘貢生

尹其璋號禮南歲貢篤志經史老而不倦性嚴正不妄交見者肅然晚年學益粹嘗訓子弟曰人立身守正不阿尤宜抑然自下故自號益齋選鄖縣訓導化生徒驕矜之習姪孫壽衡秋部以進士起家皆其教育之力也子焴呂孫克垣克均俱庠生

周炳先號星橋歲貢篤學安貧選房縣訓導卒於官

褚上林號春農歲貢制行不苟淡於仕進而性耽吟咏

曾客游江漢間有所作人多傳誦詹湘亭賜綺堂集中采錄尤多馮展雲學使訪求遺稿深加賞識樊燮庭軍門爲梓其香雪山館詩集行世長子希昉貢生次希昆庠生

向正書字玉璘庠生性剛直守正不阿生平篤尙實行事繼母以孝聞子三長存道武舉次元魁武進士三奎文歲貢孫入膠庠者數人

楊聯紳號逸亭性率真無矯飾人有憂危事必措之安而後止朋友有過常直言無諱子炳軒歲貢

王家錡號滋圃拔貢生平敦行孝友砥礪廉隅著有文公喪禮撮要一編考核精詳鄉人多奉行之有聽雨樓詩集四卷馮展雲學士爲之題其集而梓行之子正績正緯俱貢生

趙銘哲號智齋性沈毅植品端方博覽羣書多留心天下之務胡文忠公辟參軍務未幾還山卒子世玩世逵均庠生

鄢耀廷字藻卿歲貢寡言笑愼取與家徒四壁黄卷青燈外無干預不尙修飾望而知爲儒者子榮璐府學廩生

朱孔殷字惺菴廩貢生言規行矩性愛林泉不榮情仕宦家饒裕捐修驛路三十里所費不貲督修南郡書院郡伯楊作舟先生贈以敦行尙義匾額

李昇芳字春甲拔貢性孝友善事孀母承繼長房析居與兄弟均產好讀書甫弱冠入庠食餼郡守聞其名延之西席平生好排難解紛與人以誠不欺然諾人咸敬之少師事羅成章章沒其弟冠乙方幼遵師遺囑多方成就之冠乙卒有聲庠序芳尤工書法教授鄉閭知名士多出其門子道南庠生道衡廩生

賴遠傳字省齋性朴直不妄言笑能濟人急足不履城市里有爭訟得一言無不立解嘗爲母疾願減佃租三年以祈神祐卒年八十有二子朝宗朝正朝綱俱貢生

康光遠字鏡堂監運同銜遇事精明存心渾厚尤敬禮賢士大夫平生樂善好施捐賑濟倉產業備荒修天門坡路綿亘數十里養孤貧數十名歲以爲常晚年創宗祠廣置祀田作貽謀計其他設渡建橋梁助賓

輿立義塚㡴金數萬太守顧椿題廣種福田額以贈
子明義候選知縣國珍衞守備宣之翰林院孔曰文
煥詹事府主簿

張光珩字耀楚按知事幼嗜學作文力追古人精思詣
微屢困風簷兄光玉筦家政家中落母令珩改業服
賈田產仍珠還焉兄把晤輒赧然而珩且慰勞之分
潤不時至白頭如初平生性耿介道貌巖巖不可以
非禮干而度務精詳如建塔設賓興義倉靡不捐貲
貼妥名聞當路修城籌防咸倚重焉卒年七十有八

楊嘉廷字艮佐性質懿以利濟爲心嘉慶庚申郡城大
荒米價昂貴廷捐貲自來鳳運米煮粥以活飢民太
守馬維馭獎以惟義是式額邑令趙秉醇亦額以樂
善可風卒年八十有八

李衡菴素好義常爲人排難解紛其孫交致好義能繼
祖志少與邑庠生孫葆交好葆死遺子爲昭甫六歲
家貧無依時交致家亦艱難撫養爲昭教讀婚配與
己子同後爲昭與交致子德慶同入邑庠

宣恩縣

國朝

唐仁智原籍湖南黔陽縣人乾隆初家於宣爲人端正
和厚喜化導鄉愚常諭以奉公大義年八十餘卒其
子皆恂謹有父風孫開甲武生

唐義嘉仁智三子業儒倡首呈請設文武學額復集衆
捐資建修施郡考棚大有功於學校

田璉東鄉里人厚重簡樸豐年積穀凶年平糶貧者賴
之延師課子尊禮備至子文錦歲貢生幼聰穎胸襟
開濶好讀書能文章年十九入郡庠旋食餼著作甚

多喜成就後學孫永松歲貢生

宋宏堯輕財仗義其父大奇修廟建橋新學署等事宏
堯實繼成之嘉慶丙辰教匪闌入以捐糧數百石議
敘州判旋選山西青州州判未赴

楊楫歲貢生品行端方爲鄉黨推重教子孫以安分守
法爲要故祖孫五代無訟事孫光瓊七品軍功

彭國旄少失恃事父以孝聞先意承志得其歡心年五
十餘孺慕不衰父歿後喪祭如禮人以爲難

滕家隆高羅里人存心忠厚好施與里有困窮者使自

墾荒土貸牛耕之不取其租負債者歲終不索友人李才萬病篤以寡婦孤兒託友卒常給衣食無難色精痘科活幼子無算從不計謝貧不能具藥者並捐資助之晚年生子振振滿堂鄉人以爲忠厚之報卒年八十有三子傳璣從九品孫代琇郡庠生

段金魁忠建里監生嘉慶元年白蓮教起魁挺身帶勇爲桑梓保障時來鳳城陷李家河得保全者金魁力也大憲上其功授即補分縣以親老辭不就卒年八十有六平生未嘗欺人一語鄉里服其直而不知其

壯年移孝作忠也

周得旺忠建里人存心忠厚敬禮神明嘗爲親疾兩次進香南嶽從不敢作欺心事故言無口過行無怨惡鄉人莫不加敬焉子作懷孫制詳邑廩生佑溥庠生

覃長有歲貢生恬靜少言居廛市不履公門及勢利家設帳宗祠十數年課督之暇終日危坐無倦容從遊者貢生孫高華輩多一時之彥其事兄友宏敬愛兼至終其身不衰後授棗陽訓導相傳某學使以八駿試士惟長有能備詳其名以對學使重之其學問之淵博有過人者

胡斂詩高羅里人性明敏內行修潔少習舉子業晚年講究身體力行之學行不由徑語不見齒授教李溪先器識而後文藝里中知名士多出其門卒年八十有六

張明文字公庭存心公正資性沈毅有幹濟才嘉慶元年教匪李登教倡亂文募勇五百餘人堵禦安家嶺龍馬山地方賊不敢犯邑令蘇於洛舉軍功文以親老固辭居鄉排難解紛數十年無訟事孫光嶽歲貢

生即選訓導

熊宗清忠建里人字朗山持家儉樸安分力農年二十九妻譚氏病故撫二子守義不娶現年六十有四子與周業儒

宋永何字文奇國學生家豐裕好行善事凡建橋梁修道路視爲故常丙辰匪竄晒坪捐銀三千兩募勇五百人命子宏增隨邑令蘇於洛堵禦賊知有備不敢入城賴以全

來鳳縣

國朝

覃隆基字佑啟散毛司覃勳麟長子性仁孝有幹濟才母田氏卒泣血哀毀廬墓三年諸鄰司重之麟愛次子鴻基欲襲之諸司不平欲襲隆基隆基潛詣諸司泣陳父命宜遵己不願襲鄰司感其誠麟卒鴻基襲職隆基復代爲經理境賴以安子三璠瑛璋

覃璠字煥若叔鴻基卒子瑄嗣襲改土後瑄卒無嗣大吏欲奏請璠襲璠力辭親治瑄喪歸里子述綸述書見選舉志

楊逢祥字吉人拔貢性廉介甘淡泊居家嚴肅有顏氏柳氏遺風主講朝陽書院數十年未嘗有所干謁接引後進樂道先正格言晚年學益粹道光元年舉孝廉方正旋選穀城縣教諭以老病不赴

劉崇發字崇賓庠生嚴氣正性言笑不苟幼讀書必正襟危坐如對聖賢壯與邑諸生相砥礪學益進前令范舉孝廉方正力辭不就主講桂林書院三十年諸生請以實學誨人邱尚人傳其遺事謂里有向氏子樵山中忽發狂執廟中神刀盤旋跳舞崇賓穩坐對之伏地而醒又有嚴氏女被祟歌哭不休崇賓爲書數字於衣即愈語云邪不勝正諒哉子必芳增生次毅孫心杰均庠生

田啟芳庠生生有至性好讀書能文師事劉崇賓佩服終身嘉慶元年其父榮葵剿賊陣亡芳誓雪仇氣鬱結遂成心疾偶一觸念兩眼發赤狂走叫殺一日至巡司署病復適崇賓至厲聲曰啟芳不得無禮芳應曰唯不敢俯首逡巡而退崇賓歿後芳得遺硯常俎豆奉之子成杰孫鴻儀均庠生

張士儒字成崧性嚴正明大義治家以禮尤樂善好施元年匪變有至戚某無貲士儒聞之貸金三百戚請書券士儒蹴然曰大亂將至我等相見不可知何以券爲亂定後親友先後旋里復造門慰勞以貸之不計利無吝色亦無矜容以募勇剿賊功議叙縣丞子思恩雋見仕宦志孫有嚴有守滙恩俱見選舉志子思誠孫有祜俱庠生

何文龍字在田國學生原籍湖南新化縣兄弟四人有姜家大被風文龍其季也性忠厚識大體尤重師儒

乾隆初來邑新設文教未興重聘延師訓子弟恭敬逾恒一日至館中師見所服新製獺袖美之歸即脫贈約親友置義塚並施棺櫬凡不倦前令劉以麥舟遺風額獎之年七十卒於家卒之前一日造素所往來戚友家告別越晨起沐浴更衣冠拜祖先呼家人環侍中堂端坐而逝若夙知者子顯榜顯梁俱見仕宦志孫瑛斗庠生

張文言原籍湖南長沙縣父正廷篤於學乾隆丙辰徵博學宏詞不赴隱居教授屢代人償債家中落文言

就館於來以資奉養父卒奉母與胞叔還來孝養不衰一日至街肆鄰人被酒詈其後文言若不知人曰呼汝名曰天下豈無同名者乎卒不校又嘗自鄉村歸哭遇負薪者擠坎下泥污履家人訝問曰適過某處路狹甚微負薪者掖我幾陷溝中矣每秋熟時必親赴鄉村慰勞莊戶預戒勿盛供具其生平之孝讓如此子鴻範貢生

曾有光字吉堂性沈靜慮事周詳父早逝母劉氏性嚴厲光奉命惟謹初鄉先輩創修仰止書院奉祠朱子光因與及門講求文公家禮母年八十卒哀毀盡禮不用浮屠人多則之素好讀書手不釋卷其爲文醇厚簡潔力追先輩中嘉慶戊辰　恩科第二名舉人選安陸府訓導未赴卒

何文菼字鵬飛性友愛兄弟四人獨任家事務農桑尚節儉分爨後過兄弟家詣庖室子弟有事烹調者輒呵之故杖履所至有公孫內廚外膳之殊鄉黨傳爲佳話有粵客攜金數百至其家封未啟聚各房子弟曰此前十年粵客貸吾金販麻以爲烏有矣係公

物應均分之其同體相關不欺心如此子楷桂俱國學生楷庠生孫瑛甍瑛焯瑛輝見選舉志瑛焜誠令均庠生

何顯榮字漢亭　恩貢居心平恕持身朴實事繼母得歡心兄顯模早逝事寡嫂敬撫二姪視同巳子理家數十年無積子誠一貢生孫天照庠生遠鑾遠椿均見選舉志

何顯槐字古香性慷慨有遠識人有急難必多方拯之捐從九職發河南歷山西署豐鎮廳司獄親視囹圄

滌械且禁獄卒苛索獄中人德之初外洋不靖怡堂之憂形於詞色將卒遺言族中子姪必修洞砦以爲遺種處辛酉粵匪入境族中賴以保全先見之力也平生仗義輕財尤篤於宗族族中子弟有質美者必多方成就之子誠立舉孝廉謙國學生品行端方資性明達於先儒語錄實有見地與人交終始不變隱居教授學者稱爲益齋先生

張鴻範字羽儀歲貢天資孝友内行修潔讀書過目成誦有經濟才嘉慶元年幸勇剿賊議叙七品軍功選孝感縣訓導著有軍中紀事一卷靜齋文集四卷雜言四卷子光壽貢生光烈庠生孫檠嶽見選舉志

鄧代英字玉振忠厚正直樂善好施兄弟四人和而有禮凡遇喜慶喪葬必宣揚 聖諭廣訓鄉人聞而感化者衆每歲除鄰里貧乏者稱量周給平生有日行錄功過皆書以自省卒年八十六眼觀五代

張廷植字藝圃原籍浙江山陰縣直質誠愨有古人風年甫冠徒步走京師同鄉有勸其入部習吏事者遂入兵部爲吏存心忠厚不肯置人於險每事關出入必力爭之堂司官咸悚然動容曰是守正不阿吏而有儒行者也先是入都時同鄉某遇之厚所積數百金悉存其家某家中落不能償抑鬱以歿廷植入臨哭之哀取券柩前焚之弔其遺孤慰勞備至座上無賢不肖莫不嘆爲長者客京師十九年歸家族戚里貧乏者量力周卹歲以爲常卒年七十六子毓麟見仕宦志孫鳳翔業儒

李國榮多陰德嘗修橋梁施義塚鄉里稱善人

向朝魁原籍貴州人性孝友形貌魁梧力能擒虎生平濟難扶危尤喜交遠近豪傑待朋友不欺人亦生死不相負盜賊不入其境身雖布衣信義著於鄉里子通倘武生通權庠生豪俠好義人有急難多投焉父患目疾遂棄舉業學醫有求醫者昏夜叩門無弗應不以遠近貧富計也家置大櫃聚藥材遇貧苦者檢藥付之數十年不倦

尹思和字在麓天性篤厚兩兄早卒撫姪如子有女兄適周氏夫婦俱卒撫甥如姪自奉儉約喜行利人事有熊某歲荒鬻妻和厚贈勸止通岐黃有病無醫藥

者則邀至家治之故感恩者嘗刻骨子三皆恂恂有父風

李伯霖素敦信義與熊盛美相善夥同貿易數十年如兄弟熊卒子幼撫之如子熊氏子亦事之如父分財多取亦不之較卒年八十有二今子孫三代猶同貲焉

金道發以小貿爲業嘗於興隆坪橋上還人遺金又於道旅傾囊完人夫婦鄉人高其義

張佑明性廉介路拾一囊有銀十餘兩坐以俟之少頃

有夫婦倉皇至詰之得實還之

王尚林貧而好義廣東難民陳某鬻子母子不能捨哭於路林見而心惻捐貲代贖遂爲母子如初

唐正順妻劉氏生二子病故順年廿九不再娶出而耕作入而炊爨以子道兼婦道父母安之間遇鄰人婦與言即赧然退避年已七十終無敗行

黃鑾字朗山歲貢性情和平舉止閒雅工楷書家貧館於郡拒奔女不納旋託故他徙人因重之

滕成坤家貧食力克念天顯常爲人傭歲得所積以奉兄凡有所需不少拂意兄嗜酒醉輒怒詈坤顏色自若友愛如初

周明先學織帶藝甫就其師夫婦繼卒遺二子俱幼明先撫孤造作如師在日同市以重價雇之不肯越十餘年二子皆婚娶取券結之絲毫不苟卒年八十子殷毓

彭明松傭工度日戊辰除夕由龍山歸拾錢票百餘貫徐覓失主還之失票者分三分之一酬之堅執不取

覃述祥質直好義敬事繼母性嗜酒每醉與人爭他人

勸慰莫能解問母嘗欲即止與人交不欺然諾雖醉後言必踐

覃啟發郎岩鐵工同治四年夏火災延燒數十家無賴子攘貨物寄其家發不許惻然曰同街火起不能救忍以爲利乎無賴欲與瓜分堅執不可強留錢一貫發取而投之江

王廷弼號斌夫博學能文章有幹濟才丙辰匪變赴郡請援隨官兵剿賊議敘七品軍功以老不仕著有寸丹吟碧秋山館詩文稿五卷

張書紳字道存天性眞摯家貧篤學主講樂育齋極一時人才之盛著有惺齋文稿五卷詩十卷雲夢陳春農方伯爲之梓行於世廬游小草一卷子錸庠生鎮庠生

王煜字曉樓廷弼子狀頎而黑目炯炯精光外射讀書目數行下爲文天馬行空淩今古尤長詩賦古體排奡縱橫動與古會書法二王辛酉院試以問月亭賦受知學使鮑侍郎覺生擊節嘆賞登拔萃科爲之游揚公卿間名噪江漢中年後因事被謫士林惜之著有冬青館詩草二十卷古律體賦各四卷古文五卷駢體文二卷縣志稿二十卷

張有守字介人邃於經學年十四補弟子員乙酉登拔萃科家居教授著有聽雲山房文集子宗鑄宗鈞庠生

歐陽祖與字敬亭幼聰頴家貧好學見時牧山中騎牛背執離騷吟哦不輟邑令盧公見而器之勉其專志讀書旋入邑庠工詩興之所至隨手成篇不假雕琢有陶韋致遠近談詩者必曰歐陽子著作甚富以不自收拾往往散佚不傳

何誠立字禮門一字雨山幼倜儻其父官山西年未冠徒步往省往返萬里好讀書能文章丁酉選拔中式淡情仕宦以養親教授自娛地方官有疑難必諮度焉著有雨山文集兼通青烏家言別有心得能正諸家之謬

張鎔字金在博學能文尤工試帖乙酉登拔萃科留京四載以親老歸教授鄉里士多出其門

饒建寅字春圃性聰頴讀書過目成誦下筆千言癸酉選拔未與　朝考病卒著有石澗詩鈔子琳事母孝有儁才孫宗泌

咸豐縣

國朝

王文煥城南教場壩人性質樸語言不苟濟困扶危不遺餘力嘗設家塾收族中子弟而教之鄉里有紛爭事力爲排解費重貲不惜子偉見選舉志

覃樹德妻金氏生子勳中病故德年二十誓不再娶四十入邑庠居鄉教授以禮節自持有以續絃請者輙

笑崖之孫吉祥歲貢生

利川縣

國朝

陳世凱字贊伯屯籍陳家灣人國初滇黔蜀省猶未靖利地連蜀凱年十四與牟大官統衆禦賊因獻策四川總督李國英隨征川東巫巴諸賊有功復從征閩逆耿精忠不著兜鍪攻城身被數創不退卒拔其城軍中號曰陳鐵頭牟老虎官至浙江提督浙人感全溫之德崇祀名宦見湖北通志及舊衛志

牟承五字建極號龍山幼有遠志年十六入邑庠食餼聞夏驪農太史掌教江漢書院往從之十餘載博極羣書太史甚器之當事鉅公選刻院文獨以承五居首由是名噪江漢州郡交聘延主鹿門蘭臺墨池各書院門下掇巍科者指不勝屈而先生屢困棘圍竟以諸生老鄉人惜之舊府志

冉大進　恩貢生識微見遠時邑初設學文風未啟公設帳激厲後學講解弗倦士林矜式之初巨寇林之華之未叛也偵探道路僞爲遊學者公窺其行徑知他日必蹂躪此方心憂之每以綢繆未雨垂戒公歿後林果叛其子孫遵公遺訓防堵合村無恙

覃章組忠路土司裔也愛惜名義崇尚廉潔正己率人負一方清望晚年琴書自樂享高年無疾而終向春谷爲之著行述子四

劉雲階　恩貢生性肫誠善承先志親歿後春秋祭必致哀少從瞿交山遊交山歿遂師母奉養事之如母其姪盛芳明經克媲美前徽

黃楚昌衛學附生　國初各司爭併民鮮由禮昌入學後苦心教授及襲職設學宮延師訓課公餘親爲講解並教子馬學中遊泮者二十餘人

何東洋沙溪司人性耿介康熙時爲宣撫舍人土官黃楚昌故隣司稟請與黃美昌協理司務納土投誠後大憲飭宣聖諭化導土民土弁遷隸江夏復奉司檄代買官業分毫不苟守令詳請議敘固辭制軍賜賢能共仰額子文林邑庠生教匪滋擾帶勇堵剿勤經略賞給軍功亦不受

鄧賢才貢生性施誠居父母喪悉遵古禮平生專事教讀不干外事兄弟友愛四世同居八十餘人無間言所著詩文甚夥子永壽庠生

李遠德爲人誠信然諾不欺有相識周常才傭工積錢十餘千負至山陰將窖之遠德自林中出周囑曰慎勿言李頷之次年周病篤謂其友王鉅瀾曰我嘗積錢若干窖山中子爲我取作葬費王掘其處分文不失

蔣立鑒性敏家貧事詩書苦心孤詣未冠即以舌耕養

親父遊偶有餽遺歸奉高堂歷久不變父母卒盡哀盡禮宗族賢之

蔣功明敦厚謹慎尤善事繼母歷數十年如一日子八人皆篤誠有父風處宗族鄉黨亦從無忿言戾色

冉光綜庠生爲人品端言訥一介不取予恬山恩貢從師館鄖縣署中有武生某袖百金置諸懷嚴拒之而陰息其訟徒步歸梓教授生徒其得諸庭訓者然也孫洪陶穎悟能詩文尤工小楷弱冠食餼將光祖德旋卒士林惜之

建始縣

明

劉志道貢生殖學敦品邑詩禮實一人肇之詳夔志

向門第貢生文章温粹性愛林泉好善樂施捐建玉皇閣鑄銅像二十餘尊

劉應諭貢生任岷州衞訓導陞渠縣教諭培植士類明季流賊之亂以儒官而捍衞城邑士民咸賴焉

國朝

向龍字飛熊任廣東順德等處總兵勞積懋著兵民戴

德

劉允達貢生博綜經史教授生徒本邑及四川萬邑知名士多出其門邑令劉珙徵贈詩有天留木鐸啟斯文之句

秦應先康熙丙子科舉人知河南淅川縣涖政勤敏仕不廢學分校豫闈得士最盛卒於官子鍈歲貢生

范述之字泉麓乾隆丁酉選拔中式丁未大挑二等補江夏訓導與修縣志詳請終養著自有堂詩數卷嘉慶元年匪變練勇協剿時良民間被牽連公白當事

得釋者數十人後鶴峯州賊竄境大兵剿捕復廵卞運餉日夜不息父世榮年逾九十忽一日心動歸省越二日父無疾而卒人以爲孝感子啟端廩生啟彝庠生孫佑正詳選舉志

龍鱗銓監生每逢歉歲減衣食以周鄉里嘉慶二年教匪叛銓與兄鱗魁糾合義勇捍衛鄉里及大兵進剿復捐五百餘金助餉凡邑中公事無不先捐爲倡子光斗庠生如化武生文治歲貢生以上本舊府志

朱貞玟字赤亭乾隆壬子舉人品行端方授教三十餘

年多所成就道光癸未截取知縣不就旋授武昌縣教諭卒於官著有焦窗文集子士燕庠生

楊永中字道岸庠生家貧好學事親孝教子弟以正心術爲要主講五陽書院從遊者多飭謹之士卒年八十有三子列三邑庠生

劉淑元字比翁邑庠生居家孝友不修邊幅生平好賢若渴嫉惡如仇每對客談經史娓娓不倦而法戒昭然門人私謚之曰端子衡坦邑庠生

陳言斌字省齋監生幼失怙事母以孝聞平生立品端方排難解紛人咸服其公正故里中鮮有訟事嘉慶初教匪倡亂曾與同里萬正楚團練鄉勇捐資鑄砲保衛鄉里子知新癸酉選拔

楊義厲敦孝友教子以義方自奉儉約樂周貧乏曾墜溪流不死人以爲善報孫文成章成俱邑庠生

吳時亮字麓溪廩生敦孝友讀書必窮究其義故行文沈著鮮膚澗語而尤工書法從遊者多所成就子嘉玉業儒

何先煒字曾卿沈靜端凝篤友于厚交遊事繼母尤謹

覼覼其弟蕃歲成名雖生長城市讀書外一無所事同治元年由邑廩生舉孝廉方正旋卒士林惜之

忠烈

施南府　恩施縣

宋

向良施州道正鄉人初署參軍歷臨都統景炎元年元兵襲州城破之不屈死楚紀

元

向壽福施州人至正時從征襄陽功授行樞密判歷同

樞密院守鐵築城時明玉珍據蜀明高帝遣蔡哲往
諭其子明昇復令偽丞相戴壽攻城壽福死之
向紹榮施州人元末招集鄉人守禦本州大將劉應賢
奏署元帥府事明玉珍據重慶屢招不應遣將李萬
戶來攻紹榮敗之執萬戶時副元帥譚登私釋萬戶
以城降紹榮恥之遁入蠻中不知所之 楚紀
向廷芳壽福從子同宗兄向景仁征襄漢有功授夔路
總管隨劉平章出征戰死景仁領其衆防錢　城後
城陷亦死之 舊湖廣通志

明
黃允鼎字君重施州人崇禎末以鄉貢授遵義府推官
向陞馬湖同知遇土賊不屈死 舊衞志
覃大允東鄉土司子事君天啟間征黔父子死事加二
等陞宣尉司
童天申字承所施州衞官籍由鄉貢授蘄水訓導流賊
入蘄以身殉難贈國子助教 乾隆四十一年附祀忠義
以上并見湖廣通志
崔希文黃志明並衞旗軍覃壁之叛欲縛主將二人奮
力及數人勢不能支并死之 舊衞志
趙光大施州衞歲貢生崇禎時死流寇之難予卹 童志
國朝
嘉慶元年以後剿除賊匪死事弁兵義勇祀昭忠祠者
黃國珍本協把總元年五月從剿教匪於來鳳之旗鼓
寨冒矢石首先拔幟及數賊賊併力環拒力竭陣亡
賞世襲雲騎尉
曹緒德武生元年從征教匪以功給六品銜五年匪竄
興山勢愈張帶勇蹤剿賊忿甚令軍中生禽者獲上

賞走狹谷中被獲德大呼速砍我不絕口賊怒縛在
火其身當事上其績
賞世襲雲騎尉
鄭紹舉元年從剿賊匪以功給六品銜五年亦同緒德
剿興山賊陣亡
賞世襲雲騎尉
滕美貴本協把總元年來鳳教匪滋事帶兵攻剿復援
捕匿匪陣亡
賞世襲雲騎尉

劉鳳興山籍恩施人本協把總以事破議元年從征教匪一鼓前驅以援師稍後遇害

賞世襲恩騎尉

李盛敏本協把總三年從勦教匪請大憲分途派捕自率勁旅搗巢陣亡

賞世襲雲騎尉

姚士華貌魁梧有膽畧由施南右營守備歷征大小金川花苗有功晉藍翎都司嘉慶初蓮匪猖悖陝甘尤甚華率所部會大軍進勦以功陞滇景蒙營游擊越

五年奉派追襲竄匪於階州之楓香溝賊衆三千餘華以數百人大破之慮匪潰而復聚輕騎至八出階州搜捕經石觀子溝匿匪嘯聚百餘突出合圍華僅四騎戰且走匪不敢追近溝身重馬疲揮策躍之陷溝中匪衆以長矛洞胸死援軍得其尸時

上諭方擢陞參將換花翎事　聞

賜世襲雲騎尉飭子諸生金榜扶櫬馳驛歸葬

鍾志茂本協把總五年從勦川匪力圖殲除深入陣亡

賞世襲雲騎尉

趙甲本協把總六年從征陣亡

賞世襲雲騎尉

向廷芳二年從征教匪首先銜鋒破賊於四川奉節縣給六品銜七年二月匪猶蔓延川楚廷芳復率練勇分途堵勦屢立戰功以首尾不應陣亡

賞世襲雲騎尉

王大倫二年與向廷芳同破賊給八品銜七年又與向廷芳同時陣亡

賞世襲雲騎尉

王友貴六年在巴東長嶺殺賊有功授外委後與向廷芳等同時陣亡

賞世襲雲騎尉

黃振萬二年教匪滋事率鄉勇勦捕被賊獲誘之降不屈復脅以刃振萬怒髮衝冠罵不絕口賊殺之

段茂林　許大成　李　唐　王朝龍

賈光祿　鄒尚連　袁世雄　齊登貴

許登敖　林如松　劉永和　劉從政

劉士信　康添元　舒　華　陳朝富

劉登舉　鄧明義　龍啟相　商文彩
潘世俊　李雲　劉永國　潘世信
楊開太　吳啟文　陳廷富　胡啟文
張世明　彭世紀　張明聰　李文錦
向文星　袁存智　汪之選　吳廷珍
張榮　楊萬朝　向啟貴　張啟榮
王仕得　王朝良　熊廷照　陳悅
徐成鳳　郭正祥　陳廷福　錢大勝
張啟瑞　陳太　劉登榜　趙文
袁天祥　張興貴　陳賢韜　李光大
梁富　陳武福　吳大壽　馮勝元
謝光德　潘明先　舒紹雲　黃貴
周朝品　張啟朝　羅仕元　肖立[illegible]
李烈　汪正榮　李光耀　向光明
祝金榜　金[illegible]富　彭國富　王定科
張世觀　向恒德　吳天相　張[illegible]坤
張烈　劉登魁　楊宗仁　賀繼全
姚登舉　譚英育　金祥　賈[illegible]元

彭世義　潘世佐　袁龍　金榮玉
金榮科　金秀　金玉　張元貴
向德榮　楊烈　陳邦元　許登海
史科　周尚義　江坤　譚仕倫
毛凱　肖立榮　彭[illegible]義　楊彪
李安　黃廷祿　謝[illegible]林　崔復貴
荀珍　張有德　彭世志　陳維德
吳啟富　袁廷槐　譚[illegible]才　李宗哲
陳才舉　梁元　李[illegible]倖　[illegible]其貴
劉宗仁　李世德　李玉龍　張明遠
龔元貴　盧貴　鄭啟成　莫士榮
黃星高　譚海　陳正雲　趙[illegible]元
劉興德　陳雲　孫雲　劉朝信以上兵丁
彭平江九品軍功　趙彥龍軍功　張應國軍功首領　譚承謨軍功
黎青照文童軍功　高相鄉勇恩施　陳大勇　蕭太
喻龍　譚貴　管貴　向應道
李懷勛　吳允興　張朝青　楊正瓏
易承達　張志相　熊瑤相　陳明壽

陳自太　李添澍　沈啟才　陳萬清
孫成富　吳侯宗　劉添富　譚景賢
劉上坤　余正太　向思唐　田東秀
楊　常　毛成萬　吳宗伯　向明新
范正科　唐天其　向昌密　張　清
向德成　向昌鑾　李大富　向德貞
余　雲　周能乾　向天義　王大貴
楊洪萬　文光富　胡德明　文明綱
倪臨明　向晶明　敖世富　龔廷祿

向元啟　周兆富　向萃先　賈　光
蔣元德　廖啟義　邱　堯　王國元
龔朝江　黃恩富　楊必富　麗紹同
黃士江　肖玉振　李子明　方顯達
易丕周　易承春　陳之綱　向子琳
向子棟　張乾恒　劉永科　胡章龍
劉遠成　向文範　黃錫言　陳保向
李光全　向應廷　劉宏達　孟　富
譚心榮　向光朝　黃世太　徐金華

劉秀福　余　升　馮　文　劉家恒
杜光廷　劉加善　譚永華　向應科
田　太　梁坤才　黃天全　黃錫元
周宗德　龔占先　魯紹勛　胡文祿
胡昌國　張　華　劉廷玉　廖澤明
李光文　冉大明　胡天順　黃希孝
田宏貴　陳世明　楊世春　李華國
向宗宇　楊萬陞　徐　芳　劉興教
金光裕　李祖元　周谷明　楊廷選

彭忠誥　賴廷相　胡傳仁　周天耆
汪家書　金大鵬　李元春　梅維玉
張志元　戴永倫　邵　魁　陳文榜
解舒聖　向登楠　李興連　劉　魁
盧　太　崔尚華　魏學文　李開先
譚文和　周文學　黃元宗　黃　義
孫月聖　張萬明　周宗雄　王啟和
胡天仁　王　猛　趙　文　舒丕法
朱承鵬　楊正茂　黃廷貴　向　經

黃金魁　黃光榮　劉啟相　崔炳國
何大緒　向登舉　黃文清　雷士科
柴國選　劉大倫　余廷槐　傅賢才
萬　理　舒傑清　韓宗保　朱廷鳳
向士洪　李士華　向國用　楊國選
黃先鳳　吳敬福　劉德文　朱成學
夏昆佐　錢　明　廖光和　方　吉
馮傳子　盧恒士　瞿世舉　唐正權
舒正鎰　李登山　趙大順　龍　富

趙德釗　黎盛貴　向登恒　方文盛
譚洮朝　譚士品　鄒生義　劉正朝
楊德春　朱　朝　黃天純　陳國義
陳在鳳　謝萬有　楊文斗　彭起運
周德意　黃士彬　李士才　易　貴
朱正當　陳　富　周維斌　楊文龍
鄒若玉　劉大坤　夏天舉　謝家桂
向金元　譚大秀　金廷富　覃文美
周　貴　譚正楚　陳志禮　譚興德

黃希瑚　毛明揚　冉國義　潘國朋
趙彥元　劉在貴　廖宗潮　許家富
熊彥朝　吳盛元　袁啟元　崔國順
熊景鳳　陳上魁　廖啟和　陳　喜
向盛明　龔紹贊　邱　玫　張廷美勇以上鄉
黃萬全生員　以上舊府志

陳連陞廣東三江口副將道光庚子年英咭唎犯粵爭
虎門其時公正防堵澳門旋奉調守沙角礮台公晝
夜梭巡夷不敢近約戰公虞兵單請益師弗與給火

藥少許公知事不濟謂長子舉鵬曰爾可將印劄賫
回虎門吾受
君恩深當捐軀以報次日夷大至卒盡靡公發礮弗然
嘆曰此吾報國時也受礮洞胸死舉鵬將印劄交營
書某去誓死殉父亦與難閩軍門素善公每中夜陪
握手勞苦而公請兵愈力涕泣隨之軍門輙大呼起
秉燭達旦不能寐事聞
賜葬祭晉總兵銜
賞騎都尉世襲

勅廣東建立專祠恩施入祀昭忠祠
褒以忠孝兼全
詔見三子起鵬
欽賜舉人
陳展鵬連陞次子襲騎都尉任道士洑都司陞襄陽遊
擊咸豐七年髮逆竄黃州戰死於斗城
賞世襲雲騎尉
陳受柱舉鵬嗣子襲恩騎尉任撫標千總咸豐二年髮
逆陷武昌與其叔起鵬俱死於難

鍾淑友咸豐二年從征武昌陣亡子業光襲
咸豐年出師各府及外省陣亡兵丁
邱元德　宋維新　賈騰連　魯定雄
劉玉文二年　史啟英　蕭有文　陳國安
袁國喜　蔡元章　李先芝　王連升
許大成　許廷鈺三年　趙裕昆　張應達
譚興倫　蕭永貴　許登訓　劉明杰
馮朝新　李名魁　陳熖芝　王國珍
吳得申五年

咸豐十一年出師咸來二縣陣亡弁兵
黃一才千總隨惠協戎帶兵出防咸邑髮逆聞道竄來
鳳復移師忠堡十二月圍攻來城賊怖急將棄之去
忽南軍反旆賊併力拒我師一才血戰鹿子峽死之
賞世襲雲騎尉
黃金鍾　蔡光炎　陳義申　袁有榮
彭正芳　金明科　魯紹鍾　王家春
李大才　黃應福　舒大發　唐彌發
樂興發　魯紹誠以上咸豐線墁陣亡　用傳香

王光勝　楊大權　方玉春武生　譚榮祿
劉光禧　張儀達　鄒大經　彭永勝
蘇士璦　楊上林　羅世富　潘明揚
何光順　唐紹遠　潘正貴　左子福
趙慶章　李大福　莫如宗　劉啟常
曾祚貴　柳光福以上俱縣志
李世斌世襲雲騎尉任宜都營把總咸豐辛酉秋髮逆
竄來城陷太守陳公乞一旅援師勢不可終日宜鎮
遣興山遊擊興福往幸弁兵至八百有奇世斌不與

焉世娍以忝竊世祿報稱無狀一旦桑梓告警何忍
祖宗廬墓坐成邱墟請効力前驅殄羣醜勵臣節爲
鄉黨光寵至施營於忠堡十二月廿五日隨興公會
施南惠協戎春抵賊巢圍剿斃賊不以數計迫賊蜂
擁而出力不支死於來鳳城外之鹿子峽事定請襲
吳業成丁立成俱於同治三年從戎歷保至花翎儘先
守備旋於六年二月隨統領開化全軍江赴援黃陂
時賊踞許家磅勢鴟張莫之敢攖業成等英氣逼人
入虎穴尋虎子漏盡更闌天大雨而賊未之知也忽

賊首若驚懼然趣左右起燃炬上下照被獲誘之降
不屈同時以洋鎗刺死事　聞各
賜郵銀贈都司銜
賞世襲雲騎尉入祀昭忠祠
出運開隨吳業成從戎保藍翎千總旋入開化營剿黃
陂縣賊戰死於許家磅
賜世襲雲騎尉入祀昭忠祠
宣恩縣
明
覃大允東鄉土司子事君天啟間征黔父子死事加一
等陞宣尉司見郡志恩邑同
國朝
嘉慶元年以後剿賊陣亡弁兵義勇祀昭忠祠者
陳維指　趙成瑞　魯全　魯貴
潘耀　梁朝佐　王啟舞　王志勇
張海明　沈先照　龔啟寬　李尚翰
廖尚文　魯世禮　舒貴　田之受
趙之龍　張勝文　任申　彭世勇

鍾尚勇　汪連陞以上兵丁　李進
孫正隆　石遂臣　田永陞　趙正品
曹盛隆　曹逢才　李方中　何先
潘必賢　唐興隆　席富生　伍爾學
姚長生　楊再能　陳大品　甘登舉
孫文福　呂宗文　滕玉林　郭學禮
李榮魁　符代武　吳朋九　侯世選
徐逢儒　劉世科　陳老二　吳勇貴
李必富　馮春惠　周昌貴　吳耳躲

唐士才　張子高　李文忠　陳巖匠
鄧如維　尹龍滕　楊玉才　楊昌敖
熊文舉　張宏榮　楊文龍　周清
蕭世科　易顯文　王立春　徐昌龍
秦秀虎　劉勇甲　席老四　王老么
張紹周　張登緯　李萬京　張榮先
席逢春　貴斐然　黃文澤　黃紹德
汪士奇　宋啓榮　朱文德　何安得
覃樹樊　張武俊　龍啟志　田生金

覃老七　侯艮貴　田生明　余昌應
陳艮富　劉老三　王學仁　周朝選
劉必景　楊世爵　陳憲青　張谷相
陳上彥　鄧勝一　周國寶　王貴
張文一　覃勝學　譚大材　鄒連陞
覃世任　胡南勳　范學元　向正品
李見忠　譚志華　彭忠告　李朝文
彭世傳　王占魁　龐又伍　陳宏
越國凡　張敬忠　陳昭　羅爾六

陳富以上鄉勇俱舊府志

咸豐十一年穿箭河等處堵剿髮逆陣亡士民丁勇
滿建祿團首　滿建洪監生　滿建英　劉鄉望團勇
盧光盛　劉麻子即滿志　張承舉　李有仁
彭萬學　李光明　趙天培　王澤富
李玉吉　郭長修　陳志德　譚世元
胡步傑以上鄉勇同治元年俱申報請獎

藍世英年八十五歲罵賊死兄大英同日遇難時年八十有六同治元年申報請獎

郭元培武生隨惠協戎春殉難於來鳳廃子峽事上奉旨郭元培從優照外委例給䘏銀壹百兩並加贈外委銜究非官職毋庸議給世襲以上縣志

來鳳縣

國朝

蕭大鍾字秀川邑庠生少慷慨有志節喜談古忠烈事家貧舌耕養親素與劉宗文龔殿元爲刎頸交嘉慶元年白匪變鍾等以策干孫節相待以殊禮士爲知已者用籌防籌剿頗著勤勞節相卒　朝廷下受降

詔鍾等禦總督福公命諭降賊高治酒留宿旋以百人從至督營福帥陽受而陰殺之而三人不知也復往賊殺之樊副將為之收葬至今稱三烈士墓云難平從祀昭忠祠

田榮葵慷慨士也白匪亂率族里分道堵殺斬首千餘級扼其餘於險賊忿甚併力潰圍葵接戰手及數賊力竭陣亡從祀昭忠祠彭明俊亦同時戰死

向興庠興校之弟從邑令莊公剿賊陣亡

何渾字曰源邑庠生慷慨尚氣節從學師甘公遊廿殉白匪亂渾往哭罵不絕口賊追及以矛刺死

周南邑庠生奉大母及母避難鹿子峽洞中賊搜至誘之降不答脅以兵不懼度母及大母遠逸乃大呼曰我讀書人豈降汝者賊殺之署縣王公三錫題曰孝子洞以上縣志

嘉慶元年以後剿教匪陣亡兵丁義勇祀昭忠祠者

劉世舉　張正敖　譚瑋　張朝申

葉加朋　田德　張林　林從文

向文錫　向文盛　李甲　田玉葵

楊世朝　向大勝　向正龍　劉世全

向學孝　張思能　沈大凱　方金典以上兵丁

宋元章　田正祿　羅在廷　段維文

田正乾　田生德　唐友義　鄭全

鄭祿　馮飛萬　田光玉　田應玉

莫萬選　王明富　張宗德　向文秀

丁世俊　陳合仁　張宗仁　楊正書

田金放　梅常文　王應祥　陶英才

朱文才　雷顯才　胡德舉　姚文高

姚文智　姚彥才　姚彥陞　姚彥貴

乾正顯　徐超乾　譚奇保　田三陽

黃文學　陸朝俸　張有燦　楊再和

向勝隆　錢正敖　姚宗成　楊宗勝

唐武萬　姜應學　張明新　王貴

田有宗　王文新　趙必義　歐丹桂

張心奇　楊德昌　王光富　蕭仁

向大義　向大禮　張富　田科江

陳之榮　王起富　王起貴　朱克俊

楊大學　楊大仁　甯正化　羅志文
羅志奇　向　化　楊有奇　羅士楷
黃明連　向　德　易成聲　易成學
易成揚　向文廣　向文啟　向光才
向光英　田大成　向光宗　向光祖
向光志　易文高　滕茂魁　楊國華
向彰德　劉允忠　熊茂春　蕭景雲
向當德　楊芳茂　王德元　官伯才
魏之洪　謝伯順　田榮忠　田光顯
常廷貴　王之禮　朱克明　趙文科
陳魁洪　余朝榜　唐萬才　金德勝
田正偉　吳照一　黃明吉　黃連喬
段王才　向老石　馬祖富　李文玉
羅爵然　曾德貴　陳文典　周德新
吳立得　安尚義　楊思誠以上鄉勇俱舊府志
田大勝　曾大剛　易宏豹　譚　貴
馬大成　胡啟龍　王永貴　張必升
田大中　向正德　申　云　張士倫
向文孝　夏　雲　周大德以上兵丁
王德元　甯正文　羅志榮　張　貴以上鄉勇
李鴻鈞字春舫原籍江西吉水縣幼聰穎終朝能誦四
都賦少長爲文隨手成章不加點竄甲午舉於鄉以
貧故幕遊公卿間陝西張中丞芾出其門咸豐五年
回吉水省墓值髮逆亂張公開府江右
奏留團練保衛桑梓剿賊遇害事上
賜祭葬銀兩贈知府
賞世襲雲騎尉
萬全武生咸豐辛酉髮逆陷城督勇東門外戰死之
蔣天爵性伉爽有丈夫氣生二子肖其行一日聞邑城
陷率二子鳴鑼齊團以備賊惡蜂集環攻之爵不支
呼二子曰大丈夫一死足矣勿爲不義父子俱及難
游世坤游永祥游遠朝聶廷貴素友善尚氣節頻年屢
驚風鶴里閈中恃若長城焉邑不守之四人者率衆
防乾洞橋卡賊至衆散若鳥紛紛然四人挺戈巷戰
斃五賊賊將潰適大股自紅泥泉來抄其後衝突不
得出俱戰死

陳官品父老且衰鄰人紛紛避賊品竊負而逃行澗中被賊獲品恐傷父忍從之入城次日賊使爲鄉導品不從賊怒以梃挺品怒目眥盡裂賊殺之剖腹取肝逼其父食父曰虎不食兒肉況人乎甘與俱死旁一賊曰此義士也釋之

李文孝中年一子世亂懼羅於羅謂妻劉氏曰若子者祖宗血食嗣也爲匿之以待時清攜之往行且泣踉蹌不前而賊已尾其後矣孝拔佩刀力拒賊殺之及其子妻見夫與子俱亡呼天怒罵賊甘語誘之從罵

愈毒賊又殺之

楊成華氣力絕倫城陷而不之懼賊亦喜其狀欲怖之降華奮罵不止賊縛之桎轟以礮罵愈厲七礮乃死

楊二逸其名有膽識家人議避賊二二驅之行獨留守賊至招二降不屈挺及直前斃二賊賊怒環攻之三度不免呼曰速殺我我良民從汝反耶賊磔殺之縣志以上

王隆衡素慷慨敢手足情兄若嫂懼賊遠遁衡不去賊至迫令汲水衡笑叱之曰汝輩賊視我爲何如人哉賊怒殺之其姪於順見衡被難亦以罵賊死

全福郡增生方課讀忽聞賊警詣縣力勸邑侯籌備團練爲守禦計迫城陷復往各里募勇猝與賊遇執之使降不屈死縣志

唐學文年八十有二髮逆入境訪其老而知醫團獲爲賊病唐置毒藥中賊因以死者甚衆事洩殺之

咸豐辛酉年防剿髮逆陣亡鄉勇

田慶富　張仕榮　王有志　覃心義

劉德心　周必奎　黃喜和　王廷富

楊再武　蔣占元　楊學林　尹國壽

李順祥　黃志芳　聶正仕　王正喜

胡定勝　姚武賢　田興順　張啟友

李尚香　張紹魁　蕭宗友　鄧大成

田孝榮　陶學成　米尚富　潘學海

范青雲　馬兆龍　陳占元　馮得勝

姚榮興　蕭占鼇　楊在佑　李大元

張正清　趙聯芳　朱逢春　石志芳

王愉崐　姚榮梅　龍在田　尤桂林

曹士鎮　田光明　向大興　冉遇春

王秀林　田光勝　劉呂祥　曾洪明
羅壽喜　彭碩客　譚成華　趙星明
李昌明　胡光麟　鄭萬里　張應登
陳子和　向光之　許隆盛　徐希訓
呂可居　呂世名　徐希富　呂聲林
李士薦　羅順明　曹洪發　田世遠
譚一成　汪世寬　楊勝芳　張啟貴
楊文明　文廷臣　孫光合　楊正文
粟宏仁　郭如榜　張　華　周成龍民士

咸豐縣

明

楊天在大田千戶正鱗子崇禎九年土司攻黔在隨父
往援陣亡祟祀黔邑

國朝

嘉慶元年丙辰剿賊陣亡兵勇祀昭忠祠者

蒲世文　陳邦英　龔紹華　王　鳳
馮祖雄　馮世清　冉寄文　許應科
張興國　楊宏德　陳大福　周維甲
秦　富　孫　金　張大魁　唐國才
陳體太　佘士學　張振文　李天德
張士學　郭　太　馬友賢　黃志忠
黃國祥　王文德　舒如德　石文燦
張光廷　楊安榮以上兵丁　陳國祥　胡玉龍
莫懷義　吳天佑　莫玉衡　彭祥生
廖世成　賀光貴　王士蛟　滿廷相
吳廷貴　吳士文　楊有瓊　朱學文
黃廷章　羅德相　冷世祥　符繼盛
彭正連　侯大選　王加詳　黃子正
張萬盛　鍾湖佐　鍾盛業　全　友
張克明　李萬海　劉大明　曾世虎
龍鳳芝　王鳳才　秦登榮　枝萬柯
楊維貴　梁世太　王文南　林文清
藍正舉　彭　海　羅君友　丁勝典
張金蓮　彭萬明　彭經綸　胡朝珍
張志士　陳詩禮　王國榮　王鳳才
曾華富　徐正笏　林維才　佘以時以上鄉勇

以上並舊府志

馮永清　陳維顧咸豐二年從征湖南陣亡兵丁　陳可宣　毛用坤

陳維太　唐理維　呂洪申　洪正和　邢大奎

唐隸才　李明蛟　夏正奇五年從征浙河陣亡兵丁　尹孝忠外委

九年從征安徽陣亡　咸豐十一年咸來地界剿除髮逆陣亡弁兵

鄉勇均錄於後

[illegible]　周文義義勇　邢大圯武童　張槐之

周[illegible]　顏定禮　彭占敖　文化楚

冉[illegible]才以上[illegible]丁　石家興文童　蔡興順　馮大昭

彭文學　黃喜祿　熊登明　王宗盛

楊光琪　張　春　陳萬松　龔正友

金三盛　敖占元　王三盛　王興貴

魏德宣　何正祥　何正富　張登富

王朝新　錢喬保　李隆發　廖興富

唐正祿以上鄉勇俱見縣志

利川縣

國朝

牟大寅與陳世凱同征川東袁郝逆賊有功歷陞定海

關總兵後閩逆偽都督包大生據寨叛復四竄晉民

寅屢剿屢捷時陳世凱鎮温州入賊巢寅爲救援獲

勝陞松江提督旋卒於任雖未歿於疆場事　聞

朝廷褒以忠勇

賜葬祭

御製墓誌神道碑文

張仲勝邑人隨陳世凱從川督征劉二虎等賊歿於陣

賜葬祭並給銀贈其家墓在四川萬縣五通橋

嘉慶元年以後剿賊陣亡兵勇士民祀昭忠祠者

李世章　賈光祿　羅世俊　朱承鵬

黃國棟　覃章經　李昌茂　張仁義

賈　玫　金萬富　高宏明　馬應鳳

張明甲　石天明　吳天爵　谷面成

鄧國明　卞世國　金　魁　谷勝敖

羅仁義　楊應宗　劉　玉　魏朝安

陳正義　楊興貴　李國相　孫開國

楊　明　楊作倫　劉　俊　楊大魁

鄧廷魁　楊宗明　王大魁　謝世華

吳于明　鄢學明　陳才申　楊之友
向學義　錢國賓　鍾志順　連廷達
冉　明　蔣達林　李國榮　蕭長青
邵文舉　謝　太　馬大貴　夏長鳳
牟秀禮　陳景文以上兵丁　牟承煜武生軍功　冉明康
莊老么　方來新　冉天仁　譚宇英
冉光美　劉洪才　張榮錦　冉大常
劉遇富　楊明都　蔡善元　牟楚才
楊明受　譚甫義　牟振先　柏占魁

陳德明　向元鳳　舒貴英　鄒大明
朱勝功　吳存義　丁德明　牟大志
楊克修　譚三陽　鄧誠實　歐國安
姚奇章　黃世太　譚在揚　何以禮
周伯成　王得安　向日佩　冉廷舉
黃成武　游士倫　譚興位　冉明士
周遠富　冉玉連　譚恒修　劉秀富
冉明舉　牟奇桂　楊□洪　張選杰
冉光彥　龔　富　楊禮富　熊世祥以上鄉勇

以上俱舊府志

于東庠職員庠生克成之父性慷爽賑飢助饟皆弗吝同治壬戌聞來鳳賊耗招集團練堵衛一方賊深銜之一日羣賊犯境突入其室擄之去不屈遂及於難忠州孝廉張耀雲有詩弔之

部興邑庠生賊踞來鳳時邑令諭作團首賊入境忽被擄去與罵賊不屈奪賊短刀手刃數賊衆賊怒圍之身中二十餘創死岫雲居士弔以詩曰兇猶正披猖所至無不滅哀哉部秀才一門遂流血專閫非無人

走避少雄烈畢竟愧儒生尚死勤王節以上縣志

建始縣

國朝

晏陞快役也嘉慶初長陽教匪竄至官店口邑令趙公源生率勇往剿被困於老鴉溝不能出陞一身捍衛奮勇直前殺賊十餘人脫公於難而自死於亂軍賊去後尋骸骨不得僅撿其衣履葬於邑南遍明橋下至今過其墓者猶壯之縣志

嘉慶元年以後剿賊陣亡兵勇祀昭忠祠者

張一龍　陳進榮　楊宗禮　胡　鳳
胡天貴　陳　春　黃志德　李士洪
楊宗武以上兵丁　冉國仁　李允卿　蘇毓德
盧以清　王正榜　王敘武　吳中義
李克倫　向元松　解映梅　向學珍
李洪恩　蘇大海　陳言達　龍德勝
晏　陞有傳　杜鳳朝　萬世方　羅天元
平安雲　宋丕振　劉士龍　張大榜
向子夏　蔡學道　向鳳林　田朝應

田元一　田　俊　向先枝　賀先爵
向　貴　曹安邦　王光玉　周福遠
郝老大　尹興有　尹嗣子　黃國選
彭東桂　楊起元　彭明重　孫士榮
唐廷聰　戈從順　汪士忠　唐衣忠
王　兆　毛成順　龍發林　黎槐黃
張明楚　汪家書　金大鵬　張萬明
陳文榜　吳洪才　王光元　曹士科
劉廷開　陳正堯　熊會珍　朱成學

李開祿　尹登玉　陶朝魁　王啟龍
周國稅　鄒登科　黃禹排　楚清坤以上鄉勇舊志

孝友

施南府　恩施縣

明

張森施州衛人生而母目已盲森常以舌舐之二十餘年母目復明楚紀

李如琾胞弟如璧並施州明經事母至孝當並任以次申留一以養母府志

周之麟衛官籍歲貢生任羅源縣知縣歷秦州同知父嘗病痔麟跪吮之癒初無子母歎曰汝勿憂無子矣年五十有奇連舉三子三異三奇三元俱成名童志

盧士奇不識詩書篤友于之義兄乏嗣强為娶妾生子以續祀唐志

國朝

胡以成木撫人未嘗學問每問鄉先生何謂盡孝或對以定省溫凊成由是奉行不敢忽數十年直如一日母卒逢忌日必哀

田宗武布衣也嘉慶二年覃家耀叛田負祖避難夜行遇賊脅之從田泣曰予二歲失怙母又他適并祖父不有身也今祖年八十矣與孫相依爲命其忍趾步離哉賊感其孝釋之與脯一方助其旨今明經耀暹其長子也

周逵杰號偉堂歲貢生品行端方能慎取與先家貧弟强析居及弟卒憐其子孤弱仍令同居迨婚娶畢復以已所置産半分之而祕不語人且好學能文督學王霞九侍御曾梓其制藝於試牘 以上縣志

潘成泰業農身材短小弱不勝衣父學超爲虎傷成泰奮不顧身毅然持械刺虎脇虎傷重逸去學超得以不死太守楊公爲之立傳詳藝文志

陳舉鵬邑武生性純孝幼不喜讀書聞人談忠孝節義事輒孜孜講求不倦父連陞器之連陞官廣東副將擒之往道光庚子連陞奉調剿夷匪出虎頭門命舉鵬後忽焉夷大至連陞死之舉鵬泣血疆場氣幾絕者屢矣甦而奮曰夷勢張我豈能爲必勝而謂父仇何義不並生也挺身躍馬血戰竟日力不支以身殉焉當路上其事於

朝

嘉其孝並奬其忠

旌其門曰忠孝之門世襲 恩騎尉

宣恩縣

國朝

董世全性孝友胞弟世高世虎世才世斌亦恭兄不衰家庭內肅若朝廷且五代同堂男女百二十餘人同財合爨力農安分家無間言

唐開洋字百川武生弱冠居父喪火延柩旁洋奮不顧身帶扉五六人挾柩出舉重若輕剛出牆室焚事繼母盡禮盡哀族里稱之子武燦武聯庠生武釗武舉人武英武生孫以中庠生 以上縣志

楊正富高羅人系出湖南苗裔家貧爲人傭工常省午飯以供母主家餉以肉未嘗食背歸以遺之卒年八十有四子通禮通智

來鳳縣

國朝

張光遠性純厚善事瞽母貧不能娶傭藝之事身任之黎明起操生業日昃謹伺母醒扶持着衣盥水修潔數十年如一日母卒哀毀動行路後娶妻生子雲壽

向肇齡字仁德事母孝嘉慶初白蓮倡亂棄妻女不顧獨負七旬老母走避川中亂定歸里妻女無恙人以爲孝感少好學不得志於有司援例得江南州同歷知銅山寶應儀徵等縣有政聲

袁承達星上也父老手足痿痺達躬親扶持無稍懈與妻子常竝日而食親膳必備甘旨

楊祥麟楊發科之養子家貧躬操作温凊不廢父殁盡哀盡禮事母尤虔每出傭必積錢數百遺母以備不時需會值歲除窘甚私謂其妻曰人皆欣欣度歲我赤手母何以堪相與泣下孰知向以遺母者而母未用也母覺呼以與之

虞和毓兄弟七人父母早世家赤貧兄和稅出贅諸弟幼皆毓撫之小貿以自給及冠不能娶所需衣履胥燈下躬親操作無愠色迨諸弟成立家亦稍裕各爲授室兄老而無子迎養焉飲食必偕門庭之內雍雍如也復創築書舍延師訓子姪子廷倩辛酉秋被賊擄越二年逃歸人以爲善報

楊二鰥而貧織屨爲業兄瞽無以爲生就養於二性嗜飲食必索酒醉後詈罵百端二不之校敬愛終身二

亨康里絲栗坪人

黃光華性友愛其父昆季三父行居季長次各四子季儻華耳分爨時謂諸兄弟曰我輩九人席先代餘業九泉下冀皆爲克肖子芝草無根人貴自立何低昂判焉宜一律析箸勿貽先人隱憂可也鄉里爭羨之

姚秀藻庠生姚澍之子也家貧力學事親盡禮居喪三年不飲酒茹葷處鄉黨遇事化導同村百家無訟者四十餘年辛年七十子華死華妻俱業儒能以孝友世其家以上縣志

劉世興性剛方事母柔順辛酉聞賊警將奉母遁山谷中賊猝至恐懼其母也紿賊別墅將貨之陰令其妻乘間偕老母逸去少頃賊覺其詐怒及之與格殺三賊力委頓夾罵賊死

易顯文板橋人汲水度日其叔得癈疾無子顯文事之

如多辛酉髮逆入境殺其叔顯文忿不顧身直前奪賊及倒向羣賊環刺之死

咸豐縣

國朝

劉光貴大路壩人家貧有孝行咸豐間地震與閉山石崩壓無遺類惟光貴奉母巖穴中恍入桃源深處不知世有滄桑之變者大中丞胡公給純孝格天額邑侯盧公爲之立傳詳藝文志

陸必瑞龍坪人篤天倫事母尤孝顛沛流離中無忘也邑侯盧公作陸孝子傳詳藝文志

向義文天性純篤少失怙事母查數十年色養不衰刑于妻子俾母得終柏舟之志鄉黨咸敬而愛之曰眞順子也

劉毓瀛邑庠生家貧以舌耕代養同治壬戌母年九十方春髮逆入境閭里皆空母不去毓瀛侍左右賊脅以從不屈遂被害

利川縣

國朝

卒大甕屯籍大塘人與陳世凱同時以功授副將剿賊時嫡母生母俱在堂兵戈擾攘中每食必具甘旨事定歸田色養不衰年七十餘後先居兩母喪涕泣如嬰孩鄉人重之　舊府志

李耀瑚字北珊嘉慶己卯進士事親生死盡禮孝哉之稱人無間言太守譚公爲之記其事詳藝文志

陳金龍忠厚誠樸同治壬戌春髮賊將至爲宗祀計命二子逃避身守室富依依不忍離賊至刺臺富項傷寸許不死人咸謂孝行所感抑翁盛德之庇與翁越二年卒年九十有七

向鍾珍農家子也與兄鍾川勤耕作辛苦備嘗兄年五旬失偶不娶而少時胼胝過勞寢輒畏寒珍遂與同衾爲之暖足歷十餘年不稍離

倪乾惠二歲失怙煢煢孑立及長天性純篤母老患足疾畏寒每冬夜必火以溫席二十餘年無間且旦夕焚香爲母祈壽母年果八十餘無疾而終

冉永忠東鄉勇夫也一日醉後被髮逆縛去及醒將繩掙斷擬逃歸忽見胞弟亦縛欲救之反白賊不允怒

强之賊亦努羣以戈擊時忠手無寸鐵急奪一賊提其足作流星舞旋轉如風賊兵及莫能近賊首乃愕然呵止轉以溫語誘之降忠不屈賊惡其倔强陽賜以酒食乘醉拉殺之棄其尸於野弟目擊不敢言陰誌其處後賊去弟於積尸中尋得衆皆無完膚惟忠儼臥如生

何士寬業儒倜儻有膽畧尤敦孝友父殁葬祭盡禮廬墓三年壬戌髮逆告警寬倡義團練不果遂奉母攜弟遠遁其季弟母尤鍾愛被賊擄母慟不欲生寬急欲紓母憂攜戰馬洋烟以贖投所好也逕入賊營告以故賊收其馬與烟漫應之實不爲蹤跡其弟寬悔墮賊術不覺激烈怒罵遂遇害

[illegible]

劉益廣性純孝母死不飲酒茹葷廬墓三年日夜悲泣哀毁幾至滅性人以爲柴子高再見也

王永貴樵夫也家貧年六十餘未娶奉母撫姪極盡孝慈每日以薪易米烹爨自任母食必精已與姪啜苦菜羹而已平生無怍色高聲一日入山採樵失足墜懸巖下約百丈餘竟無恙歸亦不言恐傷母心年七十母殁結廬墓側哀毁骨立仍負薪度日幸姪已成立克家 如事母焉以上縣志

建始縣

國朝

龍澤江歲貢生三歲失怙母董氏守貞撫孤江穿志力學年十八入泮隨食餼母病衣不解帶近侍湯藥迨卒水漿不入口毋以節旌江以孝聞且績學課士及門成就者八十餘人舊府志

何鏞祥性篤天倫父早逝事母依依不忍離母嬰疾飲食起居必躬親奉養不假他人手母亦非鏞祥

[illegible]

不食寢侍承順者七年母殁絕粒泣血絕而復甦既葬廬墓兩載始返子義濤邑增生孫曉川訓導培三

庠生

陳世華幼失怙事母篤孝養母性畏寒華每預臥煖衾暖始奉母寢母年九十六而卒葬朝夕哀痛水漿不入口鄰里稱之

黄萬元家貧業農事親至孝節己食以供甘旨必精一日貿遷過大溪覆舟墜水漂流三十餘里遇救得甦

[illegible]皆以爲孝感云

何先輝敦孝友崇節儉累於家口父足廢目瞽輝服勞奉養不衰每家有空乏必多方措飾不令父知咸豐八年送兩弟赴郡闈爲父購羊裘一襲歸途遇大雪衆凍不敢衣抵家病劇諸父責其愚强衣之輝請妻日修短有數服此終不安也命私易之尋卒子一[illegible]坤業儒

鍾德喜農夫也家赤貧父早逝母氏張撫喜弟兄三人俱各析箸喜日則傭工夜則自種蔬菜以[illegible]爲[illegible]母[illegible]濯補綴亦與[illegible]喜之兄[illegible]迎養母弗去[illegible]　以上縣志

施南府志卷之二十五終

增修施南府志卷之二十五

人物志下　節孝　節烈　貞女烈女附

人才之盛實徵地靈故或煥旂常或耀詞藻或德昭坊表或品重圭璋耆舊夙儒已輝煌志乘矣若夫賢婦致堅確之操貞女亮明白之節[illegible]其行蹟烈士猶以爲難刻捐軀徇難殺身成仁足以存萬古之綱常於不墜歟茲擇其可錄者皆賢著巾幗信及比閭雖節婦與節烈各書貞女與烈女互著而厲薄俗扇芳風表清潔於當時標姓名於來葉即與日月爭光可也志節孝

節孝

恩施縣

明

杜鄧氏衞人杜暹之妻年二十夫故守節卒年七十萬歷時旌

田李氏田宏錦之妻夫故守節

胡童氏胡百戶之妻年二十夫故守節

周許氏周之屏之妻夫故族中人强嫁之誓死不從當

事者爲之請　旌
陳李氏陳垍之妻夫故守節養姑教子有司表其宅
商吳氏商思永之妻夫故守節撫孤成立當事請　旌之
張陳氏張延祚之妻隨繼祖姑閔氏繼姑邢氏三世守節撫孤成立有司請　旌
陳周氏陳瀛之妻年二十二夫故無子父母欲嫁之周誓死守節崇禎中崇祀節孝祠　按瀛即鄉賢陳鐄子也
張蔣氏張延慶之妻慶爲賊所執罵賊死氏撫孤守節以終　以上并見湖廣通志

張冉氏光祿寺署丞張三陽之妻夫故撫孤守節
覃冉氏施州土司覃梁之母崇禎時剿流寇有功　未邀旌賞　以上本衛志

國朝

張陳氏張益富之妻夫保避難從征吳三桂溺死洞庭氏守節撫孤　子成名督學吳　獎以額
何李氏何芳玉之妻年二十餘夫故長子梅三歲次子桂甫二月氏守節撫二子成名督學楊　獎以清門令範
杜陳氏杜菁年之妻夫故守節撫孤乾隆四年請　旌
李崔氏李世傑之妻年二十二夫故守節撫子成名乾隆四年請　旌
鄧黃氏廩生鄧熙暭之妻年二十八夫故守節教二子璿壎皆成名乾隆十年請　旌
劉陳氏劉靖邦之妻年二十四守節事舅姑撫夫弟純仁及其子皆成名乾隆十八年請　旌
熊李氏熊珍之妻年十九夫故守節撫孤成立乾隆十八年請　旌
陳張氏陳廷策之妻廷策隨營効力乾隆六年從征湖南苗匪在營病故氏年十九守節撫孤前太守尹公獎以勁節維風匾額
張廖氏張如玉之妻年二十八守節撫孤卒年七十有七
高李氏高有魁之妻年二十八撫孤守節卒年六十餘
張楊氏張子登之妻嘉慶十三年四月蕉子崖崩夫及舅姑娌皆壓死氏守節撫孤其家復振
向王氏向源昶之妻年二十二夫故守節

姚賈氏姚承楏之妻年二十四夫故守節
黃向氏黃明錦之妻年二十夫故守節
黃譚氏黃德風之妻年二十五夫故守節撫孤成立
李宋氏李文範之妻年二十七夫故守節
涂張氏涂元臣之妻年二十二夫故守節撫孤成立
譚冉氏譚述連之妻年二十五夫故守節撫孤成立
楊周氏楊懋彩之妻年二十九夫故守節撫孤成立
余任氏余思聖之妻夫故守節撫孤成立
楊滕氏楊聯紱之妻年三十夫故守節坐臥一室雖內
戚罕覯其面撫憲胡請 旌卒年八十有六
向劉氏向志太之妻年二十
季李氏季傳賢之妻
李崔氏李如金之妻
李向氏李如栻之妻
楊譚氏楊　典之妻
楊白氏楊夢熊之妻
黃氏向正學之妻
譚氏向太明之妻

向黃氏向發載之妻
劉賈氏劉漢典之妻
嚴朱氏嚴開典之妻
向譚氏向大立之妻
李尹氏李方圮之妻
宋鄧氏宋士楷之妻
張黃氏張能靜之妻
楊鄧氏楊逢鎬之妻
張左氏張大榮之妻
黃陳氏黃世文之母
劉高氏劉國漢之妻
朱王氏朱正璞之妻
袁金氏袁天銓之妻
吳宋氏吳秉耀之妻
涂蔡氏涂聯富之妻
曾熊氏曾景芳之妻
黃王氏黃進達之妻
向張氏向明耀之妻

程范氏程崇武之妻
彭黃氏彭紹禹之妻
周陳氏周學清之妻
劉廖氏劉惟揚之妻
向黃氏向登早之妻
馬姚氏馬尙聽之妻
鄭朱氏鄭楚華之妻
朱黃氏朱正明之妻
梁陳氏梁作華之妻

萬魏氏萬國興之妻
汪張氏汪緒達之妻
葉龔氏葉大受之妻
譚向氏譚[illegible]琛之妻
張曾氏張靖公之妻
金馮氏金學順之妻
朱劉氏朱正身之妻
朱鍾氏朱盛國之妻
劉黃氏劉敷愼之妻

敖孟氏敖士進之妻
李張氏李慶侯之妻
賀李氏賀之德之妻
楊王氏楊光炳之妻
袁陳氏袁天銳之妻
陳余氏陳光國之妻
黃向氏黃光華之妻
張李氏張以忠之妻
顏王氏顏方柏之妻

李唐氏李碧堂之妻
袁王氏袁在珍之妻
馮黎氏馮光耀之妻
向陳氏向明貴之妻
胡杜氏胡文杰之妻　以上俱夫故守節　舊府志
許史氏許登海之妻嘉慶三年海從征石牌陣亡氏年十九撫遺腹子堅志守節督學王獎以節配夫忠巡撫胡獎以節孝可風請　旌卒年九十有四
許楊氏許大璉之妻年十六嫁甫三月夫故家貧無子

仍歸母家矢志守節卒年四十撫憲胡請　旌
楊袁氏楊佳則之妻年二十八夫故無子繼夫弟次子
聯紱爲嗣旋夭與媳滕氏矢志守節閉戸紡績度日
撫憲請　旌卒年九十有三
黄胡氏黄廷護之妻年十七夫故遺孤甫七月家貧事
翁姑極孝撫子仕田成立里人咸稱之現年六十有
二前縣主楊獎以克相夫子署縣李獎以彤管揚休
督學杜獎以栢節松操撫憲胡獎以節孝可風咸豐
九年請　旌

左吳氏左國瑞之妻年二十五守節孝事翁姑下撫孤
曉峯成立咸豐十一年請　旌
龔鄧氏龔仲消之妻年二十九夫故守節現年六十有
四請　旌
楊毛氏楊秀義之妻夫故守節咸豐十年請　旌
朱沈氏朱輝達之妻年二十二夫故守節現年七十有
一撫子增德增敏成立咸豐十年請　旌
陳龍氏陳開貴之妻夫早逝矢志守節子美珍娶婦劉
氏生子景明未幾美珍夭劉氏繼姑之志守節撫子

成立娶婦亦劉姓女未幾景明又夭劉又繼姑與祖
姑之志守節撫孤家頗富周卹貧乏又捐金三百入
義學一門之中栢節霜操三世相承鄉人欽之呈請
旌表
蔡高氏蔡方田之妻年二十六夫故守節家頗富能提
攜親戚賑濟鄉里里人有不能葬者氏代營棺槨衣
衾之具無德色現年五十有三邑人欽之呈請
旌表
陳佘氏陳光國之妻生一子年二十三夫故守節卒年

一百零二歲邑宰獎以青年苦節匾額請　旌
孫譚氏庠生孫執中之妻年二十九夫故守節撫孤耀
先業儒卒年七十有一同治年間請　旌
李陳氏江南徐州衛守備李緯光之繼妻年二十三夫
殁於任氏勤儉自持大義克明歸夫櫬於數千里外
且敦孝行全婦職嘖嘖鄉里現年八十有七請　旌
李□　庠生李文範之妻年二十七守節撫孤道光年
旌學使王獎以節孝可風額
生李世瑩之妻年二十六守節奉姑撫子成

豐年請　旌撫憲胡奬以氷霜世德額
吳陳氏吳思禹之妻夫故守節家赤貧滅巳食以養舅
教子成立卒年九十有七
吳李氏吳肇俊之妻年二十三夫故無子撫姪守節事
翁姑以孝稱
向崔氏向正寛之妻夫故守節撫子成名學憲王　奬
以節孝可風
周吳氏周先琳之妻年二十二夫故守節家貧勤紡績
以事孀姑撫二女成立卒年八十有三
劉李氏劉盛祥之妻年二十六夫故守節子女俱幼翁
姑歿歸母家紡績度日卒年四十有四
朱饒氏朱大緒之妻年十七夫故守節撫孤現年五十
有九
陳王氏陳文魁之妻年三十夫故遺子三家貧守節奉
舅姑孝養備至
易劉氏易文志之妻年二十三守節撫孤事翁姑孝
陳周氏陳啟炳之妻年二十五夫故無子矢志守節家
貧勤女工以自給現年八十有二

何葉氏何正榜之妻年二十六撫孤守節家貧依母族
居紡績度日教子成名
朱范氏朱叔明之妻年二十夫故守節繼夫弟子為嗣
讀書婚配慈嚴兼盡現年五十餘
張羅氏張文元之妻年二十九夫故守節不以家貧易
志現年六十餘
聶陳氏聶紹邦之妻年二十二夫故守節孝養翁姑撫
子成立歲荒採蕨食處之晏如現年七十有九
徐王氏徐茂昌之妻舅任直隸巡檢隨夫之父任父子
俱歿任所氏年二十二奉孀姑匍匐歸里鬻衣度日
衣盡斷炊郡伯何公聞之醵金以餽現年七十有三
劉孫氏劉維高之妻年二十六夫故守節
李陸氏李國揚之妻年十九夫故守節
張任氏張近禮之妻年二十六夫故守節卒年九十有
四
程劉氏程大榮之妻年二十夫故守節撫堂姪為嗣縣
宰奬以志堅氷霜匾額
宋崔氏宋思忠之母年二十四夫故守節奉孀姑孝

康于氏康存之之妻年二十八夫故守節撫姑成立
程彭氏程啟德之妻夫故守節撫孤成立請獎表廬
李胡氏李世瑩之妻夫故守節
宋向氏宋仕學之妻年二十七夫故守節子德茂早夭
媳崔氏年二十奉姑守節姑媳同志鄉里稱之
鄢卓氏鄢耀廷之妻年三十夫故守節撫子成立族鄰
敬之
熊袁氏熊廷魁之妻年三十夫故守節撫子成立
丁陳氏丁天榜之妻年二十一夫故撫孤苦節三十年
貞靜專一鄉里無閒言
覃曾氏覃金隆之妻年二十二夫故遺子三歲族有諷
令改適者氏漆身爲癩矢志撫孤
黃劉氏黃之傑之妻夫故守節奉翁姑孝養不衰撫子
成立
劉張氏劉光福之妻夫故守節家貧紡績度日孝養舅
姑撫三子成立現年五十餘
龍黃氏龍萬青之妻年二十五家貧守節上事翁姑下
撫孤子辛苦備嘗現年五十有六

孫邱氏外委孫世和之妻年二十四夫故守節孝事
姑撫子成立現年五十有一
向譚氏向啟芳之妻與弟啟斗妻黃氏孀居礪節迄今
十餘年無異
王曾氏王鳴盛之妻年二十一夫故無子矢志守節翁
酗酒氏婉容事之卒年四十有八
張吳氏張武魁之妻年二十四夫故無子矢志守節事
姑盡孝家有餘粟常濟貧人現年七十有五
張黃氏張覲叙之妻年二十夫故無子繼夫弟之子爲
嗣矢志守節坐臥皆與姑處足跡不出戶庭鄉里罕
覿其面
向冉氏向裕昆之妻年二十八夫故守節卒年七十有
三
胡龍氏胡以朝之妻年三十夫故守節撫子成立現年
六十有二
覃陳氏覃學義之妻年二十六夫故守節事翁姑盡禮
撫三子成立現年五十有九
姚何氏姚邦安之妻年二十一夫故守節撫子傭工度

日未幾子夭遺一孫甫周歲而媳又亡氏堅節撫兩世孤卒年八十有四

向冉氏向華山之妻年二十七夫故守節教子義方現年八十有八

易雷氏易國祥之妻年三十夫故守節教子嚴事孀姑孝現年七十有餘

劉彭氏劉家玫之妻年二十六夫故守節撫子成立現年七十有七

向譚氏向昌品之妻年三十夫故守節撫子成立現年八十有餘

楊粱氏楊昌鼇之妻夫故守節

毛邱氏毛維烜之妻年三十夫故守節事姑以孝聞

譚崔氏譚天池之妻年三十歲夫故守節撫子成立現年七十有七

袁潘氏袁開檦之妻夫故守節撫子成立現年五十有五

楊倪氏楊正道之妻年二十二夫故守節撫子成立現年六十有五

李范氏李國林之妻年二十夫故守節

唐尹氏唐大海之妻年二十八夫故守節

崔黃氏崔毓桐之妻夫故守節

江周氏江南軒之妻夫故守節

龔吳氏龔仕任之妻夫故守節

龔曹氏龔仕朝之妻夫故守節

龔唐氏龔仕貴之妻夫故守節

陸張氏陸承格之妻夫拙而家貧氏克盡婦道孝事翁姑凡一粥一飯未敢先嘗傭工度日毫無怨言

譚向氏譚興禮之妻年二十夫渡江溺死遺子數月氏甘貧守節撫孤未幾子夭復撫孤孫至於成立卒年七十

熊周氏熊伯華之妻夫故守節撫孤德順成立現年五十有八

盧周氏盧大祥之妻年二十七夫故守節養親撫孤以紡績自給現年七十有八猶操作如故

盧鄧氏盧宏休之妻年十九夫故遺子甫八月矢志守節辛苦備嘗現年五十有二

莫陳氏莫知憲之妻年十九夫故守節素服終身顰笑不苟操作勤苦撫子成立卒年六十餘

李鍾氏李登龍之妻年二十九夫故守節繼長房子爲嗣學憲王　給節孝可風額

尹劉氏尹克梅之妻夫故守節現年八十有五

曾高氏曾大琛之妻年三十夫故守節現年五十

劉趙氏劉順德之妻年二十九夫故守節

熊鄭氏熊三福之妻年三十夫故守節

敖孟氏敖仕俊之妻年三十夫故守節義方教子學憲王獎以節孝可風額

萬趙氏萬家秀之妻年二十九夫故守節

向譚氏向正科之妻年二十六夫故守節持家有道教子有方

向譚氏庠生向應試之妻夫故守節孝養翁姑詩書教子尤好施予每逢歲飢村中賴以舉火者數十家學憲王　獎以節孝可風額

易朱氏易和美之妻年三十夫故守節家貧無子撫二女現年八十有四

劉商氏庠生劉元魁之妻年二十八守節胞姪盛時兼祧爲嗣氏年五十三卒撫憲胡　獎以守身爲大額

姚張氏姚金桂之妻武義都尉士華之次媳也士華生子三長媳三媳俱無出惟氏舉一子尚清士華出師甘肅陣亡朝廷優卹賜雲騎尉世襲華長子襲焉未幾椿兄弟先後繼沒家業蕩然姚氏一脈惟氏是賴氏矢志撫孤愈以家貧勵節時氏年二十八子尚清三齡母子煢煢相依爲命子長氏創家稱小封出貲遣清入都承襲卒年八十有餘

皮張氏庠生皮業超之妻年二十六夫回原籍江右習舉子業氏生子甫數月而夫卒氏撫孤守節足不出戶雖鄰里罕見其面歷三十年如一日

劉吳氏劉順理之妻年二十八夫故守節現年七十有二

向劉氏向啟發之繼妻年二十于歸半載夫故守節撫前妻子成立事姑孝現年五十歲

向楊氏向世賢之妻年三十夫故守節撫孤成立現年七十有二

艾康氏艾文忠之妻年三十夫故守節撫遺腹子章海
　妾子章河均入邑庠督學王　奬以清操勵俗匾額
吳賴氏吳宏典之妻年二十二夫故守節孝事孀姑撫
　子成立現年五十有一
黃向氏黃錫鼎之妻夫故守節勤儉持家現年七十餘
黃向氏黃　鈺之妻年二十一守節孝養翁姑撫三齡
　子成立卒年八十有九督學楊　奬以閨閣典型額
楊舒氏楊有儒之妻夫故遺一子家赤貧矢志守節卒
　年七十有八

周黃氏周登秀之妻年十九于歸未一載夫出外病故
　遺腹一女復不育上無舅姑家赤貧母勸改適氏之
　死靡他苦節終身卒年八十有二
唐姚氏唐光進之妻年二十夫故守節撫二子成立卒
　年八十餘
唐張氏唐光練之妻年十八夫故守節撫子成立卒年
　八十餘
宋朱氏生員宋經癸之妻年二十四夫故　無子矢志守
　節卒年七十

何吳氏生員何熙珏之母江右巨族女也未嫁其夫以
　貧故貿於施數載不歸氏以摽梅苟賦恐寒盟終日泣
　不語父母微窺其志遣氏兄弟三千里送施成禮遂
　家焉生四子年三十夫故撫孤成名家亦頗裕卒年
　八十有一
陳萬氏陳啟芳之妻年二十六夫故守節撫子瑞祥成
　立現年五十有二
梅宋氏生員梅映香之妻年二十七夫故遺孤一家貧
　矢志守節撫孤成立卒年四十有九

謝朱氏謝開仕之妻年二十三撫一歲子守節事姑以
　孝聞紡績度日辛苦備嘗鄉里稱之　大憲給節孝
　可風匾額
康沈氏庠生康光燦之妻年二十八撫孤守節學使王
　奬以節孝可風額
田胡氏庠生田岱雲之繼妻年十八適田無出撫前室
　二子如已子田鄉試病故氏撤釵珥迎櫬歸葬甘貧
　苦志完節終身卒年六十有七
陳敖氏陳朝棟之妻夫故守節現年八十一　歲學憲江

給以節壽延禧匾額

廖李氏監生廖南薰之妻庠生李大文之長女年二十五撫孤守節夫有胞弟方在襁褓姑李氏乳哺之三年小心敬慎不出戶庭現年四十有四

彭金氏生員彭元慶之妻年二十夫故有欲奪其志者金曰夫爲儒士而改適畔乎義矣或曰無子而家貧恐難繼志奈何金曰吾十指食一人足矣族兄玉成嘉其志迎之家旋以疾終

何田氏何大海之妻夫故守節

周劉氏周懷德之妻年二十四夫故守節撫子成立

胡向氏生員胡國壽之妻年二十七夫故守節撫子成立

鄧譚氏鄧文晉之妻年二十五夫故守節撫子成立現年五十有九

吳徐氏吳立祥之妻年二十四夫故守節撫子成立現年五十有九

黃楊氏黃長慶之妻年三十夫故守節現年五十有六

何蔡氏何正榜之妻夫故守節現年七十有五

王袁氏文童王進陞之妻年二十夫故生一女家故貧翁姑憐之勸其改醮氏泣曰王郎新喪二老無人侍奉且家計艱難兒去百歲後魂魄將何依乎嗚咽欲絕乃撫堂姪爲嗣恩勤備至憑針黹紡績爲仰事俯畜資翁姑繼歿盡哀盡禮里黨稱賢現年六十有六

譚崔氏文童譚德耆之妻年二十二夫故守節勤儉自持語言不苟孝事翁姑義方教子現年五十有二

蔡何氏監生蔡芳來之妻性情貞靜言語溫和年十九撫孤守節寂處一室鄰族罕覩其面現年五十有二

楊譚氏武生楊芳林之妻年二十九夫故守節教子成立父母老而無子氏迎家終養焉現年六十有二

熊劉氏熊燕崇之妾年二十八守節撫孤壽桃

熊馬氏熊壽崑之妻年二十有一夫故守節撫孤暹景成立現年六十有三

熊汪氏熊壽岸之妻年十八夫故守節撫出同節婦馬氏撫姪暹景爲嗣

熊姚氏熊暹景之妻年三十撫孤春芳守節熊氏婦

代四節鄉里稱之春芳聰雋異常人咸以爲苦節之
報以上節婦年歲間本縣志纂錄

孝婦附

張楊氏張仰高之妻姑任氏年八十餘惛憒如嬰兒楊委肉致于子婦輩自與姑同寢處昕夕服侍姑呼食食之呼衣衣之澣濯提挈之役他人不能堪者氏祗爲故常積十餘年不倦鄉里咸稱之

節烈

明

譚氏衞人不詳其姓名崇禎末土蠻肆掠鄉村婦女被執氏負幼子行至竹王沱投水死後二日母子浮出面如生

李周氏李成璘之妻同弟婦劉氏素相睦並爲劉二虎僞牛總兵所刼相約以死至野豬跳周在橋上一呼而下劉奮身從之俱死後收其尸臂依手挽膚著處皆合强分之鮮血迸流因各去其棺之左右合葬至今號姒娌墳唐氏衞志

黃趙氏生員黃鼎之妻流寇入城鼎死氏殮畢閉門縱火伏棺上焚死見湖廣通志

薛鍾氏薛某之妻千戶某之女甲申亂後連年兵荒饑饉斗米銀四兩餓莩枕籍氏盡出巳奩以奉舅姑自投水死

譚向氏被一隻虎兵所擄欲汚之氏詭辭以夫在意在釋夫也賊殺其夫氏佯順之借賊刀埋夫竟賊方睡熟刃殺賊遂自刎

林方氏林國仕之妻被一隻虎兵所擄自刎

童楊氏童養用之妻夫殺人報仇欲詣官自首氏出奩資使逃自詣官詢其夫不言所在氏方孕不便刑置獄中數日度夫去遠自縊滅口以上衞志

向譚氏向光志之妻偕夫採樵大壁岩死氏亦跳岩殉之聞者無不太息

貞女

國朝

向允善女五姑六姑年及笄均許字未嫁兩婿繼亡姊妹矢志守貞終身不嫁督學龍奬以姊妹雙清

姚德華之女某幼字胡世文未及于歸而婿亡女矢志

守貞終身不嫁

宣恩縣

國朝

向譚氏向先妻年十九歸向甫一載夫抱瘋疾氏鬻衣飾市藥醫治五載夫故無子家赤貧孝事翁姑年餘翁姑繼沒氏歸依母家時年二十五歲或勸之改嫁氏涕泣自矢尋父母亦亡諸弟幼氏不遺餘力以養以教至於成人各立室家後諸弟輪養之氏於向節孝俱著於譚嚴慈通推洵巾幗中罕覯者邑侯唐詳

請　旌表

唐楊氏唐廷逢之妻年十七守節善事翁姑撫姪爲嗣苦節凡三十有九年卒請　旌建坊

張李氏張永思之妻夫故守節上事病姑以孝稱下撫二子成立學使王給節孝流芳額請　旌

宋董氏廪生宋宏謨之妻撫孤守節孝事翁姑人無間言當事請　旌之

覃趙氏覃紹之妻年二十九守節卒年八十有六

宋李氏宋啟湛之妻夫故守節孝事翁姑勤儉持家現年九十有四

田屈氏田榜之妻夫故守節勤儉持家撫子若孫教讀成立現年八十有四

覃田氏生員覃志達之祖母夫故守節孝事舅姑孀居六十餘年現年九十有三

向蔡氏向起鳳之妻年三十守節性仁慈奉翁姑孝現年九十有二

宋呂氏宋壽山之妻夫故守節歿年一百六歲嘉慶年旌表貞壽之門

侯田氏侯文欽之妻守節請　旌

田趙氏夫故守節

陳劉氏陳繼國之妻夫故守節

石孫氏石維仁之妻年三十九守節撫二幼孤成立取見曾孫卒年八十有五道光年請　旌

唐彭氏唐開榜之妻年二十四守節撫子成立內外無間言卒年四十有四學使李給以節貞孝摯額請

旌

郭張氏郭文朝之妻

吳孟氏吳亞順妻
田譚氏田文藻妻
夏丁氏夏治麟妻
張向氏張永年妻
夏祝氏夏景唐妻
李劉氏李之恒妻　以上俱夫故守節
曹張氏曹盛隆妻夫故守節詳請　旌表
田朱氏田文世妻夫故守節
嚴毛氏嚴大信妻夫故守節

周滕氏周仁聲之妻撫孤守節學使王獎以節孝可風
匾額
劉胡氏劉振文妻
張鄭氏張士龍妻
黃鄭氏黃飛鳳妻
郭張氏庠生郭啶之妻
王袁氏王秀琳妻
覃吳氏覃璋之妻
田向氏田振萬妻

劉唐氏劉廷綱妻　以上俱夫故守節
李張氏李洪都之妻年二十四守節先是夫病年餘氏
侍湯藥衣不解帶後事翁二十餘年翁年已九十五
矣孝敬如一日勤儉持家撫孤成立邑侯陳請　旌
上憲給行繼美匾式
唐藍氏唐武燦之妻年二十九守節撫孤事翁邑侯陳
請　旌
郭趙氏郭金銘之妻守節撫孤姑病十年扶持湯藥勿
稍怠邑侯陳請　旌子元培武生

蕭王氏蕭邦文之妻夫故守節事翁姑以孝聞邑侯陳
請　旌
唐彭氏唐家猷之妻歸唐一載夫故守節事姑孝撫姪
爲嗣邑侯陳請　旌
劉尹氏劉紀芳之妻夫故守節事翁姑孝敬不衰尤善
事繼姑勤儉持家撫孤成立邑侯陳請　旌
段彭氏段延柏之妻夫故守節無子撫姪爲嗣孝敬翁
姑以慰暮年邑侯陳請・旌
朱李氏朱大昌之妻年二十八夫故守節孝順翁姑教

子孝九年八十餘耳目聰明咸豐年請　旌
李高氏李先鳴之妻夫故遺孤僅一月矢志守節翁姑殁家有餘資周邮親族隣里擇師教子不惜束脩尤尊賢禮士有陶母遺風現年七十餘咸豐年請　旌
曾岳氏曾昭賢之妻年二十五夫故守節事孀姑以孝聞勤儉持家撫姪成立邑侯陳請　旌現年六十有六
李孫氏李才達之妻年二十八守節撫子奉姑慈孝並稱現年六十有二
劉周氏劉豫吉之妻年二十守節撫孤現年五十有二
周劉氏周仁躍之妻年二十二夫故遺子甫數月氏親操井臼不辭勞劬
周匡氏周義昭之妻年二十三守節撫孤眼見孫枝林立
周由氏周洪範之妻年二十二守節敬事翁姑善撫子女
譚楊氏譚俊升之妻年三十四守節現年六十有三
蕭范氏蕭亦明之妻年二十三守節家貧無子撫姪爲嗣現年八十有八

張楊氏張先懷之妻年二十六守節子[illegible]家貧歷盡艱辛撫子成立現年六十有三
李向氏李彩麟之妻年二十四守節子二家貧紡績自給鄰里重之現年六十有七
朱龔氏朱章之妻年二十六守節子四矢志三十年內外無閒言現年六十有三
田劉氏田安才之妻年二十七守節秉性嚴正孝事翁姑卒年七十有五
李羅氏李才萬之妻年二十五守節家貧紡績撫孤成立卒年八十有四
滕黃氏滕傳璋之妻年二十七守節秉性溫恭勤儉持家現年五十有二
包徐氏庠生包聞道之妻夫故守節家赤貧紡績度日養親撫子鄉人敬之現年六十有三
段張氏段祥璋之妻嫁甫數月夫故守節撫夫弟子爲嗣現年四十餘
李孟氏李國周之妻年二十九夫故家貧遺二子甫脫襁褓既無翁姑復無伯叔氏矢志守節備嘗辛苦子

稍長即遣就名師勤學教品現年六十有二

譚楊氏譚再朝之妻年二十四夫故無子一女矢志守節現年九十有八

田魏氏文童田定進聘妻年十七聞夫病篤請往侍焉父母不可固請乃行至家侍奉湯藥衣不解帶月餘夫卒內外家父母皆欲另擇婿女泣訴曰女事二夫何以言節況田郎新喪翁姑無人奉養兒願以媳代子了此餘生誓不歸矣遂撫夫兄子爲嗣勞力苦心以俯事俯畜爲己任未幾子復夭家益窘翁姑亦漸

衰邁女則日事針黹紡績終宵二十餘年如一日迨翁姑繼歿女無所依魏氏子姪迎養焉年已五十餘矣每遇族鄰子女輩必曉以必戒必敬之義今年八十有四鶴髮鷄皮人猶呼爲壽姑娘云以上節婦年歲據縣志錄

國朝

節烈

藍林氏藍昌德之妻年三十四咸豐年髮賊竄宣境被擄過穿箭河投水死

黃宋氏黃金相之妻年三十三髮賊竄境被擄行至穿箭河投水死

丁陳氏中建里丁建寅之妻辛酉髮賊竄境氏被擄行至兩河口赴水死

藍陳氏藍昌忠之妻年四十一髮賊竄境見烈婦林氏被擄投穿箭河死氏同死

曹吳氏忠建里曹士奇之妻吳廷玉之女髮賊入境其父被殺擄女至兩口河強之行不從賊殺之投屍於河

貞女

國朝

王石香孝養父母終身不字邑侯陳詰　旌

陳姑施南里陳某之女幼字劉氏子劉氏將遷家陝省約三年不歸聽其另嫁踰期父母欲改嫁之女泣曰劉一日不歸待一日百年不歸待百年以死自誓父母見其心堅從之至老紡織閨中家人罕見其面歿年六十有六

王姑高羅里王家桧之女終身不字孝養父母數十年如一日內外無間言巡司史贈以閨中曾閔額

烈女

元

譚向二女均守人後爲明玉珍所選投池自盡今其塚在池旁土人號爲仙女池

明

唐一鴻女幼字歲貢鄧宗啟遭兵變恐被污屢思捐投水俱以救免迫賊至賦詩於忠建因自盡惜其詩未傳

國朝

藍巳香乾壩司藍世傑女年十四髮賊竄境被獲行至苦竹岡女叱賊手衆以刃割之罵聲愈厲頭斷聲絕時有鄉人被擄者俱見之莫不流涕

來鳳縣

國朝

何吳氏處士何顯模之妻夫故守節性耿介寡言笑禮法自持年八十卒嘉慶年奉

旨建坊

張陳氏處士張宏讀之妻年十八夫故守節平居動必以禮居心仁恕未嘗疾言遽色道光年奉

旨建坊

何蔣氏生員何潭之妻嘉慶元年潭罵賊遇害氏苦志守節卒年七十有八學使王給節孝可風匾額

劉李氏庠生劉崇賓之母年三十守節義方教子卒年九十有七

莫楊氏莫啟臣之妻年二十六守節卒年九十有九

向曾氏向仁瀚之妻年二十五守節卒年六十有四

向胡氏向仁壽之妻年二十二守節卒年七十有三

向聶氏向仁溥之妻節婦曾氏胡氏之娣也年十九守節卒年七十有三學使王給三節鼎峙匾額

梁何氏武生梁慶音之妻年二十九守節撫族姪爲嗣學使王給節孝可風匾額卒年七十五

梁蔣氏梁祚華之妻年二十八守節學使王請　旌卒年八十有四子四

曾潘氏歲貢生曾有典之妻年二十四守節躬親紡績艱苦備嘗卒年七十有四

何劉氏儒童何遠培之妻年二十守節卒年三十

周姜氏周金鑑之妻生員周甫之祖母夫故守節
周胡氏周啟泰之妻生員周甫之母夫故守節兩世孀
居冰霜共凜
劉魏氏年二十三守節卒年七十有一
龍劉氏龍雲之妻年二十九守節卒年五十有六
歐陽鄭氏監生歐陽紹裘之妻夫故守節卒年七十有
五學使王獎以額
王郭氏王煒之妻年二十三夫故遺腹生子樓哲撫孤
守節年四十卒

鄒管氏鄒世澤之妻年二十撫孤守節卒年五十
徐陳氏生員徐世玠之妻年二十撫孤守節卒年四十
有三子梟
王潘氏生員王元弼妻年二十七夫故守節撫兄子學
爲嗣教之成立
徐樊氏徐世琨之妻年二十八夫故守節卒年九十有
三邑侯王請 旌
郭鍾氏郭進華妻
袁王氏袁璋紹妻

蕭段氏蕭天順妻
周湯氏周世楷妻
曾楊氏曾德輝妻
楊石氏楊正衡妻
朱譚氏朱相禹妻
顏陳氏顏大學妻
劉張氏劉經綸妻
向覃氏向光達妻
張郭氏張化仁妻

郭鍾氏郭宏敎妻
楊邱氏楊秀成妻 以上俱夫故守節 舊府志
張黃氏庠生張先烈之妻夫故守節卒年五十有九道
光年奉
旨旌表
何向氏生員何誠孚之妻年二十五守節撫兄子爲嗣
卒年六十有七郡守胡給志勵貞鵠匾額
李曾氏李奇千之妻年二十四守節撫孤成立未幾子
媳相繼卒又撫孤孫數十年零丁孤苦紡績營生後

家稍裕猶親操作訓子孫以勤儉忠厚爲務卒年九十有三學使王給勁節遐齡匾額巡撫胡給清操冰雪匾額

楊聶氏楊如松之妻嘉慶丁丑年夫故守節撫弟子爲嗣同治年請　旌現年七十有八

黎鄭氏庠生黎悅誠之妻年二十七夫故守節言笑不苟知府黃給節孝可風額巡撫胡給光昭彤史額同治二年請　旌表現年六十有七

向何氏處士向正富之妻年二十五夫故守節撫弟子

爲嗣上事翁姑備嘗辛苦卒年七十有六學使王給節孝可風額巡撫胡請　旌

陳李氏陳良玢之妻年二十八夫故守節事翁姑孝邑侯王請　旌巡撫胡給栢舟矢志額現年七十有三

譚段氏譚光鳳之妻年二十七夫故守節善事翁姑教子義方邑侯王請　旌

向田氏向化鯤之妻年二十夫故守節事翁姑撫孤子俱克盡道卒年六十有二同治年請　旌

覃田氏文童覃懋和之妻年十九夫故守節撫兒旭初之子殿元爲嗣教養成立娶媳劉氏生子運昌三年而殿元卒氏又撫孫運昌既成立娶孫媳陳氏生子鑑三年而陳氏又卒又撫曾孫鑒成立年七十有八邑侯王請　旌

李蕭氏李文元之妻年二十七夫故守節撫孤奉姑孝慈兼盡邑侯王給清節不磨額

鄺邢氏節婦王氏之媳鄺國高之妻年十九夫故守節菽水承歡冰蘖茹苦克[illegible][illegible]片苦節六十四載卒年八十有二邑侯王請　旌巡撫胡給三代懷清匾

額

張鄭氏張君良之妻家故貧得氏内助衣食稍裕生一子一女而良卒氏年二十五以青年子幼勸其再醮氏正色拒之日操耕作夜勤紡績苦節七十餘年卒時壽登百歲眼觀五代學使王給砥礪懷清匾咸豐年請　旌

向田氏向光雅之妻年二十歸向歲餘雅卒氏痛哭不欲生因念夫爲翁姑鍾愛不忍重傷親意含哀守節媳供子職備極孝養佐兄嫂操持家務待諸侄如已

出族黨稱賢淑焉以兄子爲嗣現年六十邑侯王請
旌
褚孫氏褚以道之妻年二十九夫故守節邑侯王請
旌
彭黃氏彭光華之妻年二十八夫故守節邑侯王詳請
旌表現年六十有六
陳簡氏陳開桂之妻年二十九夫故守節秉性嚴峻動
必以禮鄉里敬之現年五十有一同治年請　旌
蕭黃氏蕭聖楨之妻年二十九夫故守節奉翁姑撫孤
子孝慈兼盡卒年五十有一邑侯王請　旌
王舒氏文童王錦廷之妻年二十五夫故守節事翁姑
生死盡道同治年請　旌
王劉氏王承清之妻節婦王舒氏之媳年三十夫故守
節卒年六十同治年請　旌
王胡氏文童王宗澤之妻年三十夫故守節事親教子
孝慈兼盡邑人欽之呈請　旌表
辛李氏辛宏業之妻年二十九夫客外中途病故氏徒
步往營葬事上事翁姑下撫子女備極勤勞卒年五
十有二同治年請　旌
向覃氏武生向光朝之妻年十九夫故守節卒年七十
有六
張王氏文童張承鑾之妻年十六歸張未周年夫故矢
志守節奉侍祖母孝順翁姑皆得其歡心撫兄子爲
嗣守節十四年卒
何李氏文童何遠程之妻年二十七夫故守節卒年五
十有三
何姚氏文童何遠垠之妻年二十八夫故守節卒年五
十有七
何李氏職員何誠王之妻年三十夫故守節卒年七十
有六
劉張氏劉元伸之妻夫故守節現年六十有六邀撫胡
給栢勁松貞匾額
張何氏國學生張有儀之妻夫故守節卒年六十有七
何張氏處士何遠澤之妻年三十夫故守節義方教子
現年五十有六
張何氏儒童張宗銘之妻年二十六夫故守節翁姑服

氏善視諸弟撫養孤子至於成立人無間言

何鄧氏生員何顯達之妻年二十三夫故守節上事翁姑下撫遺孤邑侯王給節孝可風額巡撫胡給寸心千古額卒年八十有一

鄧彭氏鄧遠揚之妻年二十七夫故守節善事翁姑言動有法卒年七十有一邑侯朱給節著松筠額學使王給節孝可風額

張馮氏張同仁之妻年二十四夫故守節現年五十八

舒黃氏舒心華之妻年二十夫故守節卒年七十有四

舒余氏舒開位之妻年二十六夫故守節現年七十有

何張氏監生何遠明之妻年二十夫故守節荊釵布裙不出中門族黨欽之卒年五十有六

張夏氏貢生張光壽之妻年三十壽故守節卒年六十有六

姚向氏姚勝成之妻年三十九夫故守節現年六十子

四

余覃氏余先之妻年二十四夫故守節卒年六十有四

巡撫胡給清操冰雪匾額

田向氏儒學田振德之妻乾隆己亥年夫故守節教子義方持家勤儉卒年六十有四學使茹給丸荻遺風匾額

向覃氏向金忠之妻年三十八夫故守節子學熙早卒繼堂弟之子爲嗣現年六十有九

楊王氏楊玉紀之妻年二十八夫故守節繼兄子爲嗣上侍孀姑下撫孤子四十餘年無異卒年八十有二

向田氏向掇之妻年二十三生一子夫故夫有弟稱而

愚翁強氏青年難守哭子慟氏拭淚慰之曰子雖亡媳即子也叔雖稚媳即兄也老人何重傷爲翁姑喜付以家政經理有條撫諸姪男女不異已出至婚嫁時始知爲伯母云

蕭張氏蕭聖棟之妻年十六歸蕭時棟年五十敬事無違生二子世淦世淺而棟卒氏矢志守節作男裝貿易於市人莫之知遣逝稱許女子焉世淦早卒媳邱氏亦苦志守節克嗣徽音

周鍾氏周芬信之妻年二十三夫故守節[illegible]女以貞

淑聞

向田氏向興庠之妻嘉慶元年匪變庠隨前令莊禦賊遇害氏孀居守節學使朱給節孝可風額

莫黃氏莫勝官之妻年二十六夫故守節現年八十三

李潘氏李安佑之妻年二十四夫故守節子邦楨甫八月家貧撫孤年五十一子卒媳嫁孫定松甫三歲氏又撫養成立卒年八十有四

陳龔氏陳茂貞之母年三十夫故守節事親教子皆能盡道現年九十有六

李黃氏李思芳之妻年二十四夫故守節子四歲撫養成立治家有法卒年八十有三

王金氏王某之妻年二十三夫出遊不歸氏傭工度日苦志守節現年八十有七

向李氏向安時之妻年二十四夫故守節子士和方六歲氏撫養成立卒年七十有六

伍何氏伍華祺之妻年三十夫故守節家貧子幼艱苦備嘗卒年九十有三

朱劉氏朱受泰之妻年二十八夫故守節僉遺孤無人約束攜回原籍江西高安依宗族居子成立授室仍回來邑族中高其節贈二百餘金卒年八十有六眼觀四代無疾而終

吳盧氏吳拔萃之妻年二十九夫故守節卒年八十有一

吳劉氏節婦盧氏之媳吳士炳之妻年二十八夫故守節卒年七十有七

王蔣氏王乾存之妻年三十夫故守節現年七十有七

[illegible]之妻[illegible]甫月餘昭和出遊山東久而不歸家赤貧奉事翁姑養葬能竭其力撫兄子爲嗣子病故氏紡績度日貞心不改現年六十辛酉秋髮賊入境氏避難時兢兢以先人手錄族譜草稿爲重載之行篋覃氏家譜得不毀於兵燹氏之力也

鄧李氏鄧宏景之妻年二十夫故守節教子義方族里無間言現年六十有七

沈胡氏沈必奇之妻年二十六夫故守節現年八十有六

周楊氏周宗臣之妻年二十八夫故守節撫二子一

家教甚嚴
沈劉氏沈必顯之妻年二十八夫故守節現年八十有
三
李覃氏李應龍之妻覃述祥之女年二十六夫故守節
現年五十
沈顏氏沈必壽之妻年二十四夫故守節現年八十有
五
何鄒氏何誠珏之妻年三十夫故守節善事翁姑卒年
六十有一

向田氏處士向友珂之妻年二十二夫故守節卒年六
十有四
滕張氏滕士貴之妻年二十七夫故守節家貧親老獨
力支持現年七十有二
吳李氏吳家祥之妻年二十二夫故守節善事翁姑克
勤克儉咸豐七年病故翁姑痛哭幾於喪明
張宋氏庠生張煥奎之妻年二十八夫故守節能知大
義族黨稱賢
楊虞氏楊再義之妻年二十四夫故守節卒年五十有

六
李吳氏李定華之妻年二十二夫遠出不歸矢志守節
繼兄子爲嗣孝事孀姑勤撫孤子卒年六十有七延
撫胡給截耳風高匾額
田覃氏田其之繼妻年二十歸田無出繼亦不育夫故
乃以夫前妻之女妻其母家胞姪覃述虞移與同居
紡績營生勵志守節每逢春秋設祭田氏祖先及其
夫終身不衰卒年七十有二學使王給砥節懷清額
田覃氏處士田隆江之妻歸田三載年二十二夫故守

節繼夫姪爲嗣卒年五十有三學使王給節孝可風
額
黃李氏黃光陞之妻年二十四歸黃剛百日夫歿逾數
月生子矢志守節撫孤成立嘗訓其子曰幸而子生
孫孫又生子非我堅操曷有今日爾輩待人須存忠
厚持家宜務勤儉當體我心無違我訓卒年八十有
二鄉鄰咸以女中君子頌之
葉饒氏葉建清之妻年二十八夫故守節厚重簡默善
事翁姑現年六十有六

覃莫氏覃運煌之妻年二十一夫故守節善事祖母勤
勞不倦現年五十有二
滿周氏滿必崐之妻年二十八夫故守節家赤貧紡績
度日事姑撫孤交盡其道現年七十有九
鄒龔氏鄒廣俊之妻年三十夫故守節治家勤儉秉性
嚴介學使王給砥節懷清額卒年八十有七
周黃氏周福章之妻年二十七夫故守節身帶重疾侍
奉甘旨未嘗稍怠人以爲難
楊向氏楊再榮之妻年三十夫故守節克勤克儉卑無

問言現年五十有二
李邱氏李家芳之妻年二十八夫故守節善事翁姑義
方教子現年七十有二邑侯王給儀型閭閻匾額
譚張氏譚善祥之妻年二十五夫故守節現年五十有
六
徐何氏徐壽中之妻年二十九夫故守節現年六十有
二
李鄧氏李應舉之妻年二十九夫故守節無子撫兄子
爲嗣

鄺平氏鄺爾昌之妻年二十三夫故守節事親撫孤凡
苦節七十二載卒年九十有五壽逝期頤節孝兩全
鄺王氏節婦平氏之媳鄺文達之妻年三十夫故守節
子方紡稺氏上事孀姑下撫藐孤凡苦節六十餘載
始卒
向田氏向正綬之妻年二十二夫故守節現年七十
王范氏王邦達之妻年二十九夫故守節其姑孀居年
八十餘家僅小康子幼獨力支持值荒年埋齒骼不
少吝至今眼觀四代年逾九十

張鄒氏璉生張鍊之妻年二十九夫故守節上侍孀姑
二十餘年無少怠無出撫堂兄之子爲嗣卒年五十
有六
程夏氏程星齊之妻年三十守節家貧事姑撫孤孝慈
兼盡現年六十有二
潘賈氏潘世耀之妻年二十六夫故守節有勸之改嫁
者氏正色曰婦人以節爲重况堂上翁姑老矣忍心
他適乎事遂寢事翁姑十餘年順意承志迨卒盡哀
盡禮如孝子焉現年九十有二

施任氏施秀仁之妻年二十六夫故遺腹一孕三子賀客盈門以爲人瑞氏上奉二親下撫三子茹蘖飲冰人無間言現年五十有九子俱成立堂上番番白髮氏親具甘旨猶朝夕問起居不衰

彭張氏彭青雲之妻年二十八夫故守節事翁姑以孝聞族人賢之現年七十有七

田冀氏田逢明之妻年二十九夫故守節有子俱幼氏養親撫孤十餘年不倦翁姑歿盡哀盡禮鄉黨稱之現年八十有七

謝文氏謝定相之妻年二十七夫故守節繼弟子爲嗣延師教讀督課甚嚴現年六十有九

莫劉氏莫達明之妻年二十七夫故守節事翁姑克孝教子義方卒年七十有五

彭向氏彭清貴之妻年二十五夫故守節繼兄弟之子爲嗣卒年六十有五

陳謝氏陳士星之妻年二十五夫故守節門衰祚薄無伯叔可依氏義方訓子過正人則命親近之邪匪人則命遠避之居恒績紡不輟卒年五十有[illegible]

彭田氏彭永清之妻年十七夫故守節撫兄子爲嗣恭嫻姆訓事翁姑孝治家嚴整子弟咸敬憚之卒年五十有八

周戴氏周希齡之妻適周四載翁卒夫遠遊不歸姑以家貧憫其青年無子令他適氏不忍離願紡績終養誓無他志侍奉三十餘年如一日姑卒年八十有二氏與曾環爲殯斂其守制如禮人以爲難現年六十有八

李劉氏李永錫之妻年二十六夫故有遺腹子矢志撫之秉性嚴峻治家勤儉現年五十有九

顏楊氏顏如玉之妻生一子一女而玉卒氏年二十三矢志守節未幾子歿先是兄弟皆析居遠徙氏獨留事二親生死盡禮現年七十有二

張唐氏張思永之妻年三十九夫故守節卒年八十有九

楊陳氏楊勝忠之妻年二十九夫故守節孝養翁姑族黨敬服現年五十有八

向楊氏向日韶之妻年二十四夫故一子方半歲矢志

撫之事翁姑和宗族幽靜自守足跡不出中門

姚向氏姚勝成之妻年二十七夫故守節現年六十

戴黄氏文童戴希達之妻監生黄廷秀之女年二十七夫故守節先富後貧以針黹營生艱苦備嘗氷操益厲現年六十有九

何伍氏何誠茂之妻年二十四夫故守節安貧茹苦不出中門有宋共姜之風卒年五十有九

陳鄧氏陳得芳之妻年二十九夫故守節卒年四十有四

姚楊氏姚華福之妻年二十八夫故守節善事翁姑撫年六十有九

陳黄氏陳增榮之妻年十九夫故守節家極貧上事翁姑下撫孤子毫無怨言卒年七十有四

姚楊氏姚秀慶之妻年二十八夫故守節事翁姑孝現年七十有五

舒姚氏舒朝錦之妻年二十八守節撫孤安貧久而不渝現年八十有一

張徐氏張光漢之妻年二十守節現年五十有六

彭王氏彭宗元之妻年二十二守節家貧事姑克孝現年六十有三

田劉氏儒童田心發之妻年三十守節孝順父母教子義方現年六十

高徐氏高志仁之妻年二十九守節現年五十

唐盧氏唐延柏之妻年二十五守節備極窮阨事親撫孤孝慈兼盡現年七十有六

蕭匡氏節婦黄氏之媳蕭世勳之妻年二十守節撫姪爲嗣現年四十有一

黄蕭氏庠生黄中和之妻年三十夫故守節苦逾尋常撫堂兄子爲嗣現年五十有一

歐陽蕭氏庠生歐陽文之妻年二十七夫故守節撫一子一女家教甚嚴

周王氏周福章之妻年二十守節事姑孝謹撫二子成立現年五十有一

李舒氏李某元之妻年三十守節事翁姑生死葬祭俱無違乎禮卒年六十

陳王氏陳緣萬之妻年二十九守節事翁姑以孝聞現

年六十有六

胡金氏文童胡光清之妻年二十九守節現年五十有二

曾蘐氏曾承松之妻年二十歸曾姑早卒繼姑性悍動以非禮相加氏承順愉婉久亦感格夫素無行欲嫁之氏悲號自誓願針黹紡績供夫飲食夫猶百般挫折節終不改後姑與夫相繼歿無所依與胞姪庠生紹曾居每遇祖父母及夫生忌辰必命紹曾虔修祀事酒餚必躬親之現年六十有四以上節婦年歲本丙寅年縣志纂錄

節烈

國朝

龍趙氏龍民貴之妻夫外出惡少潘某入其室欲犯之不可脅以刃氏大呼惡少懼遂刺殺之事在乾隆三十五年邑宰蕭其寶誅惡少請　旌烈婦建坊邑東門外

蕭唐氏三官坪蕭運喜之妻龍邑謝家壩人生一子家貧善事翁姑翁姑歿家益窘其夫利其財私嫁氏遂有日奚氏知之泣勸不允遂攜子謁翁姑墓痛哭半日方興歸自縊死鄉里莫不嗟歎其烈此道光初年事

譚羅氏稱匠譚有福之妻年二十九無子一女方週歲福病故朝夕痛哭有勸其改醮者而斥之福有胞妹在宣邑板栗園往投焉忽一日寄女於妹奔回遍告諸戚鄰曰吾夫死家貧終難了局也不數日服毒死街鄰助金葬之時同治四年閏五月初三也

明瞿氏明進祿之繼妻祿夙嬰惡疾難延氏殊坦然朝夕侍湯藥不倦越六年夫卒遺孤方五歲晝夜悲泣適有逼改醮者氏聞而愈悲曰吾命盡將從吾夫地下矣遂自經死時方盛暑三日殮猶凜凜如生

蕭王氏蕭振理之妻事翁姑曲盡孝道辛酉秋髮逆犯境理舉家買舟避難至鯉魚潭賊乘夜突至理負母逃氏被擄不從遂與子德松長女慈姑次女曉雲三卿雲同投江死烈女附見

熊鄭氏熊宗安之妻髮賊犯境與烈婦蕭王氏同船避賊賊執及逼之氏不勝忿罵遂攜女王枝投江死[illegible]

夏熊氏夏啟盛之妻自賢之母辛酉秋賢[illegible]

邑賊突至大肆搜括擄掠婦女氏攜幼女墜懸崖死時年五十有八女析左股賊去叔啟華尋至移门方甦

朱姚氏朱大忠之妻年二十髮賊破城避難白崖洞被賊虜不從投井死

朱唐氏朱大朋之妻烈婦朱姚氏之姒年二十八同避難白崖洞朋被擄氏出望夫被執痛哭罵賊自投水田中不死賊殺之

顏禹氏顏本富之妻年二十八避賊龍邑賊猝至夫婦被擄氏紿賊曰釋我夫與子即從汝行賊信釋之私謂夫曰君速行勿顧我富不忍捨遂偕行焉沿途防範不得脫比至清泰門賊防稍懈氏抱子投井死

何黎氏何遠坦之妻髮賊入境氏促其夫攜子女速去夫方踰垣氏即投井死同治元年城復其夫歸舉屍於井面如生

周李氏周煥景之妻髮賊陷城氏從夫逃行至龍邑賊忽至氏見夫被擄投水死時年二十有一

黃姚氏歲貢生黃鑿之妻辛酉賊陷城避難龍邑饒姓宅其壻家也饒先盡室行惟一老嫗正徬徨間賊已至老嫗被殺氏大罵賊怒腰斬之血濺礎柱至今痕跡宛然時年六十有六

何鄧氏字玉姑何遠裕之妻事翁姑孝髮賊入境氏偕姑同匿石洞中賊至姑投巖下氏隨之未死賊持刃刺姑氏以身衛曰願代姑死賊挽之噬賊指筋骨盡碎賊怒以刃刺死賊去其夫及翁尋至姑尚能言泣曰媳不護我不死賊手世上難尋此孝媳當以大棺葬之言畢日姑亦死

唐何氏字恩姑唐世官之妻年二十二夫故守節辛酉避難母家偕弟婦烈婦王姑匿山穴中賊搜至脅之去氏即捨生墜崖下賊扶之氏罵不絕口賊割其舌旋殺之其父收其屍與王姑合葬焉

田李氏田壽華之妻年二十八辛酉扶姑避難遇賊擄沿途罵賊賊割其脣舌猶罵不絕口行至龔家潭投水死屍沈水底越五日屍浮出顏色如生

文向氏文光壁之妻年二十二辛酉秋遇賊被擄脅之不從罵不絕口路過偏巖躍身投水賊復以[illegible][illegible]屍流

三月不朽

吳虞氏吳國清之妻年二十二辛酉遇賊被擄行至接龍橋詐稱步履艱難欲橋上小憩賊防稍踈即抱幼女投水死

任陳氏任秉龍之妻辛酉避難海梁峰賊至被擄有女年及笄許同里向姓未嫁亦被擄至紅石坂氏不肯行駡賊賊怒碎身數段以死女不從亦被殺（女附見）

李吳氏李順喜之妻辛酉遇賊以及脅之不從遂擕一子一女同赴溪水死

李王氏李恒德之妻辛酉與其媳脩氏避難咸邑金家洞賊入洞脅之行氏不從賊以火燔洞遂與其媳脩氏同被薰死

徐鍾氏徐克家之妻家甚貧勤紡績善事孀姑辛酉秋避賊龍邑突遇賊賊脅之氏詈駡不從賊亂刄劈殺之

王覃氏王代顯之妻辛酉秋避賊高嵩賊脅之行大駡不從賊怒殺之

覃何氏福建邵武府經歷覃紹鼎之妻在籍侍奉祖母辛酉九月避賊老剎口賊脅之大駡不從賊殺之

覃章氏覃紹鼎之妾與主婦同時駡賊賊殺之氣未絶旋自縊死

楊李氏楊家豪之妻辛酉秋避賊龍邑遇賊被殺年二十有二

吳歐陽氏吳光合之妻素賢淑辛酉秋避賊匿荆棘中賊搜獲脅之行氏大駡以短刀刺賊賊殺之

周陳氏字辛蓮周邦直之妻陳茂常之女善事翁姑辛酉賊入境扶祖姑避山中賊尋至脅氏同行至老司

城投水死鄉人呼其河爲烈婦河

錢楊氏錢正紀之妻與其子俱被虜賊逼之脅殺其子不從自縊死時辛酉九月

楊譚氏譚辛酉之女楊某之妻辛酉秋遇賊不從賊殺之於紅巖溪

吳楊氏吳光和之妻辛酉秋髮逆犯境氏年二十賊脅不從駡不絶口賊殺之

張劉氏張宗耀之妻辛酉秋遇賊不從賊殺之時年三十

何熊氏文童何上賢之妻辛酉避難長嶺岡遇賊不從
[illegible]賊殺之
游張氏咸豐辛酉避賊於乾洞橋之河岸上岸高數丈
尋突遇賊牽氏衣氏怒力扭賊髮盡力一躍跌死岸
下賊亦身碎而死
李劉氏李文孝之妻辛酉秋隨夫携子避亂田家溝賊
至殺夫及子又欲脅氏氏怒罵賊又殺之
龔熊氏龔廷輝之妻避難佛潭泊舟中流賊追甚急投
水死

周步氏農人周宏友之妻辛酉聞髮逆陷境恐身爲夫
累乃烹伏雌與夫訣別令一幼子同子婦馬氏投篩
家潭死
周勞氏周時英之妻小字梅姑自幼讀書知禮年二十
餘歸周敬事翁姑街隣稱善至子立鑫未週年英病
故氏矢志靡他值歲饑僅幾不聊生有以再醮逼之
者遂服毒死年二十有八
蔡梁氏字癸姑蔡文揚之妻辛酉避難洗白車匿荆棘
中賊搜獲脅之行詈罵不從賊殺之時年十八

梁劉氏梁永宗之妻辛酉同夫妹癸姑避賊賊搜至脅
之去見妹被殺詈聲罵賊遂抱乳子投水中不死賊
殺之
廖彭氏廖宏魁之妻家貧夫違賈翁利人財逼嫁氏氏
自縊死

貞女

國朝

田氏女父母早世惟兄嫂隨卒遺姪惟艮女矢志不嫁撫
之成立

李明祥之女幼許字同里鄒朝煥未嫁而煥卒女年十
三矢志守貞父母嚴責善勸不可轉平居閒靜少言
喜讀女四書年二十一父卒朝夕依母不出中閨年
四十四母病期年親調湯藥衣不解帶咸豐十一年
七月母卒九月髮逆突至舉家避難紅巖溪阜中夜
半聞喊聲烟焰四起謀逃宣邑突遇賊兄弟衝散賊
欲脅之行拼死不從身受七傷賊以爲死遂去越四
日家人尋至僅存一息舁至趙家山調養半年始愈
先鄒姓族中以女矢志守貞議以朝煥堂姪明堂繼

稱爲嗣屢欲迎養以父母終養爲詞茹苦含辛幾四十年與現年六十有二

王齒一之女幼啓書常伴兄顯棟讀父逝家貧母多病女願終身不嫁以奉母未幾顯棟亦卒女同嫂操持家務撫養遺孤迄於成立年六十餘白髮鬖鬖里中猶以王大姐呼之云

劉月秀劉光興之女性幽閒幼失恃事繼母曲意承順年及笄姑母胡見女賢淑欲謀作媳興不允姑遂使無賴子賴婚圖害幾致搆訟女願終養二親誓不嫁事遂寢後兄弟分炊亦不取父母家貲日勤女紅數十年積金數百復以爲二老養生送死之資且於兄弟分多潤寡年六十餘無疾而卒

向文漢之女幼許字同里彭氏未嫁彭氏子客死父母欲令他適女不可曰從一而終女之道也今雖不幸義可背乎誓不字父母尋殁與其弟別院居撫其姪姪卒又撫其姪孫年七十餘猶凜凜如昔

王氏女王煥之女年十九未字其祖父篤疾女衣不解帶者經年祖父殁女以積勞成疾亦相繼而終

袁績貞袁以恕之女恕早卒兄善誘業醫以貧故嘗遣出母杜氏多病侍女爲侍養幼許字何氏嘗泣告兄曰吾願在家養母不願適人兄漫應之及長何求婚女遂剪髮斷葷以矢志何察其志堅聽之適有女尼來其家女謝之曰吾性愚昧不知因果惟知有母當孝願以後勿相溷自是深自韜晦雖親戚罕見其面奉病母三十年甘旨無缺溫凊無間鄉里賢之現年五十有二

烈女

國朝

孫氏女父文登[illegible]死[illegible]遺腹生女母改嫁周氏周殁母復不貞女年已及笄諫不聽怒加楚撻狂且欲併亂之[illegible]女遂投北門外井中死時方盛暑越數日出其屍面如生

周氏女庠生周鼎之孫女幼許字陳氏將笄而陳氏子殁女悲泣幾絕家人勸慰佯諾之乘間赴池水死

何蘗姑選拔何盛忠之女辛酉秋避難長[illegible]閬賊突至脅之去不從賊殺之

何滿姑蘗姑胞妹同避難遇賊見蘗姑被害大罵賊賊亦殺之

蔣氏女蔣德崇之女年二十有三許字劉忠永未嫁辛酉秋避賊龍山遇賊不從被殺

鄒玉蓮鄒承桐之女年十六未字辛酉闔家避賊紅巖洞賊破之女祖母被焚母受重傷女且泣且罵賊欲脅之行女從崗口奮身躍崖下墜死女母舅貢生何遠譽爲立石以誌之

符貞姑符景星之女咸豐辛酉冬避難龍邑遇賊脅之

行不從投澗死時年十八

陳月英陳承裕之女幼字鄧元壽咸豐辛酉髮賊陷城女年十八隨祖母避難宜恩忠建里長灘河詭傳其父母死賊慟不欲生又懼賊至被汚投河死

田氏女勇敬里人其父晨起牧羊突與豹遇呼救無敢近者女持械奔擊豹爲所斃里人驚嘆以爲孝行有神助云同治八年六月初九日事

夏氏女夏朝國之孫女辛酉秋遇賊投河賊撈而誘之不從遂被殺

咸豐縣

國朝

蔣覃氏蔣進明之妻故土官覃梓椿之女年廿九夫故撫孤守節事姑以孝問勤苦持家動中禮法戚里稱之乾隆四年請　旌

廖田氏廖翰相妻夫故守節

楊田氏楊廷佐妻夫故守節

蔣田氏夫故守節

田蕭氏田錦華妻夫故守節

田蕭氏田錦輿妻年十九夫故撫孤守節嘉慶五年請
旌

熊李氏武舉熊金榜妻

李彭氏李天麟妻

黃胡氏黃天忠妻

滕李氏滕成先妻

陳詹氏陳德大妻

李戴氏李均成妻

楊冉氏楊昌隆妻

宋蔣氏宋瑰蕃妻
李周氏李正培妻
謝魯氏謝正元妻
姚楊氏姚勝瑚妻
袁梁氏袁章煥妻
李宋氏李正權妻
蕭李氏蕭安榜妻
楊袁氏楊繼貞妻
鄧王氏鄧文祥妻

楊程氏楊秀洪妻
宋曾氏宋朝選妻
宋江氏宋朝榜妻
馮王氏馮世均妻
熊張氏熊錫陽妻
李楊氏李天福妻
萬田氏萬志珍妻
嚴周氏嚴太堂妻
嚴周氏嚴修文妻

田王氏田先來妻
覃黃氏覃廷瑤妻
黃熊氏黃義和妻
劉嚴氏劉正隆妻　以上俱夫故守節舊府志
劉張氏劉正友妻年十八夫故守節道光十年學憲王
給松栢長榮匾額
請旌
田郭氏田敬德妻年二十八夫故守節卒年六十有
向李氏向日顯妻

王楊氏王世裕妻
嚴楊氏嚴道衡妻
周嚴氏周心富妻
楊黃氏楊廷璋妻
馮張氏馮德偉妻
楊梅氏楊秀汾妻
鄧馮氏鄧勝友妻年二十八
葉孫氏葉光宙妻
周黃氏周國瑚妻年二十八

馮張氏馮德佩妻

王龔氏王洪高妻　以上俱夫故守節

王魯氏王大淮妻年二十二夫故守節卒年八十有六

王陳氏王大漢妻年十八夫故守節撫姪太和爲嗣兼祧卒年八十有七

賴謝氏賴嘉會妻夫故守節

張龔氏張龍芝之妻年二十九夫故守節卒年八十有三

劉王氏劉仕選妻夫故守節

李劉氏李興周妻年十五嫁周甫一月夫故守節

董譚氏董元泰妻年十八適董兩載泰回祖籍湖南常郡不返氏無子女翁姑依母家守節以終卒年七十

劉譚氏劉啟栢妻年二十四夫故守節

洪李氏太和里洪秀茂之妻年二十歸洪生一子夫遊山不歸家故貧里人憐之有勸其改醮者氏指其子曰洪氏血食賴有此耳吾去則嬰兒誰依諸公無狗雞我也里中人且憨且敬之後爲子娶媳覃氏生三孫不幸子與兩孫俱歿僅一孫方在抱氏溫言慰藉與覃氏日勤針黹夜則紡績姑婦二人相依爲命現年七十有五　以上節婦咸豐間本縣志纂錄

節烈

國朝

黄冉氏監生黄承德之妻其女適同里吳宗祺壬戌春避賊洞中爲賊所逼母女攜手墜崖而死

朱周氏生員周德高孫女適儒童朱英歲壬戌年二十一避難入洞賊至恐被辱赴陰河死同治三年邑侯學師會題節烈可風匾額

烈女

國朝

劉三女矢志守貞捐軀明志乾隆五十四年請　旌

利川縣

國朝

黄牟氏庠生黄舉之妻年二十夫故遺孤方數月撫之成立養葬翁姑卒年七十

譚牟氏譚永彝之妻年二十二夫故撫夫幼弟及三子俱成立現年七十有六

牟譚氏牟元弼之妻年十九夫故遺腹生男矢志守節

上無舅姑歸依母家有勸改適者誓死不貳忍饑寒
俟婚嫁畢然後歸夆牽蘿補屋以居卒年五十有四

陳夆氏陳思任之妻年十九守節遺腹生女斷髮明志
半生寂處未嘗與外人接語卒年五十有一

夆向氏庠生夆承睿之妻年二十五夫故守節撫二子
成立卒年五十有九

蕭朱氏蕭善正之妻年二十九夫故守節撫子成立請
旌

夆譚氏夆登岸之妻年二十一夫故守節孤復早殀撫

孫成立卒年六十有三請　旌

吳向氏吳宗碧之妻年二十五撫孤守節凡五十餘年
請　旌

徐曾氏徐天培之妻年二十六撫孤守節卒年七十有
六請　旌

夆陳氏夆照林之妻年二十八夫故遺腹生男撫孤事
親卒年五十有八請　旌

黃夆氏黃光太之妻年二十八夫故守節撫三子成立
卒年七十有四

姚楊氏姚國太之妻年二十八夫故守節撫三子成立
卒年七十有四

冉向氏冉光寅之妻年二十四撫孤守節卒年八十有
五

覃馬氏覃世襲之妻年十八夫故遺腹生男撫孤守節
卒年八十有六

唐鄧氏唐勝榜之妻年二十撫孤守節卒年四十有三

譚夆氏譚瓊英之妻年二十二撫二子守節卒年六十
有五

白李氏白崑岳之妻年二十撫孤守節子允中今已成
立

譚趙氏譚忠龍之妻年二十一撫孤守節卒年七十有

向周氏向永侯之妻夫故撫三子守節卒年五十有八

李胡氏李俊明之妻年三十撫孤守節卒年五十有七

劉牛氏劉應榮之妻年二十八撫孤守節卒年八十有
二

劉楊氏劉世斂之妻年三十撫孤守節卒年六十有六

趙秦氏趙廷佐之妻年二十四撫孤守節卒年六十有
七
梁吳氏梁仲之繼妻年二十二夫故撫前妻譚氏子孑
殀遺孤孫撫之成立守節凡五十六年卒年七十有
八
牟譚氏牟元高之妻年二十七撫孤守節卒年四十有
五
翁余氏翁思泰之妻年二十五撫孤守節卒年七十餘
楊張氏楊順達之妻年二十四撫孤守節卒年七十餘

牟陳氏牟登俊妻
文李氏文雅璐妻
郭王氏郭世倫妻
牟田氏牟承緒妻
曾周氏曾廣邊妻
孫覃氏孫韜順妻
吳楊氏吳正剛妻
潘曠氏潘有才妻
曾李氏曾廣斌妻

伍李氏伍登華妻
向吳氏向天碧妻
周劉氏周德亨妻
周陳氏周德利妻
金蔣氏金三玉妻
孫牟氏孫興德妻　以上俱夫故守節　舊府志
曾趙氏曾廣璠妻年二十八夫故守節現年八十有餘
呈請建坊
郭張氏郭興坤妻年十九夫故守節奉孀姑撫孤子始

終不倦人無間言請　旌獎給冰雪爲心額
何張氏何正斌妻年二十五撫孤守節現年六十有八
咸豐十年請　旌
譚胡氏譚正儒妻夫故守節咸豐七年請　旌
陳楊氏陳世家之妻年二十守節孝翁姑撫幼子現年
六十有五請　旌
李尹氏李士海之妻年二十守節道光年請　旌
牟陳氏牟某之妻夫故守節道光年請　旌
楊賴氏楊鳳翔之妻年二十七守節咸豐年請　旌現

年五十有八

陶曹氏年十六適陶生子長青二十夫故服闋回家省親其母私語曰汝守節固善但長青尚幼萬一不虞終身何依曹怒即投箸起泣而歸從此厲志守節誓不他適外人莫敢議婚者現年五十有八長青亦成立

鄧彭氏鄧子貴之妻年二十四夫故守節生平清操自矢鄉黨宗族無閒言卒年八十道光六年學憲王給額以獎至今子孫蕃衍

李曾氏李某之妻年二十二夫故無子以胞姪承祧撫之成立督學給額表其廬卒年五十有八

李蔡氏李某之妻年三十夫故守節素嫻姆訓冰霜自矢生三子教以義方現年八十學政獎以額

郭朱氏郭隆光之妻年三十夫故守節生四子教以義方當事給坤道永貞匾額卒年七十有七

徐某氏忠路庠生徐順常之母夫故守節生六子亦相繼而亡其媳六人俱矢志撫孤先後成立貞萃一門晚近不數覯者

李王氏李丹鼐之妻夫故守節撫一子又卒復撫二孫卒年五十有餘

瞿雷氏瞿必賢之妻年二十八夫故守節孝舅姑撫三子成立卒年九十有二學憲王給節孝流芳額

張王氏張啟蛟之妻年二十五夫故守節撫一女性和順宗族鄉黨無閒言道光六年學憲王給節孝可風額卒年七十

冉牟氏冉繼昌之妻年二十二歸冉生子甫十日而夫故守節撫孤課讀甚嚴每以黃豆記數夜則紡以紡聲息書聲乃止六十年如一日鄉黨欲以母儀聞於當路母不許謂名非孀婦所宜只求沒後無愧丈夫足矣一日謂子曰昨夜夢與汝父晤以黃泉有面陪夫子白玉無瑕播史宮十四子告余余驚痛殆不祥也次日遂不起卒年九十有一

覃牟氏覃珺係妻年二十五夫故守節撫二子生孫四不幸子孫皆早歿遺孀媳三人苦守六十餘年邑宰以世節維風表其廬

向周氏向永儀之繼妻年十九于歸未逾年而夫故氏

矢志守節撫前妻二子成立卒年七十有八
何覃氏向宜春之妻年十七撫孤守節未幾子又生孫
不幸皆早殀氏仍苦守凡七十六年卒年八十有餘
張郭氏張試燮之妻生三女年二十九夫故堂上垂白
膝下煢孤氏奉親撫女以從堂姪承夫祀教讀成立
拮据五十餘年無慚婦道李處士東陽有詩曰昔聞
梁寡婦今見郭夫人不惜紅顏命能甘白屋貧一身
兼孝養百代樹彝倫嶺上清風在阿誰步後程

撫四子成立卒年六十有四
蕭陳氏蕭光海之妻年二十四守節上事翁姑下撫弱
息卒年七十餘子明松
羅吳氏羅宗富之妻年二十四守節撫三子至於成立
乃先後亦復下世僅遺孫三氏又偕孀婦撫養完婚
現年八十有二
蕭李氏蕭志和之妻年二十守節撫孤成立卒年六十
餘
張聶氏張九芳之妻年二十守節孝翁姑撫幼子見存

六十有五
譚梅氏譚家炳之妻年二十守節撫子成立現年五十
有五
譚覃氏譚正孝之妻年二十守節卒年八十
王張氏王家盈之妻年二十一夫故守節凡三十有一
年人無間言
謝劉氏謝成珍之妻年二十三守節始終不渝卒年六
十有四
朱楊氏朱維之妻年二十八守節事孀姑撫子女拮据

凡六十載卒年[illegible]十有八
王劉氏王奇清之妻年二十四守節仰事俯畜咸盡婦
道茹苦二十八載卒年五十有二
李胡氏李俊明之妻年二十三守節卒年八十有六
李陳氏李士旂之妻年二十一守節現年五十有七
楊謝氏楊德朝之母年二十二守節撫孤成立辛苦備
嘗卒年七十有四
黃吳氏黃萬品之祖母年三十六守節撫孤終身不怠
卒年七十有六

牟張氏牟維升之妻年二十四守節事翁姑撫幼子辛
苦備嘗卒年七十有二
廖黃氏廖世勳之妻年二十九守節撫姪承祧現年六
十有五
廖文氏廖世應之妻年三十六守節撫孤成立現年六
十有五
馬黃氏馬世萬之妻年二十三守節事翁姑撫孤子卒
年七十
謝馬氏謝考科之妻年二十七守節撫孤成立現年七
十有五
徐張氏徐天申之妻年二十五守節卹事俯畜始終如
一年八十有五無疾而終
藍鄧氏藍正舉之妻年二十二歸藍甫一載夫故省垣
氏矢志守節撫族姪承祧教讀完配子又生孫現年
六十
賀趙氏賀道有之妻年二十六守節現年七十有六
李陳氏李亞龍之妻年二十八守節現年六十有五
張陳氏張世璵之妻年二十六守節卒年六十有四

鄭李氏鄭昌賢之妻年二十六守節撫孤成立現年七
十有六
黃朱氏黃亞祥之妻年二十八守節撫孤現年六十六
譚程氏譚志富之妻年二十二守節卒年八十有八
蕭周氏蕭明學之妻年二十六守節上事六旬孀姑下
撫半歲孤子躬操井臼以立家計卒年七十有四
段蕭氏段永祿之妻年二十八守節無嗣氏事奉翁姑
撫養諸姪不異己出現年六十有四
蕭羅氏蕭明金之妻年三十守節上事雙親下撫二孤
艱苦備嘗卒年六十有一
羅張氏羅大義之妻年二十一守節含氷茹苦以撫孤
兒勤儉持家以致饒裕其曾孫入邑庠氏猶及見之
歿年八十有九
蕭蔣氏蕭明德之妻年三十夫故守節家貧獨力支持
撫養孤子現年七十有九
吳鍾氏吳國蘭之妻夫故家貧子幼氏氷心自守撫六
子成立歿年七十有九
向謝氏向廷龍之妻年三十夫故守節撫二子成立克

振家聲卒年七十有四其子顯客妻劉氏亦早寡上
事孀姑下撫幼子現年六十二兩氏堅貞鄉里欽敬
李楊氏李忠美之妻年二十四守節卒年七十有四
冉譚氏冉明魁之妻年二十八守節撫四子成立卒年
八十餘
諶田氏諶義昭之妻年二十九守節現年五十有二
黃邵氏黃興山之妻年二十八守節現年五十有一
謝袁氏謝裕明之妻年二十九守節現年五十有二
諶張氏諶義彬之妻年二十九守節現年五十有二
陳楊氏陳世家之妻年二十九守節現年五十有二
朱牟氏朱天壽之妻年二十三夫故守節現年六十五
江李氏江干祥之妻年二十六守節卒年四十九子卦
張周氏張關祖之妻年二十八守節現年五十有三
張黃氏張大鼎之妻年二十四守節現年五十有五
向趙氏向登甲之妻年二十七守節現年五十請　旌
左周氏左應鳳之妻年二十九守節現年七十有三
方黃氏方正洪之妻年二十九守節卅九年卒年六十有三
鄭劉氏鄭興周之妻年二十夫故守節

賴朱氏賴宗文之妻年三十九守節現年五十有一
李陳氏李國義之妻年二十一守節現年五十有六
倪趙氏倪大倫之妻年二十二守節現年八十有一
吳劉氏吳先第之妻年二十九守節卒年五十請表建坊
向吳氏向英璋妻年二十六守節卒年五十六請旌建坊
殷蕭氏殷斯瓊妻年二十八守節現年七十六請旌建坊
王馮氏王明翼之妻年二十四守節現年六十
吳楊氏吳祖朝之妻年二十四守節現年六十有三
文李氏文顯選之妻年二十八夫故守節
鄧劉氏鄧長春之妻年二十四守節現年五十有一
張吳氏張合慶之妻年二十四守節咸豐六年詳報現
年五十有八
戴袁氏戴自麟之妻年二十七守節咸豐六年詳報現
年六十有一
黃王氏黃逼蓮之妻年二十一守節咸豐六年詳報給
匾現年五十有六
黃王氏黃某之妻夫故守節咸豐六年詳報給匾
向楊氏向地瓊之妻年三十守節咸豐十一年舉報現

年五十有二
胡汪氏胡正邦之妻年二十五守節咸豐十一年舉報現年五十有六
李劉氏李開秀之妻年三十守節同治四年舉報現年七十
牟胡氏牟天錫之妻年二十五守節同治四年舉報現年五十有五
解金氏解傳心之妻年二十八守節撫子成立請 旌

孝婦附

朱黃氏夫故家貧傭工度日翁老病與伯氏同居婦迎養至家奉事維謹有幼子二衣不蔽體而翁常獲溫飽焉 以上節婦年歲閒本縣志纂錄

節烈

陳牟氏陳開榜之妻同治元年正月遇賊於趙家巖負子投岩死
康朱氏康大昭之妻同治元年正月遇髮逆脅不從死於仙女洞
呂王氏呂德孝之妻罵賊被害於盧家坡
司蔣氏司明禮之妻壬戌正月同夫率二子二女避賊楊家山見賊擁至恐被污縊死於樹時年三十有五
于錢氏于之宗妻夫故守節無嗣依姪居年五十髮逆入境投巖死
涂呂氏涂步德之妻壬戌正月避賊乾溪山賊至氏恐見辱抱幼子投池水死時年二十有二
秦楊氏千總秦殿魁之妾壬戌正月十五日賊圍逼鐵爐寨氏與尼僧元善廣勝同時自縊

烈女附

國朝

田姑田洪遠之妹年及笄待字容貌端好嘉慶二年土匪屠其家擄女至寨欲納之不從脅以兵女罵不絕口賊殺之
秦戊秀壬戌正月髮逆入境女與母避賊佛寶山被擄女不屈罵賊遇害時年十五
陽姑陽成洪之女許字伍姓尚待年壬戌避賊於山賊逼恐為所污墜岩死
陳鹿鳴陳洪藻之女許字趙姓未歸壬戌春同母王氏

避賊白玉山賊逼罵賊賊以刃刺喉死母亦自縊女
年十九王氏三十有六

貞女

國朝

劉若玉劉廷禎之女自幼守貞不字咸豐十年舉報現
年四十有四

向二秀向睿奇之女幼字牟秀壽長子年十二夫故守
貞不字咸豐十年舉報現年五十有二

何金簡何其萬季女年十四夫故守貞不字咸豐十年
舉報現年五十

李霜梅郭傳德聘妻年十八未嫁而夫故依母家守節
爲夫立嗣苦守凡三十餘年請 旌

任女幼許呂氏子爲室未嫁而夫故守貞不字父母亦
不之强親歿依兄嫂居以紡績爲事生平不苟言笑
不御鉛華崧柏之操至老不移年八十有一無病終
葬於山之南墓前有碑大書杜貞姑之墓旁書自欲
寂處不欲再配八十一歲忽赴幽冥十六字迄今二
百餘年字跡朗然

李姑李昌榮之女乾隆時人守貞不字孝養父母卒年
六十

建始縣

國朝

龍譚氏龍鱗金之妻

于黄氏邑廪生于大晟之妻

黄向氏黄大勝之妻

何李氏何允俊之妻

冉孫氏冉爾偉之妻

向陳氏向友乾之妻

楊于氏楊加秀之妻

黄向氏黄加隆之妻

王楊氏王端周之妻

何向氏何其全之妻

向黄氏庠生向孔文之妻

黄孫氏黄興福之妻

喻高氏喻國仕之妻

向黄氏向登義之妻

吳湯氏吳洪泰之妻
楊吳氏楊君誠之妻
龍向氏庠生龍鱗九之妻
李劉氏李承枝之妻
黃宋氏黃天柱之妻
唐吳氏唐達先之妻
劉于氏庠生劉日楨之妻
劉冉氏劉瓊之妻
張蔣氏張天福之妻
黃孫氏黃嵩之妻
龍董氏龍相之妻
車蕭氏車瑞之妻
向于氏向大宗之妻
向鄧氏向乾之妻
張李氏張光宗之妻
江龍氏江葉之妻
李夏氏李潤之妻
劉汪氏劉世選之妻

冉黃氏冉大瀏之妻
龍向氏龍澤芝之妻
于向氏于廷駒之妻
蔣李氏蔣仲逸之妻
龍黃氏龍廷順之妻
吳劉氏吳文書之妻
黃喻氏黃奇琳之妻
譚喻氏譚學岩之妻
譚向氏譚廷忠之妻
龍楊氏龍德裕之妻
姚陳氏姚廷孝之妻
饒劉氏饒從興之妻
向于氏向學龍之妻
謝劉氏謝紀常之妻　以上俱夫故守節

鄭張氏庠生鄭文會之妻姑性偏愛少子婦虐遇氏氏奉事惟謹一夕氏誕育姑不與火食越日裸井白亦甘受無怨時翁館於外聞之歸詢其事[illegible][illegible][illegible]傷姑[illegible]力白其誣年二十九夫故守節夫沒[illegible][illegible][illegible][illegible]氏鬨

之故跌傷肢體呻吟駭嗣後使人戒娶者曰必若是
將自殺比娶者懼乃止後姑病篤平餘氏抱負扶持
不避臭穢甘旨醫藥不惜資財姑乃悔悟氏嚴於課
子孫故其後相繼入庠乾隆五十七年　旌表
何孫氏何如淮之妻年十九守節敬事舅姑勤儉持家
義方訓子卒年八十有三
張劉氏張傳智之妻事姑孝年三十夫故或勸改適氏
剪髮明志守貞勿他適姑病癱日夜侍湯藥不避臭
穢爲之吮咂癱賴以愈撫孤成立嘉慶二十五年
旌
鄭何氏鄭世傑之妻年二十一夫故遺一子甫四月家
素貧翁姑欲令改適氏毀面自誓撫孤守節艱苦備
嘗一日翁姑患痰疾一門傳染氏在母家聞之倉皇
欲歸兄阻之氏曰翁姑病篤忍心不返尚覥然人世
耶遂冒險歸晨昏奉侍適歲荒家窘藥餌無資夫
兄外出夫弟尚幼氏典釵市藥外爲人傭以濟日用
需後翁姑歿殯葬一切皆賴氏女紅所蓄積也凡苦
節二十五年卒年四十有六子廩生

龍譚氏龍銳之妻年二十八守節上事孀姑下撫幼子
皆成立卒年五十有六
劉于氏劉文炳之妻年二十五撫孤守節孝聞閭里卒
年六十
潘鄧氏潘成琥之妻嫁甫三月琥外貿病故時姑已七
旬氏年二十四矢志守節紡績奉姑越五載姑歿殯
殮無資鄰里高其節孝賻葬之氏由是撫姪子以續
夫祀苦守凡三十餘年而卒鄉人公舉入祠
張盧氏張傳柱之妻年二十五夫故守節凡四十七年
孝事翁姑撫二子成立卒年七十有二孫人武庠嘉
慶年旌表
黃申氏黃文相之妻善事翁姑夫故守節勤儉不懈家
漸饒裕補修橋梁施捨衣襦鄰里靡不稱其賢淑已
請　旌入祠迄今子孫顯達人以爲苦節爲善之報
陳鄢氏陳嘉品之妻年十九夫故子言斌甫八月氏守
節撫孤備嘗艱苦凡五十有七年已請　旌入祠
龍張氏廩生龍鏈之妻善事翁姑持家勤儉夫故守節
撫孤成名子歲貢生

范蔣氏范佑鏜之妻年十六守節事七旬姑始終不懈鄉人咸稱頌之

何孫氏何光武之妻年二十四守節敬姑嫜撫二子日夜操作凡二十八年無間里人欽頌之

朱畢氏朱志銅之妻年三十夫故無子舅姑勸其改適誓死不從家貧氏組織針黹以奉旨甘翁姑殁盡哀盡禮撫姪以繼夫嗣

朱何氏朱啟茂之妻年二十夫故無子撫姪光育子爲嗣矢志守節勤儉持家凡三十有五年卒鄉里至今猶傳頌焉

李朱氏李正鼇之妻年二十二守節敬事翁姑撫育二子苦節凡三十有八年而卒

郭劉氏郭桂梆之妻年三十四夫故次子生甫四月甘貧守節始終不懈苦志凡四十有四年卒

李鄭氏李正憲之妻事翁姑以孝聞年二十九夫故守節淡泊自甘紡織不倦內言不出閫親友罕見其面守節凡三十有八年

劉傅氏劉先慶之妻年三十二夫故無子家貧誓不再適乃依母家守節苦志凡二十有六年

戴楊氏戴先瓘之妻年二十五夫故守節姑勸改嫁不聽苦節凡三十有五年

魏康氏監生魏常貞之繼妻年二十四夫故遺一子尚未彌月氏立志守節撫孤並教養前妻子均已遊泮善事孀姑先意承志守節凡二十有一年

朱劉氏朱任玉之妻年二十八夫故家極貧姑老且病氏紡績工作克盡孝道撫育二子迄於成立苦節凡十有五年

劉饒氏拔貢劉雲章之妻年二十九夫赴　朝考卒於京師氏聞訃幾不欲生因念舅姑已老子女尚幼未忍即死乃脫簪典裙歸夫柩於數千里外由是操作勤懇無虛日守節凡三十有五年

劉華氏劉本立之妻夫故守節勤持井臼孝事翁姑撫二子成立　以上俱舊志

黃何氏庠生黃元明之妻年二十一夫故無子僅遺一女氏矢志守節凡三十有四年請　旌

謝饒氏謝世安之妻年二十四夫故貞操自勵教子有

守凡苦節三十有二年請　旌

黃張氏黃志彬之妻年二十二守節家貧親老矢志不渝凡苦節三十有八年請　旌

胡于氏胡世富之妻年二十八夫故守節凡三十二年現年六十有一請　旌

劉李氏劉衢坦之妻年二十一夫故守節教子成名現年四十有七請　旌

李蒲氏李克美之妻姑早逝遺幼弟三氏撫之若母年二十四夫故子甫心甫四齡氏矢志守節獨持家政迨繼姑冉氏復生三弟氏待之尤謹後弟婦饒氏魏氏以次孀居時稱一門三節苦守三十年聲不出壺行不履庭親戚從無一面者請　旌

張焦氏監生張光有之妻年二十八夫故守節紡績度日敬事翁姑凡守節五十七年現年八十餘請　旌

冉黃氏冉廣薛之妻年三十六夫故家貧子幼立志撫孤守節凡四十有七年現年七十有三請　旌

徐劉氏徐景發之妻年二十七夫故家貧勤紡績撫子成立凡守節六十年現年八十有七請　旌

劉何氏劉國旺之妻年二十四夫故家貧親老氏飲泣茹蘖善事舅姑及歿喪葬盡禮現年四十有六請

旌

樊王氏樊仕倫之妻年二十五夫故守節凡四十有七年請　旌

萬丁氏萬表彥之妻年二十九守節家貧姑病氏侍奉不少離嘗祈神願以身代病劇割股和湯藥以進凡守節五十有六年請　旌

唐何氏庠生唐賢修之妻年二十八夫故守節艱辛備歷矢志靡他守節凡三十有九年請　旌

呂鄭氏呂興周之妻年二十六守節家貧姑瞽氏貞操自勵晝夜辛勤事姑撫子孝慈周至凡守節二十有九年請　旌

黃周氏黃文元之妻年二十五夫故遺一子甫週歲氏事親盡禮教子以義方凡苦節三十有九年請　旌

黃龍氏黃景成之妻年二十三夫故守節言笑不苟紡績自勤孝事翁姑善和妯娌現年六十有五請　旌

孫謝氏孫大壽之妻年二十九夫故姑老子幼拮据自

矢仰事俯畜備極艱辛現年五十有七請　旌
何歐陽氏何啟與之妻年二十八夫故持家有法教子
碁嚴苦節凡四十有一年請　旌
羅余氏羅階陞之妻年二十八夫故親老子幼家且貧
氏奉養以代子職督課而兼嚴父不以飢寒易初心
也迄今子孫榮貴家亦小康賓氏基之苦節凡五十
有五年
何郭氏何尊模之妻年二十六夫故無子撫堂姪爲嗣
姑年逾七旬卧病數年氏晨侍湯藥日夜不懈及姑

邵武府志　卷之二十五

歿盡禮盡哀守節凡三十有六年
郭劉氏郭淯梆之妻年二十七夫故守節淡泊自甘哀
笑不苟勤紡苦績教子有方守節凡五十有二年
劉李氏劉紹勳之妻年二十八夫故詩書訓子爲善於
鄉守節凡三十年
劉李氏劉鱗鼎之妻年二十九夫故守節侷勤儉寡言
笑教子有方凡苦節二十有一年
李饒氏李克潤之妻幼聰慧其父口授詩書輒記誦不
遺長讀烈女傳尤講求禮義不令閫圖一過年二十

一夫故遺一子甫三月氏守節安貧晝勤紡績夜則
篝燈課子鄉里咸欽之凡守節三十有二年
李魏氏李克俊之妻年二十三夫故典釵爲治喪資教
二子以義方家業復賴以振凡守節三十有一年
涂方氏涂大開之妻年二十四夫故茹蘖飲水艱辛萬
狀凡守節五十有一年
孫鄭氏孫亨豫之妻年二十九夫故守節家無立錐地
奉舅姑畜諸子皆仰賴十指間苦況何可名言凡守
節二十有三年

邵武府志　卷之二十五

胡李氏胡國賓之妻年二十七夫故家貧親老子尚在
襁褓氏勤苦自持阨窮而不怨凡守節四十有四年
李周氏李學煩之妻年二十四夫故子幼翁病四顧泣
然而氏不以遇之艱萌他志翁歿盡禮盡哀撫子底
於成立守節凡四十年
黄陳氏黄國興之妻年二十九夫故藜藿自甘言笑不
苟苦節凡三十有五年
徐朱氏徐林芳之妻年二十九夫故家貧親老氏甘心
茹苦矢志無他守節凡三十有三年

張何氏張以珩之妻年二十九夫故晝夜紡績以事繼姑苦節凡二十有一年

周[illegible]氏周東望之妻年二十一夫故守節繼姑生三[illegible]氏善承姑志竭力經營各完婚配苦節凡四十有八年

汪潘氏汪德泰之妻年二十九夫故家貧無子僅遺二女氏飲冰茹蘗撫其志彌堅守節凡三十有三年

許吳氏許天麟之妻年二十七夫故時貧親老勤紡織以給甘旨守節凡三十年鄉里稱之

吳徐氏吳祚選之妻年二十三夫因醉墮溺死氏立志守節事親孝教子嚴以迄於今現年五十歲

黃劉氏文章黃道清之聘妻家貧甚年十八未歸道清病故氏聞訃痛不欲生即更素服隨母弔其門請爲翁姑修子婦禮哀毀守制食貧居艱姑病劇夏清夜焚香默禱割股和藥以進凡守節四十二年勤紡績甘藜藿撫姪子以續夫祀以上節婦年歲開本縣志纂錄

孝婦附

鄒彭氏鄒志賢之妻家赤貧灌園負力奉養翁姑其姑馬氏素患腹疾氏日侍湯藥寢食幾廢一日姑思食木耳徧尋無獲忽見古堰塘邊有老柳一株枝幹盤橫倒垂水面木耳生其上氏緣木採取失足墜水什空中雷電大作若有拔之起者隨躍於隄岸瞬然雲霽天開有農夫李玉書者聞聲往見氏已端坐隄邊因扶至其家炙火更衣歸見姑病劇煑木耳湯以進翌日病瘳里人以爲孝心所感云

節烈

姚張氏姚耀庭之妻夫故矢節能姓強娶之因

隆三十六年旌表建坊在縣南一里

烈女

國朝

黃氏女邑南三百里茶蓼河人性貞靜習女儀家貧幼母早逝及笄有鄰村惡少羅姓少艾伺其人皆外出因作潛入室中強汚之女悲憤不欲生權念自一死不甘乃不辭跋涉赴城鳴官惡少賄屬違例案懸未結氏抑鬱計窮遂赴城南漩龍灘投水死時嘉慶二十年也呈請旌表

山女年十四父母早世家貧無以道光十九年冬隨楊媪行乞城中一夕避風雪於破屋內適乞丐[illegible]幅亦投宿於此見女少艾輙挽楊媪求合女拒弗許雙幅夜奔强逼女憤罵復持刀恐赫女罵益甚及其喉而死事聞官爲昭雪題請旌表[illegible]南河畔今猶存

周賴氏周東望之妻年二十二歲夫故守節議女撫子聲遠入邑庠孫兆棠恩貢生

增修施南府志卷之二十六

人物志　壽考　畸行

古者論年以七十爲耆[illegible]壽[illegible]耋若期頤非人所難幾而不敢冀倖者哉施在萬水靈秀靜象也即壽徵也閱世生舊志闕焉茲廣爲增輯俾見我

朝

聖聖相承熙界治物未效其靈人先[illegible]

[illegible]

行[illegible]之者[illegible]雖不可爲訓而[illegible]情[illegible]爲[illegible]多也

志[illegible]者而畸行附焉

壽考

國朝

施南府　恩施縣

譚心治光明磊落慷慨好施卒年九十有三[illegible]各山俱庠生

安老人[illegible]其名水田坪人現年一百零五歲忠厚傳家安分力農五世同堂子成榜已八十餘歲

唐顯達現年一百四歲子一孫二曾孫七

龐有恩現年一百一歲子道和道祥

劉佳名現年九十八歲邑侯彭公燮川以期壽難逢匾其廬

劉明月現年九十有六子六孫七

田鳳山現年九十

張玉國現年八十八

康秉衡卒年八十有一性嗜樸儉心存忠厚慷慨好義以爲鄉里之推重子元第同知孫偁議叙知縣

趙永祥字雲亭現年八十有三爲人樸質不慕顯榮經星經地理卜筮之學獨有心得子壽南庠生

劉明魁卒年八十有二孫其璹庠生

劉艮長字體仁卒年八十有二孫宋楷庠生

姚天興卒年九十有七子煥星貲奏廳

楊心榮卒年八十有五

皮家騏卒年八十有二

耿純彬鄉人卒年九十四歲

辛國才卒年八十有[illegible]

謝觀國現年八十有三宜都營千總

華畧餘卒年八十有八慷慨好義宗族均沾其惠

黃復遠卒年八十有六子元弼湖南乾州同知

何千祥卒年八十有六一生不娶有議婚者輒以有姪不孤爲辭亦異人也

張紹周卒年九十三歲子君澤卒年八十有八孫重英卒年八十有四曾孫映芸現官福建南安縣知縣

熊經典現年九十有二一生談陰隲文輒娓娓不倦

王德輝卒年九十有二

黃士連卒年九十有二

商秉中卒年八十有三子文彬卒年八十孫祖垣庠生

涂立祥卒年八十有四

馮萬咸卒年八十有二妻田氏卒年八十有一子世經庠生媳潘氏俱卒年八十孫應陞妻楊氏現年八十

朱李氏崔壩把總朱光之妻卒年八十有三媳韓氏卒年八十有六次孫媳鄧氏卒年八十有六四孫媳鄧氏現年八十孫榮位齋奏廳榮祿恩貢生榮名監生榮壽理問廳

李朱氏監生李兆山之母卒年八十有二

鄧崔氏庠生鄧斂行之妻卒年九十有二子士林庠生士瓊武生士玫孫朝儀俱詳武功志朝鈞武生

吳劉氏現年八十有一夫早故撫二子成立孫二

蔡王氏蔡光前之母現年八十有八

李潘氏武生李瓊之妻卒年八十媳王氏現年八十有六子大緒監生大經武生

金龍氏金炳堂之母現年九十有二

陳佘氏東鄉三里荒人卒年壹百三歲

張左氏張大榮之妻年九十有七五代同堂卒時子光玉光珩夫婦均及八十孫旭懷曾孫世松俱庠生

劉李氏卒年九十有八子兆華

吳陳氏吳文儒之母卒年九十有七兒女皆白髮繞膝郡伯佟公景文題熙朝人瑞額以贈孫紹偉紹誠曾孫詠之俱庠生

龍譙氏庠生龍際雲之母卒年八十有二三子際唐武生卒年八十有七孫萬青庠生

張舒氏張有倫之母現年九十有二眼觀五代兒女皆白髮繞膝

楊侯氏楊子榮之母卒年九十有七持家勤儉語言不苟子五孫二十多業儒

譚馮氏文生譚心靜之妻卒年九十有五孝事翁姑和睦妯娌能婉言助成夫志子孫成丁者四十餘人

袁陳氏文童袁天鋭之妻卒年九十有四天鋭貧而好學氏出粧資以成其志遇人急難能損己周之至老不倦孫大品邑庠生

楊袁氏卒年九十有三

許史氏卒年九十有四

楊滕氏卒年八十有六

劉謝氏卒年九十有三孫宗楷庠生

康李氏卒年八十有一

劉蔣氏卒年八十有四曾孫其璹庠生

宣恩縣

董有年卒年九十有九形貌魁梧膂力過人平生以攻石爲業手大鐵椎日夕山中凡石穴中有土者鬬之爲種黍地家因小康年九十餘鑿得道之石猶孜孜

不倦前後數里皆成坦途人呼爲百歲老人云
牛嵩庠生年九十餘能作蠅頭小楷眼觀四代平生甘
淡泊厭塵囂課讀爲業
黄之昌卒年八十有七前三日預知死期臨卒戒家人
盛沐浴衣冠膳畢一笑而逝妻王氏卒年九十有三
馮正起卒年八十有八妻郭氏卒年八十有四
周櫆瑞現年九十餘妻佘氏卒年八十有八
周奇泰妻張氏同年同月生俱現年八十餘白髮齊眉
精神如壯年子文堯監生孫金魁武庠
李如成年八十有七無疾而卒子方祥卒年八十有九
孫可本現年八十有六日行數十里人謂以壽傳家
包上澤現年八十有六妻張氏亦現年八十有四
張士高現年九十有四
隋世欽邑庠生卒年九十有七子代純庠生
遒之璧　恩貢生沈靜端方卒年八十有五
丁可本現年八十有七能書蠅頭細字日行數十里如
健夫幼業儒壯年訓蒙鄉里曾還人遺金若干兩於
店中

陳再晉夫婦皆九十餘歲步履康強子孫蕃衍平生居
心忠厚樸實無華以務農爲業
田定蛟現年九十有二性剛直喜張公道少習武藝膂
力過人
文應楷卒年八十七歲生平正直學問甚富設館四十
餘年有先正風範門下入泮者數十人
黎祚國卒年九十九歲爲人樸厚眼觀五代
簡充文現年九十餘老而愈健
曾段氏曾義銀之妻卒年八十有八居心慈善家法嚴
明孫慎崴煥奎俱邑庠生
段瞿氏段祖光之妻卒年八十有八持家勤儉鄉里貧
之者不時賙之子延齡庠生延楠貢生孫雲庠生
覃恩光之妻　氏現年九十有六猶勤紡績
田侯氏田承瓏之妻卒年九十有二
黄梁氏黄玉崑之妻現年九十有二
錢陳氏錢勇剛之妻現年九十有一耳目聰明猶躬親
紡績鍼紉之事
魏陳氏魏安富之妻現年九十有四耳聰目明持家

法教子義方

宋呂氏宋壽山之妻母疾侍奉三年衣不解帶乾隆三年揚子永炣來京因家焉壽至一百零六歲詳請旌表建坊縣志

袁闕氏袁鵬程之妻壽至一百零一歲眼見四代縣志

譚楊氏譚再朝之妻現年九十有八氏年二十四夫故無子一女志矢冰霜七十餘年直如一日縣志

孫陳氏壽登期頤眼觀五代子志善郡庠生孫百祥從九品百福縣丞

呂董氏年九十有八卿事俯畜備極勤勞鄉里咸欽之後孫曾林立眼觀五代孫紹熊紹謙俱庠生

來鳳縣

張文俊字拔萬卒年九十有二天性樸實取與分明妻蕭氏卒年八十白首齊眉眼觀五代子仕儒仕陶仕纁仕智仕柄

曾有華卒年九十有三居鄉循分生九子蕃衍至百七十丁眼觀四代子思達武生思海現年八十有六

何顯俊字光華卒年八十有一氣量寬宏鄉里稱長者

孫遠鎮庠生候補府經歷遠署歲貢生候選訓導

張鳳鳴字昌廷卒年八十有二居心和平妻饒氏卒年九十有一秉性端嚴樂善好施夫婦白髮齊眉眼觀五代子書紳孫鎔俱見選舉志鍊廩生鍾庠生

楊天幹卒年九十有六天性純樸動循禮法子煥之孫巖猷巖策俱庠生

唐成陞卒年九十

楊九老卒年九十有六孫昌進

敖天生年六十生子紹章年九十六無疾而卒紹章卒

年八十有九

劉顯耀卒年九十有五

袁文奎卒年九十有五

喻民安卒年九十有三弟民泰卒年八十有九

楊志賢字希聖卒年八十有五自奉儉樸曾傾囊爲友償債孫承杰庠生

張紹倫有孝行與妻李氏卒年俱八十有五子廷松孫光斗光統俱庠生

何挾珍卒年八十有五存心耿介遇事敢言弟聯章卒

年九十有三

曾思順卒年八十有二形貌魁梧豪俠自喜能爲鄉里排難解紛孫紹魯庠生

姚應壽卒年八十有九通堪輿善處鄉里

蕭祚長卒年八十有九居心正直與人和易

蕭國舉卒年八十有二居心誠篤與人交不欺

田志正性好善七十生子八十有八見孫卒年九十[illegible]三

謝世安卒年九十有五忠謹性成與世無爭弟世楨卒年八十有九善氣迎人終身不出惡言

鄭仕南庠生卒年八十有三悃愊無華謹守卧碑

王啟文卒年八十有三性純樸與物無競子宗夔歲貢生

熊學健卒年八十有三性豪爽喜張公道尤敬禮賢士子鳳翽庠生

魯元坤卒年八十有六居心忠厚敬禮神明

陳文藻年八十二無疾而卒爲人正直樂濟貧困妻曾氏卒年九十有四孫嘉謨庠生大炳監生

鄒文虎字玉文卒年九十有三性樸實安分力農

田朝珺卒年八十有一事繼母以孝聞性剛直鄉里有事多排解之子雨芳庠生

姜敬一卒年八十有六妻雷氏卒年九十有五相敬如賓人言無間

何興熙卒年八十樂易好施子天脩庠生達松武生

田仁傑卒年九十有二性耿直喜張公道妻劉氏卒年八十有二

田鴻猷卒年八十有六嘉慶元年教匪入竟[illegible]妻汪氏卒年亦八十有六

朱榮富卒年八十有一貌魁梧膂力過人嘉慶元年剿賊手執百餘觔巨礮指揮如意賊畏之

勞世魁卒年八十有五好讀書喜近賢士

向正彬卒年九十有五好學能文見重鄉里

勞豐潤卒年八十有五世魁子喜錄先正格言至老不倦

羅周道卒年九十有一

王文貴卒年一百零八歲原籍龍山或云山東人

劉明立卒年九十有六　馬啟富卒年九十有一
李丘泰卒年九十有一　奠子富卒年八十有九
龔友諒卒年九十有四　王國順卒年九十有二
周益盛卒年八十有二少孤貧常依拔貢張鎔家爲僕
辛酉城破賊欲火其宅盛以死爭之賊怒截其鼻復
加炮烙哭且呼曰寧死不出此一步也賊義而釋之
宅獲無恙
張思敬卒年八十有七性耿直恤人困苦子來儀庠生
劉孫榜卒年九十有三直樸忠厚樂善好施妻袁氏卒

年九十　孫登瀛武生
覃洪基年八十有一無疾而卒居鄉好排難解紛遠來
貧民多方周濟族姓咸遵其約束終身未入公門
彭明照爲人端方卒年八十有九
汪君相性喜交游卒年八十有九
楊萬才卒年九十有五　郭士鳳卒年九十有一
余嘉會卒年八十有九　張紹信妻印氏卒年俱八十
有九　閔子裔卒年九十有一
田敏卒年八十有二通堪輿喜爲人言陰騭事與同里

段學成修永壽橋
張大賢卒年九十
黃世才卒年八十有四耿介忠直事母至孝
張思聰卒年八十有二天性渾厚子峻己酉科選拔淡
於仕進授徒養親博學能文兼精岐黃爲時名醫
王嗣貴卒年九十有五存心忠厚凡羅穀於其家者皆
供餐飯其子賢舉現年八十有八
劉勳詳現年八十有七爲人耿直居鄉循分孫萬選庠
生

張廷桂現年八十有一性友愛至老不衰妻魏氏卒年
八十有一
舒心文現年九十有七眼觀四代
鄧玉明現年八十有四嘗以古人忠孝逸事編成小曲
歌以勸人
劉應璉現年八十有七
唐世華現年九十有二
蕭順祈現年八十有九
蕭順交現年八十有九

何顯經現年八十有六子誠學六品軍功
張士元性耿介現年九十有二
張道光存心忠厚現年八十有七孫從益從賢俱從九
彭啟亨現年九十有三爲人樸實臨財不苟
譚萬順現年九十有二存心忠厚和睦鄰里門無訴誶
汪世文與妻喻氏相敬如賓俱現年八十有九
王荊川卒年八十有二　周耀奇卒年八十有三
向安朝現年八十有五精岐黃時行方便
蕭道盛現年九十有七持躬正直喜張公道
覃述和現年九十持躬直率厚郵親戚尤敬禮師長子
　樂中歲貢孫維藩維觀俱庠生
馬祖乾現年八十有八性沖和終身無訟事
劉錦春溫厚和平現年九十
田啟祿現年九十有九
李成象現年九十性和藹常以善言勸人
楊通茂持家勤儉現年八十有八
姜能現年八十有七
田萬富現年九十妻曾氏現年八十有八

田萬才現年八十有六　周時明現年八十有六
王衍祥現年八十有七　瞿天壽現年八十有七
田啟剛現年九十有三弟啟綱現年九十有二
滕成彥現年九十有九
余蘭第現年九十有二
王再清家世孝友卒年八十有六
熊來徵字占祥性恬淡現年八十有二
王宗秩性和平有應務才現年八十有二
蕭聖粱現年八十有一性好施與同族無凍餓者里中
　貧苦亦多所周恤尤喜張公道與妻袁氏白首齊眉
　眼觀四代子鳳儀邑庠生鳳儀　恩貢生
田天富耿直勤儉現年八十有四
陳宏勝卒年八十有二秉性和平晚年尤喜談陰隲辛
　酉避難賊追及問囊負何物曰陰隲文也賊以爲長
　者凡三遇賊而三釋之
文忠義爲人正直現年八十有三
羅文錦現年九十有三居心公正持身渾樸
何劉氏卒年九十湖南新化縣處士何萬位之妻性端

嚴有丈夫氣夫故家貧携五子大賢大貴大楨大賓大賚遷居來邑

何江氏何文龍之妻卒年八十有三仁慈嚴肅好周貧乏子藩直隸知縣樑雲南巡檢

王樊氏卒年九十有二端莊慈惠尊禮師儒子廷碉孫煜俱拔貢生

曾劉氏卒年八十有三性嚴毅閨門内肅若朝廷子有光舉人

何胡氏庠生何顯揚之妻卒年八十有九性慈祥淳厚喜周貧乏子映焜庠生紹本増生廣西巡檢孫天衢遠疇俱庠生　貤封孺人

張唐氏議叙縣丞張仕儒之妻卒年八十有四以子思雋貴　貤封孺人

張唐氏張仕陶之妻卒年八十有一性賢淑克敦孝敬子孫蕃衍列膠庠者代不乏人

張向氏六品軍功張仕烱之妻卒年八十有三性樂施與不欲人知遇庶子猶已出其慈祥之性然也子恩九安徽休寧縣縣丞孫浩庠生治歲貢生

覃王氏世襲雲騎尉覃庭中之妻卒年九十庭中治家嚴厲氏以寬和佐之子清和雲騎尉敬熙甘肅府經歷孫紹鼎福建府經歷紹夔陝西巡檢

張鄔氏拔貢張書紳之妻秉性和柔卒年八十有二子鍊廪生鍾庠生

彭伍氏彭文選之母卒年九十有四

滕陳氏卒年九十有八媳楊氏卒年八十

匡曾氏匡士清之母卒年九十

田彭氏彭興隆之妻卒年九十有六

陳楊氏卒年九十有一眼觀五代兒女皆白髮繞膝子德政孫際盛庠生

劉廖氏劉之剛之妻卒年八十有九子大和大中

曾匡氏曾思祿之妻卒年九十有三

倪譚氏倪宗勝之妻卒年九十有二

鄧何氏鄧仕學之妻卒年九十有一

張鍾氏張潤澤之妻卒年八十有三秉性慈祥樂周貧乏夫妻相敬如賓子鎔拔貢生

官鄔氏官正清之妻卒年八十有九

黃楊氏居心慈善卒年八十有九子世才

劉蔡氏卒年八十有五性賢淑鄉黨奉爲閫範子必芬

增生

覃樊氏公安縣訓導覃旭和之妻慈善端莊現年九十

有七猶能教孫女輩針黹

黃胡氏監生黃廷秀之妻現年九十三子拱兄弟六人

楊符氏楊光鳳之妻現年九十有四年四十夫故有子

六人女二氏撫養成立今子女皆登古稀氏猶康強

鄢熊氏鄢祖殿之妻現年八十有五無子有女適邑庠

[illegible]黎悅誠女夫故守節迎氏奉養之[illegible]

楊鄒氏楊再祥之妻現年八十有六子正璽

湯鄒氏湯廷顯之妻現年九十有二子居勝居友

張劉氏庠生鼎之母現年八十有二

程張氏程祥萬之妻現年八十有一

羅田氏羅善朝之妻現年八十有二

曾劉氏曾祖兆之妻現年八十有三

譚蔣氏譚永艮之妻現年八十有三

蔡馬氏蔡開榜之母現年八十有一

陳胡氏陳鴻祥之妻現年八十有一

楊莫氏楊天祿之母現年八十有二

李莫氏李永康之母現年八十有二

楊鄭氏楊光貴之妻現年八十有七

鄒姚氏鄒朝友之妻現年八十有二

陳饒氏庠生陳忠議之母教子有方現年八十

陳李氏陳德崇之妻爲人賢淑現年九十有一子鴻翦

庠生

唐姚氏現年八十有三子守懷

唐彭氏唐成開之妻現年八十有六

唐黃氏唐守敬之母現年八十有三

儲謝氏儲尙青之妻現年八十有五

胡陳氏胡崴寬之妻現年九十有二以上年分俱從丙寅年計算本縣志

文蔣氏文忠信之妻現年八十有三

田劉氏田天貴之妻現年八十有三孫桂林武生

文包氏文正榜之妻現年八十有二

何王氏何誠龍之妻現年八十有四

蕭李氏蕭在鳳之妻現年八十有三子體仁錫安孫人

卓倶庠生

田勾氏田生貴之妻卒年九十有六

王田氏王隆盛之妻孝順翁姑現年八十有三子汝梅

歲貢生

傅袁氏附生傅求仁之母卒年八十有二

李唐氏李萬章之妻現年八十有五子連登

咸豐縣

覃勳巾現年九十餘子吉祥貢生

祝高陵貢生卒年八十餘教授生徒不慕榮名

洪陳氏武生洪秀岑之母現年九十有六

王鄭氏王正綱之妻現年九十有二

利川縣

郭李氏郭佑鳴之妻隆柏之母生於康熙六十年八子二十六孫曾孫十五元孫五來孫三六世同堂道光元年邑令唐方耀詳請

旌表

道光五年卒享年一百零四歲熙朝人瑞也

黃太松年九十有三無疾而卒少失偶守義不再娶

耽經史教授鄉里知名士多出其門

建始縣

范世榮舉人范述之之父年九十無病而卒

范周氏舉人范佑正之母現年九十有四猶視聽不衰

郡屬登大年者頗不乏人即來鳳已見一斑至咸利等縣寥寥數輩因縣志未列此門無從稽核闕之以俟將來

畸行

明

施南府　恩施縣

陳鏞衛人父隆樂善好施年八十有九將卒取負券焚於庭鏞性至孝母疾割左脇取肝和粥以進

周誥字新吾衛人好學能文章年十六割股療母疾學道取淮充學

張一奇衛人割股愈母疾巡按趙學道周並旌其門

柳時達衛人年十五割股愈母疾

王家臣衛人割股救父疾

楊鵬翼衛行伍割股救母疾

黄　鼎衛人割股愈親疾

張楚字郢伯衛人年十六割股愈親疾

李　思衛人割股廬墓以上並見湖北通志

李俊明衛世襲指揮年十四割股救父疾

趙姑衛指揮趙承亨女父病刲股愈之

陳姑衛人陳欽順女割股愈父疾

戴姑衛人戴汝相女割股愈父疾

馬姑衛人馬應瑞女割股愈父疾

彭姑年十五割股愈父疾

李姑衛人父病篤刲股瘳之按院提學咸旌以額

唐籛妻向氏邑諸生鄉賓撫民女年十六于歸次年歸寧

熊女母譚病篤女割股瘳之恩施志

旗軍王世臣妻杜氏姑疾割股愈之以上舊志

國朝

施南衛庠生年未十六割股救母疾子天麟割股如之舊志

復慶幼失怙特堂兄海明撫以成立海明病篤慶割股療之

楊維楫四川合州人天啟間兵亂流入衛拜楊姓爲父

父歿母疾割股療之崇禎癸酉歲火災延其舍楫拜之反風滅火人以爲孝感

張光耀少養於左氏母病割股愈之以上舊府志

胡以成年十四割股愈母疾　崔元珍割臂愈親疾

金玉成邑庠生年十八割股療母疾

劉敦訓妻崔氏未嫁時其父崔新年病割股瘳之

米楊氏有至性年十九割左臂肉愈母疾以上縣志

宣恩縣

覃文昭割股療母疾

萬玉書割股療母疾

高光宗胞兄光前聞刲股能愈疾因母老病危持刀欲下光宗窺見誑云兄不便自割即接刃出己臂刲之

黄以奉母病尋減以上並縣志

周蔣氏東鄉人年十九翁姑俱歿夫出外未歸祖父病劇氏割左股爲羹

來鳳縣

姚正松正楫甫成童母病篤各割左膀肉以救母

姚秀科次女年十四母病篤割左膀肉以救母

咸豐縣

周立璜賣卜供母母病刲股作羹以進病遂愈

楊勝志割股調羹愈父疾

劉玉麟切指療父疾

利川縣

瞿一端年二十二割肝救父

馬志魁割股救母

楊順元年二十三割股救母

瞿世臺年十七割股救母

徐德寅割股救母

張應光年二十三割股救母

向萬彰年二十六割股救父

蔣吉源年二十六割股救母

喻年鴻妻石氏割股救姑

建始縣

李黃氏庠生李學偉之妻姑疾危氏割左股以療之

黃貞女文童黃道清聘妻割股丸藥以療姑病以上縣志

增修施南府志卷之二十六終

增修施南府志卷之二十七

人物志流寓　方技　釋氏附

哲士挺生人因地重賢豪寄跡地以人傳施據荊楚上游襟巴蜀而帶瀟湘漢唐以來或經歷其地或嘯歌其間名臣學士代不乏人外此醫卜星歷擅一技微長人往風微之際亦莫不爭豔之曰某術某精之某精其術過此卒莫肯項背者嘖嘖小道亦古今不朽之人也北朝高謙之之言曰佛者九流之一家也是可牽連書之志流寓並志方技而釋氏附焉

流寓

施南府恩施縣

唐

李白流夜郎時經此登城北碧波峰有把酒問月詩後置亭遂以問月名焉

桂南集中有鄭典自施州歸詩中云聽子話此邦令我心悅懌文云我有平肩輿前途猶準的翩翩入鳥道庶免蹉跎厄蓋公寓夔距施不遠或嘗至此

鄭虔訪裴施州冕至此
唐十八代宗時坐事配清江舊志　按唐書未載十八或
寓李字
宋
蘇轍曾至施有贈施州喬太傅詩
黃庭堅謫涪時嘗至施題詠甚多石通洞書有涪翁二
字　按山谷有贈王簿趙彥成詩蓋趙爲之主也
朱勝非字藏一蔡州人宋紹興間拜尚書僕射宋史有
張灝見一統志未載事蹟
曹鶱有題詠舊衛志
明
鄒維璉字德輝江西新建進士任考功司郎中天啟二
年以攻魏璫戍施一載後起南太僕少卿巡撫福建
在施著作題詠甚多有友白集大蔓草集幾於兵燹
文安之字汝止夔陵州人天啟二年進士改庶吉士授
檢討遷南京司業崇禎十六年至施住四載明史有傳
滕之倫字伯倫廣西解元官庶吉士崇禎末至施有[illegible]

象牙五峯二詩
熊汝學字自福江西南昌人荊州府工部廠官楚撫尙
文公于避兵至此
陳正言字鹿野夔陵州人川東制憲工詩畫避兵至施
張京字士將漢陽舉人陝西道避兵至施
王裔字大可麻陽舉人訪袁守戎至施多題詠以上舊府志
劉福字寶善蜀人訪黃溥至施
國朝
吳朝發荊州監利庠生乾隆間游學至施設帳授徒講

求制藝極精施之文風頗資其力
彭邦鼎字配堂江西南昌人工書善詞賦曉崑山音律
嘉慶間爲佟郡伯幕賓贅樊副將家後官山東巡檢
羅成章字文藻湖南茶陵州庠生父先貿遷至施折貲
不能歸章以在籍教讀所獲脩金歲寄以養父後送
其母至施遂寄籍恩施以上縣志
楊松馨雲南浪穹進士宰恩施後調任應城歷遭髮逆
之難堅不欲出仍入山家焉有傳見政績
哈廷珍漢陽舉人任府學以老病辭延師課子詩酒自樂

咸豐縣

漢

韓信以策干羽羽不用漢王入蜀信亡楚歸漢經此

明

余　麟萬歷元年封湘王到荆州委牛口邑丞余麟臨司所丈征開墾田土編戸條糧見其深溝陡箐崖多土少民不堪命勉强丈徵編銀二百五十四兩五錢歸本所前項銀兩改爲湘府樣米見梅氏譜

沈　慶衛僉事聘士修志

童　昶衛指揮靖州參戎著有施州衛大田所志燬於兵燹俱縣志

利川縣

谷際岐滇南人乾隆初翰林也乞假回滇因縣令陳春波會試出其門以師誼紆道來利時吳三錫拔貢館於署晨夕過從詩酒流連三錫堂兄克純回梓省覲谷作歌以贈曰白雲何冉冉青山亦迢迢君有高堂宴愧我尚折腰吁嗟乎年年匏繫何日了木葉落兮風蕭蕭君去君樂我魂銷滇南回首隔重霄其他作多佚散

何金枝本城人明崇禎時以茂才異等除西川南部令歷陞至監察御史奉命至沙溪司采辦皇木值甲申之亂遂棄官隱居沙溪後川督李國英以原官屢徵不起臨終切囑其子但題其墓曰明故生員何金枝之墓

戴廷杞字酉山蒲圻孝廉乾隆十七年任訓導事[illegible]厚工制藝時利邑初設學與諸生辨析經義寒暑不輟文風士習殊賴以振後陞常德鄖陽兩府教授任

滿後仍回利家焉至今涫厚涫學其曾孫也

方技

施南府　恩施縣

許環施州衛人博學通醫以明經任雎寧知縣有鄉紳女得奇疾卧帳內揭帳即死諸醫不敢視脈許至其家命汲水二十石貯兩缸於卧內入房揭帳去衾見風死矣許令其家人將水淋之盡十石女微動再盡十石令侍女拭乾覆以衾許出坐未定女乃得大汗而愈又一紳士暮年得子赤肉無皮紳窘極謁許

產母飲食起居紳曰某苦無子得孕置妾於樓產亦在焉許令以淨黃土末徧身樸之三日醫脫而皮生矣又一皁隸伏階下泣詢之曰母疾願得一方答曰孝子也往視之一藥而愈致仕後活人多類此黃府志

周宗範字尚文石首諸生寄籍恩施精醫治沈疴無不應手而起曾有冷姓婦孕周見之曰此鬼胎也治之墮下如獼猴狀又治楊姓婦鬼胎墮下如蛙蛇狀博學而不以詞章炫家貧而遇人急則雖斗粟亦分半與之無隔貽澹如也縣志

利川縣

爵墨林巴陵人善丹青得馬遠家法初寓南坪後僑居邑之南華宮性嗜酒倜儻不羈賣畫得錢喜爲文字飲凡讀書有氣骨者靡不交兼通內典二氏者流亦時時來往詩非所長題大米山水圖口占一絶云濃雲潑墨失林巒雨過樓頭客倚欄兩眼放開無着處不如自己畫來看其傲岸可想或有問墨林曰君家何以不畫豬答曰子幾見扇頭屏幛有寫入股者乎此言殊耐人思

馬道人自郁山鎮來利住毛壩之關廟爲人溫良樂易少遇異人授以跟藥方去翳障有奇効遠近延請者無虛日從學數十輩依方和藥亦能奏效而靈驗遂遜之

鍾靈子姓張成都人於鍾山結茅而居乾隆時邰鵬翊經往訪見其丰度不凡語洛元妙甚敬之一日示鵬以金丹大道鵬不喻遂不復言後再訪之莫知其向惟見壁上一絶云非儒非釋亦非仙小住鍾靈又一年煉就金丹無贈處一聲長嘯返西川

張三丰火龍眞人高弟也嘉靖時混俗和光雲遊川湖

將有所度一日過邑之石穿山題詩於壁曰混沌何年石鑿穿廻光返照一輪圓人從月窟閒來往悟得空空便是仙至今字跡依稀尚存

采藥道人佚其名順治初結廬於七嶽山麓日以採藥爲事是時施州衛未奉正朔黔蜀尚阻聲教丙戌丁亥之交寇賊公行其渠魁姚黃劉體仁李赤心高必正袁宗第王友進呼九思靳可擊武大定李來亨高鳴鶴馬朝袁韜等號十三家者常出沒南坪一帶恣肆剽掠道人屢戒不聽遂仗劍與之鬬賊皆披靡

知其爲非常人衆莫敢犯一方賴之後藥採齊莫知所之山是以又名齊藥 以上縣志

釋氏

施南府　恩施縣

明

玉靈不知何處人明時往來施地初在小茶園建寺既入石堤洞煉丹有樵者母病篤無喪具倉卒過洞前師知其故曰爾需幾何曰三兩足矣師命取一石來樵者取石不大師曰爾心誠置爐中煉之成銀三兩樵者遂以辦喪有詭辭往覓者師亦曰取石來其人取石甚大晒之置爐中煉不成銀師曰爾心不誠胡爲囉唣遂去不知所往

寂明不知何處人嫻武藝崇禎七年流寇猖獗施南東鄉二司進勦以指揮鄧宗震唐德蕘及寂明分督之至巴東平陽壩遇賊入川大隊敗績寂明死之 二條係宋志

海明和尚有堂弟童復慶幼孤遭亂流入蜀海明思續祖祀尋歸經紀其生理後海明病慶割股療之 宋志

祥禧和尚寂明法子也舊爲衛南郭外　文昌祠住持康熙三十七年衛庠生張延齡陳楨陳樹文等重建祠宇常住田地以老成凋散界至莫考幸祥禧猶存年已七十矣遠住大田所聞祠工告竣一函將田地祠基界趾眉列告知諸紳耆執帶呈衛始得另給印契管業至今藉非祥禧猶存即存而非有心人均將化爲烏有祥禧之名與祠并壽矣函畧附載於後

啟者文昌祠自唐時天福三年創建興廢更改歷代難紀明成化六年八月重建正殿廳堂共八間而山門在祠右挨街西向至永曆元年有欽差何騰蛟督兵過此建　關帝廟逼近祠山門以至路改而本祠基趾四界常住水陸田地址號約據炳存但年久朽壞不堪因明末流寇猖獗僧師寂明奉檄剿死於難僧時哭天無路至大田所依師叔居住今聞諸公建祠告成僧即欲抱文約而來奈師叔又已化去乘便羽將唐宋時濫老約二紙並呈諸公查奪倘有不清明歲五六月間僧亦不辭跋涉之苦與諸公再來手指腳踏也不枉我師徒

做一世和尚矣

來鳳縣

常寬延鳳山寺僧也咸豐辛酉髮逆大至僧不避語賊曰勿汚三寶須食素斷葷賊憐其老笑置之已而賊割豕烹鷄寬怒罵曰賊汝傷天理汚佛地官兵一至那時斬汝頭剮汝肉喂猪狗矣賊怒擁至寺後殺而分劈其屍投諸河 縣志

咸豐縣

蓮池與椰池法兄弟蓮池入吳椰池入楚各以道顯結

菴咸邑治北八十里法名無相所居虎豹馴伏苗民和輯涅槃時吐火自焚鄉人建寺以祀 朱志

曹和尚邑之麻椰壩人少年販布為業年三十入軟塘觀音閣為僧後掛錫於胡家山嚴氏之家廟年八十餘持牟尼珠然大法炬自焚觀者如堵道光十八年三月望日事也 本縣志

利川縣

鐵筆和尚峨嵋名僧也道行高潔崇禎初知獻賊將寇蜀遂打包來利於乾谿山之石峯寺開乞放戒陳守先率子世凱往叩之曰余小子弱齡嬉游克家無令名祈和尚示一偈以約生平和尚舉筆書曰鶴立松梢月魚行水底天風光都占盡不費半文錢是頭知世凱後來必貴和尚亦神矣

耳毒禪師不知何許人明末掛錫古峯寺開乞說法每多奇驗陳世凱是時尚幼從謁問法和尚說偈以贈之有海底紅塵玉兔走山頭白浪碧魚遊之句後世凱果位至提督甲申之亂莫知所終

梁山雙桂堂開堂祖師名破山有神悟避獻賊之亂寓

忠路鎮國寺寺屬前宣慰司覃氏所建破山因與覃世藩善每從遊聽講無生妙諦康熙初羣寇蕩平破山思蜀一日往別藩値藩臥病未起遂於紙窗上以指穿四竅而去蓋示以仍返四川也其機鋒多類此善畫破荷葉殘缺繝反皆超逸有致適豪右某獲其一張之中庭初弗貴也忽鄰里不戒於火延燒殆盡惟張畫之屋巍然獨存始悟為神畫也又云破山於後江河之石壁以口運筆指書水晶宮三字於上至今日斜水面倒映懸崖三字猶及見之

劉桃姑懷明之妹母夢食仙桃而生　自幼不茹葷長不適人性恬靜至孝長齋奉佛母沒時水漿不入口者四十九日亦不饑人謂至孝所感失恃後無依遂於圓包嘴之山隈誅茆結庵居之苦修多年悟徹內典值家庭鬩牆姑曉以外侮大義爭始息咸豐初知世將亂一日無疾坐化

僧清遠一品山披剃僧也打包都門住龍泉寺雖逃墨而爲人多氣節辛酉選拔吳錫三歿於京清遠斂殯詣數千里命人送柩回利其子崑山作書致謝清遠

覆云弟自去春退居後一意掩藏不染外緣至爲尊大人歸櫬一事乃一時激於義氣即擬以桑梓之誼方便之道亦分所當爲來函獎譽益增赧顏僕先生不忘舊好於家師處鼎力護持則感情多多矣味其言亦方外之矯矯者張船山有訪清遠詩

僧錫極西蜀人崇禎初掛錫於邑之忠路七保謂其鄉人曰成都黑氣蘊隆磽朽交加覆軍象也今年元旦風從西方來五車之北礪石四星甚明對雞積尸二星又復光芒搖動正照益州巫夔以上不久變爲戰場當年太歲幸臨諸君所居之地樂土也可以避災貧僧願假峰前片席之地以安瓶鉢衆允命爰建廟於香爐峰下清淨焚修十餘載不染外緣迨獻賊臨亭被箭後錫極忽辭鄉人曰蜀中天稷星大明歲必大穰亂極返治兵戈不復憂也貧僧邱墓在蜀[illegible]宜歸省別衆人飄然飛錫而去此順治戊子年事也以俱見縣志

增修施南府志卷之二十八

藝文志 詩 文

史志藝文皆錄典籍卷目不及詩文湖北通志亦循此例各郡邑志則雜收詩文典籍或反闕焉蓋一都一邑著述罕覯不足以備外史之紀也施志雖有成書而昔賢遺典詎無零落兹復旁搜酌纂其殘碑斷碣之僅傳學士文人之紀錄紀山川詠風土亦方志考鏡之資也志藝文

詩

唐

鄭典設自施州歸 杜甫

吾憐滎陽秀冒暑初有適名賢慎出處不肯妄行役旅兹殊俗遠竟以屢空迫南謁裴施州氣合無險僻攀援懸根木登頓入天石青山自一川城郭洗憂戚聽子話此邦使我心悅懌其俗則淳樸不知有主客溫溫諸侯門禮亦如古昔敕厨倍常羞杯盤頗狼籍時雖屬喪亂事貴當匹敵中宵懾良會裴鄭非遠戚羣書一萬卷博涉供務隙他日辱銀鈎森疏見矛戟倒屣喜旋歸畫地月光常照金樽裏

送張拾遺赴施州司戶 釋貫休

道之大道古太古二字爲名爭莽鹵社稷安危在直言須歷堯階撾諫鼓恭聞吾皇至聖深無比推席却几聽至理一言偶未合堯聽賈生須看湘江水君不見頃者百官排闥赴延英陽城不死成令名又不見仲尼遇奇司馬子佩玉垂紳合如此公乎公乎施之掾江上春風喜相見畏天之命復行行芙蓉爲衣勝絁絹好音入耳應非久三峽聞猿莫迴首且吸千年美醉巴酒

宋

送喬施州 蘇軾

恨無負郭田二頃空有載行書五車江上青山橫絕壁雲間細路躡飛蛇雞號黑暗通蠻貨蜂鬧黃連採蜜花共怪河南門下客不應萬里向長沙

將次施州先寄張十九使君 黃叔達

春來日日覺情親今信施州是故人許我投名重入社放狂作惱未應嗔

別施州向十霜傳聞佳句望風降空拳不易當堅敵

求所歷乃聞風土質又重田疇闢刺史似寇恂列郡直
競借北風吹嶂嶺巍老思散策渚拂蒹葭寒嶠穿蘿蔦
羇此身仗兒僕高興潛有激孟冬方首路強飯取崖壁
嘆爾疲駑駘汗溝血不赤終然備外飾駕馭何所益我
有平肩與前途猶準的翩翩入鳥道庶脫蹉跌厄

贈裴施州寬

廊廟之具裴施州宿昔一逢無此流金鐘大鏞在東序
冰壺玉衡懸清秋自從相遇減多病三歲爲客寬邊愁
堯有四岳明治理漢二千石眞分憂幾度寄書白鹽北

苦寒贈我青羔裘霜雪迴光避錦袖龍蛇動篋蟠銀鉤
紫衣使者辭復命再拜故人謝佳政將老已失子孫憂
後來況接才華盛

把酒問月　李白

青天有月來幾時我今停杯一問之人攀明月不可得
月行卻與人相隨皎如飛鏡臨丹闕綠烟滅盡清輝發
但見宵從海上來寧知曉向雲間沒白兎擣藥秋復春
嫦娥孤棲與誰鄰今人不見古時月今月曾經照古人
古人今人若流水共看明月皆如此惟願當歌對酒時

振臂猶思起病創

題小猿叫驛

大猿啼罷小猿啼箐裏行人白晝迷惡藤牽頭石齧足
嫗攜兒隨泣陸續我亦下行莫啼哭

次韻荅清江主簿趙彥成

日轉溪山幾百遭厭聞虎嘯與猿號笙歌忽把二天酒
風雨猶驚三峽濤已作齊民尋要術安能痛飲讀離騷
看君自是青田質清唳常聞徹九皐

和張仲謀送別

夜郎自古流遷客聖世初投第一人不是施州肯回首
五溪三峽更誰親

又

五溪三峽漫經春百病千愁逢故人何故看君歲寒後
欲將兒女更論親

題驢瘦嶺馬鋪

老馬飢嘶驢瘦嶺病人生入鬼門關病人甘作五溪卧
老馬猶思十二閑

上南陵坡

風簽水宿六千里蛇退猿啼百八盤上得坡來總歡喜
摩圍依約見峰巒

次浮塘驛見張施州小詩次其韻

歎息施州成老醜當年玉雪瑩相照舊時去天一尺五
今日萬里聽猿叫

馬上口號呈廷始李令

驛亭新似眼般明舊路開如掌樣平誰與長官歌作政
風搖松竹是歡聲

石通洞　黃庭堅

古木蕭蕭洞口風昔人曾此出樊籠崖前流有涓涓水
好滌塵襟去效翁

通天洞　張綱

人道潛通小有天由來神物鎮山川蒼生切切思霖雨
試問龍曾在此眠

石通洞　朱勝非

涪翁詩名垂宇宙李杜摧鋒君殿後山川草木經品題
下古佳名長不朽中年徽累謫黔中石通曾運羲之用
不獨鄉人敬重之神物撐持百年久我替涪溪口岸遊
敬誦君詩三四首至今聲價重瀟湘一字千金猶未售
石通當在伯仲間更藉文人開口

羅盞山　張灝

道盞原非盞言羅不是羅只因山突起箇箇盡如螺

竹䶉　蘇軾

野人獻竹䶉腰腹大如盎自言道旁得採不費罝網鳴
聲甚圓滑混沌慙瘦爽兩牙雖有餘四足僅能彷人
自驚蹶鬬若兒脫襁念茲微陋質刀几安足枉就擒太
倉老羞愧不能饗南山有孤熊擇獸行舐掌

見建始新志增入

鐵溝行

城東坡隴何所似風吹海濤低復起城中病守無所爲
走馬來尋鐵溝水鐵溝水淺不容舟恰似當年韓與侯
有魚無魚何足道駕言聊復寫我憂孤村野店亦何有
欲發狂言須斗酒山頭落日倒金盃倒着接䍦搔白首
忽憶從軍年少時輕裘細馬百不知臂弓腰箭南山下
追逐長楊射獵兒老去同君兩憔悴犯夜醉歸人不避
明年定起故將軍未肯先誅霸陵尉

見恩施新志增入

合陽衛石卿攝邑建始暇日拉向全美王仲嚴

叔介來遊石通洞因和壁間韻爲樂 乾道己丑年上巳前二日　　衛石卿

空巖兩洞石相通翠篠娟娟碧霧籠手扶青藜訪奇古
靈洞妙墨識涪翁

石通洞　　朱翁

披榛捫蘿入洞中拂塵剗蘚識涪翁我緣直道來施右
君爲清詩到石通定後寂寥無異識危初婁井竟何功
投刹昇兆青猶在厄宋飢陳道不窮

明

朱東溪寅丈邀同金虹橋楊盅吾二學博遊石通
洞和韻 萬歷四年滇南月潭　　楊師丹

偶玷清朝列宿中暇來遊此學山翁千尋白日無塵到
一竅青天有路通剗蘚封題陳往迹小芳迎步報春功
何人漫訪桃源隱琴鶴蕭然味不窮

秋日漫遊　　朱東溪

吏隱清閒日幽巖縱目時洞闢宜迴石天通似累梯
泉添細雨老衲助新詩愧乏王喬屐明朝還杖藜

端陽遊石通洞　　一作林廷輝　無名氏

攜蒲擷艾趁清遊直到青峰最上頭壁削偏宜雲物繞
洞空忽放日光浮偶探地竅心偏遠佇想天涯興正幽
一醉暫拋千萬緒灘聲過處聽鳴鷗

春日遊石通洞 萬歷丙申　　倪伯紳

瑤臺廬做自何年結駟來遊宦隱偏巖瀑萬珠雲外落
芝芳千仞望中懸陰崖窈窕迷無路石洞空明別有天
自足境奇人歎賞不妨地僻吏爲仙

石通洞 崇禎己亥　　張廷謨

飄盡柳綿榴正開招尋共向此中來山如盛宇皆堪玩
洞有靈文忍遽回且闢飛觴酬勝景莫誇繩解有長才
隹辰已向明朝改捧得簿書冗復堆

右詩七首係 國朝建始令光山袁景暉補入記其
畧云 道光辛丑八月六日詣朝陽觀進額因招王
竹溪少尉李秋圃明經太學生謝芝圃敢善昆仲毛
可言世棣范立齋啟吉宣何覺夫茂才及門下瑺張
子卯川同行還遊石通洞見石壁間鐫有宋元明歷

朝授貢歸命伯修俾修南男僧張子邠川搢筆往拼
蘿綢薜擇其可識者錄之得詩七首如左雖風微已
沓而姓氏猶存暉敢謂闡厥幽光亦徵文之餘韻也

通天洞　沈　慶

勝日尋芳躡山中洞府寬碧桃千樹古流水一溪真[illegible]
伏用應結雲凝龍尙蟠登天知有路即此躋青霄

蠻王塚

路口蠻王塚蠻王塚已蕪高崖留夕照古木噪饑烏婦
血腥猶在狂名世尙呼聖朝欣混一尺地入輿圖

圓通寺

凌空梵宇鬱嵯峨暇日登臨景最多崖濕雨晴飄素練
山雲風捲漾青螺經緇貝葉爐薰裊刻轉蓮花午漏過
勝地難逢幽賞愜遂令塵慮頓消磨

問月臺

銀蟾初挂畫樓東皎潔清光萬里同樂奏有人開綺燕
鯨騎無客寄仙風迢迢涼夜星河迥漠漠遙天寶鑑空
鶴氅欲披誰共賞朗吟疑在月明中

洪崖山

聞說洪崖絕頂幽赤城霞舉碧雲頭光搖淺渚丹砂炫
色映遙空火齊浮鸞鳳翥時偏趁晚雁鴻賓處最宜秋
會當月白風清夜應有仙人跨鶴遊

興國寺在咸豐　沈　慶

公餘幾度訪招提寶殿陰廊入望迷曲曲澗幽雲作路
登登山險石爲梯忘情駐節從吟賞適興凭闌任品題
珍重道場傳世業宗風千古繼曹溪

寄施州衞黃經歷溥　蕭　榮

內臺久羨無雙士臬府初推第一親見至公[illegible][illegible]法

施南府志　卷之二十八

姿將剛直犯龍鱗春辭天府花千樹秋到清江月一輪
有道自應舒復卷相逢莫恨别離頻

贈建始令譚朗然　張居正

天涯人去倍離憂故國情多感昔遊燕市有金神駿老
長門無賦翠娥愁雲邊駅送青鳧下峽裏江翻碧樹浮
白帝城頭天萬里相思應上最高樓

大觀閣城南門外文昌祠後　鄒維璉

良朋招我遊選勝大觀閣河水瀠如帶羣峰列成幄最
高客星山空翠飛相泊鳥若參禪鳴花疑說法落[illegible]哉

人世間百年苦塵縛謬以隋侯珠輕彈千仞雀所以瞿
曇子出世稱極樂李公戴髮僧鮑君修翎鶴刹那西方
移口中蓮花灼

澄清閣　鄒維璉

世間快意在何處山水卜築軒當樹雙柑斗酒一碁枰
圖書萬卷供朝暮客來彈碁始罷觴人生得此樂事長
摩詰曾搆輞川莊歐公亦有六一堂君家高齋面山水
暮樹重重烟霧裏羈客何幸嘯咏來座上清風兩腋起

問月臺同李一鳳張三陽小酌　鄒維璉

碧波湧出孤峰兀浩蕩乾坤雙眼裏四山盡列翠圍屏
當前一灣衣帶水登高俯觀下界小城郭烟樹相繚繞
月上江山清復清方丈蓬壺共潔皎天設形勝謫仙來
探奇占作問月臺月在臺空謫仙去何人更舉臺上杯
李公原是太白身張公飲中八仙人詩聖草聖依然在
攜我捫蘿躡嶙峋青天作幔地作榻白雲當帷草當茵
壺不必千鍾酒一笑已清萬里塵每羨前輩風流古
今日名山君作主自有天地有此山何為茲山重茲士
登高覽勝峴山同感慨不獨晉羊祜

問月臺

旅邸春歸賦早梅遐荒千古一亭開山多文筆森天出
江有清流遶郭來自別豫章寒雁少更堪巴峽暮猿哀
幸逢此地名公蹟把酒時登問月臺

象耳山

清虛一閣逼天宮上帝真堪呼吸通山似衆星紛拱北
江如四瀆遠朝東參差古木紅塵外縹渺香烟碧落中
欲訪廣成聞至道登臨疑此是崆峒

大莫園　城南門外李一鳳別業

開園闢徑瞰滄浪招客亭臺綠草芳輞水莊中詩作畫
浣花溪畔草名堂閒來隱几聽天籟嘯罷鳴琴送晚觴
我愧羊求君許過白雲明月滿山房

戍施一載蒙詔放還且奉南太僕少卿之命留別
二首

匹馬蕭蕭自此東關河晴雪逗春融學經患難方知淺
詩到窮愁尚未工雨露一天君德大風烟萬里友情同
江千別後懷人夢猶在仙亭問月中
流落南冠學楚吟故園遙隔白雲深敢期湯網開三面

已信槃瓠老一岑忍死秋聽明主詔放歸猶是歲寒心
停驂握手臨歧處轉眼吳門不可尋

鐵溝

劫火從教海底燒鐵心堪對鐵溝遙千年詞客題詩在
不與滔滔水共消

客星山

青山何惜客星名幾度星移山自青我作客來君作主
煩供佳色到園林

猿啼山

巴山何處不猿鳴今古偏傷逐客情猿自善啼吾善笑
誰云墮淚哭此聲

清江

滄浪幾處聽漁歌好解塵纓濯此波莫說涓涓衣帶水
還將一句小黃河

題衞城 衛治諸水環流形若樓船

萬里滄溟天際開探奇直欲問蓬萊夜郎有力舟能運
徐福頻來人未回潮捲岡巒蛟亂舞城環堞雉鵠飛來
殷勤分付操舟者莫道東洋那一隈

連珠嶺

郊外春晴賦勝遊無邊風景入盈眸水聲帶郭清堪挹
山色連天翠欲流路隔紅塵江口寺雲迷畫棟戍邊樓
夕陽吟罷應回首贏得新詩滿擔頭

開元寺

致齋信宿寓開元為喜山居隔市廛門抱玉虹雙澗合
窗推螺髻兩峰圓無聲葉墜珠林樹不老花開寶地蓮
坐久悠然塵慮息始知方外好逃禪

梅溪 黃溥

別業迢迢遠世塵就中光景四時新璇鳩喚雨千峰暗
黃犢催耕百畝勻路曲疑通盤谷阻園青分得鹿門春
將軍花下開樽處明月天邊共主賓

客星山

清江之山天下奇客星峙立無與齊低處猶疑紅日近
高處恍覺青天低羣峰落落何巍業欲斷不斷如劈鐵
雲間樹色自遠近雨後嵐光靡斷絕千巒萬岫勢壓天
憑凌五岳冠山川白鶴元猿歲相侶閒花野草春爭妍
派高自是施之望左右羣山皆退讓瀑流不數廬山灘

奔騰直下三千丈丹崖翠壁高重重閟風元圃疑相通遊俗豈無曠世士採芝應有商山翁君不見太白人中仙謫仙於此曾盤旋又不見涪翁千載士居黟訪舊亦游此到處景物皆品題何事茲山無一語山川靈秘豈待時後三百年來何遲勝跡二公探索徧敢誦前賢畏後詩我有烟霞想欲賦汗漫遊呼風乘雲駕黃鵠扶搖直上最高頭萬里銀河可飛越遨遊擬叩元皇闕下與濁世掃粃糠上挾青符扶日月功成追逐浮邱翁眞鴻杳杳秋濛濛便欲與君飲一斗醉後拔劍斫取十二青芙蓉

勸農臺 城東五峰山峽口

布穀聲乾雨初歇年年忙殺春三月大兒扶犂小兒耙新婦插禾阿姑饁沾體塗足不爲辱但願時和生事足大麥垂黃小麥青晚稻含華早稻熟木綿可紡麻可績蠶絲在繰布方織年豐祇足償逋租幸免官家多督責田家但了公家債更賀昇平時運泰

清江

清江浩浩天際來春波萬頃青於苔清江遷人事幽討

清江

千里清江一畫船遨遊兒值九春天鐵溝河下尋坡老問月臺邊訪謫仙草色碧連天色遠波光清徹月光圓茫然不悟身何處疑是蓬萊弱水邊

蟠龍溪

浩江萬頃瀦重淵龍隱江中不記年四海蒼生望霖雨莫教閒處抱珠眠

釣臺 瑞獅巖上刻釣臺二字

百尺臺高大水濱幾囘來此獨垂綸不知應兆飛熊後更有何人識運後塵[illegible]

清江　高維勉

清江秀絕匹巴地草木香蒸二月天村裏烟波橫釣艇犂頭春色趁耕田

影娥洞　龎一德

普陀禪寂處千古閟靈蹤壑有蒼龍護階都碧蘚封金牀何幻杳元鑰自穹窿三五晴明夜姮娥下界逢

文昌祠

勝友繙經處光芒耀列星山盤來七曲水帶入雙汀天

畫船載酒相徘徊城南山水更奇絕客星犂若終南結女峰兩點青插雲西嶺千尋寒積雪翠濤丹嶂遙相連天邊隱隱開金蓮大河一線抱城下流觴勝迹今猶傳晨晴幾處帶山郭茅屋人家尤寂寞麒麟溪合梅溪水龍首五峰珠錯落觀瀾亭在江之濱空虛路僻無纖塵開元寺廢今復創覽勝能無千載人釣魚臺空峙江渚倚櫂臺邊一延佇山色晴迷遠岫雲灘聲寒瀉長空雨長灘北去灘復灘扁舟欲上獨盤躚萬竿烟雨竹臨水隔竹彷彿聞鳴鸞龍潭深深清見底孤舟待渡橫沙際

逕殺江頭雙白鷗飛來點破波心翠清江故縣江之邊小澗通潮人漫傳離離禾黍泣寒露萋萋碧草飛晴烟月臺獨聳象耳北上頂有亭名半逸亂峰疊疊擁碧波萬仞芙蓉眩空碧雙鳳搖落江天開狂濤萬斛號春雷怪石如龍枕江滸爭奇獻巧何異哉教場北望田萬井東作西成樂豐稔行行又至鹽水河水碧山明好風景蟠龍溪遠難往還三百六十長短灣與爾返櫂更回首夕陽冉冉低銜山把酒吟詩歡不極此樂何須遊赤壁短歌聊寫寄行蹤安得好事為刻石

時風初勁籬根菊已馨不妨從此別世外數高翎

五嶺連珠

一曲清江漫陸離山開五指疊牟尼羈人計日珠江去說着連珠淚一垂

野意樓 西北城上

野意樓高任客過開簾四望足吟哦長松古栢雲霄過細草幽花雨露多遠水東流通渤海好山西下接岷峨閒來亦擬窮登覽白髮蕭蕭奈老何

觀瀾亭 城南石上鐫觀瀾二字

觀瀾亭在清江上暇日來遊暮不還正好馳心瞻北闕更宜把酒問南山白雲芳草渾無際野鳥江鳧相與閒景物盡堪供賦咏好留佳句在人間

施州衛寄所親　夏熈臣

環衛皆君長東南盡筰邛流官乘小駟蠻婦織花賨乃劍生睚眥衣冠列附庸不煩司馬檄尺土亦王封跋涉皆天意艱難未敢辭地傳巴子國人拜竹王祠山水多奇氣烟雲無盡時更兼旬日雨得不賦秋悲

通天洞　潘希曾

洞門閑倚白雲開洞裏殘碑半是苔奇絕自然超世界渺茫何處有蓬萊竅通天表原無極泉去人間定不回萬里停驂一回首好題青壁記曾來

通天洞　劉子厲

一竅中通小有天旁開門戶揖羣仙金丹合就懸鍾乳玉粒收成廢石田殘榻欲醒盧氏夢斷碑猶記至元年游來擬作尋源客洞口桃花莫浪傳

通天巖　宋洪泰

竅引寒光竟萬尋誰將大斧鑿重陰兎升午夜[illegible]挑玉鳥下平川半破奩箭括鉤深知絕險月巖取象定元鉞往來多少探奇客擊鼓敲鐘石有聲

龍居寺　李若訥

寂寞招提獨宿時四千里外一身羈縱使寒來煨芋熟長源無意懶殘知

半榻然燈磬一聲憑誰細雨說無明猿啼虎嘯空山外一任羊腸世路行

天橋并序　李謙然

余以枝江趙尹雙廬典史徐瑩請驗木復至此守戎橋東胡公揮使別泉王君偕因小酌焉邢太守津南陳公前月督木臨衛欲覽此橋之勝連雨竟不得乘輿一行茲對景念及且慨良晤之不易也漫紀二律時嘉靖三十八年六月既望陳公名全之閩人甲辰進士前禮部祠祭司郎中

掄材徂暑入天橋懸壁清幽午更饒流水彈琴如宓子謂趙尹雁門鳴劍有嫖姚謂胡公崖藏[illegible]燕飛鶯突石幻象獅臥欲搖梁棟喜看綠纜出大夫期早上青霄

岡巒橫出跨溪頭底石中間巧引流谷口藤枝迎舊客洞門風磴訝新秋莓苔就席情真樸波影侵杯酒共浮河朔不逢五馬飲懷津南也山陰共憶雪明舟

象耳山

山徑通仙闢崖扉迫市闐遠非遊郭外高已入雲端豁目千峯秀清心水一灣碧霄原有路誰謂杳難攀

問月臺

皂蓋影搖疎雨散竹枝歌罷夕陽催荊州山簡風流在醉趁斜曛並馬回

梅溪　文安之

結伴尋春踏石間桃花深院賦閒居攢眉每笑陶彭澤犢鼻眞慚馬相如陌上鶯花頻見約年來魴鯉久無書栽桑撲棗嫌多事牛鹿初傳薄板車

文昌祠

殘壇淸磬響暄妍靡曼春深柳正眠泥醉厭聞河朔飲刼灰愁望洛陽烟思歸引入桐三弄作賦耽餘月上弦卜築林塘無限好不堪重問杜陵田

野意樓

草堂題句刺頻呵高閣連口散委和自惜淸時依釣艇豈因薄宦老漁蓑墨莊歲賦霞千畝江采朝牽錦一梭北極春暉連馬轂客星山下盡恩波

連珠嶺　滕之倫

隔岸翛然處初春試一探足將窮上下目已極東南灌木天藏碧流波柳帶藍尋常詩酒債花鳥與同貪

象耳山

酒煖春寒坐夜分論兵未已復論文城邊木落風兼雨天外山空雪間雲孤掌平臨是客千頭奇蝠廣爲告還嫌俗耳因絲竹故使鐘聲得得聞

梅溪

野外書堂晝不扃特來雨後看山靑傍簷茶樹春分火隔水梅花天嬾星宜我尊罍渾欲罄因君筆墨總能靈六時佳句堪流轉十二屏光紙上屏

龍居寺　程道新

出谷淸溪繞梵宮空門祇與白雲封客來越水四千里僧在巴山一萬重餐鳥見人鳴上下庭松挂壁影横縱自憐觀掌曾無補徙倚經臺聽暮鐘

梅溪　梁思泰

靑吗結侶恣長遊別有仙人洞壑幽小徑隔溪窺邃窟虛崖布席俯長流風光絕似春三月景物全勝漢十洲飽飯胡麻歸路迥不知暝色在山頭

清江　黃珪

平臺雨後氣埃淨川色嵐容開霽景潤中風過水生紋臺上月來花弄影臨流探道獨徘徊注目晴瀾發深省此身此樂信所之漫笑浮生類萍梗

大石嶺　許言詩

石嶺高無盡寒風拂面生尋常饒雨露倏忽變陰晴竹翳懸崖密雲鋪大壑平家鄉回望遠遊子暗心驚

清江

二水源來遠合流宜都行蜀江水自濁清江水自清

開元寺　王微明

秋深蕭寺裏暮色淡孤烟人靜迷松徑僧閑對玉田疎林清磬度古殿一燈懸最愛空門月幽棲恰問禪

葵園　袁千里

山水依園長翠莎濠梁遠遠度漁歌蒼崖入戶蘿爲幌

綠水侵階竹作波醉上江樓明月近夢離花樹鳥聲多嗟予更勝山陰興夜半回船奈戴何

龍居寺　石淪

雲橫石柱添愁思雪擁山根斷旅魂何代有龍居此地昨宵無犬吠花村

半逸亭　陳全之

不厭山中寂起登江上亭秋清鶯鳥唤日午接雲屏山色綠江碧花枝夾岸清興闌馳馬去細雨又冥冥

龍居寺　周宗休

雨餘幽靜生苔屈指曾遊第幾回門外綠拖流水去牆頭青送好山來宦情牢落憑誰語詩思淋漓信手裁忙裏偷閒心自靜更無飛夢到陽臺

半逸亭　吕應時

不爲登高賦而因訪戴來風塵今日共尊酒故人閒地淨黃花少天空白雁哀杜陵愁轉切相對且徘徊

洪崖山　鄧𢙣

巍峩形勢壯山城極目雲烟更莫京萬壑風飈聞虎嘯五更月冷聽猿鳴葉飄鐘磬知秋老嵐起樓臺覺景新

每欲誅茅來此地訪求丹藥悟長生

清江　童景

清江之水來施州與君夜宿江上舟我與清江最知己戀戀欲流欲不流君不見清江水淺蜀江深蜀水不似清江清清江若有蜀江大此水當擅天下名我昔與君別又似別此水來年我若還此水鯤當起

奉憶黃溥

入與春皆去鶯花惜別離馬便來日路民有去思碑蘖苦還堪味歧多慎勿悲一言能悟主洗耳豸冠時

客星山

一日休得告芒鞋聊見親山寒烏欲毳岸古石多皴驅
虎人喧夜分蜂叟記辰隔林何處鼓知是賽田神

連珠山

名山連絡面東開如貫勻圓江上隈疑是兩儀分藏寶
始知五嶺露珠胎風來水面驪龍戲月到天心老蚌猜
剖腹自知非我願獻圖作賦愧無才

興國寺

攜指重遊又攝提巷梧老木半凄迷簾含河水魚鱗畝

石穴餘霞雁齒梯半日有緣隨衲子百年無警到雕題
吟成擬把傳燈事歸促花驕月滿溪

石乳山

界分楚蜀控喉咽諸葛遺蹤俗尚傳一鎖南封千里地
雙峰高拄九重天華夷今古關防立草木春深造化權
我忝書生有邊寄瓣香心緒託前賢

臨流石閣 城南五里指揮唐一麟別業

媧皇煉石補天處石破山空一洞天我欲闢開三十六
不知何處隱眞仙

獨乘款段策長鞭來訪壺公靜裏天一樹梅魂招不反
欲將此訣問神仙

羊角山

羚羊溪口石爲門度馬盤多欲礙雲未信陰崖春不到
幽花何自笑斜曛

都亭山

竊慕平泉力不支好奇心與物皆奇愚公豈是眞愚者
見好溪山便欲移

畫屏山

雪縿雲屏四面開疋馬尋春處處梅忽見好山如素識
十年殘夢記曾回
瓦倉東接畫屏山山信多緣我再看喚作畫屏猶未識
郭熙重起畫應難

仙女池

鶴質雲容去渺茫遠山如愧蜀宮妝紗絳不繫當年臂
池上紅蓮歲歲香

成山書院　　張問禮

小構茅齋接上臺橫斜窗影數株梅五珠蒼翠環山遶

一鑑玻璃自北來課讀夜闌燈映月栽花雨後翠侵苔
吾人若解窗前意萬種生機好自培

大觀閣　李一鳳

樓船不繫欲何之高閣中流一柱支勢刺碧雲迴燕雀
影沉滄海駭蛟螭月搖畫壁渾疑動潮撼窗紗恍似移
會待春來桃浪起錦帆遮莫泛天池

龍居寺

閒尋香刹碧溪灣且傍空門學止觀最是遠公留意處
蕭蕭細雨落松壇

猿啼山　陳止

西望崚嶒雪嶺遙土人占候準風翹巔迷柳絮秋纔老
麓散梅花臘正嬌叱犢不勞知凍解遺蝗應已共寒消
江南三尺家家慶共酌金罍賀歲饒

硃砂溪　陳止

煉藥山人失名姓硃砂化石溪如鏡早來溪上訪仙蹤
何必覓除勾漏令

大莫閣　唐一騏

曲折崖通徑蕭疎木擁樓開軒移客座倚樹聽江流討
索青蓮謫情探元亮隱何當饒綺席徒自愧羊裘

臨流石閣

雪鬢鬆形懶應酬撥雲鑿石洞天幽俯聽碧澗潺湲響
遠見輕烟淡淡浮靜覺渾無蕉鹿夢忘機常伴白鷗遊
修塔老衲談空妙遙指商山橘裏秋

江口寺　唐一元

千年峽口湧天波亂石參差水急梭截酒輕舟飛似葉
停橈江渚聽仙謌

國朝

石通洞　吳李芳

發興耽思遠尋幽得地偏酒酣千日後詩出萬峰巔樹
似雲支谷溪疑石補天山空迷曲徑洞邃隱長烟巨手
何年鑿當頭此日圓白光疑火伏紅旭照霞箋何必買
山隱於斯好坐禪曠懷因太室極目感桑田遺子來求
牧徵文試古鐫浩翁堪尚論未敢薄荒邊

朝陽觀　史晟

策杖銀河麓猿聲引步長褰衣探石壁披棘入雲房冷
水湔苔綠輕霜洗菊香幽尋耽寂寞豈敢歎馮唐

朝陽觀　　武令謨

蚓鳴蟻穴祝堯天雞助雷封百里絃腈轄秦中曾七載
勞心蜀道已經年高峰遲步驚鴻雁福地聞香惹淨蓮
仙令飛鳧堪仰止何時許我得眞詮

過石門　　黃襄

磴道崎嶇澗水分動行俯仰傍如焚崖懸走馬春愁雨
谷遶飛花日看雲古洞藤蘿皆鳥迹新碑墨刻半蝌文
猙猛石虎山頭見更有猿啼兩岸聞

陪應明府桐岡前輩同月亭遠眺

乘輿登臨夏日遊孤亭歷歷在峰頭秧苗稍長寒崖水
麥穗初黃綠野疇撩亂晴光石筍出森羅遠甸碧烟浮
追陪杖履行相訪舊碣新碑太白樓

賦贈陳贊伯將軍　　施閏章

漢家飛將舊橫行枹鼓年來臥不驚劍倚龍泉輕萬馬
身先虎穴拔孤城銷鋒海國歸樽俎錫土天書別姓名
共說軍前容揖客醉餘緩帶笑談兵

陳世凱勳十三家巨寇蕩平黔蜀　　高培

秋風吹塞角殺氣起黃雲斬首俘千級膺功振六軍雄
枯鷹已肅[illegible]上[illegible]黔蜀山河定鐃歌到處聞

陳贊伯將軍新任浙江提督　　李御根

彤弓寵錫煥東吳坐鎮娥江展廟謨甌海長鯨新屏跡
禁山威鳳舊規模投醪共洽三軍惠沛澤方行萬戶蘇
鈴閣從容消劍氣並聞茅土下銅符

賦贈陳贊伯將軍賊呼陳鐵頭　　蘇霖

閩道聯飛捷滇池未解圍蒼生脩病骨社稷付戎衣
下東江急雲迷高嶺魏鐵頭纔一到百萬懾天威

贈陳世凱軍門　　包秉彝

日照黃門外風清紫禁間
恩波流太液喜氣動
天顏烟閣衣冠古雲臺劍履閒鐵頭眞好漢勳業振
朝班

前題

將星天遣護金甌飲盡風霜試壯猷巫峽先登身是膽
浙江百戰鐵爲頭蟠胸兵甲孫吳授唾手山河李郭收
不伐由來推大樹逢人惟說廟堂謀

前題　　謝于道

千騎朝來謁
至尊東南又沐令公恩干旄坐鎮金甌肅劍佩趨
朝王露縈春煖鯨鯢消海滟風高燕雀避轅門雅歌曾
詑文溪上花氣霏霏撲酒樽

前題　余泰來

閫外聲名羨絳侯簡書策命
聖恩優飛龍騎出歸元老繡虎旗開列上游千里湖山
霑雨露五軍才斗和歌謳凌雲圖繪
天家重應寫英姿第一流

贈牟文綬鳳衛侯　包秉彝

陵寢今無恙勳高
帝眷隆虎頭增厚福鵲印壯榮封投筆風猶在插貂氣
自雄威名垂鳳泗保障拜元戎

前題　何騰蛟

赫赫功勳拜虎臣勤勞三十有餘春撫綏黔蜀
恩膏渥恢復登萊智勇神百戰中華驚霹靂一封外藩
靖烟塵芳名首鑄
皇陵側黼黻
聖朝第一人

前題　包秉彝

坐鎮
皇陵屢建功三千鐵弩亦稱雄酬庸且掛封侯印不與
當年畫閣同

賀牟文綬平河南賊

單騎臨虎穴一戰勝南陽對壘山河動赴援將士忙旌
旗連夏口劍戟冷秋霜父老攀轅切鐃歌徧四方

兩溪春漲　建始令　劉珙徵

春潮帶雨下山溪巨壑飛濤四望迷形若淇泉分左右
派同瀘澗別東西涓涓流滾千條合浩浩洪波兩岸齊
漫道滄江誇勝概一瀠清可入詩題

建陽翠黛

岩巍此地號巍闕苔蘚紛披玉女顏飛雨過時山積翠
落花黏處石生斑濃鋪霞彩妝眉鈿淡抹雲烟繞鬢鬟
望去風光增綺麗却愁險峻路難攀

靈泉甘雨

一窪清淺類蹄涔聞有靈虬跡可尋曲水誰來飛羽爵

洮潤正好鼓牙琴源逼石鑄流逼澗注作淵泉沛作霖
澄澈四時長不竭相沿禱雨比桑林

佳散毛土司勘田日行萬山中　柯　煜　石庵

歸州已歷萬重巒又入巒中地屈蟠舉首對天原咫尺
放懷行路豈艱難竹兜可坐寍嫌窄冬日如春未覺寒
要使遐方蒙闓澤祇憑勞苦致均安
籃輿雖駕半徒行徑曲巖欹怪石橫縹渺似仙身已儻
鱗皴入畫骨還驚僕隨猿引常連臂水激鐘撞不絕聲
欲倩巨靈平險阻試捫心地更宜平
奇秀還如目素經雲開天朗快瞻聽瀑泉聒耳疑匡阜
修竹連山宛敬亭高嶺擘分雙髻綰遠峯環列十眉青
飛行濟勝慚無具且挹清暉養性靈

入施南司界

漸覺山平遠殊方豈憚行車徒雖簡略父老尚逢迎樹
暖經冬綠溪寒見底清君看漢循吏半是曾諸生

入箐

歸州山隘鴿穿天此地兼無鴿可穿深箐互施垂頂帷
奇峯微露倒垂蓮猿吟隔澗紛相應樹臥當途礙折旋
遙憶曲江伺宴客紫霄穩步作神仙

散毛司即事

誰道南荒行路難　聖朝冠帶徧羣蠻計程不似巴山
峻蒞衆宜知漢法寬豈有憑依成險阻共遵禮教自平
安石庵行處皆稱佛莫作蒼鷹乳虎看
高林深箐翠成圍入自中原到者稀懶訪丹砂妝箭鏃
兼無綺語織弓衣犬牙相錯勤區別蝸角紛持孰是非
父老聚觀添喜色漢官言動藹春暉

宿建始農家

異哉荆南行忽涉西蜀界酒用蘆管吸屋取木皮蓋田
家有古風誠言極親愛見其二子焉雞黍辭之再雖非
隱者流悠然自塵外

大田道中

絕少豐貂可禦冬傚裘聊復敵霜濃涓涓石底通泉脈
隱隱山頭見匿峯磧稍平時欣馬駛宿當投處倚雲封
眼看漢地勞如此何況蠻溪險百重

萬山深處七

除郤樵夫到者誰畫師詞客幾曾窺略無十步寬平徑

但訝千巖孔竅奇轉側豈惟騎馬滑岩莧祇覺過雲遲
丹青百斛殊難狀那得形容入小詩

猴子嶺

木冊誠哉險他山不足言莫驚猴嶺峭扶侍有青猿

大田至施州途中偶記

天然氣象異巒中秀色聯綿望不窮點黛山川環禹甸
含春草木被華風戍樓迎客三聲角儒者談經一畝宮
牧豎樵夫知避立問津歷歷指西東

冒寒涉水加犒輿夫

天逢九九氣嚴凝赤脚何堪更踏冰就淺已驚波洶湧
礙人尤避石崚嶒宛渠螺遶應難覓蚱蜢舟輕未易乘
辛苦輿夫功不細豚肩斗酒鼓飛騰

施州遇雪

忽酒施州雪中宵起視勸客星添照耀天女散繽紛留
滯人千里踟躕酒半醺莫爲行役計且就火氤氳

施州城外見清江

源出巒中瀌瀌鳴碧波千里繞崖行施州城外清江水
直到江州始著名自注此江至宜都城北更寬澄碧迴異他水稍過城東併入大江即無此色矣城東有合江亭蓋謂此也宜都一名江州

宿崖家壩

界分楚蜀戍樓連小隊弓刀楚獨前自愧彈丸虛撫字
轉於粉堠有因緣金光百丈迎人立黛色千尋隔水懸
處處與山成莫逆數峯又到枕函邊

又經建始界

陟嶺攙修綆下坡頓長繩嚴冬歷巒岗春夜夢已徵人
事莽難料前定若可憑心契山水緣目有翰墨增跋涉
凝勞苦尚勝行脚僧再經建始地莽榛適寢興冥山一八

我掌積雪添崚嶒君平不必問且復醉瞢騰

施州石門

石門連石屋結構自天成豈獨堪招隱端宜習養生涼
逾松作蔭光似月添明鱗次餘巖洞誰同枕漱情
石菴先生浙江嘉善人康熙辛丑進士選宜都令著有慈恩集此其勘田散毛時作也

按府屬自雍正未改設後人才輩出藝文數倍往
昔道光癸巳歲郡伯王松廬先生編輯此門六
邑概係渾載附於前代及　國初之後而此次
重修所有未立府以前者體例仍舊自乾隆元

年始則依縣綱分輯標列眉目俾閱者瞭如指
掌

恩施縣

南里渡　　郡司馬商盤寶意

意外見琉璃放舟南里渡四山屏障開一水醍醐注修
眉落鏡中漣娟各呈露緑淨唾方宜翠深行易誤衡茅
兩旁分畫傍平林注是時十月交小春未寒洹早納東
屯禾旋收西嶺芋年豐賽雞豚日吉行嫁娶此邦誠樂
郊翻起無窮慮休將地利貪幸賴天心護他年幸大夫

或議減蠻賦

連珠嶺并序

城東五峰並峙狀若連珠爲郡治八景之一明
童景有詩而形容未備補賦是篇爲茲山寫照
刻劃圭角殊傷大雅也

歷歷五星垂纍纍八音貫占象與區優興樂后夔贊茲
山靈秀鍾割取朵雲攬爲屬非爲獨相連不相斷十眉
雖未全一握已堪算數奇那得偶卦萃安能渙挾將翠
嶽來蔚爲衆峰冠有鄰德不孤如珠光可玩神羊髯自
垂老蚌胎誰判驪容造次探鵲以等閒彈一云懸大寶
輝煌徹昏旦又云現牟尼色空驚變幻得因象罔尋投
或太阿按是石還是珠聚訟成疑案待叩妙明師眞假
片言斷

磨嵯神祠曲

磨嵯巖下紛擊鼓楚巫降神神不語聞昔西川廣政年
曾助官軍攻洛浦聰明正直神所爲生有厥功死祀之
能禦大災捍大患非此族者皆淫祠陰兵擊賊傳爭史
怪事荒唐違正理敕封本授孟知祥英烈翻遺[illegible]子

廟食千秋蠻土同靈旗颯颯暮捲風喜嗔醉飽誰復見
斷猿啼月寒林空神兮寂寞歸山中

送保將軍勵堂之施南　錢塘袁枚子才

吳下驪歌夾耳聞我來剛值送將軍請看江上雙旌影
已似將飛一片雲

履曳星辰劍上方偏教生性愛文章倉山幾曲風華調
君盡能歌我轉忘

千條紅燭兩枝花餞別依依小杜家周開他日巴山聽夜
雨更誰行酒進琵琶

旁刀獵羅萬山青風捲紅旗過洞庭可帶横塘一枝笛
夜深吹與老龍聽

善撫生苗與熟苗追陪嚴武與韋皋入風平處雙旌穩
一卷新詩即六韜

送君南浦草萋萋望見楊花首欲低一樣天涯送行客
楊花能到夜郎西

鼇脊山　學使　吳省欽　白華

鼇者大鼈耳荒唐立四極從鼈不從魚釣自謫仙誦而
何檮昧徒竄取入名籍俗書真誤人欲斷安可得我從

鼇峰來蕩蕩戟門闖一峰闖射堂竹樹映妍澤戒旦響
清泠奉香影絡繹雖然靈所寰龜山名久錫孰與謚城
隍未免僭梟繹矯首語山祗不如字鼇脊蛟脊嫌下拖
虆脊引旁射莫此枕清江燈山鬧元夕

象牙山

昔聞象奴言象耳鼠所竄其鼻卷如席其背聳如案其
牙如佛牙萬目競傳看滑澤自琢磨槎枒在標幹奈何
艮爲占忽作坎爲贊初非熊耳尊孰與虎牙悍一山沿
二名疑獄待誰斷厥勢本崚嶒垂下欲旁擴巖巖枕學

宮岌岌戴靈觀乃知耳與牙滅裂皆堪槩牙錯史註譌
牙布史文遞識字乃讀書邦入勿河漢[illegible]

施州行署東芭洲太守時辛丑秋杪

東水如羅繞郡樓使君管領漸風流隱囊紗帽無雙手
贏得宣城太守不

草堂驛馬使臣光第十支風第一堂一種州霏排闥好
家山猶自話城隍是北令設十棚行署射堂前山有城隍祠土人謂檐山寺改曰檐背梳
[illegible]山[illegible]山
矣[illegible]質犢幾弦詩局縣搜牢案[illegible]起人少石多[illegible]

數通離探絕辭碑時利川尙捕嘓匪而數篋碑林見示
周家鹽米戴家柑箋補文房截癭枴想像主人懸榻後
不教精舍等荒龕時懷芳友衙偕至寻爲題二容精舍聲以癭木交櫃貽之

題問月亭

碧波峰隔夜郎東問月傳疑提月同在手一杯金瀲灩
轉喉幾調玉玲瓏清新俊逸人如在瑣尾流離主不聽
憑仗高亭聯勝賞玉峰環照夕陽紅

右亭見於地志謂太白流夜郎時醉此李司訓宗汾
辨其非是辛丑九月二十七日棱射既偕芭洲太守

及諸博士遷焉憶商賓意前輩佐郡時二絕云謫仙遺蹟在人間采石當年數往還身到蠻鄉重懷古碧波聲似翠螺山披來宮錦暗無光一代仙才賦可傷莫話播遷天寶事三郎當日亦郎當商以翰林出丞太平移施故及翠螺山其末章非風人之義附此當詩話一則

問月亭懷古　府學　李宗汾

何緣勝蹟千年後此日重尋興不窮清化江光新夜月碧波寶色舊春風無端廹脅參[illegible]佐曾向戎行識介公一問停杯心事遠芳名千古在亭中

二郎廟　協戎　樊繼祖

古寺巋城北巖深花草馨江流依峭碧山勢插雲青灘口恩波舊施州惠澤零我來親展拜萬㠫仰神靈

秋日登象牙山見暮色縹緲口占三絕　歐陽鑽

非霧非雲淡遠空無邊暮色望何窮人家聚處知多少盡在蒼然縹緲中

淡淡秋陰遠近鋪千家山郭半模糊登高認取喧闐處幾點燈光辨有無

晚炊秋罷暮烟低半露青山半隺溪好是秋光爽氣淡輕拋匹練過橋西

蓮花池　學使　茹棻

峭壁立萬仞刻削龍雷文蒙茸露微徑拂拂衣上起覗對面山阴若掌上紋郤恐人聲高咫尺帝座聞[illegible]勞麥定土石渾不分藍輿任搖兀默默占雲氛地已在雲上人還入天中但知徑路絕或有猿猱通桑麻翁雞犬竟與人間同高高復下下其疾乃趨風攫身竟倒擲下覗仍長空蒼蒼者正色聞之孫圓翁

山城過百里寂寞無烟村侵晨戒僕夫雨氣猶昏昏常恐半道中勢若雷霆奔終朝竟罔雨入夜急溜喧欹枕叩天佑敢作再請煩豈知披衣起朝旭迎溫暾

城隍山

廣庭初試士對面橫青山城隍非與是一笑還開顏葱鬱富林木秀結菩薩鬘空翠撲人衣咫尺若可攀須臾轉蓬勃雲氣蒸彎環雨腳迎面來檐溜聞潺潺山光豈有別愧此猿鶴閒

癭木

自我來彝陵婦女癭垂頸山有不流泉衣裁常潤領飾以瓔珞珠晨粧鬭娟靚豈知施州山妙得香柟癭鳥獸布形奇山川肖清影匠石資磨礲布置真井井慨兹材不材自古無芜境人癭容有贖於木乃成幸要知斤斧煩臃腫終爲售天工巧結撰毋乃心精選山中失輸囷人間多器皿何如杜征南雅歌鎮荆郢

至施南二首

到府不一舍過山仍幾重人迎諭蜀使地是夜郎封戰

守前朝隘耘耔齊士農山川新管領休説向王驄

聞道萑苻擾瘡痍剩幾村伏戎真鼠竊比屋痛鯨吞掃鏟書陳跡詠芽韶舊痕多年勞捍禦韜畧試重論

施州校士對城隍山有感

蠶叢直到夜郎灘浪説當年蜀道難鳩化儘教隹士許龍蟠還得好山看蒼深定蓋詩囊富綷縩兼收藥籠寬漫道城隍真色在隔江轉憶禊亭蘭

施州行爲尹六守作　學使鮑桂星覺生

施州古之巴子國後來强族竊據之有明設官不銓授以土治土羈縻

皇朝德威四訖改置郡治歸有司割夔一邑建始其屬遂領六縣開疆陲承平既久戶版盛髮垢不櫛蟲生蟣白蓮包藏誰釀禍自蜀奔竄來恩施嘉慶六年恩施尹者厥氏尹英圖閣學壯圖之弟海內知廉聲惠政稱杜母以母召子形影隨提戈一呼四面集瘠僮跛嫗皆貔貅是時賊燄凡數萬風鶴未免生驚疑公曰無疑急與戰第覘關隘防奔馳韜鈐乃出文吏曰甲士可使胥徒爲課成胆決勇氣倍再戰再克殲渠魁合圍要遮大斬獲賊懼

荆南覲大府飛章

嘆曰汝英圖功何奇汝一縣尹乃能爾爾汝止者

悰

皇書褒美擢五馬至今南郡喧口碑蠻雲瘴雨盡掃滌日月所照風清夷我來軍跡歷參井有童啞啞娃嬉嬉禾麻既穫弦誦起選士亦復抽囊錐古者失官四夷守

況今

天子登軒義施州一隅萬山窩障蔽荆楚連巴夔民愚地險雜獞僰匪賢守令曷克治作歌美昔勸來者共襄

上理綏嘉師

施州選拔覆試日有作

萬山青到古施州啼鳥聲中駐碧油鏡海月排雲霧出
升堂人比鳳麟遊十年偃伯弦歌起幾樹甃英藥籠收
聖主恩深莫孤負勉馳天路策驊騮

口號四絶句

畏寒不踰濟喜雪偏耐冬鸛之復鴿之愛爾巢雲松

右鸛鴿

鎖院非梵宮鴿來殊不怖白衣何蹁躚飛飛出烟霧

右白鴿

園人畜三猴人物情相狃清夜聞啼聲如過蜀江口

右猢猻

對面獅背峰涌出几案間朝暉與夕霽咫尺三神山

右獅背山

沙渠吟　邑令　張家榘

石壁周環景最奇中通小徑草離離蠻王寨祇留遺趾
不是持刀佩劍時　蠻王寨

城南春雨水平池飛去蝦蟆正此時悟到鷹鳩及駕鼠
沾毫何事混傳奇　蝦蟆

威儀翠茜一世豪今留衙貌鎮江皋秋來浣女知多少
祇聽砧聲雜暮濤　竹王祠

嶙峋曲折碧青若人去亭空草木荒憑弔謫仙情切處
萬山如畫月如霜　問月亭

童家莊趾舊新橋何處山深有異人試到白泥坡上望
幾家犬吠雨如塵　白泥坡

野猪跳下水如油蚰蜒墳前日未收欲訪李家舊穢趾
悲風颯颯小橋秋　蚰蜒墳

沙渠竹枝詞　朱[illegible]

石馬[illegible]作園牛羊歸幾家麥苗肥何須[illegible]先來食
行[illegible]不遠

伐木丁丁[illegible]舍借[illegible]作種號棚民但[illegible]果[illegible]俱成熟
深[illegible]山中亦福人

男當門戶女[illegible]人家一年[illegible]信離方惟女健
步陸[illegible]是[illegible]真

入鼻如[illegible]董風號峻嶺夏猶寒箐深石險多傾跌
客子空歎行路難

山下常愁濕熱侵氣多溫暖又多陰頭風難免隨時發
最怕年衰病又深
臘月嚴寒已放亡祭山又喜季春忙肴蔬酒飯皆羅列
跪拜聲聲祝歲穰

竹王祠題壁　邑令詹應甲湘亭

鬻熊弧矢開楚疆剪卻棘矢留負當出胎剖出孩兒香
竹君之後有竹王錦衣繡褓來何處化龍幾欲凌霄去
頓同彌子瑕空桑不屑將軍封大樹天生材武霸南州
自大方能馭衆酋始信平安貽爾字終教靈惠祝千秋
宋崇甯中立祠曰靈惠祠我來竹下拜祠宇竹書難溯王風古金戈
鐵馬去空山瘴雨蠻雲歸故土落日靈旗水面斜年年
簫管賽山家夜郎城上雜揉箏春水江頭自浣紗

斑鳩崖

鳩喚晴崖崩千丈巢易傾鳩喚雨崖懸一線巢難補鳩
能振翼枝可栖人苟失足身已糜崖上有嵯峨怒起之
怪石崖下有奔騰倒流之惡溪君今胡不自崖返試聽
鵓鳩林外聲聲啼我行十步九顛蹶荆棘鈎衣始全活
鵲聞見喜鴉見凶萬事不如鳩養拙

種藥吟

施州西北日木撫地最高寒無沃土山人不解藝禾黍
剪盡荊榛開藥圃藥種分貽不貸牛藥苗倒插能避暑
彼播萬壠百餘家大半藥師兼藥戶刀耕火種笑人忙
拋卻農書翻藥譜雪後點處子勻排藥種於雪後下之雲葉蒸
時宜灑吐自然蔓長與籐抽三年不用占晴雨種藥不憂旱潦
下經後三年得之無心盼到紫侵甘有口羞同黃蘗苦藥販居
然列市廛藥租且免輸官府男擕背簍女荷鋤同問盤
篋采上杵蠻烟瘴霧積未消採向深山蒸松煮藥氣蒲
如草氣薰藥名懶比花名吉翻怪鄉人不信醫雖知藥
性終無補偶然疾病蹤師巫畫符捉鬼無藥愈蕩田還
可栽黍芮百藥何如穀有五

由鴨松溪尋源入山過牧豎自言村居風景頗覺
此間殊俗惜未詳其姓氏也

萬山中有一溪曲溪上人家松蓋屋松毛缺處隱山樓
占得當門鴨波綠一牛導我尋溪行夾岸紅蕉兼翠竹
滿身蒼翠濕衣裾失卻疲牛過歸牧自言生聚託溪流
不問溪源出深谷幾家落落自成村居鄰未議何年卜

溥有溪田聯共耕俱計犁鋤便分穀歲時伏臘還相競男女婚姻頗殊俗溪水從無瘴癘生不事醫療與巫祝松花吹落溪水香人如浮鴨沿溪浴今年溪漲到山腰未屆秋成已再熟君從何處入深山前路茫茫難託足鄉筒釀就新濁醪佐以山殽無魚肉茆堂短榻倘能容可惜溪聲雜琴筑擾君終夜不安眠未敢邀留歌信宿一聲長笛破松風笑指青山飛散鵠回頭不見水邊村溪筆空描雲一幅

南坪渡　　史銘桂

上人指揮徹前路青溪港到見隔岸山彌高不可仰一葉渡中流手掬塵襟爽昨夜夢歸家從此泛雙槳

經花石版諸處

再上幾不敢咫尺排蒼穹詎宜喬野質闖入丹霄宮我欲遊層城濟度驚九重我欲上蓬萊擊轊愁回風是皆疑信半縹緲虛無中泰岱四十里遠望吳門驄西華五十丈帝座呼吸通千人共瞻仰稱爲天下雄及經施州道萬古開心胸下一上十九所上俱高峰方謂造亡極前望尤其崇登盡嶺又接迴瞻旋蟻封惡惟披陵遲層累層迢空若接平地起詎里難爲弓更嗟南徼遠僻陋雜鬱叢名人少經過亦無仙佛蹤欲買一邱住爲移山鴻蒙看願力太小毋乃嘲愚公

將渡清江望施郡城郭

羣山列屏障一水環襟帶江清碧油油嶺連雲靄靄雄堞倚巖隈望裏闤闠繪巖叢崎嶇中蟠結大都會我聞漢晉前夜郎惟自大唐宋半羈縻窟逃蠻夷害

施州草木詩九首　　學使吳其濬瀹齋

龍竹甚寒筍旬日得十丈霜雪壓脆梢勁與松柏仿佳兒見頭角未肯脫錦襁坐待春風來方作出塵想王古兩三竿矯矯不成叢歲晚主人臥迎客自俯仰

楚客頌皇樹詎爲衆木尊空山多碩果此實豈其元我行夔子國凜冽雪正繁百卉生炎洲隕落如中原孤峰見翠葆綠潤照璇源三年刻一椿此價未易論生平笑李衡僮比卓王孫利欲驅草木奴隸如蘭孫荒阜已成蹊桃李兩無言

三巴產密羅輪囷拙可笑敗絮實其腹黃與佛手肖但乏麻姑爪不鑿混沌竅舊臘預傳柑

賜果瑛盤照儼歸冰沾衣櫻管色相耀歲寒臭味同無
藉形骸妙方湖窮且醜傴僂金門詔閩中歲以密羅作貢去蠟紫賜十數枚冰堅如石置茶中作佛手黃內廷珍之
哥窰兎褐盆錦石襯菖蒲年年盼花開徒爲古所愚豈
知山居人蹴如秣馬芻根節走蛟龍綠葉淨可娛石寶
無寸土靈夜相滋濡細梢戴甝露皎如摩尼珠倘能照
我心不辭出濁穢
鏝鋤剔山骨爬土得盈握亂石如犁齒仰刺牯牛足蹠
豆苗寒藤枯槎寄瘦綠蔓弱不自勝倒垂玉鉤曲釆擷

供朝餐脆滑壓苜蓿但恐羊踏園不愁魚瘵腹土人相
驚猜嗜歠鼻爲蹙他日元修來餐盡冬山綠貯藥吾未
能此事差免俗
磦砢不材木生無萬牛引不如自偃僨朽腐成美菌深
山無冬日陰雪蛟龍盡由蘖蒸濕雲生機傲簿隙錯落
小疊錢輪囷大楊盾肥豈妾晚菘滑宜嬎凍筍蕈木餘
菁華古爲造物窘君看痰疾人智慧出愚蠢
北方千尺冰曝橋醉白日南山十日雪不禁池水溢池
中如船藕皎如玉縝栗池上寶珠茶赤欲忘凜慄芙蓉

自異寒晚花露蕭瑟始知天地氣升降非膠一舒慘互
相循生機仍時逸長安古臘鼓海棠照盤橋
雪中畫芭蕉俗眼覩詆毀不知玉樓臺綠天更清美粤
犬不知雪鎮歲啖蕉子結爲炎熱蒸無復風致爽清江
竹王城甘荳照綠水上有六出花飄灑風吹梯青山瘦
固寒自戰淨可喜欲織五銖衣惟有姑射耳
虎刺珊瑚珠的皪紅纍纍移向壺中峰旬日漸已萎且
爲小草生差作喬竊死不如寒天竹結實亞棠阻凍雀
啅丹砂繁星攢朱李剪剔作盆栽[illegible]星藏彼美[illegible]哉此

離離南國相思子世無相思人棄爲籬邊枳

余試施南讀壁間鮑覺生前輩口號四首詩格謹嚴然未能測其寓意所在余以道旁所見草木有所感觸得九首蘭芷滿山不見採擇有如此矣

郡治後園有榴柚二果同時竝蒂各生五枚詩以記之　郡守　譚光祥　蘭楣

禾不生九穗麥不秀兩歧年年幸免饑饉耳無一善政
愧可知小園不少雜花樹如下董帷都懶窺民和未見
頌聲作瑞應敢望天公私去年竝蔕榴四實忍冬再花

曾作詩今年兩事皆再見謂此易得非罕希庭前移栽兩桂樹秋未著花意翩疑摘榴五實忽竝蒂五柚竝蔕又竝倚中央一枚似居首左右前後輔相之如統所尊衆環拱如亭以齒肩相隨如星聚奎聚東井如臣佐絳福衍箕如聲如色如方如嶽如鄰如伍恰應天地數如巍峩五松如漢京五柞如移彭澤五株柳如折燕山桂五枝簇觀一座嘆希有詹尹信手寄尼長城分詠四十字筆花落紙光陸離徐陵紀事許濡墨楊桐妙詞符葉披榴房取象須多子賦包橘柚東南宜徵蘭吉夢不敢小五丈夫得一亦足慰我思一心有定似碩果三品作貢或如椸幹栝柏青茅寵豐年爲瑞不貪實民欲必從天聽卑春華閱盡見秋實風雨露雷無妄施未來事業且休問眼見聚散風中鷩廣軒乞休將歸余亦將之武昌當歌對酒聊盡興嶺上梅花開及時

禱雨酬任錢溪明府見贈

施州地無一里平依山墾土盡室耕施州無三日不雨十日不雨愁嘆生下車初喜時雨泛轉爲雨多嫌漏濕山行五日或披裘官舍六時稀見日六月七日小暑瀲句有六日炎歊多高田龜坼下田涸坐看稔歲無稊禾殷憂都不暇諏吉囦逕披衣五更出我心無日不齋明難得同官志如一衆誠感神神格思期以三日神日遲東郊待汲龍洞水城東十五里龍洞禱雨汲水入城必應西嶺先發雷車駛夜分檐溜似懸瀑起看潑墨雲四垂風伯作力助雨師再接再厲益酣嬉平明不許騰朝曦急則易晝當緩之或否密雲或散絡遣吏四郊祭社龤入土一寸且齊滋藉神責我誠意良再顧更乞滂沱施山頭賸賸殘氣願徐驅細灑時淋漓学之以漸亦□隨山農此時畝可知彥昇妙句冠一時太守薄德媿譽詞敢貪天功己力爲明日報謝陳尊罍時暘終賴皇天慈

題豐樂橋　歲貢　朱尚志

欲識城南路此溪第一橋紅巖開虎榜青石接龍腰共入清江浦同歸大海潮巴公忠烈在千載盛名標

九日　郡守　王協夢　松廬

鄉晨爆竹滿山城問俗知緣節序更插菊方邀人共醉登高難得雨初晴此問福地辞荒徼幾處豐年樂太平虎渡蝗遷成底事靜聞衙鼓有餘清

施州食物

菽乳昉淮南宵分不停磨如大輅椎輪漿末石膏和野菜錯雜調溫磨出土錢嘉名蹋黎祁奈何罔以情（倆豆腐）蒲桃有佳醞果實成釀材況聞番薯蕷亦可供尊罍山中富蜀黍麴糵紅面開糟牀滴真珠浮蟻堪銜杯（包穀酒）晨炊蕎米香更有鮮可食根在碧澗中清脆遶雕飾傳聞性頗寒每每中厨敕長安競華筵薦此亦增色（茭白筍）安肅說秋崧半世菜根齩靚此圓如毬造物亦何巧胚胎至味含頤食可以飽持以敵吳蒓何必憶峰鄉（綿毬白菜）

問考神農經著錄列山藥濃涵土脈厚方趾乃象腳創爲玉糝羹滑甘殊不惡巒鄉蔬品奇莫訝稱名錯（鄖阪薯蕷）山田出野菌痦瘟如蜂窠遽作肥羜想朵頤良足訶遠莫致雞㙡費無踰燕窩樵子筠籃中採掇何其多（羊肚菌）

晚自高橋壩歸作

知縣　唐方耀　春墅

十里高橋壩橋高水亂流花深沽酒路柳暗釣魚舟風嶺寒雲薄鱗漠夕照收歸來剛日暮燈影出城樓

晚自杉木村歸道中作

半溝流水幾人家杉木青青日欲斜莫道空山春不到

一枝開徧隔牆花

丁酉仲春月課新生　縣學　彭人[illegible]

[illegible]檻招羣彥東風鼓筆來斯人都流灌此地接[illegible]廟三年學狂思一不才池中有神物隱躍待輕雷韓[illegible]黃近諸生意若何文章愁軋茁歲月易蹉跎大海搜珊網秋林伐斧柯踏前書帶草名欲換登科[illegible]鄭虔老汪疏寄一氈抗顏趨弟子高詠動山川未覺[illegible]無術相看策祖鞭蟾芝莫輕獻此道有真詮

局中牡丹盛倍常年瑞也邑人士必有售者爰且壺招集講舍諸友作探春之宴秋風拔幟紫陌連鑣真意中事耳率成鄙詠書爲左券

我聞此花天下第一花忽向寒齋弄春色想從月殿分仙豔飛下文壇逗消息憶自移栽今幾年年年長恐東風顛元氣未復根先固一枝兩枝憔悴春可憐月維中辰歲丁酉桃花已落棠梨又庭前忽報狀元紅不放火前放火後小者如盃大如盤楊兮魏兮胭脂團火經霜雪護蓓蕾勃發雲霞橫欄杆老夫潦到已慣冷官冷閒向花間更弄婆娑影客來雖無好錦兼名香尚欲擘箋

相與監新頡山城晴日風吹空雕鐫嫩綠戴輕紅吾儕况有二三子酒龍詩虎尤支雄坐爾花間花欲語絲筆疇擅如椽巨香豔好賡白傅詩源流重補歐公敘吁嗟乎奇花異草誇登科昔嘗如此今則那勸君更倒金叵羅挂林杏苑人非他將進酒爲君歡君不醉如花何吁嗟乎不見昔時金帶圍座中之人皆綸扉

庚子九月二十九日獨遊鼇脊山登奎閣縱目偶憶東坡嶺南菊開較遲以十一月望作重九因寄所託聊爾成詠 五首

高樓直上俯江潯天地蕭疏入短吟木落頓教驚歲晚雲多容易起秋陰魚鱗萬疊人家密鳥道千盤石棧深嶺外重陽猶後日黃花莫笑此登臨

真成終日在樓臺憑酹山光酒一杯紅葉當門都落豔青烟匝地曉晴開石田歲稔收仍儉灘峽風平浪不催却喜懋遷舟楫少不妨偶賺有餘財

楚蜀連疆此最雄過山仍舊在山中依崖支竈石爲屋轉水灌田車有筒井邑半分夔子國烟霞深鎖竹王宫川原莫道無珍品上藥猶存壽世功

[illegible][illegible]文椊重當時後起英英盡紫芝折節漫羞稱弟子[illegible][illegible]先要得人師論文但有書三味射策能無桂一枝[illegible]樓[illegible]癡終自悟虛心早下董生帷

年來慚愧擁皋比記問都荒敢說師差幸此中區義利庶幾有作判醇疵江山灑落人孤往苜蓿清狂酒一卮翩鳳棲梧知共勉奎光他看耀昌期

木杪仙人洞出東城七里餘宋寶祐元年清江郡守王公次疇侍其親挈僚佐一遊摩崖題名稱洞府窈深奇怪不類人間已迄今幾五百年無

問津者丁酉夏五偕朱石山州別駕李春甲明經羅冠乙春樵蘭茂才諭焉與如曠如不可窮詰與石壁所誌無異而施州衛志所載寶祐中六人既不相涉碑亦不可復見悵然久之乘月而歸賦此紀遊云爾

却訪仙家洞口春輕輿不驅問前津江山暇目容吾輩賓從高風憶古人倘有烟雲通戶牖能無金石委沙塵林巒如此偏蕪沒莫爲方隅悵隱淪

前門如竇後如城一穴中空接太清石乳當頭垂欲墮

[illegible]嘆相邀飛仙何處尋蹤迹委蛻無人問死生再五百年似今日知渠笑我好微名

初夏閏月既望偕李春甲明經羅冠乙朱廣泉陳梧岡吳心齋茂才上舍江右劉松山遊白衣庵

曾約諸君共酒杯雲岡謝客不輕開前兩日擬遊不果今朝貢主攜[illegible]卒挈榼題壺取次來

佛界陰森境不凡危欄迢遞俯層巖眼前大有江南意只少遙汀半幅帆

題天橋　郡守　顧椿　藹庭

碧水蹯長虹羣仙從此過跌宕天門開萬山來朝賀

癸巳歲彭樹香同年招同郡學博羅子峰遊影蛾洞以詩見示次韻酬之　選拔　王家鈞　滋圃

我似鹿門龐不愛州府闈校志招我來局中且隨衆無才若繙帑迷離如昏霧那得散步遊兔使疑義貢恰有濠梁招假我青絲鞚羅公老興豪聞之笑且哄兩馬猶未行一輿已先狃歎羨天成山山為天播弄不然巉岩堅是誰敢鑿空好奇情如飛欲飛足先嬰懸根手攀援履險幾驚恫踏壁復橫行摩碑煩深聾仰瞻何窈窱苔蘚如錦幪何必尋誤鄧相與活聲捨藉以藏名者不必慮芜棲藉以藏舊酷何妨時盈甕陰森寒襲人因之欲呵凍如遊桂海中作志紀岩洞鐘乳滴瓊漿如玟[illegible]激料得引詩人詩草長新蕻我比石更頑安能繼諷[illegible]東溪有蟠龍北山有飛鳳南洞有影蛾何以相伯仲如錦得潭能發柳州痛古人與今人令意每奇中興盡[illegible]南關解相送能使採訪人都已惬清衷[illegible]諸志[illegible]繪頓[illegible]偶然聞鐸聲大為醒塵夢

清江樓晚眺

清江城似畫向晚一登樓桂樹啼猿小歸林去鳥幽萬山斜照冷孤澗暮烟收古月今宵問杯中影自留

登連珠塔　歲貢　褚上林　春農

連珠東望與天齊佛塔孤高出小溪四面烟雲空倚傍一城樓郭認高低盤旋石磴攜嬌女指點峰巒話老妻無數好山看不厭歸車已趁夕陽西

弔廣東三江鎮協戎陳公　廣東博羅　韓榮光

瘴氣四塞雲冥冥狂蛟拔浪天風腥樓船駭駛壓山岳[illegible]有霹靂轟雷霆虎門雄踞天設險海飛山走當[illegible]衝

將軍伐鼓鳴金鉦一軍沙角屯孤營目光如炬眸如斗當關丈入長矛橫有兒黃鬚侍膝下將門眞種千人英殞書昨夜敵請戰鬻蜺鼉鼓張先聲孤軍衆寡勢不敵急請濟藥莽援兵何人坐視動掣肘致使海徼摧干城地雷藥竊僅一伏尚教夷血飛羶腥矢亡援絕士衆叩奮呼怒髮衝冠纓寶刀未斬酋虜首連珠巳洞將軍胸淋漓不覺血及踵七尺挺立雙眸瞪瀕危呼獨兒我死分所應我生不能殺賊報天子死當化作厲鬼誅長鯨微臣不坐宴不預没無官守逃餘生語畢但揮手再三揮手兒不行父既死忠兒死孝耿耿大義垂天經雲垂海立風慘淡半夜雙隕中軍星　九重覽奏涕泗零煌煌天語褒忠貞既旌忠孝一門烈宜享俎豆千秋馨使臣珥筆書汗青功烈况有旂常銘我今作詩播人口要使婦人孺子皆識將軍名將軍誰楚北陳氏名連陞

咸豐乙卯秋來鳳張海雲大令軒鵬來郡出所題天橋詩示余因用原韻誌和　郡守　陳壽圖　蓬甫

蜀客梟飛來宰楚相見一笑舊時伍自言來自萬山間兩山屹立路幾里中有一橋跨天半天然鑿石偶爲補影蛾洞裏日倒影凌空疑有神仙武虎頭顏額曰天橋橋邊廿字軒軒舉數十年來陳迹非茂先接踵通橋信我來茲郡少閒暇未曾策蹇一節往今讀君詩當臥遊依稀半月梯雲取吁嗟乎鄉關廿四敬簫聲安得凱歌徹師旅

過長沙河坡　邑令　楊松齡　春岩

石磴[illegible]連一道通笱輿輕軟趁天風人爭傍骨痒雲出天[illegible]峰八望雉堞樹斷岩迷日插花邊界畫青紅大茅交界之界土人呼為插花界無才撫字資秋熟釀稻炊烟處處同

重至施州校士　學使　馮譽驥　展雲

復有三巴役重歌四牡騑野梅迎使節山鳥識儒衣攬勝思乘蹻論文尙鎖闈虛堂當翠巘終日對斜暉英才先後起振藻各翩翩郢曲追騷客唐風溯謫仙駿骕千里迅鳳采九苞妍他日中和頌應從漢殿傳

題褚春農明經香雪山館詩集

弦秋館畔誦瑤編得識韓門籍湜賢蘭畹芳馨紉楚佩竹枝幽怨寫蠻箋飛仙偶跨江樓鶴過客同聽蜀道鵑

最是霓裳開寶曲玉簫牙板有人傳

偶驅星軺訪俊英眼中不見彥回生千金買待來燕市一卷書還取馬卿寂寞杜陵空有恨艱難羅隱竟無名河山萬里桐花樹雛鳳翩飛望繼聲

題王滋圃明經聽雨樓詩集

少年不得意書劍遠遊遨蜀道攀危棧巴江狎巨濤爵憤緣客久奇語人天高杜老夔州作追蹤亦自豪（卷中多巴蜀山水詩）[illegible]目奇傳

[illegible]著書消白晝聽雨過青春垂老傷知己（集中有哭鮑覺生侍郎詩）諸郎嘆絕倫輞川遺迹在珍重晏楹陳

贈王竹田明經兼題其付圃詩集

前年紅旆拂征塵使館懽迎鶴髮賓叢桂淮南招隱士雪蕉輞水見高人新聲按拍雙牙板妙語抽絲獨繭綸今日停驂重把卷梅花香放萬山春

吳江舊尹說詹何青眼逢君贈短歌少日機雲馳譽早望中師友感懷多（集中有哭鮑覺生侍郎詹湘亭明府詩）荒山風雅開榛莽晏歲芳馨動薜蘿共道謝庭吟詠好手栽玉樹長枝柯

賦答胡芷塘明經即題沙渠逸士吟稿

王符偕過我屐履快將迎（甲寅試畢君與竹田辱承枉過）王家擅春秋學人推俊乂名（君與褚王諸人均早負詩名）聞各臨箐路苦調和鶬聲雨載慇勤意天邊盼使旌

太冲傳詠史叔夜負從軍戀闕心何壯悲歌意不羣（集中有詠史出師諸作最稱佳絕）毫端神鬼泣篋裏蕙蘭薰翻愧陳思語譏彈到小文（大集屬予點定謬承致謝）

題王滋圃聽雨樓詩集　　　陳壽圖　達甫

燕蜀雲山策馬過壯游豪氣半銷磨書窺中秘三千卷蕩灑秋風十二科開徑望憐春意少登樓愁迸雨聲多（建有聽雨樓樓下開門日望三）荊南此日徵文獻寶劍光猶躍太阿

嶺崚灘高勢不平氣吞河嶽筆縱橫眼青遇感逢仙吏（鮑覺生學使詹湘亭明府俱以國士相遇）眉白才良似阿兄（令弟竹田明經並擅詩才）雲本無心銜岫出泉因有韻在山清階前滿種芝蘭草留得餘芳向晚榮

問月亭懷古　　　邑令　多壽　靜菴

人生幾代謝明月自今古月圓本天成月缺乃誰補光

今[illegible]花館萬里程遥苦對酒發浩歌邀月作賓主開筵[illegible]自醉月觴飛羽一醉且停杯恨無修月斧捋首試[illegible]問月月如許月果來何時謹闕清虛府上下百千年曾幾夜三五消息在兩間屈指不可數先生去茫茫遊情寄一縷我來山亭遊遺跡重摩撫

登問月亭口號 樂府四章 府經 曾寶增 慶初

人影逐明月天門呼吸通羣峰俯首處嵐氣漾微風

人人有顏色今月曾相照提筆向欲搖神妙毫端有

[illegible]稱詩仙殘[illegible]詩神有詩吟不得昔時語斯人一

今古一謫仙今古一明月安得月常圓長使圓弗缺

九日登五峰浮圖 府學 哈廷珍 湘儂

天霽雲開萬象澂最高塔聳勢崚嶒自知凡骨無飛翼竟有仙人在上乘紅豆連畦新雨活青楓帶郭晚霞蒸巫山巫峽蕭森意愁殺吟秋杜少陵

戊午之秋七月十有三日顧既鄒篆閒居邀劉遇菴查小谷楊淇園諸君子周玉樵世長朱星南伯嘉賢竹林祉同僚高曉崧陳辛甫兩廣文暨羅翼堂孫星階同鄉小集於城南之廣福會館風日清美機趣橫生言笑晏晏誼洽情親想李伯時之西園雅集諒亦不過如是所恨不及繪而成圖耳猥蒙朱雲門憲臺聞之欣然而來衆客歡迎避席前趨老子於此興復不淺是即武昌樓中之庾元規也既而入座悉寬禮數擊壺酣歌縱酒圍棋則又歐陽公之記醉翁亭蘇子瞻之登妙高臺也前賢高致兼而有之於是衆客俱歡復期後會頤雖不敏請記以詩並希賜和 邑令 倪應頤 梅羹

超然勝境據清流勝友如雲稱勝遊陶令頓忘歸故里回匪盤踞滇省頤因以無家然襞饋難安今日之樂不覺頓忘庾公乘興赴南樓虯杯管領山林趣倚樓高歌水調頭周玉樵音律至精人咸稱賞不已謾擬謫仙將月問客有約登問月亭者期與中秋再會早期佳會到中秋

和倪梅羹廣福會館小集原韻 府學 高維嶽 曉崧

選得名區待客遊先生曠達是清流人來高處都開眼月照他鄉共舉頭酒興消殘千古恨滇省回匪滋事公以不聞家報常以為[illegible]笛聲吹出萬山秋是日坐中有善歌善笛者願將傳世傳神筆圖畫諸公此一樓公善丹青願繪此雅集圖以紀一時之盛

問月亭懷古　　宣恩訓導蔡景星[illegible]

謫仙去千載名蹟重施州今古一輪月江山萬里秋天
空搔首問雲杳溢胸收杯酒當年事遙情憶此遊

清江問眺

湛湛清江水源流遠復深澄觀宜洗眼靜對獨盟心潭
影搖山嶽波光鑑古今閒遊來此地魚鳥寄謳吟

丁卯秋將解任去天心人事有不能遽忘情者賦
詩兩除芬二律留贈寅僚　　郡守許應藻枚卿

[illegible]天然開閣眾個因禱雨展微恍然空古澗波潤湧
[illegible]
龍湖距城十五里水從半山穴出杳藹崇祠氣象森嚴
二日三潮波湧起尺許作澎湃聲
爲奮勇隆報賽鱗蓬今又渥甘霖朱敬軒大令去秋往禱雨隨車至因建祠
祀之今秋禱亦有驗匆匆未及椒馨薦一瓣香含鑒此心
是誰榛莽誓盟堅磐弟梅兄不計年樹始萌芽忙踐履
草須芟薙戒牽連濤聲巫峽煙雲驛石勢辰關劍戟全
近有哥弟班名目稍稍從川南闌入咫尺堝來防煽惑長官條約要先傳

問月亭懷古　　縣學李瀛海環

太白本是長庚宿萬丈光芒燭世宙天心鍾毓五百年
爲安唐室生靈秀明皇賞識亦尋常不重經濟重文章
縱教[illegible]相臣時署手無斧柯徒徬徨斡旋薦有汾陽在
天下才爲天下幸酒仙詩伯非疎狂譎諫君王庶幾改
至德忽作夜郎遊不似靈均澤畔愁快哉何地無明月
上接玉宇聳瓊樓前生同在大羅天問月相別幾經年
北司南衙淑與慝懸鏡定察秋毫巔昔日曾斥高力士
去鯁貪王從此始野鹿敢啣禁裏花漁陽鼙鼓聲不起
無端諂訴播宮闈婦口出走翻然歸廣寒殿闕近尺五
猶可凌霄依清耀唐祚中興賴輔翼推賢讓能謫仙力
[illegible]六落日建奇勳第一忠貞已報國自慚裔屬青蓮後
[illegible]
[illegible]工詩不嗜酒惟愛皓月最相親照我肺腑爲良友
登亭放眼月影團皎潔合呼白玉盤默憶先芬頻搔首
至今人俯仰頭看

重建問月亭落成口占　　高維嶽

高山今又起亭臺古月新亭萬象開亭待先生月待問
先生去與月重來

送張貽山太守之武昌

兩載相隨火佩欽愛公才調本儒林先勞咸羨精神足
乾惕常憂過失深公署內廳事自額其額曰顧闇過齋山裏白雲多笑態

江漢黃鶴最關心此行自有同聲應玉笛梅花聽賞音以公之才各大憲見之必有重任

聚散頭來無定蹤知心到底離愁濃酒因別易杯臨舉

詩爲情多句少鎔嶽同書院諸生共餞全星樓各星詩章送別 公於春從[illegible]

思[illegible]雅李公於每月課試闈諸生宴存甚多 秋江忽不戀其[illegible]

憑[illegible]雨[illegible]花聽去[illegible]斷青青數點峰

將卒行 [illegible] 楊炳軒

同[illegible]東官道[illegible]兵[illegible]陽路不[illegible]船遠[illegible]片帆中

大[illegible]不[illegible]紛紛[illegible]

[illegible]

各陳事旨張有叔有叔客武昌君往省 乙未戊行大

府有令師皆登陴以礮擋城賜倚火君執之遇賊發匆

先賊馳季冬四日天未明大霧沈沈不可闢城頭皆健

兒以首觸墻鼾聲正若雷霹靂一聲城百丈摧君自念

丈夫死耳奚悲哀捨身發礮血流腮賊何衆兵何寡賊

來如蟻兵解如瓦不能一一禁止潰卒如奔馬礮發一

一首祇君一人者頭血涔涔歸家別母磨刀霍霍入室

語婦毋不容婦死兒手出門大哭提刀走是時賊衆至

[illegible]耀風號大怒殺人沈江皐君出走令執一刀不知前

[illegible]所遇誰豎曹抑矸君市井抑葬君波濤賊去其家一不

知死所再三求之尸骨纍纍誰辨爾我傷哉壯士心並

無馬革裹我聞其事憐其死爲君歌之存原委吁嗟君

一[illegible]耳安得九州之卒人如此人如此賊敢爾

問月亭懷古

尋仙人到碧波峰客去千年亭亦空欲訪遺民問開[illegible]

斷碑零落夕陽中

當年潦倒醉千觴猿路鵑聲蜀[illegible]腸漫把艱難怨行路

有[illegible]六[illegible] 即當

[illegible]

[illegible]今八[illegible] 荒[illegible]豪[illegible]右 [illegible]

夜深還照後遊人

雙古銅印歌 胡正萊

清江水擁蠻雲走[illegible]布俠錢俱腐朽剩有青銅雙印存

爲移已落農夫手田夫見之輟耕歎懼躍祥金獻長官

[illegible]書太師得蜀鏡鐫記乾德年於知元代金[illegible]

西國有夫距寶座吹角驚降巴子蠻提刀割據夜郎大

[illegible]時此印耀山中樊覃相鄭拜英風願貢黃連三千百

[illegible]赤米十千鍾想[illegible]鈴此印爲符籙鸚僮筰媼皆奔[illegible]

[illegible]賀鑄　先前驅苦心吹蘆從野獵天星忽墮搖頭[illegible]
展[illegible]　猿啼頃刻消那識沈沙千載鐵猶堪磨洗認[illegible]朝
[illegible]盾曲朱文古蔓尾龍鱗起起舞檮杌書燒雞
龜頭光上尋年譜印兮印兮留完膚身備變[illegible]
光暈人爭誇古物摩娑我更發狂吁當時若[illegible]
十捧鹽山奉漢詔自宿　飛歌歸義詩錢王定大曆
[illegible]見將軍肘後懸黃金史官列傳紀功臣公孫[illegible]
幽蜀縱[illegible]虹[illegible]升底春

[illegible]天[illegible]
[illegible]俯宵[illegible]　鼓逿禎天　　彰參差一庭風月無人
[illegible]影淩霄自主持

詹邈故里　　刑部主事　饒[illegible]祺子

[illegible]傳元祐年登龍故宅倚橋邊峯頭卓筆[illegible]
[illegible]遙兆瑞先豈僅文章魁遠代還欽俎豆配
[illegible]古因人重五夜聞雞著祖鞭

增修施南府志卷之二十八下

詩

宣恩縣

高羅訪太白宅　　邑令　蘇於洛

夜郎傳遺宅青山何處尋空留一片月長照萬古心山
才難驟雅憔悴澤畔吟投老聲名累曠世遙沾襟

東門關

曉闢依微晴遠村淩空直上俯朝暾千層石磴盤雲[illegible]
百丈飛泉赴壑喧地[illegible]　[illegible]花[illegible]險[illegible]
遙知帝座通呼吸便欲乘風到九閽

高羅曉行

一灣流水遶孤村水上梅花照影昏曉雪衝寒行十里
山家猶自閉柴門

李溪

疏籬茅屋兩三家有笋當頭逼水涯欲訪春風猶未識
深山雪後見梅花

東門關　　貢思誠

晴嵐靄靄聳塵寰目極山光景物閒千樹峥嶸含野翠

嵩峯環抱蔚新顏門留疊蹟咸今暨化洽鄖邊輯古蠻
駐足欣觀形勝地楚天一色鎖高關

玉柱峯

石柱巍峩插碧空孤峯矗起大崖中披星戴月曾無恐
櫛雨沐風自不同動絕伏波猶被謗名標諸葛代稱雄
幾回翹首青雲外彷彿龍門百尺桐

宦署偶題　張廷煊

熱官何事轉清閒如坐枯禪在此間別後青山應笑我
出山依舊去看山

九日鎮江閣登高作

去年登高同到此奎閣新成歎觀止今年九日此閣成
一東一西恰對峙突兀兩峯青龍邊接聯雙蓋碧波上
自無而有誰俶始邑中由來數二子前有宋宏嘉歲歲
興修良有以石梁險巡如履平塔剎莊嚴輝貢水今來
性有土木癖誓不破產功不已後有唐開洋捐助亦復
相濟美黃花滿酌看君飲閣上文星亦應喜感君義舉
賢君勞從此人文蟬聯起陳氏二難荀氏八龍德星萃
聚高陽里

東門關

雞犬聲喧門關遠望雲端峙連山盡處絕一徑披榛登絕
頂上肩與緣壁蟻行似未至山頂及既至山頂尚[illegible]
瀚若通禪房說前史鐵同十八司設險實在此各[illegible]令
誰存荒煙剩遺址聞言三太息斯語當且告衆志真成
城士崩城斯圮寄語守土人雄關不足恃

清明日出行　[illegible]全　田文鏡

遊蹤值令節陌上景初晴林鬱無心綠溪流自在生逍
遙[illegible]鳥聲清鄭重韶光好[illegible]問酒情

留別宣邑士民古風三十韻　廣陵　紀昌期

少時曾負凌雲志自恨蹉跎甘暴棄漸遠無路棲南宮
老大徒傷爲末吏去年承乏來施州一官匏繫寄蜉蝣
君恩祖德敢背負慎察民情仔細籌宣恩舊屬三苗地
方言雜處人各異弱肉強餐察若何善良多被奸宄鷙
法網森嚴咎犯科刑苛又慮干天和案牘滿前恒戒惕
惟恐無辜罹密羅製錦無才慚執固忽來過譽成佳句
懸額公堂父母呼更覺汗顏深愧怖正朔報稱子黎民
瓜代相催走風塵新官自有鴻恩布何須臨別語諄諄

當歎深情思難補儀規不患談迂腐從來苦口疾可療
告語士民當聽取此方士風敦古處淮郴爲儒[illegible]
非公不至品固高尤當苦讀思鴻舉古今將相皆家傳
惟恃吾儒志意專雲漢爲章誠豹變何難繼後與空前
屢課諸生多俊乂自可空羣稱奇驥慎毋畏難圖苟安
及時當奮鯤鵬翅山中水土舊言薄貧民男婦勤耕鑿
家家織紡不停聲夜闌猶見燈光灼終年辛苦積銅錢
錙銖無多心血乾無端負氣思興訟倒篋傾囊始泰然
官吏罵遭荼毒滿腔冤抑徒蒿目訟卦六爻皆主凶
忍耐一時當自足語無倫次言不精匆匆話別寫眞誠
士民愛我如父母好惡何曾逐物情聊憑數語相贈答
保身保家美不勝他年禮樂聞邑境康樂早書秀齒登

壬子冬邑紳送區縣堂日鐵面冰心幸拈一律答之　中州　趙廣恩

自問難稱百里才深慮有負入山來科條幸獲從風化
桃李還須待日栽士幸同鄉堪固圉兵安舊伍妙儲材
因人成事渾無治濫美躋堂愧舉杯

留別

來宜計歷已三年學製才疎內斂無剪去猶鴉鶩[illegible]偕
培成桃李結文緣愛深勸諭殷勤布信以官民[illegible]聯
賦別此心何忍慰一番回首一纏綿

帶兵過東門關　湖南　易佩紳　笏山

絕壁空荊蠻西征第一關風飄漢旗節雲壓蜀江山立
馬千峯頂搔頭六合間從來多地險何術靖民頑

八景　縣學　蔡景星　半如

晴嵐望珠山蒼蒼林表曙積翠滃人家大風掃不去
右珠山曉翠

看水有源頭脈絡自分析光澈漾文瀾胸懷共洗滌
右貢水文瀾
磴磴兩石洞果伏神龍否此洞自千年不雨泉聲吼
右洞伏雙龍
何處飛來峰突成三鳳峙一覽千仞巔德輝鍾毓此
右峯棲三鳳
自昔來謫仙溪猶以李傳峩峩溪畔石古色何斑然
右李溪層石
一女死亦仙冰心結連藥至今池水清不受人間滓

右仙女池清
壁立萬仞山險要扼東關洞口有飛瀑高懸碧落間
右東關飛瀑
城北保民山上有呂仙寺晚來百八鐘敲破千林翠
右呂寺晚鐘

太白祠懷古

公之詩才世無敵大羅天上羣仙籍如公何意羈夜郎夜郎得公名亦揚宣恩舊屬夜郎地今之李溪猶可誌玉柱峯在溪之東此峯昔有祠祀公我來溪邊一憑弔又於峯頂一登眺荒祠斷碣暝寒烟天風颼颼吹萬竅自公去此千百年歌羅父老能口傳記得停杯曾問月今古此月自盈闕我對今月思古人古人不見祇傷神公之平生詩與酒仙可與遊人莫偶吁嗟乎我亦徒生千載後遙指山林曰某某一二遺蹟餘未有吁嗟乎陵谷變易知是否峯嵐聳兮溪聲吼公之名兮終不朽

高羅道中 咸豐辛酉秋催辦團練口號

野鳥隨風下投林借一枝孤雲淡幽壑夕照冷空池牧笛知村近征邊覺道遲紛紛疆場事烽燧靖何時

小溪

澄澄小溪水悠悠出山谷溪淺不容舟穿巖三十曲

東門關題壁 壬戌秋九月十一日宿此

巨石起雄關城東第一山目窮紅日落胸盪白雲還疎磬空林外飛泉絕壁間危樓人宿處星斗手能攀

八景 邑令 張金瀾 茗泉

珠山曉色趁新晴面我軒窗分外明靈秀獨鍾應管領羣峯環拱不知名 珠山曉翠

半灣貢水碧盈盈滌盡塵襟空宦情倘抱廉泉移一句可能依舊出山清 貢水文瀾

龍洞幽深暑亦寒潺潺上下瀉波瀾渭清涇濁分明判一樣泉流兩樣看 洞伏雙龍

何年三鳳集高岡此日登臨總渺茫安得筆花生夢裏飛來山谷吐文章 峯棲三鳳

天生麗質璧無瑕玉臂羞纏蜀錦紗池畔至今雙塚在冰魂皎潔比蓮花 仙女池清

東關屹立翠微巔匹練高懸碧落邊石磴千層凌北斗乘風直欲上青天 東關飛瀑

層石嵯峨似塔圓玲瓏疊翠鎖朝烟清溪何幸留遺蹟
鄉曲還能溯謫仙 李溪層石

保民山外夕陽沈隱隱鐘聲度遠岑敲出禪關一片月
特教清夜警人心 呂寺晚鐘

萬山吟

宣恩地居萬山裏萬山環繞逼迤邐一峯未平一峯起
峯峯應接八百里第一東關氣象雄千層石磴盤晴空
俯視衆山如兒童恍疑身在蓬萊中飛泉倒掛聲淙淙
山高水低萬壑通來歸石櫃不可見十里廿里又忽見

泉源起伏神龍變足底白雲飛片片我來山中徧遊迹
一聲長嘯暮山碧安得陶公五畝宅縱情詩酒永朝夕
穿蠟屐探幽僻慰我生平煙霞癖結詩客浮大白長歌
斷歌奏節拍從此萬山瘴癘闢

師次瑪瑙河 四川酉陽州所屬

飛騎逐狼氛秋風捲暮雲先聲寒賊膽昏夜走紛紛

秋日登署後宜山

萬里雲山到眼來荒城新霽畫圖開秋花冷澹高人瘦
古木蕭森舊主栽不盡層山空翠合無邊落葉晚風催
登高掃淨愁千疊一試長吟一舉杯

和尚岩 張金圻

石梯千級露伶俜高矗雲間接渺冥岩頂禿如僧頂禿
不須修到佛頭青

春曉登泰平山 附生 石麟

尋春趁曉步山溪石徑蒼茫路轉迷日霽烟消回首望
亂花高在數峯西

登天馬山暮歸

[illegible]晚[illegible]樹挂斜暉回首梵宮入翠微數里春烟炊火起

一聲漁笛釣船歸禪林風靜山禽宿茅店月明過客稀
此際倦遊回旅舍主人猶自坐柴扉

文筆山 貢生 謝金詔

卓筆擬孤峯雲烟留墨迹秋風趁雁行書破楚天碧

題佛塘 增生 唐武聯

何年勝地闢高岑此日登臨度竹深石磴危盤藏古寺
龍潭深鎖鎮禪心堂懸清磬憑虛響樹老寒蟬自在吟
流水高山參妙境歸途猶點暮烟沈

雙溪寺題壁 貢生 姚復旦

斜陽古寺樹飄零雨後苔錢綠滿庭竹影遮門無客到鐘聲渡水有魚聽蕭條小市人原少寂寞空山佛不靈只有閒僧猶解事階前竚立看東青

來鳳縣

惜春　典史　張　寍

官況頻年薄匆匆百五過春殘鶯尚囀愁重馬難馱花骨埋紅雨吟魂散綠莎東風今已去幾度對松哦

來鳳教匪未靖奉檄守硤寨　邑令　王三錫

竹架窩蓬木葉城憑高扼要勢縱橫獨憐負戟拋鋤者盡是宣恩鄉勇兵

拳室安身硤口間編籬隔斷舊青山耽詩自是書生癖談論孫吳不得閒

四野蛙聲雜雨聲潺流喧漲客心驚戍樓鼓角忙催柝數到連敲第五更

喜得滂沱水漫川任他砲響震連天賊人不會投鞭過寄語將軍自在眠

弔蕭紫峰大鏞墓　陳魁春

太乙靈旗指夜郎書生投筆事戎裝能伸大義回妖夢

又挺雄心破鬼場地下髙談見隨陸天邊遺憾又金張楓林關塞魂來遠死後猶聞俠骨香

狂風捲地水增波擊賊誰能競荷戈雨道烟塵昏戰馬一腔血淚灑長河使君正氣乘朱馬仙尉吟魂散綠莎太息蟲沙同往刼精神無處散頭陀張典史舊有惜春詩花骨增紅雨吟魂散綠莎之句予館來鳳與蕭抵夜楚談古忠烈士事生云今夜精神抖擻郊向頭陀矣

癘空蓬火動妖氛大節堂堂迥不羣爲國共推唐許遠請纓何愧漢終軍烟銷虎尚嘶殘月日落龍山哭暮雲正氣成仁魂魄毅靈旗風雨夜深聞

妖星橫擁木城門獨有茲生氣節存臨陣未曾忘母病入賊寨時生母病篤星奔省視焚香哀禱經宿遂痊讀書原要報君恩三忠碧血同心誓百里青山獨葬魂壯烈至今神鬼泣怒風穿骨散毛昏

上將威名動列侯幃中每得贊前籌雷聲震石魑魂碎匪有被雷震死者火彈衝雲劍氣遒時以火攻破賊三堡樹深狐嘯雨九龍烟淨日橫秋平妖可賦才人逝猿咽西風漉夜牛

和熊五夜有慈親羨爾才華迴絕倫千里孀居吟苦節生之母予姨也半生歸夢憾孤貧悲風遠送黃驄曲片土沈埋

玉樹春報　國心雄遭詩毒慚他朱履上星辰

一枝春賦冠羣賢幾日聯吟小雪天塡海共[illegible][illegible]賀甲坡修渡是重泉何期[illegible]露叢蘭後竟化哀蟬落葉天奇字滿牀誰問訊竹[illegible][illegible]火對愁眠萋萋宿草墓門無憶[illegible]悲歌擊唾壺義激生前倡勇士名留死後振頑夫深閨對影愁鸞鏡遶道遺言弔女嬃最是傷心寒食節一盂麥飯泣孤雛

莊邑侯殉難詩　王廷弼

到今猶憶三月山城焰白蓮相與興義勇倉卒無人烟賊

衆奪公去云公是好官好官不可殺但令勿生還或曰不殺官此舉爲無名全尸瘞牆下貞待時太平今朝同公子啟殯易冠纓襄老喪既歸先軫面如生忠義格天日鬼神呵護情佇待

天恩沛如公極哀榮臯復及今日招魂淚如洗愧我同公戰未得同公死公死猶如生公名不朽矣尙賴公英靈滅賊靖邊鄙送公昭忠祠英風鎭千紀

張尉殉難詩

分栽花縣多年歲一戰空留碧血殘化鶴仙人今在否更從何處葬衣冠

甘學博　殉難

廣文學官耳一死不爲愚守土雖無責尼山亦有徒讀書明大義授命佇[illegible]　豈彼干城侶空留血肉軀

念王明府伊犁遠戍

萬里玉門關流人幾見還大荒飛鳥外殘照夕陽間此地難埋劍何年得賜環英雄流血淚落草[illegible]成斑

宋鳳雛咏　邑令[illegible][illegible]詩　蘇門

邑小猶求易民貧補救難所期存利濟何忍薄飢寒心

在周千室身非戀一官夜深作封事枕上尙汍瀾

偕邑紳祭殉難三公祠

市上傳籌放白蓮妖氛已在佛芝先教匪初起有佛像生芝之異散毛土俗情猶獷應血軀塲志益堅張許雖非同日死王楊尙賴一時全平生識字惟忠孝香瓣南豐奉致虔

世俗因循實罪梯管絃聲咽響征鼙人皆烏合宜投首事爲狐疑反噬臍守節無慚三尺土登陴難覓一九泥至今衰草斜陽外尙有哀猿不住啼

閩越循良楚北英一時同難得齊名政成三月時方淺

[illegible]守秋死亦輕徒有衣冠昭激烈可無祠廟表忠貞
聖代曠典超前代卹蔭誠爲泉下榮

借箸全憑方叔猷相傳羊祜亦輕裘南雷助陣能驚敵膽倚從戎得報仇莊公子念謀甘公子文郁張公弟城一老猜嫌甘誤國幾人歌舞詡封侯書生眼見滄桑事說到功高涕泗流

夏日即景　邑令　方策

到來長夏似深秋早晚陰晴氣不侔一陣蠻風吹瘴雨征人五月尚披裘

那三烈士墓三士爲大鏞龔超元劉尚文詣賊營說降被殺於指甲坡　武生　何遠松　雪芳

東風料峭夕陽殘杜宇聲啼血未乾忠烈同時埋指甲草茅一樣露心肝妖氛未靖身先死鬪帥無情命共殘却惜史編搜不到空留精氣散毛關

二月二十日募勇爛柴尚陳家灣作此示諸同事　孝感縣訓導　張鴻範　羽儀

釃酒將心白椎牛歃血紅與君盟皎日大樹起雄風家國仇須報安危志要同自慚才術短努力望羣公

嘉慶丁巳奉檄至來鳳協辦善後事宜館於王斌夫別儲宅暇日斌夫與其季弟建侯遊同盧星丹少府登半邊城感而得詩[illegible]

無字空中指紛紛春復秋性雖凶水草勢[illegible]千[illegible]九寨豺獍勢偏城屋宇休青燐飛夜半鬼哭尚啾啾曾聞受降詔屢下　聖仁朝天道不好殺元戎小幾驅坑入學曹翰定遠賴班超巴蜀猶烽火難爲兵氣銷[illegible]白里臣節盡三公白馬飛騰久蒼生顧望空讀書[illegible]報國感舊恒從戎壬子真奇傑歸耕[illegible]討功指點殘營壘淒涼萬鬼場請纓猶壯志著屐又斜陽才大通兵法時清賦國殤起家自忠孝誰復似王章

隨伯兄斌夫陪劉碧崖明府盧星丹少府登半邊城作　庠生　王良弼　建侯

兄弟得隨行東山趁晚晴青青三月草寂寂半邊城冷落新烟火銷磨舊甲兵不堪回首處猿豕憶縱橫

蓮花作禍胎大意笑如來新懲教匪一開士匪僧佛傲報恩三秀才蕭大鏞何潭周南殺降無可訴守義不能回魂魄今猶毅鬼雄俱可哀

街市不復見回思心尚寒積薪堆鬼骨炙膾雜人肝鷹犬爻相惡鯨鯢不足歎可憐泉水白曾見血流丹唱罷圖殤曲凄涼不可支兵戎亦天意儒雅得吾師劉向通經術碧崖明府盧綸咏古詩星舟少府元方曾報　國感叔少年時

鳴鳳樓　邑令勞宗煥宜生

百尺岑樓在蒼茫倚夕曛星躔參翼宿天象倚奎文秀結蘿溪水晴開桂嶺雲朝陽秀鳴鳳雛翮九霄聞瀟灑蠻方俗歸流已百年光華萃文物清淑鬪山川風

景足圖繪鄉閭多誦絃溝渠聞利溥一脈引原泉眼界高空擴登臨一放歌崇岡列屏障老樹上藤蘿石磴題詩去風廊載酒過劇憐晴日少只是野烟多晝永衙參罷時爲踏屐行試開千里目同上半邊城落日含鄉思浮雲淡宦情所欣春雨足秧鼓勸農耕

望水堡尋前縣莊公殉節處

嘉慶丙辰年二月十七日公莅來鳳甫三月風吹妖氛開白蓮散毛紛紛訛言傳書生在官盡官守佛芝之流毒猻蔓延難作之先有佛芝之異有陳松者前來致祠詭陳形勢勸公勦之公聞幸衆遽往討中道遇賊望水堡民未知兵力不支一時安望欃槍掃賊衆縛公脅公降公駡不絕截公吭刀砧引受血肉飛凜凜正氣扶綱常張典史甘廣文同時死事先後聞男兒就義職無小奇氣不讓南霽雲我來弔古慨陳迹一腔熱血苔花碧千秋萬歲表忠魂視此紅岩一片石一片石七品官大書特書字深刊侯官舉人莊紋蘭

表忠歌題前廣文殉難甘公墓　縣學李大訓香圃

先生之學在求仁先生之官在明倫學不求仁必苟祿

官不明倫必受辱先生之死重邱山清風高節邈難攀彤管標芳非等閑聲名常在天地間我後先生亦司鐸昔有干戈今禮樂振新學校大興作祀公名宦人心樂聞公名已列昭忠今之鄉賢復祀公一身三享俎豆隆我拜先生甘下風孤墳矗亭之東首衰草寒烟蒙蓋久樹碣表忠君知否潛江香圃李氏某

來鳳王生小樓以拔萃試京師被落將還苦索贈詩挑燈成此以塞吾友之意諺云泥佛勸土佛執筆赧然嘉慶甲戌仲冬朏書於朱文正師舊

宅

學使　鮑桂星　覺生

王生歸荆南徜馬索贈言我何以贈生述古當新篇易
云謙有終寶儉老所傳謙則客氣屏儉則介節堅爲吾
試揚搉四座請勿喧人生天壤內晝食而夕眠同此七
尺軀我獨奚異焉最古號才子兩目空八埏交接馬班
蹤詩拍李杜肩傲睨皇古上放浪師友前况復不修檢
佻撻且輕儇風流敗名教談笑積罪愆遂干鬼神惡畢
世罹迍邅總因一念肆不肯佩韋絃反而痛自克江海
下百川至於愼取與此中亦有權苟非吾所有一介猶

山澗貪民間二卵干城尚可捐覼道傍遺金割席寧含
旃所以不靡故皆由儉德難衣食與聲色谿壑不可塡
天寸步縱觖尋丈踰防閑晝壅毀吾粥憂樂天下關卓
哉范文正壁立萬仞巔平生於二者服膺煩拳拳行年
逮知非清夜且惡然百端未踐一始歎行之艱生也不
羈才倜起楚蜀間見我稱弟子執禮恭且虔家貧性則
介不與時俗遷二者生所優饒舌慙豐干爲學貴精進
覆簣成邱山樹德務滋培時雨潤良田吾躬恥不逮吾
語出古先請效顏回贈不須繞朝鞭

門人王小樓舉拔萃北上道出武昌以喜雨行見
贈感其意之勤而無以酬也走筆賦五律二章
以送之

郡守　譚光祥　蘭楣

南郡有才子情深江漢雲空山上相見幾日復論文奇
筆爭三峽雄懷薄五君聲名追賈董會向漢廷聞
作郡吾滋愧吟詩亦不閒彈琴流楚水橐筆寫燕山短
鋏悲歌切空囊客路艱吹噓有鮑叔早到五雲間

丙辰紀事

拔貢　王　煐　曉樓

嘉慶丙辰之亂予年尚幼家大人避軍中本末

甚詳乃捃拾故實作樂府十四章選五首

白巾賊　述脅從之寃也

裹白巾披白衣懸白帳豎白旗一身挂白一家白道是
白蓮台上蓮花師拜燈誦經咒一飲醉似泥得死以爲
幸異哉堀嵓嵓無字空中賊之首賊中老母尊莫比但
知飯佛不知身引頸餐刀笑不止就中亦有呼號聲半
皆鄉曲脅從耳賊中脅從多復多可憐無知罹網羅焦
頭爛額等閒事洞腑穿胷可奈何錄囚爭送司命府愛
降殺降誰活汝迷途一入無生途盡室駢誅何自苦天

可憐吳人雪衣盆下寃他生生長太平年再莫佛前拜
白蓮

野有屍　傷死者不盡國殤也

朝殺人暮殺人賊兵鬥殺人鄉兵仇殺人生靈十萬幾
家存無處纔鑽覓新鬼無處淨土尋荒墳死不得葬葬
亦不得保其身可憐屍骸如山積春草芊芊都化碧杜
鵑啼斷荒樹枝明日便作西歸客

莊令尹　歎縣官之能報國也

臘月來二月死官不及七旬令尹事畢突令尹不要錢

[illegible]賊亦[illegible]下將平歸骨九仙山公子
麻衣[illegible]看先軫[illegible]萬人歎駕鶴應來丁令威持矛
空感公孫瓚丈夫讀書當報國城亡與亡令尹職太山
鴻毛一死分靈旗壯我山川色

甘廣文　幸見危之能授命也

廣文老無力難禦跳梁賊日閉冷署不出聲賊脅公降
不可得賊曰不降便殺之公曰丈夫死耳肯降賊讀聖
賢書學何事如此偷生媿臣職賊勸不絕口公引三尺
綬明倫堂上授命時英靈聯步莊公後莊公先亦廣文
官丞[illegible]鐘舌兩相歡一時同入昭忠祀名在豐碑神在
天

哭白馬　痛王明府之以功獲罪也

白馬馳王公雖危如不危白馬死王公投荒幾萬里白
馬與公寄生死當年脫險北門北馬如游龍人不識王
公從此加顔色太歲威名壯山圍（賊見白馬皆反奔軍中呼爲白馬太歲）
士死知己馬亦然馬豈願服黃金鞍大帥索之不能得
封章直達
天子前寃公[illegible]事曾有愆馬兮馬兮人可憐一朝

命下伊犁謫玉門關外天何遐馬在公無功公在馬何
益太帥高高天咫尺人兮人兮馬可惜嗚乎馬受豢養
恩感恩殉公惟一身吁嗟大帥伊何人

仙人洞

若有人兮山之巔岩栖不知幾何年何年此地鍊金丹
金丹鍊就飛上天碧崖終古留雲端山高逼霄漢洞在
山之半門前八九木闌干舊者欲墮新者換闌干縱橫
何處無仙境終與凡境殊岩中碧潭清無底如從海上
望蓬壺君不聞海內洞天三十六龍抱神淵虎嘯谷五

與嘗坐黃安龜一車争鶩衛卿鹿茸山况有亭初平時
下元州戲赤城三山宮闕金銀色三華神氣餘晶瑩崐
山瑤藥鍊魂魄牧羊都是紫霄客采藥當成四合車論
交請坐三生石石下水聲暮飲碧石山霞光曉餐赤仙
人只合住名山何當同驂鸞鶴白柯爛猶呼棊局殘碁
子聲落雲漢問幾時飽喫青精飯從師浮邱去不還

鄧衛公愈振武岩

南荒舊有散毛峒元朝天子早納貢宣慰軍民亦有年
歲化山川竟無用天魔舞起國事非玉珍擄蜀散毛歸

已作沿邊都元帥不知明祖更尊威朝貢不來干戈起
虔劉楚夷及邊鄙自大真如夜郎王眼中何有漢天子
聲靈已及蠻山陬天戈直指荊南州征南將軍鄧衛國
堂堂元老壯其猷摐金伐鼓駭林莽燔燧然烽驚酋黨
飛揚旌旆如雲荼三十九峒齊掃盪野壁前徒已倒戈
牽羊銜璧降山阿軍前獻出僞夏印漢關壯士齊長歌
長歌聲中便振旅爲洗高崖鎮戎虜聊朝曾告太歲神
果然將帥如貔虎分道更有周德興吳良侯　五溪蠻峒
同時休水盡源通塔平處依然貢獻三年秋散毛關外

令旗三月功成此[illegible]戟揚威特書[illegible]岩[illegible]三字
如平大衛公開國[illegible]衛公吐氣若長虹當世惜無
班固筆纂經敵[illegible]單揮毫灑醉墨下手震驚
千百國皆封藩護玉[illegible]年[illegible]糊猶可識我聞遺事
笑前明宣慰雖勤非至誠[illegible]衛屢屯焉可制年年歲歲
煩天兵何以我
朝敷文命閫外不勞霍去病一民尺地皆版圖
當[illegible]盛我今亦臨散毛鄉訪古爲弔寧河王
[illegible]日月高摩碧落生光芒

迎春日作　邑令　康乂民

亮輿露冕出東關日迎旌旗雪滿山媿我無能蘇百姓
爲迎春色到人間

奉陪夏培堂夫子游天姥洞　拔貢　楊逢祥

坐風立雪已多年杖履追隨更有緣妙境還尋丹穴下
豪情長放碧山巔時伸佛手拈花笑獨寓婆心枕石眠
明日扁舟回望處磨崖鐫字起雲烟

烈女井　庠生　雷錫慶　懷卿

烈女姓孫氏父爻登儒者乾隆辛巳隨伏虎洞

[illegible]中有毋熊氏道[illegible]烈女改適周姓[illegible]物
故烈女巳及笄矣丹冬失德屢險諸[illegible]不聽轉
加凌虐狂且復誘辭之遂於巳亥七月投北門
外井中死時天暴蒸屍從井中出顏色如生生
員歐陽祖璵親見其事紀其巔末道光間茂才
雷錫蘐偕同人立石井畔並刻以詩

誰彼井中水爲儂洗塵襟儂有何塵沉即此堅儂心儂
[illegible]如水[illegible]塵侵
[illegible]血雨

增生　饒　琳　月樵

[illegible]浩蕩起烽烟爲國捐軀豈偶然宦轍巳悲春夢短
[illegible]爭須使君賢危疆自昔無城郭曠典于今享豆籩
[illegible]忠魂飛不到子規啼血自年年

吊廣文

曾荷經綸苦備嘗何期厄運遘黃楊官非守土生何害
職在頒給死不妨縱使招魂滿天地可憐延頸報君王
黌宮曾錫褒忠典俎豆長同泮藻香

全秀才殉難辭 時年七十二歲　遂安縣訓導　張光杰　偉人

老秀才老秀才時危矣避速哉秀才答言君不曉吾人
一生讀書巳到老猾賊如此恣猖狂無官無民殺之如
草菅草露薇青天妖氛迷白日大府誠何心一卒竟莫
出草莽[illegible]起一旅師無人忠奸義膽共賊同仇與有爲
傷哉我氣猶未張中途遇賊殊倉皇賊衆直縛秀才往
謂[illegible]曾之降秀才罵賊不絶聲蠢爾么麽何縱橫
一時[illegible]憤發身不顧聲泣風雨氣挾雷霆激昂慷慨
揮[illegible]一賊起云殺之快老頭巾耳何足愛一賊起云
[illegible]老僤殺況人面秀才之節窮且堅不畏威武
[illegible]爲之聲所凜然不恤頸血濺賊刀魂魄飛散
雲天高賊爲秀才留廉恥身不脫儒衣秀才頭銜
不足奇秀才一死有維持無官無守且如斯嗚呼無官
無守且如斯

邑侯王公後華殉難詩　歲貢署安陸縣訓導　張　瑛　立堂

松栢本有心心能傲霜雪竹箭本有筠筠不畏磨折正
氣鍾於人時窮方見節公昔宰吉陽同舟識邪傑蔡溪
公既來匪徒迹消滅爲民預籌荒社倉穀千石政行恩
與威誰可比賢哲髮逆竄城中挺然實斂犖相鬥力不
支捐軀以報　國踞以賊遠颺屍尋北濠得守護使鬼

請高歎不叱舊面目猶如生前靈竟獨絕骸骨歸故鄉士女咸悲切仰蒙　高厚恩爾祀獎忠烈

題虎耳山寺　　拔貢　張書紳　道存

寺祀靈官妖蛇憑之甚有靈應湖南老儒某作詩頌神異因闢焉

笑煞闡靈老一經誤將妖物作神靈全無膏雨流鄉里獨有腥風滿野亭春色蓬蒿千嶂碧秋光滄海一燈青安心好借閻王法莫使蒼天怒激霆

孝子洞　　何　暘

一劍當門入鬼隔全家匿洞死生懸衛親險脫饑寒穴罵賊愁深瘴癘天血染蒼崖留麗碣恨聽秋雨泣龍泉我來駐馬頻搔首露冷陂塘散白蓮

弔邑侯王筱華殉難詩　　庠生　段延澤　春園

倚劍空城力不支援兵望斷羽書遲濠梁一片無情月照見孤城喋血時

收骨時經秋復春紛紛亡語盡成塵凜然面目還生氣呵護端知有鬼神

天聖石柱歌　　候選訓導　張　鈞　蓮舫

盤山如龍不肯住飛騰鬱結當陽去一山戴石作虎蹲上有天聖支石處石柱胡為在此邪州分當順境相望蠻觸所爭僅蝸角虔劉昔憚盤羊腸天險之中略用武天子桓桓來夔府窮鳥巳見號踦弓小洞無須書玉斧股慄耳帖垂十年蠻雲黑黑生烽煙邊吏不敢告天子羽書夜達刺史前刺史指揮出孱棧蠢爾小醜何足數天上將軍下吏方馬前吏長降田晏蠻蠻之石堅且圓為之界破混沌天詳記叛服分畛域大書歲月深雕鐫南人自此不復反七女柵前春風滿持護當同神物看

摩挲敢忘天威遠蠻方撐拄經元明毛髮畢見光晶瑩一朝變化挾雷雨響徹林木藏山精吁嗟乎金人何處長承露石馬誰家終守墓白石黃金有盡時天傾地陷亦常數此物當年在人間久與咸平鎮百蠻我今駐馬尋殘柱洞而溪風暗二關

鳳山泉

一脈香通鳳嶺顛在山泉勝出山泉洗來俗耳人應笑書到詩脾我欲仙候鼎時聞風颯颯不波自浸月娟娟從金要與生公約調水無符莫浪傳

碧巖山訪唐開元寺遺蹟　庠生　張　浩

城西有山凌碧空宛若天際之芙蓉巖巒亘數千里
蜿蜒屈曲如廻龍山勢重疊地清迥我亦登臨來絕頂
烟銷日出風景開步步引人入佳境上有古栢干青霄
下有鳴泉聲怒號林猿野鳥語若笙竽合竹籬臨溪橋
老人扶杖向我揖問我何事循遊覽我聞開元有古寺
欲向老人細研詰老人言在此山前故址寥落無完全
春風春雨數百載桃李無言空門閉傍有僧寮小如斗
松林老鶴日相守可惜古寺今無存徒留此山長不朽
登山須登最上頭山中古人今在否山高不知人去盡
低頭向我嗚咽啾

遊佛灣　學人　何盛矩　伯方

山色蒼蒼高存天溪聲汩汩平入川山耶溪耶兩清絕
岩端忽湧千葉蓮城東古寺壓山腹牟尼隱現珠光圓
鬼伯鑿君刻削壁金身趺坐中高懸丹壁無梯那可上
奇哉造化工雕鐫飛樓湧殿奪天巧直自林麓窮其巔
手劃苔蘚尋斷碣字跡猶識咸康年憶自胡羯犯嵩洛
司馬家兒走南遷中原衣冠化塵土夜郎萬里無烽烟
自在好僧來自奉持頂咒諸經[illegible]拔巢發光怪
緇衣繼踵事尤虔聽民奉佛制其古迹令荒微道相沿
惡憶萬劫恒不壞眉放白毫照大千金閣浴桑數千載
西日剝落神常全偶來小憩借僧榻到門六月風蕭然
[illegible]藤翻空[illegible]舞翔鸞端滴[illegible]潭水碧綠深不測
[illegible]問此處[illegible]大旱欲出[illegible]鼓[illegible]起癡龍眠
道人延客[illegible]數苦茗[illegible]汲[illegible]苦醉夢
[illegible]過眼[illegible]淨[illegible]階[illegible]進禪
我因不[illegible]致人[illegible]何須金石堅如[illegible]人[illegible]
未圖作佛追雲仙

烈女井

白蓮花在泥淖偶出汚泥生誓托清流死花落香風拂
井水井水無波風來苦多古井無波風奈何我於皃時
聞孫烈女父溺母出女時年十五莫慰母心謂他人父
烈女之生遇獨苦曹娥碑凱風詩女以一身兩兼之母
不貞生何爲兒完全死已遲身是女貞木豈容鵂鶹巢
其枝歔泣訣母披髮呼天母也不諒下從阿父黃泉是
時六月晝忽冥冥雷硏雨風悲鳴一躍入水天爲驚水

不波雲密布一屍在水神常護出三日面如生蛟龍遠避蟈蟥無聲只恨難回慈母心亦如古來古臣不得於君父汨羅江上哀屈平江水濁何如井水清井以人傳千古名碑已折泉已竭烈女之名常不滅女媧石補天缺

癸亥七月初六日書事　　選用通判張　鑑銓知[illegible]

同治癸亥秋七月初六日逆黨李復猷由川而黔[illegible][illegible]黨萬人狼賊隳猛且疾焚掠蝦蟆池與吾邑[illegible][illegible]固[illegible]響羽書告急民與官險皆逃或向高洞[illegible][illegible]秀[illegible]老人街前汝斗大一石城[illegible]必先民心[illegible]回[illegible]詔[illegible]勉力皆言民盡去官何以獨立[illegible]患[illegible]誰[illegible]衆志城可成況有城之邑夫[illegible]者街勸集團練一時齊戈矛各竪植鼓鼙壯風聲旌旗耀[illegible]色照閭有備矣不遁之他國嗟哉牧民者端貴有仁術仁則危可安不仁凶少吉前後一齊觀斯理大可哂

登迴龍山訪唐開元寺遺蹟　　拔貢張　澂小山

羣山起伏乘雲走矯若遊龍昂厥首刻然回顧[illegible]天公暗鎖黃金紐頭角崢嶸向碧天舒張鱗甲生雲烟偉哉造化鍾靈怪其中應有飛來仙傳聞古佛曾居此梵王宮殿參差起借問住錫來何年三郎沈醉爲天子版圖庸必附明皇寺號開元屬渺茫我登絕頂尋遺蹟恍同末世談洪荒樵夫拍手向余笑胡爲洒淚來[illegible]而問房仁壽俱塵埃千桑萬海誰能料一聲長嘯[illegible]山靈斷碣殘碑目未經金粟如來何處訪斜陽一片[illegible]

邑侯王筱華殉難詩

西風吹送鼓鼙聲僅恃區區斗大城戍卒雷奔[illegible]丁男鼠竄痛無兵魂飛楚北秋雲黯夢繞江西夜月明事不可爲甘一死高堂泣別淚先傾求援偏覺羽書遲賊衆城空勢莫支健僕尚留真血性僕彭元從難同官誰作好男兒秋風激烈天含怒夜色淒涼鬼守屍但恐龍門編不到長吟爲賦大招詩

遊振武岩弔古

遊客爭談衛國公金戈鐵馬暢英風土酋羅拜迎元帥留題耀武公營壘虛無新月白旌旗想像夕陽紅可憐嗚咽天橋水夜作寒濤泣鬼雄覃氏言其祖被俘鄧愈於天橋殺之

學宮種松偶成　舉人嘉魚教諭 何逵鑒 蘭皋

大廈急需梁棟支十年樹木未爲遲儲材　廊廟心先養托跡　宮墻節不移秀色定標霜降後濤聲好聽日中時春風春雨欣欣長指顧參天謹護持

和何葆山孝廉　聖宮種松原韻　邑令 李鼎 南渠

繼出蓬蒿力不支殷勤扶植未須遲自將泮水池邊種好趁東山雨後移拓地預留盤鶴處參天應有化龍時得偕老檜分靈氣萬仞　宮墻總護持

題張蓮舫廣文天聖石柱歌後

心折張郎石柱歌長篇突兀與如何一時壇坫齊盟少三楚江山得助多大有雄風開瘴癘欲鐫好句向岩阿倘逢孝穆西來使片石韓陵兩不磨

烈女井　黃宗騉 板橋

妾心如井水妾身沈井底匪妾甘沈身妾心不能已

佛潭迎月　張宗達

山靜佛天豁潭空月影孤那知塵境外猶有小蓬壺

蕉溪夜雨

寒雲低野渡蕉葉覆溪橋一夜瀟瀟雨應添幾許潮

烈婦井　文童 張之沛 小鏡

烈婦姓黎適同邑何星階文生悅誠女也姑歸氏　旌表節孝咸豐辛酉年九月十五日夜髮逆陷來城烈婦身纖弱恐爲夫累遂投園井死賊退得烈婦屍如生鄉人哀之呼爲烈婦井

平生秉性如金鐵一朝殉難更激烈身弱足纖行不得殺死須與賊必獲勸夫早逃莫少息無爲妾累遭慘割妾不遂死恐污身寧作鬼亦不潔便雙攜手正泣別

群賊已環烈婦宅催促夫走踰墻闕身投園井聲寂寂賊退夫歸尋踪跡漉起全屍形如活綢繆尚蒙作袢紲珠鈿猶壓在鬢髮水神晝夜守屍骨時經五月不變色吁嗟乎烈婦有母誓守節節烈相繼光赫赫巾幗之中此奇出扶持綱常不朽立

弔王邑侯筱華殉難詩　何暘

時局難期挽志成獨將一死守孤城只今惟有西江月照徹丹心萬古清

誓將清白報君親大節無慚守土臣回憶梅花高格調

新詩早見性情真

咸豐縣

署中書懷　　邑令　張曾敫

緇袍布被已多年萬戶安危繫一肩吏肯讀書方不俗
官能愛士始稱賢療饑詎可吞烏喙止渴何容飲盜泉
我亦焚香無敢告惟憐赤子莫籲天
自出京華面撲塵下車纔得息勞薪山深恰稱蕭疏性
俗厚猶含太古春肯爲官情成濁吏常愁教養外窮民
只莫愛錢兼莫懶不然那不負　皇仁

瀑泉留別　　黃家璲

毫無好處告諸生謬被虛譽感至誠教養才疏知少益
士民意密自多情王曾詎想溫和飽單父原資父與兄
具象吾應時體味贈言重復遞稱觥

即事五絕　　吳觀樂

萬山深處一山城邑小如拳俗尚清不滿人家三百戶
夜街常有讀書聲
訟庭漸欲長莓苔放早衙時眼一開最愛青龍山色好
遶天碧色進城來
郊外良田萬頃多交春停訟聽農歌高螺山下垂楊裏
官亦微行踏淺莎
蜀黍秋成粳稻黃新醪初釀滿城香山中更見民風厚
尾年攜來饋我嘗
設縣歸流僅百年城鄉人士遍歌絃蠻雲瘴雨今非昔
寄語文翁後至賢

戊寅新春題瀑泉衙齋

山城已見早春歸四面烟嵐擁翠微去日苦多難鑄錯
行年將半合知非名爲畫餅爭何益心有菩提種却稀

我愛梅花留傲骨滿山風雪自芳菲

咸豐留別

瀑泉承乏之三載於茲秋初將遠役滇南士民咸深依戀而余心亦不禁黯然也賦此以誌離懷

雲深緣重此羈遲敢謂偏隅可卧治肥瘠入區生計薄
哀矜一念上蒼知日甘吏隱棲巖谷夜少塵機擾夢思
豈意毿毿深澗鶴秋風吹送到滇池
欲別還留屬望深譽髦頻爲作人吟蔚文喜闓儲材地
敬業親題課士箴三載披巖勤採榦一時入冶盡鎔金

再來定卜天荒破無負滋培此日心（蔚文書院爲題一敬業樂羣額）

留別廣文曾一齋先生

到耳秋空鴈一聲金鞭將捉不勝情感君骨傲能知己
恨我塵勞只遠征良友忽離關氣數高人何必定公卿
驪歌互唱還留贈他日相逢酒再傾

癸未春送邑侯唐春墅歸湖南　縣學　曾元一齋

風流伯虎藝空羣草聖淋漓每半醺酒令嚴時常恕我
詩情豪處轉輸君屢遊古剎題青壁（附郭興國寺最爲名勝明府聽訟餘閒即遊此寺寺壁題咏幾滿）新搆高樓納白雲（署內東偏明府新建一樓額曰納雲）自[illegible]別歸帆姿穩趁斜曛

[illegible]秉來令藉晨明[illegible]到新進諸生謁

[illegible]聖[illegible]示諸生

秀才原非小自命竟何如天外飛神物池中養巨魚勤
耕心上地善讀古人書欲步尼山路才識莫麤疏

題馮世琨容日軒　邑令　唐方耀

太馮門第重湘撼[illegible]歲孫家隸建平（君先世家湖南州與予爲同鄉）
載功名新綰綬（新選直隸涿州吏目因居憂未赴）九秋風雨夜籌兵（嘉慶年間來龍教匪滋事以嚮禦功保部從優議敍）要懷琴酒心常足結字林泉夢
自清笑我簿書魚鹿甚也攜樹酒聽林鶯
瀟林風露湛清華鎮日憑欄興自賒疏雨碧痕鴉剪樹
夕陽紅影鼠姑花幽軒舊榻雙鉤墨佳句新籠四壁紗
茗椀香烟相對好居然碧洞說棲霞
凌晨雙屐扣山扉坐到林梢夕照微人與烟霞真有癖
我耽泉石亦忘歸半晴花榭香生席一路松篁翠滿衣
何處更尋山水窟風流常憶謝元暉

種菜

公餘無事掩門扉散步閒來坐小亭土瘠喜抽新菜甲
宮閒聽說老圃[illegible]滿畦[illegible]霜初下[illegible]夜濃鋪雨又零
待取黃齏香滿甕秀才風味本來馨

[illegible]線墉舊句

一水浮孤棹秋風線墉來楚江千里去蜀道五丁開猿
安寅墟集山僧亥市回犬牙相錯雜灘響獨徘徊

縣試　邑令　文　藝（燕農）

書生初作吏權現宰官身試士童分隊掄才我採珍仙
根原有種慧業豈無人蕊榜來朝放誰爲獨角麟

秋日登高螺山　朱　霰

城以山爲郭何勞陟遠岑路原無半里人已立千尋稍
趁秋風熟鷄催夕照沈年豐兼世泰差慰宦遊心

甲午首夏按行咸豐途中有作　郡守　王協夢　松廬

山石似層冰一一水痕凍鴻濛未闢時想見勢澒洞浩
乎扶天風滔滔孰能控凝結萬萬古猶訝波濤送方理
書然解可代徧甓用巖前一把茅塗墍欲無縫石鏤自
成雕山田綠方種
方從山後來忽度山前去下下而高高沿綠百盤路籃
輿行山腰徑可入縑素絕壁噴飛泉羣峰□樹此間
若蕭圖豈謂烟霞痼惜哉蜀道難羈遊寡歡趣且啖諸
葛薇且飽懶殘芋
山靈笑我俗鳴騶到山阿重厓歷石磴宛轉如旋螺居
人共牽引直上無延俄恍師巴猿智連臂下飲河阮孚
蠟遊屐覩此應殊科部民樂趨事吾政敢側頗要須去
害馬無爲勞者歌
石鼓定堅緻嵌空何玲瓏木髮土爲膚綿亘巒烟中崇
山極鳥道絕礀開蠶叢山攢水亦聚氣本相流通天生
斷路徇底用丸泥封瀑泉自聒耳飛雲應盪胸何當迷
遊侶桐帽支吟筇

輿中口占

連郢新秧綠如針出水齊橋通蒲澗直路繞麥田低行
縣春方老還鄉徑欲迷萬山青不斷終日子規啼

山中曉發

嶇軋籃輿嶺路長沿山花草逐風香百盤危磴青雲近
十里疎林曉日涼滴露竹梢偏裊娜經霜木葉漸丹黄
見麻蜀黍皆成熟不用循行策救荒

春日自賦　郡別駕　夏文蔚　樸齋

日日開簾對水濱閒曹雅稱不才身菫荼自昔嘗含苦
虀臼從來解受辛戶外東風斜入座山間涼月淡爲鄰
匏樽一曲重搔首孤負光陰又一春

初秋因公越鄉宿次遇雨感懷次東坡先生秋懷
韻　邑令　楊明善　理元

斯邑號僻僻奔走乃無時山居聊小憩遂忘秋興悲微
雨倏灑窗涼風復透幃深崖聞長嘯安知狐與狸默坐
寂無事靜爇枯松枝緬昔鳴琴治高風邈難追自慚湔

[illegible]儀璣與古心期年谷蔗順成閭閻鮮怨咨商颷由大化無爲怨暮遲

殘燈不成寐臥聽瀟瀟雨秋蟲四壁吟寂寥無與語念此感我心何如守環堵翻思田家樂誰云田家苦邱壑任取攜況逢足禾黍璞本獻荊山珠或藏合浦所以古達人志不忘畎畝囊羞買山錢衷懷愧宣吐

冬日因公至咸過學署訪賀廣文不遇見其幼子　郡守　顧　椿　靄庭

依依田水繞當門嵐翠橫窗帶雪痕玉筍佳兒修禮肅金蘭良友贈詩存此山東向衙齋冷吾道南行學序尊人憶義皇風自遠白雲廻首又黃昏

丙午春赴漢陽府學任留別　縣學　賀青連　蕖塘

十七年來彈指過驪駒忽唱淚沾巾重階稚子懸弧地六邑吾徒贈策心舟載好花香作伴庭留翠柏葉成陰晴川異日高吟處回憶山城月滿岑

劉烈女　邑令　王久益　子徵

昔讀曹娥傳今過烈女坊兩間留正氣百代樹綱常潔志秋潭靜貞魂皓月涼建牌重表節亘古蕙蘭香

遊安樂洞　縣學　熊啟愚

嵩傍巉巖峭壺明石洞開容從丹嶂至衣帶白雲來苔綠侵棋局山青入酒杯石高頭枕臥此地即蓬萊

新正即事擬柏梁臺體　邑令　應鎣　階平　坡

簽輿西城轉東城朔風吹面天難晴沿途滴滴殘葉聲積雪未消前山橫韶光幾時春向榮家家新歲桃符更兒童比鄰奏管笙嫩椰鮮花催芽萌原田千頃春水盈農夫及時勤深耕絕頂叩關訪老成是日就見馮子馨老人歸途樂意聽鳥鳴

天台寺題壁　邑令　盧愼徽　愔五

禪關深鎖翠蘿中密竅幽林曲徑通芒路踏來雙屐綠花幡坐對一龕紅鳥隨雲影歸無際風捲鐘聲響半空我欲吟詩揮古壁他年慙愧碧紗籠

瀑泉八景

三星伴月　蔣仕槐　蔭亭

嶺抱奇峯數點明渾如壘月聚山城官衙宛在清虛府願假輝光照旅氓

墨池生香

孤皇祠邊水一泓生香不斷色鮮𦫿宮墻數仞遥何處
韓羅流馨尚在茲

朝霞煥彩

破曉霞光半露空朝朝遥映嶺頭紅赤城標向天台建
想與其間約畧同

積翠籠烟

層層積翠在山頭晴合雲烟半際浮淺愛陰晴深愛雨
濃宜春夏淡宜秋

秀屏錦障

東南郭外數峯青排作天然古畫屏樹影雲容兼草色
開門直送到前廳

青龍烟雨

石爲頭角土爲身蘚作皮膚草作鱗嶺上烟生旋致雨
由靈畢竟早通神

朝陽飛鳳

一隻山如彩鳳翔雙分羽翼舞朝陽邊城尚有文明象
況彼神京與帝鄉

廣利源泉

不識泉源利若何涓涓湧出在平坡時看用汲人爭往
即此能知受福多

筠山秋日晚眺　楊秀浩 曉溪

杖藜閒看翠微巔渾訝虛山湧瀑泉筠擬象牙撑石齒
峰排雁字寫雲箋半彎斜掛蛾眉月一柱高擎楚塞天
豔說崇崖多桂子好參玉笋列班聯

泮宮柏　馮承旭 曉湖

列柏沖霄邁等倫養根族實樂天真居然彰美肉含土
不禁宮墻外望人勁節豈爭桃李艷孤標先負聖賢心

泮池得地誰爲侶挺挺常留萬古春

唐崖司

烟樹蒼茫望裏分當年歌鼓寂無聞惟留廢苑埋荒草
但見空山走白雲古木寒鴉元武寺斜陽衰柳土司墳
千秋憑弔情何極況聽哀猿又叫羣

蠻王石牌　宋奇燿

蠻王牌上草萋萋遠近人家一望迷秋老梧桐山欲瘦
春深楊柳鳥爭啼圖開楚北方千里洞繞湖南第九溪
兵燹屢經餘舊跡高懸砥柱夜郎西

烈女劉三姑行　　宋文藻古薌

為訪香檀入幽谷羣芳中有女貞木鵂鶹欲啄女兒花河姑下視天應哭烈哉貞女劉三姑隨爺持家阿母俱生成麗質招人妬倏來濁水潑明珠久貽深閨誰覿面桃花不合墻頭見伏戎惡少伺而狙風語華言佯相媚風狂且暴屢將侵狡童有意妾無心闔門謹避魚濟沼燒香不敢立花陰一朝縲縶晨出汲四顧無人勢岌岌向天大號賊膽驚雨欲淋花花未濕網羅幸脫歸來晏婉轉嬌啼香魂顫阿母聞之痛精深妾恐行且情猶戀

只愁門前或再逢繡履羅裳密密縫針線未停腸已碎拚將一命絕狂蜂夜深悄把房櫳閉珠淚闌干啼聲細拜謝爺娘養女恩今生難報雙親惠慘把七尺紅綾裁瓊花入夢豈重開誓將為厲來殺賊貞魂不肯上陽台邑宰張公賢令尹採風及此聞之憫旋將惡少置典刑頸血澆墳慰幽珍更為表奏請於朝　冊詔飛來下九霄牌坊棹楔輝金碧劉氏三姑烈女標考厥朝代青簡編乾隆五十有四年距今纔經六十載瓦改碑殘蝕雨烟遇溪先生好訪古與我同心館斯土偶尋斷碣立斜陽相視慨然愁肺腑先生作傳識芳烈我亦長歌眦欲裂從古佳人福不佳貌則芙蓉腸則鐵延陵昆季古賢流慷慨耐金續此樓祇許貞魂長坐臥不容遊蝶漫尋秋樓成重過碑樓山樓下清溪水一灣流水似為嗚咽語貞魂猶自怨紅顏

哭秦生并序　　張光杰俊甫

生名鐘藻字鍾俊舞勺從余遊舉動異人決為將來正士遊泮後風晨雨夕論上下古今忠臣烈士輒嗚咽不自禁少年偉丈夫也辛酉八月髮逆踞蜀之黔邑惠協戎帶兵防堵線壩生練勇從戎九月卡濱來鳳陷協戎移營忠堡生復與焉迨十二月合兵勇逕薄來城王鹿子峽賊已繞道山後截其歸路腹背受敵全軍俱沒擄生入城誘之降罵不絕口且持磚擊之賊怒木棉裹生浸油置諸火恣夫夫以一羸弱書生手無節鉞能舍生取義如此吾門之幸也抑獨吾門之幸耶

鼓角齊鳴雪夜天書生亦[illegible][illegible][illegible]捐成功恥落他人後

臨陣敢當衆士先胸有中兵空畫策手無椎笏怒拋磚
儒冠未脫甘焚死令我拈毫涕泗漣

哭秦生鍾儁罵賊遇難　丁秀鋑　金冊

髫齡鼓篋記從遊馬帳談兵幾度秋縱使拋磚能擊賊
可憐投筆不封侯骨堆白雪尸橫野血染紅花嶺帶愁
一片雄心灰燼火淚隨斑管落雙眸

過唐崖謁張桓侯廟　熊　飛　遇溪

森森花木徑通幽二十年來記舊遊楨宇淒涼空留冷
鄉村錯落午烟稠崖疆已毀新開寨石馬如騰古關州

國土有風威不猛千秋廟貌枕江流

利川縣

蠻王古冢歌　郡司馬　商　盤

施州城北都亭鄉懸岩百丈鼓鬱蒼下有洞門一十二
云是蠻王歸葬地高岸爲谷谷爲陵古往今來幾廢興
此冢亦遭人所發但存塚木纏枯藤當年曾作西南長
姑增壁壘堅無雨花鈴蘆管散雲烟漆齒雕題埋土壤
苗疆尺寸納
天朝蠻壁高溪羅部曲消孟獲何曾縱復反尉佗敢稱先

前驅陰風吹冷荒郊月刀扇搖歌聲已歇杜宇難平望
帝心幽篁空灑湘妃血安得蒙莊語髑髏殘魂剩魄莫
生愁牧兒夜火穿秦壟義士冬青表宋邱君不見纍纍
道左今無數玉魚石馬知何處有酒堪呼泉下人一尊
且酹劉伶墓

燒山行

朔風獵獵夜更遒烈炬燒山騰鬱攸黃茅白葦何足惜
中有楩楠高百尺崑岡玉石並雜焚其勢直欲薈崖髡
火牛長驅燕壘破隊象突出吳師奔君不見天樓山郡治山名

去天纔一握密箐深林掩圭角下策斵宜用火攻高坡
漸可施錢鎛
國家休養經百年蠻土盡闢爲良田炎炎秉畀應時令
太平了不驚烽烟須臾火熄風且止翠微依舊清如水
明朝樵客入山行爛額焦頭虎狼死

採蕨

採蕨復採蕨蕨生蠻崗蹭秋將蕨粉收春待蕨苗發蕨
苗葱翠如禾苗布種不用施鉏銚婦女提筐立沙嘴兒
童負籠穿山腰施州地廣民富足況逢五穀穰穰熟比

鄰都有好田園此産還同閒草木君不見嫩韭初芽薈未花發盤蕨菜定兒誇夕陽一片踏歌起社前競采西巖茶

下車兼旬即景成咏以當采風

茼花犵鳥不尋常天遣題詩到夜郎特較江南風土異雪中解轡見新篁

放衙官似放參僧小院人稀寂寞增乾鵲楂楂鳩轂轂方晴忽雨總無憑

冉駹遺種語侏儷大旺當年有舊司苗錦如雲成五色

勝他番褐紫駝尼

遠山疊疊近山攢負郭人家占地寬一帶枳籬茅舍畔儘多豕柵少牛欄

蕨薇隹産並來牟葱翠連坡復滿疇春擷嫩苗秋貯粉全家糧食不須憂

蠻俗新移尚未成不知紡織但知耕一城四面方如斗三分居民七分兵

旱禾晚稻積京坻擊鼓鼕鼕息蜡時白酒黃雞盛背籠明朝去賽竹王祠

羊腸蟻穴路彎彎古迹猶存振武關散末良才同一炬年年十月便燒山

東西贊佐舊曾聞忠峝唐崖兩處分莫怪獠猺蠻語熟新來蠻府作參軍

野性依人欲啄同白鷴養得羽毛豐一官潦倒無歸思不與開籠只閉籠

椎髻雕題態若何利宜餘習未消磨金環貫耳誰家女解唱蘆笙蛺蝶歌

官符商引到山家綠雪紛紛作吐芽莫怪采茶時節好

火前茶勝雨前茶

題吳桂亭匹馬從軍圖　胡萬清

不上淩烟閣甘棲舊草廬椰營曾試馬湖畔又騎驢論定恩無匹功成畫不如儒生何所負劍又讀兵書

單騎歸山城將軍早息兵貔貅咸以律雜大總無聲驛路停鞭語花溪緩轡行刀頭真快意從此事春耕

凱奏功成日圖披索句時恩原非畫餅意不為題詩雅量藏杯酒雄才付局棋幸陪晨夕永山水與心期

前題　學使　初彭齡

族憶南陽貴人稱楚國豪爲存桑梓誼獨任爪牙勞日
笑探丸輩身先負羽曹此行真踴躍所至禁喧囂跋涉
思良驥功名在寶刀還家衣錦繡受級沐
恩膏克敵胸中甲傳神頰上毫丹青留汗血水墨染征
袍筆掃塵氛淨人應義勇褒雲臺馳想像滿壁畫英髦

前題　何凌漢

都亭西北好遨遊歸去來兮再賦陶世外阮劉誇伴侶
閫中屈宋擅風騷能將宦境隨時澹門有閒情觸處遭

從此灌園成隱逸松間月下想英豪

前題　法式善

櫪馬忽悲鳴將軍事遠征何如真國士轉自笑儒生月
冷弓衣句風高鐵甲聲豆棚秋話雨從此不談兵

前題　李宗瀚

書生冠劍自翩翩蕩寇論勳若勒燕絕勝南山隨李廣
短衣匹馬盡殘年

前題　張問陶　船山

夕陽芳草接晴川回首戎旌尚凜然一卷陰符三尺鐵

圖成也抵畫凌烟

訪清遠上人

經聲才起市聲遙人海中分路一條佛地光明惟有月
宦途消長不如潮僧閒未肯輕饒舌官滯何須畏折腰
坐看秋風搖落久莫將堅固問芭蕉

巡戍巖口　邑令　陳春波

山城出宰六年餘寇警頻聞走羽書險捍高巖安寨壘
平籌積粟濟軍儲狼烽入境三旬殄鳳嘴鄰音五馬除
自愧材庸無以報披堅執銳不遑居

書生佩劍整戎衣鳥道盤空上翠微密雪愁添鸞旆重
污泥苦趁馬蹄飛小民勇悍能輕敵巨寇猖狂幸破圍
憑仗國威胡滅此勤王齊唱凱歌歸

春日遊城東各洞　張宗孔

公餘尋勝境攬轡出城東弱柳垂堤綠夭桃夾道紅四
圍山不斷羣壑水相通俯仰皆成趣儼然入畫中
又過鮎魚洞幽深隱巨潭漁舟衝浪碧石蘚映波藍談
笑山皆應空虛妙孰參問途期盡興隨意步苔龕

柳橋烟雨　訓導　張定模

垂陽幾樹占橋邊一望迷離翠接天綠繞山眉朝過雨青遮渡口晚含烟長條折送行人轡輕絮飛迎釣客船可惜靈和無個種風流誰復想當年

鍾靈聳翠

一山逶邐抱城闉疊嶂層巒秀絕倫駿馬奔騰張翠鬣神龍夭矯振青鱗靈奇未可容巢許鍾毓還應降甫申試看雲霞蒸蔚處分明間氣屬斯人

九日登團包山

天涯極目底須愁到處雲山共此秋鴻雁無家隨去住黃花有主任淹留一聲長嘯平岩應十里明霞半榻收吾輩公能作賦西風吹帽復何羞

石龍寺

怪石盤根幻作龍渾身鱗甲白雲封若非愛衲矜雕琢早趁風雷上九重　奔

鮎魚洞

怪似鱷魚甚駭聞尋常噓氣已成雲自從攻土歸流後不假昌黎一道文

節婦行有序　邑令彭惠疇

節婦黃氏儒童張大鼎之妻也年十九而歸二十三產一子而大鼎卒家貧不給饘粥舅姑老且衰呱呱者方在襁褓幾有不能圖存之慮黃氏願甘苦守爲夫事親撫子誓終身不改適忍饑寒日惟一餐而奉舅姑惟謹厥後舅姑相繼亡典衣裳以營葬具無怨言兒稍長教之讀其束脩皆出自紡績可謂苦矣無何有周姓某欲奪其志黃氏不可且強之不得已訴諸鄰託其子欲以死殉鄰婦爲之悲而無如何以其情呈之學學師憫其節爲保全焉予採風至此不能無感作節婦行以紀其事云

節婦之心貞且堅巍然巨石化山巔節婦之操清且漣湛然明月照寒泉泉水不枯石且爛節婦精神同聚散黃鵠早寡不雙飛令人聞之爲眞歎憶昔結褵甫四年鏡破即驚琴上絃孤雛在抱高堂老夜夜山頭泣杜鵑忍心暫緩須臾死爲夫事姑兼撫子茹苦嘗辛日復日周恤不聞通桑梓碧梧月落烏號霜一燈紡績守空房明朝菽水從何出全憑十指事姑嫜椿萱繼卸桑榆景

室內空空如畫餅殯殮營葬事事難衣裳典盡甘寒冷
年年淚灑湘妃怨且喜兒大如母願機杼餘資奉束修
朝夕殷勤以學勸無端同時相催殘琵琶遏抱別舟彈
節婦聞言心膽裂柏舟自矢死非難羅張穽設無生路
避入潛與鄰家訴訴盡生平無限情託孤即欲冥泉赴
鄰家賢婦動哀憐不覺雙淚落胸前慷慨代爲陳情衷
轉向學師求矜全學師一生重節義多方謀爲節婦地
護花鈴動鳥雀驚從此閭里息羣議羣議既息節婦安
瑤池氷雪作心肝誓指南山松柏樹不改青青耐歲寒

苦節苦節苦更苦更僕實難終悉數作爲此行以紀之
庶幾風化昭千古

青巖　袁景暉

昧爽下青巖竟日行空谷仰觀雲出岫俯視泉流瀑鳴
鳥自往還林花開樸遬定有義皇人出入友麋鹿何當
一過訪味茲林泉福明月撫青琴長歌招隱曲

遊乳泉洞

名山綜三百所到止一二攬勝愧未曾探幽于素志見
說城北隅滉瀁滴空翠華井民氣湆衙齋適無事歲居
上春初況値雪新霽佳日放晴和灑然胸次薄言命
駕往侍從屏游騎萊畦桑圃間觸處皆生意螺蜂插碧
霄聯珠排累累攬衣陟山腰巖洞闢幽邃玲瓏石乳垂
淅瀝聲稠壁漱齒清且甘煎茶沁肝胃淵源有自來其
出應無匱山與泉俱壽安知億萬季因思抱道儒體深
用不儆即小可喻大此理信非誣短歌不求工聊作洞
游記

金字凌雲　縣學　徐崇文郁甫

祥光萬道燦林於金字煌煌接太虛出岫無心懷靖節
凌雲有志賦相如層巒起伏分濃淡大筆淋漓任卷舒
點綴樓臺都入畫攜笻好趁曉晴初

鍾靈疊翠

晴嵐疊疊擁鍾靈軟翠分明刻畫屏衣帶水迴僧眼碧
劍鋩山染佛頭青蔚藍密鎖朝烟聚晚黛頻添宿雨零
疑是雙眉天際暈妝成霧鬢玄亭亭

歸源晚鐘

鐘鳴古寺韻悠然一百八聲向晚傳逸響敲殘千嶂雨
餘音搖破半山烟何人倚枕頻驚夢有客憑欄頓悟禪

日落梵宮撞未已又隨征雁度遥天

星巖夕照

暮靄迷離樹影稀星巖閒眺客忘機一輪斜日餘殘照
萬疊蒼山帶夕暉遠浦漁舟搖櫓去前村野老荷鋤歸
依稀此景桑榆晚尚有紅霞射翠微

賊匪竄利避亂有感　吳清

五十無聞後可知况當狂寇嘯呼時買山愧乏千金費
避亂難將十口移都尉成名愴歲晚向平了願比人遲
傷心更負泉臺望表墓焚黃未有期

[illegible]弔汧東葬遇難先烈墓志賦　張耀雲

六十餘年閱歷深滄桑陵谷感浮沈勤吾未遂男兒願
溝壑不忘志士心吳札重來空掛劍鍾期已逝漫橫琴
招魂惆悵雲山阻一束生芻託短吟
立意勤王着祖鞭忠肝義膽愴生前人從渭北愴知己
客自川西弔逸賢此日宋山悲躑躅當年文字結因緣
泉臺漫灑英雄淚生氣而今尚凜然

滴水洞生成石觀音像　蕭湛露

鬼斧與神工肖此觀音狀㒞嶙類普陀趺坐却西向雲
雯白衣拔松陰七寶蹲石骨變禪心山雲時供養任教
風雨侵年年依巖上下有水涓涓湛然空色相

乳泉洞　吳世琳

北郭有石洞洞中豁如堂石樓有石級石門通石梁可
倚石爲几可借石作牀可以飲石髓肺腑皆清涼山僧
偶掛錫曾見石佛光天然蔽風雨所乞爲齋糧近復打
包去石爐斷焚香來同白雲住去任白雲飛此洞本無
主千載依山旁不比田與海容易變滄桑

遊巖洞寺　冉復初

歎紅飛不到林泉客坐衹園別有天滿座莊嚴空色相
半生文字結因緣藏真華丈瑯環地攜酒同參玉版禪
我欲移家依洞住年來愧乏買山錢

戍馬鬃嶺　牟竹泉

兜獷居隣境邊關告急忙請纓騎馬偏帶勇走羊腸雪
壓荒城冷風吹畫角涼同心深保障振旅射天狼

鐵爐寨歌　吳尚賁

鐵爐之山疊重霄洪鈞燒後無人燒一方貝物經煅煉
至今拔灰未曾銷爐僮離城三里許攜酒偕行遊梵宇

到來高唱升天行兩腳踏雲不踏土我來爐頭坐下觀何雄哉繚繞爐雲時吐納羣山鼓舞一齊拱爲問爲闔爲橐籥嘘呼如吸如相偎但見八面羅列而崔巍風伯恍從爐上煽火候抽添夕照來豈徒煮白石煖緑醅可跋贔屭萬壽奔走風雷倘有仙人燒丹持贈我安知我聾非仙才疑是古媧皇煉石補天壞迄今五千年仙迹依然在又疑混沌以前洪水方澎湃鬼斧神工施獲獪水沙激盪風輪顛曾把山川人物鎔在一爐內祖龍收不盡五丁欲鑿難鷄齊點不徹白豹咲不完忽然罡風一吹化爲石操蛇二子莫能擘清風既散濁氣堅遂令歸然成鐵壁至今欲鞭鞭不得欲毀毀不能一陰一陽迭運炭年年歲歲烟光凝憶昔赤眉亂其爭蠻觸戰洞戶遴烽烟山民共驚竄伐木作寨踞爐顛眷屬家家賴保全邇來承平數百載殘碑廢壘尚依然未幾鄉人戕作廟殿宇輝煌金碧耀燒痕不見走青燐留與詩人供遠眺茲逝正值秋天明髮鬢爐中火尚青紅黃霜樹燒燦爛對此令人妄念生我聞神仙濟世多有點金訣戟指一豎遂變色安能點此一座山霎時幻作黃金闕大呼此邦人取不盡兮用不竭家給而人足如斯願乃畢換舊主人酌我酒聽我狂言呼石石神仙遊戲大羅天誰肯輕向凡間走君不見廬山之側香爐峰更比此山高數重又不見華嶽峰頭有鐵頭似此爐兮莫比肩倘能一一試點之世上金銀不值錢天地一大爐造化一大冶水火與地風四大合皆假吾儕生其中塵埃吹野馬凡事當作如是觀妄想徒令見聞寡余聞斯言亦唯唯極知奢願難償已但欲廣被大千之顛連聊爲快心之論耳吁嗟乎人生識見不陶鎔有如頑鐵梗爐中孔鑄顏鑽誰解悟枉費爐邊烹煉功忽忽天風吹我衣歸途回首望金猊士苟有才思就範乞取山靈一一事鉗錘

船山石鎖歌有序　張宗顏

支羅有山形如船一徑獨升上有田船頭向東有天然石鎖横縮之若鎮壓然實天生異境以衛育一方者也有明黃中亂立僞署今遺蹤尚存爰作歌以誌其異

天船泊在繹河邊偶戀紅塵下大千

上帝聞之勃然怒遣將五雷追不遠帝曰此船深負我
暗落塵網烏乎可以後不准天漢橫特命六丁將船鎖
鎖向人間不計年鎮以天符永不遷苦錢疊印封條固
鐍鈕又倩古藤纏猶恐容易毀仙迹罡風一吹化爲石
神工鬼斧牢關鍵大手巨靈莫能擘從此維舟不借繩
寒泥之子漫相矜陸地行舟莫須有似此船兮見未曾
遥望羣山如疊浪有時風撼舟疑盪昂頭勢欲浪中移
頼有銀錨作保障昔年倡亂首黄巾跳擲船頭妄逞雄
沈舟不解公無渡妖血一膣染船紅際此澄清數百載

小龍跳梁風俗改相與枕藉乎舟中滿載稻粱深嘉乃
何須利涉泛江鄉伙伴同舟有蓋藏共濟而今忘禁錮
浮家端不羨艅艎我來欲向帝天請鑰開北門誰管鎖
邛須何處索解人扣舷一曲託毛頴

遊木站屯　　李正心

豈獨黄雲一望平田家景物畫難成延籬瓜蔓垂頭長
守稻茅棚合掌撑牛負八哥登隴臥鴨隨白鷺踏沙行
分明引入桃源路無計歸農愧此生

落水洞歌　　鄭盜僑

南來一水遶東城勢欲朝宗赴蓬瀛不意中流不通津
兩峰夾岸一峰橫山靈擱住不許行水石激搏亂相爭
到此都作不平鳴造化從中費經營消息一洞內鑿成
調停衆流一齊并賓大聲洪响轟轟五疊六疊勢崢嶸
陡然一落山嶽傾下有怪石抵死撐河伯與之欲抗衡
魚龍奮舞百戲呈疾如滄海鬥鯢鯨散如曹部理匏笙
猛如昆陽大突兵逢逢鼉鼓抓甸訇亂如淮陰渡木甖
出沒雜蹃靡旆旌烟飛霧噴雪滿阬百尺長簾掛水晶
我來環視心怦怦蕭然意欲返柴荆山中人兮忽相迎

坐我盤石引巨觥指點源頭細品評道是此水識虧盈
不比滄桑有變更來與世人泳物情出山依舊入山清
急流勇退甚分明升沉萬狀總不驚埋頭一去不計程
未許漁人設網罟未許孺子濯足纓未許海客訂鷗盟
道元註水遺其名囑君爲我試重賡聞之使人百感生
歸來作歌目猶瞪耳邊時聞怒濤聲

利川竹枝詞　　吳子丹

南瓜萊菔雜蕓薹種遍山隈與水隈一帶平疇將綠繞
好風吹送稻香來

每逢路轉見村烟不羨桃源别有天捫蝨老翁閒曝背畫眉啼到竹籬邊

嫣紅姹紫繞山家麂眼籬笆故故斜流水一溪門半掩悄無人處有桃花

高唱山中招隱歌前溪遊客偶經過聽來不是尋常調知有詩人住薜蘿

屋角陽坡盡種茶雨前忙煞野人家拋荒園內新蠶豆一半猶開紫甲花

鎮日不聞車馬喧寥寥一犬吠柴門殘山剩水遊人少疑是江南黃葉村

禦邊有感擬杜甫諸將二首　吳曉峩

火色飛騰羨馬周功名莫漫礪吳鉤陳琳草檄才還在祖逖着鞭志未休西蜀偏安嚴僕射南人不反武鄉侯全消兵氣天應許坐待桃林好放牛

風角握奇並六壬陰符一卷太鈞深無傳遁甲終難信有限妖氛定易擒制勝全憑才學識觀時要悟去來今陣圖兵法因人妙驅策羣材在一心

建始縣

核桃園　郡司馬　商盤寶意

停鞭核桃園漸近建始縣連朝涉層巒到此稍平善如經霜雪餘復覩陽春面巖草寒不枯石瀨緩猶濺稻畦半高低竹隖多蔥蒨此景似江南村居頗堪羨勞生困風塵知歷幾郵傳驊騮道路長蟋蟀年華晏失足因坦夷束身在磨練艮止利永貞危途愼勿踐

石門　學使　吳省欽

前過石門灘耽飯石門洞千峰插萬峰骨立寒天空相對面兩崖無路許攜從偶從發浩歌四谷響交哅歷亂如堆蓬突兀累桂棟混沌誰鑿開萬象歸飾弄莊嚴示佛法金碧暈鞭韆沿緣度雙磴出門快飛狃

石門歌并序　[illegible]使　鮑桂星覺生

入建始境由龍潭坪西南行四十里有地曰石門萬峰盤回峭壁巉絶兩崖門徑纔里許而磴道紆折五十餘級度石橋涉澗攀蘿拾級而上有三洞奇奧類鬼工洞石下垂如雲物如鐘乳譎詭不可名狀第二洞垂瀑如珠箔尤可賞悅再上一洞即石門也洞口壘石爲二門有一

夫當關之險人馬過者皆穿洞出入望若飛仙
四面峭峰危岫紫翠斑駁縹緲天際平生涉歷
南北見奇如此者不多得也來時驟雨經過目
未周賞歸途攜唐甥樸甫操瓢挈榼共往遊焉

作石門歌

楚山四出無拘束捷若猿猱亂升木走向南天不肯停
飢鼯腥鳥空相逐操蛇之神可奈何上訴閶闔排嵯峨
帝遣夸娥氏二子取石東海填山阿山爲邃古未開闢
石是媧皇昔拋擲五色曾經鍛煉餘雙丸竟塞風雲隙
撐天砥硉屹兩門萬山到此不敢奔蚪龍縮頸虎豹伏
一一堆垛齊尻肩（石門面南山勢漸殺無復夷陵以北之險矣）丹巖黛壁相
迴抱奇與無如三洞好盤雲倒裊石髮捲膩乳襪結寒
蛟涎翠箔亂灑真珠泉冷浸玉樹珊瑚鞭覆盂綻裂一
綫天行人背傴馬足穿破空而出如飛仙寒輕吐怪億
萬狀使我愕立神愯然回顧兩崖中斷處碧藹青林懸
瀑注五千磴道繞旋螺中有飛梁架烟霧作聆琴篪惜
匆匆回日擕尊孝綽同石闌浮拍夕陽下猶嫌亭吏催
歸驄平生足半九州地俠絶荆南覽瑰異設險從古大
易父探奇待補名山志

宿龍潭坪　史銘桂

登山復登山險峻無平陸忽見龍潭坪坦夷豁心目江
南好稻田播種乃包穀人言雪早降利取秋成速瑟瑟
朔風鳴旅館進醽醁地鑪火不温料量加征服一廛數
十家家家瓦都木荆妻倘言念誰知在板屋

將近石門

將近石門道數峯高插雲卓立猿猱窮孤峙青若分豈
是夸父鑽將毋盤古墳野人喚石鼓象形吾亦云碑詞
詩語别石虎傳紛紛（石門山背數峯士人稱石鼓及觀碑誌皆稱石虎不如石鼓之切也）

遊石門

寒澗響淙淙流出石門麓石門對岸呼七里纔一曲舍
輿下仙橋（俗稱憑虛結構爲仙人所造）彳亍行縮縮小憩移片時神
凝氣仍足下下又高高扶持戒童僕凹處一線微頂覆
檐牙啄仰視蔽青天俯瞰懦深谷幾謂好奇心從此不
可復岈然石竇開神靈此修築幽閟蟄龍蛇陰森飛蝙
蝠步步引入勝毗連列華屋末路奇之奇逼明走山腹
麻姑春散懷（洞在麻城春間游此有詩三章）三游秋寓目（洞在夷陵秋游亦有鄙句）

得一已自奇未若奇相屬徘徊日向西好景看不足癡心訂歸路三日石門宿

石門歎

我行半天下石門景獨妍少見固多怪目覩或未先山水奇且險石竇相鈎連可以面壁坐可以丹鼎煎使其生絶域附會丹青傳謂爲古道場朝謁方喧闐兹雖具闤闠寂寞寒山邊由來耳目近難駕詞虚元即今我經過一家此借眠世人倘衣見鮮不疑神仙名勝人所造初不闕林泉知希還故我山水全其天

道經石門用香山游石門澗韻　顧彝梅

路絶通石門幽深駭仙跡經傳古無稽遺聞訪曩昔俯臨萬丈溪對峙千尋壁車馬少經臨碑碣難尋覓殘雪沍高巔新曦照瘦石藤蘿蔓垂垂松杉樹歷歷探奇縱大觀紫翠嵐光夕

冬瓜寺用韋蘇州義演法師西齋韻

連涉上層巒到耳聞清磬僧齋訪白雲時鳥適天性松竹蔭經臺鮮苔鋪曲徑靜聽玉版禪蒼然暮色暝

關口

破曉上層巒風高清露沃拾級連步躋蛇徑紆而曲肩輿旋轉難登頓勞雙足杉檜籠寒烟楓柏絢朝旭垂蘿偶攀援野花自繁縟雲氣濕征衫泉聲激鳴玉乘興窮其巔停憩無茵褥扼隘儼雄關考古無高躅俯覩人村落炊烟互斷續

立春後三日偕朱梧村游朝陽觀　李慶英

清晨命肩輿陟彼朝陽觀甫辭西郭門到眼景物换原隰柳欲黄堰塘冰已泮衆山暗春陰朦朧似隔幔遠目悵未窮一山亘天半對面宛相招欵被溪流斷修綫引

平衽聚米石零亂躑躅夜行人連步未敢散踵後而跂前壁立面崖岸石磴盤高空歷井苦無幹引繩仗几躡束帛譬兩段次第鴈齒排騰躍蝦鬚撣紆如磨蟻旋疾若檻獸竄挽强功在肩將牢力歸骭雖無奔車憂時深絶轡患披帷膚生寒顧衆皆浹汗却訝聲詘然招提已入看步入縱觀瞻御祖備輪奐一時殊清幽縱横列几案梧村先我來約踐遊山畔探勝尋山僧語言涉支蔓出寺恣幽尋冀獲殘碑按宋元了無徵何論唐與漢繞郭信皆山大都童未冠茲山氣鬱葱邱壑亦

鋪砥平沃泉宮滋灌松屏翠帷張岫雲時斜綴風景足
四時陰晴變昏旦附郭三里遙詎礙登臨慣胡爲千百
年詠題鮮文翰勝地待人傳臨風共長歎石洞問通天
云向山腰見巓窩遂既迂當春寒可憚舍此待重來歸
齋日未旰即事付長歌淋漓筆揮判藉解游人嘲聊博
春山粲

業州竹枝詞　　縣學周鵾化

三里板橋七里坪煙墩山下業州城居人愛飲茨河水
只有西南水獨清

六年一樹打冬耕墢廠渠疎便種秫秝麥沿山耶布種
蕎麻方可望豆成
包穀根從石罅尋石田戴土土如金秋風莫掃野雞啄
包穀種名傳說天荒救老林
亦有斤茶勉貢輸火前香味最清腴趁他陽雀未開口
好摘筠籃伴小姑
年糍成對米花紅簇簇堆盤餽歲終要是山人情意重
鮮魚新出小池中

背籠　　學使劉傳茹　蔡古香

山城行履艱厥勢利用控橛株利若錐背籠圓如甕一竿
爲採樵資猱升入雲霧嗟我乘傳來襆被勞爾送後應
前若呼小市成一鬨負戴存古風嘉茲樸與狃

錦雞歌

錦籠籠雞聲喔喔誰辨生哺與生啁乍疑文彩雙鴛鴦
羽衣蹁躚錦斑駁朱冠緑頂應號翬儵然長尾還類鷸
介性本與雞不殊爾雅未孰費商榷今爲定指韓天雞
於蜀有之此爲確何曾抗喙一長鳴時其飢飽利用穉
惟蘭有膏象有齒炫燿翻遭獵師捉試看斥鷃下蓬蒿
兩兩飛去生處樂

山猴歌

昔聞三峽多猿啼山猿躑躅來山溪少陵但愛如拳小
猿猴錯認空留題施州迢遞天爲梯主人好事重環攜
子母擁抱捷升木斷尾跳躑黃與黧垂胡作囊宿其粻
用强凌弱占厥妻伸爪搔爬了不畏解避鞭箠供提撕
偃師傀儡戲最古沐猴而冠宜與齊物生有欲斯有制
蠢茲醜類何足稽

九日同蔣明府登朝陽觀　　江夏訓導范述之

憶昔登臨日於今二十年宴仍楓葉地人老菊花天遠岫來秋色孤城入午煙相酬有佳句岸幘亦陶然

朝陽觀

西山繞奇峯東折欲登倦胡復至城隅賈勇倏一變複閣据鼎足挂石走帆片清湛環雙流蜿蜒界一綫洞豁半風生徑仄秋雲轉掃苔誦古詩恍若覿昔彥最高得半壤疏林隱僧院翻經息衆想放眸收廣甸況復近吾廬生小游所慣人人惜兹山寂寞鮮表見予目有佳境僻處亦稱善雖遠名勝區不失本來面

元夜 銅鼓凸作

雪霽寒猶冱村醪供取攜卻看明月上不覺晚風淒四井餘鐙火三川尚鼓鼙總師新拜命傳是舊安西

石門感舊

石門千仞鬱崔嵬五色霓旌馳止台太守自行督屬吏中丞親説見如來固知虛妄無常理轉盼繁華已劫灰剩得匡廬真面目依然山秀水潆洄

巡戍至野三關贈龍一菴

山雞佐饌屢稱觥極目干戈白髮生烽火南通巴子國羽書西過酉陽城借才覺序勞冰鑒蒐甲田疇尚水眺邑侯諭一菴練鄉兵禦兇兵集而民不擾毋惰毋驕君自省腐儒未許妄談兵

盈盈一水壓層巒橫劍高峯並馬看小醜漫云同瓦注雄關此日藉泥丸戈鋋畫擁溪雲動刁斗宵沈嶺月寒兩字功名何敢論男兒須是此心丹

朝陽觀 傅南川

拔地聳奇峯磅礴勢未倦如何視衆山昏旦氣倏變岡巒樹千株嶺積雲一片崖峭危如壁水鏡環若綫朝見金烏出夜看冰輪轉扶筇尋古洞留題效昔彥披襟快風清聞鐘來深院豪興立山門一覽收芳甸朝陽多勝景由來推日觀誰識絕頂處風光宛然見着屐逢佳客陟彼定稱善欲入畀予筆翻失真來面

蓬萊仙境 朝陽觀十景之

約伴來方丈蓬萊有洞天地原尊繡佛人是會羣仙紅爛金蓮燦清斑玉筍聯幾生修到此丹桂月初圓

石礀天橋 朝陽觀十景之二

豈有仙鞭石凌空駕此橋濟人同寶筏過客快金飈地

援靈山近源尋慧海遥攀柴兼運水踏月碎瓊瑶

賦劉貞婦節孝

全貞還全孝綱常節力保賢哉劉貞婦冰心何皎皎弱歲字黄童無雙聲譽早未嫁而婿亡堅金不屈撓永斷連理枝誓作孤飛鳥韶華十九齡大節超羣表憶昔姑病時寸心憂如擣號泣呼蒼天午夜焚香禱厥疾不能瘳鬱鬱忘昏曉計窮惟刲股癡望沉疴好姑病從此逝翁年亦已老先疇存頃巢倉箱收穫少可憐白頭人終歲菜根齩與弟婦謀債臺高未了何不將田廬如金分管鮑廉絶里中豪兼并心計巧從此合力耕秋收三石稻晨昏奉高堂娣姒猶鮮飽春深挑野菜秋末餐豆藁清操厲冰霜苦味忘荼蓼姑嫜生存日歡愉無煩惱姑嫜沒世後哀毁形枯槁老子奉明禋童烏悲壽夭再繼同宗子眷念箕裘紹勞逸殷勤訓母道兼父道我欽士女行孤鳳翔天杪幽蘭馨空谷明月澄芳沼正氣存天地狂瀾障傾倒神君表厲德奇節珍鴻寶大吏封章達天光照幽窅

恩綸降九重綽楔門楣造煌煌節孝祠千秋薦蘋藻

遊石通洞　袁景暉

搜羅不憚路紆迴時纂修邑志網羅舊文怕有空山姓字埋訪古遥臨丹嶂下微詩直到白雲隈壁留大篆餘蟲跡人間前朝已劫灰笑我往生曾作吏香飄金粟又重來石壁舊刻有龍溪二字

夕陽洞口剪荒蕪一徑捫梯入畫圖字辨涪翁都漫滅府志載石壁鐫涪翁二字今不見詩尋涪稿半模糊每逢泉石成賓主不問神仙事有無爲語從游諸髦士人間至樂即蓬壺

落水洞

相傳二十年前石洞潴水深不可測嘗有巨魚游翔洞口後爲農人閉塞水亦他注矣

洞口平汝石閉藏崖花依舊壓雲黄何如鑿破通明竅放出泉流自在香

山行偶記

峯連嶂複漫稱奇景況何堪注目思幾撮山苗生石罅數椽茅屋傍雲涯棕櫚著體經寒暑山谷窮民多取棕櫚皮補綴成衣蒿蕨充腸耐苦飢窮民多採蒿苗蕨根爲食撫字心勞慚衆母溫存聊復慰蚩蚩

自清江望闞口崖

浩浩臨中流波平心可鑒極目入青蒼飛崖挂一線

由桃花源至大水田山勢忽中開林壑幽秀清流漾波桃花夾岸頗有良田美池桑竹之屬

李廷棨

茅屋依紅樹清流漾碧山峯過巫峽雨溪滿武陵霞蜀道通千仞秦人倚幾家荒猶存循吏在事正桑麻

敬和原韻

吳景暉

靈雨初過向潛鱗躍淺溪峯隔餘積潤谷口放晴霞香濡栽花地春留種稻家轓軒宣令德第一問桑麻

敬和李公廷棨建始道中原韻

卿月遙臨石柱巔（青里壩東有石柱峯）施州父老望慇懃無心齊雨含於野有腳陽春來自天民瘼周諮同糲食（公詢悉山中居民以洋芋爲食隨命登進數枚嘗之）方言下採及唐年仁聲到處歡聲溢一路香猊起篆煙

城西晚眺

光山廪生　錢選一

茨河石漱水泠泠徑繞松杉列翠屏嶺靜雲痕封塔白雨餘山色逼城青萬家秋思砧敲月滿目鄉愁鴈沿汀

涼剝川原人不覺西風吹放稻花馨

游石通洞

李如桂

雨霽登西山攬勝朝陽觀踏芒開異境一洞邈出半護苔塵不生懸瀑珠常濺中有仙人居嶷真亦疑幻五十七年前童子遊曾借憶拜石丈人夢魂猶戀戀天台幸又來謝傳招相伴躋扃入重深紆迴行敢憚彷彿悟前生陳迹同柯爛壁上舊題詩塵鋪多漫漶老眼刮金篦相與摩挲看乾道迨祐間七百餘歲算曠代嗣音希山靈應亦察所如波之與瀾有平淵彥訪古興不窮滄翁宛靚面高詠和前賢文字歐緣書從茲發幽光滌教山色煥濡筆紀清遊崖復開岩畔

米水河

范啟端

幾掬清泉注壁空何年穿破石玲瓏潛滋土脈羣峯下貸養嘉禾萬畝中釀若醴泉冬更暖濁如泔汁歲占豐尋源聞說三篙漲蘭槳飄來迥道通（春夏盛漲時洞下嘗有漁船浮出或曰水通蜀江云）

登朝陽觀

嚴厚銘

心游天宇清足躡人煙白峰□五色雲塵遙百年客仙

乎去不還寒鐘撩空碧

朝陽觀　舉人　范佑正

朝上西峰霽色鋪琳宮紺宇鄔蓬壺盪胸雲氣成文錦
到眼嵐光入畫圖樹引清風醒鶴夢花含細雨濕蜂鬚
呼童掃葉煎茶飲水挹天池味自殊

弔吳墓　范伯廉

衰草迷離古墓荒殘碑細認意悲酸匹夫慕義心何壯
不隸痴君世所難遂谷無人收骸骨荒原有地葬衣冠
佳城纍纍知多少誰似芳名金石刊

春仲登朝陽觀遊石通洞　鄭本勲

朝陽山勢聳崔嵬鳳閣雲霞萬年開一路野花香石澗
十年夢裏似曾來
山靜猶餘太古風千重樹木翠凌空碧桃滿地無人掃
應有神仙在洞中
一竅通天勢蜿蜒分沙漏石響涓涓何當淨洗筝琶耳
踞步閒聽勝管絃
石通洞裏鎖煙霞人到何須更憶家擬買平疇三五畝
自騎白鹿種瑤花

旋螺小徑入雲隈古寺蒼茫枕綠苔斜倚幽巖聽暗瀑
松梢晴雨忽飛來
蜀境靈臺面面通仙宮高聳翠微中石牀卧看松山色
四壁雲濤萬壑風
石林精舍自參差乘興還來盡一卮花鳥無愁山不老
沈吟多在夕陽時
高山爲谷谷爲陵轉瞬蕭蕭素髮增物外鶯花方外侶
題詩聊復記吾曾

遊朝陽觀石通洞　縣學　賀九如

振策出西郊邀朋攬清景越溪度寒梁披榛躡峻嶺果
然名勝區奇險闢異境石危　壁欹山怪飛岩挺綠蘿
一徑幽紅樹千林炯絕壑隱禪扃脩然氣埃迥瀑翠滴
松杉寒光秀畦町階餘晚菊香窗瘦梅花影淨室滌塵
襟清磬發深省老衲清且閑殷勤進杯茗相邀入石道
奇妙無與等山裂駭心魂岩懸眩目睛一穴透洞天萬
竅陰風猛白日走雷霆太古煙霞冷興來倚仙牀狂歌
啜芳醪一醉抱雲眠山禽喚不醒

奉差至建始冬至隨某明府詣　萬壽宮早朝

蔣樹

百僚此際整冠裳五鼓登朝侍兩廊天外微□

海邊旭日上扶桑望風士庶多含澤迎議旃蘭眀王湾

未識楚江多事後時聞賊竄黃梅可能共沐好春光

海螺石　邑令熊嚴詠

怪石犖确如海螺雲根陰軫蟠山河天工巧試造

恐是琢鍊遺雲媧中空其腹旁有孔嚻㱿何年蛻鴻

幽疑境讀一三峽　猛駭魚龜百川動我昔從軍談

鳥風呼呼飛　蘇聲　辛征戈

增修施南府志卷之二十九

藝文志

文

宋

石通洞記

寶祐元年歲在癸丑郡太守潼川□□□親遊木杪仙人洞約貳車開封趙與端郡從事重慶焦□震雷清武令□南青陽龍孫法曹掾眉州蔡昌文偕行洞府□深奇怪不類人間世親年八十歲步履如飛觀者屬目暮春十有二日　恩施縣志

明

太祖頒衛指揮誥

昔聖王之治天下也必資武力以安黔黎未嘗專修文而不演武朕特仿古制設武治以衛治功受斯任者必忠以立身仁以撫衆智以察微防奸禦機無暇時能此則榮及前人福延後嗣而身家永昌矣敬之無怠舊備志

神宗給三宣八安撫司鼎銘

惟星拱北惟水朝宗惟天王建極八方會同惟西南民

土各世其封惟敬天勤民庶不墜爾祖厥功爾其不信

覘楊應龍

考明史萬歷二十五年播州宣慰使楊應龍叛遂糾諸苗反淩及湖廣命李化龍總督川湖貴州軍務討之賊乘官軍未至率衆附綦江盡殺城中人投屍蔽江楚黔道梗二十八年六月化龍集三省兵大破之應龍自縊死七子皆就擒詔磔應龍屍以其地置遵義平越二府分屬川貴遂賜鼎銘大田始稍平靖數十年崇禎初流寇披猖始爲梗抗繼而合各司攻刼本所三十餘年康熙初始就薦平　咸豐縣志

與湖廣巡撫議撤施州兵備書　張居正

[illegible]歸楚地無任欲[illegible]請[illegible]施州兵備[illegible]官偶以隣境小寇侵事增設[illegible]地方事定此爲贅員矣夫官多民擾供億費煩姑[illegible]論且分司荆南道原控制蜀之瞿塘如得其人何事不舉而另設官於事體便乎否也今李僉憲堯德已陞銓部停缺未補俟兩院具題即議省矣惟裁之幸甚

再與雷巡撫書

[illegible]辱翰示已一一具復近聞施州兵備缺當裁革乃李僉憲亦自以爲當裁則輿論可知矣部中已停缺不補幸具議以便題覆　二書見張文忠公集

擬奏制夷四款　童昶

蠻獠多詐而少實貪爭而好鬭事無大小輒詞具奏委官行勘兩造俱避督責少急則據寨固守以後土官有奏無印者照腹內人民遞解不與給引有印者非其該管部屬立案不行提問不出亦立案註銷討必擇廉明識勤有司一員專撫夷情久於其任務使情形允當即不得已委之武弁亦必擇清廉者始可

施衛所屬田覃二姓當宋元未分之前其勢甚盛故屢[illegible]國朝永樂以來二氏子弟分爲十[illegible]司傳之[illegible]世親者漸疏遂爲仇敵勢分則患少蓋彼霸靖則還[illegible]他司有內顧之憂此與主父偃令諸侯王得以戶邑子弟同意真制夷長策

國朝設立關隘把截甚嚴至今尚傳蠻不出境漢不入[illegible]之語永樂二年令守臣招撫不意漸徙內地如施南[illegible]同等司則入施州地矣宏治間忠路忠孝又徙施州都亭等里施南唐崖又侵黔江之夾口夫軼侵其地其貪未厭而守土不之問勢可畏也宜先事制之

國初土官襲職屬吏部三年改兵部七年子絕許弟姪

襲永樂十五年例出十年者亦準襲天順二年許會奏就彼處冠帶宏治二年許年未十五者亦管事五年令土官襲於本衛習禮三月同司理事今皆蕩然鄭端簡公之論尤宜整頓矣

施州衛爭復額餉永思碑　朱光祚

施州自漢唐歷宋元我高皇始省州入衛改爲軍民指揮使司編戶三里領五所轄十四土司專節制於楚而制始定於是設守戍以坐鎮之增撫夷同知以禦牧之員肅於上則有兵備道蓋夷漢錯繡楚蜀咽喉方千里一大重鎮故兵設而餉即隨之其來已久胡以曰復曰爭有紛更之者矣粵稽衛餉歲三千五百五十八兩四錢額於荆岳二府徵給嘉靖間因蜀之重夔輸漕險遠而荆岳餉施亦艱跋涉公私交病當事者疏議楚代蜀漕蜀給施餉此其初便固在蜀也至萬歷庚申夔丞譚天相代府庵安議以施餉給驛移重屬以永久通傳銀抵夫永遂不能近瞻夔驛而肯遙餉施戍乎迨天啟辛酉蜀事方殷既借援於楚復留餉於施而請者諄諄聽者藐藐竟以楚欠協餉爲口實夫協餉即欠亦屬全楚胡忍聽施士之呼庚苦荆郡之偏累乎坐是年復一年官無俸士無廩戍無糈輿臺不飽在公之祿洶洶眷眷無日不登郡庭而號焉太守紫珍熊公暫以永折息錢畧支旦夕甚苦心非長計也光祚竊聞而憂之是以壬戌守奉常有重撫夷增使覽約法以塗邊釁之疏意爲施云荏苒五六年余從河上歸問之當事仍舊自蹙額云蜀中泄泄猶故也於是太守問欸胡公力爭於上會三元朱公署撫夷事竭力佐參節次申詳措給觀察秦來游公來旬至止目擊衛衆鱗集搶籲之狀與公同心併力轉於中丞直指臺大中丞學海吳公行方伯友白任公復上洪公亦既咨蜀會題矣而胡公仍關札夔守五雲謝公游公仍咨重慶道忠虞樊公春碧熊公其詞危廸有不得請不休者余乃述二公意再致樊公與奉節令元之劉公共切未雨徹桑之慮乃夔守詳畫兩道轉呈蜀撫張公允議從三年爲始仍楚代蜀漕蜀解施餉在夔屬二千五百三十七兩六錢與重屬忠州一千一十兩八錢之額編徑解施州不煩展轉夫然後蜀數十年紛亂之舊章始復荆府道廳十年舌敝頴秃之葯

胨始斷施衛官師而下十年歎息愁憾之聲始銷是胡公之大有造於楚蜀也施餉既復施之人喜可知已乃思勒石而乞言於不佞如胡公輩者何可一日忘也故繫之曰爭復額餉永思碑以志今日有斐不諼之感以垂昔者庸夫擾事之戒於聖朝設衛衛民輔車楚蜀至意億萬斯年與天無極矣是役也措餉四年焦心禿額克復舊章者太守胡公名公胄浙之德清人萬歷癸丑進士署撫夷司理朱公名邦圻浙之桐鄉人天啟乙丑進士兵巡參知游公名玉庭江西臨川人萬歷丙辰進士綢繆於昔者則前守熊公名秉鑑直隸吳縣人萬歷癸丑進士在蜀則節令劉公名汝乾楚人夔守謝公名宸秦人重慶守道大參樊公名王家楚人巡道臬副熊公名花江西人而請勒石者則施紳徽州府同知李君一鳳等守備陶希謙等衛弁石美中等備紀石後

唐衛侯力復諸生貲斧碑記　　葛楚士

衛自建學來因其赴省險遠各項俱額有路費正科舉每生一十兩遺材每生六兩每年正陪貢共十六兩至科歲二試手荆一千有餘里歷蒙憲尊憐其跋涉艱辛因於季考給賞派爲盤纏八錢徵於三里每年五十兩撅後諸生衆而數不敷撫夷陶公特立猪鹽二税以增之邇考每生各給銀八錢惠至隆而法可久已邇被中傷暗議裁革幸我唐侯新主衛政首事撅復惓惓以崇儒爲任遂蒙院道府各批遵舊永爲定例事雖因而非創惠則滅而能全秋毫皆公力也是用鐫石以誌俾後來誦習者感恩而知所自秉政者厚士而知所法焉

重修施州衛學記　　黄粲

道之大原出於天而任於聖若伏羲神農黄帝堯舜禹湯文武之相傳天之道也然而講明斯道以扶植綱常弼休治理以垂憲萬世使天下國家不可一日無者實賴孔子孔子之功萬世之功也我國家列聖相傳內而國都以及天下府衛州縣靡不建學以崇祀孔子頒用其道以化民成俗其尊之也至矣迄今百有餘年太平之治良有以也施州衛遠在數千里外而亦不廢學學故在南門外遷於衛治之西北有年矣景泰中湖廣按察司僉事沈慶分巡戾兹病其卑隘弗稱列疏於朝仍徙故址更歷十六年廟學傾圮時按察副使新淦盧君

巡施祇謁先師慨然嘆曰廟學弛而則祀弗崇教化弗立人才弗振匪徒無以稱塞令典抑亦司風紀者之責遂謀諸揮使李君捐清俸爲之倡凡百僚耆舊生徒咸佐爲之費乃諏日鳩材鳩工廟自大成殿以達東西兩廡戟門櫺星門學自明倫堂以及志道據德依仁游藝四齋會饌之室休息之廬賓客之位下至庖湢皈廩周垣悉撤舊更新瓦甓瑅甃丹漆黝堊之飾加於舊規又飭先師及配饗之儀增製簠簋籩豆罍爵之屬以嚴祀事百志咸備制度森如煥然壯觀經始於成化六年六

月八日成於是年十月十一日役不費民財不費官於是李公率學官諸生行釋菜禮訓導王聰具事本末來請紀其成嗚呼學校之興廢治道之隆替係焉使今之司風紀者皆能如盧君奉宣德意作新學政以光弼聖天子文明之治則教化興行人才丕變風俗淳厚天下何有於治乎施在巡方得沾風化來遊士子進謁廟庭就學官務講明聖人之道以深造乎格致誠正修齊治平之理入焉而孝於家出焉而忠於國夫然後不忝列憲司與衛侯作新之盛意矣謹爲記其歲月俾鑱諸石

重建問月亭記

吏部郎謫戍施州　鄒維璉　豫章人

李太白之在唐可謂流落不偶矣其身後遺跡所在懸弔珍惜有若甘棠是故沔陽則有太白湖漢陽則有太白樓江油則有太白臺姑蘇齊魯之間則有太白祠而施城北碧波山則有太白問月臺一峯特聳天澗無垠江山崖壑城郭烟樹無不在目天籟泉響鳥語猿聲無不在耳誠施城之大觀也予初奉旨謫施親友作詩贈行皆指斯亭以爲辭予曰璉無謫仙才而患難行素講習有年當不令此君在施獨邀千古及抵施訪之州人

張熙宸李岐陽云年來亭圮正欲新構而時未遑一日二子載酒招余同遊果見奇絶如其所聞爲之夷猶不忍去至是亭成問記於予予曰古今重太白與太白之所以爲亭重者果酒與詩而已乎清平三調暗刺玉環此諷諫也人主倘悟禍水立消豈有馬嵬之事耶唐之宦者干政自高璫始媚竈實繁有徒太白於人主之前呼役如奴隸豈真使酒慢上無人臣禮蓋借酒以規刑餘賤役原非天子所當寵此諷諫也使人主能悟而不留弊以貽子孫又何至北司重於南衙天子在其掌中

哉嗚呼太白似醉非醉似狂非狂有遠識有深心而又有俠骨謂其爲智士可直臣可酒仙詩聖足以盡之哉乎尤羨其少時謁時相題海上釣鰲客相問以何爲絲鉤曰虹霓爲絲明月爲鉤又問以何爲餌曰天下無義氣丈夫爲餌相悚然奇哉斯言已見直道事人落落難合之嚆矢不然以彼之才少自委蛇卿相何難之有然則永王璘之事何如乎曰道迫脅不從揮金明節太白詩序甚詳九江王中丞昭雪疏辭亦甚明蘇子瞻曰太白能於儔伍中知郭子儀之爲人傑豈不能知永王璘之無成此語足爲千秋鐵案矣予願登斯亭者想見其爲人即酒與詩才不逮謫仙但以義氣丈夫一語相體味勉力名行仰止古人無徒爲太白充釣餌則太白重而亭亦重庶不負乎構亭義舉哉亭修於天啟七年月日成於月日前軒中堂及後室繚以周垣祀太白於其中置田若干畝飯僧一人司香火董其事者張公熙寰諱三陽由明經官光祿署丞李公岐陽諱一鳳以孝廉官徽州府同知而士司某暨鄉紳某學某某共勷厥成

七里坡石磴記　童　录

小湖范公感浮屠德寶之新峽路也爲詩以諷當官者有曰勿云此事小惟有行人知又曰豈無金閨彥不如林下緇蓋有所激而云者三州守長竟亦不聞有所興余每過此地誦此詩因以慨數百年無再造也然則是誠小事哉周禮掌方國之道路既有候人又有野廬掌天下之道路既有司險又有合方主治者非一官夏令曰九月除道十月成梁月令曰季春開通道路無有障塞修除者有其時也王政不行日趨愒玩當官者以簿書法律爲能以征科逢迎爲急其委爲小事而使緇流掩爲已有者得不重起石湖之感耶昔鄭之大夫以其乘輿濟人於溱洧孟子譏其不知爲政陳之司空廢職道路若塞單子知其必亡石湖之心孟單二子之心也論其詩豈不重有感於今日耶施東有山曰橐駝有水曰鐵溝並山水爲路曰七里坡坡夷上迺下厥土塗泥雨濕淖溢陟不能寸而輒躓雖晴亦擇地而後投步乘者荷者折股墊貨之患久矣郡人孫君懷藝者見恤於此歲甲申發貲於家庀徒鞏石鱗次而階之六百餘尺爲級三百五十有奇縻錢三萬五千爲工二千二百有

奇始仲秋訖歲除爲日百二十有奇乃告成焉初或有勸其募於衆者懷藝曰余豈浮屠氏之爲耶余聞而益有感焉夫浮屠氏以橋道爲八福田之一彼因衆而成者尚有望於福田之獲懷藝固不若浮屠氏之爲亦不有浮屠氏之望矣則其志爲可嘉矣若德寶者石湖猶矻矻許之若見懷藝其許之又當如何耶周生廷蘭請爲記遂不辭而書之懷藝名能同知衛事孫君廉之叔父潛是役者則二子恩惠也

成志橋碑記

陳址

衛城南有麒麟溪兩岸相距近三百尺其下水激如箭其冷如冰雖盛暑涉者莫不股栗天雨岸上泥淖没骭兩縣水漲則謀利者渡人以舟漲退不可以舟也厲揭稍失足及溺者有焉先年唐公嘗建木橋而木易壞者老又嘗募造石椿而板易漂是必純用石庶乎其可久耳然而仁者有是心而無其力富者有其力而無是心未見其有成也周君汲泉仁者也而力足以副之乃於橋之前一年聚穀爲糧范金爲器尅日興工而尊人三江公疾篤汲泉視膳嘗藥不少暇三江公知之進汲泉而命之曰橋成亦吾志也汝勿以吾疾而懈厥用力其勉成吾志汲泉遵父命乃進石工親自督率其黨躬親執爨二子之植之贍往來涖事不以暑爲倦也計橋十八度每度樹石柱二約高一丈二尺總計新舊三十六柱每一柱砌石盤一約長七尺厚一尺二寸計計十九盤每盤覆石板三或二約長六尺闊五尺許計石板百十有奇兩岸泥淖處各設石磴二十餘級經始嘉靖七年秋至次年春夏計二百十日而事竣於是大夫西野薛公同其寮諸公散步於橋詢鑒曰是橋實壯麗可與江山爭秀當皎日霽月天水相照之時則如長虹飲水當籠烟迷霧溪水暴漲之時則如蒼龍卧波橋長在則汲泉之功亦長不泯矣夫遵父命孝也濟病涉仁也汲泉洵可紀矣

夜郎辨

李一鳳

夜郎非古文獻之邦何必强附以名高所以紛紛者以太白流寓所在千古佐光爭太白非爭夜郎也今亦不辨太白之至與未至但問施亦夜郎境地否亦不問夜郎之是施非施但問夜郎惟播獨稱否嘗考通鑑隋夜

郎註以竹王說爲據而竹王事詳華陽國志云女子立江邊見竹中流有兒聲剖竹得男養之材武自立爲王以竹爲姓死封侯立祠施州宋賜靈惠廟額此崇寧中事也夫播去施遼甚與竹郎漫不相及何得强施人以尸祝乎不然又豈宋人考核不逮今人而謬爲賜額乎夜郎嘗有詩曰沐芳莫彈冠浴蘭莫振衣此蓋指清江而咏也夫播亦有清江否貞觀十六年置夜郎麗皐樂源三縣後并爲夜郎又并爲珍爲鶴爲業夫珍在施歌羅泰歌羅乃今高羅司地楊升庵丹鉛錄可証珍在施夜郎獨在播乎不然又豈唐人考核不逮今人而漫以命名乎城東二郎廟故老相傳爲竹王祠王訛爲郎故黃石崖詩曰清江猶繞竹王居豈無所見而漫云又考山谷詩夜郎留仙客即云施州肯回首施與夜郎不屬何故同筆而咏耶又五溪去播甚遠而與施近隣杜每以五溪咏施而太白亦云過五溪到夜郎此不可証乎或謂夜郎不知漢大在黔中郡夫秦代楚取黔中郡地七百里置黔郡今稱貴州黔中施之交界爲黔江縣楚之辰寶及施亦稱黔然則秦郡包舉楚蜀貴州皆夜郎所據所以不知漢大也又豈獨一播也哉大抵夜郎地不止播而施實竹郎之豐沛也故謂太白過施而流寓不在施亦可謂太白流播而稱夜郎亦可謂施非夜郎界而獨一播稱夜郎則不可是不能無辨

重修城隍廟記　張　鵠

我國家奄甸海宇祀典維嚴燔柴瘞玉之後詔有司建城隍廟於天下凡一千四百七十二處施有廟舊矣址在衛治東龜山之巔正德間客星童侯昶陋祠宇弗稱禱祀率同寀孫侯廉趙侯輔李侯宏捐俸貲以新之嗚王營建爲殿者三間爲廡者東西各稱是爲拜廳者如之外門坊額二座則爲衛處士陳海陳溢昔所創者周爲繚垣對樹嘉木完飾宏敞輪奐一新迨後歲久物敝鼎新有待嘉靖甲午得賈人王再六者傾橐倒廩鋭然以興壞起廢爲已責化塵埃耀金碧燦然改觀辛丑復工彰施采色列騶馬侍從周以樓檻幬以雕甍門闥靜深丹漆輝映足稱神棲便瞻仰矣是歲予自成均歸瞻謁庭下怵然興懷乃作而嘆曰夫爲事在志不在貧富富者財力雖有餘惟務多積爲子孫計其肯拔一毛建

一事哉貧者又力不贍此事之所以不克濟也茲再六之志良可嘉哉未幾再六踵門告曰某繼諸衛侯修輯今旣殫力矣適值石侯岳唐侯訓伐石布砌鱗次相比以便登者且廊廡日入於圮者茲又新之使不爲記不惟前績漸泯抑何以使將來嗣葺者勸敢請子方唯唯或有從旁而謂予曰厥靈丕顯有禱必應賈人之心毋乃徼福者之爲也予曰不然再六江西金谿人也僑居吾施家不及中庸力不足以幹濟未知其心之徼福與否而其志之有恒爲可取也則安得而勿記乎且請錄諸衛侯之績是不沒人之善尤爲可記也遂援筆書之俾鐫諸石焉

關聖廟碑記　何騰蛟

攬古今精忠之氣萃於西北而關聖挺生焉靈顯歷朝功贊當代迄今旦食報無疆矣余偕忠貞營諸勳鎮奉命督師念夙昔赫濯之威儀型如在乃中營副將魏懷等適於施州建廟鳩工落成問記究厥所繇以先年虜酋犯順本營將士奮勇勦除滅此朝食默禱其靈期以事濟崇新廟貌乃自遠安以迨巴巫苦無善地役弁馳未遑今於夜郎南郭開元文祠兩古刹間山僅數武形勢壯麗珠峯雪嶺麟水鐵滿峙滙其間旺哉　神居可以俎豆萬年矣於是諸將諏吉醵金庀材命匠不日成之嗚呼時有治亂神無古今以帝歷千數百年人心思如一日則時事大義神人應共之鞏山河如斯廟奠園陵如茲靈千萬斯年庥垂天壤庶不虛諸勳鎮結搆苦心矣

國朝

重建城南文昌祠碑　范福咏

施州憑江環山壤界秦蜀三峽之陽一要區也城南郭外儒學舊址原建文昌祠莫知所自始兵燹之後鞠爲榛莽焉余以甲戌秋受事茲土俄歷五霜簿書之暇遊息於斯有語余者曰城舟形也此祠爲桅桅必舉舟始通余不習形家言亦弗深考但此都人士彬彬而自國初定鼎以來科目寂然毋亦惟是坤靈弗効之故按文昌爲斗宮貴曜司祿籍名區大邑學舍黌宮皆祀之是非不典爰諮於衆盡抑圖功有衆同志載欣載奔庀材鳩力榱桷丹堊漆垣塗茨次第就規刻期告竣

乃撢穀旦登禮而憑眺焉四水縈會雙峯聳峙近則月臺象嶺遠而客星香城金玄羅醆諸山如芙蓉萬疊掩映雲霄信爲此地之闢汲神人之快覩矣是役也自寮宋紳士下逮氓庶相助觀成余不佞豈敢尸之且余既荒先人緒業從事韜鈐復叢
聖朝舉之制科畀以民社朝乾夕惕負戾曠瘝尚奚徼冀之有惟祈神庥丕符佑於此都人士匪青紫是侈將有文章道德如宋濂溪宥山其人者則余不佞與有榮施焉當拱而俟之耳

陳世凱提督紀畧序　　施閏章

覽古命世之英多歷試於艱難而後成天下之膚功當其窮處困踣幾不得苟活與傭販者伍及功建名立天下以偉人歸之說者謂有天幸要非知勇深沈經百折出萬死而不挫則尺寸未能以倖成譬若楩楠松栢之材天固老之以待用向使其才不勝任則凋急雪而殞崩崖其不爲槁莖腐草者鮮矣陳公贊伯之以戰績顯也余舊聞而偉其人有故人高使君尚孚分巡溫處二州說溫鎮陳將軍不去口旣相見抑抑禮讓如儒生語及戰陣間事惟上頌
朝廷之福親王貝子督府將將之能及師武臣之力無一語自伐請至再乃出紀畧一冊夫功業待時而建者也勇畧不待試而具者也公姿岸不過中人生而雄武有畫地爲陣之意明末寇大擾其先公蒙難憤不共天聚鄉人殺賊殲其渠羣賊必欲得公甘心公脫身獨走銜虎豹披榛莽飢三日夜至生啖野蔬肩墜眢井深穴中伏匿得免可謂萬死餘生矣然終不肯黃頊老牖下轉徙川蜀
國家拓定蜀土仗劍効順累授都督始以敢戰聞久之部補協守杭城多善績杭人頌焉會滇閩搆逆溫處連陷金與衢且剝膚督府今大司馬李公謂公才可大任親王貝子試可決策推轂一二歲間大小三十餘戰卒復溫處而綏靖金衢遂以總兵鎮溫州當是時賊衆所在數萬東陽義烏之間蠶食豕突而金衢故浙西門戶也溫處又所以屏翰金衢而閩海之衝也公料敵策勝於處則先奪桃花嶺於溫則率其子紀先破石塘皆二郡最要害處旣奪迎刃解節二郡遂平公旣負勇敢戰

數以寡殲衆直搗中堅或仿陰平入蜀故智騰鳥道繞出山背皆身先士卒或免胄冒矢石大呼而入間舉一礮摧鋒折轟應聲而倒賊望之披靡呼爲陳鐵頭及其師旋則又以身殿全軍無恙昔人有言使遇高帝萬戶侯豈足道哉捷聞

天子大悅於是以左都督加世職又

特簡浙江提督公感涕霑膺未嘗不追痛出萬死而重被

國恩也客請書其本末乃畧紀之以勸有功以示後裔且誌諸王督府之知人善任使也功臣宿將多漁獵子女玉帛以侈娛樂公懲念少賤此離不置歌兒舞女戢部曲毋淫掠又多方從他將贖釋俘婦於戲豈非知仁勇廉者哉爰敘其畧

贈提督陳天培紀畧　包秉燮

公非所稱翩翩佳公子耶何氣之壯而勇之至功之深而績之懋哉公總角齠齡時即好演武習騎射昂昂不羣已具千里駒之氣象及長而膂力超人射穿七札胸富萬兵不僅勇畧冠軍即運籌帷幄決勝千里無不發輒中竅今事平論定其忠心義膽偉畧豐功不能盡載也請僅紀其畧當閩疆告變浙壤震驚楚粵蜀隴莫不騷動公受贊伯翁老祖臺之重任遂毅然受命曰當此而不捐軀以報

國恩并以報父恩非臣子也苟畏死以貪生生無可幸舍生以就死死有餘芳於是辟易賊銳東衝西擊戮叛撫服恩威並布非智勇雙全孰能披堅陷陣有如摧枯拉朽者乎於是進浦江義烏則恢復二縣進永康縉雲則席捲長驅進括蒼甌江則屢戰大捷在在奇功莫可殫紀至石塘三役地勢險峻峭壁層巘砲矢如雨我師三進三却公奮勇獨登發三箭殺三人大呼直上遂奪梁走賊貝子見而嘆曰眞將種也嘖嘖贊美不止錄爲首功剿截石塘開路奮勇爭先冒鋒破壘戰功懋著應授游擊職銜此貝子之獎勵也制府李公剿開處州逆賊久踞石塘官兵進剿尅期掃蕩本官獨能奮勇前驅立功建績足徵勇敢此制府李公之嘉尚也勦撫功深隨經制李公題授寧村營守備地方初復人民逃散公撫恤流離多方招徠漸見哀鴻甫集而士女各還舊土

矣當兵燹之日飢饉洊臻米珠薪桂民不聊生公捐俸採買賑濟度歎而所活無窮矣汪洋逋寇連艅行使沿海殘黎每遭刼掠公遴員給費悉心招撫遂至投誠接踵而海不揚波矣他如設閘防川而水有蓄泄旱魃步禱而立沛甘霖豁免夫徭而兵民爰戴廉潔持已而餉無虛懸此皆彰彰在人耳目者也若夫修臺築寨則措置有方兵民無擾而地方永固捍外衛内則相度地利賊難登犯而邊境肅寧總之功難盡數績難盡述是以

制府李公特疏題薦奉

旨紀錄又奉

皇恩議敘軍功加授副將又荷撫提二公會疏題陞盤石營偏將又蒙

聖恩特簡浙江寧波提督將來勳猷爵秩正未可限量其克紹箕裘克振峻業要皆不外乎昔聞膝下諄諄訓諭燕翼貽謀之所致也噫公非所稱翩翩佳公子耶何氣之壯而勇之至功之深而績之懋哉

衛守備徐尚謀宜民碑　童天衢

康熙四年歲在乙巳春本府奉　飭來衛適王營盡帶士民投誠荊南之日也夏五月自巴東聚衛民老弱殘疾者十餘家典衣脫驂裹糧露宿相攜進衛手闢荊棘足履顛垣臥薪枕塊并日不炊者久之始得哀鴻稍集又四路關取流民陸續發回撫字雖勞瘠苦未蘇蔽之前季百不存一矣舊制安可問哉嗣奉上憲查取丁糧頃畝荒熟數目咨詢數月始知大畧顧以城市灰燼建倉實難民力衰疲輓運不易請改折色蒙賜　題達俯准民糧每石徵銀三錢屯糧每石徵銀四錢五分其民丁正力仍照舊例征輸本府五年於茲悉見爾等淳樸無華奉公守法本府自愧不敏莫予云德諒後來製錦有人爾等食福有日但恐章程不立賦役無稽不免追究前徭因酌條款庶幾上不病國下不病民云爾

一民種軍田納軍糧當民差軍種民田納民糧當軍差

一夫馬差徭奉裁不設而各上司差委到衛不得不勉爲應付凡勘合牌內有夫馬字樣村屯應承夫役年終冊報無則以情理善辭

一每年應進表箋乃臣庶恪恭之心但無存留開銷

合於官紳士民公同捐備

一錢糧庫秤交納花戶自封投櫃不得假手胥役而里書屯書亦不得借民指索

一嚴誡紳士奉批務宜安插得所酌於正糧外免其雜派

一本衛正堂及佐貳儒學衛役現在辦公除正糧外免其雜派

一鰥寡孤獨者本無養濟糧石如種有田地除正糧外免雜差以恤困苦

重修文廟記

吳李芳

學校者人才所出也

皇上崇文重道雅意作人實度越前代而茲邑聖廟殿宇摧頹圮墮趨拜於荒烟蔓草間是非有司之責歟芳不敏竊大懼儒學蕪廢興慨子衿固以稱

上德意且重盜守土罪戾爰進諸生而詢之知邑原有

聖廟燬於明末兵燹我

朝康熙十二年邑侯譚君特為營造曾幾何時蕭條若此豈聖靈陟降所不到而人文化成之盛獨不可見於此地耶夫三蘇之文章四陳之氣節蜀中人才皆曾照耀寰宇矣茲固蜀疆而銅鑼故墟實維宋詹狀元遊誕育之區訪水邱而問釣遊至今父老猶有能言其地者可見人才不擇地而生而鼓舞培植之必有其道也其不可不以文廟為先務之急矣爰以紳耆之同心咨度經營鳩工庀材不擾不亟自冬徂春四閱月落成妥侑有所陟降如在泮宮之詩曰魯侯戾止言觀其旂而繼以濟濟多士克廣德心異日者學成而材裕邑人士熙績亮工以光輔我

王國也芳亦藉以宣

上德而奉厥職欣觀儒術經濟之盛豈惟競科目而邀利祿云爾哉

重建文廟記

史[illegible]晟

蓋聞學校肇自有虞聖宮始於先漢世代相沿日益炤灼但未有

崇尚文教如我

皇上今日者也余於丁卯冬來宰是邦視事之明日謁

至聖先師廟但見半椽茅蓬荊棘蕪穢所謂階墀牆廡

無一存者亟詢厥由始知建邑自明季寇亂地絶人居者四十餘載城郭宮室焚毀俱盡而聖廟竟瓦礫焉繼以吴譚鼉逆殘害蹂躪作者無人成之無力是以衰替陵夷一至於此也嗚呼職忝
天子之命臣身爲聖門之私淑者如之何不疾首痛心竭歷籌度也於是集諸生創建焉諸生學同所宗思同所職懽欣共事鳩工構木自以繼月靡有倦色是役也工興於康熙庚午年十月十四日告成於康熙辛未年九月二十日一匠一作一木一石皆余躬親董率以底於有成凡兹殿宇廊廡悉如制雖無刻桷雕楹山節藻梲之華然　至聖端其座先賢安其列風雨不侵睹斯有地視前之敝廬荒區鞠爲茂草者私心少慰焉若夫闢宏敞增華麗全兹所不及益兹所未就以臻美漢唐佐
聖天子右文之治者又竊有望於後之同志君子也夫

四癖老人傳　童天衢

四癖老人者明季一老窮酸也生平落落無多結交人與之遊終日無可言笑若有談往事則欣欣聽之忘倦若呼之飲則避見人嘻戲或由醉之言則悵悵不欲觀其貌面黄骨瘦疏齒鬢毛居家内子不問飢渴亦未嘗自言人以是知其有癖病焉或問之曰子病癖乎曰有之吾癖有四問者曰一癖尚足以害生况四癖乎子試言之吾能爲子藥四癖老人曰吾少也三歲失怙而形貌尪羸年十歲嚴君始令就外傅及解字義即嗜羲書姬爻所謂遁龍之負而自水出彩鳳之啣而自天降者竊心究之年長則自周孔顔孟而外青囊黄石莊老浮屠岐黄方餌天宫輿誌以及諸子百家之編古今傳記之牘無不欲得而飢餐渴飲之間有得者猶以爲未足也今老矣國覆家貧寇氛灰燼雖襤褸藜藿一字不堪炊用而此志亦復不衰惟苦於殘缺難得力疲鮮記旨趣無歸不敢比左氏之痼結病則同也此其癖一春葩秋蕚吐秀舒芳苔痕布綠草色揺青庭樹交香山禽對語固不敢冒讀書之樂事亦自幼至老之所愛惜也其癖又一靜夜更闌身寒骨瘦坐不成寢穿茅破壁之間戚而氷輪乍湧瞻望盈眸不覺窮愁勞攘令然消也抑或魄生半壁影落下江隱現松頭移映花影種種清光

皆所戀戀乎心者也其癖又一深山幽谷古道頹垣茂林豐草之下有物焉或頑或怪或蒼或黃或磷磷而白或如羊如虎或如醉道士或如望夫婦或可鞭而晴鞭而雨或可醉者臥而醒光怪萬狀蓋輞川之畫圖莫可繪其奇犯斗張騫必俟持詣君平而後識也雖一卷之多而夏雲之奇峯秋雲之白衣蒼狗以至如龍如馬如倉囷美人莫不根從此生是能靜而壽者與宜米顛之袍笏以拜攜而與俱臥者也吾甚愛焉苟遇之則坐臥不遽去焉其癖又一奈不能白藥殆將抱斯病以老矣問者曰子之病中於性情入於膏肓矣雖岐伯診其脈軒轅主其方神農和其劑秋夫思邈操其鍼砭盡厥神聖工巧何能爲哉問者辭歸而爲人語之予聞之因問其爲人衣冠陳腐坐立花間手時執書一卷畧類儒者問其貌黃瘦雞肋脩然柴骨問其年四十有五六問其平居服食蕭蕭似野獪破衲問其姓字因久逸而不知自號素道人云予以其年近五十也即謂之四癖老人是爲傳

邑侯鹿公祠記

張如彤

嘗讀南山有臺之詩曰樂只君子民之父母父母也者好惡同民之謂也今我邑明府鹿公涖任六載撫字心勞僻壤化洽弊無不革利無不興善政不可殫述茲特撮其大者言之廉以勵己莊以臨民坊表所以獨隆也緩征薄歛雜徭悉蠲國課所以樂輸也設學明倫作育人才化導於焉振興也巡行阡陌勸課農桑民生所由盈寧也折獄明允寬猛互濟訟端日見其息也飭諭鄉保嚴禁游惰盜賊已清其源也柔遠惠邇僚庶稱事百工莫不忻悅也倉穀充實散斂及時凶荒莫不攸賴也凡此諸善政咸以實心運之匪伊朝夕矣是以上之誠求保赤洽人痌瘝下之瞻依匪懈將其悃忱深恩厚澤仁人有加無已躋堂介壽愚賤每念不忘父母之頌舍此其誰與歸乎故凡屬在士民莫不共篤緇衣之愛永懷甘棠之澤以見秉彝好德三代直道雖處下邑何嘗一日不在人心也爰建祠堂鐫列德政以垂不朽云

修路碑記

蔣宏毅

郡城之道路若人身之血脈然荒蕪則底式微圮蕩則兆昌熾理固然也故周禮司於合方王政重乎除道殿

最攸關不但譙樓更鼓而已施城僻處山陬咽喉楚蜀自宜至施計程五百置郵凡九其間巉巖絕𡿨平陂相參仄徑羊腸行者苦之迄己丑秋　林公蒞任斯土披葛歷險籌棧道危乃慨然曰是郡子之所駐是路即子之責也越翌歲仲呂乃捐資鳩工遴營目能者任以監督大閱月而告成由是陟山而不知山登險而不知險兆郡人士謂是不可不誌厥美也故請記於余余念斯路自人

國朝其閱夫軒冕多矣而必有待於公則公之自命爲何如哉紳天衢之羽儀帘輝煌枳棘降補袞之訏謨而疆理坑衍行旅出途歌蕩平者嘖嘖不衰則使施不式微而俾施於昌熾者微我公其誰歸公諱濬字哲庵江南秣陵人由庚辰武科及第陛侍五載出參滝津而調鎮施城經文緯武輓近無與頡頏韓范非溢美也其尊大人將軍公提師入閩一靖海氛能活生靈數萬公與伯兄提督公悉魁天下以是知公之德業皆可久而可大流福祚於無窮者矣至萬民謳歌之事亦不暇記請直以此意勒之貞珉俾不忘於奕禩

恩施縣

重建問月亭記

協戎　保泰

余讀昌黎滕王閣記至無俊前人無廢後觀之句不禁掩卷三嘆而知古蹟之不可湮沒也蓋古人之遺跡山川藉以生色文風與之轉移不徒作後世之觀瞻已也施州問月亭者唐李太白酬月處也太白以永王璘事謫居夜郎每於此賦詩問月以自鳴瀟灑不羈之致而亭於是乎傳自唐迄今歷年久遠宋元時已半屬苗疆亭之存與否邈乎莫考自明季李自成張獻忠輩次第跳梁其部賊徃來滋蔓者十餘年田舍民廬蕩然一盡此亭竟付之荒烟蔓草中矣在太白詩名卓越千古原無藉乎此而流風餘韻歷久常新亭雖無存猶與長安之市采石之磯並挂人齒頰也我

皇上御極之初改土歸流設郡縣以束編氓立學校以崇文教四十年來人心向化鄙俗潛移已大非昔比惟文風尚覺鬱而未彰夫文風之發越在乎讀書讀書之端倪由於慕古昔蘇子瞻讀老莊而得心周必太登頗山而選勝是古蹟之相沿實與文風相表裏也余忝出

蒙古少值
禁廷家承鐘鼎之休性有詩書之好參戎吳下頻採佳境以抒懷載旆施南更仰先賢而留意因於公退之暇出北關外里許登碧波峯之巔尋遺跡於榛棘中爲之流連不忍去謂斯地也斯亭也斷斷不可湮沒者也遂慨然有更建之思邑宰劉公渭川聞之與余有同心因偕文武各同僚捐貲興作亭之外兼設數椽以爲遊人憩足之所俱古樸不事繁華未匝月工已告竣而問月亭得於此再覩矣自茲已往士子果能知所觀感究心

讀書俾文風駸駸日上向所謂悍㮣之邦者一變至魯再變至道數百年後安知非文獻之邦也耶此正余之厚望也夫

清江爲禹貢荆之沱辨　學使　吳省欽 白華

楚有兩夷水其一以桓溫父諱彝改曰蠻水明統志謂之蠻河源出房縣至宜城西南六十里入漢即莫敖亂次以濟者也其一今曰清江水經注夷水色清照十丈分沙石因名清江齊氏召南曰清江源出四川石龍關東山東南曲流百餘里合大䠀敱河經官渡壩南又東

至[illegible]縣境利川北有水來會至火鋪塘伏焉洞磁北踰重山復流出折而東又數十里至恩施縣北境有龍馬河合東北水田壩河西南來會又有乾平溪自西南經沙子門嶺東北流來會又南經三龍壩西西受一小水又東南經恩施縣城東北東受一小水又東南有冷水河自西西南經出水洞來會折東北流數十里經三岔口塘南又東北數十里有一河西南自施南司之南山東北流經司北又東北八十里來會清江又東有龍溪河自西北來合建始縣之小河諸水來會水勢大盛東

北經桃符塘金雞口紅沙堡與恩施縣境黃家灣天地口與建始縣境又東南經長陽縣城南又東稍北受北來傳斬溪塘水折而南經灣西南有十八堰溪西自楊柳池來會又東南至宜都縣城西北會西南來之漢洋河東入大江凡行六百餘里受數縣諸小水無數又曰龍溪河所會建始縣之小河源出縣北灩澦南崖大山東南流經水坪東南曰埔潭溪折西南流有桐木溪自西來會又南有木瓜河合二水自西北來會南經縣東南有西溪自城西南來會曰小河又南折西流又南與龍溪河會

龍溪河源出十三陽大山者南流折而東南八十里其南源東北流來會又東流七十里會小河又東折而南經雙耳洞東又南經南里渡西又東南與清江會胡氏渭曰水經夷水出巴郡魚服縣江東南過佷山縣南又東過夷道縣北東入於江註云夷水即南山清江昔廩君浮此水據扞關而王巴是以法孝直有言魚服扞關臨江據水實益州禍福之門夷水又東逕建平沙渠縣縣有亚城南岸水山道五百里其水歷縣東自沙渠入佷山縣水流淺狹裁得通船又東經佷山縣故城南又東北逕夷道縣北又東逕宜都縣北東入江渭按夷水首出魚服江尾入宜都江行五百餘里是亦荆州之沱也古自巴入楚避三峽之險皆由此路史記張儀說楚王曰秦西有巴蜀大船積粟起於汶山浮江以下至楚三千餘里舫船載卒十日行三百餘里不至十日而距扞關此言舟師由夷水入楚也何以知之楚世家肅王四年蜀伐楚取茲方正義曰古今地名云荆州松滋縣古鳩茲地即茲方於是楚爲扞關以拒之後漢書李雄說公孫述曰東守巴郡拒扞關之口徐廣曰巴郡魚服有扞水扞關章懷注曰扞關故基在今峽州巴山縣寰宇記云廢巴山縣在長陽縣南七十里即古扞關也水經註江水自江關在今奉節縣南瞿塘峽口東逕弱關扞關弱關在建平秭歸界蓋大江出三峽逕弱關江沱出佷山逕扞關劃然兩道儀言浮江以下距扞關則不經巫山明矣夷水受江處不知何時就陞後漢建武中岑彭率舟師長驅入江關吳漢留夷陵裝露橈船泝江而上其時夷水已不勝戰艦自後荆梁有事舟師未有不由峽江者然酈云裁得通船後魏時水道猶存下逮唐初建始之北遂成斷港故章懷云夷水出清江縣西都亭山寰宇記云夷水自施州開鐵界流入長陽縣明一統志云夷水源出自舊施州開鐵界經建始巴東長陽至宜都入江蓋不復知此水出西北奉節之大江而以爲西南施州衛之山源矣然漢志已疎略不言首受江水經注原委詳明而又有儀之言爲證禹導江自梁入荆必浮此水也愚常讀而疑之茲過建始境抵恩施知清江伏流處尚多重山連亘非如峽江之可鑿且巴東之峽禹既鑿以導江何復以人力萬難施之處與數百里重山爭此丈尺之水且漢志南郡

夷道縣應劭曰夷水出巫東入江是夷水自巫出非自巫西受江索隱曰扞關楚西塞以意度之當在今巫山巴東江岸故法孝直言臨江據水水經注亦言江水自江關逕弱關扞關扞關所以扞敵非止一處故方氏以智謂道扞關在陸楚扞關在水況酈氏言扞關廩君浮夷水所置是廩君之扞關非郎楚肅之扞關張儀又言扞關驚則從境以東盡城守矣黔中巫郡非王之有是扞關在巫郡上游尤爲明證要而論之是水在夷道入江故曰夷水其發源處曰夷溪以其有扞關故亦曰扞

水其經流謂之鹽水後周鹽水縣故城在今施南府東十里亦謂之清江亦謂之佷山北溪佷山漢縣屬武陵故城在今長陽縣西明廖永忠伐明玉珍別將由長陽巴東境所云百里荒者潛出夔門之上游此固踵張儀之故智而反行之儀謂以舟師下扞關非謂舟師可由夷水也蘇代曰蜀地之甲乘船浮於汶乘夏水而下江五日而至郢吳漢岑彭以前舟師無不由峽江者胡氏括地最精而以夷水爲荆州之一派不可不辨苟欲求合漢志過郡二行五百四十里之文則以奉節縣灧澦南岸白鹽山所出者爲是水之源也

可

王封鎮傳

府學 李宗汾

王公名封鎮字建元施州衛諸生績學立品雍正甲辰館容美土司署中有女夜扣館門稱奉主命來公拒弗納次日以大義責主人束裝欲歸主人固留乃止由是益重之一日將歸省主人欲捕魚以遺其母邀同觀魚[illegible]魚多而所捕者少疑校人爲奸欲殺之公正色告曰天子以民付公撫循何得以細故殺人自取罪戾況事起捕魚贈余遺母是重余不孝罪也主人竦然聽命乃

弗殺嗟乎建元甚色不戚醕謹之士猶可企及惟當土官橫暴生殺自恣之秋正色昌言能使之有所憚而不敢肆此其剛正之氣足以攝奸權之膽則其所以保全土官而爲

朝廷靖邊爲生民息禍者厥功匪淺矣雖以諸生終較之掇巍科登顯仕而功業不著於時者其賢不肖爲何如耶建元誠可述矣公在容美署中纂輯衛志簡嚴有法今得藉爲粉本焉

南匯吳公視學碑

向例赴宜昌隨院試歲己亥前院洪公以前郡守汪公之請與督撫兩院會請分棚報可辛丑九月廿二日學使南匯吳公至公自歸州由中遇險步行胼股甚憊顧不以為憾匾院齋曰至喜堂曰揚清考清江源出自巖山以合漢志以救禹貢錐指之失改象耳山曰象牙山以正舊志之謬以府學額不及他郡之半謂須由縣府議請而行十月五日試巳廼去蓋歲科試文武生童四千餘卷隨予發落試期則兩月前早檄示諸生童落卷點閱燦然無聚糧之苦無抱璞之憾公前按數郡皆兩月前示期及期連雨輒霽當盛暑則雨必在前夕日施多秋雨今僅於公抵施夕及撤示後兩雨無所患嘻亦異矣公名省欽字冲之號白華丁丑　召試內閣中書癸未進士今　日講起居注官翰林院侍讀學士洪公名檖字伯初歙縣人辛卯進士以吏部郎中來視學汪公名獻深字鑑堂錢塘人以正安州牧擢守此郡今守荊州提調是事者今郡侯陳公嘉謨字芑洲辛巳進士恩施邑侯則韓公悅曾字以安長洲人禮部尚書文懿公孫皆注意學紀勤於石乾隆四十六年十月朔西日述

六六井銘

乾隆元年施州衛改府建學宮三十八年癸巳始設官乙未春余秉鐸斯郡明年太守呂公就學宮閒房招生徒任以講席公署原無井掘西廡牆外地不數尺兩穴泉湧結砌井署內生童養而不窮焉嘗考皇覽云先聖講堂在諸弟子旁舍並井甃猶存今茲所穿挈後世者而不廢甑雖與洙泗書院井甃比然泉出廟旁學者可師掘井及泉想斯道之有本必無掘井不及泉之慮也其名六六井者成於六月既望記時也因為之銘曰文德誕敷蠻夷率服舊衛新府黌宮考卜特開義館英才樂育井從旁穿味甘氣馥不損不益潤溺停蓄日月代明澄清照昱因時命名標以六六瀏井衆泉象耳山麓

問月亭辨

施城北碧涉峯問月亭相傳李白謫夜郎嘗於此賞月此一統志所載也衛志取青蓮集中把酒問月篇以實之嘗考太白年譜肅宗至德二載丁酉二月永王璘

[illegible][illegible]白古忠彭澤坐繫潯陽獄宣尉大使崔渙及御史中丞宋若思為推覆清雪若思率兵赴河南釋其囚使參謀事並上疏薦白才可用不報乾元元年戊戌冊至德三載終以永王事長流夜郎二年己亥未至夜郎遇赦釋回憩江夏岳陽後如潯陽此集中有流夜郎半道承恩放還兼欣剋復之美有懷示息秀才作也圖經載施州形勝南入牂牁之夜郎夜郎即今遵義府是去施幾千里太白未至夜郎而施又非其所屬此間問月之亭臺其足信哉而把酒問月篇原註故人賈淳令予問

之未題流夜郎且白自詔流夜郎如於烏江留別反贈辛判官劉都使易秀才憶秋浦桃花舊遊諸作不題曰流夜郎則題曰時竄夜郎是未至夜郎有作自敘且然豈已至長流之所而自序所作爾獨不然乎且篇中俱不似在施碧波峰者又安見必為此地詠乎或謂明一統志載遵義府有懷白堂在貞明長官司南六十里昔人建以懷李白據半道承恩放還又何以稱焉不知堂之以懷白名可想矣必既至後懷之乎又安知非望其至懷之乎至謂有宅在夜郎里一統志不統載此無徵不信者矣抑謝君直解詩貴然來思云貴者華采也賢人所過之地山川草木皆有精采蓬戶華門皆輝華也太白有長流夜郎之詔則無論既至與否可作既至觀也何必懷白之不有堂也並無論過此與否可作過此觀也何必問月之不有亭也圖經南入牂牁之夜郎施南夜郎錯壤又東北入南郡之巫縣太白雖未至夜郎曾泛洞庭上三峽至巫山矣安知自竄流以及放還時不嘗過此而把酒問月乎倘承恩放還過此應無流夜郎與時竄夜郎之自序矣即今此篇非為此地詠而既

以問月名其亭臺何不可摘此篇以實之乎此亦如東坡賦赤壁於黃州周子號濂溪於廬麓固無乎不可也況青蓮芳躅所在如彰明之宅江油之臺嘉定之亭汶上之山婺源之渡漢陽之湖以及濟寧之酒樓眉州象耳平武牛心萬縣悉有讀書處無不嘖嘖人口問月之亭臺亦然更如會同白社山藤縣懷遠之太白巖俱謫夜郎時遺蹟何獨於問月亭臺而疑之至嚴氏書畫記載文進李白問月圖見任琦玉珊瑚網[illegible]以甯題竹王祠前霧如雨躑躅花開啼杜鵑是指施為證然則斯人也斯臺

也斯亭也而在斯地也俱足千古矣

詹邃中元祐三年宏詞科辨

宋哲宗本紀元祐三年三月丁巳御集英殿策進士巳巳賜禮部奏名進士諸科及第出身一千一百二十二人九月丁卯御集英殿策賢良方正能直言極諫科又選舉志元祐三年因劉世安奏詔大臣奏舉館職並如舊詔試除授此則元祐三年有進士及賢良方正能直言極諫館職召試諸科無所謂宏詞科也哲宗本紀紹聖元年五月甲辰罷進士習試詩賦令專一經立宏詞科又選舉志紹聖初哲宗謂制科試策對時政得失進士亦可言因詔罷制科試既而三省言今進士純用經術如詔誥章表箴銘賦頌赦敕檄書露布誡諭其文皆朝廷官守日用不可缺且無以兼收文學博異之士遂改置宏詞科歲許進士及第者詣禮部請試凡試二日四題試者雖多取無過五人此則紹聖初始立宏詞爲科也詹公既中元祐三年狀元則必非中博學宏詞科既爲博學宏詞狀元則必不在元祐三年當在紹聖年間矣舊志載元祐三年博學宏詞狀元則與哲宗本紀及選舉志俱不合恐考之未詳也又考哲宗本紀紹聖二年三月乙未試宏詞黄符等五人各循一資選舉志紹聖初宏詞科詞藝超異者奏取旨命官詹公既中宏詞科想亦必循一資矣想亦必奏取命官矣而舊志失載惜哉

施非夜郎考

夜郎之名由來久矣或名縣或名郡或名郡郎以名縣或名縣仍以名郡或名縣而隨省之或所屬之州廢而改屬之總之不離牂牁郡者近是而施無與焉前漢書南夷君長以十數夜郎最大皆屬西南外蠻夷師古註後爲縣屬牂牁郡此以夜郎名縣也施南漢屬南郡不屬牂牁也晉永嘉二年分牂牁立平夷夜郎二郡此以夜郎名郡也施在晉屬建平不屬牂牁也宋書晉懷帝永嘉五年寧州刺史王遜分牂牁朱提建寧立夜郎太守領四縣夜郎其一此名郡郎以名縣也施在宋不屬夜郎太守也至唐武德四年以思州之寧夷縣置夷州義泉郡析置夜郎縣後夷州廢而縣省此名縣而隨省之也貞觀八年以辰州之龍標縣置敘州潭陽郡析置

夜郎縣十六年開山峒置珍州並舊夜郎縣後爲夜郎郡元和二年珍州廢而縣屬溱州溱溪郡此名縣仍以名郡後州廢而改屬之也施在唐屬清江清化郡不屬義泉潭陽溱州溱溪也蓋夜郎最大唐書地理志爲夷爲敘爲珍爲溱悉屬其境夷在今貴州石阡府敘在今湖南沅州府溱在今四川涪州之西珍在今貴州遵義府桐梓縣正安州等界宋史云夜郎在漢屬牂牁郡今涪州之西溱漢播珍等州封域是也然封域雖大不能强施之不屬者而包舉之宋史施州蠻南接牂牁諸蠻施州圖經南入牂牁之夜郎通志施州形勝遠控夜郎夫曰南接曰南入曰遠控則施本非夜郎而夜郎總不離漢牂牁郡境界斷可識矣

重修府學文廟碑記

郡守　馬維駁

施郡自乾隆元年丙辰改衛爲府置六縣立七學而郡學文廟之設則自三年始董其成者田公也乾隆庚寅歲張公復補修之迨後歷年久遠已就傾圮五十四年前守赫公勸捐修建工甫半旋以事去日朘月削敗堵頹垣鞠爲茂草嘉慶四年春余來守斯郡涖任之初恭謁文廟目擊情形蹐跼者久之因思

至聖爲萬世吾儒之宗郡學乃六邑會萃之所舉凡春秋祭祀鼓徵講習昭誠敬而宏教化胥是賴焉亟應鳩工繕葺以肅觀瞻若任其剝蝕漂搖固彼都人士之咎實亦守土者之責也正擬創議經營欣逢督學陳公按臨余即以茲事請公聞而欣然慨捐清俸諄諭諸生而鼓舞之靡不踴躍趨事爰估計工料除原存基趾舊料堪用外其椽柱磚石釆飾之需非二千餘金不能蕆事用是繕立捐簿分給六邑會同各學廣爲勸輸諏吉於九月之朔興工所有經費出入庀材購料董率工匠皆於衿士中擇其殷實老練者俾司其事無濫無浮務使歸於實濟其樂輸各姓字並備載碑記以昭盛舉庚申孟冬月告竣而崇聖祠明倫堂亦一律搬造焉規模彌煥廟貌維新將

聖教昌明由此而鄉舉里選爲賓

王國其所以啟士林之盛盡守土者崇祀之忱不無有裨也夫

新建文昌祠碑記

郡守　尹英圖　北窗

粵維郡城鼇脊山一峰獨秀襟帶清江舊有城隍祠宇

於上體制卑陋歲壬子余宰恩邑徘徊瞻眺深用憮然夫神奇靈奥之區實斯文發祥之地施郡文昌祠歲久傾圮奎星無閣而斯山巍然面重離象文明尤造物精英所聚更張位置一得其宜則氣象發皇數十年後人文會萃休徵其有聿見者顧非常之原黎民所懼棼榛棟桴所需民復不勘爰於課士之下進諸生於庭而倡言之諸生踴躍歡欣李生瓊李生忠朱生尚志張生啟明首任其事勸諭樂輸人士坌集舉凡捐資出入諸生掌之不雜胥吏先建城隍廟於山麓以妥神靈規模宏

闊山頂更建奎星閣三層塑文昌祠煥然一新不數月報竣祭告之下列衣冠者數百人可謂盛矣由是而諸生慕實心崇正執家弦戶誦丙辰歲邪逆倡亂遠近騷然無一青衿爲其所惑文生黃萬全竟以罵賊死烈爰

朝廷獎祀郎余東西帶兵勦除文武生効力行間克昭允濟謂非神之妥佑不至此壬戌秋仲賊匪蕩平余奉

命撤巴卡兵勇來守是邦是歲奉

諭旨崇祀文昌禮儀並同關帝於是重登斯閣潔齋將事感神人之訢合期文風之丕振加勉諸生其益肆力於學以期黼黻

皇猷無忝山川鍾秀是則余之所厚望也諸生等問序於予予爲誌其緣起如此

潘成泰傳

郡守　楊毓江　作舟

潘成泰者恩施縣奇峰壩人父學超世業農嘉慶十四年十一月十四日虎晨至其村嘯斃郭氏兒旋蹲於成泰屋後一村皆驚村民朱六率張起科陳楚貴等十數人各執械逐之虎咆哮起衆皆震慴虎乃撲朱六傷右手及脊背並嚙又折其柄勢益猛厲奮身一躍以爪攫

學超項及右膊衆益股栗成泰挺矛直刺虎後復連刺其脇虎始舍學超走陳楚貴趨而前刃及虎口力怯不能中然虎已先負重傷不暇顧衆亦遂聽虎走伏林莽間不敢復擊有頃鄰村方家壩方啟堯聞之約其村數人來視逐之虎復起嚙傷啟堯於是兩村之人始合力斃虎逾日朱六死衆舁虎來獻勞以酒肉而使鬻虎皮骨給死傷者之家成泰年甫十九方學超之與虎格也設成泰亦如衆人之怯則學超亦朱六之續耳烏能爲成泰身不滿五尺力非强於衆也問其當虎嚙朱六時

胡不卽挺刃刺之曰小人懼然則繼之挺刃刺虎固不懼也虎一而已人之心忽懼忽不懼何也前之懼者心有虎也繼之不懼者心有戈也有戈故不懼而勇於刺虎性也孟子曰親親仁也達之天下也孔子曰仁遠乎哉我欲仁斯仁至矣觀成泰之刺虎可以識仁道矣

修龍神祠記

郡守　譚光祥　蘭楣

祭法曰山林川谷丘陵能出雲爲風雨見怪物皆曰神諸侯在其地皆祭之龍之爲神昭昭矣雲行雨施屢豐之年以綏萬民厥功鉅焉故春秋之祭載在祀典郡縣

皆然而施南獨缺施南距步皆山十日不雨則民有憂色其邀貺於龍神宜亟矣前太守法公僅建小龕於城東五峰山之麓廣九尺袤半之背山面溪有攀躋之勞無緜蕝之地日久並廢其禮欲擴充之限於勢仍其舊不可也今於郡城南門內覓官之西得袁氏舊居改建祠宇於孟春諏吉鳩工期以仲春告成舉行祀事會庚未鳴東作方興守土者爲民祈福之心同於百姓自爲祈福之心而其所以受福之由則惟於龍神祠自獻其心而已同官既捐俸於先紳士商民量力以施於後因而剋期告竣則守土者爲民祈福之心以慰而民之實受其福亦可從而決之矣

巴公溪豐樂橋記

出南門西行半里有橋曰文明其下爲樂溪溪南行半里有橋曰成志其下爲麒麟溪又南行里許爲巴公溪有橋曰濟政屬縣宣恩來鳳咸豐之要津也志載明指揮唐貴貢生李庠始造本橋鄉官周汲泉改用石焉巴公溪者相傳郡南有巴公塚昔有巴國大柵王世葬於此或呼爲巴公山也大雨時行溪漲洶湧斷行旅輒數

日水落猶苦泥濘橋卑臨屢需修治己巳夏五月遂圯辛未仲夏貢生朱尚志等議作石堤於溪南廣五十有二尺袤八十有一尺高三十有六尺其北則鑿山爲路廣十有三尺袤百九十有五尺砌以石級繚以石欄增以石橋高三十有六尺廣十有八尺袤七十尺秋七月鳩工冬十有二月橋成余以九月之武昌今年五月始歸六月堤成路治適以禱雨未暇一視秋七月乃偕同知徐公副將曹公往視之是日也小雨作涼秋氣自清行者忘其勞居者悅其色顧瞻四山高下一碧庶幾哉

其可免於凶年乎猶憶去年六月尚志等議建橋時方旱禱而得雨七月霪雨禱而得晴今橋成余又以禱雨後至登斯橋也蓋亦欲以歲事豐稔民氣和樂爲施人祝而不僅以橋成爲行旅幸也志載濟政橋即跨虹橋施郡多山無河渠之利十日不雨則憂虹爲雨止之象不宜稱因汲泉濟政之廢而改作之而非濟政之舊其名可易也昔歐陽子嘗以豐樂名亭余以豐樂名橋可乎汲泉爲明萬歷時人其所建橋至於今不可謂不久安知今日之大而新之不可爲數百年不壞之基耶因

而志之遂請爲文以記之

南郡書院開講碑記　　郡守　佟景文

郡未有書院楊作舟譚蘭楣兩太守經始而落成之主講之席尚虛歲甲戌余奉
命來守斯土遂坐皋比蓋一時之權宜耳丙子閏夏督課之日董事生礱石以待請爲記以誌之余曰唯否夫廣軒司馬之爲記志書院之權輿也前太守雅望鎮俗政教兼施故不可以不志余不過師其意繼其聲而已曷志乎生曰不然夫莫爲之前雖美弗彰莫爲之後雖盛弗繼且錫嘉名翊正學制府之盛心也捐俸錢以爲之倡督學之雅意也覈義田以沃之膏邑侯之惠政也翼教宣勤郡人士之趨義恐後也公以課吏之暇進而課士所以爲教者皆前賢之嘉言懿行務俾多士敦實行通經術爲　國家有用之材而不徒講乎文藝之末既爲大府嘉尚謂教士子即以正民風爲方今要務顧並志之而並傳之繼自今讀斯記者皆曉然於
朝廷興賢育德之原司牧移風易俗之效胥由於此父詔其子兄勉其弟慕前修之高蹈希往哲之芳蹤樂善

好施積小成大使講院之中虀粥而外束脩以上皆寬然有餘然後延訪明師朝夕砥礪文行並重名譽日章孝友著於家庭廉讓型於閭里薰其德而善良者且蒸成風俗矣則斯記也故猶是司馬剖析義利激厲薄俗之意前郡伯爲之未竟留以有待者其志於是乎慰而其效正未有艾也余曰諾是爲記

建立南郡書院碑記　　司馬　徐潤第

嘉慶十有四年歲在己巳前施南太守府谷楊公名毓江創爲南郡書院方啓其端以他事去職明年庚午夏

南豐譚闓楣先生以戶部河南司郎中來守郡踵其議而督勸之明年辛未夏潤第來爲郡丞至則太守方籌辦地方不法許登魁高齊周葦太守義不吐剛而拔奸之難有符噬胏涉二千里赴武昌會鞫明年壬申夏始旋郡而書院落成遂謀束脩膏火之資維時川匪不靖所至搶奪郡三面皆川舉步可八太守用守望相助法敎民待暴披圖籌俊日夕靡甯郡民素健訟往往敢與鉅獄而鮮情實案牘之繁且難又加勤焉然太守雖庶務交迫而籌畫書院思所以成之者自下車以來至於

今三年未嘗刻誤也潤第曰南郡陋邑也書院之設似非急務而我公皇皇焉者何也太守曰子陋斯郡而欲以書院爲緩圖耶吾則正以斯郡之陋而欲急建書院以救之也夫斯郡之弊一言以蔽利而已矣天下熙熙皆爲利來天下穰穰皆爲利往斯郡地瘠民貧士流雜處其走利也爲尤甚強者力佔則土豪所由滋也智者詐虞則訟師所由聚也日相尋於爭鬬譸張之場一旦外侮皆侵其不至乘勢相害亦云幸矣欲其互相救䘏不能也然此豈刑格勢禁可以回其嗜利之心而使之

爲[illegible]今義也哉義之與利勢不兩立而兩相需從事於義利者義之和也建立書院收其英俊教以民義俾知行義未嘗不利而去義懷利以相接則利未得而害反隨之庶幾睦婣任䘏之行多爭訟之風不期其衰而衰矣惟學術爲民風之本圖故書院爲吏治之先務楊公創此可謂知政而子乃欲緩之不亦誤乎潤第曰地方之有書院者亦多矣其有驗者至於得科甲而止未見其有裨風化者何也太守曰是非書院之無益乃擇師不精講學失旨有司者苟且從事之咎也夫學以明人

倫非以求功名富貴也學在求放心非爲飾語言文字也今學旨不明師之長技不越乎語言文字弟子之立志不外乎功名富貴及其下者陽託掌教肄業之名陰懷束脩膏火之計求一工文章取科甲之效且不可得遑言風化哉然此自有司苟且從事之咎而非可據是以罪書院也子愼毋因噎而廢食也潤第啟容謝曰若是乎書院之設與鋤奸待暴聽訟折獄諸政乃一事非兩端也彼第理其標此乃治其本也是非鄙人之所及也是誠今日之急務而不可不竭力以爲之者也出而語

人則皆曰善且請作記以告後之有司與爲師爲弟者潤第以癸酉秋引疾告休將歸恐泯沒兩太守建立書院之意因序次前言手書勒石至其經營節目之詳則經營既足延師講學之日自將另文以記今不具書時六縣之爲宰者恩施詹應甲宣恩王信芳來鳳朱鳴鳳咸豐嗣祥利川韓厥田建始楊兆杏也

重修縣學文廟碑記　邑令　張起雲

蓋聞作育人材爲政之先務也而所以郁體
國家右文崇儒之德意使文行蔚起儒術克端要自學
宮始溯查恩邑
文廟創自宋元祐時其址舊在城南門外旋遷治之西北明景泰五年僉司沈君疏於朝仍徙故址其移置今地者宏治中參議林君僉司鄭君也初施南爲清江郡恩施爲清江縣後並爲施州置衛官
國朝雍正六年始題改爲恩施縣隸歸川十三年增設施南府乾隆元年設官定制於是新建府
文廟而此
廟遂爲縣學焉嘗考上下數百年間凡涖茲土者副使盧守懋祖指揮李撫彝宋守戎任滁廣文張鄭宋隗諸君或重修或補葺代有其人計自嘉慶辛酉前令李君補葺以還已二十餘載
廟學日就頹圯時道光癸未左君治施謀諸耆舊生徒集金若干更自請於太守文秀二公捐廉以先之庀材興作大殿甫成左君適有滇南之役六年春余下車謁
聖感其顛末因思學校爲王道之本風化之原學校之興廢治道之隆替係焉爲政者之先務孰有急於此哉爰諏吉經營內而
啟聖祠外有丹墀月臺以達東西兩廡尊經閣奎文閣金聲亭玉振亭名宦祠鄉賢祠大成門泮池月宫橋騰蛟門起鳳門四週黌牆學自明倫堂以至大門悉與撤舊更新至若
聖賢神位與夫俎豆樂器扁額宮標彰施采色並皆煥然洵足以壯觀瞻而昭誠敬矣是役也左君倡於前多士善於後而余適逢其會克襄厥事越十月而告成良有以也願後之宰斯邑者惟懷永圖俾廟宇常新禮明樂備而凡邑之人士各勵其學入而教家出而華國

以光弼
盛世億萬年文明之治余實有厚望焉謹記

重修縣學文廟碑記

縣學　石時和

予以嘉慶二十一年秉恩施鐸偵　崇聖祠及明倫堂漏爛將圮學宮圍墻倒塌不蔽內外爰商之諸生共捐微貲用以葺頹補壞嗣是每歲檢蓋暫可支持惟正殿以中柱堅實雖蔽未傾兩廡及大成門名宦鄉賢兩祠勢已難支屢擬勸修因遲歲歉收未果至道光三年閤邑紳士建議重修予適奉委晉省將行以經理事宜商之邑侯雲南左君章昞議以克合差竣回署則美舉果行維時衆舉貢生朱榮祿監生李朝舉提總領修踴躍急公鳩工庀材辦理頗善越歲而正殿及大成門初就餘擬以次興修而左邑侯以銅差回籍天津張君映璐接篆未幾以奉委去任四鄉捐費不繼工遂止次冬慈溪張君起雲來署斯邑鋭意踵修追繳捐項不循情面措置周詳閱歲餘而功竣竊以
文廟乃文明重地闔邑根本本撥而求枝葉之茂其道無由每見各州縣學宮規模宏遠壯麗可觀恩施學前明崇禎己卯重修迄今幾二百年雖屢經修葺不過隨地補苴未遑遍及此次則殿堂門廡丹漆黝堊煥然一新非從前小補氣象行見清江毓秀五峰呈祥則文教日以興學校日以盛佻達無譏藹吉載咏諸生誠由庠序踐古人之迹今日之端人誼士即他日之理學名臣人傑地靈科名蒸蒸蔚起基諸此矣是爲記

補修郡城記

孫仲清

施郡治恩施原施州衛地雖處一隅然接壤三蜀藩籬全楚實要區也舊衛城久圮乾隆間因故址重築倚山環水頗稱天險余於嘉慶十五年綰是篆始至見城郭完固廨舍嚴整謂可肩隨諸郡旋受代去閱十五載客秋重涖是邦覺風景少殊焉郡署門堂榱頹棟敧環城周覽內外圮者不一處西北城樓皆已傾塌女墻墮壞尤多牛羊之入可徑門闔之鑰空筦復隍致吝孰塞夷庚設險是占誰籌先甲郡守職司專城詎宜聽其若是補築之舉固難刻稽況予功非甚鉅亦無事瀆上憲請帑金也已於客冬捐廉重建署門補修堂室及今夏五集郡士民籌修城事士民亦咸予意慷慨輸金得若干

數乃命恩施尉曾鵬翮董其事經始於乙酉六月迄八月竣工重建西北兩樓擇用舊林三之一補築圯城數十丈高厚如舊式增女牆數百堵共用錢七百餘千是役也一切木石瓦甓皆賦價於民而取其物遷運修築皆借力於民而酬以資凡物視其時之値凡工如其私之傭是以民樂趨事成之不難且速也爰伐石以紀其始末併鍥樂輸姓名於左

施非夜郎考

陳　詩

恩施張涵谷郵黃陂廣文篆需次鄂城一日言其鄉古

蹟有問月亭相傳李白謫夜郎嘗過此賞月見明一統志人遂有疑其地爲夜郎者是果然歟予曰是非可以臆决也乃徧檢史傳示之而後申其說焉夜郎在未設郡縣之先爲夜郎國漢書地理志犍爲郡領縣十二牂牁郡領縣十七皆其地也設郡置吏乃有夜郎縣班志於夜郎下注云温水東至廣鬱又於鬱林郡之廣鬱下注云鬱水首受夜郎豚水東至四會入海過郡四行千三十里後漢書所謂東接交趾者是也其非施州明矣夜郎之縣隋志無之唐時設縣凡三其一武德四年析寍夷置夜郎貞觀元年省今遵義府綏陽東有廢寗夷縣其二貞觀八年析龍標置夜郎李白聞王昌齡左遷龍標詩云我寄愁心與明月隨風直到夜郎西即此然天寶元年已更名峩山矣其一貞觀十六年開山洞置夜郎縣隸珍州後屬溱州今遵義之桐梓縣東有故夜郎城是也白詩有曰我竄三巴九千里又曰夜郎萬里到西上令人老其此謂乎太白之謫以乾元歲八月半道承恩寄王明府詩去歲左遷夜郎道今年勅放巫山陽蓋自梓州聞赦得還而往來皆由水道其留別詩云

白帝啼猿斷黃牛過客遲又有自巴東舟行經瞿塘峽登巫山最高峰作而朝辭白帝千里江陵何嘗取道施州百舍重趼乎涵谷於是釋然以喜乃摘史傳及太白集彙而錄之都爲一帙云

書吳白華清江爲荆之一沱辨後

府學　羅德昆子峰

按胡氏以夷水爲荆州之沱古自巴入楚避三峽之險皆由此路蓋沱於水經注之一言因附會羣言以實之而不知夷水之必非由受江必不可以行舟也蓋自夷

陵以上大江兩岸連山複嶺其地高於大江不可以尋丈計水惟入江而不能出江此夷水之源必非由受江也其水自發源以至入江中間五百餘里伏流不一處其通流處又多自峻嶺下瀉此其不可以通舟勢則然也考夷水源出都亭山在今利川奉節兩縣界地則水經注謂出巴郡魚復縣本爲不悞惟謂出魚復縣江多一江字遂滋胡氏之疑至其引史記張儀之言浮江而下扞井關則扞關之在大江岸而不在夷水岸原灼然無可疑胡氏惟欲明夷水之可以通舟從而爲之辭

文昌祠培築山麓記

鼇脊山居郡城之中郡境之山自北來迤西入城至此而止嵬然爲一城之鎮國主名山自古志之不必形家言也前太守尹公遷文昌祠於其上前建魁星閣蓋取占鼇頭之意爲郡士兆科名其意甚盛而一郡主山苟有剗削亦能召災故立祠鎮之則其所以保護居民者意尤切也自時厥後戶口益繁環山四面而居雖切宅私地亦無敢稍侵山麓者蓋耆舊相傳故不禁而自戢焉歲己丑郡民潘甲乃於東麓築牆造宅侵削山根郡衿崔元魁等稟縣飭止署令姒公朝縉捐廉補給用費時把總譚君綸楊君應忠以梓誼調濟其間潘甲遂願賣地入公受值毀垣因培築山根永封禁焉諸衿以爲一時善舉也龔君請記予維施郡居楚上游昔爲各土司地自乾隆元年改衛設府而後迄今九十餘年生息涵濡物豐饒而民樂愷詩書弦誦之聲比隆上郡此固聖朝郅化所陶成而地靈人傑凡官斯土者所爲仰體德意以惠恤此邦者固宜若是無微不至也夫山川清淑之氣磅礴鬱積久而必洩吾知秀異之士奮志科名

必有出而効國家之用者其於諸生尤有厚望焉是爲記

祠舊在南關外嘉慶三年太守尹公英圖遷祀於鼇脊山上仍城隍舊殿因於山頭剏修奎星閣而殿宇乃明時所建年久損壞道光二十八年因折毀新修時縣學廖公華國知形家術集邑士商之謂此地形勢清江環繞五峰拱峙宜向東爲正爰改昔日南向鳩工庀材落成後正途科甲異路功名均有成效祠基鼇脊山原有明嘉靖二十二年陳海陳溢弟兄公

捐四界均齊山根城隍廟中豎有碑記道光十四年民人潘甲突於奎閣前花墻外修造房屋首士崔元魁等具呈請勘縣令姒公朝縉斷令折毁俯念貧寒捐廉補給用費出示永禁在卷同治九年又有山根連東界之營書黄艮福將近宅山腰鑽挖首士成朗山等控案縣令朱公三恪勘斷判諭文昌宫所屬之鼇脊山原係陳海陳溢所捐其有四界均齊山根雨營書住宅雖與文昌宫連界而宫岩即有崩塌必得先行稟請示知方可開挖該書自行延匠將岩中挖

鑿實屬不成事體令該書黄艮福將連界之園地歸入祠內以作公地並飭職員成朗山等勒石完案此諭

施非夜郎辨

施州南接夜郎見於圖經後人因作問月亭於城北碧波峰上謂太白謫夜郎時嘗過此賞月載明一統志然未嘗謂施爲夜郎也迨後郡紳李司馬一鳳則徑謂此地爲夜郎以竹王祠及歌羅寨爲證謂竹王祠宋賜靈惠廟額即施郡東三郎廟歌羅即衛屬之高羅援古證今其辭甚辨蘇明府於洛又謂唐之夜郎郡非漢之夜郎國唐夜郎郡屬珍州在今宣恩縣之高羅高羅有珍山州以是名因李氏而實之而不知其非也按史記西南夷傳西南夷君長以什數夜郎最大索隱曰荀悦云夜郎犍爲屬國也韋昭曰漢爲縣屬牂牁後漢書云夜郎東接交趾其地在湖南其君本出於竹以竹爲姓也正義曰今從州南大江南岸協州曲州本夜郎國又牂牁江入南海據此則知施非夜郎國也考唐書地理志武德四年析寧夷縣置夜郎縣武德七年析龍標縣置夜郎縣貞觀十六年開山洞置珍州并置夜郎麗

皋樂源三縣後爲夜郎郡長安四年以沅州之夜郎渭溪二縣置舞州龍溪郡以今考之寧夷廢縣在貴州遵義府綏陽縣珍州即府屬之桐梓縣樂源即府屬之正安州沅州原屬湖南辰州今爲沅州府龍標城亦在其地然則夜郎之地蓋在黔蜀之交居辰沅上游過五溪而至夜郎太白贈王龍標詩亦其證也蓋唐之夜郎郡即因漢之夜郎國而名固不必歧而二之而今之遵義府即唐之夜郎郡尤不可移而他屬也即漢之夜郎爲國尤與施州相接而唐之夜郎爲郡距施州甚遠雖太

白之流風可慕不能無溯洄宛在之思其如風馬牛之不相及何也至永王璘敗後白當誅郭子儀請解官以贖有詔長流夜郎會赦還尋陽坐事下獄時宋若思將吳兵三千赴河南道尋陽釋囚辟爲參謀未幾辭職李陽冰爲當塗令白依之代宗立以左拾遺召而白已卒此本傳之文並無再放之事年譜舛謬蓋不可信

平山堂記

今上御極之十一年辛卯三月北海吳公遂甫以給諫來守施南數月政通人和乃顏廳事曰平山堂而題其

後義取乎稱物平施而平其政也其言平山也施故山區公之始至登頓頗勞既而民安其教吏畏其法若不勞而理者幾莫測其致之之由乃今於平字得公爲政之原焉嘗稽左氏記夫子之論政曰施之以寬曰糾之以猛而終曰平之以和蓋寬猛濟而後和和乃平也公始至時搜疵剔隱使上澤必得以下究下情不壅於上聞則施以寬之義也去蠹懲奸使吏不得以魚民豪不得以蝕懦則糾之以猛之義也如是而政乃平雖然此其迹也至於變動隨時不膠成見喜怒中節不參浮情

鑑不設形而妍媸畢照衡不留物而銖纍難欺則又學問所陶淑師友所輔成者文法俗吏殆不能窺其藩籬況堂奧乎而其大端則猶有可言者蓋公始至楚或謂公不妨少留可權他郡事日審之習施者言郡僻在萬山中犖确不得施犁鉏其稍夷衍者又多陷爲洞壑無幾穀土財賦不及列郡百分之一窮谷之民狐狸與居藜藿爲食壤毗黔蜀莠民出沒其間露刃扳關而掠財傷人者無時無之往者藉鄉兵之力協勦教匪故其民習於技勇忘死輕生昔以急公義者今或即以快私仇

焉又流人麇至桀黠煽誘悍鷙之心濟以機詐眦睚之怨釀爲事端郡縣或不能平至於叩行臺擊登聞者踵相接也施殆不可爲也公曰

君命也雖難焉避既至信然某謀引去某避不來或意公不必久留公曰

天子幸不鄙夷此邦視同列郡慎選守令且視列郡爲優況

國家生息涵濡薄海同風其可以山區異視不能撫字其民顧謂民不可爲理也耶此則公之盟諸夙夜者惟

其析義理精審物情熟故不擇劇易不問媺惡以大公至正平其心斯可以不剛不柔平其政也其顏斯堂也以自鏡抑以厲寮屬也故竊衍其義如此或疑歐陽文忠公平山堂在廣陵其上爲蜀岡茲郡近蜀義蓋取此則公存未之及亦不贅

募修連珠塔引

邑令　姒朝綰　晉堂

蓋聞升墟望楚允臧載咏於衛風卜洛觀瀍和會具詳於周誥凡夫名都邑所肇建莫非賢君相所經營蓋人傑必由地靈故仰觀尤資俯察顧水流山峙菁華之萃固屬天成而益下增高乾坤之幹旋尤憑人力是以書捜青鳥形家競言宅相經馱白馬震旦亦有浮圖朱雀青龍名原詳於曲禮天門地戶位亦本於羲經右伏左昂用聚山頭之秀來大去小爰標水口之稱志始紀於孟堅術特精於郭璞凡屬郡邑莫不有塔以象文筆則科名乃興以擬帑藏則資財自裕理有足信義實非虛懿惟清化名區建平古郡星分翼軫貢紀和夷藩全楚而控三巴據上游而冠九郡山明水秀形勝共著圖經溯麗崇岡封疆尤詳舊志夜郎乍過李太白問月而流連興說初歸杜少陵聞風而羨慕軼才間出秀氣時鍾詹子以宏博占魁清薇未昧童公以文武馳譽遺韻猶存洎乎元明亦多英彥至於　本朝文教覃敷殊方向化金峒木册皆改土而歸流椎結侏㒧悉投戈而講藝井疆歷歷比戶有絃誦之聲俎豆莘莘在城無佻達之誚固宜科名接軫宦達聯鑣然而名間掛於榜花飲屢慚夫壁水豈文章之無據抑風水之不全誠以清江帶繞五嶺珠連融結固屬天成而飛閣流丹層巒聳翠培補尚須人力綰承乏此邦欲伸士氣亟願導夫先路尤思假以長風訪遺迹於崇岡得先賢之舊址觀瀾江口溯千里之縈洄覽勝峯頭盡滿城之形勢山原吁其賅矚高下宛乎在心必合其尖事猶需夫後日雖覆一簣志宜定於當時蓋綿力雖微而衆擎易舉不辭饒舌願訂同心慮圖始之爲難乃捐廉以爲倡樂善不倦耻君子之獨爲多福自求願明廷之載牟義無藉夫勸募取不僅在錙銖惟桑梓必恭不乏希金長者俯賜厚積豈云聚塔童心勿靳解囊允資鼎力行見不日斯成凌霄在望從茲鴻才蔚起白鑼飛來駟馬高車悉附鳳

欒龍之彥雕甍繡闥皆累代列鼎之家未惜長言用呼將伯是爲引

五峰山建塔記

郡守　王協夢　松廬

天下不盡皆可待之事而有不能不待之時施州初立郡縣規模草創尚沿樸僿之風官斯土者築城鑿池相陰陽觀流泉雖未明言其坐向環衛之勢若何而證之形家者言固無一不脗合也嘗過通都大邑窣堵波多峙於巽方說者以爲巽巳木火有文明之象青囊天玉催官諸書亦未有不以此方爲最吉者往往無塔之區或就城東南隅建危樓以祀奎宿蕊榜類登歷有明驗乾隆辛卯前太守鉛山張公來守是郡創修府志募建考棚政通人和百廢畢舉復念士人無奮跡於科名者周覽五峰山之府地當巽維而適踞清江藥溪巴渡麟溪四水之勝議置浮圖七級以肖木星以象文筆經始未幾旋即罷去道光壬辰余復繼來守郡蓋去張公建議之時逾六十年矣先是蜀人姒大令權恩邑宰鼓舞紳庶僅登七層之二歲且不登土功亦輟甲午弋陽陳君捧檄茲土禾黍有秋乃銳意成之民志既同士氣亦奮是秋踏省門者四十餘人而來鳳李生鴻鈞遂魁然擁尚誰謂堪輿之不可信也耶抑余聞之塔廟之營顧於釋氏信心皈依如無量功德是役也無傍佛之作有作人之美張公所竭蹶從事而力有未逮者不能不有待於後之人至於民俗之隱賑文物之玢豳無不蒸蒸日上而有開必先行且見科名之聯翩而起也巳司事者朱明經榮麟李茂才大魁以記來請余樂觀厥成因不辭而記其緣起如此云

桅燈記

協戎　岱　昌

嘗謂天地之大造化之巧往往留不盡之意以待斯人如工師之於木械器之於陶冶所在皆然施南協署局制宏廠花瑺而麁而茵如天上坐堪輿家爭以船形呼之余乙未秋權協篆來斯公餘憑眺覺隱隱竅木極虛缺工倕之能而風檣缺如鉋繫何時依然陸地一舟耳急欲創立桅座旋以解任去不果鬱鬱於心夫施爲歸巴之咽喉黔蜀之屏藩湘南之鎖鑰砥柱荊顛浩瀚泣無涯際官此者宜如何整我戎行作未雨綢繆讀郡守王松廬先生詩共處巖疆資控制殖禾除莠任非輕未

賞不色然而起幸不久居此或鳩可藏拙無聾戴懼與
今年復奉
命寄以封疆營制規爲雖經鋭意講求而與諸寅寮士卒相期同慨尤不能不作久安長治之想振興數月一洗從前積弱之習奚爰集中闔胡小于左營守戎張雲安右營守戎張鳳池議樹桅燈三株符地形助江山關鍵旨爾潜茲土訓鍊頻年士卒吾子弟也國政吾家事也敢冀揚帆遠駛謀一身一家光寵特設兵以備不虞一旦跳梁肆志往而征之摧堅破竹當亦有風利不得泊者桅燈蓋能已於樹哉不則山川寸是其靈秀人罔克光天地之心爲材也而棄材之矣幾何非木之不遇工師械器之不遇陶冶邪讀南史至張融答上問謂臣陸處無屋舟居無水竊以岸上之舟且往爲佳今而後同此舟中人一帆風好濟巨川破萬里浪非過情之期許也是爲記時道光二十年庚子十有二月朔日

重修問月亭記

郡守　朱啟仁　雲門

施郡城北碧波峯者一峯高峙清江流出其下山巔舊有問月亭焉相傳太白流夜郎至此登臨作把酒問月詩後人建亭以誌名賢遺躅論施非夜郎者或以漢之夜郎在播爲今遵義或以唐之夜郎在珍爲今宜思羅德崑引唐析寧夷析龍標爲夜郎縣其地蓋在黔蜀之交居辰沅上去施甚遠陳詩引白聞王昌齡左遷龍標詩我寄愁心與明月隨風直到夜郎西句爲徵盧謂白終道放還往來皆由水道引留別詩白帝啼猿斷黄牛過客遲句爲徵皆決施非夜郎白未至施是皆泥於考古俱存畛域之見不若李宗汾謂斯人斯亭斯地俱足千古數語足以盡之爲妙也竊以當時太白處天寶之世召見金鑾論當世務明皇賜食親爲調羹恩遇已極遂感激圖報託詩篇譏諷水吡刑餘如僕隸人主醒悟則挽狂瀾於既倒幸蜀之厄於斯可免迨貝錦與讒蛾肩見嫉迭放還山孤忠骨鯁當日已如屈子賈生固不待永璘構禍始賦離憂也使白曩時自知落落寡合屢迹烟霞入山惟恐不深畢生徜徉山水間芳躅仙蹤山川增色如施郡雲屏四擁波帶彎環在唐時近鄰蠻夷達接夜郎然山川絶佳人跡罕至白遂以此境隱遯遺世韜光晦迹不屑宮袍拔舟采石金陵聞則可終免水

軍之遑而爲放棄之臣矣其後戴南冠竄遐方泛洞庭上三峽過五溪振衣碧波峯頂青天有月來幾時之咏吟嘯之餘深情如繪往者不可諫來者猶可追奚啻接輿狂歌自恨其晚黄庭堅夢中三絶竹枝數百載後謫仙猶未忘夜郎之遊耶山川精采詩人魂魄有一不能磨滅者遐陬異地千古巍然亭臺之建久矣豈無徵不信而此斯地斯臺藉斯人以傳世之紛紛聚訟必辨其在彼不在此者何爲哉戊午夏余出守來郡亟訪遺趾斷碣殘碑荒烟蔓草徘徊不忍去適朱廉泉學博李緝熙

參軍及在城諸君以公事來謁從容及之諸君概任其事遂於今春二月鳩工庀材克成此舉創樓三層倣黄鶴之製以祀太白稍下其東建屋三楹爲無敵堂爲釣樓俯視清江岡嶺四合城市闤闠鱗鱗萬屋皆入望中風雨晦明雲烟變幻與夫青天月滿之夕太白其神遊乎此樓乎此無足爲渺茫疑似也爰作歌以招之曰杜鵑啼千山兮紅茶然沐癘雨兮櫛蠻烟邀靈均兮遵七澤行吟清江兮波潺潺其一　聳飛簷兮跨長鯨邀江漢兮招黄鶴罷釣鼇於滄海兮挹銀蟾之光而仰問碧落其二　想夜郎兮瞰九野不棄遐荒兮心如寫佐聖朝以敷文教兮咸仗扶輪之大雅其三　望靈斿之齊兮神其歸山川草木兮生光輝酌金樽兮醉千古仰止崔巍兮神所憑依

題跋朱公敬仁重修問月亭記　郡守　夏錫麒雲舫

是記爲前任朱君雲門所作落落百數十言述太白之生平與是亭之巔末敍次錯落折與盤旋是殆神與古會者惜役未竟而朱君卸任去記亦勿克傳嗚呼朱君殆以未成之業付余余不能踵成之矣以副朱君意而

免司土羞爰集舊日司事爲之修葺完整計五閱月而工乃成昌黎有云毋侈前人毋廢後觀因即原記勒諸石而特爲之跋

郡伯黄公去思碑

公名益杰號紫山湖南平江縣附生咸豐十一年八月蒞施南府任甫一載上憲以功有經濟才召襄軍務百姓沐公之善政善教而不能忘也施郡僻處萬山中民多質樸然無不畏官長而胥吏與無賴子狼狽爲奸句串陷害民之受害尤深公正色幸厲疾惡如仇凡在官者

皆悯悯惟謹，猾吏奸民爲之屏跡，閭閻之内晏如也。而尤倍倡文教，勤課士子，以南郡書院乃作育人材之所，因公項日久廢弛，經費支絀，爲追積欠數百金，復刊石立據，作善後持久計，以及賑濟義倉，莫不皆然。至於案無留牘，民樂奉公，措施罔不裕如者，蓋公之爲人，以儉養廉，以威濟惠，以誠率屬，以勤辦公，其治易行而事易舉也。士民感公之德，不忍公之竟去也，爰立石以誌之。

創修麟溪書院碑記

邑令　許光曙　瞻東

壬戌秋，余奉檄權恩施事，由宜昌西上，峽危灘險，計七百里始抵邑境。山簇而秀，水駛而清。及下車觀風，南郡亦莫不質有其文，蓋自改衛爲縣，涵濡於詩書禮樂之化已百數十年。不匝月，饒生應祺、崔生德璋、尹生克㬎同領鄉薦，爲恩邑開科之始，咸爭豔之。余曰：是邦之氣積厚而發遲，儻學校修明，知必有偉人喆士蔚爲國華，區區科第不能獨當也。攷縣志，向有書院曰崇化、曰鳳山，久廢。迨嘉慶庚午，始建南郡爲府書院，宜來咸利赴，亦次第舉行，恩邑士子則惟附南郡。夫家有塾，黨有庠，術有序，國有學，古制也。恩邑地闊而民富，固非其力不及也；有志之士莫不好學，又非其不願爲此也。毋抑官斯土者囿於簿書，從於酬應，甚或別有好尚，於根本之地則延閣置之。嗟乎！國有秀良而學不興，政教之闕，實有司之羞也。爰延邑紳議建書院，捐廉爲之倡，邑之士庶皆爭先輸將，計得捐款並軍需餘項共八千緡有奇。遂於西城外度地諏吉，鳩工庀材，諭令邑紳董其事，由夏及冬，六閱月而落成。因其據麒麟溪之上游也，顏曰麟溪書院。竊願邑人士敦品力學，勉爲通儒名宦，俾天下後世知恩施大有人焉，則庶幾乎。至修脯膏火賓興業購田產，爲備經費，倘由是而增益擴充之，則又有望於後之令是邑者。

復設賓興碑記

恩施距武昌二千餘里，舟楫不到之處，遠至六七百里，近亦三四百里。士之能讀書者又多寒微，有志進取之士非憚跋涉，則困旅費無出，嗒然頓阻，以故興賓興者人數較少。道光十五年，陳琴泉令是邑，以修塔餘資作爲賓興，嗣以經理失宜，輾轉挪借，存者僅矣。余到任後，邑之士紳屢以此請。余曰：此誠善舉也。顧不罹因産慳子毋是穡積久變生鮮不侵蝕置產矣第積穀公所亦滋物議計欲萬全則莫如置產存公所而斯時也正創建蓮溪書院民力未堪再勞或余久於其任當勉圖之未幾川省逆匪竄逼施屬籌費設防力節浮靡迨撤防餘四千緡有奇以書院每歲經費之餘置產生息以六分作膏火四分作賓興並於院之西立室三楹顏曰賓興館庶可垂諸久遠於寒士進取之資不無補云

重修恩施縣志序

邑令多壽靜菴

昔子朱子知南康下車即首閲其方志論者謂爲知務蓋政治之得失於民風見之疆域既殊風俗各異修政教者不備察夫盛衰升降之故亦安能得所利病而緩急輕重以布之此周官外史掌邦國之志所以爲後世考政問俗計非徒繪其山川揚其辭華僅作雜次之典而已恩施在施郡爲附郭縣其地去省較遠舟車之所不通余自戊午捧檄入山即取其舊志讀之見夫山川道路之迷離田賦經制之同異風俗沿革之舛遺與見今所行者十不得其二三焉詢諸都人士僉曰明季兵燹載籍無存僅有王氏衞志抄本一冊於前代沿流已不能悉張志修於嘉慶年亦未設局採訪惟就改府後約略言之無一語及於衞事者羅氏府志載恩施一邑稍詳然其郡伯謂其略於近今猶非完書故捐廉延紳意將補其不及乃開局未久羅君以事去官王公亦以擢觀察而行遂攜其稿於吳中付梓實皆未成之書也今夫恩邑之志本不同於他邑他邑縣自爲縣詳一縣之事斯已耳恩施在前代爲郡爲州爲縣已自變置不常而省縣入州改州爲衞又改衞爲縣改縣爲府其間或屬郡治或屬州治或屬衞志作治者苟無體例以酌

乎其中又於府志奚别余方欲與二三君子究厥指歸以補缺拾遺乃粤賊内竄戎事倥傯迄無暇晷同治初元防勦甫撤余又以調劇出山凡所欲見諸施行者殆不及待也甲子秋三莅斯土時逢我　郡伯夏公勤政造士百廢俱修而藩憲亦以修志之檄下諸郡縣於是諭集邑紳博採遐搜踵舊志而增修之雖不足爲一隅之完書然按之行人以上咨
大憲之嘉命且以副　郡伯廢墜咸修之盛德並貽諸後之莅斯土者雖或指余固陋而例以子朱子下車閲

志之義族亦謂爲先務之當急也哉

育嬰堂記

郡守　張觀鈞　貽山

女曰嬰男曰孩男之貧無以養間亦有育之者女則棄之而已此堂之所以以育嬰名也施郡地僻溺女之患相沿成風牢不可破余心痛焉故育嬰堂尤亟宜設也考道光元年舊案前太守秀公已捐廉買有地基建立養生堂其十年堂因雨甚坍塌其基尚存陸尉禀報在案閱四十九年迄於今秀公至仁惻怛之意余豈一日而忘諸乎何謂嬰嬰者胸前也抱之胸前乳養之也夫育一嬰必養一乳媪育十嬰必養十乳媪嬰愈衆乳者愈夥且嬰而育以成人亦非一朝夕事在在捐廉或恐難乎爲繼矣惟思强有力者因公勸其出貲多行善事日積月累或可遍覯厥成余於丁卯歲來守斯土迄今兩載發願出貲共襄善舉者或三五十緡或百數十緡多寡不一積腋成裘計九家共得制錢九百緡姓名數目臚存案牘除給書院膏火四百緡以及陸續公用充賞百緡之外尚餘四百緡面商之董事成君朗山以付康君佩謙皮君越羣發商生息取息一分留作育嬰堂經費存始基也吁惜未能觀成而去雖然人之好善誰不如我事之成何必獨在余哉有繼此而成之者安見其至仁惻怛之隱不可復以秀公之心爲心耶安見其慘澹經營之志用底厥成者不更較區區之心而更有進耶成何必獨在余哉抑又思之自秀公創始以來雖有基勿壞而平地一簣已四十九年於茲矣成之豈易易耶因復慮夫代遠年湮人亡政息或其事寢而不言有負秀公之美意而無以挽回斯土陷溺之久也故勒石識之以告後之君子是爲記

問月亭説

府學　高維嶽　曉崧

夜郎國地輿甚廣博古者云今施南郡亦附古夜郎焉唐書載李白謫貶夜郎博古者云今施南郡之恩施邑即李白所到之古夜郎焉至若公之到與未到考古者雖不無異詞而後世慕古者衆以公爲謫仙才具達觀特識之胸懷不戚戚於得失兼有把酒問月詩一章以故邦之人士於城北昔曾建亭於山之巔名曰問月亭蓋亭以問月名是因公問月以名之也然日久傾廢亭闕如焉同治壬戌元年冬施南郡太守夏公莅此勤於

政治百廢俱興越四年乙丑重修亭補舊制蓋欲藉古事以傳古人藉古人以傳古事藉古人古事與古亭並永傳於茲土斯可云三不朽矣予竊憶公當日謫照夜郎時豈無鬱鬱不得志之懷耶第繹公問月之義其或天朗氣清塵氛盡淨公玩月之光而問月之何由克明抑或心曠神怡寵辱皆忘公慕月之華而問月之何由克精歟不然或去國懷鄉憂讒畏譏公有尤人之意問月乃所以尤人耶即不然或發不平之鳴如屈原之天問公有怨天之意問月乃所以怨天耶皆未可知也其是與否予固不敢妄詳然公獨不觀夫月之圓缺乎蓋圓之時也月不自知其何以圓缺之時也月亦不自知其何以缺氣運使然也夫日往則月來月往則日來一晝夜之氣運如是也寒往則暑來暑往則寒來一歲序之氣運如是也滿極者損之機否極者泰自開盛衰興敗剝復消長萬世之氣運亦如是也盈天地古今間者凡人凡物凡事無不如是也而月其最彰明較著者也公豈不知其故而有是問哉予嘗觀史知孔子厄於陳蔡而絃歌之聲不絕顏淵子貢子路相與問答孔子曰匪兕匪虎率彼曠野吾道非耶吾何爲如此顏淵曰夫子之道大天下莫能容雖然不容何病不容然後見君子孔子欣然曰有是哉噫聖賢雖處困厄之地而歸第自足以相樂其超然物外脫去世俗之憂而自樂其樂也如此故夫子曰君子不怨天不尤人子思曰素患難行乎患難素夷狄行乎夷狄君子固無入而不自得者也又嘗讀公晏桃李園序云天地者萬物之逆旅光陰者百代之過客浮生若夢爲懽幾何公之意何其瀟灑淡泊若斯也杜子美曾謂公之詩爲無敵之詩稱公之思爲飄然不羣之思予追公之言憶杜之贊未始不低回景仰慕公謫仙才具達觀特識之胸懷自能脫去世俗之憂無所往而不樂豈猶怨天尤人拘拘於塵物之內而戚戚於得失間耶然吾今於公問月之義獨不能釋然於問字之旨趣故因重修問月亭落成之日謹製楹帖一聯以附於亭之左右曰圓缺但當觀皓月盈虛何必問蒼天予以爲圓缺盈虛乃月之往古來今無有不同無時或變千萬世一定不易之氣運也公問之月而月不知也公即問之天而天亦何能言哉予故又爲

其說以公之所問復問之公

篤桂堂記　府學署

語云物必聚於所好不好則物必不能聚不好且篤好聚亦必不能久昔淵明好菊想必篤於菊而菊聚濂溪好蓮想必篤於蓮而蓮聚余好桂未嘗不因篤而始能聚焉咸豐丙辰春二月余司鐸建平郡學入署後見樹森森獨無秋桂心甚念念旋遣人尋諸郭外久而弗得戊午春始得四小株長不滿尺而根節錯盤可愛即植於內廳之後苑然欲獲丈餘者卒不易得凡客自高內來者余嘗重託之且數數託之至己未冬有南鄉知我者携五小株來貽余長不滿兩尺余亦植於內廳之後苑合戊午己未所植者計九株余時時灌溉漸有成林之勢庚申秋已五株著花滿樹矣同治元年仲春忽遇荷桂者於途有二株雖未盈丈而枝幹蓊蔚與前戊午己未兩次所得者較倍長余即以善價購之植於內廳之前苑越三日此售桂者又荷四小株來與前售者倍短而根頗碩茂余愛之尤逾於前所售之長者焉仍復給以善價植於內廳前之東西兩旁合前後苑共計十有五株皆屬材之甚良者噫此非余十數年篤好之心所結而得者哉蓋因其材之甚厚勤勤焉懇懇焉培植之意固未嘗一日稍懈竊思天之生物必因其材而篤焉愛物者亦當體天心因材而篤之也

余故額其廳曰篤桂堂願後之登斯堂者勿翦勿伐勤護之善培之復有主人之好而能聚聚而能久篤亦若好菊者之篤於菊好蓮者之篤於蓮俾此桂得蒸蒸日上葉茂花叢萬山皆馨是又余所因材而篤之君子者也同治元年

增修施南府志卷之二十九終

文

宣恩縣

縣治廳事名來宣亭 [illegible]

余辛巳釋褐後謁選得宣恩篆[illegible]恩調授靖遠靖爲陜右新設邑番民雜處而風俗[illegible]治二年遷泉蘭靖民走五百里詣大府請留不得而[illegible]亦惘惘不忍[illegible]因思宣[illegible]苗疆始闢未知其民情[illegible]甚[illegible]城[illegible]宣邑僞[illegible]庚午旋州[illegible]命調任[illegible]土[illegible]民扶老攜幼歡然荷插來者踵相接也回憶曩者靖之民惜余之去今者宣[illegible]民喜余之來然則宣之民情固無異於靖民也邑士涵濡

聖教三十餘年今歲始有應試者[illegible]舉賓興禮觀者如堵墻而余之來又適當其時乃思向之瀕來而不果欲來而不得者今得與其民若士勸農講學駸駸焉共臻於治化豈非幸歟宣邑[illegible]德意二千石之責也爰竊取詩人之意題於縣治之廳事所願與賢邑宰勤勤勉勉共襄治理庶幾無忝厥職云

邑侯陳公案去思碑

從來朝廷命官分職非徒寵以爵位也必其宣上德而達下情質無愧乎父母斯民之任然後副乎靖共[illegible]之常故州縣一官於民最親爲上所倚賴最重而在新闢之邑爲尤難非[illegible]德[illegible]未有能勝厥任者也宣邑舊爲苗疆今[illegible]上乾隆元年改土歸流始設[illegible]治我[illegible]陳公以漢軍名家遴選茲邑蒞任之初邑之人延頸望治焉時則諸務草創[illegible]爲 公難而 公乃次第而敷布之自正雜衙署文武文昌城隍諸廟先農社稷諸壇無不遵式興建以及倉廒營房關津渡口凡有關於國制民生者皆咸與維新帑不過費民不言勞由 公之經理者善也至於邑係初闢 公則廣爲招徠輕徭薄賦政簡刑清人歌樂土且以公餘導民講禮讓崇文教由近及遠漸有讀書聲此誠

國家之風氣有開必先而我　公之飲食教誨無思不服者也歲之癸亥　公以年例錦旋邑父老謀所以留公不得因思古者甘棠遺愛雖以巡行所及一憩一茇且戒勿剪拜而載之詩歌以志不忘況僻陋編氓初睹聖化其沐浴我　公之膏澤者固已六年於茲也哉我公之治績班班可考前無所承後足爲法所謂才德兼優無愧父母斯民而克副靖　公爾位之常者　公真其人矣用泐諸石俾傳久遠云

東門關觀音閣茶亭記　郡庠生　鄧[illegible]塘

邑東六十里許有東門關相傳土司時分疆別界故設是關以資保障自改土歸流一視同仁由施秉以達楚南爲往來通衢而此關不煩鎖鑰者歷有年所[illegible]關踞山頂千峰疊峙斧鑿出霄其下則萬壑[illegible]流迴環映帶亦名勝區也舊有茶亭日久傾圮邑侯唐公捐貲重建命胡漢卿董其事一時文武官僚以及兵民商賈俱忻喜樂助不日觀成後供觀音像前爲施茶亭俾往來行人得以憩息而瞻仰焉夫神之慈航普渡有感必應而聖天子勿忘賓旅無遠弗屆惟我侯因勢而利導之關亭雖小亦足以覘平政之一節且所以廣柔遠之大端也塘時館宣城義學登臨極目蕭然意爽用紀片言以志不朽云

高羅太白祠記　蘇於洛

高羅唐夜郎郡太白長流處也北有李溪相傳舊居在焉因以得名然亦不可深考余嘗往來過之青山碧水修竹茂林掩映於疏籬茅屋間輙低徊留之不能去欲爲堂以祠之顧方有事於文廟土木之工不可重勞吾民遂有志焉而未逮也高羅田生者故土司裔於其祖祠之餘地築室三楹背山面河環植花木翛然有塵外之致聞余將有是舉踵門而告曰某築室久而未有以名之也即以祠太白可乎余深嘉其義額以謫仙芳躅遂迎神主而祠焉嗟乎太白之從永王璘非從祿山比也況出於迫脅心迹甚明故少陵於太白反覆嗟嘆一篇之中三致意焉然錦里浣花名昭千古夜郎遺蹟士人無知者唐代詩人李杜同稱而所遇又有幸不幸焉豈非天哉余令宜恩不乏讀書好古之士而於音韻尚所未諳因於簿書之暇課以文藝教以詩律邑人士咸

樂從予遊也於是祠之日遠近承學者咸在因定於歲春秋仲月望日修祀事獻花酌酒不用牲牢從公所好也僉曰諾遂記其事如此

李太白流夜郎說

夜郎之名始於漢國也非郡也夜郎之郡置於唐郡也非國也名同而實異如黑白涇渭之分明而說者紛紛聚訟皆未嘗博考而詳辨之也按史記西南君長夜郎最大始楚威王時使將軍莊蹻將兵循江上畧巴蜀黔中以西莊蹻者故楚莊王苗裔也蹻至滇池地方三百

里旁平地肥饒數千里以兵威定屬楚欲歸報會秦擊楚奪巴黔中郡道塞不通因遂以其衆王滇秦滅及漢興皆棄此國而開蜀故徼建元六年番陽令唐蒙始請通夜郎道乃拜蒙爲中郎將將千人從巴蜀筰關入遂見夜郎侯約爲置吏使其子爲令夜郎侯始恃南越南越已滅夜郎侯遂入朝上以爲夜郎王此漢之夜郎也考其地臨牂牁江自巴蜀黔中以西至滇池方數千里豈獨播州遵義哉今指播州與遵義爲夜郎而以施南非所屬疑之誤矣又按唐書施州隸江南道領清江建

治二縣尋廢業州入施州即今施南府恩施縣又置珍州貞觀十六年置夜郎麗皋樂源三縣後爲夜郎郡此唐之夜郎也考其地在今宣恩高羅里地有珍山故名珍州後置夜郎郡宋初復稱珍州刺史田景遷內附乾德中賜名高州元明爲高羅土司楊升庵丹鉛錄載夜郎在歌羅即高羅也今距縣治東南一百二十里太白詩註引證確鑿不惟與漢之夜郎無涉並與施州亦無涉也而一統志載施州衛北碧波峯有太白問月亭者蓋亦有說公嘗自敘泛洞庭上三峽至巫山過五溪到

夜郎也此地爲夜郎必經之路振衣千仞把酒問月非謫仙高致何克有此今讀集中流夜郎聞酺不預詩云北闕聖人歌太康南冠君子竄遐荒又放後遇恩不霑詩云獨棄長沙國三年未許回則公至夜郎明矣說者謂公未至夜郎以集中有流夜郎半道承恩放還爲証今考年譜公以永王璘事當誅繫潯陽獄郭子儀請解官以贖有詔長流夜郎宣慰大使崔渙御史中丞宋若思爲之推覆清雪若思率兵赴河南釋其囚使參謀軍事並上書薦白才可用不報時肅宗至德二載半道放

還正在此時詩義甚明至乾元元年終以永王璘事長流夜郎二年遇赦得釋故於中道放還詩後又有至西塞題葵葉諸作讀其詩考其傳則公始末至而終至更無疑義矣論者紛紛聚訟皆由以唐之夜郎郡誤爲漢之夜郎國知至德二載之半道放還未嘗考乾元二年之遇赦得釋宜其格格不合也予新修宜恩縣志見前人考辨皆游移其詞竊歎考古論世未可輕心因詳述其始末以俟知言者

賓興序　　山陰　陳文焯

楚北設府十而施郡最遠施南屬縣六而宣邑最貧以故改土歸流百餘年士無舉於鄉者豈無績學之士歟抑無種德之人歟良由跋涉艱難資斧無出觀光者每等於空谷之足音此士氣之所以不伸而文風之所以不振也戊午秋余莅任茲土詢知前令彭槐閣學博郭渊帆曾有賓興之議而醵金不多復屢被侵蝕心竊憾之夫人將欲謀一事習一業或適百里外猶必預計行褁而後就道何況就試於二千里外以與萬餘人鏖戰棘闈乎毋論其畏縮不前也即或決於一往於山則有支井天門胭坪之險峻於水則有洩灘新灘十二碚之剽疾以及荆河江漢之鉅流甚至假道常澧揚帆洞庭而滿腹精神道里之奔馳耗其一波濤之震蕩耗其一舟車旅食之隱憂又耗其一此即有驚神泣鬼之才拔劍斫地之氣而牀頭金盡壯士無心尚安有文章之可以動有司哉與言及此余又甚憫之已未春始籌其事察其弊收其剩削之餘合龍洞鳳山兩處得數百千分飭生息永以爲春秋赴闈之費吾願邑人士由是積學由是種德行見扶搖而上者九萬里幸勿再以遠且貧爲辭也是則余之厚望也夫

考棚記

士有學農有畔工有肆考校有考棚各其業也亦各其所也自選舉廢而科目興士之懷瑾握瑜顯名於世者莫不藉考校以見其才故人才至今日雖孔孟復生無以易制科而別出一途也則考棚之設由來舊矣我

國家以文治澤海內二百餘年風氣蒸蒸日上凡直省郡縣士皆爭自濯磨宣邑涵濡

聖化沐浴教澤亦已久矣而考棚尚然闕如何也豈吏

困於簿書士窮於衣食而真無暇及此歟抑因陋就簡而未嘗鼓舞以作興之耳余宰宣之三年奉檄進諸生而試之見其傴僂提攜自負几桌就試於縣堂東西兩廊簷下用其心思兼勞其筋力謀其棲息更運其靈明而且風雨之飄搖晦明之變幻未獲神閒意定何以抽祕騁妍不禁悵然者久之試竣後士民興建考棚之議余謂曰可急捐廉以倡邑之人輸將恐後不三旬而經費已集遂搆宋氏舊址鳩工庀材自頭門而儀門而東西文場進而至於大堂二堂規模具備煥然一新是役

也創始於九年之秋落成於十年之夏庀經營工作余以簿書之暇總其成更擇廉謹之士分任其細而胥吏不與焉繼自今振興之責余不敢辭矣而士之懷瑾握瑜以就試於考棚者雖非廣廈千萬間而各安筆札亦可歡顏以盡所長行見爭自濯磨以仰副

聖天子作人之雅化余實有厚望焉

寨峰記

歲貢　田交錦

環吾鄉皆山也而望之巍然秀削屹立於三妙廬之前者寨峰也每春夏時浮嵐聳翠花木交加秋冬之際林疏石瘦霜雪清華莽莽蒼蒼之氣皆可於几席間挹之吾兄繡林常欲偕余一躋其巔不果余老友任丈過訪指而異之亦約與余兄弟攜酒一登而卒不果既而吾兄下世余亦寂寂無偶遊興索然嘗有晚坐詩云峰高先得月蓋指寨峰也而乃銅柱擎天翠屏在目竟不獲一涉諸峰頂以覽名勝者蓋已四十年於茲矣夫余豈局促轅下塊然枯槁之人哉憶少時嘗欲登太華之巔探會稽之穴遊龍門而浮碣石上崑崙而至崆峒行將巖窟問士石竇訪儒於以歌風酹月推拓胸襟此其意

氣豈不盛哉然天下事圖於大恒畧於[illegible]忽於遠反忽於近自余束髮受書以來寨峰日在耳目間以爲可狎而有之也而何平生之屐齒莫至坐使朝烟暮靄石泉山月空呈色相於巖阿也是其負吾寨峰也實甚而猥欲徧歷名山極天下之大觀而無憾亦何異一指蔽目泰華在前而莫之見哉余故記之以爲切問近思之警

聖廟石鼓記

候選訓導　張光嶽　崧泉

宣邑　聖廟大成門廊下有石鼓二相傳建廟時土中掘出當事者珍爲古器移置於斯上無銘字不知爲何

代物昔韓昌黎有石鼓歌古色斑斕載在簡册文得鼓而傳鼓亦得文而著蓋相得而益彰也斯鼓也產於嵩山中其製不甚乃其琢磨不甚精有質無文倘使無人搖之千秋萬歲沈埋於泥沙中已爾又惡能卓立宮墻爭光於宗廟之美百官之富也哉吾因之有感矣春秋時沮溺丈人輩棲身草野不求人知乃問津焉止宿焉其事千古其人亦千古是春秋諸隱君子以夫子而名彰其轍環未周之地如沮溺丈人者正不知凡幾而有傳不傳蓋有幸不幸也吾故備書之以爲石鼓賀時咸豐十年庚申歲也

石虎記　　候選訓導姚復旦

吾鄉有石焉其狀猛猙鉤爪鋸牙畢具其色黑與爾雅所云虪黑虎者相類故老相傳某年間嚙里人豚幾絕其類里人苦之未幾復又噬里人人不敢近旁晚之陰詰其去向詰朝跡之固赫然虎也諦視之則頑然石也其石竅間血猶涔涔滴里人異之歸告其鄰鄰人曰石而虎可畏哉虎仍石可圖也乃約里中人請石工持斧鑿鑿其目斷其足劈其頭洞其腹自是而害遂除余嘗過其地見其奮然臥地上噫可哀也哉世之人有類是者吾見其冥頑不靈塊然僅具形質者則石也乃機械生混沌鑿假譸張而以爲智巧矣假鬼蜮而以爲才幹矣假勢利而以爲縱橫矣狡獪不已變爲怯害怯害不已變爲搏噬叵測其心毗睚其目其與視眈眈而欲逐逐者何以異當是時人之罹其害者竊竊然伺之又竊竊然謀所以去之遠久而知其技之止此也而其禍遂不可解機關一露氣燄盡消一人奮袖百夫畀石唾詈之摧挫之必至食其肉而寢其皮而後觀者以爲快也何中奸險之尤往往當其發覆時鬼神奪其魄卒無有一人得脫者豈不大可哀也哉吾故誌之以警天下之石而虎虎而仍石者是石也距吾居二里許至今猶呼爲貓兒巖云

創修宣恩縣志序　　邑令張金瀾茗泉

古者輶軒觀風採諸名公卿之紀載及里巷之謠傳勒爲成書以驗風俗今之志書髣髴類此而其間微有異者蓋十五國之風美刺雜出而志體則有美而無刺於其可美者筆之其可刺者削之無兩用者也近代人文

寖興無論通都大邑其爲志也詳且備即山墟巖邑莫不有志志者志其風土山川嘉言懿行而不使湮沒不彰也余於壬戌四月奉檄宰宣蒞任之日禮書以邑志呈閱其全書僅三頁紀六土司沿革原委此外附載山川不及十之一且畧而不詳余甚異焉夷考宣之地上古爲廩君國春秋時屬巴子國又屬夔子國自秦漢以來建置不一分隸亦不常或曰夜郎即其地也或曰否宋以下爲六土司所分據夫當六土司之時桀驁不馴弱肉强食其無文可考無獻可徵亦固其所我

施南府志　卷之二十九

朝家天下平定光清四海服百蠻砌仍舊而負固者心漸回狡强者跡胥歛已不復昔年之獷[illegible]矣其後

聖聖相承重熙累洽無遠弗屆格及有苗觀於東鄉忠建施南三司之以罪改流忠峒高羅木冊三司之自請歸流悉見

聖天子威德兼施上軼中天遠超前代猗歟休哉何治之隆歟溯自乾隆元年設邑至今涵濡

至化百有餘歲其士講禮樂而習詩書其民知廉恥而法度象紘而歸日進醇良而猶使風土山川嘉言懿行湮没而不彰茲增余憾矣顧時方籌貲賓興倥傯少暇有志未逮遲迴久之越七月從弟金圻自滬來此余喜纂修之有助也迺謀諸學博蔡君蔡君善屬文懇其同蒇厥事搜得施南府志全册以資考證癸亥六月邑諸生石廉攜前任賈公志稿一本其大概如郡志所載益賈稿創於乾隆四十四年郡志成於道光十五年固已選入無遺也惟藝文所未載者今並錄之夫爲志難爲志於宣邑則尤難採訪資之紳士而選擇未盡周詳稽覈責諸吏胥而案卷半遭回祿雖藉賈志爲粉本語

施南府志　卷之二十九

而不詳之譏固所不免蓋有無可如何者也夫余非好爲志也不惟慮風土山川嘉言懿行湮没而不彰而尤恐我

國家如天好生之量歲捐帑金以拯此一方或食毛踐土者未盡深體

聖恩共爲皥皥之民此則余之所悒悒者也而爲志其次焉耳蓋宣揚

德意守土之責也故以此爲風俗之書可以此爲勸忠之書亦無不可至於證今考古採擇無遺非倉卒蹴事

余署理踰年行將去任急欲告成付剞劂氏非敢自信爲完書修飾而潤澤之更有望於後之秉筆者是爲序

來鳳縣

文廟碑記乾隆二十一年　　邑令　林翼池警齋

國朝定鼎之初誕興文治即隆至聖之祀典國學有廟闕里有廟直省郡邑有廟崇祀先師大成至聖及七十二子凡先儒有功聖門者亦皆從祀廟庭列聖相承重茲典禮皇上治治重光尤加意文教崇學尊師而德化之覃敷無遠弗屆蠻疆改設百凡未周即首事文廟蓋以幾希之存於人心者不可一日或去而大聖人明善復性之教不可不時時胥知愚賢否而偕之大道也蓋大聖人之道鉅無弗包而細無弗入初不以今昔遐邇而有間聖人之道即天地之道流行充塞於宇宙間者無所往而不在焉施陽來鳳舊爲楚蜀之交去京畿三千餘里古要荒之地歷年多而漸摩人風氣日開俗亦浸變今上御極之元年春

旨建先師聖廟峻整深邃巍然當座聖像益尊後建崇聖祠崇祀至聖五代牌位制亦周備神獲妥安顏曾思孟與十哲位次配列左右復作東西廡分序從祀諸賢左旁置明倫堂一座後有[illegible]地可數畝作齋舍蓋自行義路入禮門大成門一望　夫列宮墻內跂宮墻外者一顧瞻而知聖道之可修聖教之可尊也絃誦之勤風化之美不於茲廟有以正其本而錫之極歟夫古者黨庠序塾以次升於司徒論諸司馬今雖學宮未備補弟子員者漸附施學儒官未有專司然數年生聚數年興育庠序之制師儒之官漸次完備將文章蔚起經術修明其所以答我國家豈弟之化者砥礪功修一返於古期無負大聖人明善復性之教無使觀風化者謂文教之隆獨在科名已也是則官斯土者之與爾諸後生心期而願望之者爰爲之銘曰

緬維聖道歷久彌光無行不與江漢秋陽生民未有千

秋素王顧瞻廟貌佩服不忘惟茲來地新闢土疆維爾多士克念彝常毋詭於正毋嬉於荒明體達用允罔不臧馮翼孝德鳳鳴高岡步趨賢聖喜起明良

重修文廟碑記

學政 鮑桂星 覺生

聖人御宇首隆學校春秋仲月上丁崇祀
至聖先師四配十哲及兩廡諸賢大儒典至鉅也直省各府廳州縣莫不設儒學即莫不祀
先聖特頒帑金修建廟宇蒸嘗論習匝寓窮垓聲教所訖莫之或外來鳳古夜郎國地宋元以來爲蠻同官司

其時固不知學亦不知教
憲皇帝雍正乙卯年改散毛七土司地爲來鳳縣
純皇帝乾隆丙辰元年乃設官輸賦而其地始有
宣聖廟然規制猶多闕略未之講也今
天子即位之元年丙辰邑遭教匪蹂躪而
聖宮頹壞急宜營造當事者屢請修建以郎襄軍務旁午稽久不報越八年癸亥闔邑紳士倡義重修願醵金幣效勤勞請於縣令朱君桐雨乃共經始卜筮吉日鳩聚工材明年甲子　大成殿　崇聖祠東西廡　大成門皆鼎新其舊觀其未建者以經費不及又越九年壬申伐木石樹櫺星門一座建鄉賢名宦兩祠而告厥成功焉明年癸酉秋予視北楚學將蕆事所拔萃生王熙道具詳因爲之記予以蠻荒不識詩書如晝之晦也久矣我
神聖震疊萬國
先師之教經數千年而後行於是邦俾生其間者如行青天白日中雖設學不及三十年而德洋恩普淪浹膚肌於是邑人士皆知大義先後十年修營不避

勞怨勸輸白金三千餘兩重建
至聖廟堂以妥侑神靈而欽若祀典邑人士可謂知所本矣捐俸督辦知縣朱鳴鳳力爲贊襄者訓導蕭琴先首事者拔貢王廷弼舉人曾有光生員龍世清同管工部署監生夏思盛分里勸捐則有若拔貢楊逢祥張書紳歲貢陳天照張鴻範楊正誼曾有典咸寧教諭張恩雋雲南巡檢何顯樑廪生覃協中禹宏藻生員滕自書向興校向仁浩覃述常田瀛江王朝儀鍾待聘田啟芳劉中華向伯龍向振飃楊如桂軍功武生張士柄

建社稷三壇記

林翼池

古者建國則立壇壝祀社稷以祈報而宜民也下自郡邑各得置壇墠於郊坰南祀風雲雷雨山川北祀社稷而厲壇亦隸北從幽與之義也來自政縣治南北各有專祀而壇未設僅度幾席地曠置之而又厲祀與社稷同地非宜余每承祀其間肅恭蠲潔以介神勞計合典之缺未備更慮地之漸侵沒於民也乃營築壇地南壇負離面坎北壇負坎面離高各三尺周十三丈繚以垣四置石桯前闢神路左右各爲階級更置厲壇於北隅俾祝社稷較隘不與社稷同位其上俱不構瓦木以未糜蠹公帑又不欲聞於民也壇成余復承祀蹕位行禮視初之曠置荒地尤有昭明焄蒿之意其在詩云圭璧既卒寧莫我聽在昔火旱有災則變置之蓋祈報饗以救靈資民生者化甚溥也夫天地好生牽育不已長民者勸施而左右之用其愷悌升爲馨香足以播和導祥茂對贊育原不在斯須之神聽格度可以邀致鴻庥也君子之交於神以政不以文而政本乎德書曰黍稷非馨明德惟馨余懼涼德無以宣時序而昏鬼神若夫御度儀章之隆其奚與於休嘉之徵也哉是爲記

范邑侯重建義學碑記

侯中州世家也甲辰魁鄉薦癸丑捷南宮初分符得施之建始政簡刑清廉調來邑甫下車奉聘入闈經數月旋復興數大政知邑之學校未興則詳請之知邑之荒郊曾腴則勸墾之知邑之胥役弊當則擯斥之其有好事舞文無情健訟者一經分斷不惟負者忘刑直令人傾服而後知是非不罔公道在人間也至於庠序之典尤惓惓注意所有義館諸童每親詣講貫多方鼓舞尤慮道遠就學者不足以容復爲之重修建設門廚前堂後室煥然維新異日文風興起端有賴於斯矣是侯以天下才僅父母一邑未數月政通人和則由期月而三年以答

聖天子之休命者誠不知其何如矣從茲待命

楓宸

龍章寵賁煌煌善政銘彝鼎而傳青史固其所必然者區區勸石一隅何足爲侯重第使後之繼侯以谷[illegible]來邑者觀斯石而效斯政侯德之延綿在千百世矣則此

一石也豈特爲一時誌作人之慶已哉

天入橋記

治之西南三十里爲馬鬃坡越坡數里爲高[illegible][illegible]隔溪溪之濶無過十餘丈但此地非官路不設官船近民莫制葦渡制小其截流有嵌石橫欄上輊下軒作掬水勢非暴雨溪漲時離水數寸騾馬徒步可從此過特左岸缺二丈餘如牙齒脫落其一者水深流急故木梗者[illegible]此下灘捷甚不知天之生水生石故留一缺以通木道與抑或通木道者之鑿破混沌使然歟而濟渡者恒以是隔有架獨木其上以便來往者木狹而溪險水湧急時不及收常漂以去余嘗走大旺洗輿人貪由此視官路近十里每到是爲行人危之而二尹蒲公過此亦有難色爰與議造木橋即溪中之嵌石鑿窩植砥柱高三尺許上架三木梗寬亦約三尺維以鐵纜溪漲時梗浮而鐵纜維之其畔砌石磴使坦平則輿馬之濟如康莊矣下令里民取材庀工一閱月可竣程蓋欄溪自然之石橋五居其四補一段之木即可以利濟因天之功而人易爲力亦邱陵爲高川澤爲下之遺法也橋成爰立碑於橋頭勒曰天入橋以誌不病涉之意云

岐陽書院記

自唐虞立德三代立政而教行乎德政之間孔子兼之祖述憲章生民未有子思直揭修道謂教道之在天地也發於山川洩於人文上自日月星辰下逮昆蟲草木莫不有道吾身渺焉中處所以位育參贊者於道是賴國家養士取人率用是理顧教必有其地地必有其名欲專業其地者循名而責實焉耳我

朝重道崇儒興賢育德其自郡國州邑俱令建義學爲講學肄業地來邑隸施陽改設以來學宮未建首置義學於城南猶慮負笈者憚於登涉也大旺界尚役兩設義學是皆廿年來涖斯土者聞之上官籌畫周詳似體我

皇上作人之雅化冀存幾希於不沒也比年來風氣漸開執經請業者蒸蒸然起本城義學舊制卑陋亦幾就圮且殘屋數椽而未經懸額位置爰即舊舍鳩工庀材營葺完固額曰岐陽書院前講堂後學舍周繚以垣可數畝爲後來增置學舍地蓋雖未能規制完備仿嶽麓

石鼓萬一亦聊以使此一方之執經問業者無風雨不蔽之嘆焉爾顧學以立教教以明道昔朱子記合江書院謂諸生之所以學而非今之人所謂學吾友張子敬夫記嶽麓者語之詳矣顧於下學之功有所未究是以講其言者不知所以從事之方而無以蹈其實然今亦何以他求哉亦曰養其全於未發之先察其幾於將發之際善則擴而充之惡則克而去之如是而已後之學者信能於朱子所謂將發未發之先不善之間而得其所以爲善之實行遠自邇登高自卑親親長長而天下平窮理盡性之學於是乎在而豈第章句文詞之末徒可剽取科名也哉吾願與來邑人士喻之願與五方戾止來邑之人士共喻之且願繼自今蒞茲土者所以嘉惠我來邑人士屬望後起者無不以入孝出弟守先待後爲講學明道之教由是而升堂而入室則此講堂一席地不僅使一方之執經請業者無風雨不蔽之嘆而直可作聖域賢關視也已是爲記

陳大巖哭蕭紫峯殉節詩序　湖南人　楊興植　蓀圃

余觀天地之正氣流注人間或爲忠臣或爲烈士而其淵源有根於母族得諸師傳者茲於蕭生紫峯見之紫峯爲陳氏甥其先舅祖鐵山公以萬歷戊午名元宰羅江有惠政晉守潼川遇張賊入蜀圍潼城鐵山親持矢戟與士民堅守日久援兵不至城陷北向拜曰臣生不能報主恩死當爲厲鬼殺賊遂自縊而死今紫峯値教匪之變倘見義不明縮首畏禍崇山邃谷儘可逃生而乃挺身倡衆爲國亡軀其義膽忠肝較望風而靡者迥異非種於鐵山之直脈而能爲此哉且彼嘗受業於大巖先生者也大巖守鐵山遺訓慷慨有祖風講學蕉溪以忠義示諸生不徒沾沾於文字之末故紫峯之始而擊匪繼而獄圖三而誘降四而殉節凡智勇之過人丹心之炳日蓋讀古人書而深有得於師者王龔劉二子與紫峯友善亦同時死難語云人以類應其信然歟嗟乎來邑妖與大巖門下士率衆奮勇馳驅戎事者十餘人紫峯獨不免於難是天不留斯人以光此土也是天欲死斯人以振頹風也予覽大巖挽蕭生詩情詞悲壯於邑唏噓淚不自禁爰題數言於簡端聊以當些招去爾

書知縣莊公紱蘭死節事　郡守王協夢松廬

余守施之明年將有修志之役來鳳令祥君上前令莊公紱蘭死事狀覽其義烈有足紀者來鳳故屬散毛土司其地有小坳界連蜀之酉陽乾嘉之際白蓮難作先是匪目韓滌煽亂歲癸丑攝尹蔣君以計擒之併其黨楊龍等置之法逾年公受代嘉慶丙辰二月訛言紛至公患之忽鄉民報忠崇里夾牛洞賊匪於十五日刼奪行旅人情恟懼悌恭里陳松者華役也通賊爲內應詭陳形勢願自効勤公勸之十七日公偕外委王清帶兵

三十人典史張寧率民壯鄉勇百餘人徑至楊柳溝紅岩岊賊大至望水堡峽口左右夾擊官兵呼亡者八人王清受創逸鄉勇死者十之八公因被擄匪目田谷登勸之降公罵不絕口遂遇害七月破賊降匪黃金印指其瘞所始得歸葬方莊公之陷賊也張尉大呼入陣自及攢刺所乘馬爲賊所砍與馬俱墜溪橋下亡其屍十八日訓導甘杜命其子立術擕印乞援於龍山縣俄而賊已入城乃乘間至翔鳳山麓自沈於水妖僧佛懺拯之廹降不屈仍令其徒送歸學署其夜遂如廁縊焉事聞賜卹蔭

勅祀昭忠祠夫以死勤事祭法也列於俎豆宜矣

朝陽書院碑記　拔貢王廷弼斌夫

學校王政之本唐虞三代皆由之黨庠術序是矣然無所謂書院也自宋儒聚徒講學擇山水勝境創精舍以處四方學者始有書院之名由是書院與學校並重我

朝誕敷文德定鼎之初即飭各府州縣設學有學之地即有書院以佐之可謂盛矣吾邑自雍正十三年改土歸流首知縣事者爲山東于公維時學附恩施未置學

宮而于公已有書院之設以養以教風氣漸開嗣是河南范公福建林公俱重爲修葺始名曰岐陽三十六年始設學三十七年始移東湖縣訓導振聲來茲當其先王講者即有司後則兼之以學官其即當止州長其官即其師與夫以蠻荒之服教異神也哉干戈者六十年無端而白蓮之教從而煽惑民心既已不靖故邪說易誣也是以有丙辰之事

新天子即位渙發大號

命將出師

天戈所指即時殲滅而虔劉所遺急宜修其孝弟忠信以事其父兄長上則書院不誠爲來鳳今日之急務哉

書院舊在城南令邑侯康公病其湫隘囂塵不可以居乃徧營高爽地得東門里許之桐梓園下臨溪河每春夏泛漲則波濤出沒如聞蛟龍聲秋冬淪漪之狀亦令人悟源頭活水而樹木陰翳時鳥變聲皆可以助讀書之興侯既得之特捐廉俸諏吉命工前爲院門門有樓樓凡兩層上祀魁星下供師生登覽中爲講堂後爲院師憩息地左右齋房各十間間各容兩榻廚房二間不五月而工竣祀

先聖告成功禮也顧既有教士之地則亦可徒存其名今日之所以爲教者莫若先端學術行於近者著自人於人者深豈但詩賦文章爲弋獵科名之具乎然則侯之移建於茲也固不僅欲科名顯耀一時而直欲諸生絃誦揖讓於其中遲之又久至於人心正而風俗醇也易其名曰朝陽且願藏焉修焉息焉游焉者如高岡鳳噦噦雝雝喈喈和其聲以鳴

國家之盛也其期望爲何如耶乃爲記其顛末而書之碑以告後日之吉士吉人爲君子使者

學校王政之本也我

移建卯峝義學碑記

卯峝巡檢　沈懷楓梧亭

朝崇儒重道育士興賢郡國州縣令各建學校廣風教來邑自土司歸流至今風氣日開俗亦浸變乾隆七年初經邑侯于公建學署南又分設於大旺捐廉置桐子園竹園二處田均資膏火抗經請業者蔚然興起而地廣人稠負笈者終憚跋涉乾隆十年大旺貳尹倚公來司署任復建義學於卯峝卜地署右之關廟坪請於上

憲歲給膏火并六金延師訓迪於是達徧一鄉業儒者稱便已四十餘年矣予於乙巳歲蒞斯土屢館週眎見制度尚屬草創基址不免偏欹欲更新之而不得其地比來傾圮日甚難以駐足殊惜人材放失未由陶冶而成之因度署前百步許曰民壯坪廣二十餘丈治地剪荆棘得平坦遠勝前日因詳請移舊館於斯捐廉首創士民樂助者爭先恐後乃鳩工庀材親爲管理營葺完固越兩月而落成講堂五間以旁四間爲肄業之所中一間奉祀

文昌帝君前一層爲樓門環以高牆廣植花木臨河面山頗饒勝概是誠地靈而人傑矣因顏曰桂林書院蓋欲志士顧名思義以爭自濯磨耳夫山川無不洩之精華而人才應之符見雲蒸霞蔚登斯堂者操折桂之券遊廣寒之宮有自今日兆其祥者安得以彈丸地而小視之哉

學校序

卯峝安撫使向同廷

嘗思學校之設原以作育人才以備
國家之用余素有志緣例請設奈司內自余明輔祖時遭向蒿等謀拔後人民寥落有志讀書者百不得一幾置斯文於不講矣余因思人不學不如物且士不通經果不足用先王圖治庠序必居井田之後卯峝雖屬僻壤而人性皆善任有土之責者亦宜法先王以立教也詎得於衰微而遂無振興之志也耶所以余於司內及新江各處均建學舍外示諭各地就近多設以便延師課讀俾肄業者得以居肆成事朝斯夕斯文理通暢暫送荊州附考文風日盛另行緣例請設以廣作育焉是爲序

重修文廟序

縣學 蕭琴 企夔

學校之興資乎守令舊矣往者文翁之在蜀郡范純仁之莅任襄陽建學明倫彰志貞教沐其化者喁喁然向風恐後曠然一變其俗猗歟休哉何其盛也來邑古爲土司地自乾隆丙辰歲改設郡縣建立
文廟其開創之規模崇宏壯麗甚肅觀瞻無何嘉慶元年遭賊蹂躪堂廈門廡半就傾圮至五年冬邑侯朱明府新莅茲邑瞻拜之餘目擊傾廢爲慨然者久之爰具文籲請
國帑冀爲修葺奈稽久不報今年春與同寅及城中諸紳士謀量工程材約須白鏹三千餘金爰首捐廉俸爲邑人倡而爾時之爭出錢幣以相助者統計之蓋已不下千金云竊思廟貌創自乾隆巳未距今六十四載日久制就杌棿一旦人心踴躍廢而能興者非賢邑侯首倡大義有以感之不及此蓋公之德教深矣猶記予壬子歲權應陽學篆應陽者古蒲騷地僻陋在邑文教未興至宋謝顯道先生令是邑慨然首建學廟與邑士講肄其中而士風丕變迨前明江夏賀對揚先生署茲學

事訓士以謝上蔡爲法又捐齋俸爲置石橋田曰嘉賓萍食置雙橋田曰志士斗水其所期待諸生者殷矣願予力薄未敢妄希對揚公之置田䏊以廣作育而明府勤勤創修於以妥神靈而宏教澤與謝顯道先生前後相輝映者盍令我懷古不置矣前四月既望業經諏吉興工凡一切棟樑椽瓦之具均須價值今特將所立印簿給首士按名催收無論城邑鄉場各宜踴躍樂輸期早蕆事勿負當日捐修之至意他日

聖宮巍煥人物蔚興摶扶搖而激昂青雲者聯翩無替將昔所稱文翁化蜀純仁治襄今皆於是乎在則夫宰斯邑者之德洽化成良用忻慰即予亦與有榮施焉謂非茲邑之厚幸歟董事者屬序於余爰承謹諉敬弁數言用以驗諸同志者

修羅二箐路序　林翼池

邑之西五十五里爲革勒車塘越十里爲總管寨有茅店數家歷寨幾里許入羅二箐口怪石堆突大者虬蟠虎負小者鋸業牙錯下則溪壑衝潰橫洸無紀又復林深樹密灌莽蒙翳蓋自箐口抵分水嶺與咸豐土老坪壙援原無可通之路而自酉陽彭水駝背鹽鐵者率皆由此蓋以兩邑連界俱有洸塘而僅歷此十餘里之仄徑崖險可就周道故於無可通之處而爲必欲通之簣然亦憊已客冬因公過此心病之即向耆民商開道之方云非數月不可茲既歲暮入春夏苦多雨水俟秋冬交山氣燥烈攻焚開鑿方能濟事余時然之比今春之正月巡憲來公按臨路出此往咸邑深以爲此川楚商旅來往之區不可刻緩於修治也遂檄縣飭製鐵器如桿鍬鋤鏟若干屬即委張尉督修烈焚斲闢開挖鏟削將使化險爲易可以通商便民此誠巡憲勤卹民隱蕩平王道之至意也余爰與張尉相土制宜或舍盤錯而旁通或避嶮巇而曲引或因嶔窿而鋪棧築坑或剔棘荆而剗平削直凡三閱月而工竣恍然開闢一新途一不知夫治道者之必循故轍抑或別於取徑否也然後信非巡憲之勤求民瘼而勇於猷爲必不能化險爲易若斯之速也竊咸訂咸令罡中孫公勒界碑於嶺曰今而後儆邑之與貴治通衢直達誠有如巡憲之所謂通血脉者孫曰二邑血脈之相通久在西北忠堡黃柏園

一澂覽從來之眞蒼歷香水坪黃楫園老鴉關而忠堡至成豐無崇山峻嶺之隔而又覗羅二箐道近二十餘里血脈相通於此矣公豈未親歷而未之知耶余謂人身血脈之通四肢無間手治而足不仁病已又焉可以臂指之運掉如意而任兩足之痱攣跛躄也哉

卯峝記

治案之明年五月六日因省農與蒲二令董司至縣南百二十里爲卯峝峝濱河司署在焉南北行從此登畔眞東流自宣入來西北大旺諸水歸焉以河與龍山分南北界西流自酉陽來東西二水滙卯峝出口淨辰河達常德山勢迴環擁抱不見水去處暴雨時至下流未通漲幾數丈其上三十里爲漫水以水勢平緩故名漫從此舍輿駕小艇順流行二十餘里爲欄洵蓋將以洞石作水欄名河歟鄉民相率迎官司呼其老者以從撑數里河漸隘僅十餘丈左右崖壁陡削牆立無推阜突怒嶙硉硬礙壯天作地成細膩光澤互相繞映如雕琢磋磨就者顧使雕琢磋磨必不能就若斯之細膩光澤忽而見浮層對峙方圓層級丈尺不紊忽而見天門重開淺深廣狹出入可由或作靈犀分水角判裁比勢或作巨鼇戴山負重隱伏俄而鄉民指爲石磨倉則見其圓圓對合可以碾食糧指謂下棋坪則見其坦平位置可以布碁局指謂香鑪岩裊然作篆起烟雲搖指謂蓮花瓶飄然作淩波仙子想中有峝門最廣可數武鄉民云此大洞也乃攝衣披草而進內有兩層周圍幾半畝中有石几方廣二丈若削琢安排者上層幽邃細視之石菩薩坐象若現若隱几側有蓮花座儼然觀音大士一尊旁侍神女作捧　拳侍貌復有倒垂蓮花數百十瓣冰雪清姿亭亭出水直所謂遠　而不可近褻者也更可異者中有四靈龍鳳矯首奮翼　半入上空杳渺之鄉龍尾搖曳五六尺曲屈蜿蟠具飛天勢鳳尾扇開有雲儀千仞之意而麟龜隱伏兩相對待毛介栩栩生動徘徊留之不忍遽去噫異矣反而登舟漸聞有急湍瀉激鄉民曰此正洞也離洞半里攏舟不得逼視遥望岩壁數十丈截留半壁有洞門頗寬較之大洞僅四之一半門置一橫欄擊三杆鄉民謂壞時即依舊制易新陳者墜下人見之不能拾以去是或有神者主之與

余見水從岩壁下滴渠難測杳不知其所之商人運木至都折散遂浪放流綠畔行三四里許下口撈拾數百間有失一二根者以其中之屈結湖瀦有未易以直達之處蓋觀夫大川之稱涉彼輪囷權奇者之出山而爲其用從未有若此之蹊徑迴別者也鄉民謂冬月水淺時從下口而上其中水徑之幽曲石態之變幻蜿蜒尤不可方物時張君因覘圖犯艱未偕至始意其素稱佳境其奇觀秋冬從下而上閱歷猶奇絕益信矣而鄉民猶嚴嚴有詞謂昔有仙人遨遊此間杖履逍遙父老能述其蹟噫異矣夫以茲空洞之深窈川流之灣瀠山石之靈怪幽異設置之中土通都遊覽品題者日不知其幾千百輩即未經遊覽品題者亦能熟聞其名而心慕其勝以不親歷爲恨也乃今棄之遐僻之鄉畀荒之地豈造物者故於蓬萊瀛島外別爲餐霞羽化者闢一區宇或欲使凡跡之相溷也千百萬年寂寞清冷曾無有過而問者而爲孳孳圖利之徒所懊嗔謂一間未達之不能擴包荒之量歟孳孳圖利之徒亦烏足與語此者哉余故愛茲洞之奇而惜茲洞泯泯於此之不幸也貳令蒲君謂吾儕今日之遊而茲洞得公之顯其微闡其幽則其幸也余謂君子斯言對山靈而滋愧矣夫以千百萬年之寂寞清冷於此曾無有過而問者而且爲庸夫俗子之所懊嗔余亦何力而能顯微闡幽使遊覽者之不致泯泯而聞名心慕者之以不親歷爲恨也則仍愛之而仍爲茲洞惜也雖然茲洞之深窈灣瀠靈怪幽異天秘而地私之固宜爲庸俗之所懊嗔而亦何藉遊覽者之品題聞名慕勝者之以不親歷爲恨也必藉是以顯其微闡其幽則非所以成其洞之深窈灣瀠靈怪幽異也已

張邑侯捐修沙坨坪新堰碑記

民間之興作未有不由在上之鼓舞而能踴躍有成者也來邑改縣治類多崇山窮谷而平原曠野可開墾者亦復不乏其有水源透遞可開濬以資灌溉者莫如元阜里之沙坨坪在昔相其水道取自紅巖溪計程七八里歲庚申于邑侯興修尋毀壬戌重修癸亥又毀我侯涖任廑懷教養躬自相土度勢復命重修民欣從之陟巘降原不憚劬勞爰捐貲鳩工穿山鑿石抱溝築堤數

[illegible]壩鑿前後費白金計不滿六百而利賴無窮于戲[illegible]下裕民雖用力者民而鼓舞振興者不在民也豈得耕田鑿井而忘我侯力哉侯諱冲字天衢由癸丑進士調任來鳳縣知縣河南陳州太康縣人也堰既成民感其德勒碑以志不忘

重修張邑侯祠堂碑記　　拔貢　張　峻　小山

生有益於時没有垂於後雖百工技藝之良披其庥恩者莫不祠祀之以報功況德足以造萬民之福功足以轄郡大之宜者乎若土配勾龍社主后稷廟在民生典而祭法血食萬世所以崇德報功者至矣吾邑古散毛地也元明以來雖附版圖而土司雄據每以化外羈縻之惟

皇朝德彌六合威暢九垓雍正季年諸司畏服納土始設縣治環城之地以縱横之步計之周廣約二十里厥勢平衍厥性燥剛厥植粱菽欲闢田疇通灌溉久不得其要領非具大經綸大學問者不能識亦不能爲也乾隆七年公奉

天子命來治是邦政通人悅風流令行乃觀地勢之高卑水脉之起伏大局已定於水之自東北來者循溪而溯水至龍洞橋兩山夾澗水來甚高從岸上修石堰度之廣僅數步乃循山開堰引水東折經馮家坪又折而南經麥地塢又折而西遂與田滙此東北之水道也凡附城之田皆灌之若水之自西南來者循河而溯之至伏虎下洞樹木陰翳其流勢卑莫引復從洞側上行兩山壁立怪石攢簇銳若戈排突若甕立怒若虎攫横若牛鬭而公扶藤徐上乃至上洞泉聲噴怒極高且遠洞左右壁中生石簷廣尺有奇長約數丈乃合開鑿爲堰缺者補以灰泥斷者續以鉛堰引水曲[illegible]瀠洄有聲洞側竪木爲架支木堰於上長二丈有餘[illegible]水於左側石堰即今靈官廟下石壁也壁有石簷鑿堰六十餘丈其法從同於是修土堰以承之深二尺廣三尺水折而南小阜阻之乃穿阜爲穴高六尺廣四尺以通之又折而北經龍家坳又折而東大溝闌之深二尺廣八尋伐巨木數株掘溝底爲窩深五尺以木入窩築之令堅上加横木以木堰架其上引水憑空而渡至今謂之高堰又折而南經烟堡山遂與田滙此西南之水道也凡河上

之田皆灌之此二水也一道遠而審勢維艱一道近而施功彌苦然水道雖通田未盡闢公乃親率百姓指示方畧合力趨功勤加開墾窪者填之使起突者剗之使平田塍繡錯水利瓜分以定世業以杜爭端由是土之曠者膏腴民之貧者殷實又於農隙申以孝友澤以詩書由是鄙僿之子化爲秀良絃誦之聲興於農畝百餘年來安居樂業食德飲和春夏無旱乾之苦親睦有洽比之歡則是公之大有造於茲土也公政成解官民建祠以祀至咸豐季年祠經賊火化爲煨燼底冊無存德碑莫紀父老過之有隕涕者茲邑人謀重修問序於余思國僑治鄭伍田疇而民歌父母李冰守蜀通溝洫而民奉馨香公之懋績抗美前賢皆有功德於民生爲循吏殁爲明神者也雖吾民自高曾以來口傳耳熟歆食必祭猶未若登公之堂拜公之像其感佩爲彌甚公諱冲宇天衢河南陳州府太康縣雍正癸丑科進士也乃作迎神送神之曲春祈秋報使田畯歌之以誌没不忘云

擊社鼓兮聲隆隆割豕烹羊兮迎我公公之來兮穆若清風田畯拜舞兮共樂融融扶鳩杖兮黃髮翁駐衎馬兮垂髫童公福我兮年屢豐蟊賊不作兮旱魃不雄公醉止兮堂之中樂民之樂兮樂無窮

擊社鼓兮聲不已送我公兮咸拜起公之去兮雲光徙倚仙鶴與飛兮無定止步長堰兮水瀰瀰灌清流兮石齒齒農有秋兮維糜維芑稼如雲兮胡爲不喜永福吾民兮歌樂只世世子孫兮疇離祉

酉水考

舊考各舊志散毛司沿革皆以爲五溪雖竊意古人必有確証非漫爲附會者獨恨未嘗明指爲五溪中何溪耳及加考証惟明史地理志爲獨詳於散毛宣撫司則曰南有白水河一名酉溪自忠建宣撫司流入東南入永順司界於永順司則曰西南有水濴即酉水下流入沅陵縣界於忠建司則曰南有白水河源出將軍山邑散毛故地也永順司即今龍山縣及永順縣地忠建司即今宣恩縣地所稱將軍山在宣恩東南一百二十里與連鶴峯州界緣山東南行四十五里地名羅戈川白水實源於此與湖北通志源出宣恩鶴峯交界之說相

符乃確知此水之即爲酉溪也按酉溪爲禹貢九江之一水經註酉水出故武陵充縣之西源山至沅陵縣南注沅水與漢書註同明一統志充縣在慈利縣西二百四十里今鶴峰正當慈利之西計其道里亦相去不遠尤爲此水發源確証爲亂山叢出溪流輻凑求古所謂酉源者莫可指名耳方輿紀要慈利西北有水流洞或謂即漢書之酉源山亦屬臆斷而無可憑一統志所稱酉陽后溪河源出湖南漫水司則由其下流求之而未悉后溪之即酉溪也江陵新志稱酉江即酉溪出會溪

城西山中則盖由其下流求之而未悉沅陵北河上湖后溪之通爲酉溪也方冉亭禹貢南條水道考異九江孔殷條下註云辰永諸郡伏流甚多而永之卯峝酉水至此伏流山下五里其上下皆大川通舟楫考証極確而原其水之所出則曰自四川酉陽而未窮其本源誠知詳書則古酉源之説不幾誣乎今以明史地理志及湖北通志發源宣恩鶴峯交界者爲斷其源遠其流長初入宣恩爲白水河至來鳳爲佛潭河至酉陽爲后溪河下至沅陵爲北河隨地異名而實則一水流兆諸溪莫此爲大漢書云水行二千二百里觀其吐納衆流迴騰奔激經歷數郡而會於沅較今湖南之所謂酉溪不數十里而即入江者大小懸殊矣或謂邑之卯峝即酉峝古卯字作戼酉字作丣後世誤丣爲戼遂謂之卯峝酉水實經其中疑即由此得名究之事屬推測或因峝而名水或因水而名峝誰爲最古則誠無可考耳

復修社倉序

邑令　王頌三　筱華

古無所謂社倉也自井田廢而阡陌開遂致豪强兼并貧富不一歲暖而號寒年豐而啼飢者所在皆是一旦

天災流行餓莩相望議蠲議賑紛紛圖救於目前之急而終無補於百姓之死亡即有講求積儲以備荒歉者又或法未行而害已滋利甫興而弊旋起求其斟酌盡善規畫極詳者則必以朱子之社倉爲最我
國家勤求民瘼常平義社諸法申飭舉行幾遍郡縣茲任以來繙閱舊乘延訪耆英備悉乾隆年間曾積有社穀二千六百石疇昔之爲民備荒計者至深遠也洎嘉慶初燬於教匪之擾蕩然無存迄今已廢弛六十餘載矣豈社倉之制終不可以復興乎抑在乎人之實心與

實力耳來邑萬山叢薄田疇疎衍農民耕山鋤嶺半皆仰給雜糧即豐穰亦鮮蓄積一遇凶荒民飢乏食草根木皮掘剥殆盡而又山路崎嶇商販梗絕所以視他邑之飢饉爲尤困辛卯己酉歲前事堪追顧可不以社倉爲汲汲乎用是不揣固陋潛思復興又自維德薄政淺難以遽信於民爰敢集諸紳耆而共謀之僉應曰可夫社倉何如事而遽其信其可哉攷之朱子社倉之設猶自謂數年之間左提右挈上説下教始爲鄉里立無窮之利其在數年以前固以岌岌乎難觀厥成矣後之人倣其法者時移勢異更加什伯之難敢謂其事之必有成乎且墮廢已久無論閭閻小民未食社穀之利先憚出穀之難其疑惑滋甚而豪右射利慣挾至乏至急之情以邀加四加五之息見社倉祇收息二分其輕重相懸亦未免各存意見妄肆浮言也不意不數月間倡捐勸助共積穀三千有奇是向惟恐其不成者今竟成矣向惟恐其不即成者今且成之速矣非民俗醕厚共知大義而能如是乎非賴諸紳耆實心實力不阻浮議不存意見而能相與有成乎乃或歸功於余待民之誠信與夫用人之專壹焉則吾豈敢是舉也專爲備荒而設每年收穀一石者出穀二升若佃田與有力之家不爲限量隨其力所能爲以爲補助而既收穀之後不藏之於官而藏之於民不分藏於家室之私而合藏於里社之公揆諸朱子社倉之制雖不必盡同惟當豐稔有餘之時預爲荒歉不足之備其於民間疾苦要未必無所裨益也又况捐之於今日不過取錙銖於狼戾之餘而積至於他年遂可免水火鴻嗷之歎是其爲利固惠而不費而其爲術亦約而易操也因將挪移侵蝕諸弊議立規條於左至於垂久遠以濟時用尤必因時變通而維持之是又不能不望於邑之正人君子及後之官斯土者

咸豐縣

培英書院序　錢喬雲

嘗謂毓秀鍾英之氣何分海澨山陬而金匱石室之藏每在荒服窮谷是以深山隱豹抱文章而顧影自憐幽谷鳴鶯求友生而同聲相應誰云僻壤難振斯文况我國家聲教四訖無間遐方我咸邑僻在荆山周不[illegible]

人稱淳樸被
聖天子黜浮崇實之風俗務本根守古人孝弟力田之
訓講學以縟帶經而耡愛和愛柔之質於此三致意焉
所惜者百城未擁囊螢多未見之書千里云遥執鴈昧
從遊之路王謝之門牆安仰許月無由明公之廣廈終
虛碣雲有待且揚眉無自則燎掌何心前車苟無遺到
之程後起誰策超群之選此士風之不可不培於斯爲
先矣也余自承乏茲土以來自慚竿濫遑問琴鳴以旁
午之餘書有未申之志願而私心所計公好每符曾於
飲射讀法之餘議仿術序黨庠之設都人士心實怦怦
茲喜丁寨諸紳醵金捐積議修書院名曰培英而分之
以義塾鄉之以賓興兢兢業業意深且遠慮其久而生
弊也則嚴立規約以齊之恐其用之不足也則權其出
納以裕之病其利用未溥規模未廣則積其盈餘以俟
之其量甚宏其心甚苦於尊賢養士之中寓任恤睦婣
之誼好學也而好仁好義胥於是乎見焉將見成人有
德小子有造材望杞梓栽植焉而胥爲
干國之楨贇賦棫芊鼓舞之而共被
作人之化諸君子和衷勿替何難衆志之成城乎也樂
觀厥成冀樹風聲於闔邑從茲有厚望焉

劉孝子傳

邑令　盧慎崧　惜五

劉光貴者邑之義悌里大路壩人也結廬山谷母老且病性篤孝家貧妻亡不能續娶母寢食必躬親無倦容爲人傭作午飯時同侶從容就餉光貴留其半以遺母中飽輒罷歸視母餐疾還傭所力作少後必倍其功以補之故所傭之家亦相諒無誶語如此者有年咸豐乙卯五月初八日辰刻地震數十里山崩石走壓斃居民甚夥時光貴出耘隴畔惶遽負母出祗見塵氣迷漫亂石紛騰星奔雨集或傍身衝過或越頂飛去前後左右靡非石也髣髴徘徊往復不知所向足踢石開射塵石避若有神助頃之石積身傍層纍而上四圍如垣僅容母子匿處垣上覆以巨石旁留小關如門可以出入審視居隣土石堆積塞斷山谷廬舍田園悉被覆置溫氏田中離故處已數里許矣太守張公聞而異之令縣具狀申聞大府撫軍公給以純孝格天匾額銀五十兩藩司常公太守張公俱給匾銀有差時子中表親應變陪權

邑紳捐有劉孝子傳或曰其址移處乃孝子隣人劉瑞子事以俱劉姓遂誤合爲一事惜未過孝子里訪之

陸孝子傳

陸必端邑之龍坪人濱溪居咸豐九年五月初三日暴雨㑹傾溪驟漲淹及其廬瑞負母置高處旋就水次撈器物失足水衝去適有漂木過瑞抱木出没洪波中居民無舟楫倉卒莫救但聞其號呼岸人曰我龍坪陸必瑞也命在頃刻無望生還家有老母祈寄聲我兄若弟善事母如我在售我業其直可供也切切垂憐爲我寄聲一路號呼不絶岸人聞之莫不嘆惘謂其造次顛沛不忘父母真孝子也順流百餘里至宣恩縣界水稍平漂木近岸漁人救之得不死聞里人云瑞同胞兄弟各私其妻子不顧父母養故臨溺號呼如此云

蔚文書院開課序

劉元勳

凡子弟向學之志易靡而難堅爲父兄者將欲董之以師儒育之以庠序陶之以詩書涵之以道藝敦篤乎仁義之府精進乎聖賢之域非課其殿最校其高下給其薪水重其膏火則因循玩愒有初鮮終將何以副國家三載大比登與賢能之至意哉泉向設蔚文書院徒擁虛名而無其實間遇賢宰下車觀風繼以厲精課士其於獎賞之費宰皆捐廉所給此非都人士之所厚幸耶然而所患其不繼辛丑春賀公葉塘以碩學鴻才司訓茲土暇日每謂余及諸生曰予觀咸邑人文其聰識精達倜儻不羈之概雖江漢荊襄之英髦未能遠過也其循循規矩沈毅篤實之姿雖華夏中州之材質弗能有加也即吾邑邇來掇巍科取高第者原其姿性大抵相等而此地未甚振興者豈非獎勸無具耶雖賢豪有志力之士克自樹立不屑借途於此而有待而興之中材當不減百倍其人矣君等曷留意書院以培植爲急圖維時予及諸生然其言乃約同事張公慎齋王公靜山馮公占元募化殷實置買土田而數年以來凡爲虞芮之所爭訟不決者輒舉其契券捐入書院總計其價已近千數乃置酒燕集而共議曰書院者造就人材之地也向特苦於無其貲耳今錢穀漸充宜酌定課章量入爲出以圖久遠然後浩乎如不竭之府淵乎如不涸之源也茲其可以常繼乎議既定並倩余序其事余

謂此舉固爲學者設也然吾聞古之學者以正心誠意修身爲本以變化氣質爲先以出入孝弟敦倫飭紀爲行誼以窮究經史咀嚼英華爲文章本末兼括華實並敦唯積學以待舉縱身困而道亨溯洙泗於濂洛端模範於士林若此者其品其學其取重於當代也固宜否則本實既撥而於經籍之奧義深文復罔聞知徒日取濫惡時藝呻吟咿唔勦襲影響以射細利以徼微名洋洋然顧忽遠傲自謂人皆莫已若也吾恐樵夫牧豎竊笑其後矣豈書院課士之雅意耶予不敏僅敘其顛末並謂學者宜急所先務云

靈山寺碑序　張光杰

縣治東沿流而下四十里有佛寺焉或曰其山高翔雲際類三鳳狀故名曰三鳳山或曰巉巖千尋類觀音趺坐狀故又名曰觀音巖厥後精舍日闢里中人水旱疾疫有求必禱有禱必靈故更名之曰靈山寺夫峩峩崒嵂嵬嶹嵯崿刺皆山也其間幽谷欝岑平衍曠蕩之所爭建寶王剎者亦復不少而茲獨以靈名者何哉余嘗遊歷而東尋鳥道履巖叢據雲巖睨磴巃攀老鶴之危巢佐茫三王之幽宮見夫萬山嶒嵷特聳秀峰四時之中卉木蓊茸其即山之靈耶法雲飛揚火宅晨涼日曜衛康重昏夜光其即寺之靈耶寺以山靈山以寺靈山寺之靈相資以成故不曰靈山靈寺而直曰靈山寺即此固其靈之昭昭也而靈山寺乃與八大寺共增輝於禪林矣夫雅歌靈臺靈之自人者也風歌靈雨靈之自天者也有所藉而靈皆不得爲靈今則靈勃於山靈顯於寺即謂其與西北之靈武山靈鷲山並傳也固宜抑又聞之山川之靈必鍾於人鬼神何靈因人而靈苟有聰明不凡之士出於其間則擅一方之靈秀成不朽之勳名又豈僅讓靈於山寺也哉

劉烈女碑誌　熊飛

瀑泉西南百二十里有地曰逼岸壪桃源人劉姓者攜家居此女三姑及笄未字廖某窺其美假事挑姑姑避之謹廖伺姑出汲窘於途姑大號得免比歸聲由淚滴憤不欲生母方以未及污解慰之姑乘間彌縫上下衣履使連結如一縊死邑侯張公嘉其節處廖以極刑請於朝建坊旌獎士人因以牌樓名其山蓋乾隆五十四

年事也越道光乙巳予授徒斯土姻長張愼齋先生致仕歸囑訪其事予至故墟敗瓦朽木無一存者碑碣爲田石崩掩不復可尋徒見奇峯壁立溪水流淸而遺跡杳然幸二三父老道其始末猶詳焉竊嘆自昔至今纔六十年何消蝕至斯若歷時愈久文獻無徵誰復知其節烈有如是者聞嘗爲吳君寶山及其弟方穀道及此事謂此女氣節卓然向列郡志今乃墳塚模糊幾不可辨識宜勸諸貞珉以垂永久以光潛德唯於有力者是賴二君以爲然遂慷慨捐修而碑亭巍然是亦勇於赴義者之所爲也予嘗綜其事而論之古所謂殺身成仁舍身取義者每出於烈丈夫今不圖於巾幗中遇之且貞女特僻壤窮鄉一弱息耳耳不聞保姆之訓目未覩女誡之書獨其羞惡之性堅於金石不可屈抑吾意强暴淩逼之時直欲齧其人而死之矣顧其力有所不能因即以其死死之而邑宰張公果能明正典刑按其人而置之死其貞魂詎不快然於地下哉嗟彼狂徒胡犯貞烈既烈且貞冰霜比潔有其侵之項領流血而吾獨異近世縱淫之徒何幸不遇此女得保首領以終又與夫婦而誨淫貽羞帷薄者胡不令此女一唾其面惜哉惜哉而劉貞女者至今凜凜有生氣矣

大屋澗義渡小引秦李二姓捐資所成　丁秀錢全助

粵稽化弧創造共鼓程能遠則揚萬里之艅近亦渡一航之葦然未有事不共濟人未同心而能聿觀厥成者也我邑澗名大屋流行瀑泉境值要津人多病涉欲渡未嘗無舟臨河不免興嘆若當宿霧迷船自横於渡口使令夕陽人喚響空答於山腰地不逢下蔡耕夫津難問人似入武陵仙境櫂亦徒存縱有篙師停橈已去其餘漁舟鼓枻行歸不見招招之舟子馮森森之蓮漪擲或見渚鷗鄉幸逢鼓棹蘋瀞蘆嶼邇榜人托雲水以爲生涯求斗升而供活計河畔曾邀客舊爭投飮馬之錢漁村以作水田還乞泛舟之粟濟何人而非利洋何望而弗嗟猶幸李下賢裔秦中貴冑川思其涉願結同儔金可斷而利可捐割彼河壖之地罔惜膏腴往者過而來者續濟非溱洧之輿寄歌濡軌一葉之扁舟可駕三篙之歎凝笑虞仿舟中同李之風胥登彼岸賦花裏有秦之句共渡迷津斯不負二人同心之義猶

赤處幾衆生共濟之慈航也夫

利川縣

掛子山界碑記

賈思讃

聖天子天下一家何事區分畛域哉然不分者胞與之仁不得不分者經緯之義也義定而爭端息矣粤稽唐虞建官內有百揆四岳外有州牧侯伯夏商官倍制亦如之周置三公三孤六卿師長三百六十屬[illegible]以下[illegible][illegible]路盡海內之地而郡縣之內外相維大小相維守其地子其民各正疆圉無相侵削凡期以義相安耳楚之利川與蜀酆都東西界連先雍正以前忠路一帶俱屬土司酆都無干於楚十三年咨美土司率施州衛土司投誠於乾隆元年議准改土歸流建施州衛為施南府就各土司設府屬六縣而利川乃為酆都接壤當分疆時查奏者楚地制軍撫軍履勘者荊南道施南守圖案俱西南從後鄉塘河上大梁東北抵掛于山高峯為兩縣界即川楚大界厥後土司覃姓以此間荒山契賣張行珍為業是時深林密箐虎踞鹿遊霞蔚雲蒸蔽天障日乾隆某年適出酆都民彭長清乘機夯佔越古[illegible]子聞會爭之處且踰掛子山大嶺內兩溪張行珍契買之馬尾水鴨溪水並金壩一帶強佔距墾互相構訟或在利川或在酆都結訟數十人歷經數十年踏勘數十次紛紛界案未得澄清乾隆四十年酆都民彭上控川督及督憲檄楚飭員會勘定界利邑署令胡某稟詳署施南府前憲遴員上界冀清積訟以其事飭知宜恩事賈思讃前往勘訂於四十年四月會同知酆都縣詹士逐[illegible]日臨界會於四川興隆寺之旅店面約從界外細勘忽於次晨變計且直進忠路一帶登祀山水地[illegible][illegible]不及疆界圖而移掛子山於崖門左右去關刀崖大梁遠矣去沙子山則更遠矣窺其意直欲附和奸詭為侵蝕計耳豈復問分疆原處哉讃乃從掛子山外尋沙關故處轉上大梁西去僧家壩後鄉塘回首上關刀崖馬尾溪三口口箐諸地方度危岩深谷走叢棘茂林薜荆攀霧悉心周覽及旬日乃得掛子山內嶺巉岩如削界劃天成於是從忠路之上下土溪等處捷道回車欲與詹定界乃相隔數十里愈追愈遠竟乘夜飛馳杳然去矣讃次日乘天氣清朗再登掛子山大嶺尋最高一峯

坐而憩之立而望之意見決定歸即先俾圖西南抵關刀砦馬鹿河東北抵掛子山高峯中則岩岫峻截因欣喜自慰謂此誠天生界限常見定界者刻石立碑斷處森嚴奸民暮夜互移潛口賴訟久則山水俱讓改易漸漸之石形跡磨滅抑又何所憑也而此嶺則奸狡無所施其技矣既不留後人以爭釁亦不失古分疆之遺遂繪圖繕詳併檄鄖都永以此山爲兩縣界即以爲兩省大界乃者四十三年鄖民彭又赴部内控事經

上聞爰命兩省督撫行飭大員詳細再勘湖北則委施南知府汪獻琛宜昌別駕王壽川省則委直隸忠州甘隆濱各率屬縣利川令李廷渭鄖都令張某查勘參閱圖據談曰研求仍以此嶺定界而彭長清等俱皆俯首遵依無再置喙亦可見事之公而當理其界不易者確然之義也與情翕服者同然之義也而奸等之黠息無辭者畏於義而不敢妄吠也其各安爾土協於經緯之義一也是役也兩省府州縣竭心盡力身任劬勞長至之日車馬臨山冒雪披霜不辭辛瘁明大義以啟鄉愚定三四十年結訟之案而使界限釐然皓月雞鳴百姓安堵永息爭訟其嘉惠安有窮與然使護先此之日稍涉私意亦若貿貿遊山者之冒無成行妄行指劃必不若此之彼此共信先後同揆也其不至貽笑於大方者幾希矣是爲記時乾隆四十四年八月也

記舉人李耀瑚辭舉孝子事　譚光祥蘭楣

施南屬縣六自設科以來惟來鳳得舉於鄉者一人癸酉鄉試利川李耀瑚得舉僉曰是固能文者宜其舉也既而有稱其孝者曰是故天之所以報也宜其舉也予聞郡之有孝子也亟馳書利人朱艮一問狀且令利人臚舉其孝行以聞將旌之艮一報余書曰耀瑚事親先意承志曲得歡心侍母疾衣不解帶者三年居喪啜粥飲水如古禮服除親生日忌日輒流涕變食孝哉之稱人無間言奉明諭臚舉孝行鄉人將遂合辭以狀聞耀瑚知之造鄉人曰耀瑚少貧奉親無狀養且不能曷敢言孝終天之恨萬死莫贖不幸盜虛聲方懷慙懼若更居之不疑欺心欺天莫此爲甚不孝之罪滋大矣敢以一死辭艮一竊見耀瑚避孝名出於至誠願無賜表閭之禮以安其心嗟乎欲報之德昊天罔極德罔極者昊天

遊永然不敢言報者人子之自盡孝爲庸德人皆可能卒不見有能之者謂親德易報孝道易盡不知罔極之義不復竭力以求自盡也耀瑚養生送死盡禮盡哀如是聞採訪避孝名如避不孝名其不自以爲孝也由於中心之誠非故爲辭讓以鳴高也蓼莪詩人之意耀瑚其知之矣自今以後人子守身之道臨深履薄以持之人子顯親之道夙興夜寐以求之耀瑚其勉之哉顧吾謂如耀瑚者士林已不易覯施之人當何如愛慕而傳述之然而知者或不愛愛者亦不傳脫非名登賢書則

孝子之名竟無由入於吾之耳然則耀瑚之得舉也正天之所以報其孝而表而出之以型世也夫天之表耀瑚表其行也非表其文也予懼既表之後人第知其文而不知其行而孝子之名終不見於當世也故爲文記之以告世之爲人子者

重修武廟碑誌　陳春波

利川荒遠舊隸土司

國朝改土歸流始於乾隆元年設縣治二年於城東建

關帝廟與　先師孔子埒崇祀典所以興教化奠民人[illegible]迄今逾六十年棟宇垣墉日就頽圮余下車伊始既邀邑之人士謀葺文廟而新之繼即欲修武廟踵其成中以苗警隣封甫未[illegible]午[illegible]果嘉慶二年春苗逆已平[illegible]乾邪氣亦漸殄矣其諸寮寀捐俸倡修衆志允孚不徵而集中擇其能者任之第仰瞻殿宇簷短不及階前[illegible]軒兩檐相銜中横一幌引水兩驟則溢从則淋堂下之階去地不盈尺無層級以進非廉遠堂高之義且面無墻旁無廡地皆因土作壞矣以妥神棲乃相與營度所宜召匠示以圖於前榮嵌木接棟擎高其梁外爲

軒之楹有四皆施以大木傳負椽直都不隔重檐劉階下土以次深數尺砌以石高稱之殿之後爲三公祠設重扉構精舍居僧以伺香火違廚厠使不褻殿前拱以樓衛以墻洞開三門依兩廊翼以回欄鐘鼓在亭僕馬在廡蓋規模比舊畧具矣然而木者斲石者礲陶者甄圬者堊取材於山輸貲於衆計其工費曩與藏事殊難斯役也經始於丁巳之夏落成於戊午之秋翬如翼如丹碧煇煌一新廟貌於以見

帝之英風浩氣充塞兩間實能佑啟我民而我民亦慕

靚甚勤有以上副
聖天子昭假振興之至意也是皆可書也於是書倡修之同官銜名於石董事及捐助者則另泐一碑以爲捐輸者勸

九渡河永濟橋序　王星榆

縣屬之南有九渡河焉河發源於西南諸山迤邐東注逕鍾靈之麓總滙於城南大河雖流不甚巨而高峯夾峙一綫中盤每夏秋霖潦暴集客水盛漲則泱漭浸灌冲激堤岸行人之病涉者屢矣湖舊有木橋一歲久而

圯里人吳啟光等議甃石爲之以垂永久請簿於余與以醵資費工既竣求余記其月日余維利邑毗連川省爲楚蜀之門戶然自有明之季土弁盜據
皇路未夷及我
高宗純皇帝之初載始改設流官一其聲教閱今八十餘年洵大化涵濡民商輻輳向者荒僻阻絕之區今皆擬於四會五達之莊而其民於安居無事之時又復喜爲勝事以惠行旅而謀久遠即一橋之建而
國家久道化成之效不於斯而可見耶是橋經始於嘉慶[illegible]成於道光元年辛巳秋凡十閱月而工畢費銀計八千四十兩皆民戶捐給弗假官帑余喜是橋成得以[illegible]行人因以永濟名之並爲之誌既爲邑人慶抑以[illegible]我
國家億萬年無疆之休

吳碩卿明府德政碑　邑令　常懿麟　鏡峯

蓋聞痌瘝在抱爲賢聖之居心衽席斯民見循良之實效今人動言經濟事一投箸皇失據而屢豐無事之時又不未雨綢繆預圖保聚無惑乎催科聽訟之能吏多

而捍災禦患之良吏少也利邑泉寒土瘠戶鮮蓋藏災歉頻仍茫無善策深山乏舟楫之利粟禾可重價以招商四境皆枯槁之餘必不能臨時以捐富本年霪雨爲災卒然饑饉特資義倉平糶以濟時艱而義倉之舉實爲前任吳公之所倡始按公爲安吳望族出宰要津嗣以服闋選授斯邑下車而甘雨隨來返旆而仁風猶被先是病操切之政公則哀鴻雁以推恩多刁詐之徒公則孚豚魚以示信遂致感召祥和歷年豐稔官常飼鶴役亦買牛固已可登循吏之傳無忝治譜之書矣乃更

[illegible]患於未然憂民於不已思凶年之必須有備知富歲之可與圖成夫歐公之本論不行惟朱子之社倉最善公心師其意信而後勞捐貲倡首民樂輸將功若集裘義倉比櫛共有穀一萬數千石分貯各保擇令方正紳耆隨時料理既杜素餐無虞紅朽是其利賴無窮而公亦與之無盡矣公任此六年報最遷雲南宣威牧而麟接踵芳規政承舊尹猥以德薄即罹災荒當此之時設非公留善政民有然眉之急官爲無米之炊其何以堪平糶事竣士庶思公遺愛共立壽石麟亦倣慕仁聲樂[illegible]爲之序

[illegible]晉明府德政碑

利川[illegible]縣幾二百年賢宰不下數十輩獨前吳公碩卿義倉之設吏民爲立石於東門外今秋閤邑僉議建司馬何公德政碑皆取其所全者大而事可以垂之將來然而爲吳公易爲公難一處常一處變也公以同治二年視事斯邑甫半載萬姓鼓舞懽欣未書於石先宣於口有以聽訟頌者曰如鏡之空如衡之平鷹鸇逐惡雀鼠息爭有以安民頌者曰內修政事外應賓客征馬沿[illegible]客者有以好士頌者曰勤於課試重以[illegible]興兵[illegible]絃誦[illegible]嘖嘖稱道不一其事然皆未足以盡[illegible]寰宇承平之日中材亦可奏功師旅饑饉之秋[illegible]束手本年春士民踴堂稱觥正酣酌間忽賊[illegible]無堅城人鮮固志公曰毋養禍毋助變吾以[illegible]遁何畏於是立團練設防堵籌軍糧行市之微利皆以助餉公先出養廉爲倡賊蹤蹦旁縣不敢犯賊退後尚存餘費四千餘貫軍火器械無不備具即提[illegible]存之案爲異日緩急之需乃外憂未已內患忽與未幾災荒見告矣羣情洶洶不可終日公親入閭閻勸富民勿閉糴又分餘俸市米就各鄉設平糶數十處仁風徧野膏雨隨車匱者以豐饑者以愈趙清獻之救荒南豐作記張益州之已亂西蜀繪圖豈私恩小惠誇一時一事之能哉今者變苦境而爲樂土稼頌如雲修文德而偃武功兵歌洗兩彼蒼似默鑒其忱宜民情愛戴不忘也或曰吳公碑立於去思後今作於居位時得毋少異乎僉曰不然詠歌因感激而生彼此無庸襲跡經濟賴文章而顯後先不必同途但使民生共賴當傳今

亦從舛吳公之義倉積久弊生已將廢弛非公大爲整頓幾難復振而公所遺之利實足與義倉並垂不朽歟爰爲之序以道其梗概云

創修利川縣志序　何蕙馨仲香

昔朱晦翁守南康下車伊始他務未遑先問志書誠以一郡之中疆域之遠近戶口之盈虛風俗之貞淫奢儉與夫山川草木物類頗有志焉然後守其土者得以按冊而稽儒者出治必先知其所重也癸亥秋不佞承乏茲土縣志未有成書思欲輯成一冊以備掌故奈兵燹倥偬軍需旁午不遑及此今年春下游重修省志奉
憲檄除郡志外向無藍本蒐羅討輯經始維艱爰集紳耆商確公舉首事僉謂邑有宿學吳楓橋明經昔年集修邑志曾與其事徵文考獻體例悉諳因延請操觚編輯越半載而稾乃脫於是重加正定用付剞劂編帙成書以備
上憲采擇後之官斯土倘有如朱子其人者循其舊而圖其新不下堂而民巖瞭然亦可爲觀風問俗之一助嘉夫君以繼起而序之

建始縣

文昌閣碑記乾隆二十一年　邱倅

欽讀
帝君陰騭文有曰吾一十七世爲士大夫身未嘗虐民酷吏是所以存心訓人者皆本洪範陰騭下民之原以化成天下其在易賁之文明象在山火離之文明麗乎日月蓋鑒觀之靈昭然在上矣予於癸酉來宰建邑職司化導恒懼涼德薄材弗克勝任而荒陬僻邑固陋少文心竊惆悵川岳之靈秀獨擇地而鍾毓抑所鑿之傳未克董率人心之意氣甘自閫於邊隅而不求聞達歟方今
文德覃敷四表光被濟濟多士克廣德心爰因
文昌閣之舊址剏建樓閣中奉
帝君像旁葺齋房學舍延師督課俾邑之俊秀咸有所觀感焉庶幾人材蔚起以仰答
聖天子菁莪棫樸之化是則予之厚望也夫

義學捐置田舍碑記乾隆二十八年　余　本

施邑處楚蜀邊陲自前明迄
國初歷遭兵燹流離鎖尾幾成草昧文教之不振由來久矣戊寅春予來宰茲土覽其民風凋敝習尚蠻頑思所以正人心而厚風俗非納其身於黨庠塾序之中俾朝夕漸摩馴至於成人有德不可然則義學之立誠建邑之急務矣查前任邱君創建義學一所在縣城西北隅其捐造學舍餘金交商生息以資膏火旋因義學經費部禁交商生息予即議詳將存留銀兩並捐俸湊置[illegible]田二斗惟稞谷較息銀已少需用日增經費不足正

倡議勸捐適廩生文元琦生員毛元章同弟元瑋伊父文常久自備價百六十金續購水田八斗並基地一處捐入義學募種分租以資永久急公好義洵屬可嘉爰遵舊規給額示獎第館資備矣而學舍湫隘猶未稱善查有李七埡官地勸令張陳姚等捐資繕葺正室復搆旁舍數椽以居來學之士而予數年謀畫之心差堪自慰矣因備敘顛末勸諸貞珉所冀師是學者勤加訓誨業斯室者爭自濯磨予亦於公餘之暇共相考課以勵精勤安見文風不駸駸日上而與通都大邑並駕齊驅也哉

新建石門佛寺記碑

陳輝祖

乾隆二十七年夏四月之上浣余以新築施南府城道經建始縣之石門石門者山石中洞如門往來人必出入是門以為路入從巴東來傍石虎山東北下趨而南三里許至石巖橋橋稍西乃西南上行而北五里許至石門旁門出稍北列垂如簷土人依巖結茅屋簷下市酒飯以待行人小憩崖下林木拱立自石巖橋望之可歷歷數東西相對可呼應而崎嶇上下經時乃達當是

時余未至石巖橋即望見石門高處有金身螺髻狀世間所塑如來佛者一又有白鬚公冠巾而待者一其林木枝葉間放光如金丸纍纍指示從者曰無見也至橋下馬熟視猶在上而至石門無有矣夜宿施南二僧見夢曰衣敝願捨新衣許之而覺此其日之所見幻而入夢者耶既歸鄂城述異於我母太夫人曰是當作寺即寺如石門崖屋之右琢石而象如所見之一為如來一為伽藍尊者其傍為小廳事官人過客謁寺可憩息落成當勸石惟余素不善佛佛乃於我現丈六身枝枝葉葉

矣夫若聞偈如佛氏言有所謂因緣者也石之爲門幾千百年其地不有佛佛乃今得寺石門倘亦有所謂因緣者也夫使余不覩城無由至石門不至石門無由見佛光明即無由作寺予不語神怪而曰如在其上如在其左右令余所見非直惝怳窈冥如之也夫豈狂言以惑世要以歸之於因緣也云爾迺作頌曰不生不滅是生生無住無去必有住佛在人心亦在眼光明在眼却在崗石門石虎相對出澗水中流無休息如來也惜草蘚蝕傳蠹到此鄉一歇說與路人莫失迷千秋摩挲此碑碣

新建龍神祠序道光七年　鄭偉

大哉龍之爲德潛景深淵飛冲霄漢興雲雨澤萬物此周易乾元所以取象於六爻者也昔聖王之制祀典有功德於民則祀之故天下州縣各有龍神祠以崇德報功今建邑惟在　關帝廟側致祭並無專祠雖邑乘載有龍神祠在南關外之説及查其遺址故老士民竟無能道者夫禮未尊崇神既何由感召祀無正典靈爽奚所憑依歲丁亥捐建石橋乃度吉於南關之南得高阜其厚勢崇坦南軒敞四顧爰建龍神祠而地主廟附於是捐資經營越七旬而新祠宇輪奐像設森嚴夫而後神保是格以妥以佑行見甘霖澤物永慶年豐明祀馨香白蘋長潔矣是爲序

新建迎恩橋碑記道光七年

建邑南關外河係[illegible]處要道河面寬廣每逢山水泛漲波流湍激民之病涉久矣自乾隆初年守土者欲甃石橋未果厥後或置義渡或架木梁旋設旋圮嘉慶中卿縣尊楊君還舉紳耆倡修石橋城鄉繕助者不下二千

兩金僅成石磴七座仍架以木歷年無幾已見朽壞予攝篆斯邑思易之以石爲久遠計第磴有七座橋須六洞工大費繁成之匪易適有監生魏光祖願建一洞職員邱裕雯黃玉瓏監生黃志森廩生黃宗繳願捐三洞監生張永福劉馥英民人謝仕聰李文發願建一洞其一洞及兩岸石磡雖有變售義渡田價並前捐餘項統計尚難蕆事復爲倡捐以助之爰擇丁亥五月十日命工入山採石七月二十二日興工十一月朔告竣橋長二十三丈寬一丈一尺此非好善之士見義勇爲何能

以前人圖營百年未就之工越七月而遂竣哉後之好善者尚其隨時修葺免致日久傾頹以全先後義事傳之無窮是則予之厚望也夫

重建五陽書院序 道光二十二年　袁景暉

自古王道之行必先正人心明人倫厚風俗而人倫之明人心之正端自學校始三代盛時習俗敦龐民心淳固徵獨其世近古也亦以家塾黨庠術序國學崇四術明六行重以父兄之教誠師友之箴規涵育薰陶教澤之入人者深是故歷年久而莫之變易也

國朝

列聖相承崇儒重道家絃戶誦薄海同風建邑自乾隆十八年肇建五陽書院文學之士彬彬日盛焉顧舊基狹隘歲久傾頹是亦守土者之隱憂也咨歲貢生李如桂選拔陳知新廩生范啟端監生黃志森劉恒坦何曉山何光國何萁楷等呈請勸捐重建書院兼作考棚予初慮其成功之難也既而攜料花材衆工畢舉建修講堂肄業暨齋長各房與號舍大小計三十餘間桌凳什物悉具自去歲小陽月興事迄今仲冬期年之間工已報竣予環觀周圍見堂宇深宏四山疊翠園林蹁躚鬱鬱葱葱爲欣慰者久之考古今之際傳紀所稱雕甍繡戶捲雨飛雲藥室蘭房俱爲韻事不數十年而頹垣敗瓦蔓草荒煙無復顧惜者何也彼其所爲悅耳目娛心志祇一身一家之私而無關於世道人心之計也若夫宏開書社大啟鼓鐘傳教四方嘉惠來學登斯堂者端學術正人心明人倫敦風俗自一世遞至數十百世講讓型仁上以副

聖天子樂育之化而下以速教澤於無窮後之君子式廓日新永遠弗替安知不與西蜀之子雲建康之鹿洞並垂不朽也哉予故樂爲之序

小靈橋碑序　孫學炳

竊謂山輝而川媚人傑則地靈由來久矣邑西距城十五里有白水溪源自大霧山而下中有村焉曰顧家溝居民愿樸敦龐相尚仁里也每當溪水暴漲奔騰洶湧既不可以通舟楫復不可以施橋梁行人之臨流而返者已非一日已酉仲夏二十一日卓午忽焉陰雲四合暴雨時行雷電大作隔岸迷不相見約炊黍頃天候開

霽則見有大石長二丈餘橫亘溪中儼若橋焉奇矣且石由上而下自西而東其高下平正低昂不爽儼若人力爲之則尤奇矣藉非地脉之効靈其何以有此乎先年溝內居民雖多而土田磽瘠每苦貧乏自有石橋後家樂温飽戶慶那居堪輿家過而詫曰此天架石橋爲此地鎖水口也爰集同人葺而修之額曰小靈彰神庥也並將橋之兩岸大路均加補修以便行旅因序其始末勒諸貞珉俾過此者知橋之所由成而小靈之名所由著也是爲序

重修建始縣志序

學使　孫家鼐　燮臣

建始本漢巫縣地晉初置縣隋以後因之而分隸不常明洪武中隸夔州

國朝雍正十三年改施州衛爲府以縣爲入省必由之路撥隸施南蓋楚蜀之咽喉也舊有抄本志一冊不著撰人名氏前使者廬陵王君謂其簡核有餘韻擬諸韓邦奇朝邑之遺後之踵而成者莫不權輿於此嘗論修志之難苦於一字不容無來歷施以改土歸流之區無文可徵無獻可考曩者議纂郡乘賴有唐童王三氏衛志之存資爲粉本且遲之五十餘年而就緒況建之自蜀歸楚更不及上詳衛事哉則猶幸前人之尚有可因也前志編於前邑令袁侯今邑令熊侯以乙丑春蒞任進袁侯之志而觀之慨然於山川形勝之袤延戶口賦役之科則風俗人文之樸茂禮制政典之粲陳則曰前事之師也又病其擇焉而不精語焉而不詳吝而不能理晦而不能白也則又曰是吾責也於是蒐散佚摭新聞討論而潤色之不朞年而大帙裒成於戲袁侯得前人之志而因之以溯其源熊侯得袁侯之志而因之

以暢其委是皆善所因者也豈不足紹前徽而貽後槩哉余奉

命視學楚邦丙寅春按臨施郡道出是邑見其人文秀潔比戶可封進而試之彬彬乎雍容而揖讓仰見

聖朝郅治之隆不以僻壤遐陬而或異也夫問俗采風使臣之職也讀熊侯之志可以知其政已

增修施南府志卷之二十九終

增修施南府志卷之三十

雜志

雜記

方志之末多有雜記以舊聞軼事諸類未能盡收或野史稗官事蹟足資考証故別而存之亦補闕拾遺意也舊志斟酌摭拾材取新奇語去泛濫頗稱善本今稍加增損亦必確有可據非敢附會也志雜記而以辨訛附於末

爾雅釋獸䝟如小熊竊毛而黃訐今建平山中有此獸狀如熊而小毛麤淺亦黃色俗呼爲赤熊疏竊淺也狀如小熊淺毛而黃者名䝟

巫山縣在峽中亦壯縣也市井勝歸峽二郡隔江南陵山極高大有路如綫盤屈至絕頂謂之一百八盤蓋施州正路黃魯直詩云一百八盤攜手上至今歸夢繞羊腸卽謂此也 陸游入蜀記

黃山谷云予既作竹枝詞夜宿於歌羅驛夢李白相見於山間曰予往謫夜郎於此聞杜鵑作竹枝詞三疊世傳之否予細憶集中無有請三誦乃得之一聲望帝花片飛萬里明如雪打圍馬上胡兒那解聽琵琶應道不如歸竹竿坡面蛇倒退摩圍山間猢猻愁杜鵑無血可續淚何日金鷄赦九州命輕人鮓甕頭船日瘦鬼門關外天北人墮淚南人笑青壁無梯聞杜鵑

恩施縣南三十里許有地極幽僻名白泥坡明末紳士章大陵莊也莊丁童有福一日山行見二白犬搖尾而前狀甚猙獰異而逐之入一洞洞內有水淸且淺犬涉水而過有福亦隨之往不數武出洞口豁然開朗烟村鱗錯桑柘依稀宛然桃源景物心甚異之欲窮其迹約里許有數老人聚飲樹下見有福詰所自以逐犬對老人曰是吾犬也賜之食有福食訖納所餘於衣袖及出視之肉則木石蔬則草也歸而告其主同往訪之頑石荒草茫然無迹矣 秋燈叢話

開元寺鐘唐開元中淸江郡叟牧於郡南田間忽聞有異聲自地中發叟與牧童俱驚走自是叟病熱甚少愈夢一丈夫靑衣儒顧謂叟曰遷我於開元觀叟驚寤及曉偕其子往郡南鑿其地約丈餘得一鐘色靑乃所夢丈夫衣色也遂白郡守移至開元觀日辰時不擊自鳴

聲極震響清江人莫不驚歎

恩施縣紅崖山高數百仞峻嶺崇崖爲全眞棲遊之所順治初有蔣道士者入山訪修煉地忽見茂林修竹中瓦屋數楹白板朱扉最爲幽潔履其室空洞無物惟粉壁題七言一絕筆勢飛舞墨跡猶濕詩曰頑石盤旋白玉松枝頭暗結紫芙蓉青雲有路終須到紅日光輝滿太空蔣諷吟數遍默識其處次晨負笈至竹樹依然而舍宇杳如踏尋竟日終不可得又山中有巨杉恒隱藏沙土內傳爲千百年物居人求之者持錐剌土嗅錐末有香氣則掘得之或負之不盡表異其跡異[illegible]往視並表亦失之矣　宋志

杜詩云籠竹和烟滴露梢施地慈竹笋出與林齊籜今不解一線彎彎如垂柳如此兩三月方解籜六年始見枝葉山深多霧午時露珠猶滴未嘗不嘆詩人體物之工也　宋志

湖廣通志載施州漫水寨有木名普舍樹普舍華言風流也昔覃氏祖於東門關伐一異木隨流至那車復生根而活四時開百種花覃氏子孫歌舞其下花乃自落然而簪之他如往歌花不復落尤爲異也　格致鏡原

施南救馬洞有泉每日流出五色圓石數枚居民拾之次晨亦然又野貓洞經水漲退時流出八方水晶石石現山水人物諸狀通泉中亦有類此者　童志

杜詩云土俗坐男使女立男當門戶女出入施地鄉僻處皆然男主家中接賓客飲酒食肉而已水耕火種婦女任之舊聞坎爲北方卦故男健於女離爲南方卦故女健於男健者常勞弱者常逸驗之冀北交趾皆然可見一斑也　宋志

獸莫猛於虎施南則有一豬二熊三虎之諺豬有羣有獨羣者年未深無大異獨者經年既久無可羣而羣亦莫敢近也合抱木齒如拉朽大石嚙齧之立碎虎豹見之咸避莫敢鬭者　宋志

趙姑者施南崇寧里民女也及笄未字餉父於田渴而飲於溪久不返父覓不得惟見飲處插金釵一股拔之不起夜見夢於父曰兒爲龍攝去不能生還明春豫於溪內插籬罾笱春雨雷鳴得魚必夥即以爲甘旨之供父如言歲頗獲利以此畢餘生焉村人以香楮往祝者

亦必得魚至今相沿爲趙姑魚而所插金釵化爲鐵柱云童志

雍正六年馬公昉義以直隸明經銓恩施令治舞陵月明知晝遙望江中一船儀仗麾從飄飄御風而行轉瞬即杳是夜縣治白楊坪有里長姚姓者適夢皂衣使呼迎城隍起視戶外有二尺許神像在焉比鄰子亦同夢質諸馬公訊其顛末慄然悟曰曩疇昔之夜飄然從江中過者非即此神也耶即命建祠祀之故南郡有府祠而縣祠則在白楊坪市 恩施縣志

殷太公者衛旗軍性長厚婦極貪鄙公外出有買穀數石者婦量與之矣公歸佯曰家有秕穀何不石攙二三升乎婦曰已攙若干矣公默計其數補買者曰代昨日茶蓋覆妻之短也其夜夢神授以二紗帽曰以旌善人後妻生之盤妾生之銘俱以歲貢任主簿書香不絕以上童志

明時蔡姓者衛富紳也吝而刻家有餘米先一宿用水漬之以鬻於人一日雷雨大作掣蔡跪庭中書其背作米中用水四字而皆闕其中竪雷殷殷宅旁木上其火如線牽宅中而不然越二日有狂生候蔡見其字曰符非符字非字何以服人雷復震視蔡背則中添長直始識其字踰年死子孫亦不振其田園宅舍皆化爲烏有矣 童志

施黔州多白花蛇螫人必死縣中汲簿多退丁者非蛇傷則虎傷之也州連蠻獠三月草長蛇盛則防戍至九月草衰蛇向蟄則又防秋矣居民造毒藥取蛇倒懸之以刀刺其鼻下以器盛其血第一滴用以毒人立死故只取第二第三四者毒血一滴以麪和作四丸中此毒

者先吐血須臾五臟壅滿潰爛李純之少監云惟朱砂膏可治此毒純之以藥救人無數仍刻其方以示士民談苑

人山嶺在老熊坡下坡上望之峰與坡齊遠至一二十里則坡隱不見一峰特聳如人形叛民向龍祖塚向焉相近戎角村捲洞寨內有石類婦人出廖氏女亦材武向龍娶焉成化間向廖二姓相比以叛剽掠巫建等縣屢勤王師戎角前據板龍尾斑鳩崖下有清江後有容美萬山之阻中多良田廣囿故官軍至即保老鷹捲洞

司寨入山後小溪前清江二水周圍險固難奪正德五年指揮童昶奉檄破之擒首惡數十人追出被擄戶口除黨撫順昶精地理知入山作祟穴石生妖乃移向氏石熊坡祖塚鑿入山腦復至捲洞寨鑿其石入山鑿雷復震之尤見天人感應焉

何述河內郡人爲漢景帝駙馬時巴蠻攻刼帝以王鎮撫歸元妃公主劉氏次妃許氏王之健將則許氏兄弟也王在鎮安攘有功教養有法得楚蜀人心生子十六分十子入衡陽六子入川聚橋頭分遺破釜命各執一

片世守爲信王卒葬秭歸篁竹沱東晉桓誕自立爲施王後以沔北降魏施爲向氏所據王顯靈於大宋爲歸民驅疫民上狀遂敕封建廟賜額蠻人畏疫故自歸而上達於施州多有不祀其先而祀所謂向王者

許環沒之明年有衞紳張姓者夜夢勾見本衞城隍則巍然上坐者許也怒數張曰爾以明經出仕讀聖賢書枉致人死可乎命鬼卒以刀插兩耳張以同窗故再三懇令去其右喝之出則見左廊梁上有鐵鈎鈎背而懸之者亦衞紳張姓亦明經出仕皆許之窗友也夢醒駭然逾月而左耳後病疽潰至頸久而垂危所夢鈎背者猶無恙也一日來視歸而疾作疽發背二張相繼而亡

蝦蟆石在東門渡口水中見則有災眚

方洞峽口有一方洞無路可達只可北岸對望其中有板或露或隱或整齊或參差每見則附近居民多不吉祥

蝦蟆池在衞城南一百二十里池中多蝦蟆方春水生輒跳擲岸上後渠生爪前趾變翼隨衆禽飛去變未成者土人常得於雀網中　以上衞志

土產香楠而民不知蓄陳者絶少產茶而民拙於焙香者絶少產五加皮以浸酒香美有殊效而民尙桂花酒三者皆恨事附志之　宋志

俗以麴蘖和雜糧於罌中久之成酒飲時開罌沃以沸湯置竹管於其中曰咂篁先以一人吸咂篁曰開罌然後彼此輪吸初吸時味甚濃厚頻添沸湯則味亦漸淡蓋蜀中釀法也鉛山蔣心餘太史忠雅堂集有咂酒詩可謂曲盡其妙附載於此地鑪煖深罌酒香生座隅緩火蒸融融嚌發看浮蛆截竹爲畱犁露頭沒其趺主客

次第嘗吸之嘸徐徐中通風過簫喑引樂出虛注泉便作醴仙釀逡巡如甕面白水添甕底醇醪儲貫糟出沈齊氣體成須臾枳橘性則一涇渭源豈殊神丹變兼金黃芽轉河車物理可旁悟速化然非歟再拜求釀法酒經頤箋疏秔稻穀粱稷皆可麴蘗俱和以衆露香欲點髹上酥百花歸蜂衙五金同一鑪至味咂乃出潑甞得其粗蜀有雲安春復有郫筒酤可惜少陵翁取醉徒容易東坡不解飲眞一糕胡盧胡㕭道士蜜寧發調水符浙人尚越釀六載糟邱居今夕換別腸沈湎不願餘只疑虹首垂又疑斗柄軥底須吸西江欲續無功書久出醉翁門才識涪溪鷗彭宣醻侯芭是皆聖人徒 舊府志

天臺山寺有張桓侯石像多著靈異雍正初有蕭某捕魚清涼洞出腳小溪夜半忽岩半呼蕭異之仰面視石壁開豁循徑躋攀百餘級見一石人挺立於前謂蕭曰吾蜀漢張翼德也將之天臺觀子盍負吾遷乎 蕭懼從之反顧石壁依然石路則杳然無迹矣

獅子巖有石獅隔十餘里有雞公石相傳乾隆年間一夜雨石會食田穀雞鳴方巳田者見有雞獅足跡 尋至二石處驗之確乃碎其足後遂無異 以上恩施縣志

青屛山在縣治南百餘里青石屹立了無餘土縱二十餘丈橫十餘丈高百餘丈四面皆壁類刀削成望之若屛古藤下垂無徑可陟嘉慶間有覃姓者聞鷄鳴絕頂乃攀大藤上之若有神助峯三層第一層石平如砥徑五丈橫三丈有奇次層如之復援藤而下 延工鑿修磴道險惡之處鎖以鐵繯上建佛寺二間次層亦如之寺後有瘦木數十本旁有瘦竹百餘竿涼風欻至聲動若琴綽有雅趣石壁隙中湧清泉一 綫類擠出者以長頸甕承之可供三人之用其性清洌泌齒以之煮茗味極佳美謂之仙泉遂棄妻子爲僧居之不持肉戒每歲旱以小佛一尊倒負於背鳴鐃咒佛呼天求雨雨多應之俗謂之巔僧老乃積薪寺側焚身坐化焉其子拾餘骸理之今呼巔僧塚云 來鳳縣志

犀能分水通天者駭雞蘇子瞻送喬施州詩所謂雞號黑暗通蠻貨者也前代有大樵於宣無堡之濱忽潭水沸騰見一物從水底石穴分水而出其形似牛頂額鼻各戴一角樵者駭極以手中柴斧拔之復入石穴而水

至蔣州龍溪郡本舞州長安四年以沅州之夜郎渭溪二縣置開元十三年以武舞聲相近更名鶴州大歷五年更名蔣州領縣三峩山梓薑渭溪此鶴州之隸龍溪郡不隸清江郡也費州涪州郡貞觀四年析思州之涪川扶陽置縣四涪州扶陽多田城樂此費州之隸涪州郡不隸清江郡也貞觀十六年開山洞置珍州併置夜郎麗臯樂源三縣後爲夜郎郡元和二年廢縣皆來屬此珍州之隸溱州溱溪縣不隸清江郡也

杜甫寄裴施州詩黄鶴以爲裴冕朱鶴齡力辨其非以是詩爲大歷二年冬月所作引公移居東屯詩及史所載大歷二年二月左僕射裴冕置宴於子儀之第爲証按據甚辨但裴冕貶施州刺史唐書本傳紀載甚明豈可因詩未註名遂謂非其人乎又唐書陳元振傳亦云冕貶施州則黄鶴斷以爲冕未可云誤

舊志載巴蔓子尹珍於人物考明一統志未載二人巴蔓子爲巴子國臣在重慶府以施郡都亭山有巴蔓子墓故收入人物至尹珍爲毋斂人在今遵義府乃漢武平夜郎所置牂牁郡屬縣也與施無涉

謹按明一統志施州在春秋爲巴國界何必巴蔓子之不爲施人况都亭既載其墓而不載其人於人物義亦未安

舊志載趙君復於選舉趙國珍田康於人物考唐書南蠻列傳開元中牂牁酋長謝元齊之孫嘉藝襲官封其後趙氏爲酋長二十五年趙君道來朝其裔趙國珍有方略授黔中都督屢敗南詔護五溪十餘年終工部尚書又趙氏世爲酋長夷子渠帥姓季氏與西趙皆南蠻別種勝兵各萬人自古未嘗通中國黔州豪帥田康諷之故貞觀中皆遣使入朝按三人皆南蠻世襲酋長非施州人舊志誤載致通志亦相沿而誤宜刪去

舊志載杜甫於流寓考唐書本傳及杜集年譜實未至此

舊志載鄭虔於流寓以杜甫有鄭典設自施州歸詩遂以鄭典設爲虔也按唐書百官志典設爲東宮官考鄭虔本傳虔未嘗爲此官杜所贈詩者自别一人未可以虔實之也

按舊志載杜甫鄭虔於流寓相承已久或别有所據

仍合蓋水犀也故其地名曰犀牛潭　來鳳縣志

螞蟻墳在城東三十里圓包嘴相傳國初時有乞兒没於其地土人淺瘞之後羣蟻銜土壘塚日久成小山人異之無敢毁者至今尚存　利川縣志

出郡城西行十餘里大興寺下之　有陶文昇世業農夫婦安分度日同治十年六月初七日婦　氏一産三男鄰里以爲瑞賀客盈門邑侯彭公變給光衍男祥額以表其廬

辨訛

舊志魏咸熙二年施州靈龜産於龜溪考魏志元帝咸熙二年春正月甲辰朐𦚢縣獲靈龜以獻按朐𦚢屬蜀郡故城在今夔州府雲陽縣西非施州界且三國時無施州名舊志殊失考

舊志載此地唐爲業州珍州鶴州費州按唐書地理志施州清化郡本清江郡天寶元年改爲縣一清江一建始隋義寧元年置開夷武德元年省入清江義寧二年置業州貞觀八年廢爲建始此則業州之隷清化郡也今李志以唐書列傳未載遂並去之然明鄒公維璉謫戍施州本傳亦未載而鄒公在施遺蹟甚多未可謂其未至施也史之缺略者多矣其軼時見於他說與其過而去之不如過而存之少陵贈鄭典設自施州歸詩未云我有平肩輿前途猶準的翩翩入鳥道庶免蹉跌厄舊志載入流寓蓋因此也今仍舊載入

舊志載施王屯云桓元子誕竄蠻中自稱施王考晉書桓元誅後桓氏遂滅亦不載誕爲元子此當刪去

按魏書太陽蠻酋桓誕遣使内屬高祖嘉之拜征南將軍東荊州刺史襄陽王聽自選郡縣誕自云生桓元之子也初元奔至枚回洲被殺誕時年數歲流竄大陽蠻中遂習其俗及長多智謀爲羣蠻所歸誕既内屬治於郎陵卒謚剛子暉襲爵弟叔興拜南荊州刺史正光中南叛二荆西郢蠻大擾據此則誕乃元子荆州蠻亦其所統施王屯之名殆始於此歟

舊志載董鉞於職官考宋史熊本經制渝井事蠻酋田現等内附夔路轉運使判官董鉞副使孫珪知施州寇平皆以招納功被賞是董鉞爲夔路轉運判官非施州

職官志如何載入職官乎

按宋史云判官董鉞副史孫珪知施州是言二人知施州也寇平皆以招納功被賞是言蠻寇平二人皆被賞也考各史言某官知某州及某事某寇平者非一寇平不必爲人姓名也今李志不載董孫二人於職官而以寇平爲人姓名載入職官考宋史及統志俱不載寇平知其非人姓名也且李志以夔路轉運丁謂知夔州林栗列名宦內而不載董孫二人於職官又何謂也丁謂爲宋巨姦林栗倡禁道學豈可厠[illegible]宦牆使濫膺俎豆乎今於名宦志內去丁謂林栗於職官志內去寇平仍列董鉞孫珪焉

舊志以沙渠作施州按沈約宋書州郡志吳孫休永安三年分宜都縣置建平郡領信陵興山秭歸沙渠四縣晉亦有建平郡太平元年吳平併合永初宋武帝年號郡國有南陵建始信陵興山永新永寧平樂七縣按太康地理志無南陵永新永寧平鄉新鄉五縣疑是東晉所立信陵興山沙渠吳所立建始晉初所立也領七縣巫秭歸歸鄉太康地理志秭歸有歸鄉故夔子國北井泰昌沙渠新鄉此宋書所載也今按巫即今巫山縣秭歸即今歸州歸鄉亦在歸州北井即今夔州大寧縣後周省入太昌按晉太昌後周改大昌大昌亦即今夔州大寧縣惟沙渠新鄉不詳所在考水經注渠出南巴嶺流逕宕渠縣謂之宕渠水漢有宕渠縣明一統志渠縣本漢宕渠縣地俱在今四川順慶府之南充蓬州營山廣安渠縣大竹岳池等地界有渠縣而無沙渠之名以愚考四川順慶府東與夔州府梁山縣連界建平與夔州府連界建平沙渠既無明文可考大抵不離順慶府所屬州縣等界者近是[illegible]書云沙渠晉起居注太康元年立按沙渠是吳建平郡所領吳平不應方立不詳是宋書不特未據太康地理志註明沙渠所屬並所立亦且不詳舊志謂即施州何所考據而云然

謹按舊志以沙渠作施州地原非無據李氏宗汾雜引史志力辯其非且援水經注渠出南巴嶺流逕宕渠縣謂之宕渠水遂欲以四川順慶府之渠縣爲沙渠地謂沙渠屬建平郡建平與夔州府連界順慶與夔之梁山連界沙渠既無明文可證大抵不離順慶

施州縣等界者近是此臆說也今即宋書州郡志

孝之吳孫休永安三年分宜都置建平郡領信陵興

山秭歸沙渠四縣沙渠既隸建平分宜都地置則沙

渠必近宜都可知且與秭歸諸縣同隸建平則沙渠

必與秭歸諸縣相連可知今施東接宜都東北接歸

與山其爲沙渠固已確然可信何至越夔至順割

渠縣來屬之理且尤有可據者則在[illegible]水即今清江水

經注夷水又東逕建平沙渠縣縣有巫南岸山道

里其水歷縣東出焉又東[illegible]自[illegible]入佷山[illegible]

[illegible]武陵[illegible]陽縣西[illegible]又東[illegible]注[illegible]

[illegible]縣北又東逕宜都縣北東入江

下流入佷山宜都則即夷水以[illegible]爲沙渠之爲

施不大彰明較著乎安得謂無明文可証而牽一不

相聯屬之渠水且以一字偶同之渠縣當之眞不足

資一噱矣

舊志載成汭於名宦因唐書本傳有請立廟以祠之文

更不詳考本末今考本傳則知汭本盜賊因時多故竊

據歸[illegible]其[illegible]敗鄂州則黨朱全忠而抗王師至於兵敗身

死[illegible]今於施州本無功德於施不得入名宦詳兵事志

[illegible]伍思志於名宦考宋史[illegible]伍思智又增其文云

以拒元兵竟復夔州今節錄宋史入兵事志

按恩施縣志載東坡鐵溝行贈喬太傅一詩查初白補

註云鐵溝水原出烽火山流經諸城縣東北一十五里

入濰水見陳圻山東志今闌入施州非也然明一統志

[illegible]鐵溝水在衛城東則承訛已久矣以上舊府志

[illegible]

又謙母有疾夜於庭中稽顙祈福

[illegible]藤療風有驗叔謙便拜伏流涕

[illegible]一作

以四段與之并示以漬酒法叔謙受之顧視此

人不見復知處依法爲酒母病即差按東醫寶鑑湯液篇

云性溫味辛無毒主風補血衰者是其驗也一名南藤

莖如馬鞭有節紫褐色葉如杏葉而尖今利川縣小溪

洞猴子崖有之

增修施南府志卷之三十終

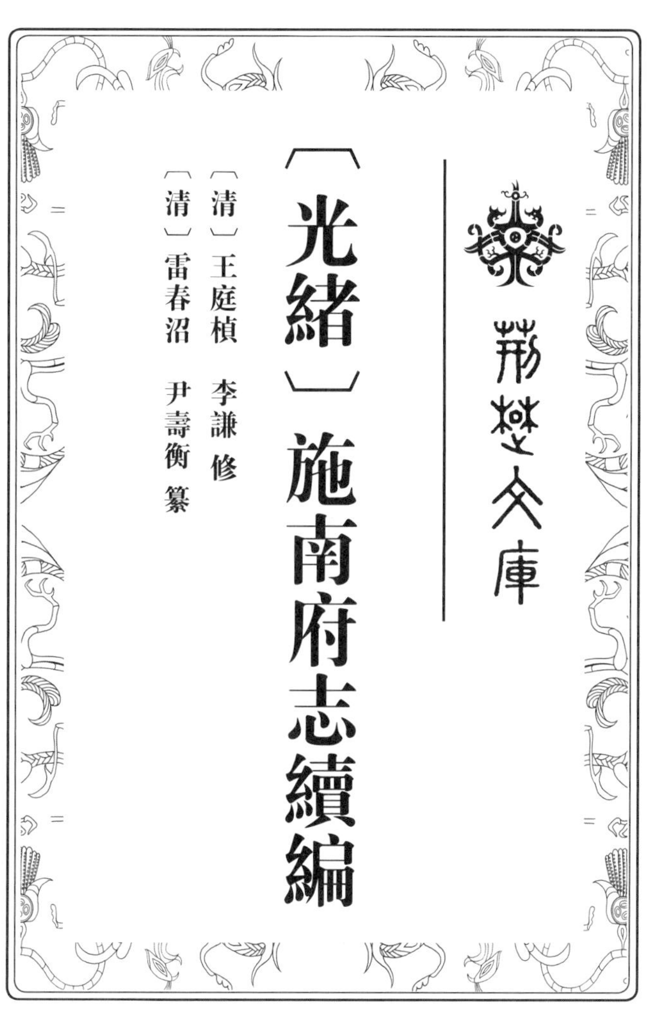

荆楚文庫

〔光緒〕施南府志續編

〔清〕王庭楨　李謙　修
〔清〕雷春沼　尹壽衡　纂

《荆楚文庫·方志編》編纂組

組　　長：賀定安　陽海清（執行）

副 組 長：劉傑民（執行）　王　濤　謝春枝　范志毅（執行）

參編人員（以姓氏筆畫爲序）：

王　濤　李云超　宋澤宇　范志毅　馬盛南　陳建勛　梅　琳

張　晨　張雅俐　陽海清　彭余焕　彭筱溦　賀定安　楊愛華

劉傑民　謝春枝　嚴繼東

編　　審：周　榮

顧　　問：沈乃文　李國慶　吴　格

前　言

《〔光緒〕施南府志續編》十卷，清王庭楨、李謙修，清雷春沼、尹壽衡纂，清光緒十一年（一八八五）施南府新舊志合編刻本。牌記鐫『光緒乙酉五月開雕』。

王庭楨，字子泉，江蘇無錫人，副貢，光緒三年（一八七七）任施南府知府。李謙，湖南巴陵（今岳陽）人，監生，光緒九年（一八八三）繼王任。雷春沼，字少泉，湖北黄岡人，清道光二十三年（一八四三）舉人，歷任恩施縣教諭、鶴峰州訓導、襄陽府教授。尹壽衡，恩施縣人，清同治四年（一八六五）進士，官刑部主事。

施南東臨荆楚，西連巴蜀，古爲兵家必争之地，清雍正十三年（一七三五）改土歸流，置施南府，其沿革詳情請參《〔道光〕施南府志》前言。

明以前府志不存，明景泰間沈慶創修府志，經易代兵燹而志稿無存。入清後，先有邑庠生王封鎮繼修，至乾隆二十一年（一七五六），訓導宋鰲輯府志四卷，乾隆四十二年（一七七七）李宗汾續爲八卷，惜今俱無傳本。現存最早府志爲清道光間知府王協夢所修，同治間有知府松林、周慶榕續修，各有版本流傳。光緒三年庭楨蒞任，越五年而逢省修通志，各府、州、縣按例各以其志呈上，庭楨乃擇郡之謹厚而文者收録同治十年（一八七一）以後事，連綴舊志，并延春沼主其事，遂成初稿，書未成而庭楨他調，李謙繼之，光緒十年（一八八四）壽衡回籍，取近世通儒所修郡縣志及各省通志參之，析其門類，踵而成之。

志分十門，綱如前志，内容依次爲輿地志（疆域、古蹟）、建置志（城池、公署、壇廟、津梁）、經政志（户口、倉儲）、學校志（學宫、試院、書院、學額）、武備志（操防營）、職官志（文職官表、武職官表、政績）、選舉志（文科目表、武科目表、仕籍、封贈）、人物志（列傳、忠烈、孝友、義行、耆壽、列女）、雜記、施南詩文徵附（詩徵、文徵）。志前收王庭楨、李謙所作序文兩篇、增修施南府志續編姓氏，另冠有尹壽衡《擬訂施南府志瑣言》，其以精湛的筆墨闡述了整個府志纂修源流、續編原委，點明了全書的體例及門類歸并概况，對全書具有提綱挈領的作用，是爲該志特色。李謙讚其『在今方志中，庶幾能謹嚴有規矩者』。據《擬訂施南府志瑣言》，是志仿韓氏朝邑、康氏武功二志，删天文一門，不紀星野；武備一門，前志詳載無遺，此志『條其次第，删其贅目，以臻畫一』；仙釋并入雜記，以備一方之遺文軼事，查有所據。因係續前志，故名續編，各門凡詳前志者概不重複。

據《中國地方志聯合目録》，是志大陸多地有藏，此次影印所據底本爲湖北省館藏本，該藏本版面清晰，字迹工整，整體書品較好。《中國方志叢書》《中國地方志集成·湖北府縣志輯》皆影印收録。（彭余焕）

目録

序……六九九
姓氏……七〇三
瑣言……七〇四
目録……七一〇
卷一　續輿地志……七一一
疆域……七一一
古蹟……七一五
卷二　續建置志……七二七
城池……七二七
公署……七二七
壇廟……七三〇
津梁……七四〇
卷三　續經政志……七四五
户口……七四五
倉儲……七四七
卷四　續學校志……七五一
學宫……七五一
試院……七五八
書院……七六〇
學額……七六四
卷五　續武備志……七六五
操防營……七六五
卷六　續職官志……七六五
文職官表……七六五
武職官表……七六九
政績……七七〇
卷七　續選舉志……七七三
文科目表……七七三
武科目表……七七六
仕籍……七七七
封贈……七七八
卷八　續人物志……七七八

列傳……七七八
忠烈……七八〇
孝友……七八〇
義行……七八二
耆壽……七八二
列女……七八四
卷九　續雜記……七九七
卷十　施南詩文徵附……七九七
詩徵……七九七
文徵……八〇一

施南府志續編

光緒乙酉
五月開雕

施南府志續編序

予守施南之五年值巡撫彭大中丞檄修湖北通志檄各郡以其志上施南舊志蓋訖同治十年者通志幾百年而始修不忍今十年以後之宜志者不與其盛也於是有續志之編延雷學博葺治主之歷三月有餘稿甫畢剞而予以九年移守武

一

昌其明年施人以志稿寄予審定予閱之終卷至藝文門有所謂王公政績碑王公去思碑者視其名則為彥根予駭嘆久之既乃進施人而告之曰州郡之志事切今而修所以備通志之採而上之
朝廷者也欽惟我
國家
列聖相承勤恤民隱其訓飭牧守崇獎循良務在安心實政悃愊無華
世宗憲皇帝
高宗純皇帝屢詔禁部民為本官製衣勒碑嘉慶七年御史朱紱請寬其禁
仁宗睿皇帝諭曰守令膺司民牧分應廉潔自矢操守為懷果有善政及民自必口碑載

二

道不須立碑粉飾之諭蓋不專以粉飾之繁文驟居官能否其用意至深且遠至訓至明且切也如此煌煌
天語書諸實錄藏之史宬彥根何人輒累郡人士冒禁刊碑其不敢居也決矣通鑑載唐時貪婪吏民為宋璟立遺愛碑璟上言臣在州無它異跡請敕下禁止其以

宋廣平其人無時又無刊碑之禁而且云欲革此風宜自臣始庶幾祀廣平何如獨甘冒恥更請君之舉乎存之碑於藝文垂庶幾罪無其碑且宜作記張大其文而然之志以示來茲乎愛焉而垂之罪施人其謂之何抑施人且以筆予者蓋施之爲府始乾隆元年其前無論矣爲

府之後一覽於嘉慶元年之變匪蹂擾於咸豐十一年之粵逆經時皆邪土者救死扶傷日不暇給郡城坊垸於未及未風氣復始未載其前志可考也而予輩當無事與民休息以平易道路修舉廢墜之餘力旁及諸名蹟之在郡者暇以觴過寄及施人士於其間第宣其芬芳濡鬱而歌詠之更唱迭和藉抒可歡強不敢謂一時之盛而民革太守之不爲煩苛甚稱豈其徜徉山水之樂者或未容以遽息也嗚乎藉非施人之純樸易治遺予以安靜而使予之拙予留竟有是而謂予於施人能一日忘哉又況施人之不忘於予者已如是哉況爲第去之碑文且稍更其體例乃序

而歸之以俟施人之不予忘與予之不忘施人箸志事則尹比部壽衡纂訂之力爲多詳具所著跋言無不備述

光緒十年歲次甲申秋九月前知施南府事無錫王庭楨謹并書

施南府志續編序

方志之以續名者莫古於宋時朱長文之吳郡圖經續記其後會稽有寶慶續志蓋張淏所撰於前志補其遺逸廣其疏略正其譌誤四庫全書提要稱其不漏不支叙次有法尚矣它若明人黃璿之建陽續志名繼前志實則體例各殊張愷之常州府志續集則凡見舊志者不錄無錫王君子泉之來守施南也當光緒三年越五年而大府檄脩湖北通志府州縣例各以其志上王君擇郡之謹厚而文者裒錄自同治十年以後連綴舊志是

爲施南府志續編蓋仿明黃張二志而所謂正譌誤補遺逸亦往往因事以見其撰述大旨具尹比部壽衡志例瑣言在今方志中庶幾能謹嚴有規矩者初稿甫創而余來代君既爲之整比乃舉付郡人鋟板會垣而爲叙其簡端曰施南之等於要荒久矣乾隆朝始建爲府與宜昌相唇齒蓋用以通楚蜀之援厚巴夔之勢者顧其地山川環結內迫險阻自古用兵由巴蜀瞰荊楚者恒取道焉以出奇則邊防顧不重哉余向者下車伊始於郡城之宜加脩葺者既已竣事矣然邊防尤倚積貯

不此之務猝遇小警爲清野入保之
計爲道羊腸向所謂得地形者今
反以梗吾轉輸懸罄之室何恃而
不恐哉故嘗欲爲各屬邑備倉穀
萬石以上郡城則三倍之又以爲五
邑所隸鄉村宜各有社義倉之建
議未及上將受代以去心滋恧焉夫
備禦素具積萬全之勢俾黠者必
無幸於一逞窺伺之萌永塞枹鼓
之鳴不驚此爲
天子慎固封守者所有事也及身未能
而冀幸繼者力爲其創第問於
國家何如不必其事之自我又拙者之
恒情而仁人君子所不罪也余既以

三

廣積貯告施人因樹識如此以諗後
之久官斯郡而能爲所渴爲者時余
去施南之前數日也施人拳拳於余
猶余之拳拳施南嗚乎余其重媿此
施南也夫
光緒十年歲在甲申冬十一月權知
施南府事巴陵李謙撰并書

四

增修施南府志續編姓氏

督修

三品銜候選道施南府知府調補武昌府知府王庭楨

鹽運使銜補用道候補知府署施南府知府李　謙

編輯

內閣中書銜恩施縣教諭升襄陽府教授雷春沼

刑部總辦秋審處兼管司務廳浙江司主事尹壽衡

總校

江西候補知縣康佩謙

試用訓導朱煇旒

分校

候選教諭姚樹勳

試用訓導朱　展

恩施縣學選拔廩生王鶴齡

宣恩縣學增生朱開第

來鳳縣學附生劉開元

咸豐縣學附生劉學獻

利川縣學廩生劉子書

建始縣學廩生楊逢恩

採訪

兵部武選司候補郎中黃炳文

候選巡檢成旭初

同知銜皮越羣

候選縣丞康逝謙

恩施縣學廩生王孫桂

宣恩縣學附生朱開來

來鳳縣貢生章　浩

咸豐縣學附生王紹緒

利川縣貢生覃大章

建始縣學廩生張仲義

擬訂施南府前志瑣言

光緒十年春余奉繼慈諱回籍仲夏至鄂太守王公子泉出示施南府志續編稿本雷少泉學博所輯也屬余踵成之按前志自宋氏鼇始李氏宗汾繼之羅氏德崑集其成三廣文於乾道間後先纂修同治十年復經重訂其網羅散佚蒐討舊聞考据引徵固已洪纖畢舉而門類參差不能無待於繼起者之整齊也古地志名圖經又稱圖志輿地附圖則幅員封畛開卷周知周官司徒職方所掌其圖製不可詳晉裴秀禹貢圖今亦僅存

其說 國朝惟胡渭顧祖禹論述圖法得裴氏六體遺旨李兆洛胡文忠諸地圖於計里開方尤精邇來郡縣志多仿之前志輿圖不計里開方建置諸圖不附各門並以八景章之繪事誠爲俗式所囿保章氏以星土辨九州以分星觀妖祥爲歷代史志天文五行之祖劉知幾謂正史不當以天文作志鄭康成謂古數書久亡後世郡國入度皆堪輿家說此又方志不宜志天文之明徵故韓氏朝邑康氏武功兩志不紀星野風土有記物土布利以言乎風俗物產之麗乎地也故阮氏廣東謝氏廣西兩志皆編入輿地略前志天文立專門輿地不載風俗物產亦所未安今制丁併於地役共賦輸其例一也壇廟之廟典祀之祠廟可賅蠲郵之郵六邑之普濟所寓其義同也金史太和六年創急遞鋪亦置郵遺制也今之鋪遞向有鋪司額兵宜屬武備我 朝湖北以割股被 旌者自雍正間江夏劉孝子始是亦孝也宜附孝友前志田賦賦役壇廟祠廟蠲郵普濟堂各目一事兩歧徒形複疊又以鋪遞入建置以割股名畸行此與城中坊市不附公署里甲不麗戶口廉俸雜款不

盡注田賦支給項下以及綠營俸餉標目於軍制外歷代兵事雜置於塘汛團練間皆義例之未精者也昔毛西河以蕭山人刊蕭志之誤自顧膚陋何敢效顰而踵謬沿訛殊處負慚桑梓爰取近世通儒所脩郡縣志上溯唐之元和郡縣志宋之剡錄太平寰宇記及澉水臨安二志與元之齊乘而以湖北廣東廣西江西各通志參觀之析其門類爲目錄瑣言附於左方

輿地志 附表圖

沿革 疆域 星野 山川 附形勝 古蹟 附冢墓 風俗

物產

昔戴氏震謂沿革不明則山川人物無一不誤沿革全志眉目也前志誤置形勝之後今正之沿革既明申畫有據附以輿圖始詳疆域亦猶坤輿之有圖說焉談星野者各執一詞湖北通志恭錄 欽定明史天文志語九十餘字存而不論則蘇平仲有分星無分野之說無庸置辨矣山川綿歷境內參酈道元水經註及禹貢九州之法以鎮山定方位以巨川溯源流以距城里數計遐邇各具一圖圖不能盡則仿土訓誦訓繫之以說斯

脈絡分明羣山支流得所宗主青烏家南北幹太少祖分水合水諸說猶能附會之前志於水之大者源流昭晰惟僅清江有圖而鎮山未舉豈班氏推表山川遺意乎形勝因山川而具者也一郡形勝無多擬附志之洪亮吉謂明代諸賢地志簡略故城舊瀆棄之如遺此元迺賢河朔訪古明李濂汴京遺蹟諸書所由傳也至若封墓禁樵亦憑弔者所寄慨則冢墓可附古蹟荆楚歲時閩中海錯記疏各以地傳則風俗物產宜屬輿地

建置志 圖附

城池 公署附坊市 壇廟附寺觀 善堂 鄉鎮 津梁附渠

關隘

施南自雍正十三年設府以來宣恩向無城池咸豐僅土城利川城久圮建始有池而城亦圮公署則未葢脩葺建置之難也三輔黃圖王士點禁扁所由特書乎潛氏說友臨安志城池公署兼詳行在所錄其志中社稷祠廟則壇廟也卹民諸局則善堂也坊巷鎮市則坊市鄉鎮也橋渡巖嶺則津梁關隘也茲併入建置其由人及神由近及遠之義與潛氏大旨悉可互證橋渡曁育

嬰諸堂前志以義舉標目附列捐脩姓名茲擬改義舉爲善堂以捐脩橋渡諸堂姓名分注津梁善堂各條下以義舉行誼兩門好善樂施之有傳者載人物志義行中庶使各有所歸他志於寺觀或不載或載雜紀今附壇廟亦神道設教之意洛陽伽藍記前人有爲之者方志所不廢也

經政志

戶口附里甲 田賦附支給 雜稅 鹽法 倉儲 蠲卹

政之大而常者皆爲經古者力役之征準諸民數漢口

算晉戶調所由制也族師比長昉自周官漢之里魁今曰里甲戶口稽焉明嘉靖間姜性奏行條編法張江陵執政始力行之共會稽錄合戶口田賦爲一事　國朝順治十四年因明制折中立法定賦役全書分上中下三則又有水鄉山鄉二則雍正七年湖廣總督邁柱奏准丁隨糧派良法美意均爲萬世所利賴施南山鄉也地多下則自乾隆三年定賦額地丁錢糧雜稅以次詳備徵輸之供支給者僅什一焉常平社義諸倉前志所載儲積數難盡符續編尤爲核實朱子社倉得劉如愚

而效著存乎其人耳郡屬例食川鹽梭壞運銷價廉民便自川引淮綱分爭楚岸價倍於昔時使之然也至若兵災旱潦　詔沛恩膏境內孤貧堂名普濟前志恭紀於蠲卹門益見　國家深恩厚澤淪洽山陬爲曠代所未有也夫

學校志

學宮學田賓興附　試院院試經費附　書院義學附　學額

周衰學廢漢至武帝始命郡縣立學校官其置弟子員於郡縣未詳其數後魏乃有大郡中下郡之分唐則以縣之上中下分之自是歷代學校脩明其制遞詳宋有學田元明相因淳祐間頒白鹿教條於各學書院亦命勒石宋宗室彥倓置興賢莊於紹興明成化時蘄水賓興田特著皆足補學校所未及　國朝崇儒重道命天下建學宮俎豆莘莘儀制益臻隆備故今志乘莫尊於學校康氏武功志以隸建置識者譏焉包節陝西行都司志亦稱爲建置大端　四庫全書提要駁之前志遵盛京志例於學校立專門亦常棠澉水志專紀黌序意也其自學宮以下以及義學凡爲今所增益者例得類

載而加廣之學額亦著於篇焉

禮儀志

朝賀　祀典祭器樂舞附　儀注

漢以來皆有禮志會典通禮爲守土官遵行者方志多分屬各類故禮儀鮮立專門章氏學誠湖北通志凡例載掌故目錄禮科首祀典儀注二目前志悉有之惟文廟祀典源流不宜標目寺觀並附義亦不倫茲以學宮詳學校以寺觀附壇廟入建置惟舉禮儀彙爲專門祭器樂舞附焉雖屬率土通行究使率由者便於取則元

旦冬至　萬壽聖誕朝賀有儀鉅典也未備者宜爲補
載迎　詔則儀重欽承宜先祀典遵王之義也自春秋
釋奠凡明禋及嘉禮軍禮之行諸郡邑者皆仍前志著
於篇

武備志兵事控制附

軍制　塘汛團練操防附　鋪遞

史有兵志肇自新唐書地志相沿久矣尙簡略者往往
與祠祀學校彙集一門阮文達廣東志則以兵防隸經
政夫國之大事戎居其一潛氏臨安志專志武備並有

教場防虞二目誠重其事施南地屬巖疆無驛站無水
師軍政固非繁劇而營弁額兵有軍制星羅棊布有塘
汛文移公報有鋪遞因時制宜有團練操防卽兵事與
歷代控制亦未易更僕數宏綱細目前志總括靡遺今
爲條其次第刪其贅目以臻畫一

職官志土司附

文職官表　武職官表　政績

漢制重郡守以六條察二千石委以察令之權丞倅以
下歲由郡上其最吏治之興蒸蒸然逮於隆古故班氏
立百官公卿表循吏別自爲傳以紀其盛方志職官列
表立傳之權輿也前志表職官隋唐以後惟自明及
國初爲詳設府以來凡文武長吏遺愛在民者亦皆臚
列於篇惟名宦政蹟二目重出表後復間小序雖非若
遼金二史用傳體入表仍不免虛占行幅之譏况志中
尙有一門二序及四序者茲擬如陸氏靈壽志列傳附
秩官表仍前志目曰政績祀名宦者注其傳末各土司
湖北通志附藩封廣西通志附職官可援其例以正前
志立專目之誤

選舉志保薦仕籍武功封蔭附

文科目表　武科目表

選舉之典廢以科目取士自漢始至隋有進士科唐更
有武科以鄉試備榜爲副榜自元始至今亦名副貢以
會榜爲進士以鄉榜爲舉人自明始當洪武時有歲貢
之詔宏治間有選拔與恩貢之分其增生附生隨征准
貢者謂之功貢　國朝取士多沿明制文武並重得人
尤多乾隆初更創舉優貢會典所著特科曰博學鴻詞
曰經學曰孝廉方正前志表中所缺者惟經學科是科

僅一開也昔紹興同年錄由朱子傳寶祐登科錄由文山傳而張釋之黃霸均以他途為世名臣人豈盡以科名重哉他如宦遊之地　制誥之榮任子之令皆從選舉中來者附而表之非馬端臨選舉考舉士舉官所得備舉矣

人物志方技流寓附

列傳　忠烈　孝友割股附　義行　耆壽　列女

人物有志諸史列傳之遺也方志沿列傳標目論者或指為統詞謂不足區分品類不知忠孝節義名有專屬

其行事非一端可盡者幾至無類可歸錦里耆舊汝南先賢諸傳專紀品學特出人物非方志所得取材惟以列傳據事節錄庶揚善不至溢美良法也鄉賢與名宦謝氏啓昆謂例當定自　朝廷非志乘所敢私許洵為定論湖北鄉賢襄陽為多其志援習鑿齒耆舊傳名曰耆舊郭緣生有武昌先賢志今其志僅以鄉賢祀位隸學校門誠懔然不敢僭越矣故續編仿謝氏廣西通志例以前志鄉賢行誼改為列傳又節孝附節烈各目苦心分明失於繁重續編統以列女乃一統志及湖北廣東江西各通志例也割股雖未可為訓要可援潛氏孝感拾遺之例附諸孝友不必別標畸行方技亦龍門扁鵲倉公立傳遺意道家雖有藝術仍宜歸釋道一門釋道為古今人物志所不廢究非人物之正茲擬置入雜記其餘各目悉從前志標題

藝文志施南詩文徵附

經部　史部　子部　集部

班固藝文志載書目本於劉氏七略分經史子集肇自唐之四庫方志多因之其條列卷數註明存佚摘錄記

序之揭明書旨者則參用晁公武讀書記直齋書錄解題之例前志謂一都一邑著述罕覯不足備外史之紀其論過矣施南先正著述余所見者吾師褚公春農香雪山館集王公滋圃喪禮撮要聽雨樓集王公竹田付園草奇憨子傳胡公芷塘承桂堂集其他則趙智菴王繼齋楊小逸連和菴諸先生遺稿也余所未見者王曉樓冬青館稿三十餘卷張道存惺齋集二十餘卷張羽儀靜齋文集與雜言暨軍中紀事何葆山崇阿詩文集與雜聞絮語暨趨庭筆記皆不下數十卷其他則王斌

夫碧秋山館稿張介人聽雲山房集何禮門兩山集朱赤亭蕉窗集范泉麓自有堂詩稿饒春圃石磵詩鈔何伯方詩稿也其佚者童明甫周正考樊川集其子希盐安邊策張藥溪濠上濠下集至先大父獻廷公四書類記讀史辨疑各四卷伯祖禮南公五經參考八卷雖佚於松滋之古牆埠監利孝廉蔡魯瞻跋稿猶存近時趙翁亭宋岳峰王翼之姚曉亭張春谷諸君子均應裒然成集其餘所知者尚有十餘人續編無藝文志載書目蓋開局時未經搜求僅據一人聞見亦多未逮且秉筆

人必親見其書之當否未梓者必實有可存已佚者必確有可據缺而不濫以俟方來

雜記

小戴禮有雜記唐杜寶大業雜記宋孔傳東家雜記皆沿以名其書前志總目爲雜志子目爲雜記目錄又曰叢記義皆無別其雜志無多因不分子目擬以雜記殿全書猶羅濬四明志之有敘遺謝肇淛滇略之有雜略也康氏於武功不志災異陸氏於靈壽不志二氏誠爲正軌然鄭樵通志紀災祥　大清一統志紀仙釋今移入雜記亦以備一方之遺文軼事耳

按潛氏臨安志諭旨平格自爲一編各志正文每第一行平格餘低一字應雙擡單擡字皆止空一格前志仿宋鋟式於應擡寫字或另行平格或空二三格未免矛盾續編此式皆歸一律惟仿范成大吳郡志例詩文分註各條兼收並蓄與詩徵文徵所載皆非盡有關係匪特有乖范例卽以近時黃州荊襄鄖四郡志較之亦弗如其刪取嚴謹也後之博雅君子倘是志以正吾失焉則幸甚

光緒十年歲在甲申仲秋月恩施尹壽衡謹識

施南府志續編目錄

卷一
續輿地志
疆域　古蹟冢墓附
卷二
續建置志
城池　公署　壇廟寺觀附　津梁渠附
卷三
續經政志
戶口育嬰附　倉儲
卷四
續學校志
學宮學田賓興附　試院院試經費附
書院義學附　學額
卷五
續武備志
操防
卷六

續職官志
文職官表　武職官表　政績
卷七
續選舉志仕籍封贈附
文科目表　武科目表
卷八上
續人物志流寓附
列傳　忠烈　孝友割股附　義行　耆壽
卷八下
續人物志
列女
卷九
續雜志
卷十上
續藝文志施南詩徵附
卷十下
續藝文志施南文徵附

施南府志續編卷一

續輿地志

前志疆域四至八到皆詳茲編仍標疆域目而詳其道路古蹟冢墓附焉凡詳前志者概不覆述後倣此

疆域

恩施縣東路自北城外至百步梯建始界百二十有八里西路自北城外至石板頂利川界百四十里計東西石路共二萬三千四百三十三丈內石梯二萬七千零四十一級沙土路二千九百八十九丈廣六七尺不等光緒四年知府王庭楨督修存錢一千貫發商生息以備歲修　王庭楨恩施縣屬修路記昔讀李白詩云蜀道之難難於上靑天以爲言蜀中耳今乃知施南向隸夔州故蜀道也考施南卽古夜郎地漢武時發巴蜀廣漢三郡士卒治夜郎之塗士卒罷勞三年而功不竟施南道固若是難治哉歲丁丑庭楨來守是郡辭於制府合肥李公公爲言宜昌施南二郡路難行而施尤甚曩年奉　命入蜀經此心悸

因以憫諸行役者庭楨請治之制府以爲難者再蓋難於工之鉅亦難於費之繁也旣之官道出宜昌以分修與宜守約宜守有難色比入山過長陽巴東爲施南境施屬建始路尙平恩施則由鴉雀水而南里渡雙樹門戴家店楠木坡熊家巖饒家灣箕星嶺黃魚泉皆奇險也歷詢而手識之莅郡後以治道告郡中人士有力者皆懽忻請出貲不數月得錢五千餘貫乃以興修請於制府維時庭楨亦知其難而不敢以難阻也於是親率董事督役夫險者夷之曲者直之狹者廣之闕者補之或改南爲北改東爲西或鑿高爲低移遠爲近斬荆棘置橋梁循途濬溝臨壑種樹期年而東道成建始亦興工制府聞之蓋喜甚獨是奮於初者每難爲繼得其半者必圖其全今東道已成而入蜀之西道闕如猶未遂制府之志也爰與郡人士暨利川商治西道已而制府出白金三千以千五百金助宜昌以五百金助施之利川建始以千金助恩施庭楨亦以俸錢八百貫濟恩施用郡人士益奮然曰官斯土者尙如此吾儕生長其地顧不問

耶恩施西道若太陽坡大龍潭朱圈門新開路麻園黃草坡猴子巖沙子門羅針田頭磴巖石子路麥田灣以至利川界之石板頂其難治過東路數倍黃紳炳文劉紳肇修康紳文煥立昇等自樂出貲兼勸商民共輸之又得錢四千餘貫刻日興工一如東路布置越十五月而畢制府聞郡人士之樂輸製惠達康莊額以旌其閭謂能分任其難也當工作時有謂庭楨不必親其勞者庭楨應之曰昔武鄉侯有言恐他人不似我盡心此大難事倘功不實而有濫費何以對制府與郡中諸君子乎久之建始利川均由庭楨督修告竣而宜昌屬之長陽巴東治亦完善工不慮糜民皆樂助由施而蜀周道如砥庶克成制府之志歟嗟乎山川邛陵地之險也而施南之險則最著當夫人行萬山中身出林表雲生馬頭上有矗起之懸崖下有陡絕之深谷羊腸一綫纔通往來亂石磽确夾道蹲伏抑不知夫負戴之行人懋遷之商賈與夫筋力衰頹跛躃婦孺由斯道而心驚膽落當復何如今則上有石梯下無泥淖不三年而難於上青天者

皆易如履平地覘漢之治夜郎其功之遲速有間矣司馬相如曰有非常之人然後有非常之事藉非制府軫念民瘼嘉惠於無窮守土者卽不畏難亦誰與作其氣不以人之所難爲難而成非常之事也哉是役也經始於戊寅二月竣工於庚辰十月東路百二十有八里西路百四十里共成石路二萬三千四百三十三丈内石梯二萬七千四十一級沙土路二千九百八十九丈廣六七尺不等計費錢一萬一千七百餘貫以餘五百貫並庭楨加捐五百貫生息以備歲修統計施屬之利建暨宜屬之長巴一路皆成坦道而其功始於恩施故書其顚末如此至董事與捐貲紳商名氏及支用數目附泐於石俾有所稽焉

利川縣東路自與恩施交界之石板頂至縣城東百有十里自北城外至軟耳箐川省界九十有二里計東西石路共二萬零二百丈内石梯一萬一千五百四十四級又石板頂卡門石牆久坍累石加脩女垛高二丈二尺長二十五丈顏其門曰利川要隘與蜀之南浦雄關相對峙光緒五年知縣陳國棟承修存錢

五百貫交紳富生息以備歲脩　王庭楨利川縣屬修路記傳曰司空以時平易道路言不平者必使之平未易者必爲之易也由楚入川之道隸施南者三邑首建始次恩施次利川利川之路自恩施縣境之石板頂起歷關口長堗高橋高羅背偏嶺子團寶市黃泥坡火鋪塘白雀山楊柳寺等處至縣城東凡百有十里又自縣之北城起歷櫻桃樹大箐洞小箐丫海羅口石板水十字路核桃樹齊岳山等處至軟耳箐止凡九十有二里其西即四川萬縣之南浦雄關

也昔制府合肥李公入川嘗經其地喟然曰施郡路甚崎嶇而利川之石板頂齊岳山尤高聳入雲始知蜀道之險無逾於此蜀省富庶南浦雄關以北皆甃石爲道廣平如砥藉非因其富庶而又得人經理安能履險如夷若是惜乎施郡地瘠民貧不能踵行耳逾年制府還督楚以庭楨守施南郡於謁辭時言及之道抵施周歷各邑果如所言遂以脩路請期年而東道告竣因與利川陳大令國棟商治西道陳大令就地集貲廣選工匠籌書執掌之暇親督夫役以課其成嶙嶒者削平之狹隘者推廣之泥淖者壅築之迂曲者更改之其寬則四五尺不等因地勢也利川民素殷實顧惜費如金無以倡之則彼此皆吝乃自制府捐廉俸飭分給各縣以資津貼助利川銀三百兩其紳富譚翠山等相謂曰上台垂念行旅捐廉佽助吾儕生長是邦其敢吝乎於是兩次捐錢共九千餘貫皆出自踴躍樂輸而督工委員田少尉鳴玉王少尉學涵紳首牟瑞亭等撙節費用實力奉行故工匠皆願効力計東西二百零二里共長二萬零二百

丈一律統修石路內石梯一萬一千五百四十四級石板頂卡門係恩利交界處向有石牆今已坍塌重新累石加修女墚高二丈二尺長二十五丈厚七尺以堅厚之木爲門上刻利川要隘四字與南浦雄關東西相峙既資捍衛亦壯觀瞻也自開工以迄工竣閱兩載餘計用錢九千七百七十餘貫庭楨親至其地者二次因歲修無款捐廉百貫陳大令亦捐廉三百餘貫合成五百貫發殷富生息以爲將來修補用陳大令欲記其事之顛末泐石以垂不朽庭楨曰此

皆石也皆可不朽何記爲顧天下事不患其工之鉅視督率者之何如不患其費之繁視糾輯者之何如是役也有制府之捐以倡於前有陳大令之勤以率於繼有殷富之慷慨輸助員紳之不辭勞瘁以贊其成而向之以是路爲苦者今則蕩平正直皆欣欣然願出於其途因樂爲叙述以告後之人使知此道之修之所由始而思以因時平治以無廢前功云至勸捐督工員紳與捐資殷富名氏及支用數目詳具別石

建始縣西路自恩施建始交界之小橋至野山河巴東界共七十里光緒四年知縣盧夢麟承脩二次成石路八百餘丈五年署縣易象甃石重脩　王庭楨建始縣屬脩路記施郡處鄂之西南當楚蜀之衝建始則尤赴省入川往來孔道也凡輶軒之按臨官吏之差委公文之投遞與夫商賈之懋遷出於其途者絡繹不絕而叢山密箐道路崎嶇不獨艱於跋涉且有傾跌之虞行人莫不有戒心焉官斯土者率皆以工費浩繁因循畏葸無復爲脩理計夫道塗不治緊誰之咎歟光緒丁丑庭楨承乏斯郡適制府合肥李公以道之險阻告遂毅然以修理爲己任莅郡未久即先治恩施東道以達建始時宰建者爲盧大令夢麟檄飭籌修盧大令以建少殷富難以勸貲請於邑中鹽肆所售之鹽每觔捐錢一文約計歲可獲錢千緡從之乃諭紳首談瑞雲徐有開黃金月黃景聰李啓富黃邦鎔等召匠集夫稟報興工計由恩建交界之小橋抵巴東之野山河凡七十里狹者廣之峻者平之坍者補之一律整治較未脩時已改觀矣惟是道

里阻長經費短絀土工多而石工少難期堅固且路多膠泥遇雨則滑澾非鋪石不便於行特委王少尉學涵帶恩施工匠會同盧大令勘估籌款加修石路並撥李制府所捐廉銀二百兩以助之共費千餘緡於是磽确陂陀之地皆化險爲夷視始脩又覺生色矣庭楨親詣驗勘者三次喜其平坦處可利行人第較之恩施利川猶覺未能盡善因又與攝縣事易大令象商再加脩易大令籌貲三千餘緡凡僱率者皆甃以石道之有阻礙者設法更易而建始之路可媲

美於恩利矣邑人士請予記其事予維斯役也有盧大令之圖始易大令之成終王少尉暨諸紳之佐理而其功始竟脩道固若是其難哉然至是而楚蜀往來者慶坦途而無戒心其功亦甚偉矣吾尤願官斯土者間歲而補修之俾斯路不至廢壞庶無負制府惠逮利民之盛心而藐躬懃懇治路之苦衷亦不至於淪沒是則庭楨之所厚望也夫

古蹟 冢墓附

恩施縣問月亭在北城外碧波峰相傳爲唐李太白流

夜郎時望月處後人建亭其上不知創自何時明天啓七年張三陽李一鳳等重建　國朝乾隆四十一年副將保泰重建久圮咸豐十年知府朱啓仁建亭三級中祀太白亭右建無敵堂光緒六年知府王庭楨集貲修葺易無敵爲景李亭左增建船廳亭後闢一徑甃以石松杉夾道可直達白衣菴月波樓途半建翼然亭　王庭楨記施郡城北碧波峰有問月亭相傳李太白謫夜郎嘗過此賞月見明一統志及天啓七年豫章鄒維璉所譔問月亭記尙已近世說者並斥其誣且舉太白集中自巴東舟行經瞿塘峽登巫山最高峰作及朝辭白帝千里江陵二語爲太白謫夜郎往還皆由水道未一取道施州之證噫辯則辯矣無乃廢山川之勝蹟而遏後人尙友之思與夫唐之中葉郭子儀功蓋天下又號爲知人其請解官贖太白罪豈徒感相救之恩欲朝廷屈法以伸其私與是必有見於太白之才實足以濟時艱而不僅爲庾鮑清新俊逸之詞供古今才人傾倒已也乃卒以永王璘故屏棄不用迨代宗以左拾遺召而太白已

前卒是太白不見用於時其功名不顯於後世蓋有命焉顧其廷辱高力士謇諤剛方之概已足立懦而廉頑矣嗚呼可不謂百世之師哉施人讀把酒問月之詩想見太白生平而建亭茲土蓋欲使後之覽者興仰止之思以彷彿其爲人而施之果爲夜郎與太白之至施與否非所論也予守是邦之四年九月望僚友與郡人士登斯亭見夫亭凡三級中祀太白層梯陡絕風雨漂搖亭右無敵堂闃無所見且隘甚因集資重加修葺易無敵爲景李並於亭左增屋一椽

似舫形聽事庖湢皆備亭後闢一徑建亭曰翼然郡人士請書太白詩而以問月題其處予喜勝蹟之日新而尚友者得以興起因述斯亭始末與予不敢附會近世説者之意而爲之記　史悠泰序碧波瀉影唐賢曾駐仙蹤素魄澄空楚塞猶留韻事亭森一桁地控三巴筆將挾乎風雲槎欲淩乎星斗才人流放鼓笳奮悲壯之音名士牢騷花柳鬱蒼涼之氣溯自强胡犯闕靈武迴鑾永邸徵才謫仙獲譴當京塵之甫靖戍絶徼而長流日遠長安經五丁之舊路雲飛吴會下千里之江陵異域言歸故鄉夢好豈紆途而

遠適越茲土以勾留諺語無徵編年失考粤稽往事似涉荒唐景慕前賢何妨傅會蓋勝境傳於詩聖施州近在夜郎或過客停驂流覽而哀小謫或騷人作賦悲歌而擬大招藉茲廟貌尊崇用作山川點綴明灰宋燼五百年之刼火頻經滄海桑田二千載之流風未泯邇者王公子泉太守懷澄霽采度藹卿華世篤忠貞雅望羣推北海治膺繁要雄都上接西川花落訟庭五年安鎮棠甘比舍四野行謳耽山林泉石之幽偶餘觴詠綜政事文章之薈未輟燕歌慨夫望帝江頭煙塵莽莽酒仙祠下景物蕭蕭綠莎鋪藉地之裀孤亭鶴寂芳草設賞春之座陋室蝸涼悵遊屐之痕留登臨不易將陟巓而意沮休憇何從於是種石誅茅旁開隙址依山枕壑卜築開庭一竹一花一牖一几莫不洞軒虛敞位置精嚴極土木之經營助河山之形勝想沈香亭榭紀厥風流即太白酒樓無茲景况悠泰頻年從事親炙榮光暇日追陪躬逢佳會同悲遷客傾尊漫弔詩魂獨詫狂奴擊筑罕逢酒

侶誰能破涕遣此輕漚況聚散之靡常無憀歲月蹔徘徊而未忍太窄乾坤嗚呼瀼水西來寒雨廢杜陵之宅巫山東去朝雲空宋玉之臺地邇人遙星移物換問後先之同感曾今昔之幾時陳迹重尋孰爲來者古人不見我獨何之斯時也暮角驚秋新霜入鬢把臂唱關山之曲分襟在蠻狁之鄉促我歸裝理生涯於蓑笠別君祖帳阻言晤於雲山回首天涯恰照屋梁之月拂衣歧路忽披洲杜之芬告以落成徵文千里緬夫夙契屬序一言惟年來庚子多愁哀深去

國且客裏長卿善病句乏題橋然而夢想溪山神遊
曷已欣覘軒榭傑構未親遡聽寒谷生溫清猷逴播
更喜叢祠馨德風雅長存倘詩仙跨鶴而來摛藻應
披雲漢想太守攜琴以至摩崖隱護風雷　張寶臣
詩并序子泉郡伯重修問月亭景李堂並建船廳於
辛巳仲冬落成招郡人士燕集於此卽席各賦七律
以志盛舉華堂結構小如舟峰壓清江翠欲流上界
長懸三五月空亭歷盡古今秋風光如畫停杯賞山
邑迎人拄杖遊幸得我公培勝境甘棠德澤遍遐陬

環樓畫閣擁嵯峨往古名流迹不磨逴岫鬱盤青送
闥小江環繞綠生波同人雅集飛銀盞太守來遊聽
玉珂詩酒唱酬成韻事揮毫應許續高歌　王栽之
詩虛白堂中綺席開高朋雅集飲新醅船懸天際揚
帆迴樓繫仙槎貫月回入座東南嘉客滿倚筵觴詠
長官陪何殊昔日蘭亭宴醉倒葡萄琥珀杯把酒吟
詩清興同雲航儼泛碧波中樓臺入幔山爭綠書畫
盈船燭映紅萬里江聲沈月邑一帆梅雨雜松風名
流勝地傳千古共道長庚與醉翁　曾雲程詩竹馬

兒童逐細候民間五袴發新謳陰留棠舍欣培護山
峙仙亭賴葺修雅會好乘書畫舫感懷應溯古今秋
華堂燕飲羣賢集秉燭開筵紀勝游仰瞻棨戟慕閻
公獨擅天才自顧雄地闢一椽虛室白樽開四座晚
霞紅壁間珠玉詞尤絕鏡裏山川畫不工泛棹眞如
天上坐清風明月賞心同　張世松詩獻酬交錯舉
瑤觥祇爲仙槎慶落成（廳首以貫月仙槎題其額）四壁晶瑩空眼
界滿船書畫豁衷情綠波瀲灩三篙漲畫舫依稀一
葉輕舟楫如公原普濟更兼霖雨慰蒼生乘槎也欲

繼張騫織女機頭話夙緣窗外亭臺雲外樹鏡中人
物水中天山陰漫許尋安道月夜頻來訪謫仙一曲
霓裳堪入譜共登上界快爭先　楊鑑卿詩萬壑羣
峰斷復連清江繞郭邑澄鮮亭臺入畫思摩詰風月
開評仰謫仙奚事尋碑搜舊躅何妨載酒上虛船欣
逢太守重經始更覺山中景物妍同人雅集小樓前
林外高峰鎖晚煙客共題詩留勝跡事如修禊啓華
筵碧波曲折通仙界畫閣紆迴接岫巔花木暄妍邛
壑美甘棠愛護想他年　李正新詩城北高樓紀謫

仙風流遺韻歷千年淸江環繞隨波轉皓月澄淸似鏡圓煥出精神新草木添來氣象壯山川栽培盡洗前人陋蔚起人文太守賢亭外樓船傍水開好將明月載歸來偶乘畫舫欣游賞也似星槎共溯洄杖履神仙畱洞府衣冠名士會蓬萊作舟濟世經綸遠應契當年磊落才　王鶴齡詩謫仙亭畔衆山雄專賴人工補化工隔岸珠峰排左右參天文筆插西東偶乘畫舫淩霄上如捲雲濤入鏡中明月多情畱萬古願將斗酒祝髯翁雅集人文互唱酬仁風先被廣寒

秋松醪醉倒三千客蓮炬光連百二樓得月樓問月亭月波樓傍晚燈火相接半壁雲煙遮畫閣謂碧波峰下四安閣滿江風雨送扁舟瀛洲幸結神仙侶好共乘槎泛斗牛　詹愷詩山亭高峙碧波橫皎月當空夜色明載酒會須乘畫舫貫槎恍是上瑤京從游名勝三生幸仰望仙才一座傾應識我公同樂意閒聽四野起歌聲詩酒笙歌紀勝游長風颯颯送輕舟疏松夜靜濤聲壯曠野天低水色幽閣上雲連三界路簾前氣捲五湖秋慈航宛結甘棠舍化洽編氓德澤流　陳明燦詩精心結構奪天工勝事今朝仰醉翁舉酒亭間邀皓月論文座上被春風長空綠水橫窗外到處青山入鏡中欲挽髯蘇敲鐵板憑闌高唱大江東羣英畢集綺筵開攜屐游山許共陪泮水欣逢霖雨澤山城小試濟川才三層畫舫淩空起萬里長風破浪來知是鹿鳴先作兆教人奪得錦標回　沈開煥詩建平幸賴濟川才畫閣輝煌峙水隈邀月欣看千里共乘槎應向九霄來始知泛宅供游覽未若虛舟寓化裁普渡同登仁壽域甘棠百代仰栽培太白亭前紀勝游山如眉黛

水如油一天風月同欣賞四座賓朋互唱酬老樹拏雲堪作屋小軒跨岸自成舟騁懷几坐臨斜檻濠濮閒情寄野鷗　王寶書詩綺筵小集似山陰勝地名流自古今虛白堂懸冰鑑朗昏黃簾捲玉峰沈半江疊浪兼天湧萬壑長松帶雨吟爲有慈航同普渡知公終是濟人心空亭寥落始經營邱壑藏胸結構精數點雲山供藻鑑一船煙雨鎖江城亭臺掩映堪娛目詩酒流連更有情窗外青峰樓外樹捲簾引入鏡中明　姚必崇詩仙槎小集宴羣英何異瓊林夜舉

觥供奉停杯留勝蹟右軍脩禊愜幽情舫懸青雀山皆秀政頌蒼生水遜清幸遇仁風揚萬里乘來共擬到蓬瀛施州培植幾經年婦孺同知杜母賢聲協鼓鐘齊奏雅施郡興歌樂生自公始香流芹藻備陳籩新置祭器存府學署傳經不憚文星遠聘王頌平先生主講不畏途遠除道頻誇首邑先譜系江南書畫富公系江南世家書畫皆有淵源乘風豈讓米家船

王熙齡詩景李堂前護碧雲樓臺遙接助氤氳停杯問月唐詩伯修禊開筵晉右軍屋小如舟堪泛宅峰高撑樹自淩雲山村雅得豐年樂一片謳歌四野

聞乘槎似入廣寒宮天上人間迥不同萬里雲山含宿雨滿船書畫趁江風華筵更喜多佳士春酒何妨祝醉翁燕飲預占鹿鳴兆栽培共已荷恩隆

王庭楨金縷曲縱目平皋上好流連山亭依舊風月無恙往古名賢今已矣誰識仙才豪放空贏得綠波青嶂雲棟高飛珠箔捲問江山可是從前樣搔短鬢漫惆悵暮煙掃盡天低曠暢游懷此間領取漁樵晚唱水繞蘆洲何處斷更有蘭橈畫舫乘萬里長風輕漾待到清秋斟桂醑約嘉賓共盞杯中釀松際月倚欄望

李世法和問月傳前代到而今荒亭無恙謫仙何在一擲流光駒過隙好是江山不改憑曲檻登樓瀟灑看兎魄徘徊東上有當年對影豪吟態懷往事寄吾慨翠峰如碧波如帶都道是雲間畫舫浮沈煙靄涼夜松濤風乍歇似有聲聲欵乃到此共酬詩酒債搦管扣舷清籟發趁月圓好把秋光載同暢飲眞愉快

劉鑑和問月人何處正徘徊風流如昨仙才不遇昔日荒亭空屹立那有丹楹繡桂回首望行行還仕小憩恰逢精舍在以乘槎破浪帆風助試夜飲傾

心素秋深薄暮煙雲護渾不見清江如鑑遠山如鋸賴有團圞明月上照徹筵間供具閒領得此中佳趣酒興詩懷同暢敘問良緣可是前生注清磬徹楚天曙

程芳和結契千秋上望峰頭停杯人杳風光無恙棟宇重新空際峙依舊水流花放縱目處層雲疊嶂川嶽俱經天位置闢煇煌添出新花樣輕舟穩奚惆悵放開眼界川原曠暢幽情箇中領取漁歌樵唱不挂片帆來天際疑是雲間畫舫更兼有波濤輕漾桂子香飄還就菊約遊人酒趁新秋釀此何夕月旣

望　張恒泰和峰高明月上歷千秋長空一色圓缺無恙載得滿船天不夜紅樹青山好放四面是層巒疊嶂造物安排人料理問良工做得誰家樣乘風便無忻悵地鄰仙境心超曠引遊人拈毫好續青蓮逸唱船即爲家花爲壁伴結江邊釣舫松風起波濤細漾秋到楓林皆變色一抹紅都是清霜釀憑曲檻同瞻望　雷春沼和謫客來天上想當年江湖落魄詩酒無恙滿目深山雲似海一棹中流自放看兩岸層巒疊嶂夜半乘槎遊碧落玩蟾輪不改團圞樣揮玉

管莫嗟悵壯哉太守胷豪曠趁公餘匠心構造風雅提唱石嶠居然杭一葦道是清江小舫垂繡箔紋波輕漾喜值今秋新桂發折高枝好共傾嘉釀明月夜有人望　邛蓮峰和絶壁空亭峙訪高蹤荒煙蔓草蒼涼如此勝地興衰同寄慨幸遇良工經始重點綴名流遺址一帶江城都入畫放蘭橈趁得長風駛斜日下暮山紫登樓把盞洋洋喜捲珠簾波光似鏡月光如水滿座賓朋成雅集略分不須倒屣推太守當今仙吏高唱入雲舒逸氣問清詞更有何人擬雷韻事珥筆紀　梁春麟和船如天上坐映斜陽亭長亭短垂楊嬝娜已去仙人不復返皓魄依然照我看不盡萬家煙火春往秋來今似昔江村外一片暮煙鎖登樓望風景可一溪花繞松爲舵去復來遊人應偏清江道左屋小如舟同不繫遠倚雙雙釣艇雕窗啓萬峰纏裏此船祇載新秋月佐盤飧高折山頭果風濤起安排妥　王學涵和月豈分今古仰名流放歌縱酒自成豪舉亭館依依猶是昔景物鮮妍如許更約得高朋同敘畫棟淩雲簾捲月乘清風恍若遊玉

宇饒逸興閒領取松濤謖謖喧何處憶從前憑高眺望僅存環堵畫裏江山經點綴掩映綺窗朱戶又誰識良工心苦一曲新詞清且絶喜我公合作騷壇主會賓客醉仙酤　成旭初和聯步登岡阜到黃昏松梢露月溪雲穿牖亭畔仙人今已矣悵望一天星斗幸得遇黃堂情厚畫閣偏宜鄰畫舫引修篁有濃陰十畝風景勝倚欄久夕陽鋪滿蘆花藪俯清流縁波繞檻韶光休負屋小如舟長不繫四面煙霞飛走卻贏得詩篇斗酒月滿高樓庾亮至放吟懷誰出風騷

右更有約待重九　朱煇旐和放眼空天地誰羨他蓬萊海島神仙位置自古才人欣寄託不滅淩雲逸氣飄然處亭臺壯麗明月清風無價買酌金樽曲叶緱笙吹永今夕拚一醉前賢韻事後賢記好良緣羲之自也晉唐相繼況值滄江查貫月書畫復盈船次便乘得綠波輕駛十丈花開香露冷透疏櫺松竹餘蒼翠湖上景此堪比　康佩謙和覽勝亭皋上訪仙蹤停杯問月江天無恙咫尺廣寒如可到倍覺詩情豪放況復有青松翠嶂高閣淩空斜日映恍重開生

面摩圖樣頻遠眺愈惆悵同人雲集眞神曠賴右軍匠心獨運清詞高唱破浪乘風添興會妙似雲間畫舫看檻外綠波輕漾從此山川培植厚秀靈鍾具見精華釀作舟楫答公望　朱辰和問月登閬皋想當年天涯落寞但娛詩酒唐代仙才今何在祗賸空亭不朽憑眺處江山依舊一自黃堂重經始培林巒頓掃從前陋慰太白千秋後盈盈碧湧波峰皺瞰清流危檣倒影月明如畫兩岸青山相對出別有乾坤宇宙況四壁花濃松茂下界梵宮都接壤與慈航濟世心同厚風景勝有誰偶　康逃謙和遊碧波峰上瞰清江波光如鏡布帆無恙問月高風傳此地想見當年豪放空留得層巒疊嶂傑閣孱孱雲外擁望蟾輝仍爾唐時樣來弔古屢惆悵於今頓覺心怡曠喜我公深情培植陽春先唱點綴江山留勝蹟輝映亭邊畫舫又疑是雲間蕩漾都爲年豐人意樂聽絃歌盡是和風釀問賞玩慰民望　姚樹勳和長嘯登峰頂喜淩霄空亭高峙畫船低應如此山川心目爽何況月飛天鏡翹首望舉杯邀影千古謫仙呼不起矗樓

臺獨攬江山勝裝點處箇中領特開生面秋容淨豁雙眸江城畫裏倍添遊興繞郭清江拖匹練直欲乘風櫂艇牛渚夜維舟高詠眼底乾坤眞闊大想胸中邛壑隨時騁先後哲互輝映　王孫桂和郭外峰尤美昔曾來玉皇仙吏長庚才子酒醉詩狂無處說惟有明蟾知已溯芳躅千餘年矣底是青山名不朽問施州勝境先推此波影碧一亭峙欣逢太守重經始具匠心售觀頓改風光旖旎賓從都來天上坐誤認廣寒宮裏正滿地月華如水休道米家書畫舫看秋

光飽載清無比閒眺望曲欄倚　黃炳文和昔日閒遊地每登臨夐芳拾翠倚闌流睇寥落荒亭空悵望僅許支笻小憩倏舊址規模全異更添得蘭橈桂棹引長風疑是仙槎駛賢太守饒經濟興衰舉廢賢能事問廣厦千人翹足詎難全庇試捲珠簾邀月飲儘有青蓮風致卻賺得羣仙同會檻外清江波蕩漾果誰懷擊楫中流志一曲引添詩思　王庭楨景李堂落成鳳凰臺上憶吹簫煙鎖平蕪苔横絕壁閒來獨自登臨想當年詩酒豪氣雲淩欲訪謫仙遺躅芳草

地祇有荒亭憑欄久江吞古塔風颭簷鈴淒清古人不見搔首問青天何處瑤京但遙峰凝綠一水輕盈回望斜陽落照山鐘外雲樹冥冥歸來後玉霄皎潔皓月疏星　〔多麗〕剩垂楊亭皐無限淒涼想先生放懷今古閑來月下飛觴引豪情風高嵇阮摛仙藻氣壓齊梁景物依然哲人何往頽垣短壁感滄桑從今後幾番點綴畫閣又輝煌低襯着江澄似練峰淨如妝仰名流公餘憑眺扶笻閒趁斜陽仗奚奴玉壺攜酒屏騶從石徑褰裳一瞬光陰十年宦蹟此間山水好徜徉更慨想淩雲逸氣最愛是清狂疏林外氷輪初上引入松窗

建始縣石通洞在天池寺山下距城西三里宋黃庭堅遊此有詩詳前志　黃世崇記建始縣西三里石通洞舊刻涪翁二字相傳爲我文節公從弟嗣直令巫山時公來視因至建始遊斯洞書此刻石考文節集中入蜀諸作無遊石通洞詩其從孫䓍所訂年譜亦不及至建始事公生平所至題名類皆紀年日及同遊人名字具錄集中亦無僅書涪翁二字者世頗以

爲疑予惟文節當宋元祐時文章風節動海内洎以承天寺碑文遭貶謫聲望益隆一時翰墨滿天下不皆列入集中嘗著家乘日記所言論行事其後卒於宜州家乘爲人竊去故年譜亦多闕略其至建始遊石通洞與否無可據爲左證惟集中附刻公弟知命詩有馬上口占呈建始李令一首知命以訪嗣直巫山至建始則公之至建始遊斯洞事或然也今歲八月予至建始攜僕出邑西門過小溪迤邐登山躡石磴披榛棘得所謂石通洞北嚮廣數畝透南高數丈

爲後洞廣如前其北石壁刻詩幾滿中有宋乾道中攝建始令合陽衛崇厲卿作其左即浩翁二字徑一寸衛詩所云巖間妙墨識浩翁也詩成於乾道己丑距文節之歿纔六十五年所見必非無據予後文節七百九十年而生讀文節書常欲觀其所游歷以想見其生平訖不可得今乃於斯洞遇之不可謂非厚幸也惜字已漫滅難辨識邑人士又無搨本流傳可資摩刻爲憫然久之循洞西行豁然見天日爲洞之後戶戶外路稍平易僕言山巔有朝陽觀爲邑名勝

以倦未往觀光緒五年中秋前一日記

仙女池在宣恩縣東九十里　姚復旦記余嘗蒐羅古蹟採訪舊聞得吾邑譚向二氏女遺事未嘗不慨然而歎也二女者皆字於人者也元末明玉珍據蜀施地屬之使人搜民間女以進得二女追之行不肯往潛赴於池而遂志焉人因以仙女名是池池形圓闊三丈深如之聞居人之塞之也明日視之則仍窪然下如前日之故痕輒止道光中猶有從事於畚鍤者卒不能堙今不復塞中有水歲如常不稍溢去池百步纍纍然與池上下相望者則仙女墓也亦在稻田沮洳中牛羊踐履弗傷也吾鄉當元末時特荒陬磽确之區耳玉珍夜郎自大人方以富貴豔之以禍福惕之鬚眉丈夫度亦爲之心折二女以婉孌姿顧不出此視韓玖英之爲烈女王凝妻之爲節女何如耶夫陵谷變遷何代蔑有往往名蹟所在上下百餘年間足滋滄桑之感者何可勝道而是池也自元至今無人爲之表識又在稻畦中爲居人所不便卒不能並其遺蹟而堙之予猶得識於荒煙蔓草之際非以

其義烈不可磨滅哉池夙生蓮花求之不復得鄉人謂池爲塘亦稱仙女塘云

雙烈墓即妯娌墳在恩施縣西北十五里奇峰壩餘詳前志光緒五年知府王庭楨訪其墓見康熙四年癸碑有雙烈字因正其名邑紳康立昇捐貲修墓　王庭楨記恩施縣治之西北十五里有妯娌墳邑之人所以合葬李氏二烈婦者也明季流賊蔓延恩施李成璘之妻周氏弟婦劉氏共以義烈聞故邑人重其德而封墓以志之也當是時賊猖甚四出剽掠二烈

婦並爲賊徒劉二虎所刧相約以死至野豬跳圯上周一呼躍入水中劉奮身從之俱死後收其尸臂連手挽膚著處皆合强分之鮮血迸流因各去其棺之左右合葬之至今號妯娌墳事載郡志墳有樹梨枝恒作雙實蓋雙烈所感光緒五年四月予因公至奇峰壩邑紳康立昇以烈婦墳告因偕僚吏展謁至則墓道蕪沒陵夷左爲山蹊右爲蔬圃碑文漫滅不可辨識拂拭逼視僅殘缺不完雙烈字及康熙四年題誌耳予太息久之飭鄉保改路徑反侵地於墓之前

後左右九步以内禁樵採種植行走立昇捐貲修葺繚以垣而勠堊之墓門樹以豐碑並記其死烈事於碑陰二烈婦本寒門弱質然能知大義不爲賊屈舍生全節雖死而名不朽則封而識之宜矣彼其處姬姜之貴紈綺之華偕老之誼至深且篤也辱於賊而隱忍偷生者獨何心歟夫以氓婦之微而使一邑之縉紳大夫莫不流連慨慕於其人豈非以義耶又况志士仁人之殺身以成仁者哉夫闡揚節烈以興風化太守與僚吏之事也故爲之書以表其墓使此邦之人百世之下於二婦之風義有所考云僚吏者周大令益程訓導芳張教諭恒泰　王庭楨詩并序恩施雙烈墓邑人號妯娌墳前邑令張君詠其事載郡志因並刋之以示闡揚予與僚友士紳欽仰義烈各和原韻附於後前明節烈重清流三百年來刧火收共有此邦風化責願將幽隱闡千秋女貞從義勇如流形管揚芬志乘收苦節高風偏有偶我來憑弔墓門秋周益詩心跡清如碧玉流夜臺攜手骨同收冰魂不逐東風散化作紅梨照素秋清溪舊繞墓門流

遺恨新從筆底收更爲雙魂題片碣一篇詩抵晉陽秋李增榮詩在山泉水溯清流憑弔當年玉骨收雙烈齊名長不朽荒煙蔓草閱春秋太守公餘集勝流幽光遺跡喜兼收女貞具有淩霜節搖落休悲古墓秋王寶澍詩拚將清白付中流氣奪妖氛頃刻收黄土一坏雙烈在李家妯娌各千秋奇峰高聳水環流中有貞魂恨未收誌墓好憑賢太守莫教風雨泣深秋黄世崇詩督師遺碣枕江流施南城南關廟有明督師何公騰蛟碑雙烈墳前宿霧收莫問往朝興廢事貞魂毅魄各千

秋江河日下感奔流軼事從今取次收試向申家橋上望雙梨歷歷墓門秋程芳詩碑遺雙烈對清流往事都歸巨筆收取義成仁推傑士誰知巾幗亦千秋女貞大節愧名流心比清江謦並收銜石精魂招未得杜鵑啼徹萬山秋張恒泰詩清江曲曲抱山流洗淨貞心淚未收勁節不隨川水逝蒼松翠柏幾經秋殘碑屹立對中流一樹棠梨夕照收共說樛枝雙烈化幽香散作九天秋王學涵詩烽火驚心水逆流翠鈿同殉恨難收凍梨一樹垂雙實不共凡葩耀九秋

青冢巍然枕碧流殘碑讀處淚痕收冰魂化作天邊月照徹清江萬頃秋許尙晉詩冰心和月照清流玉骨凝香刼後收一樹棠梨三尺土夜深雙鶴影橫秋翠柏豐碑傍碧流墓門風雨黯然收一從巨筆題雙烈千古紅顏懍素秋王國均詩一樹冬青翠欲流荒墳斷碣有誰收紅羊怕說前朝事多少冤禽噪暮秋補天巨手冠時流太守鴻文二烈收從此九原應下拜幽魂足慰夜臺秋費紹禕詩拚將弱質赴中流風節維持骨共收相約九泉含笑入甘心憔悴不驚秋

節烈芳徽萬古流樹梨雙實墓門收當年顛沛紅羊刼正是貞魂致命秋唐時亮詩倉皇相約赴中流杜宇魂歸血淚收惟有荒墳妯娌合斜陽宿草幾春秋捐軀卓識邁庸流義烈雙輝史筆收千載有誰同大節曹娥碑碣漢江秋史悠泰詩蒼山無際暮雲流縹緲貞魂慘不收大婦縑絲中婦鏡月明同唱小墳秋魂招湘瑟弔清流一代幽光筆底收太守文章詞客賦高風同抱玉壺秋朱輝旐詩青溪遙接海東流精衛冤沈憾未收太守新詩聯舊尹榮褒一字律春秋

娣姒芳徽百世流山川清氣一門收曹娥碑與湘娥瑟好並伊人溯素秋黃之儀詩溪橋柳暗咽寒流遺冢荒涼夕照收離亂人如同命鳥高飛無力墜殘秋頹圜荒徑野螢流賴有黃堂軼事收池上蓮開仙女散仙女池見府志清芬一倒耀高秋朱扆詩巾幗同心注上流珠沈淵底刼灰收憑誰壟畔傳高節皎皎溪橋水月秋揚清便足障川流彤管應將勁節收胥井至今稱渤海斜陽烏桕漫悲秋康立昇詩抽身虎口躍清流雙璧晶瑩浩刼收往事都如滄海變猶留青冢鎮

高秋子規啼雨漲溪流巾幗芳名水國收題碣不逢賢太守瓜棚豆棧一籬秋康述謙詩攜手從容墮碧流黄泉何幸骨同收草間乞活人多少惟有貞毅邑不秋軀捐女士郎英流重勒貞珉蘚露收此日猶餘猿鶴憾凄風苦雨萬山秋饒應禧詩節擅閨中第一流貞軀同穴帶霜收斜陽宿草人憑弔惆悵蕭蕭戰馬秋荒涼斷碣枕寒流此日豐碑事跡收試問自矜明哲者可能香骨耀千秋姚樹勳詩懍懍雙貞殞碧流乾坤正氣墓中收人間妯娌知多少義烈不磨三

百秋閒雲自在傍山流想見當年刼火收壟畔青溪橋上月共留清白到千秋黄炳文詩刼後殘灰付水流凄涼斷碣夕陽收梨垂雙實尤多節花落東風邑不秋詩題令尹好音流遺蹟重經五馬收冢對奇峰青不斷煙鬟雨髻共千秋

關廟碑　黄世崇記施南府城南朝陽門外關廟碑石光如鑑能照見數里外山水人物光緒五年予至施施人嘖嘖以碑石之異告詢以碑文作者則不能舉其名一日予往視之石異洵如人言審其文凡二百五十字署尾曰皇明永歷元年歲在丁亥九月欽命督師恢復江豫楚蜀兼督雲貴廣西軍務糧餉特賜蟒玉尙方便宜行事柱國太子太師兵部尙書東閣大學士何騰蛟誤忠貞營副總兵官魏懷周永福參將徐光黨斯文王任趙體仁游擊樊起林程守產尙登龍劉喜元郭文昌王復圖王國泰張存孝秦繼德馬應奇閻閔瑞同立考恩施縣志錄碑文而未著年月及立石人姓名明史何公騰蛟本傳仕履亦有未詳是碑皆可資考證者也吾竊有感焉我　朝順治

初福藩唐藩以次戡定明之遺臣猶奉永明王希圖恢復如章公曠瞿公式耜褚公允錫皆卓卓在人耳目而何公尤著其後事雖敗而易名之議史傳之文備極顯榮以是見我　國家褒忠之典超越前古而諸公忠烈誠不可滅也乃遠方士民動謂勝國孤臣罪同叛逆偶有一文一字之留輒取而投諸水火以滅其迹以故諸公誤述鮮有存者何公斯文獨以石異爲人愛惜幸免曳倒棓擊之厄豈公之文幸賴石以存與亦公之文如日月行天不可磨滅天故特生

茲石以壽斯文耳予素有金石文字之癖施之祠廟碑記無不周覽徵石異固將往觀而人之重斯碑者則以其石而不以其文與人亦獨何與

建始縣詹狀元墓在城北二十五里銅鑼壩明知縣何當鐫碑曰肅敏文翁前志於恩施之硃砂溪利川之楊家溝皆載其墓今並存備考

國初鄖山鎮總兵封昭武將軍黃興周墓在治南一百二十里大理村其碑猶存

漢六路督師將軍向寵墓志稿云在建始縣景陽里據向氏家譜採入張繼和並有墓考查蜀志向寵朗之

兄子襄陽宜城人先主時爲牙門將建興四年封都亭侯後爲中部督典宿衛兵遷中領軍延熙三年征漢嘉蠻遇害無統六路軍事惟向朗傳云先主定江南使朗督秭歸夷道巫山夷陵四縣軍民事所督僅四縣非六路亦非寵事家乘攀附門第世俗相沿已久宗衮華胄古人所譏向氏於寵官秩且至舛訛其譜未足憑信張考亦多臆斷今皆不取

施南府志續編卷二

續建置志

前志此門無壇廟有倉儲未能各從其類茲編增壇廟移倉儲於經政志爲目四曰城池曰公署曰壇廟寺觀附曰津梁渠附焉

城池

施南府城乾隆二十六年建三十七年重修自道光五年至同治二年前志載修葺五次光緒九年知府李謙勸諭恩施文童康代春捐資千金補修詳請獎敘

公署

施南府署爲施州衛署故址在城西南象牙山麓乾隆元年建道光五年署府孫仲濤捐廉修葺光緒八年春知府王庭楨領款承修於二堂東偏建花廳三間曰思補齋樓三間曰杏雨樓複室二間廂房四間西偏建書室二間寢室二間複室一間望月樓一間九年署府李謙接修建上房五間中間曰五福堂廣六丈一尺袤二丈四尺視舊制高五尺其左右廂共六間東西屋四間皆葺之走廊移前三尺屏牆增高三

尺修葺二堂并堂下右廂兩間加官門增高二尺建西花廳三間其下三走間並庖湢宅門過廳皆經改修其前大堂東偏外官廳內福德祠西偏案牘祠東西科房頭門儀門差廳秦公祠均經修葺建鐘鼓樓高一丈五尺東西轅門較舊地移前二尺　王庭楨記施南舊爲施州衛地自雍正十三年改置府縣乾隆元年始以衛署故址創建府署今一百四十餘年矣光緒三年予來守是邦則署之堂皇門戶聽事暨署旁吏舍榱棟楹椽半被蟲蝕垣墉亦多偏倚乃稍稍以時補葺數年以來蟲蝕益甚偏倚者漸而傾廢

夏秋之間風雨并作則屋搖搖皆欲覆始以狀聞之大府大府爲發帑錢五千緡畀謀興修於是鳩工庀材經始於光緒八年八月權其緩急撤署牆而新之東偏凡爲聽事六楹曰思補齋杏雨樓又複室二楹又四楹以居僕從西偏凡爲書室二楹垣墉多甃石者其西偏寢室二楹複室一楹土神祠以及庖湢皆以次修葺又爲望月樓一楹與碧波峯之間月亭遥遥對峙總費錢二千二百緡有奇會予量移武昌乃

以餘錢畀權守巴陵李君請完斯役予守施七年嘗勸民治石路增倉穀建同善堂又先後修復問月亭月波樓得月樓諸勝施人數以重修府署請予念施地瘠甚不敢重役吾民遜謝未果今大府毅然畀以鉅款署未成而予且去施人知予不敢重役施人而不知施人之願爲予役者已久因以語李君請泐諸石即以慰施人之意　李謙記光緒八年前守子臬王君以府署棟宇傾欹特蒞申請大府支撥宜昌釐局錢五千緡購材召匠先成東偏之思補齋杏雨樓

及西書房左右皆繚以新垣期明年畢工而適調守武昌君悉以其存款委予而去時光緒九年也余以其年踵君後凡數月而新署成其內堂之高視舊增三尺外簷新作捲棚正室若干楹承瓦藉地皆用木室中相連之牆亦如之東西新室東西偏廂皆高於舊其二堂及堂下右廂西客舍三楹又三走間宅門過廳內儀門則采繪之其大堂暖閣周外之欄楯則黝堊之大堂東偏新建外官廳崇閎異於曩昔廳內建祠曰福德大堂西偏建祠曰案牘堂下列東西各

科房其外則儀門頭門及所謂秦公祠並後垣皆修治之頭門外若東西轅門若鐘鼓樓若照牆左右走路若兩旁石獅均平基增高新作計費錢二千八百餘串合王君移交之款不敷者三百八十七串有奇因提郡城工程局款項補之是役也惟王君不憚駁斥毅然創始余踵其規畫躬自營度故工鉅而無浮費恆人之情視官廨爲傳舍居者不必作作者不必居故莫肯引爲己責彼於身所棲止者且然況四境之遼濶無剝膚切近之痛而臨以暫時過客之心有

不聽其敗壞至於不可支者乎嗚乎此吾民之所爲日困也王君與予蓋用是兢兢焉署既成宜書年月因附識之如此

協署乾隆初年建光緒七年副將柏雲湊領款承修凡東西轅門頭門儀門大堂二堂內室官廳覽勝樓並科房共計二十餘間署西慎餘堂三間書房一間署東演武廳及箭道營門皆重修之增建觀星臺

恩施縣署大堂及科房多朽壞擬修未果

縣學署傾圮數間學官僦居民房因歲歉未籌修

宣恩縣署東花廳光緒八年知縣胡昌銘建

縣學署左有半畝園其園東愛吾廬光緒二年訓導蔡景星建其記曰吾鄉蛛隱山下先人之敝廬在焉吾愛之不能忘又嘗築園於舍南曰擢秀結茅屋數間開徑種松菊流憩其間多歷年所吾亦深愛之咸豐辛酉自蘄陽來任宣恩縣學事學署廊廡半就傾圮同治元年既築得閒齋以居光緒二年秋復於半畝園西結廬三間顏曰愛吾廬志吾慕陶之意云爾志之曰吾築吾園吾結吾廬爰得我所有邪其居得閒

事外還讀我書升階履吉斗室靜虛寸衷無滯天地有餘吾行吾素自得寬舒吾養吾拙自處晏如夫今人不及見古人而吾慕陶之心則若或見之愛陶所愛愛不忘古愛吾所愛愛不薄今古今雖遠其愛果有同異否耶雖然吾宦遊至宣十有五年能鬱鬱久居此哉他日去後廬吾廬者其或不同吾愛而改作之吾固不得而知矣抑或同吾愛姑仍舊而修葺之是誠吾之所厚望云

來鳳縣署二堂內室走廊科房及東書房額曰種蕉澂

竹之軒前有亭曰集鳳光緒元年知縣鈕福嘉重修其記曰縣治古屬夜郎　國初爲散毛諸土司地
朝廷深恩厚澤無遠弗届乾隆元年諸土司獻土抒誠始設縣咸豐辛酉粵匪陷城數月民廬大半劫灰縣署僅存大堂儀門官此者皆以瘡痍未復剏建維艱權宜者又十餘年余於同治甲戌夏涖任斯土環堵蕭然辦公無所竊以今承平既久年豐民和當無難規復舊制因謀諸紳耆請之大府僉曰可始就地籌捐興修始甲戌十月訖乙亥十二月爲堂者三爲

室者二十五費計錢三千餘緡創議者爲邑庠生張濤司出納者爲職員李卓人王湘浦庀材鳩工者爲軍功張有培四鄉分勸者爲何遠鎮覃維藩謝鴻鈞鄒望顔何遠碁張永祿鄧福恒陳桂林蕭鳳儀等諸君素行孚鄉里而又能身任其勞故費鉅而易集工速而民不擾而閭閻急公好義又相助以有成此治斯土者之幸而非予所敢專也抑斯土甚厚於予而予顧無以厚之心滋恧焉署成而記之如此諸君倘盍匡予之不逮以釋予媿則尤予之大幸也夫

咸豐縣署乾隆四年建

縣學署在學宫旁咸豐十一年燬於賊同治四年訓導胡斌重修

利川縣署在南門街乾隆五年建光緒四年知縣陳國棟修葺頭門二門大堂二堂三堂東西花廳及科房差廳

建始縣署屢經修葺已詳前志同治間知縣盧蓉麟重修大堂三間二堂三間西廳三間亭一座光緒六年署縣易象重修科房十四間

典史署光緒八年署縣許之璡捐修大堂五間三堂三間

壇廟 寺觀附

施南府 恩施縣

社稷壇舊志載在北門外雍正二年建壇垣久圮今查壇在南門外里許不知何時移建已傾覆垣石尚存光緒九年知府李謙率紳董重修壇室三間中奉社稷山川風雲雷雨神位左右爲儲祭器辦祭品之所配房二間東爲官僚奉祭茶室西付看壇人居住周

圍繚以垣向以劉猛將軍及忠順侯附祀同日致祭知府李謙因其非制移主於城隍廟另祭餘詳前志

先農壇在府城北門外馬鹿口雍正四年建壇垣久圮

光緒九年知府李謙率紳首重修餘詳前志

恩施縣

城隍廟在縣治北八十里白楊坪光緒五年知縣李增榮改建郡城內柿子壩典史署故址　王庭楨記恩施舊有城隍廟在縣境白楊坪距縣治八十里歲時禱祠弗便嘉慶戊午前施南守法君克晉改建府城

隍廟鰲脊山下始附祀恩施城隍神於廟之西偏非制也予以光緒丁丑來守施下車謁廟竊有未安亟思別建越己卯恩施宰李大令增榮改建典史署他所始謀就署之故址爲縣城隍廟規模粗具緣歲歉貲絀尙未竣工癸未春予赴武昌任將去施郡人士因是舉倡自予丐予記其事予維郡縣皆親民之吏縣之事勿理郡得而董率之甚則上其狀於大府而易置之若縣得其人則郡直拱手受成無所事事而郡倒有附郭縣其民與郡尤親有不直於縣輒走愬郡郡得察其枉而平反之而縣不得逞人以是謂附郭縣尤難爲然皆分署而理縣舉其職即郡亦不得侵縣之權由來尙矣城隍之祀始於漢以其神能理陰而佐陽也故郡與縣皆祀之其職事亦與郡縣吏同郡縣吏不可同署而理而郡縣城隍顧使共廟而祀揆之人情神道不遠其改建也豈得已而不已哉予不敏無能有造於施所望賢有司之入斯廟者惶然以興各勤其職俾郡守拱手受成以無負朝廷設官爲民之意而精誠所格神亦幽贊焉以福其民若吏則斯廟之建又豈僅區區以人道事神云爾乎是爲記

節孝祠在鰲脊山麓光緒五年署縣李增榮建記曰節孝有祠　朝廷所以維風化也婦人之道從一而終出於性之貞一而動於心之所不容已其百折不回固不問祠之有無而任風化之責者則必藉祠以示教焉恩施舊無節孝祠前令周君子謙以邑紳向漸逵之請卜建鰲脊山麓而祀典則尙缺如光緒五年予來權斯邑於將圮之文廟宜遷之啟聖宮不宜附

祀府廟之城隍既已次第經營乃復籌撥錢二百餘貫備祠歲修及春秋二祀之用蓋自是恩施節孝之祠同於他縣榮往者歆來茲風化實有賴焉祠成於光緒五年二月肇始於三年八月發端於向君漸逵蓋漸逵祖母楊氏節孝被　旌漸逵因請於郡縣醵金以營祠也漸逵首捐田租二十石繼捐者侯紳兆元

萬壽宮爲江西會館增建得月樓　王庭楨記光緒六年冬予既建小樓於白衣菴東偏樓之下舊有泉

顏曰碧波泉樓後陟碧波峯皆松林就其可通行處迤邐爲石路其中建翼然亭游人得以憇息路盡即問月亭亭左築室似舫凡亭上下及亭右景李堂亦以次增葺江西會館董事成君旭初見而慕之商於同人建樓館後樓凡四級適當問月亭下予因命之曰得月游者由樓而亭而菴流連眺覽可以極一日之樂成君乞予作記予惟古之君子既勞民以政刑德禮復逸民以暇豫遊觀如御馬然終日範以馳驅而不以時釋羈紲縱之原野俾適其飲降奔走之天則馬力既盡有泛駕僨轅而已孔子曰張而不弛文武弗爲殆謂此與予守施五年案牘之餘兢兢以平道路通河渠廣蓄儲興學校同善育嬰諸役勞郡人士郡人士諒予之無他亦既樂此不罷矣顧念民樸而愚得毋疑太守之勞民而不知所以逸之乎今諸君子既佐予以成白衣菴問月亭諸勝而成君與其鄉人復爲斯樓以繼其後俾吾民得以暇豫遊觀以節其終歲之勞皆足匡予不逮者也記之不亦宜乎至於山川景物之美游斯樓者自能得之故不及

南嶽宮爲湖南會館其客室曰夷軒　黃世崇記夷軒者何吾鄉人流寓施南所爲會館之客室也曷以名以夷水名也考夷之義與險反是夷水以不險得名今之夷水逕郡治以達宜都多積石不可行舟或疑夷之名不類而禹貢和夷厎績之說爲虛語今歲九月予以會鞫建始獄至施適太守王公集士民爲開河之議循江觀石所積處則江岸崩委所致非生而有乃知水本夷也經洪荒而水失其夷至禹始以隨刊者夷之故曰厎績由厎績至今凡四千餘年石

之積不詳所始然其由夷以馴至不夷又已久矣太守毅然以開河爲己任是將有以夷之也予歎夷水之久失其夷而幸吾鄉人亦得從太守後夷斯水以復禹迹既爲說以堅其志復以夷名軒俾後之游斯土者勿忘所自云

白衣菴在碧波峯之麓古刹也光緒六年知府王庭楨率邑紳增修月波樓及凝翠軒各三楹菴前有紫薇二本曰紫薇屏風其下有泉曰碧波甘冽異常

王庭楨月波樓記施之琳宫梵宇無慮數十處惟白

衣菴踞城北碧波峯半俯瞰清江如白蚪蜿蜒赴壑沙石波濤與日光交射作鱗甲天然如畫岸上峯巒屏立清風徐來則萬松送響過江簌簌如琴筝聲誠施郡第一大觀也顧菴地隘門以外無駐足地入則蕭然一椽闃無見聞是天地予人以大觀而人力有所未盡譬猶韞珍於山匿寳於淵不一發其光輝則謂山無珍淵無寳也固宜光緒六年重九予至是菴見夫東偏有樓新葺未成詢之吳紳宏德張紳長春等則以貲竭中止告予爲籌貲續修閱三月落成郡人士以閒月亭峙其上碧波泉環其下命之曰月波七年冬復建凝翠軒於後登斯樓也鄉所謂第一大觀者無一不與耳目相接予喜施之山水待斯樓而顯斯樓又待予而成是皆有莫之爲而爲者因記以文俾泐之壁

黄世崇紫薇屏風記施南城北白衣菴高踞山巔縱廣僅數十武菴前有紫薇二本自根以上尺許本各二枝分爲四其二相併爲一稍上則分者併者相間凡高一丈有奇廣半之望之如屏風予偕寺僧鑑空往觀因命之曰紫薇屏風夫唐代中

書省舊有紫薇故號紫薇省亦曰紫薇垣其舍人稱紫薇郎然則紫薇固花之富貴者也胡荒凉寂寞而在於此聞之紫薇初植於城北胡氏凡百餘年至同治初選事者始以金錢購得之移植茲菴胡氏距城五里地頗僻陋爲騷人墨客所不至花雖佳亦與山卉野草爭芳華於樵夫牧豎之前已耳誰與流連歎賞者忽焉移植茲菴雖不若薇省薇垣之富貴而覩彼老死荒山中無復過而問者其幸不幸爲何如乎鑑空請予一言以記予慨鑑空身世有類紫薇者爰

識之　王庭楨詩并序辛巳春二月下澣五日成君東階朱君劍芷皮君九衢朱君伯紱康君懋齋姚君松階黄君紫煇以白衣菴小樓落成邀予過飲憑欄遠眺心目豁然即席賦詩二章聊誌勝境云爾郄簿書訪老禪山空人靜可留連偶分鶴俸資羣力更爲鳩工卜一椽松竹枝節陰覆地鼓鐘聲徹雨餘天此間憑眺多名勝也似江南景物妍折柬頻招款曲通綺筵高設暖春風長吟自愧非詩伯雅會何妨作醉翁月映流泉空澗碧波翻落日半江紅揮毫應俟諸

君賦譜入新編樂府中　成旭初和七十衰齡郤愛禪叢林深處小樓連地多名勝環羣嶺公爲經營築數椽清磬敲來新雨候流泉瀉到夕陽天黄堂略分評詩品鉅製鴻篇體物妍生花筆可嗣文通合主騷壇拜下風樽酒趨陪紫衣客詩篇諷詠白頭翁青春笑我山頽玉明月窺人友醉紅願附高吟名不朽也應同護碧紗中　朱輝旎和古剎幽深恰問禪樓臺矗起翠微連山含落日搖松影座繞清流映竹椽隔岸人呼桃葉渡尋芳客醉杏花天蘭亭勝蹟今猶在逸少留題句更妍丹巖有路白雲通問月停杯憶古風書畫船成宗米老英賢館啟媲文翁筵開玳瑁疏欞碧鏡徹珊瑚滿架紅世外塵氛都掃郤超然道妙寓環中　皮越羣和賓迎五馬室趨禪花外旌旗斷復連萬疊青山當曲檻一灣碧水映雕椽杯傾琥珀酣黄釀窗種芭蕉滃緑天風景别饒詩料富好將妝入管城妍盤旋石徑小橋通拾級同登淡蕩風木展尋幽陪謝傅金山留韻溯髯翁亭邊月色浮樽白窗外花枝入鏡紅吟咏如公眞大雅軨材愧列七賢中

朱展和新詩讀罷宛參禪好語珠穿一一連座上唱酬鐘代鉢樓前題詠筆如椽遊懷雅媲黄山谷逸興高追白樂天附驥登臨同暢敘向榮草木亦爭妍石磴盤旋一徑通高樓百尺坐春風頻來寄傲懷岑客小住忘機肖海翁茗煮寒泉光泛碧花飄曲檻色凝紅他時更得乘新舫儼在西湖蕩槳中　康逑謙和岑樓地接竹林禪檻外峯巒斷復連被澤民歌春似海吟詩公有筆如椽數重綠樹低圍郭幾曲清流遶極天郤喜放衙騶從減青山相對景尤妍引人幽徑

小亭通雅集當筵淡裊風詩酒陶情追玉局絃歌播化洽文翁疏篁影漾千尋碧斜照光留一抹紅清興樓頭眞不淺相隨直到月明中　姚樹勳和添築小樓不礙禪仙居高聳白雲連堂躋綠野花千樹瓦覆黃州竹幾椽詩酒唱酬三月暮亭臺掩映六朝天傾心摩詰耽風雅筆具神工語更妍烟雲深處古亭通萬壑松濤響晚風棠舍垂陰欽召伯絃歌播化繼文翁半輪皓月寒泉碧一角斜陽畫閣紅不醉無歸洵得意此情應在永和中　黃炳文和洽比僧房不礙

禪高樓創建與雲連山川有幸留丹閣花木多情護采椽四面綺窗堪問月五峯珠塔竟參天叨陪末坐聆佳詠應共清江一色妍春來淑氣正相通細草零花沐惠風每感棠陰歌召伯同將椒酒祝壽翁澄懷酌水泉流碧雅集飛觴日映紅城郭依依風景勝都歸太守化裁中　僧伴雲和新詩捧讀勝參禪一串牟尼斷復連韻事公眞才似斗吟懷我愧筆如椽高歌響徹三更漏好景回思二月天春色宜人山欲笑雨餘桃柳正暄妍亭臺恰與竹林通面面窗迎淡淡風節序登臨皆雅士詩書化洽有文翁十千斗酒空浮白百八鐘聲夕照紅如此良辰如此景至今神往畫樓中　李增榮辛巳仲春卸篆將行游月波樓詩暫息塵勞困閒看景物妍波光樓影外山色馬蹄前殘雪留鴻爪平沙認鷺拳流連歸去晚游夢定何年　僧伴雲呈王郡伯子泉白衣菴築樓落成詩南郡古招提施州賢太守依山築小樓磊石成高阜突兀干雲霄光明啟戶牖倚欄面峯巒繞屋栽桃柳暑日松移陰涼風竹拂帚俗塵一點無好雨四時有公或偶

登臨我亦隨左右入山不厭深拾級渾忘陡挹露自清心掬泉猶可口狂吟庾亮詩大醉青蓮酒芳聲獨讓公碣石應傳久如彼謫仙人碧峯問月否歲時幾變遷遺蹟未殘朽選勝建斯樓允足繼其後

吉王祠在城東門外　黃世崇記施南古施州治城東有吉王祠蓋湖南長沙周氏張氏陳氏黃氏楊氏黎氏鄭氏王氏祝氏劉氏鄒氏流寓此邦以祀明代吉簡王者也王以成化中分藩長沙傳數世至王某當崇禎末避獻賊亂走之桂林其宗族姻舊仍留長

沙　國朝乾隆初始以王象至施家尸祝之有禱輒應同治十三年復醵金廓其祠宇麗牲之石久具而無文請予一言以記夫明代藩王多驕蹇吉簡王獨以賢聞宮室雖侈甚愛士尚文故湘陰玉池山寺藏有王所留銅龜鑑諸物長沙某寺亦存王手書楹聯勒石兩邑人士寶之至今施去長沙幾二千里歷數百年廟祀不廢王之食報亦隆矣哉竊常論之我朝定鼎之初勝代遺民多假明宗室以號召天下如福王唐王永明王甘心爲武庚祿父其人所在皆是

迨天戈所指君臣同盡而王某卒以偷活草間保其宗祀亦庶幾殷微子遯荒之風而簡王世澤之長亦可見矣或謂春秋之邾在戰國曰鄒其後以國爲姓故朱與鄒爲同姓順康之際反者數起明宗室多變易族姓以自全吉王之後或改姓鄒氏又長沙張氏亦有祖吉王者施之張氏鄒氏殆王苗裔然譜牒無徵則亦存而無論云

龍洞龍神祠在府城東朱三恪任恩施縣時建知府王庭楨修葺　王庭楨記光緒紀元之三年予涖郡甫閱月郡大旱僚吏奔走憂心如焚朝夕設壇祈禱旱魃猶爲虐邦人大恐過艱者累日矣予查郡志城東大龍洞内有澄潭每日子午泛潮聲聞數里歲旱禱雨多應爰與僚吏約齋戒三日親詣洞取水至則午潮已逾禮畢惴惴以不得水是懼將還宿而爲民請命默禱者久之無何潮忽至洞内有黿鱉流出馴擾異於他物命載以歸置諸壇上是晚大雨如注憂者以樂困者以舒歲仍不害邦人感神貺願有以新其廟貌廟在山之麓前恩施縣朱大令三恪所督建

前有山石紛然而矗峙後有岩洞窈然而鬱深中有清泉淯然而時出灌溉田數十萬頃聽之潺湲有聲顧門窄地幽瞻拜者恐傴僂從東側門入不足以昭誠敬予因商諸營縣各捐貲爲之倡諭邑紳艾大魁任其事以時集費修葺因於廟前鑿平壆确建門樓三楹並於廟後達泉洞處及山腰一洞各甃石爲階以利游人另於廟之西偏改爲官紳憩息之所四年十一月工竣五年閏三月復修治之是役也邑紳艾大魁始終勤謹無私利其在事者縣中好義之士咸

欣欣效輸將焉爰書名於左方

宣恩縣

武廟光緒二年知縣黃廣焯集資修葺

文昌廟光緒五年知縣胡昌銘捐廉集資修葺六年又重修魁星閣其記曰　朝廷以文教治天下各省府州縣皆祀文昌典禮綦重而北斗爲文昌之府其第一星至第四星總名魁星習舉業者咸乞靈焉宣邑文昌宮在縣治東南隅俯臨溪河坐東面西後神座中大廳前演劇臺臺上有樓供魁星象形勢高聳因

以閣名歲時祭祀並及之初不知倡自何人道光十二年重加修葺創首者爲宋唐兩姓迄今又四十餘年矣閣孑然屹立四無倚傍經炎風朔雪烈日嚴霜薰炙而摧剝之遂至棟桷朽腐欄檻傾頹梁柱欹側岌岌乎有不可終日之勢邑人士亟謀重建請於予夫培植人文予之素願也亦有士者之責也因首先捐廉三百六十貫士民等又共捐錢二百七十餘貫諏吉光緒五年嘉平月興工並修諸神像及中後兩進委方典史司其事閱三月餘而告成綜計出入之數尙餘百千歸書院賓興之用客有爲予言者曰魁星爲文星掌文衡今斯閣煥然一新科名其可得歟予曰是固然矣然非蓄道德而能文章又烏乎得之爰紀以詩曰飛閣淩霄勢欲傾我來重搆費經營肇基那惜探囊取蕆事還資集腋成玉斗文光增燦爛珍山雅韻叶承平寄言後學須交勉頭上朱衣有定評詩成客復屬予爲之記因並記之

淩雲塔在翠疊山離城二里許同治九年知縣向光謙集資建

觀音閣在東街

蓮花寺在忠建里蓮花山田履中修

古楸祠在東鄉里

太平寺在忠建里

仙佛寺在忠建里仙佛潭千尋峭壁中嵌石佛二尊高二丈許建樓三層藤蘿蓋覆松竹掩映清溪環繞稱勝境焉文士游人頗多題詠

來鳳縣

節孝祠光緒二年訓導曾逊先率紳創建　李清記天

地正氣之賦諸人也爲端人爲傑士或勲銘鐘鼎或德勵圭璋若忠孝節義尤其最粹者也然吾獨不兹重謂其得諸天者優成於人者篤有詩書以牖之有禮樂以陶淑之有父兄師友以啟迪而夾輔之其能炳炳然成不朽之盛業卓立於天壤間者亦固其所惟此巾幗之流訓不聞女箴字不識忠孝而於操井臼議酒食之餘責以宇宙之大義倫紀之大經人人知其難也於難能者能之此其留天地之正氣爲何如是豈一朝千古徒激烈於意氣者之所能及耶夫

貞心亮節允足與日月爭光金石比壽顧聽其湮沒不彰竟消磨於荒烟蔓草中也可乎哉雖節烈祇期自盡守其一成之見百折不回生死且不恤何恤乎湮沒特無以發幽光扇芳徽勵頹俗而激澆風是大可慮耳吾邑僻處山中得鎮靜之氣居多故婦女幽閒貞靜德性爲最優其矢志撫孤守貧養老輝煌彤管歷年荷 旌寵者代不乏人獨無祠以表異之非所以闡潛德也曾公司鐸來此乃汲汲焉是務是乃有心世道者也爰集同人醵金倡建並以其餘滋息之永作祭祀之需曾公之用意遠且大於此可見矣蓋不徒欲以此芳祠慰貞魂於地下將以表清操樹典型振萬世之綱常植一世之廉恥使天地之正氣常維係乎斯人而人之負是氣者得以存人道於幾希也然則是役也所關豈淺鮮哉吾故樂爲之記

許真君廟即萬壽宮江西會館在南門外

靈官廟在城西虎耳山近年增建施茶亭及客舍樓三層地高樓敞極目可窮數百里

龍鳳寺在邑南關外亭康里昔散毛宣撫使紮寨於

此乾隆時建寺其上奉祀觀音邑與湖南龍邑毗連故名龍鳳寺左臨深溪至數十丈一小徑僅堪容步名手扒岩右削壁懸岩臨大河高數十丈前一方徑抵大河有舟入龍邑兩邑水至此合流石梁橫其中若門限然形家以此爲兩邑鎖鑰寺門下有潭深莫測嘉慶初白蓮匪之難鐘墜於潭至今久雨將晴則大聲鏜鎝聞數里外久晴將雨亦然

咸豐縣

武廟在縣城東門外光緒二年重修 向崇基記邑武

廟歲月塵遊歷有年所光緒丙子春邑前令陳君南渠重葺眥絀未竟厥功崇基來署縣事亟議成之適縣民譚黃二姓以姻誼滋訟令輸眥爲助至冬工竣例宜紀年月維時官斯土者訓導胡斌巡檢張鵬翰典吏何紹輔守備雷洪亮把總王與權例得備書其紳民捐資督工者則鄧比部秀毓王大令偉馬君文炤劉君文炤劉君宗仁曹君應仲何君占魁馮君上佑廖松年譚定友木工王興泰石工楊通達瓦工李榮才之力居多其他銖積寸累助資以趨事者則從畧焉

張桓侯廟在唐崖司城內把總署左明萬歷時土司覃杰之母田氏建嘉慶丙辰年白蓮匪入境至南河神顯靈於天燈堡賊駭遁咸豐辛酉秋髮逆僞相李幅猷陷黔江越日有賊二百餘至咸邑界九月十三日賊竄咸過大河神先後顯靈於羅家垻及桅杆堆山頂賊憚之別由丁寨竄陷來鳳同治壬戌正月二日石達開率大股賊竄自辰州來與李酋合陷咸邑鄉村八九十里皆爲賊踞十二日賊至兩河口神顯靈於天寨谷口賊疑有伏兵退至龍潭脅二土人詢以守卡者誰答曰皆避去矣何有卡賊謂其誑已殺之其一人夜半逸賊益懼竄利川邑人感神之呵護每歲冬至後具羊豚詣廟奉祀同治間知縣張梓題蕩寇顯靈扁蓋紀實也

利川縣

城隍廟在城東門內乾隆三年知縣湯應求建光緒五年知縣陳國棟捐廉二百串紳首集資共錢四千餘串重修

金字山寺在都亭山側相傳明時有湖南僧過此遇虎導引至山虎即去僧遂從冉譚向三姓募地倡修此廟嗣僧圓寂於此廊塑有虎像至今猶存山上有泉出魚類龍形有四足陸地能行冬隱春見取之攜至半途即失

石龍寺在縣中汛團寶市（前志作團包寺）　王庭楨記各郡縣奉　朝章設壇廟以崇祀典而鄉鎮之寺觀亦在所不禁以彼之建立有由不可廢也利川縣中汛團寶市舊有寺曰石龍百有餘年矣光緒五年予道經

匯寶市衆紳耆攔輿呈控以廩生冉有恒擅廢古寺奪寺僧田爲言余親詣寺則寺門額曰義學其內玉皇閣額曰從龍書院閣中神像森列其座前奉至聖暨諸賢木主蓋有恒改寺爲義學而不以褻聖爲忌其謬妄乃至如此予亟諭市紳謹移所奉各主於他書館而毁其懸額將質訊有恒於郡於是郡紳爲之調息別建義學以奉至聖諸賢而寺及寺所有田仍還其舊訟遂寢蓋寺廢同治年間迄今且十年矣寺有石如龍蜿蜒作之而狀歲旱則居民聚禱其前甘

霖立霈此寺之所由名也市紳覃大章周道五周龍章蕭肇基劉寶三周暉五李純五李賢壽等以寺屋將傾圮乞集資重修並祀龍神按祭法有功德於民則祀之語曰有其舉之莫敢廢也茲寺經百年神物所棲旱澇祈禱之所應大有澤於吾民顧聽妄人之輕廢或坐視其壞敗而不爲之所慢神實慢民也予何敢哉爰捐廉以倡經始於八年九月越十一月而竣事市紳請爲之記因述其廢興之年月如此寺田蓋捐自劉姓云

建始縣

劉猛將軍祠光緒八年署縣許之璡建城隍廟側並立八蜡神位

津梁 渠附

施南府　恩施縣東門渡義渡船二隻康興廉捐歸湖南會館經理遇水漲流急時船小易覆光緒六年知府王庭楨諭令該會館改造大渡船一同善堂建大渡船一增船夫四名由同善堂發給口食以免需索渡錢冬閒水淺仍由湖南會館修造板橋以便行人

王公渠在恩施崔壩汛先是壩人食水在羊耳山之慶潭口距壩十里平時艱於擔運旱則涓滴爲珍光緒七年知府王庭楨區畫由潭導水之方並捐廉委巡檢王迺斌集資督工濬之渠成民悅名以王公　尹壽衡記　朝廷置官吏惠民其職也官吏惠民惟以便民爲大周禮遂人之掌十夫有溝百夫有洫尚已秦漢以來史起引漳溉鄴曰史公渠鄭國鑿涇溉關中曰鄭國渠他如白公之白渠召信臣之召渠以及三輔右史千金諸渠類皆不惜捐膏腴之壤興萬世

之水利以便生民也民利其利不忍忘故地以人名名以地傳至於今不朽夫民生陰陽之養不外飲食兩端民無食則飢無飲則渴其苦一也引水灌田以裕民食成渠以儲民飲其功一也而因地制利因利便民則在良有司之軫念民瘼規度有方焉吾恩東鄉崔壩川楚通衢也廛居鱗次人烟稠密其地高仰向無水源民皆市水以飲其水出羊耳山下之慶潭口距壩十里小旱則水價增昂擔水百錢其黠者又或雜以行潦穢濁飲輒生病貧富皆苦之而莫可如

何光緒三年郡伯王公子泉來守吾施過其地詢悉其由慨然憫之亟思有以拯其苦因壩尉鮮任事者久而未舉光緒七年夏山左王君筱樓司壩篆廉幹勤民郡伯喜夙志可成也謂之曰壩中民苦無水久矣興利濟困惟子之任度地濬渠惟君之責少尉於是屬紳耆廣諮詢僉曰郡伯以萬世之利利我壩民疇敢辭遂相率叩源於慶潭之津覘其原隰規其蓄洩計其經費縷陳以聞郡伯韙之並倡捐五十金以為民望遠近知義者咸仰體郡伯之德踴躍醵金惟恐斯役之弗蕆而少尉則蒙犯霜露甘茹瘏痒躬督匠作自七年仲冬經始洎今孟春不三月而厥工竣蜿蜒長渠滔滔不竭壩民無旄倪覘渠流之漣漪喜挹注之優渥如慶雲寶露曠古奇逢靡不懽呼頌謂郡伯少尉直以醴泉義漿福我蒸黎也嗟乎斯渠也僅分慶潭口之支流耳其流不自今日始而莫或先焉者若或忘之然則天地自然之美利其遺棄於有司之不察者何可紀數也惟郡伯深識　朝廷置官之體一以惠民為心不搖外議故能因民之利以

利民而少尉心郡伯之心能勞其身以興民利厥澤均焉壩之民飲水思源仿昔人以姓名渠名茲渠曰王公王公者郡伯與少尉也郡伯與少尉同事茲渠而適同姓事之偶合又如此古之遺愛何多讓哉董是役者徐兼三宋懷璋雨茂才陳席珍徐生煥陳家琨袁洪榜四國學也頃赴都過此諸君子以文見屬余感兩王公之善作尤冀來者之善承也於是乎記

府城清江河　黃世崇施南開河記施南有水曰清江古夷水也自府城北峽口東南流至眠羊口凡百數

十里有積石二十餘處舟不能通光緒五年己卯秋太守無錫王公始集士民爲開河之議興工有日矣世崇適以會鞫建始獄至施施人以其事告且言曰水經稱夷水出巴郡魚復縣江東南過很山縣南又東過夷道縣北東入於江胡氏括地志謂夷水首出魚復江尾入宜都江行五百餘里是亦荆江之沱古自巴入楚避三峽之險皆由此路今舍荆江入夷水故道不開而亟亟於下游可乎水經注云夷水自沙渠入很山縣水流淺狹裁得通舟又東逕很山縣故

城南又東北逕夷道縣北又東逕宜都縣北東入於江是清江淺狹北魏時已然歷千餘年而忽議開河無乃駭人聽聞乎恩施縣志云清江自四川酉陽州屬之黔江經石砫廳過白楊渡入利川縣境至磁洞伏流三十里至七藥山紅鶴花壩復出東南逕龍潭至馬橋屯又伏流數十里復出爲雪照河又伏流三十里至恩施縣之木撫村復出吳氏省欽曰予過建始境抵恩施知清江伏流處尙多重山連亙非峽江之可鑿羅氏德昆曰夷水自發源以至入江中間五百餘里伏流不一處其通流處又多自峻嶺下瀉不可通舟皆清江難於開河之明證蒙竊惑焉敢私布之吾子世崇應曰是狃於昔人之臆說而不實事求是者也考夷水有兩源一曰洪家營水爲利川縣河一曰磁洞水在利川縣西皆四川忠州江東地忠州爲古魚復縣境故水經謂夷水出魚復縣江東胡氏以出魚復縣江絶句而據爲荆江之沱誤矣沙渠爲今恩施縣很山故城在今長陽縣界是北魏時清江至長陽始可通舟今長陽上距眠羊口將及百里皆可通舟其爲北魏以後所開可知自長陽至眠羊口

之清江可開則自眠羊口至府城之清江獨不可開乎且磁洞水逕南坪土牆壩至木撫村會雪照河入清江無所謂伏流也利川縣河源出七藥山逕雞公嶺小河場至汪家營又東北流逕涼霧山會三步街水至兩會潭又東北流逕利川縣城會九渡溪水又東北流八十里至落水洞伏流六十里至木撫村始出與磁洞水合又東北流逕木貢村馬豬村至雙河口會羅針田水又東北流會龍馬河水爲屯堡河是

清江水源當以利川縣河爲正縣志舍利川縣河不錄而以七藥山爲磁洞伏流所出亦見其惑矣屯堡距府城五十里河水至冬不涸舟楫往來不絕爲恩施縣西北一大聚落自屯堡河以至入荆江之清江口有積石而無伏流吴氏羅氏所謂伏流尚多者皆承縣志之誤而又甚其辭耳然則落水洞以外無伏流乎曰有恩施縣西二十五里出水洞其水出自峻嶺洞中下瀉如瀑布相傳源出利川伏流至此始出逕府城北以入清江既入清江則無所謂伏流何不

可開之有乎聞之恩施縣北四十五里三門洞水舊可通舟同治中岸石崩折塡委溪中遂成絕港然則清江積石大抵皆江岸崩折所爲既非成於天生自可施以人力且予不聞太守所爲乎既命朱君伯紱循清江而下觀石所積處具圖以返復令石工取江岸縱橫數丈之石火之石碎如拳以火力代人力費省而事亦易集傳曰凡事豫則立太守所謂豫其事者也吾與子但樂觀其成而已復何言客唯唯而退因述其說以堅施人士之志

宣恩縣

福履橋在縣治南門外防河同治十二年修　蔡景星記宣自立縣以來無城與池環山帶水險足恃焉附縣之水有二曰貢水曰防河貢水居外防河居內貢水之流較大其源一自龍洞穴石而出一自咸豐縣界澎湃而來繞縣南門而東注向有義渡行人便之防河水較小自西而南與貢水會雨集則盈雨晴則落盈則勢急而奔難以浮楫落則細流不竭恆苦褰裳每當水波漲漫時雖有外河之渡而舟子招招難

抵内河之岸不免中沚遡洄矣夫以縣治要途行李往來甚衆人皆病涉其何以堪是非修以橋梁不爲功更非建石橋不能久邑之紳士首倡義舉復與同志者合力輸將以襄此事余甚嘉之而嘆福之綏履之坦也遂題其橋曰福履是爲記

龍津橋在石虎里十二泉距縣一百里

廉讓橋在東鄉里中建河距縣一百里　田永松記邑治東百里爲吾鄉忠建河有溪曰洗硯其源自大臥龍逶迤而注之河溪雖小亦一要津也先是姚生曉

亭之尊翁好善樂施與羅君照廷糾近鄰諸君子共建板橋歷四十餘年至戊寅歲爲河水所圮涉者病之生固樂善士也由是約諸首士同興善舉余子姪輩亦間爲贊勷焉生每集貲地無遠近必踵其門勸之靡不慷慨樂輸信之有素也凡所醵共一千餘金爰鳩工鑿山造舟運石閱兩年而石橋成延余至其處余顧生而笑曰善哉汝弗舉溪名以名橋而廉讓其名也豈不以洗硯滌筆極文人之樂事不若廉泉讓水與廉讓鄉之有關世道者爲獨愈乎涉此橋者

觸目警心行將化貪鄙釋爭端則廉讓風行舉世皆善人矣孟子曰君子莫大乎與人爲善特爲記以彰生之樂善云

昇平橋在忠建里距縣一百五十里

兩河口義渡在忠建里距縣一百六十里黃田氏朱光玉共捐有田產一區以贍舟子

附知縣胡昌銘修城溝河岸記 同治十二年

宣邑於乾隆初始改土司設縣治其時榛蕪甫闢百堵方興至十二年有徽甯來宣之善士宋文奇捐貲創首鋪石爲路開溝五條而街市之規模以立未幾宋姓富冠一邦唐姓繼之非得水利之助與自是以後則宋宏堯唐開洋等於道光元年續修迄今久未疏理致多閉塞不但陰雨兼旬時橫潦盈街行者不便卽時當晴霽而穢氣薰人居者亦苦之是烏可以不修予謀諸紳士衆志僉同遂於二月二十八日興工五月初旬竣事所費不過二百貫而閉者開矣塞者通矣凡由溝而出之水皆不致停蓄於地上矣溝修畢衆復爲修河計蓋昔年河水縈繞灣環其形曲今則有直衝

之勢惟斜築一壩使直者仍曲而後可於是有費錢四十貫而河岸並修矣此一舉也實地方之利也將見物阜財豐科名鵲起而予與民興利之心亦快然無憾焉

來鳳縣

積善橋在悌恭里之打車河光緒六年木工龍通成家僅小康捐貲建之

萃英橋在悌恭里之水田壩

咸豐縣

丁寨橋在塲頭

武家田橋在仁孝里龍洞嚴氏修

大水坪橋在禮忠里亦嚴氏修

茅壩河橋在義悌里

筒車壩橋其上建涼亭十間在平陽里

甘田壩橋在義悌里處士嚴光玘捐貲建

建始縣

永定橋在南關外舊有橋名迎恩同治間橋盡圮光緒四年知縣盧夢麟新修石橋長二十二丈寬一丈二

尺高一丈八尺爲孔五因改今名其河名靜平

施南府志續編卷三

續經政志

前志總目爲食貨據史標目固無可議惟核所載各條未盡賅括茲改爲經政續志戶口倉儲

戶口

施南府屬六縣戶口共十八萬零七百八十五戶男婦大小共一百萬零二萬八百三十八丁口其細數開載各縣

恩施縣按照光緒六年詳報戶口清冊閤邑除流寓戶

口外所有一切土著民數三萬九千一百五十四戶計男婦大小總共二十六萬九千九百八十四丁口隨糧人丁一百三十九丁口滋生人一千七百九十八丁口

宣恩縣光緒六年查核閤邑土著二萬二千三百四十六戶流寓一萬二千五百零五戶合計土著流寓大小男女共一十八萬一千一百八十二丁口

來鳳縣閤邑土著流寓共一萬四千三百六十五戶男婦大小共十萬八千三百九十一丁口

咸豐縣閤邑一萬八千三百八十四戶共計男婦大小十萬一千七百六十一丁口

利川縣閤邑四汎共八十三堡土著流寓共四萬零五百三十六戶共計男婦大小一十七萬三千七百六十六丁口

建始縣閤邑共三萬一千七百六十四戶合計男婦大小共一十八萬二千一百二十一丁口

附知府王庭楨合建同善堂育嬰局記爲政首在利民利民在使之各得其所窮老孤獨有所告疾病流

亡有所聞若近世郡邑所設善堂善局庶幾近之予以光緒三年夏四月奉檄守施南下車詢郡人士以利民之政知前太守秀君創建育嬰堂未幾而圮張君力籌經費旋釋官去周君仿古人六文育嬰法設局奉行規模粗具而已其他養老恤嫠發棤掩骼餽藥種痘惜字救焚施茶設燈諸務概未興辦予月捐俸錢以倡郡人士翕然樂輸月可得錢八十緡並有捐鉅款者乃立堂郡城隍廟顏曰同善凡可以利民之事次第舉行迄今六年積存二千緡生息嗣移育嬰局於廟推廣行之存款屋租計千七百緡有奇第念堂與局無定所終未足以垂久遠因以前育嬰堂屋址歸併縣城隍廟得錢二百五十緡又於息項內提百五十緡及同善堂贏餘錢四百緡合建同善堂育嬰局於廟前隙地凡占地廣四丈八尺縱三丈中爲聽事前厦左右廡皆備經始於光緒七年二月明年五月蕆事董斯役者成紳旭初朱紳煇旐戻皮紳越犟康紳述謙姚紳樹勳黃紳炳文也或謂同善之義大矣育嬰特善之一端併於同善堂足矣予曰不

然夫事苟於物有濟不必自我爲之而守而勿失則爲利溥而益遠我　朝育嬰局之設徧天下而又著爲功令宜郡縣有司與其邦人士力籌所以護持之然不免舉而旋廢者則以非其自爲具文視之故也同善堂所爲利民之事其情頗類博濟所謂仁聖猶病者若以非其自爲而畏難苟安無實心以善持其後則時移勢異有終歸頹敗焉耳育嬰局始於三太守予不敢視爲具文而同善堂實始於予其事視育嬰加繁而費加鉅所賴後之人以予所以存育嬰局

者保斯堂於不墜以永福我元元是則予之厚望也爰述予所以建斯堂斯局之意而爲之記

倉儲

施南府署後永豐倉光緒七年督撫委候補道魏綱會同知府王庭楨盤查常平倉穀復發款添買新穀合恩施原有之穀足成萬石縣署基隘不能添建倉廒乃於府署後園牆内建倉廒七間曰永豐倉中一間奉倉神位東西共六間以博厚高明悠久六字編號每間高一丈八尺寬一丈二尺深一丈六尺每廒可

儲穀五百石新儲穀部斛二千五百二十石通計縣倉原儲穀數共實儲部斛一萬零五石四斗六升二合　王庭楨永豐倉記考施南志府舊無倉惟恩施有常平倉二十六廒儲穀一萬八千石社倉分置縣境二十六區儲穀三千五百餘石義倉儲穀一千三百餘石賑濟倉則邑紳康光遠捐置歷歲既久常平倉僅存穀七千餘石社倉千餘石義倉八百餘石而已賑濟倉以前守夏君劒爲推陳易新之法歲有贏餘儲穀一千六百餘石光緒庚辰以倉不足用添建四廒詳予所爲賑濟倉記中明年辛巳七月候補道魏公綱奉制軍李公中丞彭公檄來施會予盤量縣常平倉穀且曰須別籌所以添建府倉者於是就府署後隙地建倉六廒以博厚高明悠久分記廒口命之曰永豐凡購穀二千五百二十石合之縣常平倉所存穀爲萬石而施郡積儲視前有加夫常平之弊予嚮所爲賑濟倉記論之備矣茲倉之建即以補常平之不足而予不憚爲之者蓋自古無治法而有治人法雖弊誠得人以維持之則往往得其意於法外

而行之可久况常平之弊實自不善守法者基之若執有弊之說而盡棄其法是所謂因噎而廢食也可乎哉且賑濟倉創始康氏官特稍爲區畫而其成效若彼則茲倉與常平倉之本由官設者顧任其若嚮者之弊而不思所以補救俾永利我施民毋亦守土者之羞而無以自解於郡人士者與因述茲倉顛末以誌大府廑念瘠區之意而論之如此以質後之守斯郡者且以告縣有司

恩施縣

常平倉二十六厫在縣署右側儲穀一萬八千石歷時既久遂止存一十八厫以南西北三字編號光緒七年經委員會知府盤查其存倉者六千四百七十九石五斗將寄存紳富之穀一千零五石九斗六升二合提歸縣倉又補足折耗穀三十一石五斗實儲穀部斛七千四百八十五石四斗六升二合其南字一二四號暨北字五號共四厫與倉外牆垣八年知縣劉鑑領款承修

賑濟倉在城内薛家巷道光十七年邑紳康光遠捐建共田九區每年徵租穀七十一石五斗租錢五十一緡由府遴紳輪管轉糶現儲穀一千六百二十石

王庭楨添建賑濟倉記施郡僻在萬山中土磽确穀産甚微無大川可資舟運歲一不登則民無所得食道光丁酉郡人康光遠捐田業並屋一區歲取租穀七十一石五斗租錢五十一緡復建倉四楹以儲穀命曰賑濟倉同治甲子前太守夏君創爲推陳易新之法舊穀貴則減其價而糶以便民新穀賤則增價而糴予莅郡率由舊章計夏君時僅穀五百七十石行之十有七年儲一千六百二十石董事朱紳燀施皮紳越羣朱紳扆康紳述謙姚紳樹勳以倉不足用議改倉役所居爲添建倉四楹另於隙地建四楹居倉役共費五百餘緡而乞予文以記夫平糶之説始於魏李悝而漢耿壽昌之常平倉宋朱子之社倉號爲最善乃行之既久不能無弊蓋自古有治人無治法法雖善非得人以任之則弊卽緣法而生我　朝常平社倉之設徧天下其後常平之穀或以資不肖有司之侵漁大吏稽察亟則派徵之民以足其額其稍知自愛者又往往僅視筦鑰致穀漸朽蠹陳陳相因終不敢出升斗糶之民間而社倉之訟亦所在皆是且有因以破其家者民不見平糶之利而流弊至是是豈法之不善哉則奉法者之過也康氏創設是倉是亦好行其德所以補常平社倉之不足夏君爲之變通其法然後穀日益增而利日益廣可不謂賢也哉夏君之言曰倉之設垂三十年向使郡縣吏不至濫借董事者善爲維持其贏餘豈可限量予守施久愧未有以造吾民覩斯倉而深有感於夏君之言

因願與諸君共勉之而推論常平社倉之弊以告後之人

崔壩社倉在文昌宮内光緒八年建存穀七十餘石

王迺斌記周禮大司徒以荒政十有二聚萬民嗣是常平創於漢義倉建於隋轉運豐備行於唐宋救荒之政亦綦備矣我　國家子惠元元饑寒廑慮常平諸倉遍設於郡縣偶遇偏災又截漕發帑以賑濟之實前代未有之殊恩也光緒建元之三年各大憲奉部檄飭捐積穀建立社倉分置各鄉各里厥社一道

朱子之法尤爲便民之善舉民亦知上之代謀其身家者無不欣欣然輸將恐後期於速成數年之間已有成效大著者七年夏仲余授崔壩廵尉任下車伊始展謁祠廟見文昌宮内有空倉一區詢諸廟祝始知數年前邑侯李公飭建社倉紳民遵諭勸捐計積穀登簿者倉斗七十石有奇以督催不力至今猶空倉耳甚矣事之難求實效也諭飭矣勸捐矣倉並建矣事稍緩而中止再遲之數年倉朽而事將終廢矣乃傳紳民嚴飭督催尤幸壩民知義不十日按簿清繳玉粒盈倉今雖儲穀無多而年登大有戸饒蓋藏嗣後若出借平糶年復一年新陳之盈餘殆將不可以數計猶冀董事者不侵蝕不浮冒以實心行實事豈不永世利賴哉九年仲春余奉檄權建邑丞篆承事紳耆恐余久役於建也僉謀刊石垂示及後爰從其請而爲之記

宣恩縣

社倉在縣署内向有流交錢一百串同治五年知縣胡昌銘勸捐得錢二千串十三年知縣陳富文置買社

田歲收部斛租穀六十四石

忠建里新添社倉一所在經歷寨朱光玉捐置　朱開來記自古備荒之政莫善於社倉我宣邑忠建里經歷寨雖稱沃壤恒產無多兼之業歸他鄉者四分去一値年饑富者糶穀贍貧乏崇朝卽罄所藏救荒無策貧富皆病之無社倉故也適邑侯胡公又新奉郡伯王公子泉之諭令鄉城創立社倉賙恤貧民誠朱子良法也第欲聯忠建里共爲此舉恐人心不齊難以持久欲就地籌資而慷慨者又或有志未逮我朱

氏乃共相計議於設立義渡義祠義田外更捐穀數十石濟我經歷寨七十餘戸涓滴蹄涔不能澤逺竊自愧力有不給亦其勢然也今與鄉人約平時借出收息二分歲凶則減其一實係貧病交集日不舉火者更時酌給多寡用存恤鄰之道此非家充戸饒取之裕如特以郡伯悉心民瘼邑侯又以實心承而行之由是感激挹彼注兹後之食其德者頌邑侯焉可頌太守焉可朱氏子敢自以爲功哉董理首人卽以義祠值年兼任其責如有私心苟且天地祖宗實鑒

臨之此記時光緒五年秋九月也

來鳳縣

常平倉在縣署西社倉共九處均詳前志

咸豐縣

常平倉在縣署內同治三年知縣張梓奉文勸捐買穀還倉實儲四千二百二十五石

社倉分儲各里共十二處咸豐十一年知縣盧愼徽挪發兵穀無存餘俱詳前志

利川縣

常平倉在縣署儀門左側年久倉朽不堪儲穀同治九年歲饑知縣潘滋楨請辦平糶將倉拆修原額儲穀部斛四千石又附儲逆產租穀八百四十二石七斗七升六合四勺咸豐四五兩年知縣祁彩借支兵食缺穀一千七百零九石二斗七升六合四勺奉示准照例每石折銀六錢五分在祁令應領廉役各款內扣存銀一千一百一十一兩三分作爲穀價俟庫款充裕由後任請領買穀還倉現在實存穀三千一百三十三石五斗分儲禮樂射御書數風雩月朗精神

各字廒內

社倉舊有二十五處存穀三千一百餘石交各鄉社長經理年久俱耗各社長逃亡故絶無從追賠同治八年知縣潘滋楨奉文勸捐穀二千六百二十石四斗五升分存各汛

中汛人字廒在縣署存穀一千零二十石八斗七升由縣督同社長經理

忠路汛壽字廒在縣丞署存穀八百石零八斗五合由忠路縣丞督同社長經理

南坪汎年字厫在巡檢署存穀四百八十五石七斗七升五合由南坪巡檢督同社長經理

建南汎豐字厫在巡檢署存穀三百一十三石由建南巡檢督同社長經理

建始縣已載前志所儲穀石皆仍其舊

施南府志續編卷四

續學校志

前志子目曰廟制義非專屬曰考棚語襲俗稱茲改稱學宮試院並書院學額爲四目學田賓興附學宮院試經費附試院義學附書院

學宮 學田賓興附

聖祖仁皇帝

御製孔子贊并序　蓋自三才判而天地不居其功一中傳而聖人代宣其蘊有行道之聖得位以綏猷有明道之聖立言以垂憲此正學所以常明人心所以不泯也粵稽往緒仰溯前徽堯舜禹湯文武達而在上兼君師之寄行道之聖人也孔子不得位窮而在下秉刪述之權明道之聖人也行道者勳業炳於一朝明道者教思周於百世堯舜文武之後不有孔子則學術紛淆仁義湮塞斯道之失傳也久矣後之人而欲探二帝三王之心法以爲治國平天下之準其奚所取衷焉然則孔子之爲萬古一人也審矣朕巡省東國謁祀闕里景企滋深敬摛筆而爲之贊曰清濁

有氣剛柔有質聖人參之人極以立行著習察舍道莫由惟皇建極惟后綏猷作君作師垂統萬古曰惟堯舜禹湯文武五百餘歲至聖挺生聲金振玉集厥大成序書刪詩定禮正樂既窮象繫亦嚴筆削上紹往緒下示來型道不終晦秩然大經百家紛紜殊途異趣日月無踰羹牆可晤孔子之道惟中與庸此心此理千聖所同孔子之德仁義中正秉彝之好根本天性庶幾夙夜易哉令圖溯源洙泗景躅唐虞載歷庭除式觀禮器摛毫仰贊心焉遐企百世而上以聖爲歸百世而下以聖爲師非師夫子惟師於道統天

御世惟道爲寶泰山巖巖東海泱泱牆高萬仞夫子之堂孰窺其藩孰窺其徑道不遠人克念作聖

御製顏子贊聖道蚤聞天資獨粹約禮博文不遷不貳一善服膺萬德來萃能化而齊其樂一致禮樂四代治法兼備用行舍藏王佐之器

御製曾子贊洙泗之傳魯以得之一貫曰唯聖學在茲明德新民止善爲期格致誠正均平以推至德要道百行所基纂承統緒修明訓辭

御製子思子贊於穆天命道之大原靜養動察庸德庸言以育萬物以贊乾坤九經三重大法是存篤恭愼獨成德之門卷之藏密擴之無垠

御製孟子贊哲人既萎楊墨昌熾子輿闢之曰仁曰義性善獨闡知言養氣道稱堯舜學屏功利煌煌七篇並垂六藝孔學攸傳禹功作配

高宗純皇帝

御製四賢贊并序　聖門弟子三千其賢者七十有二人史記家語各爲紀其姓氏考其事迹以垂之後世而能契夫子之心傳得道統之正脈者則惟顏曾思孟

四人顏子得克己復禮之說曾子與聞一貫之傳親炙一堂若堯舜禹之相授受尊乎尚矣子思師事曾子發明中庸之道而歸其功於爲己謹獨孟子當戰國橫流之時私淑子思距楊墨閑聖道而養氣之論爲前聖所未發昌黎韓子以爲其功不在禹下有以也庚戌秋偶閱有宋諸儒傳因思宋儒所宗者孔子之道也孔子之道賴顏曾思孟而傳今聖廟祀典四子升配堂上爲百代之楷模因各係以贊用誌景行

之私云爾　復聖贊曰貧也者吾不知其所惡壽也者吾不知其所慕德以潤身孰謂其貧心以傳道孰謂難老簞瓢陋巷至樂不移仰高鑽堅三月無違夫子有言克己成性用致其功允成復聖　宗聖贊曰宣聖轍轘在陳興歎孰是中行投茲一貫曾子孜孜惟聖依歸唯而不疑以魯得之會友輔仁任道重遠十傳釋經超商軼偃念彼先子沂水春風淵源益粹篤實春容臨深履薄得正以終三千雖多獨得其宗

述聖贊曰天地儲精川嶽萃靈是生仲尼玉振金

聲世德作求孝孫維則師曾傳孟誠身是力眷茲後學示我中庸位天育物致和致中夫子道法堯舜文武紹乃家聲述乃文祖　亞聖贊曰戰國春秋其時又異陷溺人心豈惟功利時君爭雄處士橫議爲我兼愛簧鼓樹幟魯連高風陳仲廉士所謂英賢不過若是於此有人入孝出弟一髮千鈞道脈永繫能不動心知言養氣治世之略堯舜仁義愛君澤民惓惓餘意欲入孔門非孟何自孟子其難顏子其易語默故殊道無二致卓哉亞聖功在天地以上前志未載今敬謹補錄

列聖欽頒題額前志俱敬錄載學校門

御書斯文在茲題額光緒六年

兩廡從祀續增牌位府文廟暨六邑皆同

先儒許　愼光緒二年從祀在東廡次毛亨下

先儒陸世儀光緒二年從祀在西廡次王守仁下

先儒劉　德光緒四年從祀在西廡次董仲舒下

先儒張伯行光緒五年從祀在東廡次陸隴其下

施南府　學宮乾隆元年知府田三樂創建餘詳前志

光緒五年知府王庭楨捐廉集貲委典史王學涵等

重修　大成殿及東西兩廡大成門欞星門並修階戺石道甓牆泮池新設樂生歌生增製樂器祭器以餘貲發商取息又恩施文生艾大炳捐槽口坡租錢俱備歲修之費　王庭楨記施南府學文廟創於前郡守田君三樂重修於赫君爾謹馬君維馭閱八十餘年楹櫨蠹蝕榱棟傾欹予以丁丑歲來守是郡下車謁廟亟思修葺司訓程君芳亦以是請顧受事方新未遑興作越兩年乃倡捐廉錢百緡復與所屬籌錢一千五百緡筮日鳩工庀材屬縣尉王君學涵郡

人士朱君煇旐朱君扆康君述謙姚君樹勳黃君炳文等董其役經始於已卯八月以庚辰七月落成殿宇門廡丹漆黝堊煥然一新設樂生歌生製祭器樂器並以其餘錢發商取息及恩施縣學文生艾大炳所捐槽口坡稞錢爲後日歲修資而進諸生於明倫堂語之曰夫學所以學爲人也人不外君臣父子夫婦兄弟朋友大學言格致誠正修齊治平亦即是五者之物而格之以致其知意以是而誠心以是而正身即以是而修身既修則以之齊家而家齊以之治

國而國治以之平天下而天下平故曰五者天下之達道治及後世所爲非所學於是攀援傾軋而朋友之道廢爭產營私而兄弟之道廢家室乖異愛敬日衰而夫婦父子之道廢以剽竊摹仿之文僥倖科第竊祿苟榮不知忠愛爲何物而君臣之道之廢又已甚矣嗚呼士爲四民之首所學何事其流弊乃至此極乎施僻在山陬士風樸而不華實而不浮然學乎君臣父子夫婦兄弟朋友無失大學格致誠正修齊治平之道則華不如樸浮不如實審矣諸生何多讓焉夫聖門好學獨推顏子一貫之道惟曾子得其傳然顏子簞瓢屢空曾子無一命之榮聲施到今倘所謂誠不以富亦祇以異者非與諸生誠兢兢於學爲人以爲鄉里鄉黨表率俾愚夫愚婦咸曉然於君臣父子夫婦兄弟朋友之道風俗日益純人心日益厚雖食貧甘賤有餘榮焉況夫起爲　國用舉所學而措之裕如者更有進於是也以視區區詞章記誦之學其得失豈可同日語乎程君請記修廟始末因述所以勉諸生者畀之使并鐫諸石

府學學田係施州衛田與恩施縣學分收歲租詳前志

恩施縣　學宮殿廡門階均尙整肅惟　崇聖祠舊在大成殿東偏明倫堂後光緒六年教諭張恒泰及邑紳朱煇旐等先後禀請知府王庭楨知縣李增榮籌款移建於大成殿後增建櫺星門泮池加廣數尺橋亦增高加廣　王庭楨記光緒丁丑予由沔陽擢守施南甫莅任即新學宮集人士講習禮儀設樂器及歌樂生既成恩施縣學教諭張君恒泰及士紳朱煇

旐等以縣學宮崇聖祠建於大成殿後之東偏祠與殿相去數十武中隔學署及儀門明倫堂既遠且褻宜改建大成門外無櫺星門以肅觀瞻宜添置爲請予考縣學宮前明宏治中遷今地自明迄今凡七修規模大具顧獨遺此缺畧以待後人而逮於庭楨責何敢辭夫學宮爲立教之地崇聖祠則體聖人之孝思而設　聖朝以孝治天下奉聖人爲天下師故改明之啓聖祠爲崇聖祠由一代而追封五代設位祀焉夫人有父母則晨昏有定省之儀有祖先則朝夕

有馨香之奉居處稍隔則尊而不親今崇聖祠去大成殿數十武且隔一署所以體聖心者安在又何以爲立教之地乎且夫百行莫先於孝故立教以孝爲本孝則親愛之忱日篤乖戾之氣日消鼠牙雀角之爭亦不期其化而自化子輿氏曰人人親其親長其長而天下平言治自有本也教孝之地可忽乎哉時恩施宰李大令增榮蒞予言倡議改建費未集而去劉大令鑑踵而行之以宮牆外餘址改建崇聖祠於大成殿後正中設櫺星門於大成門外其餘泮池橋梁諸役淺者深之狹者廣之傾圮者完固之所爲兢兢於此者蓋上以慰聖人之孝思而即推聖人之孝以示吾施郡人士也夫士爲四民之首士氣作而農工商賈知所景從恩施爲六邑之首恩施治而宣來咸利建有所矜式　國家求忠臣於孝子之門舍施誰屬哉癸未之春予改任武昌將去施時廟工尚未竣郡人士以是舉係予定議乞予記其事因書以泐諸石

縣學學田係與施南府學分收歲租詳前志

賓興館在麟溪書院左側詳前志光緒五年知府王庭楨因邑北鄉太陽河文昌武聖二廟公款僅作一鄉賓興委官紳勸諭該鄉董事生員佘文光等將廟內公款酌提包穀租二十二石錢二百四十緡捐作闔邑賓興並立規條泐石　王庭楨記予於丁丑初夏忝綰郡符甫至境則見山川鬱深俗尚敦樸其人士亦多茂美之材意謂必科名鼎盛比詢耆老考志乘始知鄉榜惟壬戌科獲雋爲多辭額舉後已四次不得志於有司因與六邑搢紳商搉請之大府仍編

方字號議於游額內間科一取中大府籲懇於　朝
於光緒之四年六月初十日奉　旨俞允郡之士其
可迭歌鹿鳴而來矣當是時南郡麟溪兩書院俱延
進士王君頌平爲之師王君盖皖之彊直吏學行宜
爲人師者諸生講解切磋頗勵於學學日益有進而
恩邑尤多攻苦之士以距省遼遠赴試絀於資舊有
賓興爲數無幾予與周大令子謙又憂之先是恩邑
北鄉太陽河賓興係文昌武聖兩廟存款諸鄉老集
腋而成至是邑紳朱君輝施康君佩謙彭君光煉進

而言曰前此蔡許兩邑侯議以太陽河賓興推廣闔
邑皆不久任未及行茲請如前議於是予以屬周大
令並諭邑教諭張君星階暨朱紳彭紳前往經畫而
生員佘文光馮正續職員沈昌均沈丹墀劉昌烈民
人歐與道萬元庠黃繼武等合議於太陽河款內提
包穀稞二十二石歷年存項二百四十緡捐作闔邑
賓興之用並議規條附勒於石太陽河固縣之一隅
而其急公好義不分畛域殆不斤斤於尺寸間也夫
以偏隅尚知慕義則其他之聞風而興者當更可知
復得宜爲人師者爲之師又兼以鼓勵遐方之額舉
而以敦樸相尚之俗進茂美易成之材雖拘於地限
於勢不足以沾溉無窮吾固信其人文之共奮而科
名之日盛也夫人文足以致科名然必資斧充而後
能與於試而今之賓興其勢不能以驟充也吾雖喜
且幸其漸廣而又憂來者之不能繼也於是本其意
以告來者

宣恩縣　學宮　崇聖祠　大成殿名宦鄉賢兩祠光緒二年知縣黃廣焯集資重修

縣學學田　縣志未載

賓興館在書院右側詳前志

來鳳縣　學宮規制前志已詳

縣學學田　縣志未載

賓興館前志載邑紳何誠瑞捐田創舉未詳租穀石數知縣任廷槐發善後公項續增其費存項若干亦未詳按前志於各縣賓興凡租穀存項數目多未詳載今採訪亦未盡注明

咸豐縣　學宮　大成殿同治元年知縣盧愼徽修葺

泮池石橋光緒五年圯署縣魏慶昭捐廉重修並建
東義路西禮門
縣學學田有沙堡樹田一區武生秦朝品捐作學宮歲修費每年租穀折錢五千文又麻布溪一區租錢一千文墨池井一區在北門內舊學宮租錢四千文梅家堡一區在學宮後租錢四千文
賓興館在城內守備署前道光末知縣彭仲芳勸捐得貲數千緡置產收租爲文武鄉試之資童生應縣府院試亦助卷價

利川縣　學宮前志已載近未修葺
縣學學田每年收穀七斗租錢三千二百文
賓興館已載前志同治五年知縣鄧師韓勸資修建書院時復撥款加增

建始縣　學宮舊係東向明季兵燹後學宮悉成焦土嗣議建文廟適土人掘地得先師銅像因像在土中係東向故爾時建廟亦如之咸豐同治兩次修葺皆仍其舊光緒六年署縣易象偕學官程應玉邑紳陳德昌等新建　大成殿暨文明重地坊泮池欞星門皆改南向　易象序光緒六年夏四月余權建始篆前任盧君子祥舊好也時調署來鳳臨去告象曰往歲余見文廟朽蠹與廣文程君崑山議有以新之集紳首分地募資且捐廉以爲倡閱二載應者寥寥君以權攝之身上下之情未洽欲集腋以興土木覦余尤難君能不畏難而卒成之余雖去無恨矣象應曰諾既兩月召諸生謂之曰文教不修令之過亦士民之恥今方有造於書院義學膏火賓興而聽文廟之傾圯可乎夫令無以率之過專在令率之而無以應之則不率教者過與恥並諸生勉之陳生德昌向生鑄

人其主庀材事黃生兆松其主收支事徐生流輝劉生獻廷熊生宏開鄭生祖成其主鳩工事樸無華也寬勿刻也勤毋緩也貨惡其棄於地力惡其不出於身也餘材餘力則以濟科房之用科房爲檔案之所庋胥吏之集檔案固文章之餘胥吏又文人之餘也屠垣之解牛也目無全牛與可之畫竹也胷有成竹諸生勉之方今日長炎炎可以集事七月之望艮日也經始爲宜諸生退而集木集石集瓦集甎集工匠其丹堊髹漆之屬又無不畢集慮杜之不堅也集鐵

以圍之牆之無色也集灰以墁之士民則皆集資以相應閱五月而文廟告成科房與蕭曹廟秦公祠亦蕆事諸生請爲序以弁首乃告之曰是役也微諸生之力不及此雖然生亦知令之用意乎夫陰陽術數之學儒者不可拘而向不可不端也廟向舊屬東西移爲南北者欲民之知方也正殿舊材朽蠹寸木片瓦皆易以新者欲民之滌舊也後殿及兩廡兩樓大門及鄉賢名宦兩祠與庋器之所齋宿之廳移其處而因其材者欲民知可用即用遷地以爲良也規模

結構一切如昔制者示雖擬實因不敢没前人之勞也綽楔則峻之泮池則浚之示以聖道之高深未可以率易窺測也諸生誠能本此意以端其向新其德出爲世用而誠信明敏以將事又類推以及其餘天下詎有難事哉

縣學學田每年收租穀二十餘石載前志

賓興有縣西鄉于家壩水田一區租穀六石稞錢一千文烏羊壩田地一區水穀一石二斗東鄉茅坡山地一區包穀稞八斗署縣易象移置瓦窑坪水田一區徵包穀稞十五石皆作賓興之資

試院 院試經費附

施南闔府試院在郡城十字街乾隆三十六年詳請按縣設學四十一年捐建考棚四十六年學使按臨至今百有餘載未經重修半至傾圮光緒九年知府李謙檄恩施知縣劉鑑督修新建大堂一進頭門三間鐘鼓樓二座東西官廳各一西茶號房三間西文場十一間演武廳三間大厨房四間東厠一新作東西堂號板十八副東西文場號板八十副桅斗二對又

修葺儀門一進點名廳一座東西堂號各五間花廳三間東茶號房三間東西門房各三間上房三間東西幕友房各三間釁案房三間二堂一進內東長科房五間加官門一進外官廳三間供給所五間東西轅門各一前後左右牆垣皆經修理共用考棚經費錢一千九百三十串零八百文（内有職員皮越羣捐錢八百串文）

施郡自建試院以來學使按臨所有供張之費皆由恩施紳富捐輸每届經費需錢六千餘緡縣官勸諭富室捐貲三年一次頗受其累同治十三年恩施紳

首稟於知縣蔡炳榮以考試偏累一邑官民交困請照學額每名捐錢二百串約計二萬有奇置買田產以三年徵租取息敷一次學使供應足爲一勞永逸之計經知府許賡藻酌議恩施每學一名捐錢二百二十串宣來咸利四縣按照每名捐錢一百八十串建始縣照舊供應學政入山差事毋庸議捐通稟大憲批准立案恩施縣照同治十三年歲科取進學額文三十八名武十九名應捐錢一萬二千五百四十串宣恩縣照十三年取進學額文六名撥府學三名

武二名撥府學一名應捐錢二千一百六十串來鳳縣照十三年取進學額文六名撥府學七名武二名撥府學一名應捐錢二千八百八十串咸豐縣照十三年取進學額文六名撥府學四名武二名撥府學二名應捐錢二千五百二十串利川縣照十三年取進學額文十二名撥府學二名武四名應捐錢三千二百四十串各邑捐數均已定案恩施縣於光緒元年捐齊因一時難於置產利薄恐難供經費且有旱澇之虞遂交紳富具領發商生息按月一分共一萬

二千五百四十串每年應收息錢一千五百零四串八百文閏年則收一千六百三十串零二百文宣來利三縣亦漸捐齊仿照首縣發商生息惟咸豐縣捐項光緒元年已收錢一千七百餘串該處僻陋商賈不通無行店承領生放遂置產徵租利息甚微兼之二三兩年荒歉所收穀價僅一百五十串至四年公議將田產變價五年春申解一千六百四十串至府知府王庭楨批令首縣周盈交恩施紳首具領發商生息咸豐原捐係二千五百二十串因光緒三年少

進學二名只應捐錢二千一百六十串除已解郡之款尚短五百二十串仍須補繳總計恩宣來咸利五縣共捐本錢二萬三千三百四十串按每月一分扣算一年應得息錢二千八百零合三年計之八千四百有奇每次辦理歲科院試經費需六千餘串其贏餘仍歸商生息爲置產地步以垂久遠

咸豐縣試院光緒二年知縣向崇基建其記曰光緒二年春崇基奉檄署咸豐縣事夏初侍板輿涉荊澧舍舟而陸入其境山則犖确水則瀨潬田非沃饒產不

阜碩而民風樸茂士習尤艮徘徊者久之考諸志乘邑本荒徼自歸流以來設學建廟與中土同獨試院闕如試輒借公廨爲棚匪惟都人士之羞抑亦有司之責也適鄧碧松比部告養在籍翔實敦篤嗜義首公乃與胡北屏廣文何建侯少尉張蓮塘巡檢商諸紳者詢謀僉同籌款捐修民大鳬藻相地於署右偏筮日匃工集貲者比於募趲督役者罔有苦窳會舉行歲科試亟成堂三楹東西文塲各七楹試畢以經費不繼申請借糶蔚文書院租穀百石堂廡牆壁以

次告竣經始於丙子冬越戊寅夏蕆事其出貲輸工者則職員吳綱統文童馮永一視朝政也其偕鄧比部督工者則從九馬文熠監生劉正志也例得備書

書院　義學附

施南府　南郡書院載前志每年徵收租穀紳首經理延聘山長由知府甄別錄送生童肄業按月給膏火義學一所名鳳山書院久廢其租錢歸入南郡書院並同治八年知府松林建義學一所均詳前志

恩施縣　麟溪書院又義學二所一名崇化書院一名成山書院均載前志今義學俱廢

宣恩縣　龍洞書院城中義學一所乾壩義學一所忠峝義學一所東鄉義學一所俱載前志

來鳳縣　岐陽書院易名朝陽已燬於賊　鳳山書院在南門外地基係邑人張培桂捐光緒七年改建院門三間龍門三間講堂三間內室三間左右書舍各五間廚房三間外左右各附縣試考棚五間知縣唐殿華集貲修其記曰　國家崇儒重道育士興賢各府州縣自學校而外仿朱子白鹿之制建立書院所

以正人心端士習意至渥也來邑自乾隆初改土歸流迄今百餘年諸士子沐浴　聖朝雅化向日榛狉之俗變爲人文萃薈之區夐乎盛矣書院舊在縣署左燬於兵燹光緒庚辰秋予捧檄來令斯邑集諸紳耆首議及此第書院爲教育人才之地非廣齋舍不足以資肄業司馬張君培桂好善君子也因舊址僻小捐其城南隙地一區以助斯舉噫今之富商巨賈封殖素擁自爲一身一家計地方有善舉輒疾走惟恐不及何其鄙也廣厦千間歡騰寒士張君誠加人

一等哉其地距城數十步平原高曠樹木森秀四顧嵐光黛色如在目前誠爲讀書佳地爰集諸紳董鳩工庀材擇日興造予亦捐廉首倡闔邑士民爭先樂助乃擇公正紳董會同張司馬親爲督理爲院門三間龍門三間內室三間左右書舍各五間厨房三間左右各附考棚五間經數月而落成顏之曰鳳山取鳳翽梧岡之義俾士子爲吉人以羽儀　王國耳夫山川之靈鬱久必發斯地自有唐隸土司後千數百年其間雖有英奇特出之士率湮没於荒煙蔓草中今則山川之氣漸昌矣行見人才蔚起和其聲以鳴

國家之盛是尤諸君子所厚以自期與予所厚望於諸君子也夫

登龍書院在利正里上寨場　楊泗源記書院之設古學校遺意也古者自國而鄉皆有學今欲創書院於一鄉則甚難圄於地也非有正直紳民以經始而籌度之其事不能成不得賢官長以主持而激揚之其事亦不能成來邑利正里舊無書院上寨場有迴龍寺一所近因僧人不守清規產業浪費廟宇日漸傾圮戊辰歲查昌棵周靜軒向堂璉向學瑞諸首士見而惜之乃集同人籌之曰今以山秀水清之地居無賴僧徒何如建立書院培養一方之子弟之爲愈也衆韙其言遂改作焉顧堂廡齋舍畢具而黝堊丹漆所需亦多是地土薄民瘠一寺之所憑幾何勢不能遽成厥功延師儒而足庖廩也光緒七年辛巳歲邑侯唐公經其地見而獎勵之名其院爲登龍雖半沿寺名亦寓登龍門之意以爲多士勸繼又慮其力有不足而無以成始成終也捐廉三十千復給印簿飭首士等勸諭貞肅孝原二里有力之家捐資助修俾蒇其事異日是里教化涵濡人材蔚起而使風俗歸於樸美者固爲紳民之始願實由邑侯有以鼓舞而振興云

朝南書院在大旺司詳前志　鄒奐春記來邑自乾隆初年改設即建立大旺書院更名朝南所有歲修膏火爲數無幾經于公執中捐置桐子園竹園邸學田分作本城大旺兩處膏火旋皆有名無實嗣蔣公莅任聞之上官籌畫周詳至乾隆乙丑歲而大旺始

分其半五十二年裁改貳尹三里紳耆捐資買署之基地附入書院嘉慶元年被匪蹂躪齋舍傾頽重修三間僅使肄業者無風雨不蔽之歎至道光年間則荆棘含烟鼪鼯棲棟矣宋公其浚來涖斯土惓惓注意爰集向萬川洪禹門段春圃田梅村諸君子諭以勸捐建修奈三里地瘠民貧醵金非易始議停聘山長輪流執掌學穀以公濟公蓄積數百餘金乃仍其故址鳩工庀材公而忘私慨然以振興學校自任又得處士向光學協同經理一木一椽寸甓寸瓦皆資

其力越數年而後廳三間前廳三間中立講堂左右齋房八間慶落成焉增生向樹之監生洪頌吉又皆克承父志期於不朽予於同治癸亥歲主講於斯見營葺完固規模一新未嘗不喟然嘆曰此非于邑侯倡之於前諸首事善之於後烏可得哉異日文風興起端有賴於斯云

育鳳山義學一所載前志

咸豐縣　蔚文書院在文昌宫内同治十年知縣余思訓將費啟珍楊方盈逆產變賣錢歸書院交紳董經理近擬追清款項以杜侵漁

丁寨義學二所一名培英書院道光二十年建一名廣育義塾咸豐十年建前志未載

利川縣　鍾靈書院舊在城南里許年久傾圮同治五年知縣鄧師韓於城南門外集資創修講堂三間齋舍二十四間並添設賓興其經費有田徵租同治八年大學士李鴻章題正誼明道額　鄧師韓記學校之設宜教化育人材也自漢以來置五經博士之官以教博士弟子員至宋則立書院設講席其明經學

而培英俊者實足助學校之不及我　朝稽古右文崇儒重道文教之廣達乎海澨山陬天下府州縣莫不有學亦莫不有書院誠以學校之官由部選授所學未必盡優而月課季考又復視爲具文書院則聘名儒爲山長必道高望重之士其肄業生徒聚處於斯得以朝夕講貫課試文藝交相磋磨其爲益非淺鮮也利邑古夜郎地有明以前夷獠雜處　國朝定鼎時猶屬土官乾隆初始改歸流修城郭建官廨定賦稅至三十六年乃立學校寖寖乎一大邑矣余以

乙丑仲冬權篆斯邑見書院年久傾頽名存實廢大懼負　朝廷興起文教之意亟與諸紳耆籌規復之特捐廉爲之倡幸四鄉士民踴躍有志竟成爰卜地於城南相度面勢鳩工庀材爲構講堂三間齋廊二十四間以及庖湢皆備周以垣墉塗茨凡十閱月而工竣顔曰鍾靈仍其舊也惟形家言此地山水環繞惜少文峯又據邑士言向無賓興鄉試艱於措資因復與諸紳謀於公項内撥款爲鄉會賓興且於天馬山之陽建魁星閣於報元巖頂建石塔擇吉於戊辰

年四月初二日造閣己巳年七月二十二日營塔基其將補扶輿磅礴之窮亦天工人代之意歟是舉也人不勞而易集工不繁而用省時不稽而速成亦可見此邦之人易與爲善之一端矣余尤願諸君子肄力於學精勤靡間將見文運世風蒸蒸日上於以撥科第取青紫易易耳抑又思之德行本也文藝末也徜諸君子更進而上之尊所聞行所知由博識而守約本篤實爲輝光庶幾體用兼賅本末畢具達則蒼生霖雨可以爲千載之傳人否則坊表人倫亦不失爲一鄉之善士是又余所厚望也夫

縣城義學一所道光間署縣李恂捐廉錢一百串同治五年知縣鄧師韓捐錢一百串均交紳首經管取息由縣延師訓課忠路建南義學各一所乾隆五年奉文建歲領藩庫銀三十二兩分給二所膏火同治四年署縣何蕙馨以團防餘費各給錢四百串置買田産交本地紳首收租生息添置義學

南坪義學一所載前志同治四年署縣何蕙馨發錢四百串交首士生息

中汎團寶市義學一所同治四年署縣何蕙馨撥給錢二百串交紳生息爲興創義學之資光緒初有以石龍寺作爲學館者致紳首互控七年知府王庭楨勘明斷令田仍歸寺飯僧義學擇地另建八年紳董在市東修造學塾延師課讀　王庭楨記一鄉之善舉莫如義倉義學義倉者興養之助也義學者立教之助也從古聖王行政不外教養其設教之法則皆重學校至炎宋時始有書院之設講學明經助學校之不足後代又增以義學其助長吏之教者周且備

矣蓋書院所以課秀士育人才義學則以啟蒙童授句讀使窮鄉貧戶之子弟無力從師者皆得以就學亦古盛時鄉塾黨庠之遺意也利川縣中汎團寶市向無義學同治四年前縣何大令蕙馨於軍需餘款內撥二百緡付太學生邊華春領掌生息以為興創義學之資經管六年積至五百餘緡嗣歸廪生冉有恒經理越光緒五年以帳目未清又將石龍寺改為義學致邊生與衆紳耆控府予方集訊適郡紳為之調息迺飭冉生歸清款項寺名暨捐產悉復另擇正

紳覃大章周道五周龍章蕭肇基劉寶三周暉五李純五李賢壽等董之卜鎮東夏天富捐地一區諸紳董復集貲建堂舍中奉至聖予亦捐廉以助蓋至是而團寶市之義學成矣市紳乞予記其事予維義學之設有裨村氓而山區則尤急嘗見崇山峻嶺居戶零星一二戶不能延一師合多戶則相距迢遙勢難奔走無論秀頑卒以是同歸廢學積漸所極至於冥行昏夜陷刑辟而不知可勝慨哉惟近地有義學庶蔀屋茅檐皆可送兒入塾讀書識字以消獷悍之氣間有聰俊子弟四五年即能搦管作文者亦可轉肄業於邑書院由是而登膠庠掇科第義學之功豈淺鮮歟吾尤願董事者久而不倦每歲擇有品學之師勤於訓迪則蒙養之始基克端而義學誠足為立教之助是予之所厚望也夫

建始縣　五陽書院詳前志光緒六年署縣易象晋紅土坪水田一區歲徵租穀十九石五斗兵窑坪水田一區徵租穀二石五斗以資膏火

縣城西擂鼓臺義學一所知縣盧蔓麟建徐茂順存

錢一百串歲取息錢十五串文又北鄉黃土坎水田一區徵租四石五斗以為延師脩資

學額

光緒三年奉

御極恩詔加廣學額一次府學廣三名恩施學七名宣恩來鳳咸豐利川建始各學皆三名

施南府志續編卷五

續武備志

前志軍制爲營制今易之自宋元明迄　國朝軍制前志已詳續志操防營查各郡志兵事不載謀逆未成之賊故原稿所錄四案皆刪

操防營

湖北督撫兩標擇精壯兵丁仿軍營之法高壘深溝安立營寨遴派統帶官每日專司訓練名爲操防營同治十二年署施南協副將馬德中援宜昌新設操防

章程稟准添設於額設兵丁一千二百餘名中揀選二百名逐日操演技勇以副將爲統帶官月給公費銀四十兩副帶官一員月給薪水銀十二兩千把二員千總月給銀六兩把總五兩兵丁二百名每名按月給口糧銀二兩四錢光緒二年副將柏雲淩會同知府吳廷華稟續挑兵丁一百名同前設二百名共合成一軍每月加給公費銀二十兩添派把總一員每員月支銀五兩兵丁仍每名支銀二兩四錢每年油燭折錢一百三十餘串按季赴省稟領

施南府志續編卷六上

續職官志

前志總目爲官師其實師亦官耳分名宦政績爲二目舍政績何謂名宦未免重複茲編分列文武職官表繼以政績已祀名宦祠者注其傳末陸清獻靈壽志例也

文職官表

前志文職官表列至同治九年止四年至七年尚有漏載者今自四年起文職載至教職爲表四格分列於編經歷以下俟再補載

	知府	同知	知縣	教諭 訓導
同治四年	夏錫麒 載前志	炳元 載前志	鄧師韓 江西瀘溪選拔署利川	高維嶽 府學訓導載前志
五年			巴克坦 滿洲正黃旗監主署宣恩	
六年				
七年				李瀛
八年			李裕後	江夏歲貢生署恩施

山東歷城進士署宣恩教諭
閔紹蘭　應城廩貢生來鳳訓導
向光謙　湖南桃源優貢生署宣恩
雷登蟾　陝西郃陽舉人署恩施
九年　周慶榕　載前志
周文濂　河南商城附貢生以府經歷代理恩施

彭夔　湖南巴陵廩生署恩施
十年　竇燡祁　安徽霍邱附生署事
廖玉麟　廣西臨桂監生署來鳳

熊鑾　江西安義優貢生試用知縣署事
朱光耀　湖南湘鄉監生署建始
文聯　滿洲鑲黃旗人文生
吳茂先　四川南溪進士署來鳳
十一年　劉步騆　直隸高安進士署事
張炳烜　湖南湘潭監生署宣恩

趙立言　署建始
盧夢麟　貴州貴定舉人任建始
胡昌銘　江西南豐進士復任宣恩

十二年 許賡藻 浙江孝豐舉人

蔡炳榮 浙江德清監生任恩施 張恒泰 穀城舉人恩施教諭

十三年 陳富文 廣東瓊州優貢生署宣恩

光緒元年 方殿元 河南南陽監生署來鳳

鈕福嘉 山西介休世職任來鳳

傅作霖 四川巴縣廩貢生署咸豐 王長庚 宜都舉人署來鳳訓導

二年 吳廷華 安徽涇縣監生署事

許德履 浙江德清監生署恩施 曾逑先 宜都附貢生來鳳訓導

黃廣焯 湖南湘鄉監生署宣恩

邱蓮峯 四川屏山附貢生代理咸豐 張成崧 京山優廩生署府學訓導

周　益 廣西臨桂進士任恩施

徐龍雲 直隸任縣舉人署宣恩 程　芳 通山附貢生府學訓導

王士錚 安徽定遠進士署來鳳

向崇基 四川成都舉人署咸豐

李希鄴 江蘇江甯監生署利川

三年 王庭楨 江蘇無錫副榜軍功保舉花翎加三品銜候選道兼襲雲騎尉世職　鄒嶧 四川巴縣進士署咸豐　程應玉 蘄州舉人建始訓導

陳國棟 直隸大興監生任利川

四年 李增榮 廣東信宜優貢生署恩施　張鳳藻 安陸廩貢生利川訓導

五年 袁瓚 江蘇奉賢選拔任來鳳

六年 易象 四川酉陽軍功署建始　楊承先 棗陽廩貢生署咸豐訓導

劉鑑 四川新都選拔任恩施　殷錫智 京山舉人宣恩訓導

七年 熊桂馥 江蘇六合監生署宣恩

唐殿華 直隸清苑附貢生任來鳳　郝維奎 襄陽廩貢生署利川訓導

魏慶昭 四川涪州監生試用通判署咸豐　李鍾嶽 鍾祥優廩生利川訓導

八年 汪曾唯 浙江錢塘附貢生兼襲雲騎尉世職任咸豐

許之璡　雷春沼

浙江仁和監生署建始　黃岡舉人恩施教諭

唐時亮 江蘇無錫附貢生代理建始

康士銓 江蘇六合監生署建始　郭逢源 沔陽舉人府學訓導

九年 李謙 湖南巴陵監生軍功保舉鹽運使銜湖北題補道即補知府署事　王金城 湖南郴州監生署咸豐　程燮奎 孝感舉人恩施教諭

廖恩澍 湖南長沙軍功署來鳳　王懋功 蒲圻舉人咸豐訓導

武職官表

前志武職官表載至同治九年止今自九年起以副將爲表一格都司守備爲表一格分列於編千總把總俟再補載

	副將	中營都司左右營守備
同治四年	富昌 滿洲正白旗人	中營 殷開山 襄陽府穀城縣人行伍
十年		左營 何紹淩 湖南道州人行伍
		右營 德亮 滿洲正白旗人
十一年		左營 雷洪亮 武昌府江夏縣人行伍
十二年	馬德中	
十三年		
光緒元年	柏雲淩 安徽壽州武生由行伍保記名總兵	
二年		
三年		
四年		
五年		
六年		
七年		

八年	張慧謙 以中營都司護理	中營 張慧謙 漢陽府漢陽縣武生
九年	柏雲淩 回任	中營 何大鳳 武昌府江夏縣人行伍署事

施南府志續編卷六下

續職官志

政績

施南府

王協夢字松廬江西德化進士道光間守施郡廉儉剛方克端表率敏於聽訟寃獄多所平反邑令有不稱職者輒劾去之六邑政事莫不振興郡乃大治書院課試外士有以文藝就質者悉心評改肫肫然如塾師府志賴其創修始有成書嗣升江南糧道去任迄

今五十載民猶稱頌弗衰

夏錫麒字雲舫浙江仁和進士同治間守施郡聽斷廉明其時有神君之頌恩邑賑濟倉歲收租穀爲創出陳易新之法轉糶生息積穀至一千六百石之多値歲饑善理荒政活民無算而尤以振興文教爲任勤課書院生童厚給膏火光緒乙丑尹壽衡南宫之捷適當其會人謂錫麒鼓舞士類之效也卒於任士民莫不感泣

恩施縣

陳肖儀字琴泉江西弋陽監生道光十四年署任恩施操守清廉聽斷明決痛懲黠隷擊豪猾嚴治盜賊四境賴以乂安捐廉籌建連珠塔以餘款創立賓興邑有習妖術者能禍福人人不敢犯呼爲李神仙肖儀逮杖之術竟無驗嘗庭訊逆子逆子抗不服肖儀叱之曰爾不孝雷必擊汝時天霽無雲忽霹靂震地逆子戰慄服罪豺入城食人肖儀禱於城隍豺悉避境去其精誠相感如此既去任邑人爲立生祠後殉難廣濟

楊宗時字春生順天涿州供事同治間權恩邑篆恩施訟庭有陋規曰送案費民甚苦之宗時甫莅任即榜示禁革百姓如免苛征在任不久而廉以律已慈以撫民敏以折獄四境皆傳頌之

宣恩縣

趙廣恩字晉齋河南洛陽縣舉人宰宣邑三年政簡刑清與民親洽若家人父子解組時士民泣送婦穉亦爲流涕

黄廣焯字子立湖南湘鄉縣監生宰宣恩忠信明決邑無冤獄時文廟武廟皆年久坍圯親詣各鄉勸捐修建不辭勞瘁及解任裝無行資或爲告貸乃得去士民莫不歎息

徐龍雲字霖臣直隷任縣舉人同治間宰宣恩儉約自奉實心愛民時鄉村多野豕害田苗乃祈禱自責野豕相率遠徙至今民猶愛戴不忘

來鳳縣政績已載前志

咸豐縣

楊明善字理元順天宛平縣進士原籍江蘇江甯宰咸

邑聽斷明決吏畏民懷以調簾去任咸豐三年殉難湖北省垣從祀昭忠祠

鄒嶧字魯山四川巴縣辛未進士光緒五年宰咸邑首重士林恒勗以敦品力學月課詩文多爲之剔易縣試拔寒畯冠軍邑士悉服聽斷尤和平正直寬猛兼施辛巳秋以丁憂去任

利川縣

潘滋榎字仲美山東夏津縣人同治六年宰利邑勤於政治百廢具舉建社倉修書院立義學凡有利於民

者不憚勞瘁以爲之邑錢糧正額歲徵三百餘金吏胥浮征至數倍民屢訟未決滋榎汰其規費示以定額弊杜而訟息焉在任十載乞病歸士民爲紀政績泐石書院

鍾觀光廣東嘉應州人同治初爲利邑縣丞正直清廉非分之財一介不取深得民心以目疾告歸臨行士民遮道泣送後三年邑民爲立去思亭於忠路市中

建始縣

趙源生河南偃城舉人乾隆五十四年宰建始敏於吏

治民愛戴之並嫻武藝通軍畧嘉慶二年教匪嘯聚縣南芭葉寨衆數萬源生隨威勇侯額福甯募義勇充鄉導大軍所至芻糧立辦賊潰圍出北走官店口源生追賊陷圍中力戰得脫復募義勇請援兵戰輒捷會本邑教匪謀變源生偵得實先發制之全境悉安厥功甚偉陞荆州府同知

袁景暉河南光山舉人道光二十年宰建始崇儒重道以經術自輔一時敦品勵學之士如范啟端李如柱傅端淮諸明經皆禮遇之爲士林表率建書院資膏火獎勵後進士皆感奮二十七年再任至今稱風俗之厚惟景暉宰建時爲最

梁懋齡河南汲縣舉人咸豐二年署建始時粵逆陷武昌土匪四起各邑戒嚴懋齡素負智畧招集義勇保衛縣治建城門沿途要隘皆設哨卡防堵計刈土匪十餘處民賴以安

鄭燁林安徽英山進士同治二年署建始廉以立身嚴以率下體察民隱釐剔積弊禁刁健矜愚懦士習民風翕然一變值歲歉穀價騰踴燁林爲平糶接濟市

價遂減貧民樂生旋調任遠安士民赴省懇留格於例邑人至今德之

以上皆公擬呈請祀名宦祠者查前志知府尹英圖楊毓江譚光祥均無愧名宦前爲毓江呈請格部例未果今均謹志之以俟來茲

恩施縣 補

彭夔字濟臣湖南巴陵廩生由軍功保知縣同治九年署任恩施每聽訟先令其地公正紳耆別白兩造曲直始詳加訊斷案無寃獄因公赴鄉乘竹兜一人擔

卧具食物以從不累民勺水所至必環集其老弱男女爲俚語以訓導之諄諄不倦有聞而涕泣者歲時村翁媼或詣治署擕園蔬塒雞爲餽燮忻然相對如家人邑多豪豬害田植爲文祭之一夕盡去宰恩二載餘輿情愛戴至今弗諼人或自湖南來縣輒迎問巴陵彭公安否居官時無錢今則何如因相與太息言此公非吾縣官乃吾百姓眞父母也

施南府志續編卷七

續選舉志

前志此門有保薦仕籍二目又有例監一條仕籍中不盡由科目凡保薦例監出身者皆宜棄載無庸另標名目茲列文科目表武科目表繼以仕籍與封贈同附於篇

文科目表

	進士	舉人	諸貢
咸豐		孝廉方正	劉錕鋙 宣恩人 六年丙辰貢
同治	尹壽衡 恩施人 四年乙丑崇綺榜進士	張湘 來鳳人 六年丁卯舉人 大挑二等以教職候選	連念鈞 恩施人 八年己巳貢 黃國炳 恩施人 九年庚午順天鄉試副貢 謝廷恩 恩施人 十年辛未貢 廖起陽 恩施人 十年辛未貢

張寶臣 恩施人 十一年 壬申恩貢 就職州判歸部銓選

姚樹勳 恩施人 十二年 癸酉選拔 候選訓導

邱光誥 建始人 十三年 甲戌恩貢

陳賢芳 建始人 十二年 癸酉選拔 考取官學教習

李正心 建始人 十三年 甲戌貢

陳德昌 建始人 十三年 甲戌貢

朱夢蘭 宣恩人 六年丁卯貢

張登甲 宣恩人 十二年 癸酉選拔

彭采鈞 宣恩人 十三年

甲戌貢

覃奐安 宣恩人 十三年 甲戌貢

胡銘鼎 來鳳人 十年辛未貢

張惠直 來鳳人 十年辛未貢

邱鳳誥 來鳳人 十年辛未貢

李清 來鳳人 十二年 癸酉府學選拔 候選教諭

王國棟 來鳳人 十二年 癸酉選拔

鄒奐春 來鳳人 十三年 甲戌貢

劉建章 咸豐人 十二年 癸酉選拔

夏昌厚 利川人 十二年

光緒

李日躋　耀瑚子利川人寄籍雲南易門二年丙子曹鴻勳榜進士欽點主事分刑部山東司

樊增祥　恩施人三年丁丑王仁堪榜進士欽點翰林院庶吉士散館改知縣

黃國炳　恩施人五年己卯舉人

康文煥　恩施人元年乙亥公舉孝廉方正朝考一等以州同用分發四川

劉紹先　宣恩人元年乙亥公舉孝廉方正欽賜六品頂戴

光緒四年四月十九日部議湖廣總督李瀚章湖北巡撫翁同爵奏稱施南府屬士子自辭額舉後四次見遺請仍於湖北輪中一名之年將施郎兩屬士子先儘施郡編立方字續以郎郡編立員字各坐號輪流間科取中等語自係為嘉惠邊境俾免向隅起見應如所請郎自己

癸酉選拔

王裁之　恩施人元年乙亥恩貢官學教習以知縣用

何元臣　恩施人元年乙亥貢

鄢榮昭　恩施人元年乙亥貢就教職

黃慕陶　恩施人三年丁丑貢

連念銑　恩施人五年己卯恩貢

李紹聞　恩施人六年庚辰貢

向鑄人　建始人元年乙亥恩貢

孟培之　建始人三年丁丑貢

卯科為始將施郎二府鄉試各生間一科分編員各字號輪流取中仍照同治年間成案查明應試人數至三十名以上者方准另編字號取中一名如輪值方字編號科分施郡士子不足三十名郎郡適足其數應仍虛積一輪統歸散號取中毋庸以郎郡士子抵編字號其值員字編號科分亦照施郡一律辦理以示限制

周制祥　宣恩人元年乙亥恩貢

李夏卿　宣恩人六年庚辰貢

李先灼　宣恩人六年庚辰貢

楊承烝　來鳳人元年乙亥恩貢

何盛禧　來鳳人元年乙亥恩貢

李榮　來鳳人二年丙子貢

劉華國　來鳳人三年丁丑貢

張宗瑾　來鳳人三年丁丑貢

鄧灼　來鳳人三年丁丑貢

田汝霖 來鳳人三年丁丑貢

楊瑞霖 來鳳人三年丁丑貢

羅洪基 來鳳人六年庚辰恩貢

張永祿 來鳳人六年庚辰貢

何盛唐 來鳳人六年庚

辰貢

陳麟 利川人元年乙亥恩貢

周之俊 利川人六年庚辰恩貢

吳化南 利川人六年庚辰貢

徐正承 咸豐人

楊恩承 咸豐人

余建中 咸豐人

馮廷緒 咸豐人

宋名驤 咸豐人

劉正芳 咸豐人

蔣亨發 咸豐人

按施南府學四歲一貢 恩施縣學兩歲一貢 宣恩縣學四歲一貢 來鳳縣學四歲一貢

咸豐縣學四歲一貢 利川縣學三歲一貢 建始縣學三歲二貢

武科目表

進士

同治

舉人

向瀛洲 恩施人九年庚午科武舉

游光培 咸豐人九年庚午科武舉

光緒

冉超羣　利川人十二年癸酉科武舉

朱鳳章　咸豐人八年壬午科武舉

牟豐垣　利川人八年壬午科武舉

仕籍

尹壽衡　恩施人同治乙丑崇綺榜進士歷任刑部提牢廳江西司主事現任浙江司主事

饒應祺　恩施舉人刑部主事保留陝西候補知府現任甘肅甘州府知府餘見前志

崔廷璋　恩施舉人原名德璋見前志官學教習以知縣用四川候補道

樊增祥　恩施進士散館改知縣現任陝西宜川縣知縣

黃炳文　恩施監生兵部武選司郎中

康佩謙　恩施附貢生江西候補知縣

饒應禕　恩施附生保通判分發江蘇

崔驥遠　恩施人陝西候補通判

崔廷璜　恩施人陝西候補縣丞

尹壽保　恩施人湖南候補巡檢

康立鏞　恩施人保儘先選用從九品

尹家詥　恩施人保儘先前選用從九品

呂紹熊　宣恩附貢生保知縣留陝西候補

李盛卿　宣恩歲貢生四川候補州判保知縣

李日乾　利川耀瑚子寄籍雲南易門增生甘肅候補通判保知縣

潘潤之　利川拔貢四川候補直隸州州判保知州

張仲伊　建始廩貢生保直隸州知州

羅光前　建始附貢生雲南候補知縣

張敬銘　建始監生直隸候補縣丞保知縣

何曉山　建始歲貢生通城縣訓導

田紹祖　恩施附生保知縣留甘肅補用

饒應福　恩施監生陝西巡檢

張翥　恩施監生福建知縣

廖中立　恩施監生湖南巡檢

彭明道　來鳳拔貢吉林知州

吳宗麟　恩施監生陝西典史

余文藻　恩施附生保縣丞留雲南補用

劉元貴　恩施附生襄陽縣學訓導

田際相　恩施監生保縣丞留甘肅補用

曾試三　建始歲貢應城縣學訓導

向鼎臣　恩施監生四川縣丞

夏昌平　利川孝廉方正四川縣丞

封贈

貤贈資政大夫尹宏秀恩施人以曾孫壽衡貴

封中憲大夫　晉封資政大夫尹其琛恩施庠生以孫壽衡貴

封中憲大夫　晉封資政大夫尹炳昌以子壽衡貴

贈奉政大夫康光心恩施人以孫平章貴

封奉政大夫康明理以子平章貴

贈奉政大夫鄧顯俊咸豐人以孫秀毓貴

贈奉政大夫秦朝品利川人以子雲龍貴

贈奉政大夫鄧勝友咸豐人以子秀毓貴

贈朝議大夫羅配義建始人以曾孫卿雲貴

贈朝議大夫　晉贈通奉大夫羅梯宗以孫卿雲貴

封朝議大夫　晉封通奉大夫羅鴻鈞以子卿雲貴

封通奉大夫羅卿雲以子光前貴

貤贈儒林郎　晉贈朝議大夫張元善以子仲伊貴

貤封武德佐騎尉張繼品建始人以姪敘甲貴

施南府志續編卷八上

續人物志

前志以鄉賢行誼標目非舊志例所有也今依謝氏廣西通志例統以列傳祀鄉賢祠者注於傳末忠烈孝友後增義行目割股附孝友並改壽考爲耆壽殿以列女附以流寓

列傳

朱榮祿字仁山恩施縣恩貢生少聰穎長有聲黌序篤於天倫父早逝兄弟四人環侍奉母里黨皆稱其孝母嘗促榮祿就仕不忍遠離乃止嘗慕范文正公之

爲人慨然曰秀才擔荷匪輕敢自菲薄耶奉母命設禦寒院以贍孤貧冬則給以寒衣又置義冢施棺槥費頗不貲邑中重修學宮建南郡書院暨連珠塔皆倡捐董其事不以爲勞晚年手抄前衛志四卷後修府志賴以考核季弟榮壽候選藩理問與兄同敦孝友子煇憲自有傳餘詳前志

尹其璋字禮南恩施歲貢生性敏勤學習制舉業甚工尤嗜經史朝夕攻研至老不倦十赴秋闈房薦未售

生平嚴氣正性與人不妄交見者肅然晚年學益粹嘗訓子弟曰立身當守正不阿尤當抑然自下滿者損之漸也故自號抑齋官鄖縣訓導每化生徒驕矜之氣著有五經參考八卷弟其琛邑庠生著有四書類記讀史辨疑各四卷皆佚兄弟最睦璋在荆課讀琛作室已成年餘弗居俟璋歸方入宅同處子煓昌孫克坦克垣克均俱庠生餘詳前志

范啟端建始歲貢生舉人范迺之之子生平植品績學一以程朱爲宗不求仕進所在課讀於文藝外凡主

敬存誠之旨必反覆爲生徒訓迪欲使得其所歸知縣袁景暉爲題老成典型額

何逵鑒字葆山來鳳人道光丁酉舉人生而祗慎爲文古茂蒼老不綺詞華尤敦孝友多義舉官嘉魚教諭著崇阿絮語以示諸生士習爲之一肅父母先後卒皆廬墓三年兄弟四平昔交相勵學怡怡如也初有鄰省友人卒於京貧無以爲斂時方春榜報罷輒忘懷得失爲之集貲歷數千里送櫬於其家迨光緒甲戌試禮闈年已七十猶聰强適符截取知縣例謁選即可獲銓吏謂須改年貌拒之曰是自欺也卒弗就嘗應聘修邑志與施南府志歲大饑盡以館穀賑鄉鄰無壯丁者代僱運之主講南郡朝陽白崖諸書院暨課讀家塾及門多敦品績學之士其教然也著有崇阿詩文集趨庭筆記崇阿雜聞諸書待梓子盛矩舉人盛霖邑庠生盛凱郡庠生

以上四人皆公擬呈請祀鄉賢祠者惟新例身後三十年方准呈請逵鑒年例尚未符

朱煇憲字賡泉榮祿子恩施增生恪守家箴克敦行誼

中丞胡文忠公委辦釐捐保訓導光緒庚辰壽登八秩重游泮宮知府王庭楨贈以楹聯稱其力行善事待人接物悉出至誠非虛譽也子扆俟選訓導霈武生芳文庠生

陳鴻舉字月卿來鳳諸生爲人孝友正直無私里黨咸敬禮之課讀循循善誘採芹食餼者多出其門

馮永旭字曉湖咸豐人道光乙酉選拔年十七游泮即負笈從師下帷攻苦十二年不履城市及登選拔朝考後以州判用人勸其在京俟銓因父老不願離

親求名遂毅然旋里祖籍忠州嘗由黔邑涪州達忠留連一月訪求前人遺蹟經瞿塘魚腹觀武侯八陣圖下三峽由巴東歸所至皆有詩生平慎交遊謹取與雖家近縣城非公不入友教四方遇寒士尤體䘏之門下多品學兼優士七試秋闈四膺房薦竟不第晚年益精書法子四延炤庠生延緒歲貢生

吴江字楓橋利川廩生學問淵博詩賦尤古雅家雖貧窶恒邀二三知己鼓琴弄笛吟詩飲酒以爲樂嘗手修邑志至今賴之

潘澍之利川縣道光己酉舉人性明敏學業優長鄉舉後專意教授生徒及門游黌食餼者不可枚舉

王士鈸建始縣恩貢生嘉慶二年白蓮匪入境知縣趙源生檄充大軍鄉導圍賊芭葉寨威勇侯額深器之賊平論功議敘知縣後隱居不仕所上破賊七啟遺稿散佚士林惜之

龐澧昌建始縣恩貢生性聰慧博覽羣書嘉慶初白蓮匪盤踞縣境澧昌集團練勇與大軍相犄角賊平敘功授六品職後隱居鑿池養魚雖平生故舊罕見其面

柳榮湘建始庠生因事被褫嘉慶二年賊擾建境居民逃避大軍至糧無所出奉諭採買毁家購糧厚値償之糧絡繹不絶軍賴以濟家遂落額侯以其功復衣頂給六品銜

忠烈

王啟江自湖南衡州遷居宣恩年八十粤匪犯境厲聲駡賊賊殺之至死不稍屈

周蓮利川庠生幼敏悟力學弱冠有聲黌序咸豐壬戌年髮逆入境蓮駡賊遇害

李世斌恩施人咸豐八年任松滋把總調施南剿粤匪死節祀昭忠祠此見荆州府志前志詳其死節漏敘祀昭忠祠又云係宜都把總未知孰是錄以備查

孝友 割股附

劉維海恩施人少孤事母以孝聞家貧傭工奉母甘旨無缺母没廬墓三年未嘗見齒其女守節截指誓志載列女門

李泰福宣恩人父病久未愈思肉食泰福以家貧無力

購買遂割左臂肉以進啖之立愈

乾敔安宣恩人甫弱冠因父病醫藥弗痊割股療之

向澤遠來鳳人事繼母魏氏克盡孝道深得親心生平寡言笑與人交極莊嚴庭幃則婉容愉色四十年如一日母病頃刻弗離衣不解帶者數月居喪哀毀骨立三年不入內室

張有鑑來鳳人父思訓母余氏年老失明動履需人鑑與兄家貧各居鑑獨身事母侍飲食起居無間寒暑偶以事他出必置食物於母側俾可手探而得也髮

逆擾及境鑑以羸軀負母走避百餘里母年八十餘甘旨無缺族黨感其孝時周給之鑑年三十而娶婦生子四歲而沒婦譚氏亦賢孝家赤貧矢志撫孤年未及三十

彭兆興咸豐農人咸豐六年夏江水突漲及其廬父及妻子皆漂去兆興躍入急浪中救父得免

周立璜咸豐人賣卜供母母病百藥弗痊刲股作羹以進母立愈又同邑楊勝志割股救父劉玉麟截指以療父疾皆不藥而痊

石成玉咸豐人家甚貧母胡氏老矣病劇藥罔效成玉焚香禱割股烹啖母竟豁然若失張坪巡檢爲題苦孝格天額

朱福厚利川人父兆驥病風不能言動福厚奉飲食奉湯藥衣不解帶者三年父歿廬墓不飲酒茹葷人皆以孝稱之

段永興利川監生性誠樸母歿盡哀盡禮忌日常終日啜泣咸豐己未舉家以誤食毒菌皆死惟永興他出獨免

翁鴻海利川附貢生孝事繼母割股肉以愈其疾

黃佳學利川貢生母李氏患心氣甚劇佳學禱於神刲股作羹以進母服之立愈又同邑童生覃殿愷母譚氏目已瞽殿愷割肉傳母目翌日目愈

劉正坤咸豐人父元泰性嗜學遇族中子姪讀書者嘗以酒食獎勵正坤其長子也幼瞽父垂歿囑曰汝以瞽廢讀汝弟方性敏必使讀書成名否則吾目不瞑矣正坤泣受命未幾母亦卒家僅破屋一椽薄田四十畝力作勤苦以節縮所餘俾弟從師衣食稍佳者

皆推與弟自御則粗糲敗絮而已及粤賊犯縣境劫掠一空仍不令弟廢學後弟方游泮食餼旋貢成均知縣鄒嶧爲題孝友可風額而字正坤曰厚倫蓋紀實也

義行

許德新恩施監生嘗捐貲五百串修壓松溪石路共三十里有奇又捐田一區計價值一千六百串取租生息爲屯埠上渡口義渡每歲春修船秋修橋之資行人頌之

朱光玉宣恩人嘗置義渡七處其造橋修路周濟貧乏不可枚舉

丁仕楚宣恩庠生喜贍給貧乏

吳相珍字寶山咸豐人精明端厚豐財好施所置橋梁修道路甚夥遇凶年穀必賤售不足則貰糴於鄰境而賤糶之同治間川匪劉石淋謀逆相珍捐貲團練獲首惡保六品軍功子四長煥藻候選訓導

譚翠山利川監生家饒裕樂善好施荒年或平糶或賑濟無不自翠山倡之

楊聲和來鳳人年二十四妻李氏病故遺二子聲和不再娶以終其身性儉樸敦孝友言笑不苟自少至老不與人爭競

查呂謀來鳳人年二十八喪妻義不再娶自奉甚約惟於造橋修路以及拯濟困窮無吝色年八十一卒已旌

耆壽八十五歲以上者始列於編

恩施縣

談訓道家世業農生平無妄爲現年九十三五世同堂

張文國精痘科性情樸實現年九十三五世同堂

何永壽貌魁梧業農興家現年九十一

王開武素行誠篤精醫惟以濟人爲心現年八十九

鄭德勝現年八十七

尹其璜恩施庠生幼誦十三經能强記年十四補弟子員嘗著莊子補注一卷既而曰是何能與郭象司馬彪角勝耶卽焚其稿工繪事旋作旋棄人鮮知其藝之精也年八十五卒子熺昌武生煦昌熢昌皆邑庠生

向存道恩施武舉好施予多補修道路橋梁年八十五二子三孫皆補弟子員

宣恩縣

姚華龍與同邑龍豔宗皆現年九十六

涂大興現年八十六

周奇泰與妻張氏生同年月卒年俱八十八

李如成卒年八十七子方祥卒年九十孫可本卒年九十一

孔朝龍卒年九十九

高光前年九十八卒

朱宏開年九十一卒

來鳳縣

張本德秉性古直居鄉市間不欺五尺童尤好施濟現年八十五

咸豐縣

楊肇榮性忠厚和睦鄉鄰年九十四卒妻曾氏年亦八十有八曾孫文玉邑庠生

袁大發爲人正直能排難解紛一方賴以無訟年八十五卒

蔣游珍温厚和平品行高潔年九十六卒

楊文佐早歲失怙恃家甚貧一弟尚幼文佐勤苦力耕後貿易川湖間獲稍贏其弟乃求析居弟竟以樗蒲破家文佐輒分已產以給之如是者三而產復罄仍招與同居文佐子孫亦善體文佐意弟夫婦皆先文佐卒葬皆從厚文佐年八十七卒

謝連第事親夙以孝聞待人慷慨鬚長五尺有餘夫婦偕老卒年俱八十六次子正典其鬚亦長二尺八寸

卒年八十四知縣張曾敭有傳

利川縣

覃登第現年九十二

鄧啓常現年九十一

段永長善訓子尊師重詩書子孫俱邑庠生現年八十七

周之德治家孝友四世同堂卒年九十四

覃昌和壽至百歲卒

文光宗年九十二卒

建始縣耆壽未採訪

施南府志續編卷八下

續人物志

列女

恩施縣

鍾烈婦歸夫櫬自盡王酉斌爲作傳曰彭氏字三雲恩邑崔壩彭玉福季女諸生步瀛女弟也年十八歸於鍾家故貧井臼紡績無停晷弗以爲苦未逾年邑大饑鍾子游蜀數年無獲以疾卒女聞訃搶地呼天誓尋盟地下旣思孀姑尚在夫骨未歸一死不足塞責

不數月姑卒女典質營葬畢卽擬赴蜀僉以道險尼之女曰夫者婦之天也棄夫骨不歸死安所依地下豈有無夫之鬼乎乃匍匐千餘里踵趾皆血抵蜀後尋獲夫骨乏資扶櫬不得已哭叩於縉紳之門蜀人義之醵金以賻事乃濟旣歸懼夫爲若敖之鬼商諸伯仲擬繼姪爲後伯仲某陽諾而陰爲擇嫁事將成鄰女以告女曰所以緩死者欲爲夫立後耳今若此不死何待庭前有小池窺家人弗在卽投水死逺近無不苦女之節慘女之烈而悲女之遇也前邑侯任

公聞其事深異之擬白諸大府爲之請 旌旌以陞調不果烈跡就湮迄今三十餘年矣茂才徐秉三舉以告余余卽以其所述者敘其崖畧而爲之傳

監生廖濬妻李氏年二十二守節光緒戊寅年 旌現年五十八濬字南薰前志誤字爲名餘詳前志

庠生皮業超妻張氏年二十八守節光緒戊寅 旌時氏年六十三子克明附貢生餘詳前志

楊成義妻崔氏貢生國祥女年十九守節光緒庚辰 旌現年五十九

王樹柏妻尹氏年二十九守節光緒庚辰 旌時氏年六十

武生楊芳林妻譚氏年二十六守節現年七十七

州判銜頼廷掄妻楊氏貢生楊炳軒女年二十一守節卒年三十二其夫兄頼廷模爲作傳曰節婦姓楊氏名大妹邑貢生楊炳軒女幼讀女四書孝經列女傳及史鑒通大義年十六歸吾從弟萃之州判性貞靜不苟言笑舅早逝事繼姑克承厥志娣姒無間言篤伉儷嘗助萃之攻書一日萃之觀圬者塗壁激石灰誤眯其左目婦朝夕舌舐不厭久復明生子松甫晬萃之病遂死婦躃踊哭昏絕者再矢柏舟撫遺孤足跡絕中庭明年孤殀婦號泣曰未亡人守此一塊肉以續松陽禋祀兒死無以謝先夫於地下安用生爲卽持剪刺喉家人奪而防之密無死法迺絕粒數日繼姑慰曰汝善事吾卽報汝夫也何遽爾爾强之食而後食嗣是悒悒閨中人無窺其面越十載値歲朝婦忽狂走萃之墓大哭女奴强掖而歸怏怏至三日夜半自經死家人覺救之不得生時同治十三年

正月三日事也年三十有一是夕厮養某見有星隕於屋東晶瑩潔白精光一縷良久乃滅駭以爲怪及婦死顏色皎然如生咸異之初婦閨臨宅後菜圃窗外有素心梅一株婦咏梅花以見志其詩曰窗前寂歷芳梅樹人與梅花心共素今日花開果爲誰吟梅未免酸心胃又曰心如花冷止花知十二年唫縞袂癡玉骨冰肌同皎潔芳魂明月弔淸奇婦死後檢奩篋得此并十餘首始知其解吟咏也僅錄其二字跡亦端好太守王公上其事 旌表建坊入祠

州判銜賴廷壁妻馬氏年二十夫故卽以身殉其夫兄賴廷模爲作烈婦傳曰婦爲冢從弟穀臣州判側室姓馬氏名滿妹家施郡北郭外其父德海故農人也生二女婦居季性樸潔不苟言笑至戚與語冰如也年十四穀臣納之入室事繼姑婉而和事嫡康謹甚終年無怨苦聲生子女皆不舉穀臣病婦侍湯藥不解衣帶者彌月光緒六年穀臣死家人環守泣其嫡康素痿痺不能行悲號誓從夫死仰洋藥甫入口家人見而奪之康乃呼天大詈奪者之誤我遂以頭觸

壁額突起又以兩手自搤其喉血涔涔滴家人防之密致不克死馬獨坐一小榻烏烏泣若不甚悲者已而輟泣振衣起竊奩篋所藏藥和瓶酒吞之赴穀臣尸旁偃臥目直視不轉側家人驚覺解救不得吐毒發面灰色作笑容頃忽大呼阿娘兩足擊牀閣閣家人探其喉氣絶矣及殮顔色如生時年甫二十也先是穀臣死之前三日婦倩縫人製錦衣一襲曰速成之我數日需服此歸耳及穀臣死日早起燂湯沐櫛髮易衣履斬然一新見者莫不竊竊非之嗚乎婦之死其志蓋已早決矣太守王公奬以坤維正氣扁額請　旌建坊入祠

陳有洪妻楊氏年二十八守節撫二子孔棣孔梁俱成立光緒辛巳　旌現年六十三

外委孫世和妻邱氏年二十七守節現年六十九

楊明成妻李氏年二十二守節撫孤樸誠勤儉年四十二卒

鄒永昇妻王氏年三十守節撫子成立現年六十八

武生商祖煥妻張氏同治元年祖煥投軍陝西逾年歿

於營次氏年二十八守節孝親撫孤嗣家貧子亦外出氏依母家十餘年勤苦自矢言笑不苟現年四十九

陳商妻汪氏年二十二守節遺孤啓第尚在襁褓撫之成立年五十四卒

劉貞女生員劉華佩之女廩生劉純獻之妹守貞養親現年五十八已　旌

文童賴廷泮妻康氏年十九守節僅遺一女氏素識文字凡歷代忠孝節烈傳皆能解講痛夫無嗣哀懇族

黨擇賢立之以承宗祧現年三十七

鄭氏職員張覲紳之庶母氏守節撫孤成立持家興業皆氏勤苦所致現年八十六

劉後和妻向氏孝事翁姑迨姑歿夫故其翁啟秀八十餘歲動履需人扶持氏辛苦服侍出入每躬自扶掖直同父女翁無所苦翁年九十有八卒翁之壽實婦之孝致之也

周烈光妻劉氏年十九守節立夫弟之子爲嗣勤苦自給志節彌貞

職員劉榮楚繼室袁氏守節撫孤成立現年六十

唐濟衆妻袁氏袁光華之女年二十八守節撫孤勤苦自給現年六十

黄以立母曾氏年二十五守節以立尚幼氏撫孤持家賢淑有才鄉族咸欽敬之現年六十四

鄭芳隣母李氏年二十八守節現年五十六

蔡芳藻女錦雲年甫及笄父久病女侍湯藥見病劇遂於深夜持刀割股肉一臠和藥進父病立愈

蔡芳洲妻劉氏年二十四守節現年六十已 旌

王世德妻劉氏劉維海之女氏年二十夫故將以身殉維海諭之曰爾有姑在何遽輕生氏乃止嗣其姑謂氏僅一女家貧恐已身故後氏無所依欲令再醮氏截指誓志事姑益勤慎知縣李增榮聞其事欲與請旌年例未合乃爲立案維海自有傳

向應乾妻潘氏年二九守節撫孤鼎甲成立事翁姑極孝族黨賢之現年六十五已 旌

黄氏名鳳婧建始人湖南華容縣巡檢黄世鈞長女氏年十七歸恩施庠生康立淸之子結褵甫半月見夫吸食鴉片勸之戒不聽遂題詩二首自經死殆欲以尸諫乎其志亦可憫矣

蕭正貴妻張氏年十九守節撫孤成立現年五十四

武生蔡芳來繼室何氏年十九守節現年五十四

唐正旺妻譚氏年二十四守節現年六十九

李貞女大姑貢生李錦堂之妹現年六十一

鄧士艮繼室 氏年二十二守節現年六十

庠生鄧配南妻曾氏年二十八守節現年六十七

黄之傑妻劉氏年二十七守節現年六十一

庠生華先浩妻龔氏年二十五先浩赴丁卯秋闈下第歸歿於途氏家貧守節紡績爲生迄今蓬首忍饑無怨言知縣周益表其閭

宣恩縣

丁建寅妻陳氏年二十九爲粤匪所劫恐被污至兩河口赴水死

曹士奇妻吳氏吳廷玉之女粤匪竄縣其父被害劫氏強之行不從賊殺之投其屍於河

黄烈婦宋氏年二十八爲粤匪所劫恐被辱至穿箭河赴水死

夏烈女玉秀及笄秉性貞烈被人污言自盡

嚴有典妻朱氏年十八于歸數月夫故氏以身殉

拔貢生彭泗源妻羅氏年二十六守節家赤貧撫子成立年五十卒

謝朝富妻歐氏年二十四守節家貧撫子及孫成立年八十三卒

唐某妻李氏夫故氏年二十六守節年九十六卒

唐武鼎妻鄧氏年二十四守節家貧紡績爲生勤苦自矢現年八十

蕭正道妻鍾氏年十九守節現年五十八

張金階妻石氏年二十六守節孝親現年六十

張元珍妻黄氏年二十六守節孝親現年六十五

李昌庭妻石氏年十八守節現年四十九

吳光煜妻鍾氏年十八守節現年五十

何得貴妻鄭氏年二十六守節現年九十

向某妻藍氏年二十六守節家貧茹苦現年九十一

石敏忠妻吳氏年十八守節撫姪爲嗣現年四十

彭爲鼎妻唐氏孝事翁姑現年九十一親見四代

王某妻陳氏好善樂施捐義學田產一區年九十一卒

彭邦亮妻鄧氏五世同堂年九十七卒

邑庠生唐廷昭妻舒氏五世同堂年九十六卒

宋永珂妻唐氏年九十一卒

呂正黼妻董氏年九十八卒

貢生李學閔妻藏氏四世同堂年九十二卒

程顯國妻唐氏年九十一卒

熊大美妻張氏年九十三卒

符代相妻唐氏年九十一卒

衛千總朱正松妻胡氏年九十六卒

曾義盈妻段氏家法嚴肅年八十八卒

段祖光妻瞿氏持家勤儉賙卹鄉鄰卒年九十

錢勇剛妻陳氏九十猶親紡績鍼紉年九十六卒

張學源妻諶氏現年八十八

朱宏堯妻謝氏孝事翁姑年八十八卒

朱賡堂妻彭氏孝事翁姑年九十七卒

庠生覃發餘妻田氏年八十八卒

涂大興妻周氏五世同堂現年八十八

來鳳縣

張同仁妻馮氏年二十七守節撫孤子居鎮成立卒年五十九同治四年　旌

吳士炳妻劉氏年二十八守節奉孀姑生事死葬撫三子成立年七十七卒同治四年　旌

舒心發妻黃氏年二十八守節奉孀姑撫孤子孝慈兼盡同治四年與其姑黃氏同　旌

田光燾妻向氏年十六守節無子後翁姑俱亡依母家以居冰心自矢族黨敬重之年五十卒同治五年　旌

李應龍妻覃氏年二十五守節撫子廷枬成立年四十四卒

李應舉妻鄧氏年二十九守節撫孤廷揚成立年五十二卒

吳嘉祥妻李氏年二十一守節遺孤守政氏事親撫子孝慈兼盡年三十二卒同治八年　旌

何逵澤妻張氏年三十守節撫姪承祧事八旬衰翁克

盡孝道現年六十七同治八年　旌

陳開桂妻簡氏年二十七守節撫孤文炤文燕皆成立同治八年　旌

戴希逵妻黃氏年二十七守節孝親撫二子成立現年八十四已　旌

郭人傑妻黃氏年二十六守節無子孝事翁姑飾終以禮現年五十二

任兆賢妻酈氏年二十守節撫孤國梁成立姑壽九十六事之盡禮氏年五十九卒

陳德芳妻鄢氏年二十九守節孝親撫孤成立年四十四卒

何逵騰妻鄧氏年十九守節撫孤成立年三十八卒

田世模妻覃氏年二十九守節撫姪作霖如已出現年七十

張有儀妻何氏年二十九守節撫子士熹士炳成立士炳亡卒婦劉氏同撫三孫卒年八十一

王錦廷妻舒氏年二十五守節撫孤成立年四十六卒

張鑾妻王氏年十七守節孝養祖姑及姑撫甫三日姪

瀚之為嗣成立

貢生張光熹妾夏氏年三十守節撫嫡孫成立年六十四卒

王永清妻劉氏年三十守節撫孤成立年六十卒

辛宏業妻李氏年二十九守節孝親撫孤本禄成立年五十二卒

舒朝錦妻姚氏年二十八守節事姑撫子孝慈秉畫年八十三卒

王宗澤妻胡氏年二十一守節撫孤年三十一卒

向正綬妻田氏年二十九守節上奉三代撫孤成立現年六十九

周福章妻黃氏年二十八守節氏孝親撫二子成立現年五十三

周芬信妻鍾氏年二十三守節無子孝事舅姑現年五十二

鄧宏景妻李氏年十九守節事孀姑生養死葬皆如禮撫夫弟成立現年六十七

貢生曾有典妻潘氏年二十五守節孝親撫子均殀年

七十三卒

廩生邱道行妻張氏年三十守節撫甫生六月孤子以選成立現年六十九

張宗銘妻何氏年二十七守節孝親撫孤成立復亡又撫二孫現年七十

庠生劉宗晒妻歐氏年二十九守節撫遺孤二以紡績育之均得成立氏年七十卒

周中和妻陳氏年二十八守節家貧子四皆幼撫孤成立現年七十一

廖仁會妻龍氏年二十一守節遺孤云松甫歲周或憐其少勸再醮氏指天誓終不移現年五十八

田世範妻覃氏年二十二守節撫遺孤受林成立子亡撫孫光緒二年大旱田苗將槁氏仰天歎息忽洞中湧出清泉灌足氏田即止洵爲苦節所感現年七十三

歐陽雯妻蕭氏年二十七守節孝親撫孤成立現年五十一

張仕仁妻鄭氏年二十二守節家貧子幼教育有方其後家計之豐皆氏所締造湖北學政王贈芳以砥節懷清表其閭年九十有八卒眼觀五代足徵苦節之報

李貞女幼字鄒朝煥女年十三朝煥故女至夫家守貞立姪明堂承祧咸豐間爲粤匪所擄罵賊被戕賊棄之四日復甦現年五十四

周貞女蔚芹幼字陳斯陶女年十六斯陶故女至婿家事姑年餘誓不再字未幾有議婚者女聞其將聘赴池死

吳貞女幼字余月文生甫七歲入余門端肅孝敬咸異之女年長月文三歲逮年十六而月文殤女誓不改字翁姑憫其年少屢泣勸之聞言輒恚欲死乃立姪爲嗣女撫嗣子如己子事翁姑孝閨內外或値翁姑病寢食俱廢數禱神祈以身代及居親喪水漿不入口撫棺泣血昏絶數四其貞操篤孝實爲近今所罕覯

咸豐縣

王文煥妻黃氏邑儒士黃義和女年二十九守節矢志撫孤家雖貧奉翁姑必備甘旨侍姑病恆衣不解帶及卒哀毀逾常後家小康每紹夫志爲義舉訓子嚴尤戒濫交子偉恩貢生官廣東大埔縣知縣道光二十八年邑大饑督子買糧賑濟同治六年又值凶災復諭諸孫減價平糶兩次全活甚眾年八十一卒光緒八年　旌

李興周妻劉氏年十六守節見前志知縣向崇基爲作節孝頌其畧云是劉介女巾幗之傑能讀父書賢女合轍于歸匝月所天遽亡懷清守潔以孝高堂猶子

爲子藐孤承祀罹靈不弔哭子濺泪幸已生孫禋祀是續孫也克家得延世澤養之教之烏烏孺泣五十五年大節昭聞評孚桑梓譽徧榆枌

王庭珍妻黃氏年二十五守節家貧孝事翁姑姑殁竭力營葬撫子竹齡成立現年七十三

洪秀芝妻李氏年二十二守節家貧僅一子翁姑甘旨之奉悉資紡績其後子夭子婦改嫁氏又撫孫現年七十二光緒八年　旌

文童袁通顯妻鄧氏年二十五守節現年六十三

文童謝營三妻劉氏年二十二守節現年六十八

滕代昌妻陸氏年十七守節現年五十四

武生游行魁妻陳氏年二十四守節現年八十八

廪生劉秀鍾妻李氏年十九守節現年五十三

文童覃光藻妻周氏年二十五守節孝親撫遺孤五教子有方長子世昭入泮食餼現年五十四

王吉美妻李氏年二十七守節現年五十五

監生李介堂妻田氏年二十四守節現年五十二

文童謝廷俊妻劉氏年二十九守節現年五十八

文童謝朝幹妻李氏年十九守節現年五十四

謝廷賜妻田氏年三十一同治元年正月十一日粤匪竄境避賊峝中賊圍數日破峝氏誓死不從奪刀自刎賊忿碎其屍光緒八年　旌

蕭志珍妻田氏係嘉慶間　旌表建坊田節婦蕭氏之女也年二十守節年七十三卒湖北學政王文在以砥節懷清表其閭

張守柱妻王氏年二十八守節撫子香泉成立已列成均現年六十八

蔣英華妻覃氏同治壬戌春避賊山谷中賊擄獲之罵賊不屈墜崖死

庠生丁秀鍾妻嚴氏年二十八守節孝親立夫兄次子承祧現年六十七

楊廷璋妻黃氏年二十六守節孝親撫遺孤二成立湖北巡撫胡林翼爲請　旌題節孝昭垂額

文童楊正舉妻羅氏年十九夫故欲以死殉孀姑泣勸始忍死守節奉姑極盡孝養已　旌

馮貞女馮慕濂之女字楊姓年十四楊子殤誓不再字

性敏而孝知詩書明大義言笑不苟年二十七卒自處分後事命其姪朝夕奠不用釋道葬必於父側尤惓惓屬兄嫂善事其母縣訓導魯元誌其墓而銘之

魏年發母蕭氏青年守節撫子成立現年八十七

楊勝發妻朱氏年二十七守節年八十六卒

汪天從妻彭氏卒年一百有三歲孫本一歲貢生

庠生向邦彥之母龔氏年九十六卒

嚴九仁妻晏氏年九十卒

黃先勝母徐氏年九十二卒

羅景鳳母王氏年九十卒

貢生劉宗賁妻歐氏年九十七卒子毓瀛庠生

庠生蔣士英妻金氏年八十九卒子長萃庠生

瞿文聯妻張氏年九十卒

冉永海妻金氏年八十六卒

李朝彥妻楊氏年八十七卒子國垣孫世蕃皆庠生

丁有成妻楊氏年九十卒

譚章清母馮氏年九十七卒

馬鳳鳴妻張氏年八十五卒子天祿從九銜孫之綱監生

覃光祥妻劉氏年八十五卒

庠生馮德華妻熊氏年九十一卒子尙會貢生孫興偉庠生興祺武生興鐸貢生

彭某妻楊氏年九十九卒

利川縣

白昆岳妻李氏年二十守節奉姑撫子克盡孝慈現年六十四光緒七年請　旌建坊

余錦華妻劉氏年二十二守節年三十三卒

吳安樂妻田氏年二十七守節現年五十四

賀富榮妻周氏年二十守節現年六十六

覃正綱妻邊氏年二十九守節現年七十一

甘大賢妻雷氏年十六守節年五十八卒

夏昌熾妻譚氏年二十七守節現年六十

朱自進妻蔣氏年二十四守節現年五十一

瞿永元妻張氏年二十二守節年五十五卒

劉繼祥妻邊氏年十七守節現年五十一

瞿必興妻雷氏年二十六守節年九十一卒

黃承叙妻向氏年二十四守節現年五十二

李成蹊妻夏氏年十九守節現年六十一

袁驛吉妻謝氏年二十七守節現年五十一

黃和鈞妻龍氏年二十六守節現年五十

陳世富之女守貞孝養父母現年五十一

蕭光海之女明⿰女余幼字李氏子未婚守貞現年六十一

蕭光潮之女明孅幼字文氏未婚而壻夭女即赴壻家

守貞現年六十九以上俱係光緒五年　旌

劉紹珍妻楊氏年二十七守節現年五十五

黃光龍妻楊氏年二十八守節年六十九卒

黃正宗妻王氏年十九守節現年六十三

張天用妻楊氏年二十二守節年八十卒

張萬光妻楊氏年二十七守節現年六十

翁錦圖妻邱氏年二十七守節現年五十一

李日章妻王氏年二十一守節年五十七卒以上俱係六年旌

羅章漢女榮嬌奉養二親守貞不字現年五十三

張守廉女天香幼字段氏子未婚守貞現年五十

劉光珺女夢月侍奉父母守貞不字現年五十一

李華勳妻吳氏年二十九守節現年五十四

譚德勝妻牟氏年二十八守節現年五十

羅宗堂妻張氏年二十八守節現年七十八以上俱係八年詳報

周賓賢妻彭氏年二十九守節撫孤湖北學政梁燿樞

表其閭曰勁節慈心現年六十

馮京偉妻周氏年二十一守節現年六十七

周才傑妻翁氏年二十六守節孝親撫二子成立現年

六十三

覃子元妻向氏年二十三守節撫二子成立長子成美

妻冉氏年二十二守節能繼姑志其子啟秀入泮

鄧自文妻張氏年二十而寡翁姑憫其年穉勸再醮誓

不他適年五十三卒

覃章顯妻陳氏年二十二守節撫孤成立治家勤儉年

七十一卒

翁思發妻胡氏年二十八守節撫姪爲嗣如已子年七

十六卒

鄧正亮妻吳氏年二十八守節撫遺腹子成立事翁姑

以孝聞年五十八卒

譚修吉妻牟氏年二十四守節事親撫孤孝慈兼盡年六十卒

周大紳妻朱氏年三十守節孝親撫雙孤成立里人欲公舉請　旌氏力辭不欲以此沽名年六十三卒長子明珠庠生

胥達臣妻嚴氏年二十八守節撫三子皆成立生平好善遇宣講善言聽終日弗倦年九十三卒

武舉牟豐垣祖母劉氏歸牟未一歲而寡撫幼孤教訓有法尊善艮齊貧乏族黨賢之年七十六卒子廷芳

武生候選千總孫恆垣豐垣恆垣武生

白定岳妻藍氏同治元年粵匪竄境氏偕已嫁女吳小文之妻避山谷中爲賊追逼母以身伏女賊刃傷母女怒罵賊皆殺之

董虞萬妻李氏年三十守節現年六十

蔡道達妻覃氏年二十二守節現年五十

蔡代祥妻張氏年二十五守節現年五十一

張鳳廷妻王氏生子五存者三教以義方助夫興家壽登百歲知縣鍾詳請建坊題曰人瑞國祥

建始縣

饒從厚妻向氏年二十三守節孝親現年五十七

庠生謝廷澤妻吳氏年二十三守節孝親現年五十五

廩生侯景星妻黃氏年二十九守節現年六十三

向錦罂妻張氏年二十五守節孝親撫孤子成立現年七十五

黃修桂妻尹氏年二十五守節貧苦自甘撫孤成立現年八十一

杜定邦妻李氏年二十七夫故事親撫孤孝慈兼盡守

節五十六年

黃修忠妻楊氏年二十七夫故家貧茹苦守節三十八年

姜得韜妻傅氏年二十七夫故事親尤能孝養守節四十一年

朱志修妻費氏年二十四夫故紡績養親撫子尤能課讀守節四十年

黃存信妻傅氏年二十八夫故家貧守節四十二年

文生池成蓮妻陳氏年二十二夫故事翁姑存歿盡禮

撫幼子皆由紡績給饔飧守節三十年
劉時經妻余氏年二十九夫故辛勤耕織守節三十八年
唐學柳妻尹氏年二十九夫故家貧守節四十八年
文童唐成均妻黃氏年二十三夫故家貧守節二十九年
張久訓妻余氏年二十二夫故守節三十一年
陳心忠妻胡氏年二十九夫故事親撫孤孝慈兼盡守節三十六年

監生黃修毅妻　氏年二十六夫故守節二十一年
何先輝妻馬氏年二十三夫故家貧親老紡績奉養守節二十一年
朱自新妻李氏年二十八守節四十八年
文童孟傳梓妻彭氏同治十二年守節光緒五年卒
吳秉巽妻李氏年二十八夫故撫孤成立守節三十五年
王德成妻鄧氏年二十二矢志守節是年以哀卒
羅明哲妻梁氏年二十七夫故勤紡苦織守節三十二年
龔正傑妻曾氏年二十八夫故善事孀姑守節三十年
朱正祺妻周氏年二十七夫故事姑教子勤儉持家守節三十三年
楊貞女典史楊瑞之孫女因無兄弟姊妹願事父母誓不字人年二十三卒
劉貞女父名能書前後生子皆不育女誓不嫁侍父母終身喪葬盡禮復懇族戚爲父母立嗣今年逾六十知縣易象以貞孝表其閭

文童黃和鈞妻龍氏年二十八夫故撫孤成立守節三十一年

流寓

恩施縣

詹益桃字春園安徽徽州監生道光初知縣詹應甲招之來縣遂家焉喜濟人事急則不惜軀命無論財也善醫雖富貴家無所取且製藥以便貧者見重前後郡守皆與納交子昌齡監生亦以醫名昌錦愷恩施廩膳生

施南府志續編卷九

續雜記

僧伴雲號鑒空利川人幼業儒不喜帖括好爲詩三應童子試不售遁跡浮屠行脚至施南爲郡城萬壽宫住持僧不樂誦經參禪惟日吟詩與文人相酬唱知府王庭楨知縣胡昌銘黃世崇爲之敘僧歿時就斂而目猶視素與往還者枚舉他事以塞之皆無驗既而曰得無以詩稿未鋟乎吾輩當身任其役應聲而瞑知府王聞而哀之爲梓百餘首今所稱亦樂齋詩

集也且題其塋所曰詩僧鑒空之墓

施南府志續編卷十上

施南詩文徵附

方志於藝文志止載邑人撰述書目不用詩文濫充門類係本班固藝文隋書經籍兩志例詩文有關掌故者用雙行細書綴於各條之末則范成大吳郡志例也茲編詩文散附各門不用細書其未盡者仿宋人清源郡志附清源文集之例改藝文志爲施南詩文徵二卷

詩徵

紀災吟有序　　恩施　王開先

光緒八年秋雨多禾萎九年春斗米千餘錢鄉民無從告糴劚蕨爲食無蕨則掘草根削樹皮又洞中有白土可食曰觀音泥食者多病膨脹且有死者郡伯子泉王公倡捐廉錢五百緡官紳共捐三千餘緡遣員採買設局平糶令富室有餘穀者減價以售活民無算作此紀之

去年秋禾將熟辰天降苦雨胡不仁日夜滂沱無休息穀菜不熟饑饉臻入冬食罄米昂貴乞米市間面凍皴

老者枵腹泣路側少者菜色足逡巡今春富室皆告匱
晴光淑氣難爲新千家萬戶走求糴持錢市米無處詢
高阜挖蕨低挑菜剷盡草根遍披榛木瓜子春任皴揉
老鴉蒜烹賽秋蒓芭蕉葉大兜子肥含英咀華滿牙齗
樹老枇杷皮爭剝食不下咽强沾脣忽聞甘露從空降
自在觀音顯其神洞中有土堪共食其質細膩白如銀
氣息漫嫌泥滋味塵羹土飯何憂貧糊口恰同啣泥燕
乞食如逢與塊人那知療饑先貭腹芒角撐腸病吟呻
咥之者生飽者死千家野哭宵飛燐郡中遺官問疾苦

相見惻惻話田畛歸將民瘼告太守太守愴然籌拊循
移粟平糶傳檄定上買錦江下湘濱窮黎無告策久困
捐俸賑饑由性眞口碑爭傳救荒政王公沛澤能活民

客星山

童公讀書處共指客星山健筆天驚破奇文石點頑千
秋誇北學一士壯南蠻潑墨猶留跡遺蹤可共攀

牛女怨弔王烈婦部氏

建始 張仲羲

女蘿無根草殷情在松柏誰知附蓬蒿倉皇中道折妾
家仙茶園天潢鏤玉牒烈婦先世係元宗室憶昔大明東燕雲王
氣歇車駕孫上都宗室竄南越悠悠三百年河山看鼎
革正朔頒 天朝蠻芳載版策諸司既改流雍正朝容美歸流設
鶴峰州紘歌起偃伯彬彬詩禮庭朱門部故鶴峰世家連繡闥妾
幼長深閨內訓領親切叢菊九月黃不改淩霜節王孫
故家子詩書仰前哲王爲吾邑名族家在夜郎東關山千里月
與妾締新婚相期共頭白蒲柳不勝秋梧桐先落葉寒
鴈夜孤鳴哀猿腸寸裂兒遭家多難帷薄焉可說高堂
垂老親風霜逼鶴髮寡兄舊同居棄嫂已生別膝下無
遺孤應門乏三尺苦節難爲貞不如早同穴深宵墓門

來白楊悲風發落月呼山鬼秋泉響幽咽天孫七月七
相遇在今夕妾願隨烏鵲翩翻整六翮追逐上九霄銀
漢冒風涉高秋波浪平相逢話契闊雲山自終古煙草
任埋没一片貞烈心千載有金石

書林將官某殉節事

東軍失利馬不起義卒三百同日死將軍烹醢小麥田
天狗墮地光燭天英雄流血濺草莽韓信終竟虜田廣

書朱總兵洪開公子某殉節事

六月三日夜四鼓兆軍板梁子死父馬革裹之葬南山

襄老尸不歸中原焉得制書禁樵採馬鬣崇封鎮馬尾

書阿將官殉節事 三節俱見兵事志

安西大帥親擊賊馬蹶嶺長行不得榛莽伏狙跳梁來跋前疐後心膽摧丑父與公忽易位半存國體半死事

過忠建土司城懷古　宣恩　朱定鰲

昔承宣撫亦强司雄長山陬久自持當日負嵎曾虎踞於今棲樹有蟬嘶荒煙蔓草迷墟墓碧黍秋風撼址基牧犢採樵人往返頻歌下里樂清時

過乾壩弔巡司蒲葆光祠

人去荒陬俎豆馨英風懔懔仰先型而今廟貌猶千古不覺妖氛此再經蜀魄化爲芳草碧杜鵑啼破暮山青忠魂不與寒煙散冷署成灰寄夜螢

巴公溪　宣恩　朱兆臨

向王臺榭竹王宮古往今來事事空祇有忠名空不得城南一澗屬巴公

重九日望銅鐘山歌

銅鐘山色高接天淩雲欲往心茫然我昔登臨猶髫年至今斑白欺髮顛當此佳節景澄鮮囊中豈乏青銅錢酒滿清樽詩滿箋登高一望招雲煙萬壑千崖羅眼前奇氣直盤天閶邊驚醒山林幽壑眠猿亦不嘯鶴亦拳無奈荆榛空糾纏黄花未結三生緣五丁巨斧如可還徑當拂袖白雲巔上構珠宮連斗躔無遮無礙參枯禪更種茱萸樹三千解除瘴癘秋山妍 前志銅鐘山因土人掘得銅鐘二故名又名大寨志稿載姚復旦記云鐘係飛來述道人事亦甚幻其兩次詠是山詩無一語道及殆屬偶爾附會即有其事僅足傳奇於邑無所關係故删之存其詩一首

仙佛寺　宣恩　朱開來

峭壁懸巖構佛堂由來創建費猜詳煙江浪湧兜羅外

雲樹陰森寶剎旁僧喜吟詩唐賈島人爭敲磬晉咸康 鐫有咸康元年字 萬緣到此都消卻未必靈山更異常

問月亭 時亭圮未建　宣恩　朱溶

我問謫仙去幾時蠻天明月亦無知碧波今日亭何在空對斜陽讀斷碑

呈邑侯袁公範卿詩二首　咸豐　秦鍾嶽

仁風吹暖萬層巒到處村農說好官天亦多情遲降雪深山不肯冷袁安

武侯治蜀能嚴政子產濟人有惠慈極目千秋賢令尹

使君寬猛兩兼之

冉廣柱罵賊殉難行

咸豐 宋文藻

同治癸亥秋七月髮逆由湖南竄咸邑廣柱挈家人避山中賊搜山掠人名曰打草猝至巖下索犒厲聲大罵賊怒以鎗擊之身墜山下尤罵不絕口羣賊刀矛叢薄立斃

青犢蕩地來山川皆震動狂奔山谷間草木齊驚恐獨有老農夫秉性直而勇罵爾釜底魚敢作鯨波湧嚴詞神鬼驚大義邱山重蜉蝣固無知聞言心亦悚羞惱變

蛙怒刀光如蝟冗罵賊聲未終殺氣漫天壅一死甘如飴捐軀忘頂踵大河寨至今英魂尚孤聳居民解効忠寶劍懸青塚

青龍山

媧皇鍊石補天缺賸有爐中石猶熱朝朝鼓鑄作龍吟跳向紅塵還突兀果然游戲大神通奇狀非彲亦非熊舞爪張牙鱗甲動昂頭蟠踞城之東未識何年來此駐但見勢欲騰空去神物一起生雲雷滄海溟濛不知處

寇退紀事

文有典

流寇從西來烽火及黔江官軍向西拒副將惠公統轄兵勇禦寇江之旁江淺妖氛惡官軍扞難防寇馬任馳驅寇施任飛揚日趨二百里虎狼勇莫當咸豐朝過虎來鳳夜添狼子女多被噬何論豬與羊自秋徂冬元戎相頡頏鳥道蠶叢地旂旐風央央芻糧供閭里望保我邊疆那料師失律全軍皆國殤尸橫鹿子峽惠公覆軍地名血漬紅花岡惠公屯軍地名還期收餘燼蓄銳或摧剛忽報東寇至賊首石達開由湖南長州竄至西寇勢轉張厲牙狼倍眾添翼虎尤狂虎狼羣反噬天地色蒼茫村墟與城郭須臾即滄桑穴居多

薰斃巖棲半墮亡生者被寇縛爲之肩橐囊足血染冰雪肌肉飲劍鋩九死幸一生始得還故鄉譬如大病後調治仰醫良胡剜凋瘵肉用治肥壯瘡上司催濟餉悍吏促輸將籲天天不應含淚仰穹蒼

施南府志續編卷十下

施南詩文徵附

文徵

文茂才溥泉負父骸歸里記　文有典

吾宗溥泉茂才名德昭初名世浩溥泉其字邑之桃園屯文學澍盛公第三子也先是道光壬辰癸巳歲薦饑澍公以食指多慮家中落思擇地而遷聞粵西宜山縣永順司大洞地方土沃價廉厥族有遷彼而起家者遂不遠三千里往焉至則山水險惡風俗獷戾不符所聞

鬱鬱病終厥族爲瘞於其塋次時溥泉齒穉長兄早殤次兄出嗣兩弟孱弱孤露家愈落凶問至惟南向號泣而已迨溥泉成立入黌序值黔粵亂歷年不靖舁櫬之舉屢阻焉光緒六年予居其塾溥泉每語及輒淚隨聲出曰不孝之罪大矣父骸旅殯也久矣子孫無一計及者今黔粵道通遠負父骸舍我其誰志已決時溥泉年逾六十人皆謂志雖佳行未必果也而溥泉竟以七年春二月啓行至五月扶其父櫬歸來告予曰不孝赴粵爲指途者所誤紆道千餘里行四十日始抵宜山訪其地則久陷於猺人客戶均他徙其司官近亦凶死官無虎節猺更鴟張未可徑造氣爲之奪旣思吾省吾父墓耳拾吾父骸耳猺亦人子也虎狼不攫其怒尙不輕噬人奚懼爲未幾訪得族人居牛角村者已卅餘年父老遞故祖塋久未省惟諸姑中有季姑者歸於張年近六旬述其兒時上冢父老歷指某某墓甚悉乞其往以示之姑足素病痿至是行四十餘里崎嶇之路步履如常同行驚異以爲神助至則詣塋所指一冢曰急掘此不孝以蓬顆纍纍俱無碣記恐其誤也乃默祝曰父殯粵

年卅八里三千兒來謁奉父骸歸祖穴碣記無恐誤掘將吾燭冢冢爇父有靈護燭跋雖當風燭不滅示此祥勝滴血祝畢風滅羣燭姑所指冢燭影摇而不熄乃啓攢檢得金頂衆尤驚異於是號泣檢骴入棺見者咸曰非孝子烏能遠來非誠孝烏能動鬼神不孝聞言愧甚是日返牛角村饗族衆已而奉棺返楚露宿星餐往返六千餘里全弱軀於鐵雨金風之藪拾親骸於長蛇封豕之鄉微吾父之靈佑不至此乞先生爲文記之以彰吾父之靈其勿恡有典弱冠得交澍公爲所器重公性

任俠爲人謀不受謝余嘗以其旅櫬未歸葬爲憾今溥泉不以年老而棄父骸不以父沒久而匱孝思不以道里遥而畏行路且不自詡其孝而歸美於先靈視世之老戀妻子而忘父母者不大相徑庭哉嗚呼可以記矣

茂才秦君鍾俊殉難碑記　張鈞

嗚呼城西麂子峽之戰施南副總兵惠公旣陣亡部下死者相枕藉而咸豐茂才秦君鍾俊其死爲獨烈云初惠公之軍紅花嶺也命君往麂子峽覘賊君從數騎陟其巔俯視移時慨然曰城郭依然人民非舊不翦此誓

不生還及戰前軍潰惠公趣君歸曰賊氛甚惡吾爲武臣不濟死固其所生有老親且無子盍早爲計君曰焉有謀人之事事急而獨生者乎言未竟賊麕至惠公赴戰死君以所部勇繼入且戰且罵賊佯卻進薄麂子峽山徑峻窄伏起勇盡乃被擒擁至城脅之降不屈目光閃閃掣電突拾磚擊中座上賊賊流血被面大怒麾羣賊倒曳之出縛桃樹上以棉漬油裹而焚之風號火烈燄灼中猶聞痛駡聲遂遇害咸豐十一年辛酉十二月二十五日也有同俘者目覩其狀後逸出爲人述之如此嗚呼烈哉忠肝若鐵石是古奇男子所爲豈直一身是膽哉夫以死勤事雖微必書況君名在膠庠激昂赴義者乎固宜長留一片石以焜燿此士也死之明年其從弟澐洲戎伯官吾邑與予甚相得出君殉難狀乞爲之記余忧然應之冀表其節於後世云爾

舉人李耀瑚辭舉孝子事書後　楊式穀

施南伯珊李君以名進士爲滇南良吏予素未識其人初不知其爲孝子也辛亥秋視學來滇試易門得士日省見其循循有佳子弟風詢之詳其閥閱知爲伯珊明

府之令嗣然猶未識其爲孝子之子也旣而來謁手此冊示予卒讀之肅然起敬明府之孝當日所以養親事親者誠不知其爲何如跡其辭舉孝行一事賢哉孝求自盡此眞古孝子之用心矣蘭楣太守欲旌其門而不得因爲文以記其事嗟呼此又豈孝子之心所能計及者哉時予方校朱子小學明倫篇將以勸多士爰進日省而告之曰詩云孝子不匱孝也者亦求自盡而已君家以孝傳家根本固則枝葉昌不匱錫類生其勿替引之日省起而應之曰唯唯

前題　　吳振棫

舜以前無孝名，上古罔不孝也。以孝名，風之漓也。後世孝者少，孝之名益重，於是乎乃有旌異之典。利川李伯珊同年善養其親，侍母疾三年，衣未嘗解帶，居喪廬墓，毀瘠逾制。既除，遇忌日輒啜泣變食。施南譚太守將聞其名於　朝，伯珊辭之力，語甚哀，太守乃止而紀之以文。或曰：世有無其實而竊其名者矣，踐其實而靳其名可乎？太守之舉一孝，將以勵眾孝也，伯珊之辭何也？嗚呼！孝有盡乎？無盡也。孝子之心有盡乎？無盡也。孝子之

事親，竭其力之所能，行其心之所安而已。然而日月既邁，霜露既濡，愀然內念，潸然霣涕，嘗若生平所以酬罔極、告無忝者，百未盡一二焉，且以不孝自恨自責。一旦眾口譊譊，目之曰孝，其驚而走且避，固宜。彼固未嘗有所慕而為此，而亦不知孝之可以為名也。世有以孝市乎名，如謂伯珊假辭孝之名以為名，則尤不知伯珊者。其子日省懼其親之沒而無稱，特以大冊丐人文章，以闡其幽。予嘉其志，書數語而歸之。

詩文徵專錄施人詩文，凡官師及過客其詩文之佳而有關係者，或無專條可附，應載入雜記中。以上二篇非施人所作，因前志李耀瑚已立有傳，權附於此，備將來採擇，附其傳後。